Golden Sayings
in
the world

世界名言大辞典

新装版

梶山 健 編著

明治書院

＊本書は平成9年11月発行の『世界名言大辞典』と同じ内容です。

緒言

アフォリズムとは、見識ある知者らが人生・情念・社会・倫理・文化の機微について簡潔明快に収斂《しゅうれん》した形で表現した至言であり、それ自体で独立した命題となるものである。アフォリズムは箴言・格言・金言・警句を総称するのであり、教訓・諷刺などの意を寓した格調の高い機知《エスプリ》である。諺が作者の存在しない、自然発生的にほとばしり出た庶民の知恵であるのに対し、アフォリズムは古今東西の知性者らの含蓄のある知恵である。アフォリズムの中には、俗調的な諺から転化したもの、逆にアフォリズムから諺に転化したものもある。いずれにせよ、人間の規範は、かかる二つの知恵を拠りどころに、「翼のあることば」として永く伝承され、膾炙《かいしゃ》されたのである。

古くからアフォリズムの形式は、元来、重々しい口調で語られる紋切り型の短い寸言だったが、時代の推移とともに、自意識の強い知性者によって、より柔軟な形式へと拡張される表現になった。すなわち、(1)既往のピリッとした寸鉄言にこだわることなく、自由発想による哲学的・思索的・文学的な表現、(2)長めの文体や情緒に溢れた詩文による表現、(3)杓子定規な倫理観とか警句的・諷刺的な教訓のほか、〝狡猾的な〟諷刺・ウィット・奇警・皮肉を内容とする表現が、これである。達観的にいえば、アフォリズムの定義が堅苦しい格言調から、いわゆる〝名言的〟なものへと止揚されるようになったといえるであろう。

本辞典では、アフォリズムの範囲を広義に解釈し、「名言」に値することばを選出・収録した。具体的にいうと、それらは自由発想によるアフォリズム、パラドック的なアフォリズム、奇警的かつ少々嗜虐的なアフォリズム、人生の機微に触れる典雅・ロマンティシズム・ペシミズム・オプティシズムを秘奥する機知に富んだ至言から成る。本辞典に収録したアフォリズムの中には、時代・地域・民族性の相違によって、美徳が悪徳に、逆に悪徳が美徳へと価値の価値顚倒したものも少なからず含まれている。一つの命題について、諺に相反する二面性のものが見出されるように、アフォリズムにも背馳する思考・思想があるが、いずれも真理である。思考や思想は人さまざまであり、その是非はここで問うものではない。読者各位は己の考え方と共鳴する至言を選出されて活用していただきたい。

編著者は「名言」を選出するにさいして、己の考え方とは関係なく客観的に選んだつもりだが、第三者の眼からみれば主観的な好みに偏しているというそしりは免れまい。また、私の力不足から見落とした「名言」もあるに違いなく、十全を期し難かったことを寛恕願いたい。さらに、本辞典に収録した「名言」は、もっぱら含蓄のある至言に絞り、表現豊かな美辞麗句は「名文集」に譲り、あえて第一義的な選出の対象にしなかった。そして、「名言」の作者を原則的に一九九七年現在、鬼籍帳に記載されている故人に限定し、現世の知性者らの「名言」は選出の対象にしなかった。別に他意があるわけではないが、現存の作者の場合、あの人を選んで、この人を選ばなかったと批判されたくなかったからである。

さて、当初、私が「世界名言集」の編纂を思い立った動機には三つある。第一は、古今東西の知性者らの金言を「知恵の鋳造貨」として蓄財したかったこと、第二は、先進諸国には「出典」と「作者索引」を付した「引用句辞典」が、古くから少なからず刊行されているのに、わが国にはせいぜい新書版程度の「名言集」以外には、主題別に網羅した本格的な「引用句辞典」がなかったこと、第三は、主題別に分類・配列した「名言」を読者の方々が己の書く文章やスピーチに引用したり、日常会話における気の利《き》いた香辛料として活用していただきたかったことからである。

顧みると、私の学生時代は今日とは違って精神的に抑圧され、愉しみのない暗い世の中だった。そのうさ晴らしに〝禁書〟の烙印を捺されていた思想書・経済書をはじめ、哲学書・文学書をやたらに濫読し、その中で感銘を受けた作者の至言をノートにメモしておいた。復員した終戦直後、懐かしげにそのノートを繙いたとき、活字に飢えていたこともあって、戦前に求めた蔵書を主体に内外の名著を渉猟し、「名言」を収集することが私の趣味となった。これがいつしか嵩じて、専門分野の仕事をする傍《かたわ》ら、名言収集に没頭し、「名言集」の作成を思い立った。今から四〇年近くも昔のことである。その後、目的意識をもってあらゆる分野の至言を漁る一方、外国で刊行されているいくつかの「引用句辞典」を古本屋で買い求めたり、図書館に赴き、良書を漁り、抽出の参考とした。

こうして、二、三年かけて良書から選出した至言を主題項目別にカードに整理・分類し、併せて作者別のカードを作成した。それらが蓄積するにつれて、「名言」の一部を新書版「名言集」として、明治書院の好意によって二、三回発刊した。このような経過を経て、一九六二年、曲りなりにも本格的な「引用句辞典」として、『世界名言事典』と銘打って明治書院から発刊し、その後、増補・改訂して一九八八年には『新版・世界名言事典』を再刊した。濫読の弊害が思考能力を殺《そ》ぐという教訓は重々承知しているが、少なくとも「名言集」の編纂には、濫読が役立ったと自負している。

しかし、である。私は「引く」だけの「引用句辞典」では飽き足らなくなり、「読むこと」を主に、「引くこと」を従とする「名言辞典」の作成をもくろみ、既刊の『世界名言事典』を大幅に改纂することにした。そこで、辞典の編纂体系を一〇のジャンル（たとえ、その分け方が主観的だと批判されることを覚悟のうえで）に区分けし、各ジャンルに該当する主題とサブ主題を選び、それらが有機的に関連づけて読めるように配列し、それぞれの主題・サブ主題に見合った「名言」を配列した。いうなれば、大項目主義を基に、ピラミッド型に編成する中項目・小項目を配列する「体系百科辞典」の編纂方式を採択した。本辞典でいうならば、大項目に該当するのがジャンルであり、中項目・小項目に該当するのが主題とサブ主題である。

かかる編纂方式によって「読む辞典」と「引く辞典」とを兼用する「名言辞典」づくりに意を注いだ。したがって、「読む」ための目次(A)と、「引く」ための目次(B)を作成した。後者の目次(B)は、前者の目次(A)に収めた主題とサブ主題を抽出し、それらを五十音順に配列し、併せて五十音順に配列した「出典著作者索引」を作成した。さらに、改纂の機会を利用して、「名言」の差替え、新たに発掘した知性者の「名言」を増補する一方、出典名の統一（外国語の翻訳によって異なる表記など）や、誤記・誤植を訂正した。なお、編纂方式・表記・記号の細事については「凡例」をご覧願いたい。

以上の経緯をたどって、装いを新たに刊行したのが本『世界名言大辞典』である。外国で既刊されている「名言辞典」の類は、ほとんどが「引用句辞典」であり、私の知る限りでは体系的に編纂されたものはない。本辞典には、一、三八〇余の作者による七、六五八句の名言が収録されている。

本辞典を編纂して痛感したことは、次の諸点である。

一、総括的にいえば、同一主題についての知性者らの思考・思想の相違によって相対立していたり、さまざまだったとしても、いずれも真理であり、機知溢れた至言であること。

二、ことばの表現というものが、風土から培われた民族の国民性・文化・習俗・精神構造・社会構造の相違によって、また時代・世代によって異なること。

三、西洋文化圏の名言が一般的にウィット・諷刺・比喩に富むものが多く、隠喩《ゆ》的表現が巧みなのに対し、東洋文化圏の「名言」には堅苦しい直截的・格言的表現が多いこと。

四、お国柄によって表現の仕方が異なっていても、人間の英知というものは古今東西相通ずるものがあること。

「私は知恵を貨幣に鋳造したい、知恵を鋳造して覚えやすく、伝えやすい箴言と格言と諺にしたい」と述べたフランスの警句家・ジューベルの含蓄あることばは、本辞典の趣旨にふさわしいことばである。

アフォリズムについてドイツの哲学者・ニイチェは、「血と格言とをもって書く者は、読まれることだけを望まない、暗誦されることを欲する」と、はげしい口調で言っているが、読者の方々が本辞典を繙いて作者の述べた「名言」に触発され、良書を読む意欲を触発され、思索する心の糧となるならば幸甚である。

また、ドイツの文豪・ゲーテが、「名言集および格言は、社会にとって最大の宝である、もし前者を適宜の場合に会話の中に織り込み、後者を適切なるときに記憶に喚び起こすならば」と述べているように、読者各位が本辞典に収録している「名言」の中で、読者各位が共鳴を受けられたことばを適宜に引用あるいは活用を賜りたい、名言は利用されることによって生かされるのだから……。

ところで、名言の選出・収録にさいしては、枚挙に暇のないほど数多くの書物と資料に負った。なかんずく、岩波文庫に代表されるさまざまな文庫本、『世界の名著』（中央公論社）、『世界文学体系』（筑摩書房）、『世界思想全書』（河出書房新社）、『世界教養全書』（平凡社）、『新釈漢文体系』（明治書院）などの大書をはじめ、数多くの哲学書・文学書・経済書・歴史書・古典本のほか、知性者らの全集・エッセイ集・格言集・手記のほか、内外の新聞・雑誌に記載された語録・談話等等から「名言」を選出・収録させていただいた。これらの出所の出版社をいちいち列挙できなかったことをお断りするとともに、衷心より感謝の意を表する次第である。このほか次に掲げる既存の「引用句辞典」を参考にしたり、それらに収録されているいくつかの「名言」を引用させていただいたことを付記しておく。

・MENKEN, Henry : *A new Dictionary of Quotation*（アメリカ）
・HENRY, Lewis : *5, 000 Quotation for all Ocation*（アメリカ）
・ADAM, Franklin, Pierce : *Book of Quotation*（アメリカ）
・HYMAN, Robin : *The Modern Dictionary of Quotation*（イギリス）
・*Larouse Encyclopédie*（二〇世紀版、フランス）
・BüCHMANN, G. : *Geflügelte warte*（改訂・増補版、ドイツ）
・田中秀夫・落合太郎編著『ギリシア・ラテン引用語辞典』（岩波書店）
・『旧約聖書』、『新約聖書』（日本聖書協会）

掉尾に、本辞典の作成と編纂について永年にわたって助力・好意・示唆を賜った明治書院の会長・三樹　彰氏のご厚情に深謝し、また、厖大量の原稿の整理・校正、それに神経のいる索引の作成に、ひとかたならぬご迷惑をかけた明治書院企画編集部の小林美恵子さんと、及川君江さんに厚くお礼を申し上げる次第である。

一九九七年　神無月

梶山　健

凡例

一、編纂方式について

本辞典は「読む辞典」と「引く辞典」を兼用させるように編成した。編纂方式は「緒言」で説明したように、ジャンルを一〇に分け、体系的に編纂したもので、各ジャンルに該当する主題とサブ主題が有機的に関連するように配列した。

二、目次と五十音順の配列について

目次を二つ作成した。目次(A)は「読む辞典用」、目次(B)は「引用句辞典用」のためのものである。後者はジャンルに関係なく、各ジャンルに含まれている主題・サブ主題を抽出して、すべて五十音順に配列し、「引く」ことに便ならしめた。そして、各主題とサブ主題に該当する「名言」も、作者の五十音順あるいはABC順に配列した。

三、出典著作者索引について

人名は姓の仮名読み、姓が同じ場合には名前の仮名読みによって五十音順に配列した。日本人・中国人などの東洋人は姓名を漢字で表記し、その他の外国人は姓のみを示し、そのあとに原綴りを明記した。なお、東洋人・アラブ人は日本語読み、ギリシア人・ロシア人・インド人はローマ字化して表記した。人名のあとに生没年・国籍・職業を示した。生没年は西暦によった。西暦紀元前は〔マイナス印〕、不確定のものは〔世紀〕、不明のものは〔?〕で示した。また、出典の作者が特定できないものは出典書を掲げた（例「韓非子」「三国志」「聖書外典」など）。索引はすべて五十音順に配列した。

四、表記について

原則として現代仮名づかいと当用漢字を用いたが、必要に応じて当用漢字以外の漢字も使った。なかんずく、日本人の場合、明治以前の文章、それに詩文体・俳句などは旧仮名を用いたが、明治以降の文章は現代仮名づ延音かいに直して表記した。なお、目次・主題・サブ主題・名言・索引の五十音順の配列に当たっては、〔ー〕は考慮に入れず、促音は独立した一字として取り扱った。横文字の人名は原則として、その国の読み方（例：ムハンマド、カエサルなど）とし、Bの発音は原則として「ベ」「ブ」、Vの発音は「ヴ」「ヴァ」「ヴェ」で表記した。

五、記号について

目次や主題項目の中で〔↓〕とあるのは他の関連項目への参照を示す。そのほか、
〔・〕は並列した単語と、名言の作者の姓名（例：ラ・ロシュフーコー、ブルバー・リットンなど）、名言著作者以外の引用文献の西洋人名の区切りに用いた。
〔ー〕は二語以上の連結に用いた（例：「神曲ー浄土編四曲」「楽園喪失ー四」）
〔＝〕は片仮名で表記した名言の作者の姓と名前の区切りに用いた。（例：ロマン＝ローラン、アダム＝スミスなど）
なお、出典は括弧「　」で囲み、（　）で囲んだものは、出典以外の文献に典拠されているもの、それに「終焉のことば」に用いた。

目　次(A)〔読む辞典用〕

注：括弧〔　〕内は小項目。

緒　言……1
凡　例……7
I 人間学研究と人間像さまざま……1
人間（性）…3　自惚れと自信〔自我〕…12　容貌・容姿…16　性質・性格〔長所・短所〕…17　能力・才能〔天才・英才・秀才、専門家〕…21　孤独・孤立…26　秘密…29　年齢と世代〔幼少年、青年・青春、老年・老人〕…31　個人・集団〔依存・甘え〕…39　階級・地位〔ブルジョア・プロレタリア〕…42　賢者・愚者…45　偉人・聖人と英雄…51　勇気と臆病…55　紳士と乞食…58　金持ち・貧乏人…59　財産・富〔所有〕…64　金銭〔節約・浪費〕…68
II 男女の性・愛と結婚生活……75
男の性・女の性…77　男の愛・女の愛…89　結婚〔独身（者）〕…92　夫婦…98　家庭・家族〔親子〕…103　親戚・隣人…108　血統・名門…109

Ⅲ　感情と心情と情念……113

心と精神…115　感情と理性…119　悲しみ・喜び〔涙・笑い〕…122　苦しみ・楽しみ…125　怒り…127　恐怖…128　恥・羞恥心…130　愛の本質〔自愛〕…131　恋愛・恋人…138　情欲・官能〔快楽・誘惑、放蕩・放縦〕…146　節制…150　友情・友人〔恋情・友愛〕…151　敵〔復仇〕…160　憎しみと嫉妬…162　虚栄心と自尊心・自負心…166　羨望と称讃…169　謙譲と高慢・尊大…172　軽蔑・侮辱と尊敬…175

Ⅳ　人生と人生劇場……179

人生〔志・目的、計画〕…181　運命…192　境遇と好運・不運…194　時代…196　時・時間〔過去・現在・未来、記憶と忘却〕…197　経験・体験と見聞〔安全と危険、用心・心配、災難・事故〕…206　苦労と困難〔忍耐・我慢・辛抱〕…212　勤勉・努力と怠惰〔修行・修養〕…215　成功と失敗〔機会〕…219　幸福と不幸…223　野心と欲望〔満足・不満〕…232　希望と絶望…238　夢想と理想…242　悲観・楽観…244

Ⅴ　生死と信仰……245

生・死〔自殺・霊魂〕…247　来世〔地獄・悪魔〕…260　神…261　信仰…266　宗教と迷信〔キリスト教、仏・仏教〕…269

Ⅵ　知性と英知……281

知性・英知・知恵…283　知識…287　懐疑と理解…290　哲学(者)…293　真理・誤謬…294　思考・思索…297　思想…299　イデオロギー〔保守主義、国家(粋)主義、資本主義、民主主義、社会主義、共産主義〕…301　理論・実践…308　独創と模倣…309　ことわざ・格言…310　機知…311　教育・教養〔教育者・教師、学校〕…313　学問・学識〔学者〕…318　名声・栄光…323

Ⅶ　道徳律と善悪……329

道徳・倫理〔中庸、礼儀、常識・良識〕…331　善・悪…338　価値…345　良心〔信念〕…346　正義…348　同情・憐憫〔慰め〕…351　恩恵・慈善・偽善〔親切・感謝〕…352　嘘・まこと〔正直〕…354　過失…358　後悔・反省〔告白〕…359　暴力…362　寛容と残酷・残忍…364　罪・罰〔盗み・盗人、詐欺・欺瞞〕…365　法律(家)〔裁判(官)〕…371　秩序…375

Ⅷ　社会生活と処世の道……377

世の中・社会・生活…379　社交と処世術…380　ことば・会話〔おしゃべり・雄弁〕…383　沈黙…388　意見・見解と議論…390　行動・行為…393　風俗・習慣…395　仕事と職業…398　信用と約束…401　忠誠・誠実…403　へつらいと卑屈・卑下・偏見…404　忠告…407　うわさと中傷…409　退屈と閑暇…411　興味・好奇心…414　趣味・娯楽〔賭博・博奕、旅〕…414　食(事)と料理…417　酒…421　健康・病気…423　睡眠と休息…426　医学(者)…427　服装・服飾と流行…

429　住い…431

IX　自然環境と文化・文明……433

自然…435　動物と植物…439　世界・宇宙…440　文化と文明…442　変化・変革〔進歩、伝統〕…446　改革と革命…448　歴史（家）…452　世論とジャーナリズム…456　書物と読書…460　文学・小説と文人…465　手紙・日記…468　詩（人）…468　演劇・役者…471　科学と機械〔発明〕…473　技芸・技術…477　美…478　芸術（家）…480　絵画（家）と彫刻（家）…486　音楽（家）…488　批評（家）…490

X　国民国家と政治経済……493

国民・国家〔祖国、民族・人種〕…495　民衆・大衆…499　権利と義務…501　支配と服従…502　独裁・専制〔君主〕…506　権力…509　自由と平等…511　奴隷…518　軍（事）・武力と軍人…521　戦争と平和〔戦略、征服〕…523　政治と政治家〔党派・煽動家〕…531　政府・政体…538　官僚（制度）〔外交官〕…540　経済・産業〔取引・商業〕…541　資本と労働…544　農業・農村・農民…546　都会…548

出典著作者索引……551

目次(B)〔引く事典用〕

ア
愛の本質……一三
悪……三一八
悪魔……二六一
阿呆→愚者
甘え……四一
過ち→過失
阿諛→へつらい
憐み→憐憫
安全……二〇八

イ
慰安→慰み
医学(者)……四二七
怒り……一二七
意見……三九〇
偉人……五一
慈しみ→慈愛
依存……四一
偽わり→嘘
イデオロギー……三〇一
遺伝→血統
衣服→服装

ウ
飢え→食(事)
ウイット→機知
嘘……三五四
宇宙……四四〇
自惚れ……一三
恨み→憎しみ
うわさ……四〇九
運命……一九二

エ
絵→絵画(家)
栄光……三三
英才……二四
英知……二八三
英雄……五一
栄誉→栄光
エキスパート→専門家
エゴイズム→自愛
演劇……四七一
厭世→悲観

オ
老い→老年
臆病……五
おしゃべり……三八七
お世辞→へつらい
怖れ→恐怖
夫→夫婦
男の愛……八九
男の性……七七
思い出→追憶
親子……一〇五
音楽(家)……四八八
恩恵……三五二
女の愛……八九
女の性……七七

カ
絵画(家)……四八六
改革……四四八
外観→容貌
懐疑……二九〇
階級……四三
外交(官)……五四一
改善→改革
快楽……一四七
会話……三八三
画家→絵画(家)
科学……四七三
格言……三二〇
学校……三一七
学識……三一八
学者……三一
革新→改革
革命……四四八
学問……三一八
過去……二〇一
過失……三五八
家族……一〇三
価値……三四五
家庭……一〇三
悲しみ……一一三
金持ち……五九

禍福→好運・不運
我慢……二一四
神……二六一
姦淫→情欲
閑暇……四一一
感謝……三五四
慣習→習慣
感情……一一九
感性→感情
寛大→寛容
官能……一四六
勘忍→忍耐
願望→希望
寛容……三六四
官僚（制度）……五四〇

キ

記憶……二〇五
機会……二三三
機械……四七三
議会→政治
技芸……四七七
危険……二〇八
喜捨→慈善
技術……四七七
季節→自然
偽善……三五二
期待→希望
機知……三二一
気取り→尊大
疑念→懐疑
希望……二三八
欺瞞……三六九
義務……五〇一
逆境→境遇
休暇→休日
休息……四二六
休養→休息
教育……三一三
教育者……三一六
境遇……一九四
共産主義……三〇七
教師……三一六
行政→政治
競争→人生
兄弟姉妹→家族
恐怖……一二八
興味……四一四
教養……三一三
虚栄心……一六六
享楽→快楽
キリスト教……二七四
義理人情→甘え
規律→法律（家）
議論……三九〇
金銭……六八
勤勉……二一五

ク

空想→夢想
愚者……四五
苦しみ……一二五
苦労……二一三
軍（事）……五二一
君主……五〇七
軍人……五二一
軍隊→軍事
訓練→修行
刑罰→罰

ケ

計画……一九一
経験……二〇六
経済……五四一
芸術（家）……四八〇
欠点→短所
軽蔑……一七五
けち→節約
結婚……九二
血統……一〇九
賢者……四五
見解……三九〇
言語→ことば
健康……四二三
現在……二〇一
見聞……二〇六
謙譲……一七二
謙遜→謙譲
倦怠→退屈
建築→住い
倹約→節約
権利……五〇一
権力……五〇九
言論→世論

コ

恋人……一三八
行為……三九三
好運……一九四
後悔……三五九
好機→機会
好奇心……四一四
孝行→親子
好色→情欲
行動……三九三
幸福……二二三

公平→平等
高慢……一七二
極道→放蕩
告白……三六一
国家……四九五
国家(粋)主義 三〇三
国会→政治
国民……四九五
心……一一五
志……一八九
乞食……五八
ゴシップ→うわさ
個人……三九
克己→節制
孤独……二六
ことば……三八三
子ども→幼少年
ことわざ……三一〇
誤謬……二九四
娯楽……四一四
孤立……二六
困難……二二三

サ

財産……六四
災難……二二一
才能……二二
裁判(官)……三七四
詐欺……三六九
作家→文人
酒……四二一
雑誌→ジャーナリズム
サラリーマン→階級
産業……五四一
懺悔→告白
残虐→残酷
残酷……三六四
残忍……三六四

シ

死……二四七
自愛……一三六
慈愛→愛の本質
ジェネレーション→世代
自我……一四
時間……一九七
四季→自然
色欲→情欲
事件→事故
事故……二二一
思考……二九七
地獄……二六一
仕事……三九八
思索……二九七
自殺……二五七
詩(人)……四六八
自信……三
自制→節制
自然……四三五
慈善……三五三
思想……二九九
子孫→血統
自尊心……一六六
時代……一九六
実行→行動
失策→過失
実践……三〇八
嫉妬……一六三
失敗……二一九
執筆家→文人
失望→絶望
支配……五〇二
芝居→演劇
自白→告白
自負心……一六六
資本……五四四
資本主義……三〇四
自慢→自負心
市民→民衆
社会……三七九
社会主義……三〇六
弱点→短所
社交……三八〇
ジャーナリズム……四五六
洒落→機知
自由……五一
習慣……三九五
住居→住い
宗教……二六九
修業……二一八
秀才……二四
習性→習慣
住宅→住い
集団……三九
羞恥心……一三〇
修養……二一八
主義→イデオロギー
趣味……四一四
順境→境遇
商業……五四三

称讃……一六九
常識……三三七
正直……三五八
小説……四六五
冗談→機知
情熱→感情
情念→感情
商売→取引
情欲……一四六
将来→未来
書簡→手紙
職業……三九八
食（事）……四一七
食物→食（事）
植物……四三九
処世術……三八〇
書籍→書物
庶民→民衆
書物……四六〇
所有……六八
信仰……二六六
紳士……五八
真実→まこと
人種……四九八
心情→心
信心→信仰
人生……一八一
親戚……一〇八
親切……三五三
進展→進歩
信念……三四八
心配……二二〇
新聞→ジャーナリズム
進歩……四四七
辛抱……二一四
人民→大衆
信用……四〇一
信頼→信用
真理……二九四
親類→親戚
人類→人間

ス

睡眠……四二六
スキャンダル→うわさ
住い……四三一

セ

生……二四七
性格……一七
生活……三七九
正義……三四八
成功……二一九
政策→政治
政治……五三一
政治家……五三一
性質……一七
誠実……四〇三
青春……三四
精神……一一五
聖人……五一
贅沢→金持ち
政体……五三八
政党→党派
青年……三四
政府……五三八
征服……五三一
生物→植物と動物
世界……四四〇
責任→義務
世間→世の中
世代……三一
節制……一五〇
絶望……二三八
節約……七三
世論……四五六
選挙→政治（家）
戦術→戦略
専制……五〇六
戦争……五三三
煽動家……五三六
善……三三八
羨望……一六九
専門家……二六
戦略……五二八

ソ

憎悪→憎しみ
想像→夢想
祖国……四九七
祖先→血統
尊敬……一七五
尊大……一七二

タ
代議士→政治家
退屈……四二一
体験……二〇五
大衆……四九九
怠惰……二二五
怠慢→怠惰
楽しみ……一三五
旅……四一六
団結→集団
短所……二一〇
団体→集団

チ
地位……四二
知恵……二八三
地球→世界
知識……二八七
恥辱→恥
知性……二八三
秩序……三七五
チャンス→機会
忠言→忠告
忠告……四〇七
忠実→忠誠
中傷……四〇九
忠誠……四〇三
中庸……三三六
彫刻(家)……四八六
長所……二〇
著述(家)→文人
沈黙……三八八

ツ
追憶……二〇五
妻→夫婦
罪……三六五

テ
手紙……四六八
敵……一六〇
哲学(者)……二九三
デモクラシー→民主主義
テロリズム→暴力
田園→農村
天才……二四
伝統……四四七

ト
討議→議論
同情……三五一
道徳……三三一
党派……五三六
動物……四三九
都会……五四八
時……一九七
独裁……五〇六
読書……四六〇
独身(者)……九七
独創……三〇九
独立→依存
都市
土地→財産
徒党→党派
賭博……四一五
富……六四
取引……五四三
奴隷……五一八
努力……二一五
泥棒→盗人
貪欲→欲望

ナ
慰め……三五二
ナショナリズム→国家(粋)主義
涙……一二三

ニ
憎しみ……一六二
日記……四六八
人間(性)……三
忍耐……二一四

ヌ
盗人……三六八
盗み……三六八

ネ
嫉み→嫉妬
眠り→睡眠
年齢……二一

ノ
農業……五四六
農村……五四六
農民……五四六
能力……二

ハ

俳優→役者
馬鹿→愚者
博愛→慈善
博学→学識
博奕……四一五
恥……一三〇
罰……三六五
発達→進歩
発展→進歩
発明……四七七
犯罪→罪
反省……三五九
判断力→知性

ヒ

美……四七八
ひがみ→卑屈
悲観……二四四
卑怯→臆病
卑屈……四〇四
卑下……四〇四
美術(家)→芸術(家)
美点→長所
皮肉→機知
批判→批評(家)
批評(家)……四九〇
秘密……二九
比喩→機知
病気……四二三
平等……五二一
貧者→貧乏人
貧乏人……五九

フ

ファッショ→暴力
ファッション→流行
諷刺→機知
富者→金持ち
風説→うわさ
風俗……三九五
夫婦……九八
風貌→容貌
風流→趣味
不運……一九四
復仇……一六一
服従……五〇二
服飾……四二九
服装……四二九
不幸……二二三
侮辱……一七五
仏教……二七七
不平→不満
不満……二三七
武力……五二一
ふるさと→農村
ブルジョア……四四
プロレタリア……四四
文化……四四二
文学……四六五
文人……四六五
文明……四四二

ヘ

平和……五三三
ペーソス→機知
へつらい……四〇四
変化……四四六
変革……四四六
勉強→学問
偏見……四〇四
弁護士→法律(家)

ホ

貿易→経済
忘却……二〇五
放縦……一四九
飽食→食(事)
放蕩……一四九
暴動→暴力
法律(家)……三七一
暴力……三六二
母国→祖国
保守主義……三〇三
仏……二七七
本→書物

マ

まこと……三五四
マスコミ→ジャーナリズム
真似→模倣
満足……二三七

ミ

見栄→虚栄心
見かけ→容貌
身分→地位
未来……二〇一
民衆……四九九

民主主義……三〇四
民族……四九八

ム
無口→沈黙
夢想……二四二

メ
迷信……二六九
名声……三三
名門……一〇九
名誉→栄光

モ
目的……一八九
物乞い→乞食
模倣……三〇九

ヤ
役者……四七一
役所→官僚(制度)
約束……四〇一
役人→官僚(制度)
野心……二三
野望→野心

ユ
友愛……一五八
勇気……五五
友情……一五一
友人……一五一
雄弁……三八七
有名→名声
誘惑……一四七
油断→用心
ユートピア→夢想
ユーモア→機知

ヨ
容姿……一六
幼少年……三三
用心……二二〇
容貌……一六
余暇→閑暇
欲望……二三
世の中……三七九
喜び……一三
世渡り……三八〇

ラ
礼讃→称讃
来世……二六〇
楽観……二四四

リ
理解……二九〇
利口者→賢者
利己主義→自愛
理性……一一九
理想……二四二
流行……四二九
良識……三三七
良心……三四六
料理……四一七
旅行→旅
理論……三〇八
隣人……一〇八
倫理……三一

レ
礼儀……三三六
霊魂……二五八
冷笑→軽蔑
礼節……三三六
歴史(家)……四五二
レジャー→閑暇
恋愛……一三八
恋情……一五八
憐憫……三五一

ロ
労苦→苦労
老人……三六
労働……五四四
老年……三六
浪費……七三

ワ
禍い→災難
笑い……一三
悪口→中傷

I

人間学と人間像さまざま

人間(性)——3
自惚れと自信——12
容貌・容姿——16
性質・性格——17
能力・才能——21
孤独・孤立——26
秘密——29
年齢と世代——31
個人・集団——39
階級・地位——42
賢者・愚者——45
偉人・聖人と英雄——51
勇気と臆病——55
紳士と乞食——58
金持ち・貧乏人——59
財産・富——64
金銭——68

人間にとっていちばん怖ろしいのは人間だ。

――ドイツのことわざ――

●

自惚れと瘡気《かさけ》のない者はない。

――日本のことわざ――

人間（性）→性質・性格

生物進化の最終段階で誕生した人間は自然界のアウトローだ。人間は知恵づくに従って、秩序のとれた自然界を己に役立つものに改造し、僭越にも自然界の帝王を自任した。だが、この自惚れは、自然生態系のバランスを崩し、己の宿る安住地が破壊されている事実によって打ちのめされた。人間が自然的存在であることを自覚し、自然法則に準拠して自然と共生してゆかなければ死滅に追いやられ、人類は永い生物史に現れた鬼子の短い挿話となってしまうだろう。

＊人間は誰ひとりとて煩いなき一生を送り得ず。

——アイスキュロス「供養する女たち」

＊神は人間を、その本質が天使と獣類との中間に存在するものとして創られたるものなり。

——アウグスティヌス「神の国」

＊世の中に恥知らずの人間が存在しないことがあり得るだろうか。あり得ないとすれば、あり得ることを求めるべきではなかろう。

——アウレリウス「自省録」

＊物質は肉体のため、肉体は霊魂のため、人間（霊魂）は神のために存す。

——アクィナス「説話」

＊人間は笑うという才能によって他のすべての生物より優れている。

——アディソン「スペクテーター誌」

＊人間は真理に対しては氷、虚偽に対しては火である。

——アミエル「日記—一八七四・六・二六」

＊人間は誕生の瞬間から支配するか、もしくは支配されるか運命づけられる。

——アリストテレス「政治学」

＊家が国家に優先し、かつ必要であるとするならば、それだけ人間は、ポリス的（政治的・社会的）動物であるよりも配偶的動物なり。

——同右「ニコマコス倫理学」

＊予の見るものは人間にして人類にあらず、馬にして馬類にあらず。

——アンティステネス「断片」

＊人は自然の全体なり。故に自然を知らざる則《とき》は吾が身神の生死を知らず、生死を知らざる則は自然の人に非ず。人に非ずして、生きて何をか為さん。

——安藤昌益「自然真営道」

＊一日まさりになじめば、人ほどかはいらしき者はなし。

——井原西鶴「好色二代男」

＊人間とは、われわれが食物と称するものを供給すると、思想と称せられるものを生産する機械である。

＊人々に精神的援助を与え得る人間こそ、人類の最高の恩人である。
——インガソル「神々」

＊われわれの真の国籍は人類である。
——ヴィヴェーカンダ「カルマ・ヨーガ」

＊人間が人間性を無視するのは、人間の理性の誤りである。
——ウェールズ「世界文化史概観」

＊一般的に人間は犬に似ている。ほかの犬が遠くで吠えるのを聞いて自分も吠える。
——ヴォーヴナルグ「省察と格言」

＊人間はみな、発見の航海の途上にある探究者である。
——ヴォルテール「歴史断章」

＊汝を罵倒したり、打ちのめす人間が汝を虐待するにあらず、それを恥辱と考える汝の考えが、然らしめることを知る。
——エマーソン「講演集」

＊人間はこの宇宙の不良少年である。
——エラスムス「痴愚神礼讃」

＊人間は造物主が創った傑作である。だが、誰がそう言うのか——人間である。
——オッペンハイム「戦争と笑い」

＊人間の最高の美徳はつねに忍耐なり。
——ガヴァルニ「警句集」

＊生の瓦礫のうちからのみ自由がめざめ、かかる瓦礫のうちにのみ人間は生きることができる。
——カトー（大）「語録」

＊笑うことのできない人間は、反逆や掠奪に適さないのみか、その人間は、全生涯がすでに反逆と謀略である。
——カフカ「ミレナ宛の書簡」

＊人間とは、道具を使う動物である。
——カーライル「衣裳哲学」

＊人間とは何か？　愚かな赤ん坊だ。無為に努力し、闘い、いらだち、なんでも欲しがりながら、何物にも値せず、ちっぽけな一つの墓を得るだけだ。
——同右
——同右「何に役立つか」
＊この世の中に人間ほど凶悪な動物はいない。狼は共喰いをしないが、人間は人間を生きながらにして丸呑みする。
——ガルシン「信号」
＊われわれの持っている人間の概念は神秘に包まれている。この概念は多岐にわたり、また、あまりにも不明瞭なので、われわれはその中から都合のよいものだけを選出する習性がある。
——カレル「人間、この未知なるもの」
＊人間は人情を食べる動物である。
——河上肇「断片」

＊人間は安楽に満足して生きたいと思うが、自然は人間が安楽と無為の満足に甘んじさせず、労苦や労働に打ち克つ手段の発見に知恵をしぼらせようとして、労苦や労働の中に人間をほうり込む。

――カント「一般歴史学」

＊人間とは、一つの総合――無限と有限、時間的なものと永遠なもの、自由と必然――である。

――キェルケゴール「死にいたる病」

＊人は二つのこと、すなわち考えることと働くことのために生きてきた。

――キケロ「限界について」

＊人はすべて過《あやま》ったるものなり。過去にのみ固執するは愚かなり。

――同右「友情について」

＊造化《ネイチュア》は人間を支配す。然れども人間も亦造化を支配す。人間の中に存する自由の精神は造化に黙従するを肯《がえん》ぜざるなり。

――北村透谷「内部生命論」

＊神は土の塵《ちり》を以《もっ》て人を創り、生の息をその息をその鼻に吹き入れ給え、人は生霊とならぬ。

――「旧約聖書―創生記二章六～八節」

＊人間は造物主の唯一のミステークである。

――ギルバート「王女アイーダ―一幕」

＊人間というものは、結局は消化器と生殖器とから成り立っているのだ。

――グールモン『未刊の随想録』

＊天下最も多きは人なり、最も少なきも人なり。

――黒田孝高「日本智嚢」

＊あらゆる階級を通じて、目立って気高い人は誰か。どんな長所を持っていても、つねに心の平衡を失わない人だ。

――ゲーテ「四季―秋の部」

＊人間の最大の価値は、人間が外界の事情にできるだけ左右されずに、これをできるだけ左右するところにある。

――同右「ヴィルヘルム・マイステル」

＊人の常道、敗れたる者は天の命を称して嘆じ、成れる者は己の力を説きて誇る。二者共陋（卑しい）とすべし。

――幸田露伴「運命」

＊人間、なんという高尚な音をたてることだろう！人間は憐むべきものではない、尊敬すべきものだ。

――ゴーリキー「どん底」

＊人間は他人の経験を利用するという特殊能力を持った動物である。

――コリングウッド「歴史の理念」

＊人間とは、パラドックスの体現であり、矛盾の塊である。

――コント「ラコン」

＊人間は生き、人間は堕《お》ちる。そのこと以外に人間を救う便利な近道はない。

——坂口安吾「堕落論」

＊人間は自由であり、つねに自分自身の選択によって行動すべきものである。

——サルトル「実存主義はヒューマニズムである」

＊人間をよく理解する方法はたった一つしかない。それは、彼らを判断するに当たってはけっして急がないことだ。

——サント・ブーヴ「わが毒」

＊人間とは、なんと造化の妙をきわめた驚くべき傑作なのだろう！……でもその人間が、私にとっては、たかのしれた塵芥の精髄としか思われない。

——シェークスピア「ハムレット」二幕二場」

＊生物学的に考察すると、人間は最も怖ろしい猛獣であり、しかも、同じ種族を組織的に餌食する唯一の猛獣である。

——ジェームズ「回想と研究」

＊すべての定義が失敗するほど、人間は幅広く、多岐多様なものである。

——シェラー「宇宙における人間の地位」

＊人間についての真なる学、真なる研究、これが人間である。

——シャロン「知恵について」

＊世の中で非常に活動している人間は、すべて鈍感な人のように思われる。というのは、世の中には心を惹きつけるようなものが何ひとつ見出せないからである。

——シャンフォール「格言と省察」

＊人間は言語によってのみ人間である。

——シュタインタール「ことばの起源」

＊人は、その生涯の最初の四十年間において本文を著述し、続く三十年間において、これに対する注釈を加えていく。

——ショウペンハウエル「パレルガとパラリポーメナ」

＊人間は誰しも不可能だとわかっていることを思い浮かべて悩むが、不可能とわかっているがゆえに詳細に検討もせずに追求しようとする。

——サミュエル＝ジョンソン「冒険者」

＊人は明日の朝を迎えるにさいして、なんらかの恐怖と希望と心配を持たずにいられない。

——シラー「メッシーナの花嫁」

＊人間はつねに己に対してある事を考え、他人に対しては他の事を考える。人間は他人を判断するのとは異なるごとく己を判断す。

——シルス「箴言集」

＊汝らは地の塩なり、塩もし効力を失わば、何をもてか之に塩すべき。

——「新約聖書—マタイ伝五章一三節」（イエス）

*罪業もとよりかたちなし、妄想顛倒のなせるなり、心性もとよりきよければ、この世はまことのひとぞなき。

——親鸞「正像末法和讃」


*人間は、ときには誤謬を犯しながらも、足をのばして、つまずきながらも前進する。

——スタインベック「怒りのぶどう」


*悩める人々の間にありて悩みなく、いと愉しく生きん。悩める人々の間にありて、悩みなく暮らさん。

——「スッタニパータ」（釈迦）

*人間とは取引をする動物なり。犬は骨を交換せず。

——アダム＝スミス「国富論」


*人間は社会的動物なり。

——セネカ「愚悲について」


*人間は理性的動物なり。

——同右「ルキリウス宛の書簡」


*人間は弱者にして堕落せる存在であり、相争い、かつ世界の秩序を非難し、己を改変するよりも神を変えんとす。

——同右

*人間とは、己の行った仕事の子どもである。

——セルバンテス「ドン・キホーテ」


*豚となりて楽しまんより、人となりて悲しまん。

——ソクラテス「卓談」


*われはアテネ人にあらず、ギリシア人にあらずして世界市民なり。

——同右

*人間は渺《びょう》たる滄海の一粟なり。（人間のはかなさをうたった句）
——蘇東坡「前赤壁賦」

*欺瞞し、裏切る、これ人間生来の心根なり。

——ソフォクレス「アイアス」


*人は城、人は石垣、人は濠。

——武田信玄「語録」


*人間は何をしてもかまわぬものだ。しかし、それは魂の解放を目的とした場合にかぎる。

——武林無想庵「〈COCU〉のなげき」


*人間は野生動物を奔放だと言うが、真の奔放な動物は人間しかいない。人間のみが束縛を破って脱け出したものだ。他の動物はすべておとなしい生物で、種族の厳格な掟に従っているにすぎない。

——チェスタートン「正統とは何か」


*人間に理性と創造力が賦与されているのは、己に与えられたものをふやすためだ。だが、人間は今日まで破壊するばかりで、創造したことがない。

——チェーホフ「ワーニャ伯父さん」


*人間は事実を見なければならない。事実が人間を見ているからだ。

——チャーチル「語録」

*確立した目的を持つ人間は、それを実現せねばならない。その実現のため、実在しようとする意志に対しては何も抵抗し得るものではない。

——ベンジャミン＝ディズレーリ「エンディミオン」

*人間というものが強さと弱さ、光明と不明、矮小と偉大の混合物であるのは、人間を訴追することではなく、人間を定義することになる。

——ディドロ「哲学的断想追補」

*人間にとって最善のことは生れることにして、次善は一日も早く永眠することとなり。

——デオグニス「哀歌」

*暗《やみ》の中に泣く児《こ》、泣く声のほかは知らぬ児。（神を失った人間の意）

——テニソン「イン・メモリアム」

*好むと好まざるとによらず、人間はものを思う存在である。

——テンプル「著作集」

*真実は人間の持っている最高の価値あるものだ。それを経済的に用いよう。

——トーウェン「間抜けウィルソン」

*人間だけが赤面できる動物である。あるいは、そうする必要のある動物である。

——同右

*人間は繁栄以外のものを愛することが、場合によってないのか。人間には逆境をあえて愛し、しかも熱愛するときも確かにあるものだ。

——ドストエフスキー「地下室生活者の手記」

*孔丘《こうきゅう》盗跖《とうせき》倶《とも》に塵埃《じんあい》。（孔丘は孔子、丘はその名。盗跖は孔子と同時代の大盗賊）

——杜甫《とほ》「詩」

*人間は深淵に架けられた一条の綱である。渡るも危険、途上にあるも危険、うしろをふり返るも危険、身ぶるいして立ちとどまるのも危険。人間において偉大な点は、それが橋であって目的でないことだ。人間において愛され得る点は、それが過渡であり、没落であることだ。

——ニイチェ「ツァラトゥストラ―序」

*私はお前たちに超人を教える。人間は超克さるべき何物かである。お前たちは人間を超克すべく何事をなしたか？　超人は大地の意義である。

——同右「ツァラトゥストラ」

*花が花の本性を現じたる時最も美なるが如く、人間が人間の本性を現じたる時は美の頂上に達するのである。

——西田幾多郎「善の研究」

*人間——動物の間の貴族。

——ハイネ「機知・英和・情念―イタリア」

*人間には二種類しかない。一つは、自己を罪人だと思っている義人であり、他の一つは、自己を義人だと思

っている罪人である。

＊人間は神と悪魔との間に浮游する。

——パスカル「パンセ」

＊人間は天使でもなければ、獣でもない。しかし不幸なことは、人間は天使のように行動しようと欲しながら、獣のように行動する。

——同右

＊人間は自然のうちで最も弱い一本の葦にすぎない。しかし、それは考える葦である。

——同右

＊人間は偽装と虚像と偽善にほかならない、己自身においても、また他人においても。

——同右

＊人間はおべっかを使う動物である。

——ハズリット「政治随筆」

＊人間は時間の中に生活しても、さらに進んで永遠の中にはいり、肉体的な水準を棄てて精神的な水準に生きるように努めねばならない。

——トーマス＝ハックスレー「久遠の哲学」

＊地上には人間以外に偉大なものは存在しない。人間では精神以外に偉大なものは存在しない。

——ハミルトン「形而上学講義」

＊人間の心は三つの部門、すなわち知力・理性・情熱に分けられる。知力と情熱は他の動物も具備するも、理性は人間のみに具わる。

——ピタゴラス「断片」

＊私は自己の家族より母国を愛する。私は母国よりも人間の本性を愛する。

——フェヌロン「テレマク」

＊人間の本質が人間の最高のものであるならば、実践的にも最高かつ最善の掟は、人間に対する人間の愛でなければならない。

——フォイエルバッハ「キリスト教の本質」

＊人間が不滅であるのは、生物の中でただ人間のみが堪えることのない声を持っているからではなく、魂、つまり同情し、特性となり、忍耐する力のある精神を持っているからにほかならない。

——フォークナー「ノーベル文学賞受賞のときの演説」

＊天は人の上に人を造らず、人の下に人を造らず。

——福沢諭吉「学問のすすめ」

＊最上の金属は鉄、最上の植物は小麦、最悪の動物は人間である。

——ノラー「格言集」

＊人間は人間を脅やかす狼なり。

——プラウトス「アシナリア」

＊人間のことは何にてあれ、大いなる心労に値せず。

——プラトン「共和国」

＊人間は道具をつくる動物である。
――フランクリン（「サミュエル・ジョンソン伝」より）

＊人間は自分自身によってのみ救われる、自分によって、そして自分の裡で。
――フランツォース「バルノフのユダヤ人」

＊すべての人間は己の裡に猛獣を潜めています。
――フリードリヒ大王「ヴォルテール宛の書簡」

＊人間に最も多くの災禍をもたらすものは人間なり。
――プリニウス二世「自然史」

＊人間は万物の尺度なり。
――プロタゴラス「断片」

＊人間は安泰の裡に満足を見出すべきである、と言っても無駄である。人間に必要なのは行動である。もし行動が見つからないときには、人間はそれを創り出すだろう。
――シャーロット＝ブロンテ「ジェン・エア」

＊善がなければ、人間はただの虫けらにすぎないし、うるさい有害な劣悪な動物にとどまろう。
――ベーコン「随筆集」

＊われわれの裡に存在するものはすべて同一なり。生と死、醒と睡、若と老。
――ヘラクレイトス「語録」

＊人間は自己の弱点に気がついたときに、はじめて人間を嘆じ、軽蔑するようになる。

＊生きとし生ける者よ、大地より立ち上がれ。
――ベルグソン「断片」

＊最もどう猛な野獣でも自分の巣の中ではおとなしく、やさしい。しかるに、人間ときたら自分の家庭においては野獣よりもさらに悪い。
――ヘルダー「人類の歴史の哲学者」

＊人間は環境に依存し、人間に依存するものにあらず。
――ヘルツェン「誰の罪」

＊人間は理性を有する二本足の動物なり。
――ヘロドトス「歴史」

＊一般的にいうと、人間の力というものは、明らかに利益となるような未来を得るための今日の手段である。
――ボエティウス「哲学の慰め」

＊人間は利己的動物であるから、自然的状態では自己保存のために相互に利益を侵害し合い、かえって利己の目的を達し得ないから、契約によって国家を形成し、主権者のもとに各自の利己を制限し、調和する。
――ホッブス「リヴァイアサン」

＊およそ人間ほど非社交的かつ社交的なものはない。その不徳によりて相集まり、その天性によりて相知る。
――同右「哲学体系―国家論」

＊神の謎を解くなどと思い上がるな、人間の正しい研究課題は人間である。
――ボードレール「火箭」

＊人間はすべて善でもあり、悪でもある。極端はほとんどなく、すべて中途半端だ。

――ポープ「人間論」

＊地上で呼吸し、かつ匍う限りのすべての者のうちにて、人間より以上に弱きものを地は養わず。

――同右

＊人間は樹木の葉のごとく、土地の恵む果実を食し、きらびやかに栄えることもあり、時変われば、忽ちにして生命ははかなく死滅す。

――ホメロス「オデュッセイア」

＊人間とは、自分の運命を支配する自由な者のことである。

――同右「イリアス」

＊人間という奴は、創造することによってのみ自己を防備することができるのだ。

――マルクス「経済と哲学」

＊生命とは虚無を掻き集める力である。……虚無を掻き集めて形作られたものは虚無ではない。虚無と人間とは死と生とのように異なっている。しかし虚無は人間の条件である。

――マルロー「征服者」

＊人間は神がつくったということは僕は信じられない。神がつくったものとしては人間は無常すぎ、不完全すぎる。しかし自然が生んだとしたら、あまりに傑作すぎるように思うのだ。

――三木清「人生論ノート」

＊人間は善良であればあるほど、他人の悪さに気がつかない。

――武者小路実篤「人生論」

＊人間は機械である。ちょっとでも触れると欲情がはげしく回る機械である。

――メレ「アフォリズム」

＊人間はすべて暗い森である。

――モーパッサン「断片」

＊みずからを憎み、みずからを蔑視するのは人間のみであり、他の生物には見られない独特の一種の病気である。

――モーム「作家の手帖」

＊自然は回転するが、人間は前進する。

――モンテーニュ「随想録」

＊「汝自身を知れ」は、天より降れり。

――エドワード＝ヤング「夜の瞑想」

＊人間は社会に従うか、自然に従うかという二つの方法によって生きている。

――ユヴェナリス「諷刺詩」

＊人間というものは……二種類の画然と分かれた種類から成り立っている。すなわち借りる人間と、貸す人間

――ユーゴー「光と影」

との二つの種族である。

——ラム「エリア随筆」

*人間一般を知ることは、個々の人間を知ることよりも容易である。

——ラ・ロシュフーコー「箴言集」

*私たちは自分の存在を及ぶ限りの広さで受け取らなければなりません。すべてのことが前代未聞のことでさえも、その中にはあり得るのです。

——リルケ「若い詩人宛の書簡」

*自分も人間でありながら、その人間が私を人間嫌いにする。

——ルナール「エロアの控え帳」

*人間愛はすべてのモラルの根源である。これは仁慈であり、ヒューマニズムであり、社会的道義心である。

——ロイド・ジョージ「語録」

*この世では、人間は鉄床かハンマーでなければならない。

——ロングフェロー「ハイペリオン」

*われ、十有五にして学に志し、三十にして立ち、四十にして惑《まど》わず、五十にして天命を知り、六十にして耳順《したが》い、七十にして心の欲するところにしたがいて矩《のり》を越えず。

——「論語」(孔子)

*人間とは「世の中」自身であるとともにまた世の中における「人」である。

——和辻哲郎「人間の学としての倫理学」

*人間のことを善人だとか、悪人だとか、そんな風に区別するのはバカげたことですよ。人というのは魅力があるか、さもなければ退屈か、そのいずれかですからね。

——ワイルド「ウィンダミア夫人の扇」

自惚れと自信→自愛

自惚れは人間の持つ最高の装甲であり、自惚れがあるからこそ人間は生き甲斐を感ずる、阿呆も天才に、醜女を絶世の美人に己を染め上げることができるのだから。自信の本質はヒロイズムである。自信家は、己の言動のみを信用するので、ちょっとしたハズミによるボタンのかけ違いで、しばしば自滅を招く。

*自惚れは必ず自滅を招く。

——イソップ「寓話」

*自惚れは平民を最高の貴族に等しくしようとする。

——ヴォーヴナルグ「省察と格言」

*値打ちがなければないほど自惚れが強く、かつ横柄であり、いよいよ尊大ぶり、ますます気取る。だが、大半の人間が痴愚心の奴隷であり、どうしても、いちば

ん悪いものが、いちばん多くの人々のお気に入りになってしまう。

——エラスムス「痴愚神礼讃」

＊自惚れ心には追従という妹がいて、よく似ている。これは己でなく、他をだますことにある。

——同右

＊汝己の眼にみずからを知恵ある者とする人を見るか、彼よりもかえって愚なる人に望みあり。

——「旧約聖書―箴言二六章一二節」（ソロモン）

＊運命をはねつけ、死を嘲り、野望のみをいだき、知恵も恩恵も恐怖も忘れてしまう。お前たちもみな知っているように、慢心は人間の最大の敵だ。

——シェークスピア「マクベス―三幕五場」

＊自惚れは、人間が着用し得る最高の装甲である。

——ジェローム「怠け者の能なしの考え」

＊自惚れは苦しみの源泉である。自惚れが消えたときから、人生の幸福な時期が始まる。美しさが衰えかけたとはいえ、まだ相当きれいな婦人でも、己の自惚れによって不幸にもなるし、滑稽にもなる。

——シャンフォール「格言と省察」

＊女の自惚れを満足させてやるのが男の至上の歓びであるのに反し、女の至上の歓びは男の自惚れを傷つけることである。

——バーナード＝ショウ「非社交的社会主義者」

＊他人の所業にほとんど関心を示したことのない人なら、自分自身も他人からわずかしか注目されていないことに気づくだろう。

——サミュエル＝ジョンソン『ランブラー誌』

＊相互いに心を同じうし、高ぶりたる思いをなさず、反《かえ》って卑《ひく》きにつけ、汝ら己を聡しとなす。

——「新約聖書―ロマ書一二章一六節」

＊神は自惚れ家を憎む。

——セネカ「書簡集」

＊道を聞くこと百にして、以て己に若《し》く者莫《な》しと為す。

（少しばかりのことを知っただけで知者だと自惚れる人のことをいう）

——「荘子」

＊自讃してみるがいい。自分を称讃する愚者どもを間違いなく見つけるだろう。

——ハスリット「人さまざま」

＊自惚れている者は罪のない人間である。彼は自尊心を高ぶらせているから、他人は彼を全然尊敬しなくてもすむ。

——ヘンリー＝ビーチャー「プリマウス説教集」

＊自尊心は自惚れを傷つける。

——フランクリン「貧しいリチャードのアルマナック」

＊自分たちに真実と思われる事柄をすべて馬鹿にし、これを虚妄だとしてしまうことも愚かな自惚れである。

これは一般の人たちよりも、若干器量のある自信を持っている人々にありがちな悪弊である。
——モンテーニュ「随想録」

＊あらゆる人間は、自分以外の人はすべて死ぬと思っている。
——エドワード＝ヤング「夜の瞑想」

＊自惚れるということが全然なかったとしたら、この世にはさして愉しいことはあるまい。
——ラ・ロシュフーコー「箴言集」

＊世界はわれわれを天国から地獄へ運ぶ駕籠にすぎない。駕籠かきは神と悪魔であって、先に進むのが悪魔である。
——リヒター「若き物理学者の遺稿」

＊木強ければ則ち折る。（強気の人間はもろく自滅する）
——劉安「淮南子《えなんじ》」

＊「個人的自負」は独特ということであり、俗衆への宣戦である「集団自負」と「愛国的自負」は、仲間を組んで自分たちと違うものをやっつけることが、少数の天才に対する宣戦である。
——魯迅「随感論」

＊自信はヒロイズムの本質である。
——エマーソン「随筆集」

＊みずからを最も信頼する者が最も欺かれる。

＊人は喜んで自己の望むものを信ずるなり。
——エリザベス女王「語録」

＊自信は、心が確信ある希望と信頼とを持ちて偉大なる栄誉ある道に乗り出す感情なり。
——カエサル「語録」

＊最も高い所にある人は、それだけはげしい危険にさらされることが多いが、それは過度の自信のせいである。
——キケロ「修辞学的創意」

＊自信は征服できると信ずるものを征服し得る。
——ケムピス「キリストのまなび」

＊己自身を信頼する者は群衆を指導し、かつ支配す。
——ホラティウス「諷刺詩」

＊われわれ自身がいだいている自信が、他人に対する信用を芽生えさす。
——ドライデン「アブサロとアチトフェル」

——ラ・ロシュフーコー「箴言集」

・自我→自愛

＊汝自身を知れ。
——キロン「断片」

＊われわれ各個人は、他人の裡に自己を写す鏡を持っている。
——ショウペンハウエル「パレルガとパラリポーメナ」

＊いかに多くの人々が汝より前進しているかを見るなら

ば、いかに多くの人々が汝より遅れているかを考えよ。

——セネカ「書簡集」

＊天上天下唯我独尊。（釈迦が言ったといわれ、天地間において己より貴いものはないという意）

——「伝燈録」

＊動物的自我の否定こそ人間生活の法則である。

——トルストイ「人生論」

＊自己について多くを語ることは、自己を隠すひとつの手段でもあり得る。

——ニイチェ「善悪の彼岸」

＊凡そ人たるものは、おのおの己自身を保ちて生活するを本とす。

——西周《あまね》「燈影問答」

＊自我というものは、それ自体が不正なものだ。なぜならば、自我は自分が万物の中心だと思おうとするからだ。また、自我は他人にとっても都合が悪いものだ。というのは、自我は他人を服従させたがらないからだ。

——パスカル「パンセ」

＊君が自我を放棄すればするほど君の愛は偉大になり、真実になる。

——フォイエルバッハ「死と不死について」

＊私は人類のために甘美な酒をもたらす酒神《バッカス》だ。精神の神々しい陶酔境を人間に味わせることのできるのは、この私だ。

——ベートーヴェン「手記」

＊自分を知るためには他人を知らなければならない。

——ベルネ「断片と警句」

＊我あり、あるがままにて十分なり。

——ホイットマン「感想」

＊何より自分自身に対して偉人に、聖者になることだ。

——ボードレール「赤裸の心」

＊「汝自身を知れ」という格言は適切なる言にあらず。「他の人々を知れ」という言がより実用的なり。

——メナンドロス「断片」

＊己の感情は己の感情である。己の思想も己の思想である。天下に一人《いちにん》のそれを理解してくれなくたって、己はそれに安んじなくてはならない。

——森鷗外「余興」

＊各人は自己の前を見る。私は自己の内部を見る。私は自己だけが相手なのだ。私はつねに自己を考察し、検査し、吟味する。

——モンテーニュ「随想録」

＊全世界を知り、己自身を知らない者がある。

——ラ・フォンテーヌ「寓話」

＊自我こそ愛すべきものである。

——ルソー「孤独な散歩者の夢想」

＊人を知る者は智、自ら知る者は明。（自己を知ることは他人を知ることよりむずかしい）

容貌・容姿

――「老子」

外面の美は年々減摩されて消え失せるが、知性の美は年とともに研磨され、それが顔のしわに深く刻まれる。

＊われわれは心に気をくばるべきで、外貌に気をくばるべきではない。

――イソップ「寓話」

＊普通の身体組織を持っている人はみな、精神についてもほぼ等しい素質を持っている。

――エルヴェシウス「人間論」

＊威厳と恋は融合することなく、また、ともに永く持続するものにあらず。

――オヴィディウス「恋の技術」

＊人の目は百里の遠きを見れども、その背を見ず。明鏡と雖もその裏を照らさず。

――貝原益軒「五常訓」

＊私は二つの顔を持つ双面神《ヤヌス》だ。一面の顔で笑い、他面の顔で泣く。

――キェルケゴール「断片」

＊威厳は香りのごときもの、威厳を活用する者はそれをほとんど意識はしない。

――クリスティーヌ女王「語録」

＊外面《げめん》菩薩に似て内心夜叉《しゃ》の如し。（外面は仏だが、内心は鬼のようだ）

――「華厳経」

＊自己の顔を鏡で見よ。

――佐久間象山「語録」

＊人を知るに、顔を知って心知らず。

――「春秋左氏伝」

＊世に最も輝かしく、最ももろいものが二つある。一つは女の顔、他の一つは陶器である。

――スウィフト「随想録」

＊男は女の心がわからないうちは顔のことなぞ考える暇はない。

――スタンダール「恋愛論」

＊身体の美は、もし知性がその根底になければ、動物的なものにすぎず。

――デモクリトス「断片」

＊形を見るものは質を見ず。

――夏目漱石「虞美人草」

＊美しい顔が推薦状であるならば、美しい心は信用状である。

――ブルバー・リットン「それで何をするであろうか」

＊清い魂のない美しい顔は輝くガラスの目のようなもので、何も見えない。

——ブラッキー「断片」

*人に存するもの眸子よりよきはなし。眸子はその悪を蔽うこと能《あた》わず。

——「孟子」

*おれなんぞの顔は閲歴がだんだんに痕を刻み付けた顔で、親に生み付けてもらった顔とは違う。

——森鷗外「半日」

*外其の威儀正しき時は内其の徳正し。

——山鹿素行「山鹿語録」

*男性における知的な風貌は、最も自惚れの強い連中の熱望する美の形成である。

——ラ・ブリュイエール「人さまざま」

*四十歳を過ぎた人間は、自分の顔に責任を持たなければならない。

——リンカーン（「演説集」より）

性質・性格→人間と人間性

人間の性格には天使的側面と悪魔的側面とが宿っており、絶対的善にも絶対的悪にもなれない中途半端の人間が大半である。長所の目立つ人間は、それだけ短所も目立つもので、長所も短所も少ない人は、反応のあまりない、取り扱いにくい人間である。

*倒れし者を、そのうえ蹴りつけんというのが人間の生れつきの性《さが》なり。

——アイスキュロス「アガメンノン」（ミケーネ王）

*吾人の性格は吾人の行為の結果なり。

——アリストテレス「ニコマコス倫理学」

*性質《うまれつき》に短気といふことあるべからず、此《これ》気随のなすところなり。

——石田梅巌「都鄙問答」

*性格とは、一つの「慣習」なり。それは熟慮することもなく、魂からスムーズに流れ出る一定の行為なり。

——イブン・スインナー「キターブ・アル・ナジャート」

*あらゆる人は同等である。それを異なるものにするのは生れではなくて、徳にあるのみ。

——ヴォルテール「人間論」

*天性はつねに教育よりいっそうの影響力を持つ。

——同右「モリエールの生涯」

*性格は固くもなければ不変でもなく、活動しており、変化していて、われわれの肉体と同じように病気にもなろう。

——ジョージ＝エリオット「断片」

*人の天性は良草を生ずるか、雑草を生ずるか、いずれかである。したがって、折をみて良草に水をやり、雑草を除かねばならない。

——カーライル「随筆集」

＊婦は初来に教え、児は孩嬰《がいえい》に教う。（嫁は来たときにすぐ家風を教え、子どもは赤ん坊のときからしつけをせねばならない。「矯《た》めるなら若木のうち」と同義）

――「顔氏家訓」

＊才能はひとりでに培われ、性格は世の荒波にもまれて形成される。

――ゲーテ「タッソー」

＊われわれの持っている天性で、徳となり得ない欠点はなく、欠点となり得ない徳もない。

――同右「ヴィルヘルム・マイステル」

＊国民の真の偉大さは、個人の偉大さを構成する性格にある。

――チャールス＝サムナー「語録」

＊柔能《よ》く剛を制す。

――「三略」

＊人の性は悪、その善なる者は偽なり。（性悪説）

――「荀子」

＊人の本性は不定なり。一つところを渦まく水のごとし。東の方へ切り開けば水は東方に流れ、西方に切り開けば西方に流る。

――同右

＊人の本性は、……その本性に従えば譲らず、譲れば本性に逆らう。それゆえ、人の本性が悪なることは明白であり、善は後天的な仕業なり。

――同右

＊すべて善き樹は善き果《み》を結び、悪しき樹は悪しき果を結ぶ。善き樹は悪しき果を結ぶこと能《あた》わず、悪しき樹は善き果を結ぶ能わず。すべて善き果を結ばぬ樹は、伐《き》られて火に投げ入れらる。然らば、その果によりて彼らを知るべし。

――「新約聖書―マタイ伝七章一七～二〇節」（イエス）

＊ごく小さな孔から日光を見ることができるように、小さな事柄が人の性格を浮き彫りにする。

――スマイルズ「自助論」

＊性格のための証拠は、いかなる細事からでも取り出し得る。

――セネカ「書簡集」

＊生物の変異性と生物の遺伝性と人間の力――これが人為淘汰である。……有利な個々の変異を保存し、不利な変異を絶滅すること――これが自然淘汰である。

――ダーウィン「種の起源」

＊信もなく義もなく、相争ひ相奪ひ相殺し相害するのみ。（性悪説）

――太宰春台「語録」

＊善にも強ければ、悪にも強いというのが、いちばん強力な性格である。

――ニイチェ「人間的な、あまりに人間的な」

＊人は多くの場合、他人と異なるのみならず、また、い

ろいろなときにおける自分自身と異なることが多い。

――パスカル「小品集―幾何学の精神について」

*人の性質は、いつまでも前のほうにのみ進めない。ひき汐あり、さし汐がある。

――同右「パンセ」

*無邪気な性格は深遠な思索の自然発生的な結果である。

――ハズリット「人の性格について」

*毛を吹きて疵《きず》を求む。（上役のさもしい根性を突いたことば）

――班固撰「漢書《じょ》」

*技芸はひと揃いの衣裳を創るであろうが、天性は人間を創らねばならない。

――ヒューム「随筆―エピクロス主義者」

*人格とは、高いものと低いものとが一つになったものである、人格には無限なものとまったく有限なもの、一定のはっきりしたけじめと、けじめのまったくなさとが統一されている。人格の高さというのは、この矛盾を持ちこたえることである。

――ヘーゲル「法の哲学」

*人の天性は良草を生ずるか、雑草を生ずるか、そのいずれかである。だから、折をみて良草に水をやり、雑草を除かねばならない。

――ベーコン「随筆集」

*強情は人間の心に宿る本源的な衝動の一つである。

――ポー「黒猫」

*すべての生物の性質は、地上におけるそのものの状態、そのものの住むべき場所に適応している。

――ボーリングブルック「断片」

*人の天性まちまちなる故に、甘き物をこのむ人もあり、辛き物を愛する人もあり。もし我がこのむ味を本として、余味は皆いたづらなりと言はば愚人なるべし。

（性善説）

――夢窓国師「夢中問答」

*人間の本性は善なり。（性善説）

――「孟子」

*極端な無邪気さは極端な嬌態に近い。

――ユーゴー「レ・ミゼラブル」

*人の性は善悪混ず、其の善を修むれば善人となり、其の悪を修むれば悪人となる。（孟子の「性善説」と荀子の「性悪説」を折衷したことば）

――楊雄「法言」

*人間はときに、他人と別人であると同じほどに自分とも別人である。

――ラ・ロシュフーコー「箴言集」

*木強ければ則ち折る。（強気の人間はもろく自滅する）

――劉安「淮南子《えなんじ》」

*性格は樹木のようなものであり、世評はその影のようなものである。影はそれについてわれわれが考えるものであり、樹木は真物である。

——リンカーン「語録」

＊「いちばん性《たち》の悪い動物の名は？」と、王が賢者に尋ねたら、賢者曰く「荒っぽい奴では暴君、おとなしい奴ではおべっか使い」。

——レッシング「格言詩」

・長所・短所

＊硯《すずり》なめらかなりても堅きに過ぐれば墨を鈍ならしむ。

——上田秋成「藤簍冊子《つづらぶみ》」

＊自己のものにあらざる長所を自慢するなかれ。

——エピクテトス「説話」

＊人ヲ用フル道ハ、其ノ長所ヲ取ツテ短所ヲ構ハヌ事也、長所ニ短所ハツキテハナレヌ者ユヱ、長所サヘ知レバ短所ハ知ルニ及バズ。

——荻生徂徠「太平策」

＊米は米にて用に立ち、豆は豆にて用に立申候。

——同右「弁通」

＊最大の欠点は、何人も自覚していないと言いたい。

——カーライル「英雄と英雄崇拝」

＊知は目の如し、百歩の外を見て、睫《しょう》を見る能《あた》わず。（目は遠くは見えても、まつ毛は見ることができない。同様に、他人の欠点は眼についても、自分の欠点には気がつかない）

——「韓非子」

＊われわれは好んで他人が完全であることを求めはするが、自分自身の欠点をただそうとはしない。

——ケムピス「キリストのまねび」

＊玉を攻むる（磨く）には石を以てし、金を洗うに塩を以てす。（物事の長短をみきわめて処理すべきである。人間を使う場合も然りである）

——「後漢書」

＊なんらの欠点をも見せない人間は愚者か、偽善者である。欠点の中には美点に結びついているもので、美点を告げ知らせるものであり、矯《た》めないほうがよいような欠点があるものである。

——ジューベル「パンセ」

＊友の欠点に寛大ならざれば己自身を欺かん。

——シルス「箴言集」

＊人は他人の美点を己の裡にあると思う美点によって測定する。

——セルデン「卓上閑話」

＊人みな各々の得たる所一つあるものなり。その得る所をとりて之を用ふるときは、則ち人を捨てず。

——沢庵「玲瓏日記」

＊欠陥に満ちていることは、ひとつの悪であるが、欠陥に満ちていながら、それを認めようとしないのは、より大きな悪である。

——パスカル「パンセ」

＊われわれが嘲笑う他人の欠点が、われわれ自身の内部

で己を嘲笑う。

——ブラウン「キリスト教道徳」

＊女の欠点を知ろうとする者は、彼女の女友だちの前で、彼女を褒めてみることだ。

——フランクリン「書簡集」

＊欠点のないのが唯一の欠点なり。

——プリニウス二世「書簡集」

＊とげのないバラはない。

——ヘリック「バラ」

＊己の弱点に気づいて、はじめて人間を嘆じたり、軽蔑したりするようになる。

——ベルグソン「道徳と宗教の二源泉」

＊大盛は守り難し。（長所があり過ぎることは、かえって身のあだになる）

——「墨子」

＊他人の欠点を笑ってばかりいるのは、憶病の証拠である。

——ホッブス「リヴァイアサン」

＊私は人を憎まずして、その欠点を憎む。

——マルティアリス「諷刺詩」

＊人間は自分たちの話になると、まるで自分たちには小さな欠点だけしかないように語る。

——ラ・ブリュイエール「人さまざま」

＊大なる欠点を持つことは、偉人たちのみに限られる。

——ラ・ロシュフーコー「箴言集」

＊われわれが小さな欠点を認めるのは、大きな欠点を持っていないと、人に信じさせるためである。

——同右

＊簪《かんざし》は以て屋を持《たも》つ可からず。（ものには特徴があって適材適所に用いなければならない）

——劉安「淮南子《えなんじ》」

能力・才能

才人は才しか認めず、孤高の才能を誇る尊大な人間である。大才は肩書を馬鹿にし、中才は肩書を大切にし、小才は肩書を欲しがる。専門家は己の土俵でしか物事を考察しない料簡の狭い俗物である。凡人は己の能力を知り、阿呆の国の主権者になろうとする。

＊他人がむずかしさを見出すことを容易に行うこと、これが才能である。

——アミエル「日記—一八五六・一二・一七」

＊人各々能、不能あり、我れ孔明たる能《あた》はず、孔明我れたる能はず。

——伊藤仁斎「童子問」

＊われわれの最も確かな保護者はわれわれの才能である。

——ヴォーヴナルグ「省察と格言」

＊隠れたる才能は名を売らぬ。

——エラスムス「痴愚神礼讃」

＊われわれを喜ばすに足る才能の程度は、われわれの有する才能の程度に対する正確な尺度である。

——エルヴェシウス「精神論」

＊一年の計は穀を樹《う》うるに如《し》くはなし。十年の計は木を樹うるに如くはなし。終身の計は人を樹うるに如くはなし。（人を樹うるは、人物を養成すること。「一樹百穫」の意）

——「管子」

＊猿を柙《こう》中に置けば豚と同じ。（猿をおりの中におくと豚のように鈍重な性質になる。才能ある人物も、ところを得なければ能力を発揮できない）

——「韓非子」

＊鶏をして夜を司《つかさど》らしめ、狸《り》をして鼠を執《と》らしむ。（狸は猫、才能に応じて人物を使う意）

——同右

＊千里の馬は常に有れども、伯楽は常には有らず。（一日千里を走る名馬はいつの時代にもいるが、それを世に出す伯楽、つまり馬の鑑定人はいない）

——韓愈《ゆ》（「雑説」より）

＊一つの才能をもって、一つの才能のために生れた者は、その中に彼の最も美しい生存を見出す。

——ゲーテ「ヴィルヘルム・マイステル」

＊水至って清ければ、則ち魚なし。人至って察《あきら》かなれば則ち徒《とも》なし。（あまりに才気煥発であると、畏れられて友ができない。清濁合わせ呑む人柄が大切である）

——「孔子家語」

＊才能とは、自分自身を自分の力を信ずることだ。

——ゴーリキー「どん底」

＊真に偉大な特性も、それを実際に用いなければ無に等しい。

——サブレ夫人「格言」

＊善く作《おこ》す者必ずしも善く成さず。（ひらめきのよい企画をする者は、必ずしも物事を完成はしない）

——司馬遷編「史記」

＊良賈《こ》は深く蔵して虚なるが如し。（すぐれた商人は、よい品物をやたらに店頭に飾らない。君子は才能をいたずらに才覚をふりかざさない）

——同右

＊あまりにも卓越した性質は、しばしば社会生活を不向きにする。われわれは地金を持って市場へ出かけず、小金を持って市場へ出かける。

——シャンフォール「格言と省察」

＊才気は多くの無用な思想を持つにあり、良識は必要な知識をよく身に付けることにある。

——ジューベル「パンセ」

＊中才は肩書によって現れ、大才は肩書を邪魔にし、小才は肩書を汚す。

——バーナード＝ショウ「語録」

*人があれもこれもなし得ると考える限り、何もなし得る決心がつかない。

——スピノザ「エチカ」

*あまりに多くのことをなし得る者は、自己の能力以上のことをなさんと欲す。

——セネカ「書簡集」

*大いに走るものは多く躓《つまず》く。（「河童の川流れ」と同義）

——「戦国策」

*高世の巧（功）を有する者は必ず遺俗の累を負い、独智の慮《おもんぱか》り有る者は必ず庶人の怨を被る。（抜きん出て功を立てる者は必ず風俗習慣から非難され、多数の人と異なる知恵を持つものは、多くの人から怨まれる）

——同右

*材大なれば用をなし難し。（大人物は、彼を使いこなせる人物が少ないので用をなさない）

——杜甫《とほ》「古栢行」

*凡人はあらゆることに対する答えを持っているし、いかなることにも驚かされることがない。

——ドラクロワ「日記」

*すぐれた能力も機会なくしては取るに足りない。

——ナポレオン「語録」

*才能を一つ多く持っていることのほうが、才能が一つ少ないよりも危険である。

——ニイチェ「人間的な、あまりに人間的な」

*人間は地上にこそ破壊の跡を記すが、その力の及ぶのは岸にとどまる。大河原の上では、破壊はすべてお前の業、人間の破壊力は、その影すらもとどめない。

——バイロン「チャイルド・ハロルドの巡歴」

*なんの取柄もない人々の存在は、実は世の中になくてはならない救いのひとつである。己の分をきちんとわきまえている限りは、その人はけっこう面白いし、愛嬌さえある。

——ハスリット「人さまざま」

*才能は勤勉努力に依存することをなす能力であり、自発的な力であるのに反し、天才は不随意の力である。

——同右

*年を取るにつれてわれわれの能力の限界を知る。

——フロード「大問題についての小研究—教育」

*才能は永い努力の賜物である。

——フローベル「断片」

*信義は理知よりも高い才能である。

——ベイリー「フェスタス—序」

*生得の才能は自然樹のようなもので、学問によって剪《せん》定することを必要とする。

——ベーコン「随筆集」

*良弓は張り難し、良馬は乗り難し。（良弓は強いので弦を張るのがむずかしく、良馬は御しにくい。才能ある者も同じだ）

——「墨子」

＊いかなる者も己自身にてすべてをなし得ず。

——ホメロス「イリアス」

＊自己の腕前を人に示さないことこそが真の腕前である。

——ラ・ロシュフーコー「箴言集」

＊舟覆《くつがえ》りて乃《すなわ》ち善く游ぐを見る。（舟がくつがえって、泳ぎ上手の人間か、どうかがわかる）

——劉安「淮《え》南子《なんじ》」

＊象の牙を見てその牛より大なるを知る。（「一を知って十を知る」と同義）

——劉向《きょう》撰「説苑《ぜいえん》」

＊単によい歌い手や踊り手であるだけでは、世間で抜きん出るわけにはいかない。

——ルソー「告白録」

＊大器は晩成す。

——「老子」

＊善く士たるものは武《たけ》からず。（「能ある鷹《たか》は爪をかくす」と同義）

——同右

・天才・英才・秀才

＊天才とは僅かに我々と一歩を隔てたもののことである。

——芥川龍之介「侏儒の言葉」

＊天才の悲劇は「小ぢんまりした、居心地のよい名声」を与えられることである。

——同右

＊世の中には創造する天才があるように、探す天才もあり、書く天才があるように、読む天才もある。

——ヴァレリー「作家論」

＊民族は上からではなく、下から更新される。無名の人たちの中から出現する天才こそ、人民の若さと精力を更新する天才である。

——ウッドロー＝ウィルソン「新しい自由」

＊天才は一％のインスピレーションと九九％の発汗である。

——エジソン「語録」（新聞のインタビュー）

＊自分自身の思想を信じ、自分にとって真実であるものを信じ、自分の心で万人の真実を信じる者が天才である。

——エマーソン「随筆集」

＊どんな天才も同僚たちとは違った角度で世の中を見るが、ここに彼の悲劇がある。

——エリス「人生の踊り」

＊天才というものは、通常一つの点以外では物を燃やさない煉瓦である。

——エルヴェシウス「精神論」

＊天才とは、何よりもまず苦悩を受けとめる先駆的な能力のことである。

――カーライル「フレドリック大王伝」

＊天才は生得の心の素質であり、これによって自然は芸術に規則を与える。

――カント「断片」

＊天才も不滅ではないということほど、凡人にとって慰めになることはない。

――ゲーテ「親和力」

＊神童などということばは家族のつくったものだ。

――コクトー「ラディゲを悼んだことば」

＊天才ってのは自分を信ずることなんだ。

――ゴーリキー「どん底」

＊天才のランプは人生のランプより早く燃える。

――シラー「断片」

＊天才の特徴は、凡人がひいたレールに自分の思想をのせないことだ。

――スタンダール「赤と黒」

＊詩人の詩文は石碑に刻まれて残っていくが、天才はそのまま永く生き残っていく。

――ハーバート＝スペンサー「教育随筆」

＊いかなる天才も熱情によって生み出される。

――アイザック＝ディズレーリ「文学の好奇心」

＊天才とは努力する力である。

――ドワイト「演説」

＊凡人は既成の社会に出来る丈け自己を適合させることを以て自己の天職と考え、天才は自己に社会を適合させることによってそれを開拓する。

――長与善郎「盲目の川」

＊科学者が天才視されないのは、単なる理性の児戯にすぎない。

――ニイチェ「人間的な、あまりに人間的な」

＊真の天才は、予め一定の軌道にのせて描くことはできない。その軌道は、すべての批判的評価のラチ外にある。

――ハイネ「北海」

＊天才は先例なしに正しく行動する能力である――最初に正しいことをなす力である。

――ハバード「千と一つの格言」

＊天才とは、勤勉の結果のみ。

――ハミルトン「断片」

＊天才とは、最大の根気にすぎない。

――ビュッフォン「語録」

＊凡人は存在の中に住す、其一生は観念なり、凡人は聖人の縮図なり。

――二葉亭四迷「平凡」

＊天才を知る者は天才である。

――ヘーゲル「断片」

＊天才は万人から人類の花と認められながら、いたるところに苦難と混乱を惹起する。天才はつねに孤立して

生れ、孤独の運命を持つ。天才が遺伝することはあり得ない。

——ヘッセ「ゲーテとベッティーナ」

＊インスピレーションと天才とは一心同体である。

——ユーゴー「ウィリアム・シェークスピア」

＊神は女性の天才を心の中においた。

——ラマルティーヌ「瞑想」

＊少なくとも一年だけはどんな人も天才だ。

——リヒテンベルグ「反省」

・専門家

＊広い世界のものには関心が持ちにくく、狭い世界のものには関心が持ちやすい。

——岡潔「新聞随筆」

＊大工は削り屑によって知られる。

——スウィフト「優雅なる会話」

＊エキスパートというものは、大きな誤謬を一掃しようとして、小さな失敗を避けようとするものである。

——ストールバーク「語録」

＊耕は当《まさ》に奴《ど》に問うべく、織は婢《ひ》に問うべし。（「餅は餅屋」と同義）

——「宋書」

＊専門家というものは、職業柄、すべて常規を逸した企画には不信の態度をとらねばならないものだ。

——ツヴァイク「マゼラン」

＊エキスパートというものは、ほんのわずかしか知られていないことをより多く知っている者だ。

——バトラー「随想録」

＊専門家ほど心の狭い俗物はいない！

——フィーアオルト「ドイツのかんな屑」

＊なんでもやれる人に秀でたる人はいない。

——フラー「格言集」

＊獣を逐う者は大山を見ず。（「鹿を追う猟師は山を見ず」と同等）

——劉安「淮南子《えなんじ》」

孤独・孤立

窮屈な掟に縛られた群れの中で生きてきた人間が群れから脱け出せないのは、孤独と沈黙の恐怖からである。これに堪えられるのは、虎のように強い孤高のエゴイストしか見出せない。

＊孤独を愛する者は野獣か、しからずんば神なり。

——アリストテレス「断片」

＊この世の中で、いちばん強い人間とは、孤独で、ただひとりで立つ者なのだ！

——イプセン「民衆の敵」

＊理想的な人間は、最大の沈黙と孤独のなかにあって、最強の活動力を見出す人物であるし、最強の活動力のなかにあって、砂漠の沈黙と孤独とを見出す人物である。

――ヴィヴェーカーナンダ「カルマ・ヨーガ」

＊われわれはひとりで世の中を歩いている。われわれが望むような友だちは夢であり、寓話である。

――エマーソン「随筆集」

＊汝幸せにある限り、多くの友を持てるも、雲行き悪化せんか、孤独に陥らん。

――オヴィディウス「断片」

＊老いたる最も確かな徴候は孤独である。

――オルコット「書き板」

＊孤独はそれを求めたり、感じたりしているときよりも、むしろ予期しないときに来るものだ。たとえば明確に断言する、決断する、そういうときふと自分に奈落を感じる場合があろう。

――亀井勝一郎「現代人生論」

＊われは孤独である。われは自由である。われはわれみずからの王である。

――カント「断片」

＊われが孤独であるときには最も孤独にあらず。

――キケロ「パラドクサ」

＊孤独はこの世で最も怖ろしい苦しみだ。どんなにはげしい恐怖にも、みんなが一緒なら堪えられるが、孤独は死に等しい。

――ゲオルギウ「第二のチャンス」

＊誰ひとり知る人もない人込みの中をかき分けていくときほど、はなはだしく孤独を感ずることはない。

――ゲーテ『イタリア紀行』

＊どれほど孤独に生きようとも、人はいつのまにか、なんらかの債権者あるいは債務者になっている。

――同右「オティーリエの日記」

＊孤独とは厚い外套である。しかも、心はその下でこごえている。

――コルベンハイヤー「神を愛す」

＊孤独は、人のふるさとだ。恋愛は、人生の花であります。いかに退屈であろうとも、この外に花はない。

――坂口安吾「恋愛論」

＊われらは社交に別れを告げ、離れて住まんと志を立てけり。なぜならば、孤独の裡にいるほうが安心し得るからなり。

――サーディー「ゴレスターン」

＊神は人間に孤独を与えた。然も同時に人間に孤独ではいられない性質をも与えた。

――佐藤春夫「退屈読本」

＊孤独は神とともに暮らせない者には害がある。孤独は魂の力量を強化するが、また同時に、働きかけるべき

対象をすべて彼から奪ってしまう。力量を授かった者は、その力を同胞のために使わなくてはならない。

――シャトーブリアン「ルネ」

＊世人は孤独に暮らす人を、社交を好まないと称するが、人が夕方ポンディの森（フランスのドーラーセーヌ県にある森で、盗賊の巣窟だった）を徘徊しないからといって、散歩を好まないらしいと決めるようなものだ。

――シャンフォール「格言と省察」

＊孤独は知恵の最上の乳母である。

――シュティルネル「唯一者とその所有」

＊孤独――訪ねるにはよい場所だが、滞在するには寂しい場所である。

――ヘンリー＝ショウ「断片」

＊個々の人間にあっては、隠退と孤独への傾向の増加は、つねにその人間の知的価値の程度に応じて生ずる。

――ショウペンハウエル「パレルガとパラリポーメナ」

＊孤独はすぐれた精神の持ち主の運命である。

――同右「意志と表象としての世界」

＊私はかつて孤独ほど仲のよい仲間を見出したことがない。

――ソロー「ウォールデン森林の生活」

＊真の幸福は孤独なくしてはあり得ない。堕天使が神を裏切ったのは、おそらく天使たちの知らない孤独を望んだために相違ない。

――チェーホフ「六号室」

＊われは群れと交わることを侮ってきた、たとえ、その首領となり、その群れが狼のそれであろうとも。獅子は孤独だ。われも孤独だ。

――バイロン「マンフレッド」

＊この無限の空間の永遠の沈黙は私に恐怖を起こさせる。

――パスカル「パンセ」

＊人はひとりぼっちで死ぬであろう。だから、ひとりぼっちであるかのごとく行為すべきである。

――同右

＊生きて孤独なるものは不幸なり、死して孤独なるものは実に不幸なり。

――長谷川如是閑「如是閑語」

＊最高のものを求める人は、つねにわが道を往《い》く。人間は最高のものをけっして共存しない。幸福になろうとする人は、まず孤独であれ。

――ハーメルリング「恩恵と愛」

＊最悪の孤独は真の友情を持たないことである。

――ベーコン「随筆集」

＊人生とは孤独であることだ。

――ヘッセ「霧の中」

＊孤独の寂しさが人間の心を静かに燃やしてくれる。

――前田夕暮「断片」

＊盲目は一つの世界だと言われるが、孤独も一つの世界

だ。

——マルロー「希望」

＊孤独が恐ろしいのは、孤独そのもののためでなく、むしろ孤独の条件によってである。

——三木清「人生論ノート」

＊孤独は山になく、街にある。一人の人間にあるのではなく、大勢の人間の「間」にあるのである。

——同右

＊パリは人間のいっぱい住んでいる孤独である。田舎の都会は孤独のない砂漠である。

——モーリヤック「田舎」

＊孤独の生活の目的とは、もっと悠々と、もっと気ままに暮らすという唯一つであると信ずる。

——モンテーニュ「随想録」

＊人は、誰しも己ひとりの生涯をひとりで生き、己ひとりの死をひとりで死ぬものです。

——ヤコブセン「コリ・グルッベ夫人」

＊それ自身ですべての生活を維持していく栄誉を有する者はいない。

——ユーゴー「断片」

＊つれづれわぶる人は、いかなる心ならむ。まぎるる方なくただ一人あるのみこそよけれ。

——吉田兼好「徒然草」

＊人はひとりであるときいちばん強い！

——吉田絃二郎「青い毒薬」

＊われわれの悩みはすべて、ひとりでいられないことからもたらされる。

——ラ・ブリュイエール「人さまざま」

＊孤独は雨のようなものだ。夕暮れに向かって大海からのぼり、はるか遠い平野から、孤独は天へのぼって、いつもそこにいる。そして、天から初めて街のうえに降る。

——リルケ「形象集—孤独」

＊孤独とは、わたしたちの心の中で、死んでしまったすべての生ける墳墓だ。

——レニエ「どんく」

＊社会が個性に健全なように、孤独な空想に必要である。

——ローウェル「わが書物のうちに」

秘密

秘密は心中に潜む間諜によって、いつかは露顕する。一般的に男は己の秘密よりも他人の秘密については口が堅いが、女性は滅多に己の秘密を話さないが、他人の秘密については口が軽い。

＊われわれに秘密がありすぎるのも、また、なさすぎるのも精神の弱い証拠である。

＊己の秘密を守ることは他人の秘密を守ることよりも堅い。

――ヴォーヴナルグ「省察と格言」

＊歴史の中に未来の秘密がある。

――エマーソン「日記」

＊天知る、地知る、われ知る。汝知る。（秘密はいつかはばれる）

――岡倉天心「語録」

＊われわれが互いの秘密を知ってしまったら、どんな慰めがあるのだろうか。

――「後漢書」

＊人の最も率直な行為には秘密の面がある。

――コリンズ「イングリッシュ・レビュー」

＊秘密自体がその秘密性を守らずして、どんな秘密もあり得ない。

――コンラッド「西欧の眼のもとで」

＊秘密の悦びには、そのうれしさよりも怖れのほうが大きい。

――バーナード＝ショウ「メトセラ時代に戻れ」

＊それ隠れたるものの顕れぬなく、秘めたるものの知らぬはなく、明らかにならぬはなし。

――シルス「箴言集」

＊秘密は武器であり、友である。人間は神の秘密であり、力は人間の秘密であり、性は女の秘密である。

――「新約聖書―ルカ伝八章一七節」（イエス）

＊他人に汝の秘密を守らせんとせば、まず汝自身が守れ。

――ステフェンズ「金の壺」

＊隠れたるより見《あらわ》るるは莫《な》し。（秘密というものは、どんなに隠しても暴露されやすい）

――セネカ「書簡集」

＊秘密は秘密のままであることによっていちばんよく守られるであろう。

――「中庸」

＊人は常にわが胸中の秘密を語らんとす。けだしその人の有する四支五官は、すべてこれ、人間が心中の秘密を現す間諜者なり。

――テイラー「政治家」

＊話題に窮したときに、自分の友人の秘密を暴露しない者はきわめて稀である。

――徳冨蘇峰「インスピレーション」

＊秘密というものは、それがどんな性質のものであっても、女性の胸には重荷である、どうしても誰かに打ち明けずにはいられないから。

――ニイチェ「人間的な、あまりに人間的な」

＊他人の秘密をせんさくすべきにあらず。

――プーシキン「吹雪」

＊男は、自己の秘密よりも他人の秘密を誠実に守る。女

――ホメロス「書簡詩」

は、その反対に、人の秘密よりも自己の秘密をよく守る。

——ラ・ブリュイエール「人さまざま」

年齢と世代→時代

幼少年期はわがまま、青春期は放縦、壮年期は野心、老年期は貪欲、その果てに耄《もう》碌して寿命を全うする。年齢は感ずる者には悲劇であり、考える者には喜劇だ。年齢の進行は山登りに似ている。若い年代ほど日々が短く年が永く、年代が経つにつれて一日が永く一年が短い。

*友人たちが若く見えるとき、お世辞を言うのは、君が年を取ってきていることを確認しているからである。

——アーヴィング「スケッチ・ブック」

*この世において汝の肉体が力尽きぬのに、魂が先に力尽きるは恥ずべきことではなきか。

——アウレリウス「自省録」

*年齢はすべてのものを盗む、その心さえも。

——ヴェルギリウス「アエネイス流浪詩」

*その年齢の知恵を持たない者は、その年齢のすべての困苦を持つ。

——ヴォルテール「格言集」

*二十五歳まで学べ、四十歳まで研究せよ、六十歳までに全うせよ。

——オスラー「講演」

*命の長短は身の強弱によらず、慎と不慎とによれり。

——貝原益軒「養生訓」

*男は自分で感ずるだけ年を取るものだが、女は他人にそう見えるだけ年を取っているものだ。

——コリンズ「お前の年はいくつか」

*予、年二十以後、すなはち匹夫にして一国に繋がるあるを知り、三十以後、すなはち天下に繋がるあるを知り、四十以後、すなはち五世界に繋がるあるを知る。

——佐久間象山「省侃録」

*少にして学べば、則ち壮にして為すこと有り。壮にして学べば、則ち老いて衰へず。老いて学べば、則ち死して朽ちず。

——佐藤一斎「言志晩録」

*男は自己の感じているほどの年であり、女は見かけほどの年なり。

——セネカ「書簡集」

*命長ければ恥多し。

——「荘子」

*わが齢《よわい》進みて、人おのおのその帆をおろし、綱をまきおさむるときにいたれば、さきにうれしかりしものいまはうるさく、われは悔いまた自由して身を棄てき、かくして救いの望みはありしをああ幸なし。

＊青年期は大失策であり、壮年期は闘争であり、老年期は悔悟である。
——ベンジャミン＝ディズレーリ「コニングスビー」

＊年齢は恋のようなもので、蔽い隠すことはできない。
——デッカー「オールド・フォーチュネータス—二幕」

＊大人は大きく成長した子供にすぎない。
——ドライデン「恋ぞすべて」

＊女の高齢は男のそれよりも陰気かつ孤独である。
——ジャン＝パウル「角笛と横笛」

＊凡そ人は三十にして外は壮なるも、中はすでに衰う。試みに寝食の味を思え。すでに二十の時より減ず。
——白楽天「詩集」

＊青年時代は日々は短く、年は永い。老年時代は日々が永く、年は短い。
——バーニン「語録」

＊二十歳で容姿端麗、三十歳で強壮、四十歳で金持ち、五十歳で賢明でない者は、けっして容姿端麗・強壮・金持ち・賢者になることはない。
——ハーバート「風変わりな格言」

＊朝《あした》に紅顔有って世路に誇れども、暮には白骨と為《な》って郊原に朽《く》つ。
——藤原義孝「断片」

＊二十歳にして重きをなすのは意志、三十歳にして機知、四十歳にして判断。
——フランクリン「貧しいリチャードのアルマナック」

＊男の年齢は妻の顔の年齢に相応する。
——ブルーメンタール「第二の顔」

＊女はつねに男より若い、同じ年頃では。
——エリザベス＝ブローニング「オロラーレイ—二章」

＊われわれの年齢は植物のそれである。芽をふき、生長し、花を咲かせ、しぼみ、そして枯れる。
——ヘルダー「人類史の哲学のための諸理念」

＊若《も》し人寿百歳なるも、最上の法を見ざれば、一日生きて最上の法を見るに如《し》かず。（永生きしても人間の道を知ることができねば、一日生きてそれを知るほうがましである）
——「法句経《ほっくぎょう》」

＊若き時に財を得ることなく、清らかなる行いを守らざれば、魚のいなくなりし池にいる白さぎのごとく、痩せて死滅せん。
——同右

＊幼児はがらがら太鼓を歓び、わら人形に夢中になり、長じては活発に動き、同じく無意味な音高く鳴る玩具を好む。青年は僧衣・勲章・黄金を歓び、老年に及び念珠や祈禱書をもてあそぶ。いずれも他愛なきことは同じで、やがて疲れ果てて眠りにつき、人生の悲しい遊びは終わる。
——ポープ「人間論」

＊自分は、二十歳台には冷酷、三十歳台には軽薄、四十歳台には皮肉屋、五十歳台には多少実直、六十歳台には皮相と評される。

――モーム「人間の絆」

＊早くから己を知ることができず、年齢からおのずともたらされる精神と肉体の衰弱と、ひどい退化についてみずから悟ることのできない欠点こそが、世の多くの偉人たちの評判をおとさせた。

――モンテーニュ「随想録」

＊十歳では菓子に、二十歳では恋人に、三十歳では快楽に、四十歳では野心に、五十歳では貪欲に動かされる。人間はいつになったら、英知のみを追うようになるのだろうか。

――ルソー「エミール」

＊後生畏るべし。いずくんぞ来春の今に如《し》からざるを知らんや。四十五十にして聞こゆること無ければ斯《こ》れ又畏るるに足らず。

――「論語」(孔子)

＊その世代の人々も、自分たちは前時代より利口で、後代より分別があると考えるものだ。

――オーウェル「色とりどりのコート」

＊将来の世代の幸福のために現在の世代の幸福を犠牲にする政策は、自殺政策である。というのは、自己の完成をなし得ない人類は、際限のない、しかも、無益な犠牲を続ける結果になるであろうから。

――グールモン『未刊の随想録』

＊たいまつは新しい世代のアメリカ国民に引き継がれた。

――ケネディ「大統領就任演説―一九六一・一・二五」

＊一般的にいって、一つの世代は、その世代中に生み出された世界観によって生きるよりも、むしろ前時代の世界観によって生きるものである。

――シュヴァイツァー「文化と倫理」

＊みずからの「世代」の中で、その「世代」とともに生きるという、現存在に避け難い運命が、その現存在に固有な全体の出来事を構成する。

――ハイデッガー「存在と時間」

＊女性の世代は、その時代の男性の世代に比べて、つねに一時代の距りをもって進歩しているか、遅れているかである。

――ロマン＝ローラン「魅せられた魂」

・**幼少年**

＊少年老いやすし。

――シェークスピア「十二夜―二幕三場」

＊子どもには批評よりも手本が必要である。

――ジューベル「パンセ」

＊われ童子《わらべ》の時は誇ることも童了のごとく、思うことも

童子のごとく、論ずる事も童子のごとくなりしが、人と成りては童子のごとくを棄てたり。

――「新約聖書―コリント前書一三章一一節」（パウロ）

＊子どもは涙で命令し、聞いてもらえないと、わざと自分を傷つける。若い女性は自負心によって自分をつつく。

――スタンダール「恋愛論」

＊子どもはすべての動物のうちで最も取り扱い難し。なんとなれば、子どもはまだ鍛錬されざる思慮の泉を最も多く持つゆえに、動物のうちで最もずるく、すばしこく、高慢であるからなり。

――プラトン「法律」

＊日本においては子どもと大人が最も自由と気ままを許される。

――ベネディクト「菊と刀」

＊朝が昼の証《あかし》を示すごとく、幼き時代は成人の証となる。

――ミルトン「楽園回復―四」

＊子どもの遊戯を見よ。彼らはそれを利用するためにするのではなく、建設したり、破壊したりする活動そのものに幸せを感じている。

――リップス「倫理学の根本問題」

＊幼年時代を持つということは、一つの生を生きる前に、無数の生を生きるということである。

――リルケ「パリの手紙」

＊子どもは大人の父である。

――ワーズワース「われ見るときわが胸躍る」

・青年・青春

＊金縷《きんる》の衣《ころも》は再び得べし。青春は再び得べからず。

――王粲《さん》「王侍郎集」

＊魂のこもった青春は、そう容易に滅んでしまうものではない。

――カロッサ「指導と信徒」

＊混濁と錯乱と衒気《げん》にみちていて、それを豊饒とまちがえているのが青春である。

――河上徹太郎「断片」

＊青年は希望の幻影を持ち、老人は想像の幻影を持っている。

――キェルケゴール「死にいたる病」

＊青年期を何もせずにすごすよりも、青年期を浪費するほうがました。

――クールトリーヌ「クールトリーヌの哲学」

＊青年は教えられるよりも刺激されることを欲する。

――ゲーテ「詩と真実」

＊若くして求めれば老いて豊かである。

――同右「格言集」

＊青年はけっして安全株を買ってはいけない。

――コクトー「牝鶏とアルルカン」

*青年は、未来があるというだけでも幸福である。

——ゴーゴリー「死せる魂」

*青年にとってはあらゆる思想が単におのれの行動の口実にすぎぬ。

——小林秀雄「現代文学の不安」

*できるだけ永生きをせよ。二十歳までは諸君の人生のうちで最も永い前半の生である。

——サウジィ「老人の慰め」

*今日の青年たちは不安な日を送っている。彼らは、すでに若いという権利をみずから認めない。青春は、まるで人生の一時期であるよりも、ひとつの階級現象として、幼年期を不当に延ばしたものの、良家の子弟に許された責任逃れという一種の猶予として通用している。

——サルトル「唯物論と革命」

*青春というものは奇妙なものだ。外部は赤く輝いているが、内部では何も感じられないのだ。

——同右「自由への道」

*泣いたことのない青年はがさつであるし、笑おうとしない青年は阿呆だ。

——サンタヤナ「獄舎までの対話」

*若いときあまり放縦だと心の潤いを失い、あまり節制すると融通がきかなくなる。

——サント・ブーヴ「わが毒」

*青春はとかく己に謀反したがるもの、そばに誘惑する人がいなくとも。

——シェークスピア「ハムレット一幕三場」

*一般に青年が主張する内容は正しくない。しかし、青年がそれを主張するそのこと自体は正しい。

——ジンメル「遺稿」

*酒飲みは自分では節酒していると思っているように、青年たちはみずからを利口だと思いがちだ。

——チェスターフィールド「書簡—一七五三・一・一五」

*青年の戸惑いは人類の失望をもたらす。願わくは、老人遺産が絶望にならざることだ。

——ベンジャミン＝ディズレーリ「ヴィヴィアン・グレー」

*浅はかな奴ら、愚かな奴なり。死は悼むも、若さの革の朽ちるのを嘆かざる奴らは。

——テオグニス「エレゲイア詩集」

*歓娯を火急にして、慎んで遅るるなかれ。眼《ま》のあたり老病を看《み》れば、悔ゆとも追い難し。

——白居易「青春を謳歌する詩」

*若さは賞《ほ》められる季節である春に似ている。

——バトラー「手帖」

*青年に勧めたいことは、ただ三語に尽きる。働け、もっと働け、あくまで働け。

——ビスマルク「演説」

*青年は狂気と燃ゆる熱の時代である。

＊青春の辞書には失敗ということばはない。
——フェヌロン「テレマック」

＊青年たちは判断するよりも発明すること、評議するよりも実行すること、決まった仕事よりも新しい企てに適している。
——ブルバー・リットン「最後の男爵」

＊失われた青春について、われわれはもはや、昔日の俤《おもかげ》のない園の枯木の中に最後の雷鳴のとどろきを聞くのみ。
——ベーコン「随筆集」

＊「いまの若い者は」などと、口はばたきことを申すまじ。
——モーリヤック「イエスの生涯」

——山本五十六「書簡」

＊金があればこの世で多くのことができる。青春は金では買えない。

——ライムント「妖精界からきた少女」

＊青春とは不断の酔心地である、つまり理性の熱病である。

——ラ・ロシュフーコー「箴言集」

＊大多数の若者たちは、ぶしつけと無作法さを天真らんまんのつもりでいる。

——同右

＊青年に欠点があるとしても、それはやがてなくなってしまうものである。

——ローウェル「講演—一八八六・一一・八」

＊青年時代には、不満があっても悲観してはいけない。いばらの道を踏まねばならない場合には踏むのもよいが、踏まずにすむものなら、それに越したことはない。

——魯迅「且介亭雑文—隠士」

・老年・老人

＊老いいく時間はすべてのことを教う。
——アイスキュロス「断片」

＊いかに老年に成長するかを知ることは英知の傑作であり、生活の偉大な技術における最もむずかしい章のひとつである。
——アミエル「日記—一八七四・九・二一」

＊長い人生を営々と歩んで来て、その果てに老耄が待ち受けているとしたら、人間は何のために生きたことになるのだろう。
——有吉佐和子「恍惚の人」

＊老いて生きるのは自殺よりはるかに痛苦のことであると悟った。
——同右

＊老年にあっては、二つのもの、つまり名声と富とが辛うじて才能と快楽の代わりをすることができる。
——ヴォーヴナルグ「省察と格言」

*白髪は栄の冠弁《かんむり》なり。

——「旧約聖書—箴言一六章三一節」(ソロモン)

*われらが年をふる日は七十歳にすぎず、あるいは壮《すこや》かにして八十歳にいたらん。されどその誇るところはただ勤労と悲しみのみ。

——「同右—詩篇九〇章一〇節」

*老いたる者の中には智慧あり、寿長《いのちながき》者の中には頴悟《さとり》あり。

——「同右—ヨブ記一二章一二節」

*老いてますます壮《さかん》なるべし。

——「後漢書」

*老人の自ら養ふに四件有り。曰く和易、曰く自然、曰く逍遥、曰く流動、是れなり。諸々激烈の事皆害有り。

——佐藤一斎「言志耋《てつ》録」

*老人が暴威を揮うのは実力があるためではなく、われわれがそれに忍従するためにほかならない。

——シェークスピア「リア王—一幕二場」

*老人とは、子どもを二つ合わせたようなものだ。

——同右「ハムレット—二幕二場」

*老人は民衆の威厳である。

——ジューベル「パンセ」

*老人の歳月における人生は悲劇の第五幕に似ている。人間は悲劇的最期の近いことは知っているが、それがいかなるものであるかはいまだに知らない。

——ショウペンハウエル「パレルガとパラリポーメナ」

*年寄りはみんな、世の中は堕落するし、若者らは気短く、横柄だと愚痴をこぼす。

——サミュエル＝ジョンソン「ランブラー誌」

*若い時代に数千の帆柱を押し立てて船出したその港へ、老いさらばえて救いのボートに助けられ、人知れず帰って来る。

——シラー「期待と実現」

*禿げ頭の向こう側には若者が想像しているよりも多くの至福がある。

——ローガン＝スミス「最後のことば」

*若者をけなすのは、年寄りの健康に欠かせぬ要素であり、血行をよくするのに大いに役立つ。

——同右

*精神のいちばん美しい特権のひとつは、老いて尊敬されることである。

——スタンダール「恋愛論」

*老いては騏驎《きりん》も駑馬に劣る。

——「戦国策」

*老人は再び子ども。

——ソフォクレス「断片」

*老人ほど人生を愛するものはなし。

——同右

*青年は老人を阿呆だと思うが、老人も青年を阿呆だと

思う。

——チャップマン「すべての阿呆—五幕」

＊衰えた美貌ほど年齢を感じさせるものはない。

——ディッキンソン「覚書」

＊老いては則ち子に従う。

——ナーガールジュナ「大智産論」

＊自分の青春を、老年になってはじめて経験するような人々がいる。

——ジャン＝パウル「角笛と横笛」

＊自分の青春を、老人になって初めて経験する人がいる。

——同右

＊人の年老いて行くことを、だれが成長と考えるか。老は成長でもなく退歩でもない。ただ「変化」である。

——萩原朔太郎「桃李の道」

＊すでに犯すだけの冒険心が持てなくなっている悪徳を悪しざまに言うことによって、いまだに失わずに持っている悪徳を棒引きにしようとする人生の一時期。

——ビアス「悪魔の辞典」

＊老人は若者より病気は少なけれども、彼らの病気は彼らから去らず。

——ヒポクラテス「箴言」

＊老齢は明らかに迅速なり。われらに必要以上に迅速に切迫す。

——プラトン「饗宴」

＊老人を丁重におだやかに殺そうと思えば、若い妻をあてがえばよい。老人には効果万点の毒薬である。

——フリードリヒ三世（ツィンクグレフ「箴言集」より）

＊頭髪白きのゆえをもって長老たるにあらず、彼の齢《よわい》は徒らに熟せるのみ。

——「法句経《ほっくぎょう》」

＊老人が落ち込むその病気は貪欲である。

——ミルトン「わめく女」

＊老人になって堪えがたいのは、肉体や精神の衰えではなくて、記憶の重さに堪えかねることである。

——モーム「人間の絆」

＊老いはわれわれの顔よりも心にしわを付ける。

——モンテーニュ「随想録」

＊私は年よりも先に老《ふ》け込むくらいなら、むしろそれだけ老年が短いほうがよい。

——同右

＊老年は死より怖れらる。

——ユヴェナリス「諷刺詩」

＊四十歳は青年の老年期であり、五十歳は老年の青春期である。

——ユーゴー「断片」

＊しわとともに品位が備わると敬愛される。幸せな老年にはいいしれない黎明がさす。

——同右「レ・ミゼラブル」

＊精神医学者の眼には、人生に別れを告げることのできない老人は、人生を受け容れることのできない若い人のように弱々しく活気のないように思える。
——ユング「現代人の魂の問題」

＊老いて病み恍惚として人を識《し》らず。
——頼山陽「日本外史」

＊恋する老人は自然界における大きな奇型である。
——ラ・ブリュイエール「人さまざま」

＊人間は年を取ることを望み、しかも老年を怖れる。つまり生命を愛し、死を回避するのである。
——同右

＊女たちにとっての地獄は老いである。
——ラ・ロシュフーコー「箴言集」

＊みずから老人たることを知る者は少ない。（老人たるの道、老人たるの術を知る者、つまり老人らしい老人は少ない）
——同右

＊人間は年を取るにつれて、いっそうもの狂おしくなるとともに、賢くもなる。
——同右

＊白髪三千丈　愁《うれ》えに縁《よ》って箇《かく》の似《ごと》く長し　知らず、明鏡の裏《うら》　何《いず》れの処よりか秋霜を得し。（李白が流刑から赦免されて秋浦という池近くに帰ったときの詩）
——李白「秋浦の歌」（「唐詩選」より）

＊若い人たちは誠実になろうと欲するが、そうはできない。老いたる人たちは不誠実になろうとするが、そうはできない。
——ワイルド「ドリアン・グレーの肖像」

個人・集団

個性重視はキリスト教的な個人主義、集団重視は儒教的な全体主義に基づく発想である。日本人に普遍化している甘えの心理は、生得的には風土、後天的には水田共同社会から育まれた連帯感に根ざすものである。

＊自なくして他なく、他なくして自なきは、全なくして個なく、個なくして全なきが如くである。
——安倍能成「学生に対する一般的助言」

＊個人とは、全人類の究極である。
——ウナムナ『人生の悲壮感』

＊狼多ければ人を食い、人多ければ狼を食う。（寡をもって衆に勝つことはできない）
——王充「論衡」

＊恃《たの》むところある者は恃む者のために滅びる。
——織田信長「織田信長譜」

＊人城を頼らば城人を捨《しゃ》せん。
——同右

＊自らを恃《たの》みて人を恃むことなかれ。

——「韓非子」

＊魚を得るのは網の一目によれば、衆目の力なければ、これを得ること難し。

——北畠親房「神皇正統記」

＊人もしその一人を攻め撃《う》たば二人して之に当たるべし。

——「旧約聖書―伝道之書四章一二節」

＊多数というものより気にさわるものはない。なぜなら、多数を構成しているものは、少数の有力な先導者のほかには、大勢に順応するならず者と、同化される弱者と、自分の欲することすらわからずに従って来る民衆とであるからだ。

——ゲーテ「格言集」

＊団結によりて小国は栄え、不和によりて大国は破滅する。

——サルスティウス「断片」

＊杖《よ》るは信に如《し》くは莫《な》し。（弱者の生きる道は強者に依存するほかない）

——「春秋左氏伝」

＊人間はひとりひとりを見ると、みんな利口で分別ありげだが、集団をなせば忽ち馬鹿が出て来る。

——シラー「詩」

＊事は他人を援助することによりて己自身を益す。

——ソフォクレス「断片」

＊共通の憎しみほど人を団結させるものはない。

——チェーホフ「断片」

＊個人は集団のため、集団は個人のために。

——デューマ（大）「三銃士」

＊多勢は勢を恃《たの》み、少数は一つ心に働く。

——徳川家康「遺訓」

＊頼るべきものは人望ではなく、ただ己の力あるのみ。

——ナポレオン「語録」

＊悪い人々が結託するとき、善人たちは団結せねばならない。

——バーク「現在の不平不満の原因にして考える」

＊大廈《か》の顚《たお》れんとする、一木《ぼく》の支え得る所に非ず。（大建造物、つまり時勢の大きな力は個人の力ではどうにもならない）

——「文中子」

＊欧米では個人が神に向き合うが、日本人は自己の属する集団に恥をかかせないように己を規制する。

——ベネディクト「菊と刀」

＊弱き人々でも団結力を与う。

——ホメロス「イリアス」

＊個人の時代は過ぎ去った。集団は自己の歩む世界には無限の力がある。

——マッツィーニ「語録」

＊いかに押しつぶしても個人的人格は専制である。

——ミル「自由論」

＊天の時は地の利に如かず、地の利は人の和に如かず。

（何事をなすにも、また守るにも、人の和が大切であるという意）

——「孟子」

＊人は自己より小さい者の助けを必要とすることがしばしばある。

——ラ・フォンテーヌ「寓話」

＊困難の場合および希望が小さいときには、最も大胆な助力がいちばん安全である。

——リヴィウス「ローマ史」

＊万人心を異にすれば、則ち一人の用無し。（人数が多くても人が合致しなければひとり分の用もしない）

——劉安「淮南子《えなんじ》」

＊反逆のために人々が集まるのは、ひとつしか理由がない。それは、圧制である。

——ロック「宗教的寛容についての書簡」

＊平和につけ戦争につけ、一致が勝利を維持する。

——ロレンハーゲン「蛙鼠合戦」

・依存・甘え

＊狼は草に依存する仔羊に依存している。草は狼によって守られている。肉食動物は草木を保護するが、草木は間接的に肉食動物を養っている。

——ヴァレリー「党派」

＊人間が互いに害し合おうと内心考えをめぐらしながらも……相互依存し合うことを余儀なくされているなどは、大きな見ものである。

——ヴォーヴナルグ「省察と格言」

＊鈍刀の骨を切る必ず砥《と》の助けに因《よ》る。

——弘法大師「三教指帰《さんごうしいき》」

＊日本人は均一性を欲する。大多数がやっていることが神聖であり、同時に脅迫である。

——司馬遼太郎「街道をゆく—陸奥のみち」

＊くすりあればとて毒をこのむべからず。（薬があるからといって毒もはいっている薬を好んで飲むべきではない）

——親鸞「歎異鈔」

＊個体対集団の葛藤も、その本質は個人の甘えに発している。

——土居健郎「甘えの構造」

＊人情は依存性を歓迎し、義理は人々を依存的な関係に縛る。義理人情が支配的なモラルである日本の社会は、かくして甘えの弥漫化した世界であった。

——同右

＊建前は、それを守っている限りは他の人々の好意をあてにできるので、少なくともその分だけは甘えが満たされる。

——同右

＊天地の間に、己一人生きてあると思ふべし。天を師とし、神明を友とすれば、外人《がいにん》に頼る心なし。

——中江藤樹「翁問答」

＊独立の気力なき者は、人に依頼して悪事をなすことあり。

——福沢諭吉「学問のすゝめ」

＊人の光を藉《か》りて我光を増さんと欲する勿《なか》れ。

——森鷗外「知慧袋」

＊万《よろづ》の事は頼むべからず。愚かなる人は、ふかく物を頼むゆゑに怨み怒る事あり。

——吉田兼好「徒然草」

＊よく自立する者は必ず骨あり、骨あれば行《ある》くべし立つべし。苟《いやし》くも骨なければ、百の師友の支え導くとも如何ともし難し。

——李卓吾「李氏焚書」

＊人の食を食したる者は、その人のことに死ぬ。（一宿一飯の恩義の意）

——劉向《きょう》撰「説苑《ぜいえん》」

階級・地位→血統・名門

自分の祖先や身内が高い地位に就いていたとか、上流階級の人間だったことを始終話している人は、自分自身が取柄のないことを告白している、俗物根性の最たる人物である。

＊完全無欠の政治社会は、中産階級が支配し、他の二つの階級よりも人数において優るそれなり。

——アリストテレス「政治学」

＊上、下を慈《いつく》しむこと勿れ。下、上を貴ぶこと勿れ。上、下を慈しまざる則《とき》は、下、上の恩に亢《ほこ》ることなし。下、上を貴ばざる則は、上、下の敬に侈《おご》ることなし。上に侈りなく、下に亢ることなき則は、上下ありて上下の分境なし。

——安藤昌益「自然真営道」

＊千鈞《きん》も船を得れば則ち浮かび、錙銖《ししゅ》も船を失えば則ち沈む。（重い物でも船があれば浮かぶし、軽い物でも船がなければ沈む。賢者も地位がなければ愚者を説得できないし、愚者も地位さえあれば、賢者を制御できる）

——「韓非子」

＊高位にある人は物事をあまりに詳細にせんさくすべきではない。……すべてを知ることは大切だが、すべてのことについて何もかも知る必要はない。

——グラシアン「世間知」

＊銀のスプーンを口にくわえて生れてくる人もいれば、木製のひしゃくをくわえて生れてくる人もいる。

——ゴールドスミス「世界市民」

＊世に活物《いきもの》たるもの皆衆生《しゅじょう》なれば、いづれを上下とも定めがたし。いま世の活物にては、ただ我をもって最上とすべし。されば天皇を志すべし。

——坂本龍馬（「軍中龍馬奔走録」より）

＊馬は馬小屋を恋しがる。（凡人はその地位にしがみつくことのたとえ）

――「三国志」

＊王侯将相　寧《いずくん》ぞ種《しゅ》あらんや。（呉広とともに秦に対して反乱を起こした陳勝の言で、身分ある家柄でなければ王侯・将軍・宰相になれない社会階級制の不合理性をついたことば）

――司馬遷編「史記」

＊社会は大きく二つの階級から成立している。食欲以上に晩餐会の多い連中と、食事の回数より食欲のほうが旺盛な連中とである。

――シャンフォール「格言と省察」

＊庶民階級出の者は、みな庶民の敵に回って彼らを圧迫する。

――同右

＊勢は人の上に在らざるに而も人の下と為《な》ることを羞《は》ずれば、是れ姦人の心なり。（社会的地位が下にもかかわらず、上位の人を立てることを恥とする人間は姦人だ）

――「荀子」

＊すべて人の上にたつ時は、愚なるも智あるさまに見え、下に居るものは、智あるも愚に見ゆるものなり。

――徳川吉宗「有徳院実記付録」

＊人間相互の尊敬を結ぶ綱は、一般的に必要から生じたものである。というのは、すべての人間が支配者になりたがるが、みながそれになるわけにいかないから。

……そこに種々の階級が存在せねばならなくなる。

――パスカル「パンセ」

＊重い役職に就くと、人はそれにふさわしい能力を身に付けることは眼を瞠るばかりである。高位に付けば、それだけ人の評価も高まるし、自信がつけば力も強くなるのと同じだ。人は置かれた境遇に同化するものだ。

――ハズリット「人さまざま」

＊階級選択は、自由による選択である。したがって、ある階級に所属するよう強制されたり、どれかの階級から閉め出されたりするようなことがあってはならない。

――フィヒテ「学者の使命」

＊高位にある人間は三重の僕《しもべ》である。君主あるいは国家の僕《しもべ》、名声の僕、仕事の僕だ。

――ベーコン「随筆集」

＊富者と貧者――持てる者と持たざる者。

――ブルバー・リットン「アテネ人」

＊高位にある人は、われわれに被害を与えることをひかえれば、それだけで十分われわれのためになる。

――ボーマルシェ「セルヴィアの理髪師」

＊国民の内部における階級の対立が解消するとともに、国民相互の敵対的立場も解消する。

――マルクス「共産党宣言」

＊高き身に登るはいとむずかし、家の苦しき境遇が力の展開を妨ぐるときは。

——ユヴェナリス「諷刺詩」

＊有閑階級なしでは、人類は野蛮状態から脱却することはなかったであろう。

——バートランド＝ラッセル「怠惰への讃歌」

＊高い地位は、えらい人をいよいよえらくし、小人物をますます小さくする。

——ラ・ブリュイエール「人さまざま」

＊高位に上がると、このうえなく善人でも、彼の取巻きには悪人が必要である、正直な人には頼めないことがいくつかあるから。

——同右

＊多くの者は、自分たちの階級を軽蔑する様子をしながら、自分たちの階級から頭角を現す機会しか狙っていない。

——ロマン＝ローラン「ジャン・クリストフ」

＊中流階級は……上流階級の不品行についてぼそぼそとしゃべり合うが、それは自分たちがそうした気のきいた連中と交際していること、また自分たちでこきおろしながら、かかる連中とさも親しい顔をしていたいためだ。

——ワイルド「ドリアン・グレーの肖像」

・ブルジョア・プロレタリア→資本と労働

＊失業者がブルジョアになってしまうのも奇妙なことである。けだし、人間を説得することが必要となるからである。

——アラン「人間語録」

＊押込み強盗はプロレタリアである。というのは、錠前だけが相手となるのだから。

——同右

＊ブルジョア出身の人は、自分の望むものは無理のない範囲で取得できる、という期待をもって人生を歩んでいく。だから、非常時には、「教養のある」人が前面に出て来ることになる。

——オーウェル「ウィガン波止場への道」

＊ブルジョアは何よりもまず怖れおののく人間である。

——グリーン「日記」

＊金利貸、銀行、華族、大金持は、嘘のような金を貸して置けば、荒地は肥えた黒猫の毛並のような豊饒な土地になって、間違いなく、自分のものになって返ってきたのである。

——小林多喜二「蟹工船」

＊庶民階級出の者は、みな庶民の敵にまわって彼らを圧迫する。

——シャンフォール「格言と省察」

＊闘いや恋愛において、自分の安全のために自分自身を諦める人間をブルジョアと呼ぶ。愛情よりも、何かを大切にする人間をプロレタリアと呼ぶ。

＊後進国のブルジョアは、先進国の革命を学ばずに王政復古の真似ばかりしている。

——ファルグ「ランプの下で」

＊支配階級を共産主義革命で身ぶるいさせよ。プロレタリアは鎖のほかに失うものはない。彼らは獲得すべき全世界がある。万国の労働者よ、団結せよ。

——マルクス、エンゲルス「共産党宣言」

＊資本ある者は、あらゆる権利利益をおさめ、社会の表面に立ち、わが物顔にこの世のなかに飛びまわりおるにあらざるや。法律はとくに彼らのために保護を与え、政治は彼らの利益のために行わる。

——横山源之助「内地雑居後の日本」

＊労働者階級の力は組織である。大衆を組織せずにはプロレタリアートは無である。

——レーニン「カデット化しつつある社会民主主義と党規律」

賢者・愚者

賢者とは、沈黙することが己の無知をカモフラージュすることを心得ている利口な国の阿呆であり、愚者とは、己より愚かな連中から称讃されたいと思っている阿呆な国の利口者である。「愚かな利口者となるよりも、利口な阿呆になれ」とは、先哲らの教訓である。

＊名声を追う者は他人の行動に己自身の善をおく。快楽を追う者は善を己の官能におく。しかし、賢者は己の行いに善をおく。

——アウレリウス「自省録」

＊阿呆はいつも彼以外のものを阿呆であると信じている。

——芥川龍之介「河童」

＊賢者は原因を討議し、愚者は原因を裁決する。

——アナカルシス「断片」

＊賢者は苦痛なきを求め、快楽を求めず。

——アリストテレス「ニコマコス倫理学」

＊賢者は、すべての法が破棄されようとも同じ生き方をせん。

——アリストファネス「鳥」

＊賢者らは彼らの敵から多くのことを学ぶ。

——同右

＊賢者には未知のもの、不可能のものあり。

——アンティステネス「断片」

＊愚者ほど自分が才人をだますのに適していると思い込む。

——ヴォーヴナルク「省察と格言」

＊阿呆は阿呆らしきことを語る。

——エウリピデス「バッコスの女信徒」

＊必然に随順する者、これ賢者にして神を知る者なり。
——エウリピデス「バッコスの女信徒」

＊君子は豹変す。小人は面を革《あらた》む。（賢者は臨機応変に態度をあらためるが、愚者は顔色をかえて順応するのみだ）
——「易経《えききょう》」

＊小人小善を以て、益なしとして為さず、小悪を以て傷なしとして去らず。
——同右

＊幼年のませたる賢さは、あさましき哉。
——エラスムス「痴愚神礼讃」

＊阿呆は英知について語ることを最も好み、悪徳漢は道徳について語ることを最も好む。
——エルンスト「架空の対話」

＊学識ありと妄想する者は、盲者に導かれる盲人に異ならず。
——「カータカ・ウパニシャッド」

＊大賢は大愚と見せるにあり。
——カトー（大）「対連詩」

＊才才を恃《たの》み愚は愚を守る。少年才子愚に如《し》かず。請ふ者よ他日禁成るの後、才子才ならず愚は愚ならず。
——木戸孝允「偶成」

＊愚かなる者も黙するときは知恵ある者と思われ、その口唇を閉じるときは哲《さとき》者とおもわるべし。
——「旧約聖書—箴言一七章二八節」（ソロモン）

＊拙《つたな》き者はすべての言を信じ、賢《かしこ》き者はその行《あゆみ》を慎む。
——「同右一四章一五節」（同右）

＊賢者を知るは賢者なり。
——クセノファネス「断片」

＊知っていると思い込んでいる人が利口なのではなく、自分の知らないことを自覚した人が賢いのである。
——マッティーアス＝クラウディウス「アジアの講義」

＊せっかちは愚者の弱点である。
——グラシアン「世間知」

＊賢い人々はつねに最高の百科全書である。
——ゲーテ「格言集」

＊愚者と賢者はともに害がない。半分の愚者と半分の賢者だけが、いちばん危険である。
——同右「親和力」

＊愚者は話すまでは賢者だ。
——コットグレーヴ「仏英辞典」

＊最大の愚者は、最大の賢者が答え得る以上の質問をする。
——コルトン「ラコン」

＊愚かな人にありては、聡明なる人が愚者に対して嫌悪を感ずるよりも百倍も多くの、聡明な人への反感が見出さるることを知れ。
——サーディー「ゴレスターン」

＊愚かなる者には沈黙に優るものなし。この事実を知る

ならば、その者は愚かにあらず。

——サーディー「ゴレスターン」

*賢者は一般の人々との愚行を寛大に見のがすべきにあらず。なんとなれば、両者ともに損なわれるからなり。すなわち、前者の威厳は減じ、後者の愚行は常習的になる。卑しい人に親しく、あるいは楽しげに話せば、その人の横柄さと自負心を増大させる。

——同右

*人の賢者は初見の時に於てこれを相す。多く誤らず。

——佐藤一斎「言志録」

*愚かな知恵者になるよりも、利口な馬鹿者になれ。

——シェークスピア「十二夜」一幕五場

*愚者は己が賢いと考えるが、賢者は己が愚かなことを知る。

——同右「お気に召すまま」五幕一場

*愚か者の鈍さは利口者の砥石です。

——同右

*賢明にある秘訣は、重要視しなくともいいものが何かを心得ることである。

——ジェームズ「心理学」

*狂夫の言、聖人も之を択《えら》ぶ。(「馬鹿にも一芸」と同義)

——司馬遷編「史記」

*智者千慮、必ず一失あり。

——同右

*愚者一得。(愚か者にも取得《とりえ》がある)

——同右

*賢者とは何か。法に対して自然を、慣習に対して理性を、世論に対して自己の良心を、謬見に対して自己の判断を対立させる人間である。

——シャンフォール「格言と省察」

*愚鈍は、もし英知を怖れなければ真の愚鈍とは言えない。悪徳は、もし美徳を憎まなければ真の悪徳とは言えない。

——同右

*死馬の骨を買う。(凡人を優待し、それで賢者の来るのを待つ)

——「十八史略」

*愚者は自分が恥ずかしく思うことをすると、それは自分の義務だと言い張るものだ。

——バーナード＝ショウ「シーザーとクレオパトラ」

*賢者の信は、内は賢にして外は愚なり、愚禿が心は、内は愚にして外は賢なり。

——親鸞「愚禿鈔」

*賢者で若くなろうと望む者はいない。

——スウィフト「諸問題についての思考」

*賢人の仕事は、いかに死ぬかというよりも、いかに生きるかということにある。

——スピノザ「エチカ」

*怠惰は肉体の愚鈍であり、愚鈍は精神の怠惰である。

＊賢さがなければ、それだけいよいよ幸いとなる。

——ゾイメ「シラクサへの散歩」

＊青年時代の愚鈍は罪であり、成年になってからのそれは狂愚だ。

——ソフォクレス「アイアス」

＊愚者は己の舌を抑えられない。

——ダニエル「クレオパトラの悲劇」

＊賢者のみが自由人にして、卑劣なる人間は奴隷なり。

——チョウサー「バラの伝奇物語」

＊偉人の欠点は愚者の慰めである。

——ディオゲネス（シノペの）「断片」

＊愚者どもを支配するよりも、愚者どもに支配せらるるほうがまされり。

——アイザック＝ディズレーリ「文学の性格に関する随筆—序」

＊愚者のみが死を怖れるあまり齢《よわい》を重ねんとす。

——デモクリトス「エチカ」

＊愚かな人間は沈黙しているのが最もよい。だが、もしそのことを知ったならば、その人はもう愚かな人間ではない。

——同右

＊愚者はあとから行うが、賢者は最初に行う。

——トルストイ「断片」

——トレンチ「格言の中の教訓」

＊お前たち高名なるすべての賢者よ、お前たちは、民衆と民衆の迷信に奉仕してきたし——真理には仕えなかった！　そして、それゆえにこそ、人はお前たちに畏敬を払った。

——ニイチェ「ツァラトゥストラ」

＊賢者は新しい思想を考え出し、愚者はそれを広める。

——ハイネ「落想集」

＊人間の愚かさを見て、われわれが学ぶことのできる最善の教訓は、それを見て立腹しないことだ。

——ハズリット「人さまざま」

＊賢者が愚者の意見を軽蔑しながら、彼らから尊敬されることを誇りに思っているのは、自己満足的な矛盾である。

——ハリファックス「雑感と省察」

＊愚者にとっての楽園は、賢者にとっては地獄なのである。

——フラー「聖なる国家と俗なる国家」

＊自分が賢者だと思っている者は、そのすぐそばに愚者が隣り合わせにいる。

——フライターク「分別集」

＊愚行の第一段階は己自身の賢明さを隠匿することにあり、第二段階はそれを告白することであり、第三段階は、忠言を侮ることである。

——フランクリン「貧しいリチャードのアルマナック」

*愚者の時間は時計で測定できるが、賢者のそれはできない。

——ブレーク「天国と地獄の結婚」

*愚かな鳥は、その巣をよごす。

——ヘイウッド「警句三百」

*あらゆる愚鈍を汲みつくし、はじめて底にある英知に到達する。

——ベルネ「断片と警句」

*愚者はいつも自分よりさらに愚かで、自分のことを尊敬してくれるような人物を見つけ出す。

——ボアロー「詩法」

*君子は水に鏡せずして人に鏡す。水に鏡すれば面の容《かたち》を見る。人に鏡すれば則ち吉と凶とを知る。（水を鏡にする場合は外面を見分けるのみだが、人を鏡とすれば善悪が明確になる）

——「墨子」

*悪をなさざるに、罵言・打擲・繋縛を忍び、忍ぶ力を備え、その力によりてよく耐え得る人を、われはバラモンという。（ガンジーの無抵抗・非服従主義に通ずるもので、バラモンは賢者の意）

——「法句経《ほっくぎょう》」（釈迦）

*智者はすみやかに正法を知ること、あたかも舌のあつものの味におけるが如し。

——同右

*磐石が風にゆるがざる如く、賢人は誹《そし》りと誉《ほま》れの中において動かず。

——同右

*もし愚者にして愚なりと知らば、すなわち賢者なり。愚者にして賢者と思える者こそ、愚者というべし。

——同右

*学者は「自然」の探求を歓び、愚者は余計なことを知らぬのを歓ぶ。

——ポープ「人間論」

*賢者となりて憤怒するよりも、瘋癲《ふうてん》痴愚を装うがよし。

——ホラティウス「書簡詩」

*おろかなる者は思ふ事おほし。

——松尾芭蕉「風俗文選」

*物知りの馬鹿は、無学の馬鹿よりもお馬鹿さんですよ。

——モリエール「女学者」

*賢者が愚者から学ぶことのほうが、愚者が賢者から学ぶことよりも多い。

——モンテーニュ「随想録」

*賢者は自然の富を熱心に求める。

——同右

*愚者の最も確かな証拠は、自説を固守して興奮することである。

——同右

*われわれは、賢明になるためには、まず馬鹿にならな

ければならない。己を導くためには、まず盲目にならなければならない。

——モンテーニュ「随想録」

*木に樹脂がぴったりとくっついているように、愚者には思い上がりと高慢がつきものである。

——ヤコービ「クニタ」

*四十の馬鹿は真の馬鹿である。

——エドワード＝ヤング「諷刺詩」

*驥《き》を唏《した》う馬は驥の乗《じょう》なり。（駿馬をしたう馬は、それだけで駿馬の仲間入りができる。賢者をしたう者も然りである）

——楊雄「法言」

*君子は言を約し、小人は言を先にす。（賢者は口数少なく、愚者はおしゃべりだ）

——「礼記」

*善く問いを待つ者は鐘《かね》を撞《つ》くが如し。（鐘をつくときは、強くつけば大きく鳴り、弱くつけば小さく鳴ると同じく、賢者は質問者の能力に応じてわかりやすく答弁する）

——同右

*賢者は、つねに万物のうちに自己への扶助を見出す。というのは、授けられた才能というものは、すべての事物から善を引き出すことにあるからである。

——ラスキン「断片」

*愚者がこの世に出た理由は、賢者に彼らを生活させるためである。

——同右

*阿呆は話さない愚者であるが、話す愚者よりもよい。

——ラ・ブリュイエール「人さまざま」

*愚者とは、自惚れるために必要な才知すら持たない者である。

——同右

*笑うべき男とは、笑うべきことをやっている間のみ、愚者の外観を備えている男のことである。愚者のほうは笑うべき格好をくずすときがない。

——同右

*あまり利口でない人たちは、一般に自分の及び得ない事柄についてはなんでもけなす。

——ラ・ロシュフーコー「箴言集」

*賢者の不動心とは、心の動揺を胸中に閉じ込める技巧にすぎない。

——同右

*最も微妙な賢明は、最も微妙な愚かさにもなり得る。

——同右

*実在はただ一つであるが、賢き人々はこれを種々によびなす。

——「リグ・ヴェーダ」

*愚者はいつでも自分を讃美する最もひどい阿呆に出会うものだ。

——リヒトヴェーア「ロバとカラス」

＊鉛《なまり》は以て刀となす可からず。（「馬鹿は死んでも直らない」と同義）

――劉安「淮《え》南子《なんじ》」

＊愚者は最後に、利口者は中間で、賢者のみが第一歩で目標をとらえる。

――リュッケルト「バラモンの英知」

＊上士は道を聞けば勤め行う。中士は道を聞けども、存《おぼ》ゆるがごとく、忘るるがごとし。下士は道を聞けば大いに笑う。（上士は賢者、中士は凡人、下士は愚者、道は最高の究極原理）

――「老子」

＊賢者とテーブルに向かい合って一対一の会話は、十年間にわたる読書勉強にまさる。

――ロングフェロー「ハイペリオン」

＊君子は和して同ぜず、小人は同じて和せず。

――「論語」（孔子）

＊上知と下愚とは移らず。（いかに教育を施しても、秀才を愚才に、愚才を秀才にすることはできない。「馬鹿につける薬はない」と同義）

――同右

偉人・聖人と英雄

偉人とは、物故してから鬼籍にはいったとき、存命中の言動が評価され、讃美される化石人間である。英雄とは、存命中に目立った功績をあげて国民の人気をかち取り、神聖化されるも、物故してからその評価が見直され、俗物の烙印を捺《お》されるケースが少なくない。

＊最も偉大なる人とは、彼自身の判断に信頼することをあえて行う人間である。もっとも、愚かな人もまた、それと同様だが……。

――ヴァレリー「ありのまま」

＊君子は事を為すに始めを謀《はか》る。

――「易経《えききょう》」

＊すべての偉人は中産階級から輩出する。

――エマーソン「代表的人物」

＊存命中に偉大であった人間は、死ぬと十倍も偉大になる。

――カーライル「英雄と英雄崇拝」

＊茂《も》林の下豊草なし。（偉大なる人物の周囲の連中はかすんでしまう）

――桓寛編「塩鉄論」

＊利のある所は民之に帰し、名の彰《あら》わるる所は士之に死す。（士は名誉のためには死をいとわず）

――「韓非子」

＊尺も短き所有り、寸も長き所有り。（偉人にも劣るところがあるし、凡人にも優れているところがある）

＊聖人は物に凝滞せず、能《よ》く世と推移す。
――屈原「楚辞」

＊徳高き人は、もし無頼の徒に辱《はずか》しめらるとも悲しみ悩むことなし。
――同右

＊偉人には三種ある。生れたときから偉大な人、努力して偉人になった人、偉大な人間になることを強いられた人。
――サーディー「ゴレスターン」

＊君子は交わり絶ゆるも悪声を出《いだ》さず、忠臣は国を去るもその名を潔《いさぎよ》くせず。（君子は絶交しても悪口を言わないし、忠臣は追われても自己を弁解しない）
――シェークスピア「断片」

＊真価を伴わない大人物は、尊敬なき服従を受ける。
――司馬遷編「史記」

＊君子は物を役《えき》し、小人は物に役せらる。（君子は物を使用してもとらわれないが、小人はとらわれ、物のために使われる）
――シャンフォール「格言と省察」

＊至人《しじん》は己無し、神人《しんじん》は功無し、聖人は名無し。（偉人は、功績や名声を残さない）
――「荀子」

＊偉人の価値は責務にある。
――「荘子」

＊古の聖人はあるいは愛をもって、あるいは知恵をもって衆生を救おうとした。現代の聖人は術語で人を救おうとする。
――チャーチル「演説―一九四三年」

＊人間が偉大になればなるほど、罵倒の矢に当たりやすくなる。小人には罵倒の矢さえなかなか当たらない。
――中勘助「街路樹」

＊人間は一つの極端にあるからといって、その偉大さを示しはしない。むしろ同時に二つの極端に達し、その中間をすべて満たすことによって、それを示すものである。
――ハイネ「浪漫派」

＊正直とか親切とか友情とか、そのような普通の道徳を固く守る人こそ真の偉人というべきである。
――パスカル「パンセ」

＊世界の偉人は必ずしも偉大な学者ではなかったし、世界の偉大な学者は必ずしも偉人ではなかった。
――フランス「エピキュールの園」

＊偉人は自分が学ぼうとするもののみを学ぶ。凡人は他人が学ぶべきだと考えることを学ぶ。
――ホームズ「朝の食卓の大学教授」

＊真の偉人の最初のテストは、その謙譲さにある。
――ムーア「印象と意見」

＊偉人とは、あらゆる職業ができる人間である。裁判
――ラスキン「断片」

所・軍隊・書斎・宮廷等々どこでも立派にやりこなせる人間であると思われる。

——ラ・ブリュイエール「人さまざま」

＊われわれが偉人に近づけば近づくほど、平凡人だということが明らかになる。従者にとって偉人が立派に見えることは稀である。

——同右

＊偉人の名声は、それを得るために用いられた手段によって評価されるべきである。

——ラ・ロシュフーコー「箴言集」

＊偉人たちも、永びく不運には打ち負かされるところをみると、彼らはそれまでは、ただ野心の力で耐え忍んできたもので、けっして霊魂の力によってではなかったことがわかる。

——同右

＊生を視る死の如く、富を視る貧の如く、人を視る豕《し》の如く、我を視る人の如し。（聖人・君子の境地）

——「列子」

＊偉人が化石になり、人々が彼を偉人だと称賛するときになると、彼は傀儡《かいらい》になっているのだ。ある種の人々が、偉人だとか小人物だとかいうのは、自己のために利用できる効果の濃淡について言っているのだ。

——魯迅「草蓋集続編—花なきバラ」

＊偉人の生涯はすべて、私たちに考えさせる。私たちの生涯を私たちも崇高にさせ得るのだ。

——ロングフェロー「生命の詩」

＊古来の偉人には雄大な根の営みがあった。その故に彼らの仕事は、味わえば味わうほど深い味を示してくる。

——和辻哲郎「偶像再興」

＊今日の英雄はわれわれの記憶から昨日の英雄を押しのけてしまうが、やがて明日の後継者に置換される。

——アーヴィング「スケッチ・ブック」

＊英雄心とは、肉体に対する、すなわち恐怖に対する精神の赫々たる勝利なのである。

——アミエル「日記—一八四九・一二」（日付なし）

＊英雄の光栄とするところは、飢饉と悲惨を外国人の間にもたらすことではなく、それらのものを国家のために忍ぶことである。つまり、死を与えることではなく、死を軽んずることである。

——ヴォーヴナルグ「省察と格言」

＊ヒロイズムは虚栄と相容れない。また、それと同じ原因と結果を持たない。虚栄が大きければ、それだけ栄光の愛は小さい。

——同右

＊英雄は普通人よりも勇気があるのではなく、五分間ほど勇気が永続きするだけの話だ。

——エマーソン「代表的人物」

＊どんな英雄も最後には鼻につく人間となる。
――エマーソン「代表的人物」

＊古人の才は今人の才にほかならず、今日のいわゆる英傑は古のいわゆる聖・神に当たる。（古の聖賢の言は必ずしも真実とは限らない）
――王充「論衡」

＊豆を噛んで古今の英雄を罵るを以て最も痛快とす。
――荻生徂徠「語録」

＊古の城楼の上に高く、英雄の気高き霊《たましい》は立つ。
――ゲーテ「精神の祝福」

＊剣は一人の敵、学ぶに足らず。（英雄になろうとする者は、万人を相手とする兵法を学ぶべきだ）
――司馬遷編「史記」

＊行為の英雄というものはない。ただ諦念と苦悩との英雄があるのみだ。
――シュヴァイツァー「自叙伝」

＊時務を知るを英傑とす。
――諸葛孔明「語録」

＊一人の殺害は悪漢を生み、百万の殺害は英雄を生む。数量は神聖化する。
――チャップリン「殺人狂時代」

＊古人はわれわれに英雄叙事詩の模範を残した。そのうちで、英雄が歴史の興味の全部をなしている。だから、われわれはかかる種類の歴史は、この人間時代でなんらの意味も持たないという考え方に慣れることができない。
――トルストイ「戦争と平和」

＊女性が英雄を好むのは、英雄に征服されようとしているのではない、英雄を征服しようとしているのだ。
――長谷川如是閑「序破急」

＊英雄の従者にとって英雄なる人はひとりもいない。というのは、英雄が英雄でないからではなく、従者が従者であるゆえんだからだ。
――ヘーゲル「断片」

＊自己の運命を担う勇気を持つ者のみが英雄である。
――ヘッセ「観想―わがまま」

＊戦場において数千の敵に克つよりも、一つの己に克つ人こそ実に戦士中の最上と言うべけれ。
――「法句経《ほっくぎょう》」

＊英雄とは、終始一貫して自己を集中する人間である。
――ボードレール「ヴジェーヌ・ドラクロアの作品と生涯」

＊悪にかけても善にかけても英雄がいる。
――ラ・ロシュフーコー「箴言集」

＊十五分間、英雄であるよりも一週間立派な人間であるほうがむずかしい。

——ルナール「日記」

＊英雄とは、自分のできることをした人である。ところが、凡人はそのできることをしない人で、できもしないことを望んでばかりいる。

——ロマン＝ローラン「魅せられた魂」

勇気と臆病→恐怖

致死への恐怖と想念に堪え、死をも殺戮して生きんとする者こそ真の勇気ある人間である。一方、死の恐怖に堪えかねて、衝動的に死に向かって猪突する者は臆病な人間である。

＊勇気の試練が死ぬことではなく、生きることだという場合がしばしばある。

——アルフィエリ「オレスト」

＊死を軽んじて以礼を行う、之を勇と謂《い》い、暴を誅して彊《きょう》（強）を避ける、之を力と謂う。

——晏嬰《あんえい》「晏子春秋」

＊勇気の最高段階は、危険にさいしての大胆さである。

——ヴォーヴナルグ「省察と格言」

＊勇気は逆境における光である。

——同右

＊幸運と愛とは勇者とともにあり。

——オウィディウス「書簡」

＊第一に必要なるものは大胆、第二に必要なるものも大胆、第三に必要なるものも大胆なり。

——キケロ「哲学談義」

＊男の勇気は束縛を逃れることにあるが、女の勇気はそれを堪え忍ぶことにある。

——ギゾー夫人「語録」

＊勇気を失わぬ勇敢な人間であれ、慰めは適切なときに汝を訪れるであろう。

——ケムピス「キリストのまねび」

＊神は勇者をけっして見捨てはしない。

——ケルナー「ハラス」

＊匹夫の勇。

——司馬遷編「史記」

＊死を軽んじて暴なるは、これ小人の勇なり、死を重んじ、義を持してたゆまざるは、これ君子の勇なり。

——「荀子」

＊卑劣な行為を怖れるのは勇気である。また、かかる行為を強いられたとき、それを堪忍するのも勇気である。

——ベン＝ジョンソン「語録」

＊神は勇者を叩く。

——シラー「ヴィルヘルム・テル」

＊勇敢な男は、自分自身のことを最後になって考えるものである。

＊イタリア人の勇気は怒りの発作であり、ドイツ人の勇気は一瞬の陶酔であり、スペイン人の勇気は自尊心の現れである。

——シラー「ヴィルヘルム・テル」

＊金は火によりて験《ため》され、勇者は逆境によりて験さる。

——セネカ「書簡集」

＊真の勇気というものは、極端な臆病と向うみずの中間にいる。

——スタンダール「恋愛論」

＊難を服するに勇を以てし、乱を治むるに知を以てす。

——セルバンテス「ドン・キホーテ」

＊死を視《み》ること生の若《ごと》きものは烈士の勇なり、窮《きゅう》の命あるを知り、通の時あるを知り、大難に臨めども懼《おそ》れざるものは聖人の勇なり。（窮境になっても天命と悟り、それを脱れるにも時節があると落ちついているのが真の勇気である）

——「戦国策」

——「荘子」

＊一将功成りて万骨枯る。（功名のかげには無名の犠牲者がいる）

——曹松「己亥歳記」

＊勇気のあるところに希望あり。

——タキトゥス「歴史」

＊絶望と悲哀と寂寞とに堪え得らるる勇者たれ、運命に従うものを勇者という。

——田山花袋「田舎教師」

＊大胆は安っぽい野蛮な性格である。

——チェスターフィールド「息子宛の書簡」

＊勇気——攻撃する勇気は最善の殺戮者だ、死をも殺戮する。

——ニイチェ「ツァラトゥストラ」

＊われわれのうちで最も勇気のある者でさえ、自分が本当に知っていることに対する勇気を持つのは稀にすぎない。

——同右「偶像の薄明」

＊道徳的勇気が正しいと感ずれば、なし得ないという個人的な決意はない。

——ハント「男と女と本」

＊勇敢な行為はけっして勝利を欲しない。

——フラー「格言集」

＊人生が死よりも怖ろしいところでは、あえて生きることが最たる真の勇気である。

——ブラウン「レリジオ・メディシ」

＊全世界が公正なりせば勇気の必要なし。

——プルタルコス「英雄伝」

＊思慮分別は最上の勇気である。

——フレッチャー「語録」

＊大胆な人間の適切な用い方は、これを頭目として指揮させず、部下として他の指図を受けさせることにある。

——ベーコン「随筆集」

＊おお主よ、われに力と勇気を与え給え、わが肉、わが心を嫌悪の念なく見んがために。

——ボードレール「悪の華」

＊最上の勇者でさえ自己の力以上の戦闘をしかねる。

——ホメロス「イリアス」

＊勇にも大勇、小勇の区別あり。

——「孟子」

＊恐怖と勇気がどんなに近くに共存しているかは、敵に向かって突進する者がいちばんよく知っているであろう。

——モルゲンシュテルン「段階」

＊義は勇により行はれ、勇は義により長ず。

——吉田松陰「士規七則」

＊真の勇気は第三者の目撃者のいない場合に示される。

——ラ・ロシュフーコー「箴言集」

＊心は小ならんことを欲し、志は大ならんことを欲す。
（大胆にして小心）

——劉安「淮《え》南子《なんじ》」

＊緊強なる者は死の徒なり、柔弱なる者は生の徒なり。

——「老子」

＊臆病者は死を怖れようが、勇者はろうそくの燃えかすとなって生き存《なが》えるよりも消されるほうがよい。

——ローリー「処刑前夜、ローソク台に記す」

＊義を見てせざるは勇なきなり。

——「論語」（孔子）

＊臆病者はしばしば野心家なのだから、彼は威厳の鎧《よろい》として権力を求める。というのは、他の人々の礼節、ましてや尊敬は、彼の悩みを眠らせてくれる香油なのだから。

——アラン「人間語録」

＊死を望むは臆病者の行為なり。

——オヴィディウス「書簡」

＊夢中になった羊は、もう決して羊ではない。臆病者は、服従に於て模倣するが如く、反逆に於ても模倣する。

——大杉栄「叛逆者の心理」

＊臆病者は残酷である。

——ゲイ「寓話」

＊卑怯者は安全なときだけ威たけ高になる。

——ゲーテ「タッソー」

＊臆病者は、ほんとうに死ぬまでにいくたびも死ぬが、勇者は一度しか死を経験しない。

——シェークスピア「ジュリアス・シーザー」二幕二場

＊勇断なき人は事を為すこと能《あた》はず。

——島津斉彬「斉彬公言行録」

＊みずから敵の間へ躍り込んでいくのは、臆病の証拠であるかもしれない。

――ニイチェ「曙光」

＊一時に怯懦《きょうだ》の心を発作して終身の恥辱を帯ぶる勿《なか》れ。

――乃木希典「訓示」

＊臆病者の恐怖は臆病者を勇敢にする。

――フェルサム「覚悟―臆病について」

＊懈《け》怠《だい》怯《きょう》弱《じゃく》の百歳は、勇猛努力堅固の一日に若《し》かず。
――「法句経《ほっくぎょう》」

＊卑怯者は自己の過失の言いわけをし、潔い人は、必ずそれを人に告白する。

――メレ「アフォリズム」

＊臆病は残酷性の母である。

――モンテーニュ「随想録」

＊臆病なる犬は咬むことよりも、はげしく吠ゆるものなり。

――ルフウス「断片」

紳士と乞食

紳士とは、己の体面を保つためなら、悪徳を破廉恥と思わない輩で、自己偽瞞に生きることに堪えられる人間である。乞食ほど忍耐と勤勉を要求される職業はほかにない、長時間にわたって頭を下げ、哀願を繰り返さねばならないのだから……。〝窓際族〟と称される人もその類である。

＊紳士の間では礼節と対等と慇懃《いんぎん》、それ以下に対しては侮辱・軽蔑・冷淡・無関心。
――アミエル「日記―一八六六・四・六」

＊現在の社会状態では、場合によっては紳士ぶらないでおこうとしても不可能である。
――サッカレー「紳士気取り」

＊典型的な紳士たるの条件は、上品な体面を保つことのほかは、すべてを自己の名誉のために犠牲にすることである。
――バーナード＝ショウ「革命主義者のための格言」

＊訊問は紳士の間に見られる会話の様式ではない。
――サミュエル＝ジョンソン（ボズウェル「ジョンソンの生活」より）

＊立っている農夫は、ひざまずいている紳士よりも上にいる。
――フランクリン「貧しいリチャードのアルマナック」

＊紳士とは、大道で追いはぎを働かない人間、何人をも殺さない人間、つまり、その悪徳が破廉恥ではない人物のことである。
――ラ・ブリュイエール「人さまざま」

＊贋《にせ》の紳士とは、自己の欠点を他人にも自分にもごまかす連中であり、真の紳士とは、それらを完全に認識し、それらを告白する人間である。
――ラ・ロシュフーコー「箴言集」

＊生れつきの紳士は、私が知っている最も悪いタイプの紳士である。

——ワイルド「ウィンダミア夫人の扇」

＊乞食は純粋のブルジョアだといってよい。というのは、彼はもっぱら哀願にのみ依存して生きているのだから。

——アラン「人間語録」

＊大道のそばでひなたぼっこをしている乞食の有する安心感は、もろもろの王様が欲しても得られないものである。

——アダム＝スミス「感情論」

＊乞食——乞食は一掃すべきである。けだし何か恵むのもしゃくにさわるし、何もやらないのも、しゃくにさわるから。

——ニイチェ「曙光」

＊乞食を馬に乗せたら、どこまでも馬を飛ばす。（にわか大尽《じん》は有頂天になって、やがて身を滅ぼす）

——バートン「憂うつの解剖」

＊物もらいに選り好みは禁物。（頼むときには注文は無用）

——ボーモント、フレッチャー「軽蔑すべき貴婦人」

＊他人のために物乞いする者は、自分のために企みを持つ者だ。

——ボーン「格言のハンドブック」

＊乞食の美徳は忍耐。

——マーシンガー「旧債を支払う新しい方法」

＊生埋めにされた皇帝よりも、乞食の暮らしのほうがよい。

——ラ・フォンテーヌ「寓話」

＊乞食は飼育され、富者が食わせる。

——レイ『イギリスのことわざ』

＊かっぱらうより物乞いするほうが安全だが、物乞いするよりかっぱらうほうが気持ちがいい。

——ワイルド「社会主義のもとの人間の魂」

金持ち・貧乏人→財産・富、金銭

金という自由なる鋳造貨を蓄積する者は、いつも盗まれはしないかと気苦労に喘ぐが、金を持たない者は、誰も貧乏を盗もうとしないから、心はつねに安らかだ。

＊長者の万灯より、貧乏の一灯。

——阿《あ》闍《じゃ》世王「受決経」

＊貧困とは、礼儀作法の教師なり。

——アンティファネス「断片」

＊富貴は悪を隠し貧は恥をあらはすなり。

——井原西鶴「日本永代蔵」

＊貧困はわれわれの欲望を阻むが、また、それを制限する。富裕はわれわれの欲求をふやすが、また、それを

満たす手助けをもしてくれる。

――ヴォーヴナルグ「省察と格言」

＊金持ちがお金がないからといって早速貧乏人の仲間入りをしてさ、いっぱしの貧乏人面《づら》で世間を歩こうというのは心得違いだ。

――内田百閒「贋作吾輩は猫である」

＊貧は自由の伴侶である。束縛は富に伴う者である。……富は人の作った者である。故に富んで人世の束縛より離るる事は甚だ難くある。貧者の一つの幸福は世が彼の交際を要求しない事である。

――内村鑑三「所感十年」

＊貧乏に甘んずるは栄誉ある財宝なり。

――エピクロス「断片」

＊自己の活動時代を持つ人のみが富者である。

――エマーソン「社会と孤独」

＊与えるという贅沢を知るには、人は貧しくなければならない。

――ジョージ＝エリオット「ミドルマーチ」

＊貧苦とは、寛大さこそ美徳であるような状態だ。

――カミュ「手帖―一九三四～四二年」

＊人は水に渇いても死ぬが溺れて死ぬ者もある。然るに今や天下の人の大多数は水に渇いて死んで行くのに、他方には水に溺れて死ぬ者もある。（前者は貧乏人、後者は金持ちを指す。金持ちが富豪病より免れる途は贅沢の廃止だ）

＊自己の所有以上を望まぬ者は富者なり。

――河上肇「貧乏物語」

＊富者《とめるもの》は己の目に自らを知恵ある者となす、されど聡明《さとり》ある貧者《まずしきもの》は彼をはかり知る。

――「旧約聖書―箴言二八章一一節」（ソロモン）

＊富者は貧者を治め、借者《かるもの》は貸人《かすひと》の僕《しもべ》となる。

――「同右―箴言二二章七節」（同右）

＊貧者がつねに肉を手に入れることができないならば、富者は肉をいつも消化できない。

――ギレス「説話」

＊ほしいままな行動をするのが金持ちの幸せなのだ。

――ゲーテ「私生児の娘」

＊泥棒も娘五人の家の前は素通りす。

――「後漢書」

＊奢る者は富みて足らず。何ぞ倹者の貧にして余りあるにしかん。

――洪自誠「菜根譚」

＊「貧困は恥にあらず」というのは、すべての人間が口にしながら、誰ひとり心では納得していないことわざである。

――コッツェブー「偽りの羞恥」

＊富者は世界の片隅にまで従兄弟やおばさんを持っている。貧者が持っている親戚は不幸だけだ。

――コッツェブー「偽りの羞恥」

＊人貧しければ智短し。（「貧すれば鈍する」と同義）

――「五《ご》燈会《とうえ》元《げん》」

＊他の富めるをうらやまず、身の貧しきを嘆かず、ただ慎むは貪欲、恐るべきは奢り。

――小林一茶「断片」

＊貧乏人の写真が新聞に載るのは、罪を犯したときに限られる。

――ゴーリキー「イタリア物語」

＊貧を誇るは、富を誇るよりも更に陋《いや》し。

――斎藤緑雨「眼前口頭」

＊富者は祈りもて夕を崇《あが》め、貧者は夕食のために捜し求める。

――サーディー「ゴレスターン」

＊富人を羨む勿れ。渠《かれ》が今の富、安《いず》くんぞ知らん、其の後の貧を招かざることを。貧人を侮る勿れ、渠が今の貧、安んぞ知らん、其の後の富を胎《たい》せざることを。

――佐藤一斎「言志晩録」

＊貧困は最上策だ。お前が富を得たならば、他の人々を援助せねばなるまいし、お前が富を得ない場合には、お前を援助することが他の人々の義務となろう。

――ウィリアム＝サムナー「社会階層は互いに何を負担するか」

＊金持ちたちの軽蔑には容易に堪えられるが、ひとりの恵まれない人の視線は私の心の底に深く突き刺さって来る。

――ジイド「日記」

＊貧乏人けっこう。誰もお前のその貧乏を盗もうとはしないのだから。

――シェークスピア「冬の夜ばなし―四幕三場」

＊貧乏でも満足している人間は金持ち、それも非常な金持ちです。だが、大金持ちでも、いつ貧乏になるかと、びくついている人間は、冬枯れのようなものです。

――同右「オセロ―三幕三場」

＊貧乏は罪悪でないと言うのは容易いが、そうじゃない。仮にそうだとしたら、人は貧乏を恥ずかしがらないだろう。でも、貧乏は失態であって、それ相応のこらしめを受け、貧乏人は世界中で軽蔑されているのだ。

――シェローム「閑人閑語」

＊貧を貧としては貧を知らず、福を福としては福を知らざれば、貧福一物なり。然れども福を福とせざる者よりも、貧を貧と思わざる者世に聞こえよし。

――司馬江漢「春波楼筆記」

＊千金の子は市《いち》に死せず。（富者の子息は危険をおかす機会がないから、災難で死ぬことはない）

――司馬遷編「史記」

＊諸君が貧しいならば、徳によって名をあげるがよいし、諸君が富裕であるならば、慈善によって名をあげるが

よい。

——ジューベル「偽りの羞恥」

＊富を欲するか。恥を忍べ、傾絶せよ、故旧を絶て、義と背け。（富を得たければ、恥をいとわず、全力を傾注し、義理にも背け）

——「荀子」

＊害悪の最たるもの、最も悪質の犯罪は貧困である。

——バーナード＝ショウ「バーバラ少佐—序」

＊信念のない金持ちは、貞淑さのない貧しい女よりも近代社会では危険だ。

——同右「愉快と不愉快劇—序」

＊浮浪人は百万長者にとっては、なくてはならない付随物である。

——ジョージ「社会の諸問題」

＊ひとりの富者がなんと多数の乞食を養うことか！　王が建築を始めれば、馬車曳きに仕事が生れる。

——シラー「カントとその注釈者」

＊持てる者は失うことを知り、幸せは苦しみを知る。

——同右「断片」

＊飛躍的に富者になりし人が善人でありし試しなし。

——シルス「箴言集」

＊すべて有《も》てる人は、与えられていよいよ豊かならん。されど有たぬ者は、その有てる物をも取らるべし。

——「新約聖書—マタイ伝二五章二九節」（イエス）

＊富者は貧者の労働が結んだ実を享楽する。

——スウィフト「ガリバー旅行記」

＊いやしくも大財産があれば、必ず大不幸がある。ひとりの富者があるためには、五百名の貧者がなくてはならない。

——アダム＝スミス「国富論」

＊貧乏は恥ではないが、とても不便なものである。

——シドニー＝スミス「ホーランド夫人の憶い出」

＊金持ちと住まねばならないことは、金持ちとなる惨めさである。

——ローガン＝スミス「後思案」

＊贅沢は富の倦怠をまぎらす。

——セネカ「書簡集」

＊貧困は不正なることを教える。

——同右

＊富貴なれば他人も合し、貧賤なれば親戚も離る。

——曹顔遠「断片」

＊貴にあれば多く賤を忘る。

——曹植「贈丁儀」

＊富は屋《おく》を潤《うるお》し、徳は身を潤す。（富は生活を潤すだけだが、徳は人の身を潤す）

——「大学」

＊月夜に夜なべはせぬが損、稼ぎに追ひつく貧乏はなし。

——近松門左衛門「博多小女郎浪枕」

*貧乏というものは、けっして魅力的なものでも、教訓的なものでもない。私にとって貧乏は、金持ちや上流階級の優雅さを過大評価することしか教えてくれなかった。

——チャップリン「自叙伝」

*人貧しくては知短く、馬痩せては毛長し。（「貧すれば鈍する」と同義）

——「朝野僉載《ちょうやせんさい》」

*貧乏であれ、豊かになれば必ず志を失う。一切世俗に背くべし。

——道元「語録」

*貧しければ学ばずとも倹、富めば学ばずとも奢る。

——「唐書《じょ》」

*貧賤に戚戚《せきせき》たらず、富貴に汲汲たらず。

——陶潜「五柳先生伝」

*金を所有している人間は、貧しい人がそのはかない運命を訴える声を聞くのが大嫌いだ。

——ドストエフスキー「貧しい人々」

*貧となり富となる、偶然にあらず、富も因《よっ》て来る処あり、貧も因て来る処あり。人皆貨財は富者の処に集ると思へども然らず。節約なる処と勉強する処に集るなり。

——二宮尊徳「二宮翁夜話」

*財布のヒモがわれわれを同類の人間に縛りつける。

——ハジョット「文学研究」

*凡人ノ貧富ハ其行ニ自《ヨッ》テ求ムル有リ、計ラズ而来ル有リ、行而求ムル貧富ハ、天命ヲ知ルノ貧富ナリ、計ラズシテ求ムルノ貧富ハ一時ノ栄……。

——林子平「富国策」

*自己の資産以上に消費する者は金持ちではなく、また、自己の収入が支出以上の者は貧乏人ではない。

——ハリバートン「断片」

*ポケットに孔がなかったならば、われわれはみんな富者になるに違いない。ポケットは水溜めのようなもので、底の小さな漏口はポケットの上のポンプより悪い。

——ヘンリー＝ビーチャー「プリマス説教集」

*政府が変われども、貧乏人は変わらず、彼らの主人が変わるのみ。

——フィードラス「寓話」

*おお、貧しさよ、貧しさよ！　いかにわが心をさげすむことか！

——プーシキン「駅長」

*富者の快楽は貧者の涙によってもたらされる。

——フラー「格言集」

*「空《から》の袋は真直《まっすぐ》に立ちにくい」ように、貧乏の場合のほうが、絶えず真正直に暮らすことはむずかしい。

——フランクリン「自叙伝」

*貧乏が戸口からはいってくれば、愛の神はすぐに窓か

ら逃げていく。

＊貧者が富者を嫉み、富者が貧者を怖れることは、永久に絶えないであろう。愛の福音というようなことは、それと無関係である。

――ブロッケス「断片」

＊富は費消するためにある。費消する目的は、名誉と善行である。

――フローベル「ジョルジュ・サンド書簡」

＊金持ちの病気と貧乏人の酒は、遠くにいても聞こえてくる。

――ベーコン「随筆集」

＊稼ぐに追ひぬく貧乏神。

――ヘルダー「諸民族の歌声」

＊苦しみなき貧しさは悲惨なる富裕に優る。

――北条団水「日本新永代蔵」

＊貧者は、たとえ真実を語るとも信じられず。

――メナンドロス「断片」

＊物財の貧困は容易に癒されるが、魂の貧困はけっして癒されない。

――同右

＊士は食はねども高楊子、内は犬の皮、外は虎の皮。

――モンテーニュ「随想録」

＊汝が死ぬときに富裕にならんがため、貧乏暮らしするはまったくの狂気なり。

――山本常朝「葉隠」

――ユヴェナリス「諷刺詩」

＊金持ちは他国へ赴いても、いたるところにわが家があるが、貧乏人は自分の家にいても、よそ者である。

――リュッケルト「バラモンの英知」

＊貧乏人が言えば、真実でも信じてもらえないが、金持ちの悪党が言えば、嘘でも信じてもらえる。

――同右

＊貧しさは、身体の内部からさす美しい光にほかならない。

――リルケ「時禱詩集」

＊貧乏人は金持ちのように過去を持つ権利はない。

――ロマン＝ローラン「ジャン・クリストフ」

＊貧に処するは逆境なるが故に難く、富の処するは順境なるが故に易し。

――「論語」（孔子）

財産・富→金銭、金持ち・貧乏人

財産や富は、多くの人々がわかち合って持っていたものを、少数の人々が着服したもので、持てる者はそれを失うことをおそれ、ついには所有の奴隷になる。人の持つ財宝とは、みずから培養した徳だろう。

＊利己心が身代をつくり上げることは少ない。（りんしょくでは身代はつくれない）
——ヴォーヴナルグ「省察と格言」

＊財産をつくっても、それを愉しむことができなければ無駄である。
——同右

＊富も財産なり、智識も財産なり、健康も財産なり、才能も財産なり、而して意志も亦《また》財産たるなり、而して意志の他の財産に優る所以は、何人も之を有すると、之を己れが欲する儘《まま》に使用し得ることに存す。
——内村鑑三「所感十年」

＊多くの人々は富を得るや、もろもろの悪からのがることをせず、より大なるもろもろの悪へ転向す。
——エピクロス「断片」

＊実利こそ最も主要なものである。というのは、法も愛欲も実利に基づいているからである。
——カウティリーヤ「実利論」

＊財宝は火のようなものである。非常に有益な下男であるかと思えば、いちばん怖ろしい主人でもある。
——カーライル「過去と現在」

＊人が財産を使うにさいしては慎重さとためらいとがある。それは善行ではないし、手腕も能力も必要とはしない。
——カント「講演一七七五・四・二五」

＊予は予の全財産を予とともに運ぶ。（私の知力はわたしの最上の所有物である）
——キケロ「パラドクサ」

＊富と功名！　これ実に誘惑なり。吾け日々この誘惑に出あう。
——国木田独歩「欺かざるの記」

＊財産は炉や墓に固着していて、それらのものとともに、万代に不動のものである。移りいくのは人間なのである。
——クーランジュ「古代都市」

＊財産は、それを所有する人々を他の人たちよりも幸せにするがゆえに攻撃されるのではない。財産が攻撃されるのは、それが少数の人々の幸せを少し増すからである。
——グールモン「未刊の随想録」

＊富を持たない者は働き甲斐を持たない。人間は財産に希望を持たないならば、けっして労働に駆り立てられないものである。
——ケネー「借地農論」

＊多く蔵する者は厚く亡《うしな》う。故に富は貧のおもんばかりなきに然《しか》ざるを知る。高く歩む者は疾《はや》く顚《たお》る。故に貴は賤の安きに然らざるを知る。
——洪自誠「菜根譚」

＊女を説くは智力金力権力腕力この四《の》つを除けて他に求

むべき道は御座らねど努力腕力は拙《つたな》い極度、或るが早い金力と申す候。

――斎藤緑雨「かくれんぼ」

*富を欲するか。恥を忍べ、傾絶せよ。故旧を絶ちて、義と背け。（富を得ようとするなら、恥を忍んで全力を傾注せよ。旧友との交際を絶ち、義理に背け）

――「荀子」

*富貴なる者は人を送るに財を以てし、仁人は人を送るに言を以てす。

――司馬遷編「史記」

*現存する財産は、多数の可能なる害悪と災害に対する障壁と見なすべきであって、世の快楽を手に入れる許可と見なすべきでなく、いわんや、その義務と見なすべきではない。

――ショウペンハウエル「パレルガとパラリポーメナ」

*富は海水に似ている。飲めば飲むほど渇く。名声についても同じことが当てはまる。

――同右

*富を得る方法は三つしかない。勤労と嘆願と窃盗である。したがって、あまりにも多くの富が乞食や泥棒の手に渡っている。

――ジョージ「社会の諸問題」

*われわれは頭の中に富を持つべきであり、心情の中に持つべきである。

*財が少数の者の手によって蓄えられると、それは奪い去られる。

――スウィフト「ガリバー旅行記」

*富を最も必要とせぬ者が、それを最も享受す。

――スタインベック「怒りのぶどう」

*物盛んなれば衰うるは天の常数なり。

――セネカ「書簡集」

*財聚《あつ》まれば則ち民散じ、財散ずれば則ち民聚まる。

――「戦国策」

*悖《もと》りて入る貨《たから》は亦《また》悖りて出づ。（不正に得た財貨は、また不当に出てしまう）

――「大学」

*徳は本なり、財は末なり。

――同右

*富はなせば仁ならず、仁をすれば富まず。

――同右

*高利を貪《むさぼ》る者は、これと異なる道を踏みて望みをほかにおき、自然とその従者を軽んず。

――沢庵「玲瓏日記」

*かの金持ちは財産を所有するにあらず、奴の財産が奴を所有するなり。

――ダンテ「神曲―地獄編一一曲」

*財産は単に公園、宮殿、広い田地、さまざまな形式の

――ディオゲネス（シノペの）「断片」

愛好物、金銭の奉仕、絵画のコレクションから成り立っていない。心の愛情こそ財宝であって、正しい人との同情はしばしば大きな財産に価する。

――ベンジャミン＝ディズレーリ「エンディミオン」

＊富――ひとりの人間の手に帰した多数の人間の貯蓄。

――デブス「語録」

＊富は糞尿と同じく、それが蓄積されているときには悪臭を放ち、散布されるときには土を肥やす。

――トルストイ「断片」

＊社会は財産の不平等なしには成立しない。財産の不平等は宗教なしには成立しない。

――ナポレオン（ティエール「ナポレオン史」より）

＊生涯を金貨の中に埋れて、乞食のように死んだ守銭奴の財産ほど、無限に莫大なものがどこにあろうか。

――萩原朔太郎「虚妄の正義」

＊英知を加味した富は本来の最上の贈り物なり。

――ピンダロス「断片」

＊財産は来るもので、つくられるものではない。

――ヘンリー＝フォード（「ニューヨーク・タイムズ」のインタビュー、一九三八）

＊私有財産は窃盗である。

――プルードン「私有財産とは何か」

＊莫大なる富を有する者は、しばしば不幸なり。中庸の財のみしか有さぬ者は幸福に恵まる。

――ヘロドトス「歴史」

＊しはきは財を惜しむ。始末は財を節にす。節はふしといふ字にして竹に節ある如く、よき程桂にて止まる事あり。（しはきは＝けちんぼ）

――三浦梅園「梅園叢書」

＊富は多額の財産によるものにあらず、満足した心からなり。

――ムハンマド「説話」

＊人間の真の富はこの世でなされる善行なり。

――同右

＊恒産無き者は恒心無し。（一定の収入や財産のない者は、貧しいために心にまよいが生ずる）

――「孟子」

＊私たちの財産、それは私たちの頭の中にあります。

――モーツァルト「語録」

＊財産というものは、人間の道徳的価値や知能的価値をつくるものではない。凡人には、それが堕落の媒体となるだけだが、確固たる人間の手元にあるならば、有力なテコとなる。

――モーパッサン「ピエールとジャン」

＊誰もその収入を公表はしない。ただ収入によって得たものを見せびらかすだけである。

――モンテーニュ「随想録」

＊人間は富と良識を同時に恵まれず。

*真の富はすばらしいものである。というのは、それが力を意味し、閑暇を意味し、自由を意味するからである。

——リヴィウス「断片」

*富とは神から授けられたもので〈心からの満足を覚えている最愛のわが子〉を意味する。

——ローウェル「演説」

*富とは、これ人の欲するところなり。その道を以てせざれば、これを得るとも処《お》らざるなり。貧と賤とはこれ人の悪《にく》むところなり。その道を以てせざれば、これを得るとも去らざるなり。

——ロックフェラー一世「語録」

——「論語」(孔子)

*死生命有り、富貴天に在る。

——同右(子夏)

・所有

*自己の所得以上に望まぬ者は富者なり。

——キケロ「断片」

*何も所有しない者は労働の束縛下にあり、財産を有する者は気苦労の束縛下にある。

——ウィリアム＝サムナー「随筆集」

*俺のものはお前のもの、お前のものは俺のもの。

——シェークスピア「しっぺ返し」

*所有の本能は人間の本能の基礎である。

——ジェームズ「講話」

*所有は権利とともに義務を伴う。

——トーマス＝ドルモンド「語録」

*ある程度までのところ、所有が人間をいっそう独立的に自由にするが、一段と進むと所有が主人となり、所有者が奴隷となる。

——ニイチェ「人間的な、あまりに人間的な」

*多くを所有する者は、なお多くを手に入れる。わずかしか所有しない者は、そのわずかなものさえ奪われる。

——ハイネ「世相」

*土地は富の母で、労働はその父である。

——ペティ「政治算術」

*土地私有という不法な権利が、世界各国民の半数以上の者からその自然の家屋を奪った。

——トーマス＝マン「断片」

*所有の魔術は、砂礫を化して黄金にならしめる。

——アーサー＝ヤング「フランス紀行」

金銭→財産・富、金持ち・貧乏人

金には二つの魔力がある。一つは、物財はむろん、名声・地位・尊敬・愛を買収できる支配力、二つは、金が働きに出れば、みずからを膨張する繁殖力が、これである。金の運営いかんによっては、善徳にもなるし、悪徳にもなる魔力を持っている。

＊金は必要からのみ金を求める連中を回避する。（金を消費したい人間は金を儲けられない意）
——アラン「幸福語録」

＊あたかも金に繁殖能力のあるかのごとく、金に金を生ませるは最も不自然なり。（金利罪悪の思想は中世のころまで続いた）
——アリストテレス「政治学」

＊一生一大事、身を過《す》ぐるの業《わざ》、士農工商の外、出家・神職にかぎらず、始末大明神の御託宣にまかせ、金銀を溜むべし。是、二親の外に命の親なり。
——井原西鶴「日本永代蔵」

＊人の家に有りたきは梅桜松楓、それより銀米銭ぞかし。
——同右

＊人若い時貯へして年寄りての施肝要なり。とても向《さき》へは持て行けず、ならてならぬ物は銀の世の中。
——同右

＊世に銭《ぜに》程、面白き物はなし。
——同右

＊借金と金貸しに依存する家庭生活には、自由もなければ、美しさもありません。
——イプセン「人形の家」

＊人生は海、船頭は金である。船頭がいなければ、うまく世渡りができない。
——ヴェッケルリン「格言詩集」

＊金銭は君主の中の君主である。
——ヴェーバー「デモクリトス」

＊良心・名誉・貞潔・愛・尊敬といったものは金力で得られる。したがって、恵むことを惜しまなければ富の利益は倍加する。
——ヴォーヴナルグ「省察と格言」

＊金とは、常に受け取る前か、又はつかった後からの観念である。
——内田百閒「百鬼園新装」

＊金と恋は人を鉄面皮にす。
——オヴィディウス「恋の技術」

＊汝が欲するものを買うべからず、必要とするものを買うべし。
——カトー（大）「監察官」

＊金銭に対する欲は避くべし。富を愛するほどに狭量かつ卑しき精神はなし。
——キケロ「義務について」

＊借財は底なしの海なり。
——キケロ「義務について」

＊金は不幸を招くとよく言われるが、それは他人の金のことをいうのだろう。
——同右

＊悪貨は良貨を駆逐する。

——ギトリ「彼女たちとお前」

＊人間の力量一ぱいの月給を取ると弱くなるよ、況んやそれ以上を取るに及んでは大ていのものが堕落する。

——グレシャム「グレシャムの法則」

——堺利彦「語録」

＊どんな人間でも金で買収されない者はいないが、問題はその金額だ。

——ゴーリキー「不用人の一生」

＊貨幣は私の力を現す。

——サルトル「存在と無」

＊金を貸すと、金も友だちも失くしてしまう。金を借りると、倹約の心がにぶってしまう。

——シェークスピア「ハムレット」一幕三場

＊金を蓄えるまでは金を使うな。

——ジェファーソン「語録」

＊人は通常、金を貸すことを断ることによって友を失わず、金を貸すことによってたやすく友を失う。

——ショウペンハウエル「パレルガとパラリポーメナ」

＊金を浪費したり、貯蓄する者は最も幸せな人々である。というのは、両者ともそのことを楽しんでいるからである。

——サミュエル＝ジョンソン（ボズウェル「ジョンソンの生活より」）

＊金銭を取り扱いつけている金持ちの婦人は、それを思慮深く使う。だが、結婚して初めて金銭を自由にするようになった婦人は、それを使うことが面白くなり、ふんだんに浪費することになる。

——同右

＊ふくらんだ財布は心を軽やかにする。

——ベン＝ジョンソン「断片」

＊それ金を愛するは諸般《もろもろ》の悪しき事の根なり。

——「新約聖書—テモテ前書六章一〇節」（パウロ）

＊自分のポケットの中の小銭は、他人のポケットの中の大金にまさる。卵を抱いているのはいいことだ。塵《ちり》も積もれば山となる。

——セルバンテス「ドン・キホーテ」

＊光り輝くものすべて金にあらず。

——同右

＊車を借る者は之を馳《は》せ、衣を借る者は之を被《き》る。（借りたものはとかく粗末にする）

——「戦国策」

＊世人交わりを結ぶに黄金を須《もち》う、黄金多からざれば交わり深からず。（金力がなければ交わりも浅くなる）

——張謂《い》「題長安主人壁」

＊その金全部を得ようとするほど利口になるためには、それを欲しがるくらいまでに阿呆でなければならない。

——チェスタートン「ブラウン神父の童心」

*金は天下の回りものだ！　ただ、いつもこっちをよけて回るのが気にくわん。

——ツルゲーネフ「猟人日記」

*金は鋳造された自由である。

——ドストエフスキー「死の家の記録」

*もちろん金は絶対的な力である。と同時に、平等の極致でもある。金の持つ偉大な力は、まさにそこにあるのだ。金はすべての不平等を平等にする。

——同右「未成年」

*私の欲しいのは金ではなく、また金の力でもない。金の力で得られるもの、また、その力なくしては、どうしても得られないものが必要なのだ。それは孤独な落ちついた権力の意識だ！

——同右「罪と罰」

*金が何よりも卑しく、しかも、いとわしいのは、それが人間に才能まで与えるからだ。

——同右「白痴」

*金は新しい形式の奴隷制である。それが旧い形式の奴隷制と異なるところは、奴隷に対してなんら人間的な関係を持っていない非人格的なところにある。

——トルストイ「われわれは何をなすべきか」

*金を作るにも三角術を使わなくちゃいけないと言うのさ——義理をかく、人情をかく、恥をかく、これが三角になる。

——夏目漱石「吾輩は猫である」

*金銭——手放す場合はともかく、いくら持っていてもなんの利益ももたらさない結構な代物。教養のしるしあるいは社交界の入場券。持っていても悪くない、持ちはこび自由な財産。

——ビアス「悪魔の辞典」

*貸すより一シリングを施せ、さもないと、二シリング半を失う。

——フラー「格言集」

*金を稼がんとせば、金を使わねばならぬ。

——プラウトゥス「断片」

*金を貸した者は、金を借りた者より記憶がよい。

——フランクリン「貧しいリチャードのアルマナック」

*貨幣は繁殖力と結実力を持つものであることを思え。

——同右「自叙伝」

*借金というものは、人を束縛し、債権者に対して一種の奴隷にしてしまうものである。

——同右

*金はよい召使いだが、場合によっては悪い主人でもある。

——ベーコン「随筆集」

*金はこやしのようなもので、撒布しない場合は役に立たない。

——同右

*金はどこの国の人々も理解できる一つの言語としての

意味を語る。

——ベーン女史「海賊」

*債権者は負債者に対する記憶に優る記憶を憎む。

——ホーウェル「イギリスのことわざ」

*金は奴隷となるか、さもなくば主人とならん。

——ホラティウス「書簡詩」

*悪貨さかんに世に行なはるなれば、積金皆隠《かく》る。

——三浦梅園「梅園叢書」

*私は愚劣さを含ませる黄金の風は大嫌いだ。

——ミュッセ「盃と唇」

*いかなる手段によりて手に入れし金銭にしても、現金ともなれば佳き香りがする。

——ユヴェナリス「諷刺詩」

*債権者は残酷な主人よりも悪い。主人は身体を剝奪するだけであるが、債権者は体面を破壊し、威信を破滅する。

——ユーゴー「レ・ミゼラブル」

*金銭は第六感のようなもので、これがないと他の五感も満足に働かない。

——モーム「人間の絆」

*一銭軽しといへども、これを重ぬれば、貧しき人を富める人となす。されば、商人の一銭を惜しむ心、切なり。

——吉田兼好「徒然草」

*老人をけちにするのは、将来金銭の必要に迫られるという懸念ではない。……この悪徳はむしろ老人の年齢と体質の生む結果である。彼らが若い時代に快楽を追い、壮年期に野心を追った同じ自然さで、この欲に溺れているのである。

——ラ・ブリュイエール「人さまざま」

*人類の種族は、二つの異なる人種、すなわち借金する人間と、金を貸す人間とから成る。

——ラム「エリア随筆」

*金に眼もくれない人はたくさんいるが、金の与え方を心得ている人はほとんどいない。

——ラ・ロシュフーコー「箴言集」

*人は愛もなくて妻を持つように、幸福もなくて財産を持つ。

——リヴァロール「選集」

*金を持たずにすませることも、金を儲けるのと同じくらいの苦労と価値がある。

——ルナール「日記」

*金を借りれば、やがて嘆く。

——レイ「イギリスのことわざ」

*金は金を産む。

——同右

*返済する術を知らなければ、金を借りるな。

——レッシング「ミンナ・フォン・バルンヘルム」

＊金銭というものは、他人には幸福に見えるあらゆるものを与えてくれる。
——レニエ「どんく」

＊翼なくして飛び、足無くして走る。（金銭の力を述べたことば）
——魯褒「銭神論」

・節約・浪費

＊貧者の物惜しみしないのは浪費と称せられる。
——ヴォーヴナルグ「省察と格言」

＊利己心が身代をつくり上げることは少ない。（けちでは身代はつくれない）
——同右

＊節約はかなりの収入なり。
——エラスムス「痴愚神礼讃」

＊君子の財をみだりに用ひずして惜しむは、人に益あることに財を用ひんが為也。
——貝原益軒「家道訓」

＊守銭奴の金は、彼が土に入るときに土地から出て来るなり。
——サーディー「ゴレスターン」

＊人々の手で最も金持ちなのは倹約家であり、最も貧乏なのは守銭奴である。
——シャンフォール「格言と省察」

＊節約なくしては誰も金持ちになれないし、節約する者で貧しい者はない。
——サミュエル＝ジョンソン『ランブラー誌』

＊節約は不必要な費用を回避する科学であり、また慎重にわれわれの財産を管理する技術なり。
——セネカ「書簡集」

＊節約は化金石。（化金石は錬金術者が求めえなかった霊石で、下等金属を金銀に変えると考えられた）
——フラー「格言集」

＊稼ぎより消費をいかに少なくするかを知るならば、お前は化金石を持つ。
——フランクリン「貧しいリチャードのアルマナック」

＊吝嗇《りんしょく》というものは結局、愛情とはいちばん縁もゆかりもないしろものである。というのは、けちんぼは酬いを受けるという望みもなく、財宝を愛するからである。
——プレヴォ「楽天家用小辞典」

＊けちであるためには、根気も若さも健康も必要ではない。また収入を貯蓄するには少しも急ぐこともいらず、身体を動かす必要もない。ただ自分の財産を金庫に入れておいて、食うや食わずにしていればいい。これは老人に都合のいいことだ。何もせずにいれば、それでいいのである。
——ラ・ブリュイエール「人さまざま」

＊けちは、気前のよさ以上に倹約の敵である。

——ラ・ロシュフーコー「箴言集」

＊けちはしばしば反対の結果をもたらす。つまり、遠い当てにならない希望のために全財産を投ずる者が数多くあるかと思うと、ある者は、目先のちっぽけな利得のために将来の大きな儲けを逃がす。

——同右

＊倹約した金は儲けた金である。

——レニエ「どんく」

Ⅱ

男女の性・愛と結婚生活

純情な娘に薄弱男。

——中国のことわざ——

●

恋は結婚の夜明け、結婚は恋の夕暮れ。

——フランスのことわざ——

男の性・女の性→男の愛・女の愛、恋愛

男の性《さが》は身勝手で、浮気っぽく、好色であり、女の性は虚栄心が強く、執念深く、見栄張りである。男は女に対しては平等主義者であり、女は男に対しては独占主義者である。前者が肉体の放蕩者ならば、後者は心の放蕩者である。

＊女性は、彼女らの誇りを失わないようにする唯一の嘘を愛している。

——アテルトン「征服者」

＊女は誘惑するが、飽満させる。女は刺激するが、鎮静させる。…性とは、個体が配偶によってはじめて矯正し得る不完全な性である。

——アミエル「日記」一八七三・四・二

＊男は建設すべきものも、また、破壊すべきものもなくなると、非常に不幸を感じるものである。

——アラン「幸福語録」

＊男性的思考は閑暇のときには退屈する。だから、カルタや将棋が男の遊びだ。これに反して、女性の仕事は通常、機械的で、なんの創意もない。…女性が職人の周到さと器用さに似て非なる一種の洞察力と抜け目さを具えているのも、このせいである。女性の力は精神的な力であり、男性の力は物質的な力である。

——同右「家庭の感情」

＊女ほど征服し難い獣はなし。

——アリストファネス「リュシストラタ」

＊明け暮れ男自慢、何《い》づれ女の好ける風俗。（その日暮らしの生活力のない色男）

——井原西鶴「諸艶大鑑」

＊しめやかになれば笑はせ、すげらしき男ははまらせ、初心なる人には泪《なみだ》こぼさせてよろこばし、一度一度に仕《し》懸《かけ》の替はる事、うろたへたる神もだまされ給ふべし。

——同右「好色一代男」

＊さらさらせまじき物は、悋《りん》気（焼餅）是女のたしなむべき一つなり。

——同右「好色一代女」

＊女は性的だけであり、男は性的である。

——ヴァイニンガー「生と性格」

＊欲望と渇望の対象としての女性、道具であり、かつ装飾である女性、快楽と生殖の器具である女性。

——ヴァレリー「知恵の情熱」

＊女のほうが男より控え目だというならば、男のほうがもっと正直だ。

——ヴァンブルー「イソップ」

＊あらゆる女性が、いつも主張するように、万人を信じさせ得るほど純潔であるとしたら、この世には不潔な

男性はひとりもいないだろう。

――ヴィヴェーカーナンダ「カルマ・ヨーガ」

＊賭博・信心・才気は、すでに若くない女にとっての三大武器である。

――ヴォーヴナルグ「省察と格言」

＊羞恥心があることが女の必要な一つの掟とされているのはおかしい、女が男の厚かましさしか尊重しないのに。

――同右

＊婦人を遇するの道は、その高貴なる品性をはげますにあり、その賤劣なる虚栄心に訴うるにあらず。

――内村鑑三「独立宣言」

＊女たるものは、つねに男たちの運の行く手に立ちふさがり、かつ不幸なるほうへと導く。

――エウリピデス「断片」

＊聡明な女性は生れながらに数百万の敵を有しているが、それはすべて愚かな男たちだ。

――エッシェンバッハ「格言集」

＊愛《いと》しさのない女の美しさは、餌のない釣針である。

――エマーソン「随筆集」

＊最も幸せな女も、幸せな国家と同じように歴史を持っていない。

――ジョージ＝エリオット「絹綿の工場」

＊女性の運命は愛される男のいかんにある。

――同右

＊男というものは嘘の国の庶民であるが、女はその国の貴族である。

――エルマン「嘘礼讃」

＊多くの女性が、すこぶる如才のないのは最高の恵みである。ほかの富を残らず身に付けている女性が、如才のなさに欠けている場合には禍いが起こる。

――オスラー（「ウィリアム・オスラー卿の生涯」より）

＊女性が同じ顔、同じ性質、同じ心立てをしていたのなら、男はけっして不貞を働かぬだけではなく、恋をすることもなくなろう。

――カザノーヴァ「回想録」

＊女性の直観はしばしば男性の高慢な知識の自負を凌ぐ。

――ガンジー「堕落したわれわれの姉妹」

＊女をお前と同等にまでするな。というのは、そうなったら、お前はすぐに尻の下にしかれるからである。

――カント「断片」

＊女性の本質は献身であり、その形式は抵抗である。

――キェルケゴール「あれか、これか」

＊女性は実体であり、男性は反省である。

――同右「誘惑者の日記」

＊女は自分の前を通ったよその婦人の眼が自分を注目したか、否かを直観的に悟る術を心得ている。女が身を飾るのは、ほかの女たちを意識しているからである。

＊男の勇気は束縛から逃れることにあるが、女の勇気は束縛に堪えることにある。
——カント「追憶の哲理」

＊愚かな女でも、利口な男を尻にしくことができるが、愚かな男を尻にしくためには、女はよほど巧妙でなくてはならない。
——ギゾウ夫人「語録」

＊女の推量は男の確信よりもずっと確かである。
——キプリング「丘の話」

＊冷静な女なら賢い男は取り扱えるが、愚かな男を取り扱えるのは賢い女である。
——同右「直言」

＊女はたとえ百人の男にだまされても、百一人目の男を愛するだろう。
——同右

＊女は深く見、男は遠くを見る。男にとって世界が心臓、女にとっては心臓が世界である。
——キンケル「詩」

＊わたしが女より男のほうが好きなのは、彼らが男であるからではなく、彼らが女でないからである。
——グラッベ「ドン・ジュアンとファウスト」

＊女の祖国は若さです。若さのあるときだけ、女というものは幸せなのです。
——クリスティーナ女王「語録」

＊女性の共通性として、たとえ自分を愛する男が野獣のような人であろうとも、愛され、崇められれば無関心ではあり得ない。
——ゲオルギウ「第二のチャンス」

＊今日、若い女性たちの間で目につく欠点は、彼女らがあまりにも財産に対していだいている憧憬の念よりも、むしろ財産を持っていることを見栄にする、という悪趣味にある。
——同右

＊女を想《おも》う者は、輾転《てんてん》反側す。女の来って我を悩ますにあらず、吾の想いの我を悩ますなり。
——グールモン「未刊の随想録」

＊船の綱を無理矢理に針の孔に通すのも、女を黙らせるほどむずかしくない。
——幸田露伴「落葉籠」

＊男が女のように献身的になったら、すぐに女はつけあがってわがままになる。
——コッツェブー「オルデンベルグの家の悩み」

＊女は征服することよりも、征服されることを好む。
——コリンズ「警句集」

＊男らしさとは親切と慈愛なり、肉体的な意志にあらず。
——サッカレー「ヴァージニアン」
——サーティー「ゴレスターン」
＊女は男の抱擁にて満たされぬとき、平和《やすらぎ》のうちにあり

ても争い多し。

――サーディー「ゴレスターン」

＊美女の巻毛は理性の足の鎖、明知の鳥の罠《わな》。（「女の髪の毛は象をもつなぐ」と同義）

――同右

＊醜い女は美人よりも手管が多い。というのは、前者は男をいらいらさせるが、後者は男を待っているからだ。

――サント・ブーヴ「わが毒」

＊愛される男は、正直な話、女にとって、愛を引っかける釘くらいの値打ちしか持っていない。

――ジイド「贋金づくり」

＊女は万年新造のうえに手練手管が無尽蔵だから、いくら慣れっ子になっても珍しい。

――シェークスピア「アントニオとクレオパトラ」

＊彼ら十人、二十人の剣よりも、お前の目に千人の人間を殺す力がある。

――同右「ロミオとジュリエット」三幕二場

＊弱き者よ、汝の名は女なり。

――同右「ハムレット」一幕二場

＊哲夫城を成し、哲婦城を傾く。（男の賢明なのは、国とか家を栄えさすが、女の賢明なのは差出口によってかえって国や家を滅ぼしてしまう）

――「詩経」

＊女の舌は休むときがない。

――シャミッソー「詩集」

＊女というものは、いかに考えてもわれわれの天使であり、悪魔であり、この地上の世界の最善であり、最悪である。

――ジャンチ・ベルナール「恋愛術」

＊女性がなぜ、男性との関係を言いふらすのか。その理由としてあげられている大半は、男性にとって不利である。その真の理由は、この方法によってしか女性は男性に支配権を持つことができないからである。

――シャンフォール「格言と省察」

＊女徳極まり無し、婦怨終《や》む無し。（女の情は近づけばきわまりないが、遠ざかれば怨みは果てしがない）

――「春秋左氏伝」

＊女の歓びは男の自惚れを傷つけることである。

――バーナード＝ショウ「非社会的な社会主義者」

＊女というものは、自分の身についた不潔の疑いには我慢できないのだ。

――同右「人と超人」三幕

＊性的にいうと、女は自然が最高の完成を保全するために工夫したものであり、男は自然の命令をいちばん経済的に果たすために女の工夫したものだ。

――同右

＊私の愛する女の将来は、私を愛する女の悪魔のような貞操によってのみ相殺される。

——バーナード＝ショウ「悪を弄ぶ人」

＊男性の間では、愚かで無知な者が、女性の間では醜い女が一般に愛され、ちやほやされるのがつねである。

——ショウペンハウエル「パレルガとパラリポーメナ」

＊男同士は本来、互いに無関心なものだが、女は生れつき敵同士である。

——同右

＊世に最も輝き、かつ最ももろきもの二つあり。一つは女の顔、一つは陶器。

——スウィフト「優雅なる会話」

＊私は男でなくてよかった。なぜなら、女と結婚しなければならないからだ。

——スタール夫人「語録」

＊女というものは、始終どこかに故障のある機械みたいなものだ。

——スタンダール「赤と黒」

＊女に愛されていることが確かであると、男は彼女が他の女より美しいか、美しくないかを検討する。女心がわからないと、顔のことなぞ考える暇がない。

——同右「恋愛論」

＊女は男よりも利口である。というのは、女は知ることが少なく、理解することがより多いからである。

——ステフェンズ「金の壺」

＊女が年取って女でなくなると、そのあごにはひげがはえる。だが、年取って男でなくなった男に、いったい何がはえるのか。

——ストリンドベリ「父」

＊眼にはいったすべての者を愛し、愛した者をすべてむさぼった移り気の男。

——エドムンド＝スペンサー「寓意的・騎士道物語詩」

＊女は己をよろこぶ者のためにかほづくりする。

——清少納言「枕草子」

＊男は火で、女は麻屑である。悪魔がやってきてそれを吹きつける。

——セルバンテス「断片」

＊美女舌を破る。

——「戦国策」

＊婦女の求むるところは男性であり、心を向けるところは装飾品なり。執着するところは夫の独占であり、究極の目的は支配権なり。

——「増子部経」

＊女は水でこしらえた身体、男は泥でこしらえた身体だから、僕は女さえ見ていれば気がせいせいする。男はどうも泥臭くて胸がむかむかする。

——曹雪芹《せっきん》「紅楼夢」

＊佳人薄命。

——蘇東坡「薄命佳人詩」

＊女よ、女はものを言わぬが花よ。

＊人生れて婦人の身となることなかれ。百年の苦楽は他人に因る。

——ソフォクレス「アイアス」

＊「男女同権」とは、男の地位が、女の地位にまであがったことなのです。

——「太平記」

＊男と交際しない女は少しずつ色褪せる。女と交際しない男はしだいに阿呆になる。

——太宰治「断片」

＊多くの女性は男性を変えようとする。そして、変えることに成功すると、その男が好きでなくなる。

——チェーホフ「断片」

＊女がいなかったら、男は神のように生きていくだろう。

——デイトリヒ「語録」

＊男同士の相違は、せいぜいのところ天と地くらいだが、極悪の女と最善の女の相違は、天国と地獄の距《へだた》りがある。

——デッカー「正直な売春婦―三幕一場」

＊男は猟師であり、女は獲物、つやつやと光った狩られる動物である。

——テニソン「メルランとヴィヴィアン」

＊女がいちばん強くなるのは、自分の弱さで武装することです。

——同右「プリンセス」

＊世の中には、恋人とか情婦としては通用するが、ほかになんの役にも立たない女がいるものだ。

——デファン夫人「ヴォルテール宛の書簡」

＊人は女を深いと思う―なぜか？　女の場合、底まで行けないからだ。女は浅くさえもないのだ。

——ドストエフスキー「白痴」

＊女のもとへ赴こうとするならば鞭を忘れるな！

——ニイチェ「偶像の薄明」

＊婦人にはあまりにも永い間、暴君と奴隷とが隠されていた。婦人に友情を営む能力のないゆえんであって、婦人の知っているのは恋愛だけだ。

——同右「ツァラトゥストラ」

＊男の幸せは「われ欲す」ということである。女の幸せは「彼欲す」ということである。

——同右

＊男子はいちずに命をすて、女人は男の為に命をすつ。

——同右

＊女が終わるところに劣悪な男が始まる。

——日蓮「佐渡御書」

＊女は美しくて、甘ったるい嘘つきだ。男はすぐにお前を信じ込んでしまう。

——ハイネ「思想と警句」

＊女は自分の顔以外のすべてに寛大である。

——バイロン「女に」

——バイロン「ドン・ジュアン」

*女の高齢は男のそれよりも陰気かつ孤独である。

——ジャン＝パウル「アフォリズム」

*時間と環境は、大方の男の思考を拡大し、きまって女の思考を狭くする。

——ハーディー「埋もれたジュード」

*尻軽女とは、自分の尻っぽで獲物を押さえているワニのようなものだ。

——サムエル＝バトラー「散文批評」

*女の子は売品なり、男の児は非売品なり、前者の売れざると、後者の買われたるとは嘆きなり。

——長谷川如是閑「如是閑語」

*女子は月経に支配せられ、男子は月給に支配せられる。

——同右

*男子は羽織より売り始め、フンドシに至りて窮《きわ》まり、女は肉より売り始め、羽織に至りて窮まる。

——同右

*男子は、一個の女性を礼賛するのにその全生命を以てするが、全体の女性を礼賛するには舌のみを以てする。

——同右

*男は自分の知っているたったひとりの女、つまり自分の妻をとおして女の世界全体をいい加減に判断している。

——バック「男とは、女とは」

*女の心は男の心より清い、女は始終変わるから。

——ハーフォード「断片」

*ヴァイオリニストが同じ音楽を演奏するのにいくつかのヴァイオリンを必要とすると言われているように、男は四六時中、ひとりの女を愛し得ないのも理に適《かな》っている。

——バルザック「結婚哲学」

*女は己を悦ぶ者の為にかたちづくる。

——班固撰「漢書《じょ》」

*傾国傾城。（絶世の美人の意）

——同右

*元始、女性は実に太陽であった。真心の人であった。

——平塚らいてう「元始女性は太陽であった」（「青鞜」創刊号）

*美女は大昔から愚かであってもよいという特権を持っている。

——ハーン夫人「ウールリヒ」

*四十歳から五十歳までの間、男は心の裡では禁欲主義者か好色漢かのいずれかである。

——ピネロ「タンカレー第二夫人」

*女性は自分を求める人を求めはしない、むしろ若干冷淡な態度をとる人を求める。

——ヒルティ「眠られぬ夜のために」

*女は唯一の本務、つまり彼女自身の魅力を持つのみで、

他のすべては物真似である。

――フィッツジェラルド「覚書」

*大部分の女は多くのことばを費やして、ごくわずかしか語らない。

――フェヌロン「テレマック」

*美人なるものは、目には極楽、心には地獄、財布には煉獄である。

――フォントネル「断片」

*男性全体を罵言し、彼らの欠点を洗いざらしにしても、それに抗議を申し込む男性はいないが、女性について少しでも皮肉を言おうものなら、すべての女性は一斉に立ち上がって抗議する。女性というものは、一国民・一宗派を形成している。

――プーシキン「随想」

*すべての男は、愛が冷めれば冷めるほど、女に好かれるものだ。そして、誘惑の網をいよいよ拡げて残酷に女の生を滅ぼしていく。

――同右「オネーギン」

*猫は九つの命を持ち、女は九匹の猫の命を持つ。

――フラー「格言集」

*男は年老い、女は嫉妬深くなる。さまざまな目的を得ようとする、男は自由を、女は権力を。

――プライアー「アルマ」

*われわれは女性にしゃべらす薬を持っているが、女性を沈黙させる薬は誰も持っていない。

――フランス「唖者の妻と結婚した男」

*女はしばしば変わる。女を信ずる男は愚かである。

――フランソワ一世「語録」

*なんらの芳香なき女性が最も香りを持つ。

――プルータス「モステラリア」一幕三場

*女性は己の美点のために愛されることに同意はするが、つねに好むのは、己の欠点のために愛してくれる人のほうだ。

――ブレヴォ「楽天家用小辞典」

*女性の裸体は神の作品だ。

――ブレーク「天国と地獄の結婚」

*男は女に嘘をつくことばかり教え、また、女に対して嘘ばかりついている。

――フローベル「書簡集」

*女を信用する男は盗人を信用する手合いである。

――ヘシオドス「仕事と日々」

*どんな女の過失も男の責任である。

――ヘルダー「シド」

*女性にあっては、愛は嫉妬の娘でもあれば、母でもある。

――ベルネ「戯曲論」

*黄金というものは、不美人を美人に染め上げる。

――ボアロー「語録」

＊女が貞淑だから男もそうであって、女は必要から貞淑である。

――ホウ「ビックス氏からの手紙」

＊男は女にすべてを与えよと求む。女がそのとおりにすべてを捧げ、生涯をあげて献身すると、男はその重荷に苦しむ。

――ボーヴォワール「第二の性」

＊男は妻や愛人を嫌悪すると逃げようとする。だが、女は憎む男に返報しようと手許に抑えておきたがる。

――同右

＊人は女に生れない。女になるのだ。……文明の全体が人間と雄と、去勢物の中間のものを女性と呼んでいるのだ。（人間の存在を規定するものは本性ではなく、みずから選び出すところの主体性である）

――同右

＊女は彼女と恋に陥っている男を憎むことはまずないが、多くの場合、女は彼女と友だちである男を憎む。

――ポープ「種々の問題についての考え方」

＊男たちの中には仕事を選んだり、享楽を選んだりする。一方、女はすべて心では放蕩者である。男たちのある者は静寂を、他の者は政争を好む。だが、淑女は誰でも人生の女王でありたいと願っている。

――同右「道徳論」

＊女に向かって自然は言う。綺麗なら結構、賢いのもご勝手、だが、尊敬されるのが肝心だ。

――ボーマルシェ「フィガロの結婚―一幕四場」

＊女はその性に吸い取られて全生涯の大半を通じて性の奴隷になっているから、きわめて保守的である。だから、革命的な女たちは、例外なく女でもなかったし、母でもなかった。

――マラニョン「随想録」

＊色っぽい女は、愛し方ではなく、よろこばし方を知っている。男どもが彼女にあんなにも恋するのも、このためである。

――マリヴォー「パリの住人への書簡」

＊女の美貌は高慢の種《たね》となっても、けっして愛情のこった快楽を約束するものではないのです。

――マルロー「西欧の誘惑」

＊貞女とは、多くの場合、世間の評判であり、その世間をカサにきた女のヨロイである。

――三島由紀夫「反貞女大学」

＊男性はすべて嘘つきで、浮気で、にせもので、多弁で高慢か卑怯者で、見下げ果てた者で、情欲の奴隷だ。女性はすべて裏切り者で、ずるくて、虚栄心が高く、物見高く、性根が腐っている。

――ミュッセ「たわむれに恋はすまじ」

＊男は思索と勇気のために、女は柔和とゆかしき典雅《みやび》とのためにつくられる。

――ミルトン「楽園喪失―四編」

＊女というものは、お前たちの耕作地だ。だからお前たちの思うままに手をつけるがよい。

――ムハンマド「コーラン」

＊反抗的になりがちな女はよく諭《さと》し、寝床に追いやって叩け。それで言うことをきけば、それ以上の手に出てはならない。

――同右

＊親に知られず、さるべき人を許さぬ、心づからの忍びわざして出でたるなん、女の身にはます事なききずと覚ゆるわざなる。

――紫式部「源氏物語」

＊われわれ人間の魂のいちばん純粋な塩を、この地上で保存しているのは女性である。

――メーテルリンク「貧者の宝」

＊女は必要悪なり。

――メナンドロス「断片」

＊女は男によって文明化される最後のものになろうと思う。

――メレディス「リチャード・フェヴレルの試練」

＊「なぜ美人はいつもつまらぬ男と結婚するんだろう？」「賢い男が美人と結婚しないからさ」。

――モーム「呪われた男」

＊どんな男でも育ちのいい女ほどの皮肉な心を持っていない。

――同右「作家の手帖」

＊女は、せいぜい胴衣とズボンの見分けがつくくらい頭が進歩していりゃたくさんさ。

――モリエール「女学者―二幕七場」

＊人々がどんなことを言おうとも、女の最大の野心は愛を吹き込むことだと信じている。

――同右「シシリー島人」

＊女の美しさ以上に美しいものは世の中にはないのに、女たち自身が技巧を尊び、粉飾をこととしている。

――モンテーニュ「随想録」

＊男はその情念が満足させられたときには女に興味をいだかない。女がこのことを初めて知った日こそ、彼女の生涯における悲劇のひとつとなる。

――モンテルラン「若い娘たち」

＊大丈夫は唯だ今日一日の用を以て極と為すべし。

――山鹿素行「山鹿類語」

＊極端な無邪気さは極端な嬌態に近い。

――ユーゴー「レ・ミゼラブル」

＊神は人間に適するものを知り給うて、天を遠くに、すぐそばに女をおかれた。

――同右

＊女を美しくするのは神であり、女を魅惑的にするのは悪魔である。

――ユーゴー「断片」

＊男女七歳にして席を同じうせず。

――「礼記」

＊感受性は女性の力である。

――ラヴァーター「説話」

＊男は自分を愛してくれなくなった女に対して激昂するが、すぐに諦める。女は捨てられると、それほど騒ぎ立てないが、永い間慰められない思いを胸にいだく。

――ラ・ブリュイエール「人さまざま」

＊女性は恋愛においては、たいていの男よりも徹底する。だが、友情においては、男が女に優っている。女が互いにけっして愛し合わない原因、それは男である。

――同右

＊むら気な女とは、もはや愛していない女である。浮気な女とは、すでにほかの男を愛している女である。移り気な女とは、果して自分が愛しているのか、また、誰を愛しているのかが自分でもわからない女である。無関心な女とは、誰をも愛さない女である。

――同右

＊女は永くその最初の人を守っている、ただし、第二の人ができない限りは。

――ラ・ロシュフーコー「箴言集」

＊婦人たちの貞淑は、しばしば自分の評判、自分の安静をいとおしむ心にすぎない。

――同右

＊美女は醜婦の仇なり。

――劉向《きょう》撰「説苑《ぜいえん》」

＊女性は、男性を悦ばせるために存在する「人生の装飾」である。

――リップス「倫理学の根本問題」

＊男は知っていることをしゃべり、女は人に悦ばれることをしゃべる。

――ルソー「エミール」

＊女にとって束縛は免れ得ない運命で、女がこの束縛から離れようとすれば、いっそうはげしい苦しみに出会う。

――同右

＊女性が男性を自由にするということは、それ自体は害悪ではない。これは女性が人類の幸福のために自然から享《う》けた賜物である。

――同右

＊女とは、毛皮はないけれども、その皮が非常に珍重される動物だと言いたい。

――ルナール「日記」

＊女をよく言う人は、女を十分知らないものであり、女をつねに悪く言う人は、女を全然知らない者である。

――ルブラン「断片」

＊女は自分を笑わせた男しかほとんど思い出さず、男は

また、自分を泣かせた女しか思い出さない。
——レニエ「半面の真理」

＊男は憎むことを知っている。女は忌み嫌うことしか知らない。
——同右

＊女性は情熱を男とともに分かつことよりも、情熱を男にかき立てられることのほうを選ぶ。彼女たちは好んで愛情の中に離家をつくる。
——同右

＊牝《ひん》は常に静かなるを以て牡《ぼ》に勝ち、静かなるを以て下ることをなす。
——「老子」

＊女の天性には母性と娘性とがあって、妻性はない。妻性は無理につくられたもので、母性と娘性との混合でしかない。
——魯迅「而已集—小雑感」

＊さまざまな売淫はすべて女がするが、売買は双方的だ。淫を買う男がいなければ、淫を売る娼婦はあり得ないはずだ。
——同右「南腔北調集—諺」

＊サイコロと女と酒は娯楽と苦痛をもたらす。
——ローガウ「ドイツ格言詩」

＊男は働き、考える。だが女は感ずる。
——ロセッティ「イムラタの姉妹」

＊女性の愛情は、天才を飼い馴らし、平準化し、枝を切り、削り、香りを付けることに専念する。そして、ついには天才を自分の感受性、小さな虚栄心、平凡さ、それに自分たちの社交界の平凡さと同程度のものにしてしまう。
——ロマン＝ローラン「ジャン・クリストフ」

＊男性は作品を創る。しかし女性は男性を創る。
——同右

＊なんと女は孤独なものだろうか。子ども以外に女を支えるものは何もない。その子どもさえ、女をつねに支えるには足りない。
——同右「魅せられた魂」

＊男と女の間には平行ということはない。女の世代は、同時代の男の世代に比べてつねに一時代の隔りをもって進歩しているけれども、遅れているのだ。今日の女性は独立を獲得しつつあり、男性は醗酵しつつある。
——同右

＊弦が弓に対する関係こそ女の男に対する関係だ。女は男を引き曲げるが、男に従う。女は男を惹き寄せるが、男に従いていく。
——ロングフェロー「ハイアワーサの歌」

＊唯女人と小人《しょうじん》とは、養い難いとなす。これを近づくれば、不遜なり。これを遠ざくれば則ち怨む。（女子と子どもは取り扱いにくい。甘い顔をするとつけあがるし、かまわない

と怨む）
——「論語」（孔子）

＊説教する男は一般に偽善者だし、説教する女はきまって器量が悪い。
——ワイルド「ウィンダミア夫人の扇」

＊男は人生を早く知りすぎるし、女はおそく知りすぎる。
——同右「つまらぬ女」

＊女はへつらいによってけっして武装を解除されないが、男はたいてい陥落されてしまう。
——同右「理想の夫」

＊女は男に欠点があるからこそ愛するのだ。男に欠点が多ければ、女は何もかも許してくれる、われわれの知性さえもだ。
——同右「ドリアン・グレーの肖像」

＊われわれは女性を解放したが、女のほうは依然として主人を捜している奴隷だ。
——同右

男の愛・女の愛→男の性・女の性、恋愛・恋人、情欲

男女のいずれかが相手の欠点を捜そうとしているのは、惚れている証拠である、相手の魅力に惹かれまいとするからである。これに反し、相手の美点を捜そうとするのは、恋が褪めている証拠である、相手から離れようとする心情にブレーキをかけるためである。いずれにせよ、男の愛は浅く広いが、女の愛は深くかつ狭いというのが、両性の愛の目立った相違である。

＊女の持つ愛はあらわだけれども小さい。男のもつ愛は大きいけれども遮られている。而して大きい愛は屢々《しばしば》あらわな愛に打ち負かされる。
——有島武郎「惜しみなく愛は奪う」

＊未亡人の愛は欠乏の苦痛、夫婦の愛はただ習慣である。
——イプセン「民衆の敵」

＊愛は、女たちが憎む真実を愛す。
——エセックス「変化」

＊女性は感情動物なれば、愛するよりも愛せらるるが故に愛すること多きなり。
——北村透谷「厭世詩人と女性」

＊男は恋を恋することからはじめて、女を愛することに終わるけれども、女は男を恋することからはじめて、恋を恋することに終わる。
——グールモン「砂上の足跡」

＊女が愛し、愛されると彼女は変わる。誰も彼女にかまわなくなると、精神が乱れてその魅力が失われる。
——ゴッホ「書簡集」

＊娘のするあらゆる愚行のうちで、初恋がつねに最大の

愚行である。

＊さんざんに女に恋をした男の受けるこらしめは、絶えず女に恋することだ。

——コッツェブー「断片」

＊恋する男は己の能力以上に愛されたいと願望する人間だ。それがすべての恋をする男を滑稽にする。

——シャトーブリアン「恋と老年」

＊男というものは、自分を愛している女を憎み、どうでもよい女を愛したがる。

——同右「格言と省察」

＊私が愛する女のむら気は、私を愛する女の無節操によってのみ相殺される。

——シュニッツラー「恋愛三昧」

＊男との恋は情緒ではなく、幻想である。

——バーナード＝ショウ「恋を漁る人」

＊男の愛情は肉体的満足を得た瞬間から眼に見えて低下する。ほかのどんな女でも、彼が所有した女よりも魅力を多く持っているように思われ、変化を願望する。一方、女の愛情は、肉体的満足を得た瞬間から増大する。

——ジラルダン夫人「語録」

＊恋愛は男の生涯では一つの挿話にすぎないけれども、女の生涯では歴史そのものである。

——ショウペンハウエル「パレルガとパラリポーメナ」

＊恋が生れるまでは美貌が看板として必要である。

——スタール夫人「ドイツ論」

——スタンダール「恋愛論」

＊遠くて近きは男女の仲。

——清少納言「枕草子」

＊女の愛なるものは、見ること、触れることによりて、しばしば燃やされずんば、いくばくも保つあたわず。

——ダンテ「神曲—浄火編八曲」

＊愛は女の勇気、愛は女の見つめる星、愛は女が航海するときの羅針儀である。

——ディンクラーゲ「実のある魂」

＊愛とは、ひとりの男なり女なりを大勢の中から選択して、そのほかの者を絶対に顧みないことです。

——トルストイ「クロイツェル・ソナタ」

＊恋は男の生涯にとりては瞬時のひとつの別事にすぎぬも、女にとりては全生涯を賭けるもの。

——バイロン「ドン・ジュアン」

＊女は「恋人」を恋するが、次からは恋《キューピット》を恋する。

——同右「愛の幻滅」

＊愛は、その愛するものを独占しようと願っている。……しかしながら、愛はそれに成功してしまった後では、競争もなく、嫉妬もなく、退屈で褪め易いものにかわってくる。

——萩原朔太郎「虚妄の正義」

＊男はしばしば愛するが浅い。女は稀にしか愛さないが深い。

――バスター「断片」

＊少女の恋は詩なり、年増の恋は哲学なり。

――長谷川如是閑「如是閑語」

＊男の初恋を満足させるものは、女の最後の恋だけである。

――バルザック「ランジェ公爵夫人」

＊男は年を取ると与えるものがなくなり、ただ受け取るばかりだ。恋人を愛するにも、恋人の裡にある自分を愛する。若いころには自分の裡にある恋人を愛する。

――同右「谷間の百合」

＊愛の中にはことばよりも多くの沈黙がある。恋する男が恋人に語りかけるとき、恋人は、そのことばよりも沈黙に聴き入っている。

――ピカート「沈黙の世界」

＊男は火であり、女は麻布である。悪魔がやって来て彼らを燃え上がらせる。

――フラー「格言集」

＊女が男を愛すると言うときは、男はたとえ愛してなくとも聞いてやらねばならない。

――エリザベス＝ブローニング「オーロラ・レイ」

＊男心をそそるただ一つの、正真正銘の愛の媚薬、それは思いやり深い気立てなり。男はつねにこれに参る。

＊女たちが彼女の愛人の死を泣くのは、彼を失ったことを惜しむからではなく、このように忠実な自分が、さらに新しい愛人を得るに値すると他人に思わせたいからである。

――メナンドロス「断片」

＊人々がどんなことを言おうとも、女の最大の野心は愛を吹き込むことだと信じている。

――メレ「アフォリズム」

＊男にとって今日一日だけの浮気心にすぎないものに、女はその一生を賭ける。

――モリエール「シシリー島人」

＊女は恋の限界なしと雄弁に主張する。男は恋に限界ありと唱う。

――モリヤック「娘の教育」

＊好きな男の最も曖昧なことばでさえ、好きでない男の明白な愛のことばよりも心をかき立てられるものである。

――モンテルラン「若い娘たち」

＊女性は初めの情熱では愛人を恋するが、その後の情熱では恋を恋する。

――ラ・ファイエット夫人「グレーヴの奥方」

＊男はつねに女の初恋の人になろうとする。女は男の最後のロマンスになろうとする。

――ラ・ロシュフーコー「箴言集」

——ワイルド「つまらぬ女」

結婚→恋愛・夫婦、家庭・家族

結婚とは、三か月が蜜月、三か年が喧嘩、あとの三十年以上が我慢ですごす人生の悲喜劇だ。結婚は響きがよくて味が悪いものだが、これを張りのあるものにするには、喧嘩の期間を永くすることだ。というのは、喧嘩がカップル同士を互いに意識させるからだ。

*真の結婚は実際は巡礼であって、カトリックのドグマの最も高い意味における煉獄でなければならない。

——アミエル「日記・一八五〇・四・九」

*婚姻は蓋《けだ》し愛を拷問して我に従わしめんとする、卑怯なる手段のみ。

——泉鏡花「愛と婚姻」

*結婚生活——このはげしい海原を乗り越えていく羅針盤はまだ発見されていない。

——イプセン「青年連盟」

*私は天国で男たちだけと暮らすよりも、この世で好きな女と苦労して生き続けたい。

——インガソル「男と女と子供の自由」

*結婚というものは、おおむねふたりの人間が比較的永い間一緒にいることにも、一緒にいないことにも堪えられない状態のことをいう。

——エッシェンバッハ「格言集」

*女たちがひとりでいるとき、どんなふうに時間をすごすかを男たちが知ったならば、男たちはけっして結婚なんかしないだろう。

——オー・ヘンリー「断片」

*結婚は、デザートよりもスープのほうがおいしい定食だ。

——オマーリ「断片」

*結婚というのは、人々が愛に、ある宗教的表現を与えることと、愛を宗教的義務に高めることのほか、何を意味するつもりなのか。

——キェルケゴール「人生行路の諸段階」

*結婚とは、ウグイスを家禽にすることである。

——グラッペ「断片」

*結婚は自己と同等のごとき者にすべし。自己より優れる相手は伴侶にあらず、主人を得ることになるゆえに。

——クレオブロス「断片」

*結婚生活はすべての文化の始めであり、頂上である。それは乱暴者を穏やかにするし、教養の高い者にとっては、その温情を証明する最上の機会である。

——ゲーテ「親和力」

*良き結婚は永遠の婚約時代である。

——ケルナー「償い」

＊どんな男も生涯のうちで一度は愚行を演ずるが、永い全生涯を通じての愚行は結婚生活だ。
——コングレーヴ「老いた屠殺者—三幕五場」

＊急いで結婚すると退屈に苦しむ。
——同右「老いた屠殺者—五幕八場」

＊金持ちと結婚することは、貧しい女と結婚することと同じように容易なことだと知るべきである。
——サッカレー「ヴァージニアン」

＊男は結婚式の日には泣こう。
——シェークスピア「ヘンリー八世—プロローグ」

＊出婦の郷曲《きょうきょく》に嫁する者は良婦なり。（出婦は出もどり、郷曲は故郷の村）
——司馬遷編「史記」

＊意見を分別と呼んでいますが、結婚に関する限り、両親は子どもよりも軽率であり、盲目です。
——シャルドンヌ「祝婚歌」

＊結婚生活において愛が永続きするのは物語であることを要する。つまり、最初の水々しい感動に血と肉を与えることが必要である。
——同右「愛についての随想」

＊結婚は良識のある者にしか世間から受け容れられない。人の興味を惹くのは人眼を惹く馬鹿げた結婚だけであって、あとのはすべてさもしい打算である。
——シャンフォール「格言と省察」

＊姦通はひとつの破産である。ただ普通の破産と違う点は、破産の被害をこうむった人が不名誉をこうむるということである。
——同右

＊女が貫禄を実際に共有することができるのは、結婚というものがなかなか解消できないことによってのみである。そして、女が外部的な敬意や名誉や尊敬を受けるのも、それによってである。
——ジューベル「パンセ」

＊結婚というものは、人間のつくった制度のうちでいちばん放縦なものなのだ。結婚が人気のあるのは、いうなれば、このためだ。
——バーナード＝ショウ「人と超人—三幕」

＊できうる限り早く結婚することが女の務めであり、できるだけ永く独身でいることが男の務めである。
——同右

＊結婚とは、男の権利を半分にして義務を二倍にすることである。
——ショウペンハウエル「パレルグとパラリポーメナ」

＊たいていの人々は、都合と好みの混り合った動機によって結婚する。
——サミュエル＝ジョンソン「リー・トマス・プラウンの生涯」

＊幸福な結婚が稀な理由は、ご婦人方が網をつくるのに

忙しくて、籠をつくる努力をしないからである。

——スウィフト「随感録」

＊乙女は、両親を悦ばすために結婚し、未亡人は彼女自身を悦ばすために結婚する。

——スカルボロー「中国格言集」

＊型にはまった感傷的な見合いほどバカげたものがどこにあろうか。この合法的な売淫は羞恥心を傷つけさえする。

——スタンダール「恋愛論」

＊結婚した女の貞操をいっそう鞏固にする方法は唯一つしかない。若い娘たちに自由を与え、結婚した夫婦に離婚を許すことである。

——同右

＊結婚を尻込みする人間は戦場から逃亡する兵士と同じだ。

——スティーヴンソン「若い人たちのために」

＊結婚は討論によって妨害される永い一連の会話だ。

——同右「記憶と肖像」

＊女《むすめ》を嫁するは必ず須《すべか》らく吾が家に勝るべし。婦《おんな》を娶るは必ず須らく吾が家に若《し》かるべし。

——「宋史」

＊「結婚するが可か、せざるが可か」「いずれにせよ、汝は後悔せん」。

——ソクラテス「卓談」

＊結婚生活でいちばん大切なのは忍耐である。

——チェーホフ「決闘」

＊人間は成人を過ぎて結婚すべきだ。というのは、それより若くとも、また年取っていても考えすぎるからだ。

——チョウサー「カンタベリ物語」

＊どんな女も結婚すべきであり、どんな男も結婚すべきではない、とつねづね考えている。

——ベンジャミン＝ディズレーリ「ロセーア」

＊三週間互いに研究し合い、三か月間愛し合い、三か年間喧嘩をし、三十年間我慢し合う。そして、子どもたちが同じことをまた始める。

——テーヌ「トマ・グランドルジュの生活と意見」

＊女——それは男の活動にとって大きなつまずきの石である。女を恋しながら何かをすることはむずかしい。だが、ここに恋が妨げにならない唯一の方法がある。それは、恋する女と結婚することである。

——トルストイ「アンナ・カレーニナ」

＊多くのつかのまの愚行——それを諸君は愛という。そして、諸君の結婚は一つの長期間にわたる愚行として、多くのつかのまの愚行に終止符を打つ。

——ニイチェ「ツァラトゥストラ」

＊恋愛から結ばれる、いわゆる恋愛結婚は、誤謬をその父とし、必要（欲望）をその母とする。

——同右「人間的な、あまりに人間的な」

＊恋と結婚は、同じ故郷に生れた仲でありながらほとんど結びつかぬということは寂しいこと、人間のはかなさの悲しい愚かなこと、また罪でもあろう。

——バイロン「愛の幻滅」

＊すべての悲劇は死をもって終焉し、すべての茶番は結婚をもって終わる。

——同右「ドン・ジュアン」

＊雑婚から一夫一妻制度へ、一夫一妻から多夫多妻制度へ、時代はかく必然に推移して行く。

——萩原朔太郎「虚妄の正義」

＊男子は結婚によって女子の賢を知り、女子は結婚によって男子の愚を知る。

——長谷川如是閑「如是閑語」

＊あらゆる人知のうちで結婚に関する知識がいちばん遅れている。

——バルザック「結婚の生理学」

＊結婚は一切のものを呑み込む魔物といつも闘わなければならない。その魔物とは、つまり習慣のことだ。

——同右

＊結婚——共同生活体のひとつの場合で、一人の主人と一人の主婦と、二人の奴隷とから成り、それでいて全部合わせても二人にしかならない状態あるいは境遇。

——ビアス「悪魔の辞典」

＊多くの結婚生活はダンテの神曲と逆である。天国に始まって煉獄に移り、地獄に終わるもの。

——ピヒラー「全集一一」

＊結婚せんと欲する者は後悔の道へと進む。

——ピレモン「断片」

＊結婚前には眼を開き、結婚してからけ眼をつむっていることだ。

——フラー「格言集」

＊不本意なる結婚をしたる男にとりて、彼女は妻にあらず、敵なり。

——プラウトゥス「断片」

＊知的な女というものは、しばしば愚かな男と結婚する。

——フランス「断片」

＊同棲するために結婚し、三人家族になるのを避けるために離婚する。

——プレヴォ「楽天家用小辞典」

＊結婚する男は七年も老いたと思うであろう。

——ベーコン「随筆集」

＊男たちが花嫁に会うと、彼らは彼女の顔を見るが、女たちは彼女の晴着を眺める。

——ホウ『ピッグス氏からの手紙」

＊結婚とは、男女の経済的・性的結合の集団の利益に向かって追い越されることで、彼ら個人の幸せを確保することが目的ではない。

——ボーヴォワール「第二の性」

*結婚は男にとってしばしば一つの危険である。その証拠に、多くの男の精神病患者が婚約期あるいは結婚生活の初期に生れるからである。女は結婚することによって世界の小さな一部分を自分の領地として与えられる。法律が彼女を男の身勝手から守ってくれる。だが、その代わりに女は男の臣下となる。

——同右

*年ごろの娘たちは結婚のために結婚する、結婚によって自由になれるから。

——ボーヴォワール「第二の性」

*あらゆる真面目なことの中で、結婚という奴がいちばんふざけている。

——ボーマルシェ「フィガロの結婚」

*世の中に中途半端な生活者の多いのは、中途半端な結婚生活者が多いためである。揃わぬ二輪車は一輪車におとる。

——正木ひろし「語録」

*喜劇では筋が通常結婚によって終わるが、社交界では事件が結婚から始まる。

——マリヴォー「断片」

*結婚は邪悪なるも必要なる邪悪なり。

——メナンドロス「断片」

*四十歳を過ぎると男は自分の習慣と結婚してしまうものだ。

——メレディス「リチャード・フェヴレルの試練」

*われわれ貧しい一般の庶民は、われわれが愛し、かつわれわれを愛する妻を娶らねばなりません。

——モーツァルト「父宛の書簡——一七七八・二・七」

*結婚はすばらしいことだが、結婚という習慣をつけたことはミステークだと思う。

——モーム「呪われた男」

*人々は、たいがい無我夢中に急いで結婚するから一生悔いることになる。

——モリエール「女学者」

*幸福な結婚というのは、婚約のときから死ぬときまでけっして退屈しない永い会話のようなものである。

——モロア「幸福な結婚」

*よい結婚は……恋愛を同伴し、その性質を帯びることを拒む。むしろそれは、友愛の性質を模倣しようと努める。（恋愛結婚の否定）

——モンテーニュ「随想録」

*よい結婚というものがきわめて少ないことは、それがいかに貴重で、偉大なものであるかという証拠である。

——同右

*よい結婚の試金石、その真の証拠は結合の継続する時間による。

——同右

*女性が結婚するのには大きな理由がある。しかし、男

性が結婚する理由はひとつもない。群棲欲が彼らを結婚させるだけのことである。

――モンテルラン「善の悪魔」


*不幸な結婚の半数は、当事者の一方が憐憫の気持ちからする気になった結婚です。

――同右「女性への憐憫」


*結婚式がいつも松明で取り巻かれるとは限らない。

――ラシーヌ「フェードル」


*結婚とは、すべて一時的の過渡状態を不断の努めとなし、発作的の愛を永久にする証書のようなものである。

――ラスキン「断片」


*よい結婚はあるけれども、愉しい結婚はない。

――ラ・ロシュフーコー「箴言集」

*覆水再び収むるも、豈《あ》に杯に満たんや。妻妾已《すで》に去りて重ねて回り難《がた》し。（ひとたび離婚すれば復縁できないこと）
――李白「白頭吟」

*「父母の命、媒酌の言」による旧式結婚……のもとでは、男は永遠かつ終身の生きた財産を獲得する。彼女には値段を交渉する自由もない。

――魯迅「准風月談―男の進化」


*男性と女性の結合は、子供たちを養うに必要な期間だけ継続さるべきである。

――ロック「市民政治」


*男は退屈から結婚する。女は物好きから結婚する。そして双方とも失望する。

――ワイルド「つまらぬ女」


*愛情のまるでない結婚よりももっと悪い結婚が一つある。それは愛情があっても片方だけの場合である。

――同右「理想の夫」


*女が再婚する場合は、先夫を嫌っていたからだ。男が再婚する場合は、先妻を熱愛していたからだ。女は運を試すのだし、男は運を賭けるのだ。

――同右「ドリアン・グレーの肖像」


*結婚というもののひとつの魅力は、双方にとってだまし合いの生活を絶対に必要とするのだ。

――同右

・独身（者）

*喧嘩せずに暮らしていけるのは独身の男である。

――エラスムス「アダギア」（ジェローム「エラスムスのアダギア」より）

*立派な財産のある独身の男は、細君を必要とするに相違ないというのが一般に認められている真理である。

――オースティン「自負と偏見」


*とげやアザミはひどく刺す。しかしオールド・ミスの舌はもっと鋭く刺す。

――ガイベル「詩」


*精神の闘いにおいては、独身者のほうが世帯者よりも

ずっと危険をおかし得る。

——キェルケゴール「人生行路の諸段階」

＊人独りなるは善《よ》からず、我れ彼に適う助者《たすけ》を彼のために造らん。

——「旧約聖書」創世紀二章一八節

＊美しくて立派な女性が未婚でいるのは、すべて男性に対する静かな、かつ声高な告発である。

——ゴルツ「断片」

＊最上の男は独身者の中にいるけれども、最上の女は既婚者の中にいる。

——スティーヴンソン「若い人々のために」

＊独身者というものは不完全な動物である。片刃のこわれたはさみのようなものである。

——フランクリン「貧しいリチャードのアルマナック」

＊大衆に役立つ最上の仕事や功績は、独身者か、あるいは子どものない男によってなされる。

——ベーコン「随筆集」

＊みだらな独身の男が嫉妬深い夫をつくる。

——ボーン「格言のハンドブック」

＊馬鹿な者は独身の間は結婚した時のよろこびを空想し、結婚すると独身時のよろこびを空想する。

——武者小路実篤「人生論」

＊自由な男、つまり妻を持たない男は、少し才知があれば自己の身分以上の社交界に出入りして、上流階級の人々と同等に交際することができる。一方、縛られている男の場合には、こんなに簡単にはいかない。結婚は、あらゆる人々を自分の中に閉じ込めるから。

——ラ・ブリュイエール「人さまざま」

＊既婚者と独身者の区別は、ちょうど製本した本と仮綴じの本のようなものだ。

——ルナール「日記」

＊そもそも男の独身というものは、女の身持ちを誤らせるもとです。

——ワイルド「嘘から出たまこと」

夫婦→結婚、家庭・家族

夫婦仲がうまくいく秘訣は、カップルのいずれかの低い生活水準で暮らしていくことだ。だが、たいていの夫婦は高いほうの生活水準で暮らそうとするので破綻を招く。

＊夫婦の社会では、それぞれの仕事次第で各自が相手を助け、あるいは相手を支配する。だから、夫婦は対等だが、異なっている。彼らは異なるからこそ対等なのである。

——アラン「人間語録」

＊女が裏切るときの最初の兆候は、その夫に対して昔のような礼儀正しさと注意深さとを取り戻すことにある。

——アラン「幸福語録」

＊私はあなたの人形妻になりました、ちょうど父の家で人形子になっていたと同じように。

——イプセン「人形の家」

＊女はほかのことには臆病にて、戦争には脅え、鋼《はがね》を見ては色とてもなき有様なり。しかれども、夫婦の間のまことがふみにじられるや、これほどに残虐にして非情なる心となるものはあらじ。

——エウリピデス「ミディア」（「ギリシア神話」に出て来る女魔法使い）

＊悪婦家を破る。（「悪妻は六十年の不作」と同義）

——「易経《えききょう》」

＊夫唱婦随

——「関尹子《いんし》」

＊お前の妻を盗む男がいたら、彼女をずっとその男のものにしておくのが最善の仕返しだ。

——ギトリ「彼女らとお前」

＊自分の不貞だけが夫との間にまだ残されている唯一の絆になっている女たちがいる。

——同右

＊男をぶらぶら遊ばせておくことは女の働きである。ことばをかえて言えば、一つの性が働いているときには他の性が休息する。別のことばで言うと、働き手の妻君には亭主が寄生するということだ。

——グールモン「未刊の随想録」

＊女というものは、その本分どおり早くから仕えることを習うのがよいのです。仕えることによって、やがてはじめて治めることが、また、家の中で分相応の力を持つことができるようになります。

——ゲーテ「ヘルマンとドロテア」

＊男は婦人の占めることのできる最高の地位に彼女を置こうとしています。家庭の支配よりも高い地位がほかにありますか。

——同右

＊阿呆だということは、美しい細君には特別魅力あるものを与えるものだ。その欠点さえも美しい女にとっては愛《いと》しく見えるものだ。

——ゴーゴリー「断片」

＊巧妻常に拙夫と伴《とも》に眠る。（賢女はしばしばくだらない男の妻になっている）

——「五雑組《ござっそ》」

＊独身男を除いて、妻をいかに扱うかを誰も知らないとは、なんと惨めなことか。

——コールマン「嫉妬深い妻—四幕一場」

＊寒い晩だな、寒い晩です。妻のナグサメとは、正《まさ》に斯《かく》の如きもの也。

——斎藤緑雨「眼前口頭」

＊夫婦は愛し合うとともに憎しみ合うのが当然である。

かかる憎しみを恐れてはならぬ。正しく憎み合うが、よく鋭く対立するがよい。

——坂口安吾「悪妻論」

＊美しい妻を持っていることは地獄だ。

——シェークスピア「ウィンザーの陽気な女房—二幕二場」

＊男は言いよるときだけが春で、夫婦になってしまうと、もう冬だ。女は娘でいるうちは五月の花時のようだが、亭主持ちになると、忽ち空模様が変わる。

——同右「お気に召すまま—四幕一場」

＊最上の男よりも悪い夫はほかにない。

——同右「アントニオとクレオパトラ—二幕二場」

＊家貧しければ良妻を思い、国乱れれば良相を思う。

——司馬遷編「史記」

＊愛する女と暮らすには一つの秘訣がある。相手を変えようとしてはならぬことだ。気にさわる彼女の欠点を直そうとすると、忽ち彼女の幸せまで破壊することになるからだ。

——シャルドンヌ「エヴァ」

＊妻の忍耐ほど彼女の名誉となるものはなく、その忍耐ほど彼女の名誉とならないものはない。

——ジューベル「パンセ」

＊男の義務と責任は、子どものためにパンを得る仕事で終始するのだ。女にとって男は、子どもをつくって育てるための手段にすぎない。

——バーナード＝ショウ「人と超人—三幕」

＊淫行を免れんために、男はおのおの其の妻をもち、女はおのおの其の夫を有《も》つべし。夫はその分を妻に尽くし、妻もまた夫に尽くすべし。

——「新約聖書—コリント前書七章二～三節」（パウロ）

＊汝が良妻を持たば幸福者にならん。悪妻を持たば哲学者にならん。

——ソクラテス「卓談」

＊七去、三不去。（妻を離婚できる七条件は父母に不従順、産《う》まず女《め》、淫奔、嫉妬深い女、悪疾、多言、盗癖。三不去は出戻る家のないとき、父母の喪に服しているとき、初めは貧で、のちに富貴になったときは離婚できない）

——戴《たい》徳編「大戴礼」

＊良人というものは、ただ妻の情愛を吹き込むためにのみ生存する海綿に過ぎないのだろうか。

——夏目漱石「明暗」

＊たいていの男たちは、誰も彼らの妻をかっさらってくれないことを嘆く。

——ニイチェ「人間的な、あまりに人間的な」

＊どちらも相手をとおして自分個人の目標を何か達成しようとするような夫婦関係はうまくいく。例えば、妻が夫によって有名になろうとし、夫が妻をとおして愛されようとするような場合である。

——同右

*女性は天使なるも、夫婦生活は悪魔なり。

——バイロン「エリカ」


*男と女とが互いに相手を箒《ほうき》とし、味噌漉《こ》しとし、乳母車とし、貯金箱とし、ミシン機械とし、日用の勝手道具と考える時、もはや必要から別れがたく、夫婦の実の愛情が生ずるのである。

——萩原朔太郎「虚妄の正義」

*百年の苦楽他人に因る。（女の一生は夫に左右される）
——白居易「太行路」

*善良な夫は良妻をつくる。

——バートン「憂うつの解剖」


*夫には英知、妻にはしとやかさ。

——ハーバート「知恵の投げ槍」


*女というものは、善良な夫をつくり出す天才に違いない。

——バルザック「結婚生理学」


*善良な夫は、けっして夜早く寝ないし、朝は遅く目覚める。

——同右

*善良なる妻の義務は夫を支配することにあらず、夫に従順なることとなり。夫に勝つ妻は大いなる禍いなり。

——ピレモン「ピレモン書」


*妻は絶えず夫に服従することによって彼を支配する。

——フラー「神聖な国・不敬な国」


*自分の知っていることをすべて妻に話したがる人は、わずかしか知らない者だ。

——同右

*よく言われるように、相愛のカップルは互いに相手のために喜んで死ぬ気でいるようだが、いざその時になると、こんなすっきりしたことばを進んで発しようとはしないものだ。

——ブルバー・リットン「喜劇のアイデアについて」


*男の年齢は妻の年齢に相当する。

——ブルーメンタール「第二の顔」


*良妻は善良な夫をつくる。

——ヘイウッド「警句三百」


*妻は若い男にとっては女主人であり、中年の男にとっては友であり、老年の男にとっては看護婦である。

——ベーコン「結婚と独身生活」


*夫は妻より背が高く、年上で、大きく、醜く、騒々しくあるべきだ。

——ポー「田舎町の言い伝え」


*婦人は田地にして、男子は種子なり。……田地を所有せず、他人の田地に種を蒔《ま》く者は、その田地の所有者に利を与えるのみならず、種を有する者はなんらの収穫をも得ざるなり。

——「マヌの法典」


*世の中に中途半端な生活者が多いのは、中途半端な結

婚生活者が多いためである。

——正木ひろし「語録」

＊汝往くはひとりにあらず、夫もともに往く。汝彼に従うべく定まる。彼のとどまるところを郷土と思え。

——ミルトン「楽園喪失——一一」

＊姦通したる女は、同じく姦通したる男か、邪宗徒の男だけしか夫を持てぬ。

——ムハンマド「コーラン」

＊主人とはいえ結局は家庭の一奴隷。

——メナンドロス「断片」

＊牝鶏《めんどり》は牡鶏《おんどり》より先に唄ってはいけないものだ。

——モリエール「女学者」

＊夫婦というものは、それを構成する二人の人間のうち、低いほうの水準で生活するものである。

——モロア「愛情と慣習」

＊世渡りのためには、誰も武装しているし、またそれが必要なのだが、固く結ばれた夫婦の間では鎖で身を固めることを要しない。

——同右「幸福な結婚」

＊レストランで食事を一緒にしている夫婦たちの様子を見給え。彼らが押し黙っている時間の長さが夫婦生活の長さに比例されがちである。

——同右「生活の技術」

＊夫婦の仲というものは、あまりに始終一緒にいると、かえって冷却するものである。

——モンテーニュ「随想録」

＊夫婦が喧嘩するのは互いに言うことが何もないからである。それは両者にとって時間をつぶす一つの方法なのである。

——モンテルラン「若い娘達」

＊ああ、まことに夫を愛するがゆえに夫が愛《いと》しいにあらず。我《アートマン》を愛するがゆえに夫が愛しいなり。ああ、まことに、妻を愛するがゆえに妻が愛しいにあらず。我を愛するがゆえに妻が愛しいなり。

——ヤージナヴァルキヤ「教訓」

＊いかなる女なりとも、明暮《あけく》れ添ひ見んにはいと心づきなく、憎かりなん。

——吉田兼好「徒然草」

＊浮気と同時に貞淑な妻は、亭主には荷が重すぎる。妻たるものは、いずれか一方を選ぶべきである。

——ラ・ブリュイエール「人さまざま」

＊隠れた色恋なんか滅多にない。多くの女たちは、彼女らの夫の名によるか、その情夫の名によって呼ぶほうがわかりやすい。

——同右

＊夫婦愛というものは、互いが鼻についてから、やっと湧き出て来るものです。

——ワイルド「理想の夫」

家庭・家族→夫婦

「狭いながらも楽しいわが家」というのはタテマエにすぎない。マイホーム主義を唱える負け犬の亭主が慰めを求める唯一の避難所、それが家庭である。家庭を統べるのは山の神、亭主は金を持って来る寄宿人。家庭は息子にとっては感化院、娘にとっては修道院である。

＊河童《かっぱ》の生活くらい莫迦《ばか》げているものはありません。親子兄弟などというものは悉く互いに苦しみ合うことを唯一の楽しみにして暮らしているのです。

——芥川龍之介「河童」

＊親戚はわれわれの忍耐と我慢の最もひどいものである。

——アミエル「日記—一八六九・九・一一」

＊愛のある所には常に家族を分散せしめよ。愛のない所には必ず家族を成立せしめよ。この自由が許されることによってのみ、男女の生活はその忌むべき虚像から解放され得る。

——有島武郎「惜しみなく愛は奪う」

＊借金と金貸しに依存する家庭生活には、自由もなければ、美しさもありません。

——イプセン「人形の家」

＊家庭は日本人最大多数に取りては幸福なる処ではなくして忍耐の処である。

——内村鑑三「所感十年」

＊積善の家には必ず余慶あり。

——「易経《えききょう》」

＊父、父たり、子、子たり、兄、兄たり、弟、弟たり、夫、夫たり、婦、婦たり。しかして家道正し。

——同右

＊朝早くおくるは、家のさかゆるしるしなり。おそくおくるは家のおとろふるもののなり。

——貝原益軒「大和俗訓」

＊炉辺のまどいより怖ろしきところなし。

——キケロ「断片」

＊王様であろうと、百姓であろうと、自己の家庭で平和を見出す者が、いちばん幸せな人間である。

——ゲーテ「格言集」

＊人間らしく幸せにするため、愛は気高いふたりを寄せ添わせる。しかし、神のような歓びを与えるためには愛は貴重な三人組をつくる。

——同右「ファウスト」

＊盗人も五女の門を過《よ》ぎらず。（盗人も五人の娘のいる家には近づかない。「娘三人持てば家がつぶれる」と同義）

——「後漢書」

＊家は己の城だ。

——コーク「インスティチュート」

＊どの鳥でも自分の巣をいちばん好む。

――コットグレーヴ「仏英辞典」

＊親戚にして直からず、聖《きよ》からざるときは、そを愛するよりも、その絆を断つべし。

――サーディー「ゴレスターン」

＊家庭よ、閉ざされた家庭よ、私は汝を憎む。

――ジイド「地の糧」

＊兄弟牆《かき》に鬩《せめ》げど外《そと》その侮りを禦《ふせ》ぐ。（兄弟は内でも争うが、外からの侮りには協力して防ぐ）

――「詩経」

＊家庭は少女の監獄であり、婦人の感化院だ。

――バーナード＝ショウ「革命主義者のための格言」

＊子らは人々の住家なり、妻は最上の友なり。

――「相応部経」

＊知らぬふり、聞こえぬふりして、舅《しゅうと》、舅女《しゅうとめ》。

――「宋書」

＊己の家庭を立派に治める者は、国家の出来事についても価値ある人物にならん。

――ソフォクレス「アンティゴネ」

＊家に始終いることは精神病の一種を育む。この意味では、どんな家も病院だ。

――ソロー「ジャーナル―冬」

＊最もはげしい憎しみは親戚の間におけるものである。

――タキトゥス「歴史」

＊家庭はわれわれの心を育成するのではなく、われわれの墓穴そのもののなれの果てである。

――チャニング「覚書」

＊小さな男の子の裡に大人の気配を感じることは滅多にない。だが、小さな女の子には女の兆しをつねに感じ取ることができる。

――デューマ（小）「語録」

＊家庭愛は自愛と同じである。したがって、罪悪行為の原因とはなるが、それの弁解になることはない。

――トルストイ「読書の輪―六・二八」

＊すべての幸福な家庭は、互いに似かよっているが、不幸な家庭はどれもが、それぞれの流儀で不幸である。

――同右「アンナ・カレーニナ」

＊家庭は主人の城堡なり。

――中江兆民「東洋自由新聞」

＊すべての家庭人は、人生の半ばをあきらめて居る。

――萩原朔太郎「虚妄の正義」

＊家庭生活への依存は、人間をいっそう道徳的にするが、巧名心や窮乏に強いられる依存は、われわれの品位をさげる。

――プーシキン「書簡」

＊妻子を持つ者は、運命に人質を入れたものである。というのは、妻子は善であれ、悪であれ、大事業の足手まといになるからである。

——ベーコン「随想集」

*家庭は集団的エゴイズムである。単に愛情のみならず、防衛であり、外部に対する同盟であるようなエゴイズムに堕落する。

——モロア「愛情と慣習」

*王国を統治するよりも、家庭内を治めることのほうがむずかしい。

——モンテーニュ「随想録」

*お前の義母が生きている限り、平和のあらゆる希望を諦めよ。

——ユヴェナリス「諷刺詩」

*遠水は近水を救わず。（「遠い親戚より近くの他人」と同義）

——李延寿編「北史」

*家庭は民族の好運と不運の源泉である。

——ルター「ツイングレフ「箴言集」より」

*小さな巣の中にいる鳥は同意する。

——ワッツ「兄弟と姉妹との間の愛」

・親子

*人生の悲劇の第一幕は親子となったことにはじまっている。

——芥川龍之介「侏儒の言葉」

*たはむれに　母を背負ひて　そのあまり軽きに泣きて
三歩あゆまず

——石川啄木「一握の砂」

*世の中にさらぬ別れのなくもがな　千代もと祈る人の子の為

——「伊勢物語」

*親苦労する、その子楽《らく》する、孫乞食する。

——江島屋其磧《きせき》「世間子息気質」

*子を養いて方《まさ》に父の慈を知る

——王陽明「伝習録」

*父慈ならざれば則ち子孝ならず、兄友ならざれば則ち弟恭ならず、夫寿ならざれば則ち婦聴かず。

——「顔氏家訓」

*樹静かならんと欲すれども風止まず。子養わんと欲すれど親待たず。

——韓嬰《えい》「韓詩外伝」

*子を知るは父に若《し》くはなし。

——「管子」

*世の中に思ひあれども　子をこふる思ひにまさる　思ひなき哉

——紀貫之「貫之集」

*知恵ある子は父を欣《よろこ》ばす、愚かなる子は母の憂いなり。

——「旧約聖書―箴言 ○章一節」（ソロモン）

*汝の娘、良縁に嫁げば汝を憎む。不幸ならば、娘を失ったことを憎む。

——クソールズ「断片」

＊親の因果が子に報う。
——「華厳経」

＊人間らしく幸福にするために愛を気高いふたりを寄り添わせる。でも、神のような歓びを与えるためには愛は貴重な三人組（子を加えて）をつくる。
——ゲーテ「ファウスト」

＊孝は百行の本。
——「後漢書」

＊身を立て道を行い、後世に名を揚げ、以て父母を顕すは、孝の終わりなり。
——「孝経《きょう》」

＊身体髪膚之を父母に受く、敢《あえ》て毀損せざるは孝の始めなり。
——同右（孔子）

＊己の子どもを知るは賢い父親だ。
——シェークスピア「ヴェニスの商人—二幕二場」

＊既《き》殀《よう》の子胡《いず》くんぞ其の歳《よわい》を算えんや。（死んだ子どの年を数えて、何になるか）
——「耳談続纂」

＊慈母に敗子あり。（敗子は不良の子）
——司馬遷編「史記」

＊子どもに対して言われる「お利口さん」ということばは、子どもがいつでも理解することばで、しかも、人がけっして子どもに説明してやらないことばである。
——ジューベル「パンセ」

＊娘は父親が世話し、息子は母親が世話すべきである。父親・息子と母親・娘の法則は、愛の法則ではない。それは革命の法則であり、開放の法則であり、有能な青年が疲れ果てた老人どもを圧服する法則である。
——バーナード＝ショウ「人と超人—二幕」

＊動乱と堕落の日、兄弟よ、相せめぐな。
——ショーロホフ「静かなドン」

＊父親の名声がつねに息子の成長に役立つとは限らず、彼を押しつぶしてしまう。父親の影が息子の成長を妨げる。
——ベン＝ジョンソン「もろもろの人物とその発見」

＊父を崇める者は長寿を保たん。
——「聖書外典—キリストの知恵三章六節」

＊敬を以てする孝は易く、愛を以てする孝は難し。愛を以てする孝は易きも、親を忘るるは難し。親を忘るるは易きも、親をして我を忘れしむるは難し（真の孝行に関する哲学）
——「荘子」

＊人其の子の悪を知る莫《な》し。（みんな自分の子を悪いとは思わない。「盗人を捕えてみればわが子」と同義）
——「大学」

＊忠ならんと欲すれば孝ならず、孝ならんと欲すれば忠ならず。

——平重盛「語録」

*娘の恋は母にとっては死である。

——ドストエフスキー「カラマーゾフの兄弟」

*天地の大徳を生といふ、人之を受けて以て孝徳となす。

——中江藤樹「孝経啓蒙」

*老いては子に従う。

——ナカーガールジュナ「大智度論」

*母親は息子の友人が成功すると嫉む。母親は息子よりも息子の中の自分を愛しているのである。

——ニイチェ「人間的な、あまりに人間的な」

*むちを惜しめば子どもを損なう。（「可愛い子どもには旅をさせよ」と同義）

——バトラー「諷刺物語詩」

*従順でない娘は取り扱いにくい妻である。

——フランクリン「貧しいリチャードのアルマナック」

*賢君有りと雖も、無功の臣を愛さず、慈父有りと雖も、無益の子を愛さず。

——「墨子」

*あとの子は自然の愛情が、先の子は習慣的な愛情が養う。（あとに生れた子は、幼いがゆえに自然の愛情で親を愛し、先に生れた子は、成人しているがゆえに習慣的に親を愛する）

——ポープ「人間論」

*われわれの両親がわれわれにおいて彼ら自身を愛するごとく、われわれもまた、われわれの子においてわれわれ自身を愛する。

——ボーリングブルック「断片」

*元来人間は、父親が殺されたことはすぐ忘れるが、その遺産をなくしたことは、なかなか忘れない。

——マキァヴェリ「君主論」

*息子は父の損失を平静に耐え得るが、遺産の損失は絶望に追いやる。

——同右

*ものいはぬ四方の獣すらだにも　あはれなるかな親の子を思ふ

——源実朝「金塊和歌集」

*父親たちは彼らの娘につき自慢し、母親たちは彼女らの息子につき自慢しがちなものなり。

——メナンドロス「断片」

*娘ほど荷厄介なる、取り扱い難きものなし。

——同右

*父母之を愛すれば喜びて忘れず。父母之を悪《にく》めば労して怨まず。

——「孟子」

*子どもは、両親が家で話すことを街《まち》でしゃべる。

——「ユダヤ伝典」

*親思ふ心にまさる親心。

——吉田松陰（辞世の句）

*親のいない生活くらい、彼らの環境、とくに彼らの子

どもに心理的な強い影響を与えるものはない。
――ユング「パラケロスス」

*父親の生物学的機能は、子どもをその無力の間に保護することで、この生物学的機能が国家に継承されるならば、父親はその存在事由を失う。
――バートランド＝ラッセル「結婚と道徳」

*この父にしてこの息子。（「この親にしてこの子」と同義）
――ラングランド「農夫ピアス」

*子どもは未来であり、回帰なのです。子どもは胎であり、海なのです。
――リルケ「時禱集―巡礼の巻」

*子どもたちが父親に結びつけられているのは、自分たちを保存するのに、父親を必要とする期間だけである。
――ルソー「社会契約論」

*嬰児の性質には、肉親のいくつかの性質で全然知られなかったものが存在する。
――D＝H＝ローレンス「精神分析と無意識」

*父は子のために隠し、子は父のために隠す。直その中にあり。（親子の愛情を唱えたもので、それによって正直も成り立つという）
――「論語」（孔子）

*すべての女性は彼女の母親に似るようになる。それが女の悲劇だ。男は彼の母親のままにならない。それが男の悲劇だ。
――ワイルド「嘘から出たまこと」

*幼児は大人の父なり。希《こいねが》わくはわが生命《いのち》の一日一日は、自然の愛により結ばれんことを。
――ワーズワース「幼年時代を追想して不死を切る頌」

親戚・隣人↓友人

親戚と隣人は、善きにつけ、悪しきにつけ気になる存在である。彼らの羽振りがよいと嫉妬したり、羨望したりし、羽振りが悪くなると、慰めと親切の押売りして優越感の歓びを味わしてくれる貴重な存在である。

*親戚はわれわれの忍耐と我慢の最もひどい試金石である。
――アミエル「日記―一八六九・九・一一」

*宅を是卜《ぼく》するに非ず、隣を是卜す。（家相の吉凶よりも隣人のよしあしが大事だ）
――晏嬰《あんえい》（「晏子春秋」より）

*己のごとく汝の隣《となり》を愛すべし。
――「旧約聖書―レビ記一九章一八節」

*親族にして直からず、聖《きよ》からざるときは、そを愛するよりも、その絆を断つべし。
――サーディー「ゴレスターン」

*君の隣人を知れ、そして彼に関するすべてを知れ。

——サミュエル＝ジョンソン「断片」

＊いかなる敬虔な人間でも、隣に住む悪い奴の気に入らなければ、平穏に生きていくことはできない。

——シラー「ヴィルヘルム・テル」

＊私は隣人に対する愛を諸君に勧めない。私が諸君に勧めるのは、いと遠き者に対する愛である。

——ニイチェ「ツァラトゥストラ」

＊隣人——われわれのほうでは、命令のあるように（「マタイ伝」の「己のごとく汝の隣人を愛すべし」）、己を愛するように愛しているのに、あらゆる手を尽くして、その命令に背かせようとする者。

——ビアス「悪魔の辞典」

＊われわれは友なくしても生きていけるが、隣人なくしては生きていけない。

——フラー「格言集」

＊隣人を愛するというのは、神がそれを要求するがゆえに正しいのではなく、むしろ、それが自然として正しいことであるからこそ、神がそれを要求するのである。

——ブレンターノ「道徳的認識の源泉」

＊人は自分の選んだ隣人ばかりでなく、神が送ってよこした隣人とも住まねばならない。

——フルシチョフ「訪英中の演説—一九五六・四・二〇」

＊よい垣根は善隣をつくる。

——フロスト「修繕される壁」

＊人間は隣人が金貨を蓄えると羨む。

——ヘシオドス「仕事と日々」

＊隣人の家が火事のとき、汝自身の財産が危険にさらさる。

——ホラティウス「書簡詩」

＊隣人を恒常の深みにおいて愛することは、他人の裡なる永遠のものを愛することだ。

——メーテルリンク「貧者の宝」

＊隣人の破産は敵をも味方をも歓ばす。

——ラ・ロシュフーコー「箴言集」

＊遠水は近火を救わず。（「遠い親戚より近くの他人」の意）

——李延寿編「北史」

血統・名門→階級・地位

上等な根菜類は、地下に眠っている良種の種子によるものである。これと同様に血族を誇る名門も、すでに地下に眠る良種の祖先によって栄えているにすぎない。名門や血統のことしか話さない人間は、己が取柄のないことを告白しているようなものだ。

＊国家に尽くす者には祖先は必要としない。

——ヴォルテール「格言集」

＊著名な祖先しか誇るものがない人間はジャガイモのよ

うなもので、その人の持つ唯一の価値ある部分は地下に宿る。

――オヴァベリ「断片」

*祖先のうちで奴隷でなかった者もいなかったし、奴隷の祖先のうちで王でなかった者もいなかった。

――ケラー「自叙伝」

*児孫のために美田を残さず。

――西郷隆盛「大西郷遺訓」

*山高きがゆえに貴《たっと》からず、木あるをもって貴しとなす。

――「実語教」

*三種の貴族がある。⑴血統と位階の貴族、⑵財力の貴族、⑶精神的貴族が、すなわちそれである。

――ショウペンハウエル「パレルガとパラリポーメラ」

*悪い種子からは悪い実ができる。

――シラー「メッシーナの花嫁」

*血縁が濃いほど闘争する残忍さが大きい。

――スウィフト「ガリバー旅行記」

*よき生れとは何か。生来、徳の備われる人間なり。

――セネカ「書簡集」

*血統の尊さは短くなり易き衣のごとし、日に日に補足せざれば、時ははさみをもて周りをめぐらむ。（血統の貴さは美衣のごときものだが、時なるものははさみでこの衣を断ち、これを短くするから、これに補足せねば身の飾りとし難い。つまり、先祖の誇りも子孫の徳がこれを補わなければ保てない）

――ダンテ「神曲―天堂編一六曲」

*苦きものいかに甘き種より出ずるや。（良種から悪種が生れるごとく、良い父より悪しき子どもが生れる）

――同右「神曲―天堂編一八曲」

*昔は法の裁きの心得もなかりし無知の輩《やから》が、山羊皮を身にまとい、野鹿さながらに都のはずれに屯《たむろ》していた奴どもが、いまは貴族だという。

――テオグニス「悲歌集」

*私の父は混血児だった。父の親父は黒人だった。そして、その祖先は猿だった。

――デューマ（大）（「お前の父は誰か」という問いに答えて）

*祖先を顧みようとしない人々は、子孫のことも考えまい。

――バーク「フランス革命の影響」

*一族のうちに愚者とか、ならず者とか、大食いがひとりもいなかったと語る人は、おそらく稲光りによって生れたのだろう。

――フラー「格言集」

*よき生れなることはまことに望ましきことなれど、その栄光はわれれの祖先らに帰すべきものなり。

――プルタルコス「断片」

*乱世はすべてを惨めにす。祖父母より悪しき両親の時代が両親より劣れるわれらを生み、やがて、われらは

われらよりふしだらなる子どもを生まん。
——ホラティウス「頌詩」

＊家をおこすも子孫なり、家をやぶるも子孫なり。子孫に道をおしへずして、子孫の繁昌をもとむるは、あくなくて行くことをねがふにひとし。
——中江藤樹「翁問答」

＊子に黄金満籯《えい》を遺すは、一経《けい》に如《し》かず（籯は竹製の大かご。子どもに遺産を多くのこすよりも、一冊の経書をのこすほうがよい）
——班固撰《じょ》「漢書」

＊無事これ貴人、ただ造作することなかれ。
——臨済義玄「臨済録」

III

感情と心情と情念

心と精神――115
感情と理性――119
悲しみ・喜び――122
苦しみ・楽しみ――125
怒り――127
恐怖――128
恥・羞恥心――130
愛の本質――131
恋愛・恋人――138
情欲・官能――140
友情・友人――151
敵――160
憎しみと嫉妬――162
虚栄心と
自尊心・自負心――166
羨望と称讃――169
謙譲と高慢・尊大――172
軽蔑・侮辱と尊敬――175

聞くに早く、語るに遅く、怒るに遅かれ。

——イギリスのことわざ——

●

女が困ったというときは、道ならぬ享楽を求めている。

——フランスのことわざ——

心と精神→感情と理性

心は感情と理性とがいろいろと混じり合って動揺を来たす場所である。木がその果実によって評価されるように、心はその精神によって評価される。

＊人といふ人の心に　一人づつ囚人《めしうど》がゐて　うめくかなしさ

——石川啄木「一握の砂」

＊人の心を見ることが肝要で、外見を見る必要はない。

——イソップ「寓話」

＊心は魂の眼であって、力の本源ではない。

——ヴォーヴナルグ「省察と格言」

＊天地、我を待つて覆載し、日月我を待つて運行し、四時我を待つて変化し、万物我を待つて発生す。大いなるかな心や。

——栄西「興禅護国論」

＊優柔不断の心は見下げた感情にほかならず。

——エウリピデス「断片」

＊汝、心によりて統べられれば汝は王なり、肉体によりて統べられれば、汝は奴隷なり。

——カトー(大)「断片」

＊人間の心の生涯は心の経験なり。心とは霊魂の謂《いい》にして、人間の生命の裡《うち》の生命なり。

——北村透谷「心の経験」

＊一切は心より転ず。

——「華厳経」

＊多情仏心。

——里見弴「多情仏心」

＊心というものは、使わずにおくと干からびるものである。全体がよくなれば、またはよくなるために、部分が貧しくなるものもある。

——ジイド「断片」

＊天地をもつてわが心とせば、いたるところ安楽あり。

——慈雲「法語」

＊やましい心には疑惧がつきまとうものだ。

——シェークスピア「ヘンリー六世—三部五幕六場」

＊心常に敬の状態にあれば、股体おのずと引き締まり、何も意識して加減せずとも、股体おのずから伸びやかにならん。（「敬」は具体的には理に対する畏敬の感情である。朱子学の根本意識である心の覚醒状態をいう）

——「朱子」

＊わが心、秤《はかり》の如し。

——諸葛孔明「語録」

＊お前自身を知ろうとするならば、いかに他の人々が行動するかを観察せよ。お前が他の人々を理解しようとするならば、お前自身の心を見よ。

＊心の苦しみは身体の苦痛より悪し。

――シラー「書き板」

＊まだ感じやすきうちに心を訓練するは容易なり。

――シルス「箴言集」

――セネカ「憤怒論」

＊心ひろければ体ゆたかなり。

――「大学」

＊意志は、みずから願うにあらざれば滅びず、あたかも火が千度も強いて撓《たわ》めらるとも、なお、その中なる自然の力を現すごとくなり。（意志はいかなる強制にあっても、みずから願うのでなければ滅びない、それはちょうど、火がどんなに下方に燃えさせようと強いても、本然の力によって上方に燃えるように）

――ダンテ「神曲―天堂編四曲」

＊侍とても尊からず、町人とても賤しからず、尊い物は此胸一つ。

――近松門左衛門「夕霧阿波鳴渡」

＊心を向上させるために、われわれは瞑想することよりも、学ぶことを少なくすべきである。

――デカルト「断片」

＊心頭を滅却すれば火もまた涼し。（禅の超脱の境地）

――杜荀鶴《とじゆんかく》「夏日題悟空上人院詩」

＊神と悪魔が闘っている。そして、その戦場こそは人間の心なのだ。

――ドストエフスキー「カラマーゾフの兄弟」

＊心にはさまざまな傾向がある。いかなる物事にも単一なものとしての心に映ることはない。……われわれが同一の物事に対して泣いたり、笑ったりするのも、そのためである。

――パスカル「パンセ」

＊変わりやすき、口上手の軽率な心よ。肉体の主人にして仲間よ。汝はいま青ざめた、苦しき、荒れ果てたる境に移りいく。汝はそこに日ごろの快活を見つけ得ないであろう。

――ハドリアヌス「死亡の折に吟誦した詩」

＊心安ければ不断の祝宴である。

――バートン「憂うつの解剖」

＊門は市の如く、心は水の如し。（劉崇の言で、門前に客は市のように集まるが、心は水のごとく冷静で、何事にも動かされない）

――班固撰《じょ》「漢書」

＊こころにいつはりなし、はた又、こころはうごくものにあらず、うごくものは情なり。此《この》涙も、此笑みも、心の底より出しものならで、情に動かされて情のかたち也。

――樋口一葉「塵中日記」

＊心は一種の劇場だ。そこではいろいろな知覚が次々に現れる。去っては舞い戻り、いつの間にか消え、混じり合っては限りなくさまざまな情勢や状況をつくり出

す。

——ヒューム「人間悟性論」

*心は思うがままに身体を引っ張る、ちょうど主人のない女が男を引っ張るように。

——フィッツジェラルド「痛風の慰めの書」

*本能は後年のために蓄積された過去の経験と知識の本質であろう。

——ヘンリー＝フォード（「ニューヨーク・タイムズ」インタビュー一九三八）

*乱されぬ心は、災いに対する最上のソースなり。

——プラウトゥス「ルーデンス」

*卓越した心の持主は王侯と同じ段階に立つ。

——フリードリヒ大王「語録」

*身はいやしくて心はたかく有りなん。

——法然「一言芳談」

*心は己をその住いとする。

——ミルトン「楽園喪失一」

*木石等の年を経て精霊あるを心といふ。

——夢窓国師「夢中問答」

*初心の人、二つの矢を持つことなかれ、後の矢を頼みて、はじめの矢に等閑の心あり。

——吉田兼好「徒然草」

*宇宙は便《すなわ》ち是れ吾が心、吾が心は則ち是れ宇宙。千万世の前聖人出《い》ずるあるも、この心に同じく、この理に同じきなり。（道徳心が正しいとするものが宇宙の理だ）

——陸九淵「雑説」

*鑑《かがみ》明らかなる者は塵垢《じんこう》も埋むる能《あた》わず。（心清ければ、いかなる誘惑・賄賂によっても乱されない）

——劉安「淮南子《えなんじ》」

*心は精神以上のものである。というのは、心は精神が花の香りのように消え失せても、なお根として残るからである。

——リュッケルト「バラモンの英知」

*精神は正確な秤《はかり》である。その記録は確かにして信頼し得る。

——イブン・ハルドゥーン「序論」

*精神の世界以外には何も存在しないという事実、これがわれわれから希望を奪い取って、われわれに確信を与える。

——カフカ「考察」

*人間は精神である。精神とは何であるか。精神とは自己である。自己とは自己自身にかかわる一つの関係である。

——キェルケゴール「死にいたる病」

*決意は人間の力・勇気・知恵ではない。それは宗教的な出発である。

——同右「人生行路の諸段階」

*石のかいも、真鍮《ちゅう》の伸べ金でできた金の城壁も、空気もかよわない土牢も、いかに強い鉄の鎖も、毅然とした精神力を拒むことだけはできない。

——シェークスピア「ジュリアス・シーザー」一幕三場

*簡潔は知恵の精神、冗漫は手足や虚飾だ。

——同右「ハムレット」二幕二場

*頑健な身体は力強い精神をつくる。

——ジェファーソン「ピーター・カー宛の書簡」

*精神一到何事か成らざらん。

——朱子「語類」

*すぐれた精神であっても、それを評価する基準がないために過小に評価されることがある。かかる精神は試金石のない貴金属のようなものである。

——ジューベル「パンセ」

*社会には剣と精神という二つの力しかない。結局のところ、つねに剣は精神によって打ち負かされる。

——ナポレオン「語録」

*脱皮できない蛇は滅びる。意見を脱皮していくことを妨げられた精神も同じことである。それは精神であることをやめる。

——ニイチェ「曙光」

*偉大なる精神は、偉大なる精神によって形成される。ただし、それは同化によるよりも、むしろ多くの軋轢による。ダイヤモンドがダイヤモンドを研磨するのだ。

——ハイネ「ドイツの宗教と哲学」

*私は行為を称讃しない。私が称讃するのは人間の精神である。行為は精神の外衣にすぎない。歴史は人間精神の古い脱衣場にすぎない。ただし、古着に対する愛着はある。

——同右「機知・英知・情熱―イタリア」

*精神の悲劇のみが人間を解放し、向上させることができる。だが、精神の最大の悲劇は、早かれ遅かれ、それが肉体に屈服してしまうことである。

——アルドゥス＝ハックスリー「文反古」

*人間においては、精神のほかに偉大なものは存在しない。

——ハミルトン「形而上学講義」

*精神は、真理に対して従順である場合にのみ有益かつ高貴である。（真理を裏切ると、すぐに悪魔的根性になる）

——ヘッセ「ガラス玉遊戯」

*私にとっては精神の帝国こそ、あらゆるもののうちでいちばん親愛なものです。それは世俗的・教権的王国のなかで第一位を占めます。

——ベートーヴェン「書簡集」

*精神とは何か。火であり、自由であり、神の息吹である。

——ベルジャーエフ「精神と現実」

＊精神が満足するのは、それが萎縮しているか、疲労しているかのしるしである。高貴な精神は自己の裡にとどまらない。それはつねに自分の能力以上を望んで進んでいく。

——モンテーニュ「随想録」

＊健全なる身体に宿れる健全なる精神。

——ユヴェナリス「諷刺詩」

＊心の澄んだ思慮深い精神は、色彩を最愛とするものである。

——ラスキン「ヴェニスの石」

＊人は精神の力によって大きな悲しみから脱けられるものではない。……人間はすこぶる弱いから、否、非常に浮気だから、すべてを思い諦める。

——ラ・ブリュイエール「人さまざま」

感情と理性→心と精神

人間には情念をかき立てる感情と、浮気な感情にブレーキをかける心情とが宿っている。感情は心情に忠実な下女であり、理性は心情の動揺を監視する朴念仁である。

＊優柔不断の心は見下げた感情にほかならず。

——エウリピデス「断片」

＊喜怒哀楽のはげしさは、その感情とともに実行力までも滅ぼす。喜びにふける者は、悲しみにもふけるが習い。ともすれば、悲しみが喜びに、喜びが悲しみに。

——シェークスピア「ハムレット」三幕二場

＊感情はしばしば精神の歪みからやってくる。時として、精神が感情の投影でないとしたら、いっそう柔軟なものになろう。

——シャルドンヌ「愛、愛より豊かなもの」

＊情念は、われわれがこれについて明確な観念を形成するや否や、たちまち情念たることをやめる。

——スピノザ「エチカ」

＊センチメンタリズムということは、こうありたい、ああありたいと思う願いを誇張して、理想的から空想的になって行った形を言うのである。

——田山花袋「痕跡」

＊感受性が強すぎると不幸をもたらし、感受性がなさすぎると犯罪に導く。

——タレーラン・ペリゴール「回想録」

＊喜怒哀楽之《これ》未だ発せざる之を中と謂《い》う、発して皆節に中《あた》る之を和と謂う。（喜怒哀楽のまだ起こらない精神状態を中という。喜怒哀楽が起こったとき、当然の節度に当たる。これを和＝理に合致させる）

——「中庸」

＊心情は理性の知らないところの、それ自身の道理を持っている。

——パスカル「パンセ」

＊深い悲しみと失望が怒りを生み、怒りが妬みを、妬みが恨みを、そして恨みが再び深い悲しみを生む。それらがすべての循環の完結するまで尽きることはない。

——ヒューム「人間悟性論」

＊感情は女性の精神の裡に忍び込むすべてのものの道である。

——プールジェ「近代恋愛の生活」

＊いかなる情念も愛と嫉妬ほど人間を苦しめない。なぜならば、他の情念はそれほど持続的ではないから。

——三木清「人生論ノート」

＊人情は天下一にして、我にくむ所好む所は、また人のにくむ所好む所なり。

——松平定信「国本論」

＊他人の感情生活に想像力を働かせて、それを察知する技術、つまり、共感というものは、自我の限界を打破する、という意味で称讃すべきものであるばかりではなく、自己保存のうえに欠くべからざる手段なのである。

——トーマス＝マン「若いヨゼフ」

＊情念はしばしば自分とは反対の情念を生み出す。りんしょくはしばしば乱費を、乱費はまた、りんしょくを生む。人はしばしば弱きがゆえに強く、臆病なるがゆえに大胆である。

——ラ・ロシュフーコー「箴言集」

＊感情は深く静まっている。表面に浮かぶことばは、怒りの隠されている場所を教える浮標である。

——ロングフェロー「エヴァンジェリン」

＊理性は神が魂に点火した光なり。

——アリストテレス「修辞学」

＊理性には心情の気持ちがわからない。（感情と理性の関係について述べた格言）

——ヴォーヴナルグ「省察と格言」

＊人が多くの理性とわずかばかりの英知を持つことはない。

——同右

＊理性はみずからの原理を片手に持ち、その原理によって考案した実験を、もう一方の手に持って自然へ赴く。

——カント「純粋理性批判—序文」（第二版）

＊理性の第一規範は自然法である。

——ケムピス「キリストのまねび」

＊汝がいっさいを屈服させんと欲せば、汝自身を理性に屈服せしめよ。

——セネカ「書簡集」

＊理性—それは神から賦与された選良の贈り物なり。

——ソフォクレス「アンティゴネ」

＊人間に理性と創造力が賦与されているのは、自分に与

えられたものを増大するためである。しかし、人間は今日まで破壊するだけで、創造したことはない。

——チェーホフ「ワーニャおじさん」

*理性はしばしば罪の奴隷となって、これを弁解する。

——トルストイ「読書の輪―八・二九」

*道理を悟らない者は偏屈者であり、道理を悟れない者は愚者であり、あえて道理を悟ろうとしない者は奴隷である。

——ウィリアム＝ドルモンド「アカデミックな質問」

*人間を照らす唯一のランプは理性であり、生の闇路を導く唯一本の杖は良心である。

——ハイネ「ドイツの宗教と哲学」

*人間の心は三つの部分、すなわち知力・理性・情熱に分けらる。知力と情熱は他の動物にも具わるも、理性は人間のみ……理性は不滅なり。

——ピタゴラス「断片」

*理知は情緒の単なる奴隷であり、そうであるべきであり、情緒に奉仕し、服従する以外の役目を望むことはけっしてできない。

——ヒューム「人間悟性論」

*鬼火がわれわれの足を導き、人生の半ばに達して、はじめて理性がランプに火を灯す。

——プフェッフェル「詩」

*理性的なものは現実的であり、現実的なものは理性的である。

——ヘーゲル「断片」

*理性の活動領域は、矛盾がすべて回避されなくてはならない、という以外になんら制限されていない。しかし、理性の能力は経験から動機を提供されて、はじめて発揮される。

——ポアンカレー「科学と仮説」

*理性は羅針であり、欲望は嵐である。

——ポープ「人間論」

*われわれの理性の正しき使い方は、自愛と社会愛とを一致せしめ、さらに進んで実際において同一のものたらしめる。

——ボーリングブルック「断片」

*欲望と感情は人間性のバネである。理性はそれを統制し、調節するブレーキである。

——同右

*神がアダムに理性を与えたとき、彼は選択の自由を与えたのである。けだし、理性もまた選択にほかならない。

——ミルトン「アレオパジテカ」

*私の理性は曲げられたり、折られたりするようには仕込まれていない。そうされるのは、私の膝である。

——モンテーニュ「随想録」

悲しみ・喜び→苦しみ・楽しみ

悲しみとは、幸せだったころを追憶して患う心の病である。これを癒せる名医は時と忙しさである。多くの悲しみに堪え忍んだ末に味わえるのが最上の喜びである。だから、喜びはひとりで楽しむもので、他人と分かち合うものではない。

＊真の悲しみは苦しみの支え杖なり。
――アイスキュロス「アガメンノン」（ミケーネ王）

＊いかなる場合にても、喜び大なれば大なるほど、それに先立つ悲しみもまた大なり。
――アウグスティヌス「断片」

＊悲壮感は第三者の眼に映り、苦しむ者の心にはない。
――エマーソン「知性の自然史」

＊歓びは人生の要素であり、人生の欲求であり、人生の力であり、人生の価値である。人間は誰でも歓びへの欲求を持ち、歓びを要求する権利を有している。
――ケップラー「もっと歓びを」

＊歓びには悩みが、悩みには歓びがなければならない。
――ゲーテ「ファウスト」

＊悲しみは慰めによって酬いられる。
――シェークスピア「アントニオとクレオパトラ―二幕」

＊隠された悲しみは、塞がれた天火のように、その心を灰にするまで燃え尽くす。
――バーナード＝ショウ「タイタス・アンドニカス」

＊喜びは探し求めてもなかなか見つからない。われわれの喜びのいちばん明るい炎は、思いがけないスパークによって燃焼されるのがつねである。
――サミュエル＝ジョンソン「アイドラー誌」

＊歓びは自然を動かす強いバネ、歓びこそ大宇宙の時計仕掛けの車を回すもの。
――シラー「歓びを歌う」

＊苦しみは短く、喜びは永遠である。
――同右「オルレアンの乙女」

＊憂いを同じうする者は相親し。
――「戦国策」

＊哀しみは心の死するより大なるはなく、身の死するはこれに次ぐ。
――「荘子」

＊幸福なりし時代を回想するより大なる悲しみなし。
――ダンテ「神曲―地獄編五曲」

＊こよなき悲しみは、われらを再び神に結ぶ。
――同右「神曲―浄火編二三曲」

＊喜びを人に分かつと喜びは二倍になり、苦しみを人に分かつと苦しみは半分になる。

＊人がいちばん鼻をかむのは、教会を除いたら葬式のときだ。

——ティードゲ「ウラーニア」

＊忙しさは悲しみを忘れさせる。

——トーウェン「ハックルベリ・フィン」

＊人生の悦びは、他の人々ができないことをなすことにある。

——バイロン「断片」

＊悲しみは知識である。多くを知る者は、怖ろしき真実を深く嘆かざるを得ない、知識の木は生命の木ではないから。

——パジョット「文学研究」

＊憂うつは諸君が考えるように肉体の不快ではなく、心の病である。

——パスカル「パンセ」

＊歓びがなんであるかは、元来、多くの苦しみを堪え忍んできた人々のみが知っている。その他の人々は、真の歓びとは似ても似つかない単なる快楽を知っているにすぎない。

——ジョン＝フォード「愛人の憂うつ」

＊多忙なる蜜蜂は悲しむ暇もなし。

——ヒルティ「新書簡」

＊千の歓びも一つの苦しみに値しない。

——ブレーク「詩」

＊すべての人間にとりて、共通のあらゆる多くの禍いのうち最大なるものは悲しみなり。

——ミケランジェロ「語録」

＊女たちが彼女の愛人の死を悼《いた》むのは、彼を亡くしたことを悲しむからではなく、このように忠実なる自分が、さらに新しい愛人を得るに値すると、他人に思わせるためである。

——メナンドロス「断片」

＊天が癒すことのできぬ悲しみは地上になし。

——メレ「アフォリズム」

＊人は肯定においてよろこびを感じ、否定においてかなしみを感ずる。しかし真実のよろこびというものは、深いかなしみの経験のないものには味わうことができない。

——モーア「ユートピア」

＊歓びと節度と平穏は、医者に対して扉を閉ざす。

——柳田謙十郎「弁証法入門」

＊この世の歓びは完全ではない。歓びには苦しみの味がまじり、蜂蜜は苦汁を加えて調理される。

——ローガウ「格言詩」

・涙・笑い

＊人間は笑うという才能によって他のすべての生物より

優っている。

——アディソン「スペクテーター誌」

*われわれは生れたときに泣く、死ぬときではない。

——アルドリッチ「輪廻」

*涙は口をきかない悲しみのことばである。

——ヴォルテール「哲学辞典」

*男がありとあらゆる理窟を並べても、女の一滴の涙には勝てない。

——同右「格言集」

*笑う者は測る可からず。（笑う人間は真意がわからず怖ろしい）

——欧陽脩「唐書《じょ》」

*女にも武器あり、いはく涙これなり。

——大町桂月「断片」

*涙ほど早く乾くものなし。

——キケロ「断片」

*美人の涙は、彼女の微笑より愛しい。

——キャンベル「希望の悦び」

*どんなことにも笑う人間は、どんなことにも泣く人間と同じく阿呆である。

——グラシアン「世間知」

*笑いを知らない人々は、つねに雄大であり、自惚れ屋である。

——サッカレー「断片」

*人生において笑うことなくすごした日があれば、それは最も無為にすごした日であることは疑いない。

——シャンフォール「格言と省察」

*頭がからっぽなことを実証するのが馬鹿笑いだ。

——ジョイス「ユリシーズ」

*多く笑う者は幸福であり、多く泣く者は不幸である。

——ショウペンハウエル「パレルガとパラリポーメナ」

*女子の涙は勝利の涙なり、男子の涙は降伏の涙なり。

——長谷川如是閑「如是閑語」

*人間のみがこの世で苦しんでいるので、笑いを発明せざるを得なかった。

——ニイチェ「権力への意志」

*涙は眼の上品なことばである。

——ヘリック「ヘスペデスの乙女」

*涙のたむけは、われが渇望するすべてなり。

——ホメロス「オデュッセイア」

*泣くことも一種の快楽である。

——モンテーニュ「随想録」

*金曜日に笑う者は、土曜日には泣くであろう。

——ラシーヌ「訴訟人」一幕二場

*笑いは人類の財産である。

——ラブレー「ガルガンチュアとパンタグリュエル」

*われわれは、われわれの大切な人の死に、涙を流しているのだと言いながら、実はわれわれ自身のために涙

を流しているのだ。
——ラ・ロシュフーコー「箴言集」

＊涙声は不器量な女の逃げ場であるが、美しい女の零落だ。
——ワイルド「ウィンダミア夫人の扇」

苦しみ・楽しみ↓悲しみ・喜び

「苦は楽の種　楽は苦の種」——苦と楽は交互に訪れるが、苦の一時間は楽の一日くらい永く感じる。それゆえ、苦から解放された甘美に優る楽しみはない。

＊苦しみこそ悟りの母という掟を立て、人間に思慮を教え給うた神なるゆえに、忘れ得ぬ苦しみは眠られぬ胸にしみ入り、否応なく悟りは訪れる。
——アイスキュロス「アガメンノン」（ミケーネ王）

＊苦しみの報酬は経験なり。
——同右

＊苦しみは苦しむ者がその限界を知り、その恐怖に想像を加えさえせざれば、堪えられぬこともなく、かつ永続するものにあらず。
——アウレリウス「自省録」

＊楽しみは、汝が満足している場合には苦労の記憶なり。
——エウリピデス「断片」

＊苦しみは人間の偉大な教師である。苦しみの息吹きのもとで魂は成長する。
——エッシェンバッハ「格言集」

＊苦痛を感じたら、殉教者の苦悩と地獄の苦しみを思うと解決される。
——エドワーズ「説話」

＊苦しみから湧き出る楽しみは甘美なり。
——オヴィディウス「恋の技術」

＊楽しみへの期待への可能性は、過去の楽しみの回想につながるものなり。
——キケロ「哲学談義」

＊心の楽しみは良薬なり。
——「旧約聖書—箴言一七章二二節」（ソロモン）

＊楽しみはしばしば訪れるお客であるが、苦しみは無残にもわれわれにまつわりつく。
——キーツ「エンディミオン」

＊悪がわれわれに善を認識させるように、苦しみはわれわれに楽しみを感じさせる。
——クライスト「論文集」

＊苦しみが残していったものを味わえ！　苦難も過ぎてしまえば甘美である。
——ゲーテ「格言集」

＊なんら苦痛のない状態というものは、苦痛の存在する状態よりも確かに安らかである。したがって、死は人

間にとって、生よりも安らかである。

——ザカリーヤ・アル・ラージー「精神の医学」

*苦痛は短く、悦びは永遠である。

——シラー「オルレアンの乙女」

*心の苦しみは、肉体の苦しみよりも重し。

——シルス「箴言」

*今日の時の苦しみは、われわれの上に顕《あらわ》れんとする栄光にくらぶるに足らず。

——「新約聖書—ロマ書八章一八節」（パウロ）

*苦しみが倍加せば楽しみも倍加せん。

——エドムンド＝スペンサー「寓意的騎士物語詩」

*心を苛責の有様にとむることなかれ、その成行きを思え。そのいかに悪しくとも大なる審判《さばき》のあとまで続かざることを思え。（苦しみの大なることだけを考えず、あとの福を考え、また、どんなに悪しきときでも、最後の審判の日がくれば苛責もなくなることを考えよ）

——ダンテ「神曲—浄火編一〇曲」

*苦は楽の種、楽は苦の種と知るべし。

——徳川光圀「処世訓」

*苦しみと悩みは、偉大な自覚と深い心情の持主にとって、つねに必然的なものである。

——ドストエフスキー「罪と罰」

*死ぬよりも苦しむほうが勇気を必要とする。

——ナポレオン「語録」

*大きな苦痛こそ精神の最後の解放者である。この苦痛のみが、われわれを否応なしにわれわれの最後の深みにいたらせる。

——ニイチェ「華やかな知識—序」

*苦悩を徹底的に経験することによってのみ、それは癒《いや》される。

——プルースト「失われたものの追憶」

*苦痛よ、お前がいかに苦痛をわれに与えるとも、われはけっしてお前を悪とは認めはせぬ。

——ポセイドニオス（キケロ「タスキューラム談義」より）

*苦しみによりてもたらさるる愉しみには害あり。

——ホラティウス「書簡詩」

*苦しみが性格を高潔にするというのは嘘だ。幸福は場合によってはそうだが、苦しみはたいていは人間を弱くし、執念深くする。

——モーム「月と六ペンス」

*苦しみがある程度越すと、人間は二種の精神的無関心に襲われる。

——ユーゴー「レ・ミゼラブル」

*楽しき一日は千日にも当たる。

——李延寿「北史」

*苦しみは永劫にしてはかりがたく、暗く、無限の相を持つ。

——ワーズワース「辺境の人」

怒り

独善的な人間は、気に入らないことがあると、高圧的に怒りを露《あらわ》にする。怒りは自分に甘える尊大な感情だ。怒れる相手を鎮めるには、同じようにいきり立って口論したり、宥《なだ》めすかしたりする必要はない。相手の言うことを冷静に我関せずと無視して沈黙することだ。怒れる人は、これを軽蔑と受け取り、上げた拳を下ろさざるを得なくなろう。

＊人間は、理性によって負けた埋め合わせを怒りによって行うものである。
——アルジャー「説話」

＊もろい氷のごとく、怒りは時を経れば氷結せん。
——オヴィディウス「恋の技術」

＊争いの場合、怒りを感ずるや否や、われわれは真理のためではなく、怒りのために争う。
——カーライル「随筆集」

＊知恵多ければ、憤怒《いきどおり》多し。
——「旧約聖書—伝道之書一章一八節」

＊怒りを遅くする者は勇者に愈《まさ》り、己の心を治むる者は城を攻め取る者に愈る。
——「同右—箴言一六章一三節」（ソロモン）

＊腹が立ったら、何か言ったり、したりする前に十まで数えよ。それでも怒りがおさまらなかったら百まで数えよ。それでもダメなら千まで数えよ。
——ジェファーソン「雑録集」

＊人間も忿《ふん》怒を制《おさ》えないうちは、ほんとうに自然を友とすることはできない。
——島崎藤村「飯倉だより—樹木の言葉」

＊血気の怒りは有るべからず。理義の怒りは無かるべからず。
——朱子「語類」

＊こころの怒りを絶ち、おもての怒りを棄て、人のたがふを怒らざれ。
——聖徳太子「十七条憲法」

＊憤怒より己を抑えるには、他人の怒れるときに静かにそれを観察することなり。
——セネカ「憤怒について」

＊遅延は憤怒の最良の治療薬。
——同右

＊立腹したら四つ数えよ。怒り狂ったら誓え。
——トーウェン「間抜けなウィルソンのカレンダー」

＊怒を敵と思へ。
——徳川家康「遺訓」

＊憤怒は他人にとって有害であるが、憤怒に駆られてい

る当人にはもっと有害である。

——トルストイ「読書の輪—一・二二」

*怒りによって赤くなる人々は、怒りによって青くなる人々よりも怖ろしくない。

——デカルト「情念論」

*忿《ふん》を絶ち瞋《しん》を棄て、人の違《とが》を怒らざれ。（心中の怒りを絶ち、顔に出る怒りを棄てて、人の誤ちを怒るな）

——「日本書紀」

*憤怒の火の燃えるのを弱めよ。

——ハーバート「知恵の投げ槍」

*怒りは無謀をもって始まり、後悔をもって終わる。

——ピタゴラス「卓談」

*何かにつけて憤怒をいだくうちは、自己を制御していない。すべての悪に対しては、平静な抵抗が最高の勝利をおさめる。

——ヒルティ「眠られぬ夜のために」

*怒りと愚行は相並んで歩み、悔恨が両者のかかとを踏む。

——フランクリン「貧しいリチャードのアルマナック」

*怒りは一時の狂気なり。汝が怒りを制さざれば、怒りが汝を制せん。

——ホラティウス「諷刺詩」

*怒りは愚行に始まり、悔悟に終わる。

——ボーン「格言のハンドブック」

*怒れる者には怒りを以て報ゆる勿《なか》れ。呪われたるときには祝福すべし。

——「マヌの法典」

*怒りにはどこか貴族的なところがある、善い意味においても、悪い意味においても。

——三木清「人生論ノート」

*人間の器量は、どの程度のことを怒ったかによってはかり得る。

——モーレイ「随筆集」

*怒りは奇妙な用法を有する武器である。他のすべての武器は、人間がこれを用いるものだが、この武器はわれわれを用いる。

——モンテーニュ「随想録」

*怒りは自己に悦び、へつらう感情である。

——同右

恐怖→危険、勇気と臆病

恐怖そのものよりも、恐怖に対する想念のほうが怖ろしい。その反面、来るべき危険に対する恐怖も、危険が近づくにつれてこわくなくなる。開き直るからである。手術や戦争のケースが、それである。

*恐怖には、恐怖に対する恐怖というものしかほかには

ない。（観念としてのわれわれの恐怖は、恐怖に対する恐怖なのだ）

――アラン「人間語録」

＊恐怖はつねに無知から発生する。

――エマーソン「アメリカの学者」

＊誰をも怖れない者は、誰からもこわがられている者に劣らず強い。

――シラー「群盗」

＊世界を怖れるな、唯自己を怖れよ。

――杉浦重剛「天台道士著作集」

＊恐怖はわれわれをして人間性を感じさせる。

――ベンジャミン＝ディズレーリ「断片」

＊恐怖はつねに人間の裡に何か正しくないことが生じた徴候である。……恐怖は、苦痛が肉体に対して果たすのと同様に、精神に対しても貴重な警告者の役目を演じるのである。

――ヒルティ「幸福論」

＊苦痛には限度あれど、恐怖には限度なし。

――プリンウス二世「書簡集」

＊恐怖は愛情より強い感情なり。

――同右

＊恐怖は残酷の両親である。

――フロード「大問題に関する小研究―政党」

＊恐怖の魅力に酔い得る者は強者のみ！

――ボードレール「悪の華―死の舞踏」

＊恐怖と勇気がどんなに近くに共存しているかは、敵に向かって突進する者がいちばんよく知っているだろう。

――モルゲンシュテルン「段階」

＊恐怖は革命の生みの親である。というのは、恐怖はおよそ成功した政治の真髄をなす適応性を抑制するからである。

――ラスキン「現代革命の考察」

＊遠くにいると恐怖を感じるが、近くに迫ると、それほどでもない。

――ラ・フォンテーヌ「寓話」

＊希望と怖れとは切り離せない。希望のない怖れもなければ、怖れのない希望もない。

――ラ・ロシュフーコー「箴言集」

＊小心な人間は危険の起こる前に怖れる。臆病な人間は危険の起こっている間怖れる。大胆な人間は危険が去ってから怖れる。

――リヒター「断片」

＊われわれが怖れなければならないただ一つのことは、恐怖そのものである。

――フランクリン＝ルーズヴェルト「大統領就任演説―一九三三年」

恥・羞恥心

人間は気恥ずかしい下心を持っていても、それを言動に移さなければ恥とは思わないが、そのような破廉恥をいだいていることを他人から思われていると感じるときに羞恥心が起こる。ところが、かかる気恥ずかしささえ知覚しない、おめでたい人間が知識階級にしばしば見出されることは嘆かわしい。

＊恥辱は若者にとりては装飾、老年にとりては不面目なり。

――アリストテレス「ニコマコス倫理学」

＊尺蠖《しゃっかく》の屈《かが》めるは伸びんがためなり。（尺蠖は尺取り虫。一時の屈辱も将来の発展のためだ）

――「易経《えききょう》」

＊汝を罵倒したり、打ちたるその人間が汝を虐待するにあらず。それを恥辱なりと考える汝の想念が、然らしむることをしかと考えよ。

――エピクテトス「断片」

＊恐怖あるところに恥辱がある。

――エラスムス「痴愚神礼讃」

＊羞恥心はあらゆる徳の源泉である。

――カーライル「随筆集」

＊徳高き人は、たとえ無頼の徒に辱められるとも、悲しむことなし。性悪き石、黄金の盃を砕くとも、石の価値は増さず、黄金の価値は減ぜず。

――サーディー「ゴレスターン」

＊弱いのはけっして恥ではない。その弱さに徹しえないのが恥だ。

――島崎藤村「断片」

＊恥ずべきことに無恥であり、なんでもなきことに恥じている人間は、他人の虚偽の思想にかぶれている人間なり。

――釈迦「説話」

＊女は己自身のためだけではなく、女性全体のために羞恥心を持つべきである。換言すれば、女はみな、女たちが羞恥心の掟を守るようにと熱望すべきである。というのは、ひとりの女のつつましさを傷つけるものは、すべて女のそれを傷つけるのだから。

――ジューベル「パンセ」

＊われわれは恥辱の雰囲気の中で暮らしている。われわれをめぐるあらゆる実像――われわれ自身をはじめ、われわれの親戚、発音のアクセント、意見、経験――について、われわれが裸体を恥じるように、気恥ずかしさを覚える。

――バーナード＝ショウ「人と超人―一幕」

＊問うことを好めば則ち裕《ゆたか》。（「問うは一時の恥、問わぬは末代

の恥」と同義）

＊意地の悪い人を見ても驚かないが、彼らが恥ずかしがらないのを見ると、びっくりするときがしばしばある。
——「書経《きょう》」

＊羞恥心の欠点は絶えず嘘をつかせることである。
——スウィフト「雑感集」

＊羞恥心の効用は、それが恋愛の母であるということである。
——スタンダール「恋愛論」

＊人々はなんらかの不潔なことを考えることを恥としないが、この不潔な考えが彼らのものだと言われていると感じて恥じる。
——同右

＊羞恥心は塩のようなものである。それは微妙な問題に味をつけ、情趣をひとしほに深くする。
——ニイチェ「人間的な、あまりに人間的な」

＊己自身の力量によらず、先祖の名声によりて尊敬をあえて甘受する以上に恥ずべきことなし。
——萩原朔太郎「虚妄の正義」

——プラトン「メネクセノス」

＊人生の汚辱に対抗する最善の武器は、勇気とわがままと忍耐です。勇気は強くし、わがままは冗談を言わせ、忍耐は落ちつきを与えます。

——ヘッセ「書簡」

＊恥を知る人々は、殺さるるよりも救わるる者多し。されど、逃ぐる人々には名誉も安全もなし。
——ホメロス「イリアス」

＊羞悪の心は義の端なり。（恥じる心は不善を恥じること）
——「孟子」

＊人間の価値のひとつに恥というものあり、恥ある人間は容易に罪悪に堕《お》ちず。
——「ユダヤ伝経」

＊しばしばわれわれは、われわれの最も美しい行為をも恥ずかしく思うことがある、その行為を生み出したすべての動機を他人《ひと》に見られた場合には。
——ラ・ロシュフーコー「箴言集」

愛の本質

愛の本質は喪失であり、つねに降るもので遡るものではない。自己犠牲を伴わぬものは憎しみと嫉みに変態する。

＊人間と人間との間柄には、愛よりほかの財産はない。
——アウエルバッハ「断片」

＊二つの国をつくりしは二つの愛なり。地の国をつくりしは、神をさげすむほど己自身を愛する愛であり、天の国をつくりしは、己自身をさげすむほどすでに神を愛する愛なり。

——アウグスティヌス「神国論」

*愛の表現は惜しみなく与えるだろう。しかし愛の本体は惜しみなく奪うものだ。

——有島武郎「惜しみなく愛は奪う」

*水は偽りの幸福のように流れ去るが、愛の潮は忠実に舞い戻って来る。

——アルント「生の近く」

*愛なくして歩く者は天国にはいらない。彼は鬼火にも似て、あちこちとはね回る。

——アンゲルス・ジレジウス「さすらいの天使」

*愛には苦痛に満ちた反応はない。

——ヴィヴェカーナンダ「カルマ・ヨーガ」

*地上のあらゆる生物、人間も四足獣も家畜も鳥類も、すべて愛の炎にかり立てられる。愛はあらゆるものの帝王なり。

——ヴェルギリウス「農耕詩」

*真の愛は悪に対する憎悪を十分にふくむものである。仮面的の愛または浅き愛は、悪を憎むことを知らない。けれども深き真なる愛は、かくあることはできないのである。

——内村鑑三「ロマ書の研究」

*愛に疑惑なし、最大の真理なればなり。

——同右「所感十年」

*愛は幻想の子であり、幻想をさまさせる両親であり、愛は寂しさの慰めである。愛は死に対する唯一の医薬である。というのは、それが死の兄弟なるがゆえである。

——ウナムノ「人生の悲壮感」

*愛は、女たちが憎む真実を愛す。

——エセックス「変化」

*金銭・快楽あるいは名誉を愛する者は、人を愛し得ず。

——エピクテトス「断片」

*愛は奇跡であり、愛は恩寵である、天から落ちる露のように。

——ガイベル「愛の歌」

*心からなる愛は、与える場合に最も豊かであり、犠牲を云々するときには、それだけでもう真の愛ではなくなる。

——同右

*火が光の初めであるように、つねに愛が知識の初めである。

——カーライル「ゲーテの死」

*愛は憎しみの初めなり。徳は怨みの本なり。

——「管子」

*もし、ただひとりの人間が最高の愛を成就するならば、それは数百万の人々との憎しみを打ち消すに十分である。

——ガンジー「語録」

＊愛はすべてを信じ、しかも欺かれない。愛はすべてを望み、しかもけっして滅びない。愛は自己の利益を求めない。

――キェルケゴール「愛の生命と摂理」

＊世俗の知恵は、愛が人間と人間との間の関係であるというが、キリスト教の教えによれば、愛は人間と神との間の関係であるという。というのは、神が愛の媒介であるからである。

――同右

＊愛は強くして死のごとく、嫉妬《ねたみ》は堅くして陰府《よみ》にひとし。

――「旧約聖書―雅歌八章六節」（ソロモン）

＊愛は大水も消すことあたわず、洪水も溺らすことあたわず。

――「同右―雅歌八章七節」（同右）

＊愛は喪失であり、断念である。愛はすべての人に与えてしまったときに最も富んでいる。

――グッコー「全書」

＊愛を妨げるものは何もない。愛は戸口もかんぬきも知らず、すべてのものの中を貫いて通る。愛に初めなく、永久に羽ばたきを続ける。

――マッティーアス＝クラウディウス「詩」

＊愛とは他人の運命を自己の興味とすることである。他人の運命を傷つけることを畏れる心である。

――倉田百三「愛と認識との出発」

＊愛は欠けたるものの求むる心ではなく、溢れるものの包む感情である。人は愛せられることを求めずして愛すべきである。

――同右

＊誰からも愛されないのは大きな苦痛だ。誰をも愛することができないのは生の中の死だ。

――グリューンベルグ「わがカード箱より」

＊愛と憎しみはまったく同じものである。ただ、前者が積極的であり、後者が消極的であるにすぎない。

――クロース「犯罪心理学」

＊愛よ、お前こそはまことの生命《いのち》の冠、休みなき幸。

――ゲーテ「詩集」

＊愛の本質は個人を普遍化することである。

――コント「実証政治体系」

＊愛とは、限りない寛容、些細なことから来る法悦、無意識な善意、完全な自己忘却である。

――シャルドンヌ「愛、愛よりも豊かなもの」

＊愛の光なき人生は無価値である。

――シラー「断片」

＊愛は律法《おきて》の完全《まったき》なり。

――「新約聖書―ロマ書一三章一〇節」（パウロ）

＊愛は寛容にして慈悲あり。愛は妬《ねた》まず、愛は誇らず、驕《おご》らず、非礼を行わず、己の利を求めず、憤《いきどお》らず、人

の悪を想わず。

——「新約聖書—コリント前書一三章十四～五節」（パウロ）

＊愛には懼《おそ》れなし。全主愛は懼れを除く。懼れには苦難あればなり。懼るるものは愛いまだ全からず。

——「同右—ヨハネ第一書四章一八節」（ヨハネ）

＊愛の本質は精神の火である。

——スウェーデンボルグ「真のキリスト教」

＊愛は知識の母である。

——ダ・ヴィンチ「断片」

＊善をなさんとする者は門を叩き、愛する者は門が開放されているのを見出す。

——タゴール「迷える鳥」

＊自然の愛はつねに誤らず、されど他はよからぬ目的または強さのすぐるか、足らざるかによって誤ることあり。

——ダンテ「神曲—浄火編一七曲」

＊愛は死よりも、死の恐怖よりも強い。愛、ただこれによってのみ人生は与えられ、進歩を続けるのだ。

——ツルゲーネフ「散文詩」

＊愛は女の勇気、愛は女の見つめる星。愛は女が航海するときの羅針儀。

——ディンクラーゲ「実のある魂」

＊愛の悲劇というものはない。愛がないことの中にのみ悲劇がある。

——テスカ「シモーヌ」

＊愛と死は神秘を秩序づけ、必ず神秘をこの世に残すので自然の二つの贈り物です。

——同右

＊謙譲な愛は、暴虐よりずっと効果の多い怖ろしい力である。

——ドストエフスキー「カラマーゾフの兄弟」

＊むずかしいのは愛する技術ではなく、愛される技術である。

——ドーデ「女と恋愛」

＊愛には三種類ある。⑴美しい愛、⑵献身的な愛、⑶活動的な愛。

——トルストイ「青年時代」

＊真の愛は個人的福祉の放棄の結果である。

——同右「人生論」

＊人々は愛によって生きている。だが、自己に対する愛は死の初めであり、神と万人に対する愛は生の初めである。

——同右「読書の輪—一・一四」

＊愛——その手段においては両性の闘い、その根底においては両性の生命《いのち》がけの憎悪。

——ニイチェ「この人を見よ」

＊愛とは知の極点である。

——西田幾多郎「善の研究」

＊知は愛、愛は知である。（物を知るにはこれを愛さねばならず、物を愛するのはこれを知らねばならぬ）

——西田幾多郎「善の研究」

＊我々が物を愛するというのは、自己をすてて他に一致するの謂《いい》である。

——同右

＊春の太陽が輝けば、穀種ははじけずにはおられない。しかし、真の愛は世間が冷たくても花を開く。

——ネーティヒ「光と影」

＊「愛とは何か」と、お前は訊く。立ちこめる霧に包まれた一つの星だ。

——ハイネ「新詩集」

＊過去は私に教えた、私がいちばん愛したものは何よりも愛するに値したものだったと。

——バイロン「オーガスタに寄せる」

＊愛は、その愛するものを独占しようと願っている。……しかしながら愛は、それに成功してしまった後では、競争もなく、嫉妬もなく、退屈で褪め易いものにかわってくる。

——萩原朔太郎「虚妄の正義」

＊愛情は、憂うつと同じく、些細なことを誇張する。

——ハント「卓談—針小棒大について」

＊愛はすべてに打ち克つ。

——ヒルティ「眠られぬ夜のために」

＊人間の本質が人間の最高の本質であるならば、実践的な、また最高・最上の掟は、人間に対する人間の愛でなければならない。

——フォイエルバッハ「キリスト教の本質」

＊愛と憎しみ、それはわれわれの生命の最も深い根底である。

——フォイヒテルスレーベン「魂の養生法」

＊愛は総《す》べての存在に一にす。愛は味うべくして知るべからず。愛に住すれば人生に意義あり、愛を離るれば人生は無意義なり。

——二葉亭四迷「平凡」

＊愛は貧と富との間に生れた子。

——プラトン「饗宴」

＊本質と存在の融合が最高度に実現されるのは、まさに愛を通してのみである。

——ブルトン「秘法十七」

＊愛はつまり憎しみであり、憎しみは愛である。対立する者への憎しみは、一致する者への愛であり、後者への愛は、前者への憎しみである。

——ブルーノ「原因と原理および一者について」

＊愛の最初の兆しは英知の終わりである。

——ブレ「断片」

＊婦人らしさとは母性のことである。すべての愛はそこに始まり、そこに終わる。

＊求むるところなき愛、これがわれわれの魂のいちばん高い、いちばん望ましい境地である。

——エリザベス＝ブローニング「オーロラ・レイ」

＊愛は維持す、国民の間の聖なる契約を。愛は結ぶ、純粋な相思者の結婚を。愛は規定す、忠実なる交友の法則を。

——ボエティウス「哲学の慰め」

＊愛は生命の花である。

——ボーデンシュテット「内省と展望」

＊愛すること、愛されること、それだけだ。それが掟だ。そのためにわれわれは存する。愛に慰められた者は、いかなるものをも、人をも怖れない。

——ヘッセ「観想」

＊愛は時の威力を破り、未来と過去とを、永遠《とこしえ》に結び合わせる。

——ポンサール「小さな魅力」

＊人から愛されない者は人を愛し得ない。

——ミューラー「詩集」

＊愛情を受け取る人間は、一般的に言えば愛情を賦与する人である。

——ラーヴァーター「友情」

＊愛すまいとするが、意のままにならなかったように、永遠に愛そうとしても意のままにはならない。

——バートランド＝ラッセル「幸福の征服」

＊愛は花冠に宿る露の滴りのごとく、清純な魂の奥底に宿る。

——ラ・ブリュイエール「人さまざま」

＊愛されることは燃え続けることでしかない。愛することは、暗い夜にともされたランプの美しい光だ。愛されることは、消えることだが愛することは永い持続だ。

——リルケ「マルテの手記」

・自愛→自我

＊人は己自身が享楽し得ないことを他人に与えることはしない。

——ラムネー「信者のことば」

＊己自身を愛することは、理性や正義に反することなのだろうが、なぜ、自愛がつねに悪なのだろうか。

——ヴォーヴナルグ「省察と格言」

＊自愛は最大のへつらいである。

——ヴォルテール「哲学辞典」

＊誰にとっても己の糞は匂いがいい。

——エラスムス「痴愚神礼讃」

＊人間は利己的でなければならないほど利己的な人間に隷属させられている。

——イソップ「寓話」

＊人間というものは、つねに利己的で神の助け以外には

——ゲーテ「格言集」

救いようがない。

――ザングウィル「ユダヤ人町の子どもたち」

＊利己主義は唯一の真の無神論であり、大望と利他主義は唯一の真の宗教である。

――コント「断片」

＊自己嫌悪がないという事は其人が自己を熱愛する事のない証拠である。自己に冷淡であるからだ。

――志賀直哉「青臭帖」

＊私は人を愛するが、それは利己心からの自覚があって愛するのである。つまり、それが気持ちがよく、自分を幸福にするからだ。だから、私は人の犠牲になろうとは少しも思わない。

――シュティルネル「唯一者とその所有」

＊利己心の発揮は見えざる手を通じて社会の利益を増大させる。

――アダム＝スミス「国富論」

＊「人類に対する愛」ということばは、自分が心の中でつくりあげた人類に対する、つまり己に対する愛である。

――ドストエフスキー「未成年」

＊人々は愛によって生きている。だが、自己に対する愛は死の初めであり、神と万人に対する愛は生の初めである。

――トルストイ「読書の輪―一・一四」

＊すべての人間は己自身を愛す。

――プラウトゥス「断片」

＊われわれの最初にして最後の愛は自愛である。

――ボヴィー「断片」

＊己自身を熱愛する人間は実は公共の敵である。

――ベーコン「随筆集」

＊自愛は現在の意識で当面の利益をみ、理性は未来と結果を考える。

――ポープ「人間論」

＊弁解は裏返しにした利己心である。

――ホームズ「朝の食卓の大学教授」

＊自己愛――それは霊にとっては牢獄である。牢獄が肉体の自由を奪うと同じく、それは幸福を奪い去る。

――マローリ「断片」

＊すべての人間は、自分以外の人間はすべて死ぬと考える。

――エドワード＝ヤング「夜の瞑想」

＊利己主義の混和は、いちばん美しい社会的結合を変質させ、不自然にする。

――ユーゴー「死刑囚最後の日―序」

＊われわれが他人を認めるのは、彼らとわれわれとの間に類似のあることを感ずるからである。誰かを尊敬するというのは、彼を自分と同等にみることであるらしい。

——ラ・ブリュイエール「人さまざま」

*王侯に捧げる忠節は第二の自愛である。

——ラ・ロシュフーコー「箴言集」

*人間は誰でも自分自身を最も愛する。

——レッシング「賢者ナータン」

*友情は永続的なものの感情を与え、恋愛は永遠的なものの感情を与える。しかも、両者とも後に残るものはエゴイズムだけである。

——レニエ「平面の真理」

*平等は愛の最も固い絆である。

——レッシング「ミンナ・フォン・パルンヘルム」

*愛しては其の醜を忘る。

——呂不韋《い》撰「呂氏春秋」

*愛は、それが自己犠牲であるときのほかは愛の名に値しない。

——ロマン＝ローラン「トルストイの生涯」

*真理への愛のみが、われわれをけっして裏切ることのない唯一の愛である。

——同右「愛と死との戯れ」

*三つの大きな性的異常のうちの第一のものである「自愛」は、個人に最も害を及ぼす。第二のものである「同性愛」は、人類種族に最も害を及ぼす。第三のものである「近親同士の愛」は社会に最も害を及ぼす。

——同右「回想録」

*愛の本質は個人を普遍化することである。

——D＝H＝ローレンス「無意識の幻想」

恋愛・恋人→男の愛・女の愛、情欲、結婚

相愛が等量であるときは至上の恋だが、その状態は永続きしない。相愛はシーソーのようなもので、双方が平行に保っているのも一時にすぎない。愛の定量が下がったほうは愛情が憐憫の情になるし、他方の上がった愛の定量は憎しみや嫉妬に変態する。恋というのは自愛の最たるもので、自分を欺くことから始まり、相手を欺くことで終わるのがつねである。

*我々を恋愛から救うものは、理性よりもむしろ多忙である。恋愛もまた完全に行なわれるためには何よりも時間を待たねばならぬ。

——芥川龍之介「侏儒の言葉」

*恋愛は生命の高揚であり、情熱は恋愛の財である。

——アミエル「日記一八六一・八・六」

*バラがとげの中に咲くように、恋は怒りの中に咲いて燃える。

——アルント「怒りと恋」

*恋が新しき場合、できたてのブドウ酒のごとく醱酵して古くなり、澄んで来るにつれて穏やかにならん。

——アンゲルス・ジレジウス「さすらいの天使」

*私は恋の要求する準備が、恋の死滅の萌芽の一つとなるのじゃないかを疑う。絶えず警戒し続けることの必要が、ついには恋し合う人たちを疲労させてしまう。

——ヴィニィ「詩人の日記」

*肉体だけの愛は、あらゆる不実を許してくれる。愛人はよそでは、そういう快楽が見つからないことを知り、また信じているからこそ、内心では苦しみながらも、それを享楽する。けれども、精神的な愛は……何者をも許すことはできない。

——同右

*恋も憎しみもあらずして、いかなるゆえにわが心かくも悩むか知らぬこと、悩みの裡の悩みなれ。

——ヴェルレーヌ「都に雨の降るごとく」

*恋は「自然」によって与えられ、「想像」によって刺《し》繡《しゅう》されたカンヴァスである。

——ヴォルテール「格言集」

*恋愛は幸福を殺し、幸福は恋愛を殺す。

——ウナムノ「随筆と独語」

*恋は無学の人間に文字を教える。

——エウリピデス「断片」

*恋は遅く来るほどはげし。

——オヴィディウス「恋の技術」

*恋は交戦の一種なり。

——同右

*相手を泣かせようと思うときは、まず自分から泣いてかからねばならない。だが、笑わせようとするときは、自分はしかつめらしくかまえていなければならない。

——カザノーヴァ「回想録」

*恋愛は激しいほど休憩を欲しているということだ。恋愛にも日曜日がなければならない。それが辛うじて永続させる方法であり、つまり『忘却』の逆用である。

——亀井勝一郎「現代青春論」

*恋愛は人世の秘《ひ》鑰《やく》なり、恋愛ありて後人世あり、恋愛を抽《ひ》き去りたらんには人世何の色味かあらん。

——北村透谷「厭世詩人と女性」

*私がお前を愛するごとく、お前も私を愛するならば、われわれの恋を切りさくナイフがあろうか。

——キプリング「旧い歌」

*恋は、あらゆる階級の人間が出会うところのプラットホームである。

——ギルバート「軍艦ピナフォア」

*吾等が恋は飽くまで純潔なるべし、高尚なるべし、堅固なるべし、大胆なるべし。此の四徳の一を欠くべからず。

——国木田独歩「欺かざるの記」

*われらは恋愛に陥らざるを得ざるに強いられつつあるなり、束縛はかえって恋愛の助手のみ。

——国木田独歩「欺かざるの記」

＊恋愛は、生物が性を通して天的なものに達せんとする生命の営みである。

——倉田百三「愛と認識との出発」

＊恋は二つとない大切な生活材料だ。真面目にこの関所にぶつかれば人間は運命を知る。

——同右「出家とその弟子」

＊恋愛は性欲と質を異にするものではなく、より高き形における性欲である。

——同右

＊恋愛は至上なり。

——厨川白村「近代恋愛観」

＊愛人の欠点を美点と思わないほどの人間は、愛しているのではない。

——ゲーテ「格言集」

＊初恋が唯一の恋愛だ、といわれるのは至言である。というのは、第二の恋愛では、また第二の恋愛によって、恋愛の最高の意味が失われるからである。

——同右「詩と真実」

＊恋が満たされると、その魅力がすべて失われる。

——コルネイユ「ドン・ジュアン」

＊恋愛は、人生の花であります。いかに退屈であろうとも、この外に花はない。

——坂口安吾「恋愛論」

＊恋はしばしば恋によって恋を生んだ。

——ザックス「語録」

＊恋愛には独特きわまる性質がある。人はある恋を隠すこともできなければ、ない恋を装うこともできない。

——サブレ夫人「格言」

＊恋とは、われわれの魂の最も純粋な部分が未知のものに向かっていだく聖なる憧れである。

——サンド「断片」

＊恋をした後の最大の幸福は、自分の恋を告白することだ。

——ジイド「日記」

＊恋とは、いわば深い溜息とともに立ち昇る煙、清められては、恋人の瞳に閃く火ともなれば、乱されては、恋人の涙に溢れる大海ともなる。それだけのもので、非常に分別くさい狂気、息の根もとまる苦汁かと思えば、生命を養う甘露でもある。

——シェークスピア「ロミオとジュリエット」一幕一場

＊恋は眼で見ずに心で見る。だから、絵にかいたキューピットは翼を持つが盲目で、恋の神の心には分別がまったくなく、翼があって眼のないことは、せっかちで無鉄砲なしるしだ。そして、選択がいつも間違いがちだから、恋の神は子どもだと言われている。

——同右「真夏の夜の夢」一幕一場

＊話や歴史で聞いたところでも、真実の恋というものは、

けっして好都合にいったためしはないらしい。
——シェークスピア「真夏の夜の夢―一幕一場」

＊恋ははしかのようなもので遅く罹ると始末が悪い。
——ジェラルド「卓談」

＊恋人同士の唇の触れ合う魂の接触。
——シェリ「断片」

＊恋はふたりのエゴイズムだ。
——ジャック・アントワーヌ・ド・サール「断片」

＊恋愛は結婚よりも興味をそそる。これは、ちょうど小説が歴史よりも面白いのと同じ理由からである。
——シャンフォール「格言と省察」

＊私は恋人を愛する。そして、そのまなざしの甘い命令に服従することがある。しかし、それとて、やはり利己心からだ。
——シュティルネル「唯一者とその所有」

＊恋をし、同時に賢くあることとは不可能なり。
——シルス「箴言集」

＊恋人は火のごときものなり、動揺すればするほど燃ゆる。
——同右

＊恋においては苦楽がつねに相争う。
——同右

＊恋愛は若い者の幸福なる特権であり、老人の恥辱なり。
——同右

＊恋は気紛れの生きもので、なんでも欲しがり、ほとんど何にも満足しない。
——スキュデリー「愛について」

＊恋というものはなんと怖ろしい情熱だろうか。それなのに、世間の嘘つきどもは、恋をあたかも幸福の源泉のように言っている。
——スタンダール「パルムの僧院」

＊恋するとは、自分が愛し、自分を愛してくれる相手を見たり、触れたり、あらゆる感覚をもってできる限り近くに寄って感じることに快感を感じることである。
——同右「恋愛論」

＊恋愛はみずから鋳造した貨幣で支払われる唯一の情熱である。
——同右

＊恋愛には四つの異なった型がある。情熱恋愛・趣味恋愛・肉体恋愛・虚栄恋愛が、すなわちこれである。
——同右

＊上流社会にあるような恋は、争いの恋であり、遊びの恋である。
——同右

＊恋愛は大臣の椅子のように、簡単には手に入れることのできない一つの幸せな未来である。
——同右

＊恋愛は人情の永久的な音楽にして、青年には光輝を、

老人には後光を与える。

——スマイルズ「品性論」

＊よりいっそう愛することよりも恋に対する治療法はない。

——ソロー「日記」一八三九・七・二五

＊愛することは、いのちがけだよ。甘いとは思わない。

——太宰治「雌について」

＊恋——それは、わたしの自我が異性の客体に感ずる利己主義的な索引にすぎない。

——チェーホフ「森の精」

＊恋に陥りし人間は、快楽と引替えに不幸を手に入れん。

——ディオゲネス（シノペの）「断片」

＊恋して恋を失ったのは、まったく愛さないよりもましだ。

——テニソン「イン・メモリアム」

＊恋よりも虚栄心のほうが多くの女性をいっそう堕落させる。

——デファン夫人「書簡集」

＊恋人同士の喧嘩は恋の更新なり。

——テレンティウス「アンドロス島の女」

＊恋の苦しみは、あらゆる他の悦びよりもずっと愉しい。

——ドライデン「暴虐な恋」

＊恋は治療し得ない病である。

——同右「パラモンとアルシッド」

＊恋とは自己犠牲である。これは偶然の依存しない唯一の至福である。

——トルストイ「クロイツェル・ソナタ」

＊お前を永遠に愛するということばは、ローソクがお前の生きている間燃え続けると言うに等しい。

——同右

＊ロマンチック・ラヴは皇帝・国王・軍人・芸術家の特権である。それは民主主義者・行商人・雑誌の常連詩人・アメリカの小説家にはお笑いだ。

——ネーサン「批評家の聖書」

＊美しき五月となりて、花のつぼみ燃ゆるとき、わが胸も愛の想《おも》いに燃えいでぬ。

——ハイネ「抒情小曲集」

＊恋は何者をも怖れない。いざとなれば、死神という天下無敵の強者のとこへ走っていき、それを味方にする用意がある。死神を味方にした恋くらい強いものはない。

——同右「シェークスピアの女たち」

＊恋に狂うとは、ことばが重複している。恋とはすでに狂気なのだ。

——同右

＊恋と結婚は同じ故郷に生れた仲でありながら、ほとんど結びつかぬのは寂しいことであり、人間のはかなさの悲しい愚かなことであり、また罪でもあろう。

＊恋の生涯は活動のみ、うるさい世の約束にこだわっていては、心のままにふるまうことができない。
――バイロン「愛の幻滅」

＊「時」だけが恋を倦《う》まし、慣れてくると恋は消え去る。
――同右「恋よ、いつまでも」

＊人は恋愛を語ることによって恋愛するようになる。
――同右

＊初恋は麻疹《はしか》の如し。何人も一度は免れずして経験し難し。
――パスカル「愛の情念について」

＊恋は悪魔であり、火であり、天国であり、地獄である。快楽と苦痛、悲しみと悔いが、そこに住んでいる。
――長谷川如是閑「如是閑語」

＊恋する者の狂乱は、あらゆる狂乱の中で最も幸いなるものなり。
――バーンフィールド「羊飼いの満足」

――プラトン「バイドロス」

＊キリスト教は、恋愛を罪悪視することで、恋愛のために大きく貢献した。

＊恋は単純で原始的な行為である。それは闘争である。それは憎しみである。恋には暴力が必要である。相互の同意による恋愛は退屈な労役にすぎない。
――フランス「エピクロスの園」

――同右「断片」

＊恋わずらいの人は、ある種の病人のように、自分自身が医者になる。苦悩の原因をなした相手から癒《いや》してもらえることはないから、結局は、その苦悩の中に薬を見出す。
――プルースト「失われた時を求めて」

＊恋愛は怠け者のビジネスであり、忙しい者の怠け仕事である。
――ブルバー・リットン「リエンジ」

＊恋の溜息の初めは知恵の終わりである。
――ブレ「断片」

＊恋の力は、身をもって恋を経験するときでなければわからない。
――プレヴォ「マノン・レスコー」

＊女がいちばんはげしく愛するのは、往々にして初恋の愛人であるが、彼女がいちばんうまく愛するのは、つねに最後の愛人である。
――同右「楽天家用小辞典」

＊恋愛と戦争ではあらゆる戦略が許される。
――フレッチャー「恋人の遍歴」

＊すべて恋愛は多少なりとも人を賢くする。
――エリザベス＝ブローニング「オーロラ・レイ」

＊愛することと、賢くなることとは不可能だ。
――ベーコン「随筆集」

＊恋とは、私たちを幸せにするためにあるのではありま

せん。恋は、私たちが苦悩と忍従の中で、どれほど強くあり得るか、ということを自分に示すためにあるものです。

――ヘッセ「郷愁」

＊どんなに恋いこがれているかを言える者は、ほんの僅かしか愛していない者だ。

――ペトラルカ「ソネッテイとカンソーニ」

＊恋愛が面倒なのは、それが共犯者なしではすまされない罪悪だという点にある。

――ボードレール「赤裸の心」

＊恋愛とは、売春の趣味にほかならない。しかも、いかに高尚な快楽でも売春に還元できないものだ。

――同右「火箭」

＊たわむれに恋はすまじ。

――ミュッセ「たわむれに恋はすまじ」

＊短い不在は恋を活気づけるが、永い不在は恋を滅ぼす。

――ミラボー「語録」

＊人間は恋愛においては、小さな忠実よりも大きな不謹慎のほうが許しやすいものだ。

――モロア「友情と恋愛」

＊恋する人は、自分も恋に生きているからこそ恋愛劇を好む。

――同右「愛情と慣習」

＊薬のない病には、養生について忠告するほかありません。

＊荒涼の果てにわが愛欲はいかなりしか！

――ラクロ「危険な関係」

＊恋愛のために出世をすべて犠牲にするのは、痛ましくも英雄的である場合もあるが、愚行であろう。だが、出世のために恋愛をすべて犠牲にすることも同じく愚行で、けっして英雄的ではない。

――ラシーヌ「ペレニス―一幕四場」

＊恋ほど人の心を奪うものはない。恋するからこそ怠惰になるので、そのために彼が怠け者であるとは言えない。

――バートランド＝ラッセル「結婚と道徳」

＊恋愛においては、いかにむずかしいことがあっても、友愛におけるよりも、人の欠点を許す。（惚れた弱味）

――ラディゲ「肉体の悪魔」

＊恋の始めも終わりも、二人だけの場合には当惑を感ずるものである。

――ラ・ブリュイエール「人さまざま」

＊男は見せかけの愛で女を欺くことができる、ただし、他の女を真から愛していない限りは。

――同右

＊恋する男女が一緒にいても全然退屈しないのは、いつも自分たちのことばかりしゃべっているからである。

――同右

＊いちども恋の話を聞かなかったなら、恋なんかけっしてしなかったろうと思われる人間がたくさんいる。

——ラ・ロシュフーコー「箴言集」

＊恋愛においては往々にして疑うよりもだますほうが先に立つ。

——同右

＊恋は火と同じく、不断の動きなしには存続し得ない。何かを望んだり、怖れたりする気持ちが失せるや否や、恋は息絶える。

——同右

＊不在はわれわれの恋心を高め、愛情を強める。不在は理想美の、目に見えない実体なき母である。

——同右

＊恋は女性のデリカシーを失わしめ、男のデリカシーを高める。

——ランダー「優雅な会話」

＊愛されることは、燃え続けることでしかない。愛することは、暗い夜にともされたランプの美しい光だ。愛されることは消えることだが、愛することは永い持続だ。

——リヒター「タイタン」

＊世間の恋人たちを見るがいい。やっと告白が始まるときにはもう欺いている。

——リルケ「マルテの手記」

——同右

＊花の紅《くれない》の衰え易きは郎《きみ》が意《こころ》の似《ごと》く水の流れの限り無きは儂《わ》が愁いの似《ごと》し。

——劉禹錫《うしゃく》「竹枝」

＊平等は愛の最も固い絆である。

——レッシング「ミンナ・フォン・バルンヘルム」

＊みずから苦しむか、あるいは他人を苦しませるか、そのいずれかなしには恋というものは存在しない。

——レニエ「どんぐ」

＊愛しては其の醜を忘る。

——呂不韋《い》撰「呂氏春秋」

＊恋は決闘です。右を見たり、左を見たりしていたら敗北です。

——ロマン＝ローラン「魅せられたる魂」

＊われわれのこの世で、初恋の意識よりも神聖なものはない。

——ロングフェロー「ハイピリアン」

＊恋をすると誰でも自分を欺くことから始まり、他人を欺くことで終わるのがつねである。これが世の、いわゆるロマンスである。

——ワイルド「ドリアン　グレーの肖像」

＊真剣な恋というものは、何もすることのない閑暇な人間の特権なのだ。それが一国の有閑階級の一つの効果だ。

——ワイルド「ドリアン・グレーの肖像」

情欲・官能→恋愛

肉体的官能を焚きつける情欲は、快楽を誘う淫火である。淫火を鎮めるには、快楽にのめり込むほか道がない。放蕩者は快楽を熱心に追求して道楽中毒症に罹り、己の肉体が生気を失ったことを知る。「極道をして然るのちに極めざるを知る」のである。

＊あらゆる動物で最もはげしい欲望は、肉欲と飢えである。

——アディソン「スペクテーター誌」

＊すべての場合娼婦が金で売る物は、厳格にいえば貞操ではない。それは情愛の心理的掛け引きである。

——河上徹太郎「名作女性訓」

＊汝姦淫するなかれ。

——「旧約聖書—エジプト記二〇章一四節」

＊色は人を迷わさず勝手に人が迷う。

——「金瓶梅」

＊男女相愛して肉欲に至るは自然なり。肉交なき恋は、事実にあらずして空想なり。

——国木田独歩「断片」

＊愛は食べすぎるということがない。欲情は食いしんぼうで食べすぎて死んでしまう。愛には真実が溢れているが、欲情はこねあげた虚妄に満ちている。

——シェークスピア「ヴィーナスとアドニス」

＊情欲の悪魔よ、お前が年輩の婦人の体中に謀反を起こすなら、血に燃える若者の節操が、ろうのように青春の情火にとろけても仕方あるまい。

——同右「ハムレット—三幕四場」

＊愛欲の人は、炬《たいまつ》をとりて風に逆らいいくがごとく、必ず手を焼くの患いあり。

——釈迦「説話」

＊男の愛情は頭脳的であり、女の愛情は肉体の奥に織り込まれていて、いっそう自然に近く、はっきり眼につかない。

——シャルドンヌ「ロマネスク」

＊凡そ婦《おんな》を見て色情を起こす者は、心の中すでに姦淫したるなり。

——「新約聖書—マタイ伝五章二八節」（イエス）

＊情欲は精神の非理性、反自然的昂奮、すなわち強すぎる衝動なり。

——ゼノン（キピロスの）（「プルタルコス」「ゼノン」より）

＊色を以て交わる者は、華落つれば愛渝《かわ》る。（色は容色の美）

——「戦国策」

＊性欲の発動の醇なるものは、真にこれ天下の至美、人

生の至楽なり。

――高山樗牛「断片」

*官能は魂の墓場である。

――チャニング「断片」

*禁欲主義というやつは、矛盾を秘めた教えで、いわば、生きていながら、生きるなと命ずるようなものである。

――坪内逍遥「断片」

*あらゆる性的異常のうちで、純潔こそいちばん奇異である。

――フランス「断片」

*愛欲より憂いを生じ、愛欲より畏れを生ず。愛欲を離れたる人に憂いなし。

――「法句経《ほっくぎょう》」

*愛することこそ汝によけれ、情欲はしからず、真の愛はここになし。愛は思慮を清くし、心を豊かにす。その座は理性にありて聡《さと》し。（愛と情欲の相違を詩った句で、愛は思慮を清くし、心を豊かにするが、情欲はその反対である。また愛の根本は理性であるが、情欲は反対である）

――ミルトン「楽園喪失―八」

*恋愛は性欲とはちがって、唯一の相手を求める。性欲だけなら結婚は不必要だ。性欲は相手を尊敬しない。

――武者小路実篤「人生論」

*性格は子どもを生《な》す力を持っている。しかし二人の力を完全にひとつにする力は持っていない。

――同右

*人間の不幸の一つは、彼らが性的魅力を失ってからもずっと後まで、性欲だけが残っていることだ。

――モーム「作家の手帖」

*あなたの眼は、こっそりと私の心を盗む。泥棒！　泥棒！　泥棒！

――モリエール「贋才女」

*世間の人は虎を、性欲の虎を放し飼いにして、どうかすると、その背に乗って滅亡の谷に落ちる。

――森鷗外「断片」

*情欲は勝利者のない戦闘である。

――ゼーリヤック「火の川」

*色欲は野獣のように鎖につながれて暴れているが、ついに鎖を切って自由になる。

――リヴィウス「ローマ史」

*性に従って游《あそ》んで万物に逆わず。（本件のままに色欲を満たせ）

――「列子」

・快楽・誘惑

*快楽を追う者は善を己の官能におく。

――アウレリウス「自省録」

*他人からもらった快楽というものは、約束しただけのものをけっして支払ったことがないのに反し、行動す

ることの快楽は、必ず約束したものより以上のものを支払う。（自発的に苦労するのは快楽）

――アラン「幸福語録」

＊快楽を控えることにあらず、快楽に勝ちて負けぬのが最上なり。

――アリスティッポス「断片」

＊肉体的快楽は、刺激の強きものゆえ、他の快楽を楽しむ能力なき人々によりて追求さる。

――アリストテレス「ニコマコス倫理学」

＊求むべきは、労働後の快楽にして、労働前のそれにあらず。

――アンティステネス（ストバイオス「採花集」より）

＊猛《たけ》き牡獅子は狼を追い、その狼は山羊を追う。気紛れな山羊は咲き匂うまごやしを追う。……みなが快楽を求む。

――ヴェルギリウス「農耕詩」

＊快楽を控えるは賢者、快楽の奴隷になるは愚者なり。

――エピクテトス「断片」

＊快こそ第一の生得的な善であり、快が浄福なる生の初めであり、終わりなり。

――エピクロス「メノイケウス宛書簡」

＊苦痛に二種あるように、快楽にも二種ある。一方は肉体的快楽であり、他方は予想の快楽である。

――エルヴェシウス「人間論」

＊世俗は耳目口腹の欲をほしいままにするを楽とす。

――貝原益軒「大和俗訓」

＊悪の最も効果的な誘惑手段の一つは闘争への誘いだ。例えば、女との闘いはベッドでケリがつく。

――カフカ「考察」

＊火は鉄を験《ため》し、誘惑は正しき人を験す。

――ケムピス「キリストのまねび」

＊混ぜもののないパンはすこぶるうまいが、誘惑となるのはバターだ。

――ジェラルド「卓談」

＊宴楽を好むものは貧人《まずしきひと》なり。

――「旧約聖書―箴言二一章一七節」（ソロモン）

＊求めてえられるものは幸福に非ずして快楽だ。

――志賀直哉「青臭帖」

＊快楽より悲しみが起こり、快楽より怖れが起こる。快楽より解《げ》脱したる人間にとりては、もはや悲しみも怖れもなし。

――釈迦「説話」

＊快楽は一種の贅沢である。これを味わうためには、必需物である安堵が、少しでも脅かされてはならない。

――スタンダール「恋愛論」

＊身の楽しむ時謹しむべし、心の驕る時恣《ほしいまま》にすべからず。

――「曾我物語」

＊敵に勝つ者のみが勇敢なるにあらず、自己の快楽に克つ者もまた然り。

――デモクリトス「エチカ」

＊誘惑に対する防禦法はいろいろあるが、最も確実な手段は臆病になることだ。

――トーウェン「断片」

＊快楽は罪だ、そしてときとしては罪は快楽だ。

――バイロン「ドン・ジュアン」

＊快楽は無限と一体になる境地への神秘的な道の一つである。

――アルドゥス＝ハックスリー「クロウム・イエロー」

＊おそらく快楽は、苦痛の半分の印象もわれわれに与えない。

――ベンサム「立法論」

＊他人を苦しめることによりて己の快楽を求むる者は、怨みの絆にまつわる怨みから免れ得ず。

――「法句経《ほっくぎょう》」

＊歓楽極まりて哀情多し。（前漢の武帝の「秋風の辞」の名句）

――「文選《もんぜん》」

・**放蕩・放縦**→節制

＊放蕩とは何か。肉欲的快楽のエゴイスティックな追求である。したがって、それを構成しているものはエゴイズムである。

＊エロチシズムは、真実を告白しようとする人々にとって、けっして疎遠なものではない。

――アミエル「日記―一八六一・七・二四」

＊血気さかんなる官能と放縦は、疲れ果てたる肉体を老齢に追いやる。

――ヴァレリー「作家論」

＊好色とは、これから享楽するものをもてあそび、すでに享楽したものをもてあそぶことである。

――キケロ「哲学講義」

＊遊びというものの味が真正《ほんとう》に分かったなら、遊びは面白いことでなくて恐《こわ》いことである、恐いことを知って遊ぶ者に過ちは無いけれども、其れ迄に一度面白いことを経ねばならぬので、過ちは其時に於て多く発生する……。

――ゲーテ「格言集」

＊若い時代にあまりに放縦だと、潤いがなくなり、あまりに節制すると、頭の融通が効かなくなる。

――斎藤緑雨「油地獄」

＊真の放縦は、肉体関係を結んだ婦人に対する道徳的義務を免れようとする点にあります。

――サント・ブーヴ「わが毒」

＊放蕩者――快楽を追求するのも結構だが、あまり熱心に求めたので、不幸にもそれに追いついた人間。

――トルストイ「クロイツェル・ソナタ」

＊不放逸は不死の道にして、放逸は死の道なり。
——ビアス「悪魔の辞典」

＊放縦がわれを招き、恋愛がわれに王冠を授く。
——「法句経《ほっくぎょう》」
——ボードレール「悪の華」

節制↓放蕩・放縦

節制は克己が強いのではなく、誘惑に乗った結果を慮って尻込みする小心からもたらされるもの。

＊自制は神々の最高の高貴なる贈り物。
——エウリピデス「メディア」

＊その身を修めんと欲する者は、まずその心を正しくす。
——「管子」

＊自制とは、理性に従いて人間の欲求を抑制することなり。
——キケロ「哲学談義」

＊楽しみにも喜びにも、隠しておかねばならない程度というものがある。程度を越すと人間を怒らせ、醜行と呼ばれて諸君は復讐される。
——サント・ブーヴ「わが毒」

＊みずからのうえに力を持つ者が最も力を持つ。
——セネカ「書簡集」

＊節制は楽しみを増し、快楽をいっそう大にす。
——デモクリトス「断片」

＊自制は金の馬勒《ばろく》である。
——バートン「憂うつの解剖」

＊自制——先行する偏愛の道楽である。
——ビアス「悪魔の辞典」

＊みずからを制し得ない者は自由たり得ず。
——ピタゴラス「断片」

＊己を克服できない者は、他人を治めるには適さない。
——ペイン「苦難なくして栄光なし」

＊法《のり》をよく守り食いかつ飲むものの節制を学ぶは、貪婪《どんらん》の快楽《けらく》ならず。
——ミルトン「楽園喪失—一一」

＊不節制は快楽に毒である。節制は快楽の禍いではなくて、その薬である。
——モンテーニュ「随想録」

＊幸福なひとびとの節制は、好運が彼らの気質に与えたおだやかさからくる。
——ラ・ロシュフーコー「箴言集」

＊己自身と闘うことこそもっとも困難な闘いであり、己自身に打ち克つことこそ最もすばらしい勝利である。
——ローガウ「ドイツ格言詩」

＊人に勝たんと欲する者は必ずまず自らに勝つ。
——呂不韋《い》撰「呂氏春秋」

友情・友人↓敵

友情とは、利害を伴わない対等の関係にある友人の間で生ずる信頼関係で、一方が他方に迷惑をかけるようになると、破綻をきたす。友人関係を永続きさせるのは、苦しみをともにする場合ではなく、楽しみをともにする場合である。

＊隆盛のときの友は失われた友人である。
——ヘンリー＝アダムス「ヘンリー・アダムスの教育」

＊少なくとも強い友情というものは、ある不信と抵抗とから始まるのが自然らしい。
——アラン「精神と情熱とに関する八十一章」

＊多数の友を持つは、ひとりの友も持たず。
——アリストテレス「修辞学」

＊野獣は野獣を知る。同じ羽毛の鳥はおのずから一緒に集まる。
——同右

＊敵の害を防ぐことは友の害を防ぐよりやさし。
——アルクマイオン「断片」

＊危機存亡の折に汝を見棄てる友を信頼すべからず。
——イソップ「寓話」

＊人々に精神的援助を与う人間こそ人類の最大の恩人なり。
——ヴィヴェカーナンダ「カルマ・ヨーガ」

＊友情は世界を一つにする唯一の結合である。
——ウッドロー＝ウィルソン「演説」

＊青々たる春の柳、家園《みその》に種《う》うることなかれ、交《まじわ》りは軽薄の人と結ぶことなかれ。
——上田秋成「菊花の約」

＊栄えると友人がほとんどできない。
——ヴォーヴナルグ「省察と格言」

＊友情は魂の結びつきである。
——ヴォルテール「哲学辞典」

＊人間は栄えているべきなり。ひとたび落ち目になれば友などというものはなし。
——エウリピデス「フェニキアの女たち」

＊同声相応じ同気相求む。（「類は類を呼ぶ」と同義）
——「易経《えききょう》」

＊順境にて友を見つけるはたやすく、逆境にてはきわめてむずかし。
——エピクテトス「断片」

＊全生涯の最大の幸福を得るために知恵のみの獲得をするものにて、友情の所有こそ最大のものである。
——エピクロス「主要教説」

＊家の装飾は、しばしば訪れる友人たちである。
——エマーソン「社会と孤独」

*同じことを知る人たちは、もはやお互いに最良の友ではない。

――エマーソン「代表的人物」

*動物ほど気持ちのよい友だちはいない。彼らは質問もしなければ、また批判もしない。

――ジョージ＝エリオット「ギルフィル氏の恋物語」

*生活が順調なるときは多くの友が取り巻くも、天機に恵まれず生活が左前になれば、ひとり置き去りにされる。

*忘形の交《まじわり》。（忘形は己の身体のあるのを忘れること、心の交わりの意）

――オヴィディウス「恋の技術」

*青春の生活の中で、もっぱら幸福を与えてくれる本質的なものは友情の贈り物である。

――欧陽脩「唐書《じょ》」

*朋友の間、悪しきことならば面前に言ふべし。かげにて譏《そし》るべからず。後めたく聞こゆ。面前に其過《あやまち》を責め、かげにて其善を褒《ほ》むべし。

――オスラー「講演」

*夫《それ》、人の友とあるものは、富めるをたふとみ、ねんごろなるを先とす。必ずしも、なさけあると、すなほなるとをば不愛《あいせず》。只《ただ》、糸竹、花月を友とせんにはしかず。

――貝原益軒「益軒十訓」

――鴨長明「方丈記」

*友情関係は同等関係である。

――カント「友情論」

*真の友情を官職とか国家の公務に従事する人々の間に見出すは最も困難なり。友の昇進を自己のそれよりも大切に思うごとき人物がいずこに見出し得るか。

――キケロ「友情について」

*友情においては、次の掟を守るべし。破廉恥なる事柄を要求せず、また要求されし場合にも、これをせざることなり。

――同右

*人が友情を望むは、自己の無力と貧しさのためではなきか。すなわち、お互いに尽くし合い、自己のみででききかねることを、他人から受け、あるいは当方からも仕返しする、ということではなきか。

――同右

*知恵ある者と偕《とも》にあゆむものは知を得、愚なる者の友となる者は悪《あ》しくなる。

――「旧約聖書―箴言一三章二〇節」（ソロモン）

*多くの友をもうくる人はついにその身を滅ぼす、ただし、兄弟よりも頼もしき知己もまたあり。

――「同右―箴言一八章二四節」（同右）

*資財《たから》はおおくの友をあつむ、されど貧者《まずしきもの》はその友に疎《うと》まる。

――「同右―箴言一九章四節」（同右）

＊一方からあまりに大きな重味をかけると、友情は破壊される。

——クニッゲ「著作集」

＊若い娘が学ぶことを、若い男が教えることを、愛する場合に結ばれる青春時代の友情は、ひとつの美しい事柄である。

——ゲーテ「若きヴェルテルの悩み」

＊人至って賢なれば友なし。

——「孔子家語」

＊丹《たん》の蔵する所の者は赤し。漆の蔵する所の者は黒し。

（「朱に交われば赤くなる」と同義）

＊水至って清ければ則ち魚なし。人至って察《あきら》かなれば則ち徒《とも》なし。

——同右

＊君子は人を過信せず、また過疑せず。

——同右

＊友情は瞬間が咲かせる花であり、時間が実らせる果実である。

——洪自誠「菜根譚」

＊たとへ日を累《かさ》ねての逗留なりとも、別るる期に別れざれば、大なる非《そしり》ごとをとる事うたがひなし。心がけの第一なり。

——コッツェブー「イギリスのインド人」

——小林一茶「寛政紀行書込」

＊招かれないのにきた客は、帰るときにいちばん歓迎される。

——シェークスピア「ヘンリー六世—一部二幕二場」

＊俺のものはお前のもの、お前のものは俺のもの。

——同右「しっぺ返し—五幕一場」

＊世の中には三種類の友がある。諸君を愛する友、諸君を忘れる友、諸君を憎む友が、これである。

——シャンフォール「格言と省察」

＊友情の重要な任務は、友人の幻想を力添えしてやることにある。

——シュニッツラー「アナトール」

＊友人が盲目のさいには、私は横顔のほうから彼を視る。

——ジューベル「パンセ」

＊其の君を知らざれば其の左右を見よ。其の子を知らざれば其の友を視よ。

——「荀子」

＊人の歓を尽くさず、人の愚を竭《つく》さず、以て交りを全うす。

——「小学」

＊苦境における友というものは、果して稀であろうか。反対である！　誰かと友誼を結ぶや否や、その人は苦境にさいして金を借りたがる。

——ショウペンハウエル「パレルガとパラリポーメナ」

＊汝の友を影にて戒め、公には称讃せよ。

——シルス「箴言集」

＊不義の富をもて、己がために友をつくれ、然《さ》らば富の失《う》する時、その友汝らを永遠の住居《すまい》に迎えん。

——「新約聖書－ルカ伝一六章九節」（イエス）

＊汝欺かるな、悪しき交際は善き風儀を害《そこな》うなり。

——「同右－コリント前書一五章三三節」（パウロ）

＊旧き友を見捨てるなかれ。なぜならば、新しき友は旧き友に比肩すべくもないからなり。新しき友は新しき酒のごときものにて、それが旧くなれば、汝はよろこびてそれを飲むであろう。

——「聖書外典－キリストの知恵九章一〇節」

＊欲を同じうする者は相憎み、愛を同じうする者は相親しむ。

——「戦国策」

＊君子の交わりは淡《あわ》きこと水の若《ごと》く、小人の交わりは甘きこと醴《あまざけ》の如し。君子は淡くして以て親しみ、小人は甘くして以て絶つ。（小人は利害で交わるが、君子は然らず）

——「荘子」

＊功を以て人に勝つことなかれ。謀を以て人に勝つことなかれ。戦を以て人に勝つことなかれ。

——同右

＊友を探し求める者は不幸である。忠実な友はただ彼自身のみなのであるから。友を探し求める者は己自身に忠実な友たり得ない。

——ソロー「断片」

＊友情は知恵に基づく。したがって、神こそ真実で永遠な友情の原理であり、基礎である。

——ツヴィングリ「説話」

＊順境のさい、招待されしときにのみわれを訪れ、逆境のさい、招待されずとも訪れるが真の友人なり。

——テオフラストゥス「断片」

＊いまだかつて敵をつくったことのないような人間は、けっして友を持つことはない。

——テニソン「王の偶像」

＊最も仲のよい同士、互いに認め合っている人々も互いの考えをすべて言い合ったら、生涯の敵になろう。

——デュクロ「断片」

＊順境において友を得るは易く、逆境において友を得るは難し。

——デモクリトス「断片」

＊友情の続かざる者は性格の悪しき人間なり。

——同右

＊友人らしく見える人々は、おおかた友人にあらず、かく見えぬ人がおおむね友人なり。

——同右

＊帰りなんいざ、請《こ》う交《まじ》わりを息《や》めて以て游《あそび》を絶たん。

——陶潜「帰去来辞」

＊管鮑《かんぽう》の交《まじわり》。（管仲と鮑叔は春秋時代にいた斉の人で、共同で商売を

したとき、管仲は貧しく分け前を余分にとったが、鮑叔はけっして非難せず、両者の友情は深まった。この故事より友情の深い意）

――杜甫《とほ》「貧交行」

＊苦しみをともにするのではなく、喜びをともにすることが友人をつくる。

――ニイチェ「人間的な、あまりに人間的な」

＊結婚を祝福する鐘は友情の弔鐘である。

――ハイゼ「悪い仲間」

＊人助けをしたがる人間はたくさんいる。しかし、なんの嫉みもなく君の幸せを願ってくれる人は真の友だと呼んでいい。

――同右「箴言の書」

＊われわれが友人に求めるのは、われわれの行動に対する讃意ではなくして理解である。

――同右「モーザ宛書簡」

＊友情は翼のないキューピットである。

――バイロン「怠惰の時」

＊友だちは誰しも、他の人の太陽であるとともに、ヒマワリである。引っぱりもすれば従いもする。

――ジャン＝パウル「記念帳のための即興句」

＊友人を信用しないのは、友人に欺かれるよりもはるかに恥ずべきことである。

――同右「青の明星」

＊お前の友だちを保っていく最上の方法は、どんなことをもけっして彼らに負担をかけず、金を貸さないことだ。

――パウル・ド・コック「三つの半ズボンの人」

＊最も親しき友人というものは、常に兄弟のように退屈である。

――萩原朔太郎「虚妄の正義」

＊三五夜中新月の色、二千里の外故人の心。（八月十五日の明月を眺めて、遠方の友をしのぶ心。白楽天が長安の殿中から元稹をしのんで歌った詩）

――白居易「対月憶元九」

＊同じような羽の鳥はともに群れる。（『類は類を呼ぶ』と同義）

――バーンズ「ドーンの堤」

＊知合い――相手が貧乏だったとか無名であった場合には、顔見知りくらいだと言われ、金持ちだったり、有名だったりする場合には親密な人間だ、と言われる友人関係をいう。

――ビアス「悪魔の辞典」

＊友好とは、天気のいい日は二人乗るが、悪い日は一人しか乗れない。

――同右

＊快楽の蜜の甘さは、はかない数分しか続かないが、友情の幸いは生涯を通じて心の糧となる。

――ビュルガー「ゴルコンデの王妃」

＊墨に近づけば必ず黒く、朱に近づけば必ず赤し。

（「朱に交われば赤くなる」と同義）

――傅休奕《ふきゅうえき》「断片」

＊誰の友にもなろうとする人間は誰の友人でもない。

――プフェッフェル「カメレオンと鳥」

＊親しくなればなるほど危険が増す。

――フラー「格言集」

＊三人の信頼するに足る友がある。老いたる妻、老いたる犬、それに貯金。

――フランクリン「貧しいリチャードのアルマナック」

＊真の友を持てないのは、まったく惨めな孤独である。友人がなければ世界は荒野にすぎない。

――ベーコン「随筆集」

＊わが心を打ち明ける友を持たない人々は、己と己の心とを食う人喰い鬼である。

――同右

＊不幸に直面したときに友だちがわかる。

――ヘルダー「シュロの葉」

＊順境のときには友人は多く、逆境のときには二十分の一もない。

――ホーウェル「イギリスのことわざ」

＊友人同士は完全な平等のうちに生ずる。この平等は、第一に彼らが会ったときに社会上のあらゆる相違を忘れるという事実から生ずる。

――ボナール「友情論」

＊人はひとりの友人を見出せなかったので、数人の友を持ってみずから慰めている。

――同右

＊行いの正しき人は友人と祖国とを愛する人なり。

――ポリュビオス「歴史」

＊友情は悦びを倍加し、悲哀を分かち合う。

――ボーン「格言のハンドブック」

＊貧乏が戸口からこっそり家の中へ忍びこんで来ると、偽りの友情は慌てて窓から逃げ出す。

――ミュラー「詩集」

＊友情の価値は両方が独立性を傷つけずにつきあえるという点にあるのだ。

――武者小路実篤「人生論」

＊都合のよきときに、富み栄えている人に阿諛《あゆ》する友は、まことの友にあらず、都合の友なり。

――メナンドロス「断片」

＊友はメロンのようなものである。というのは、美味しいのを見つけるには、百も食べねばならないからである。

――メルメ「断片」

＊友とは其徳を友とするなり、以て挟《さしはさ》む（恃《たの》む）ことあるべからず。

――「孟子」

*往く者は追わず、来る者は拒《こば》まず。

——「孟子」

*友情は天国であり、友情の欠如は地獄である。友情は生であり、友情の欠如は死である。

——モリス「ジョン・ボールの夢」

*君が幸福である限り、君は多くの友だちを数えることができよう。だが、形勢が悪化したときには、君はひとりぼっちになるだろう。

——モーリヤック「田舎」

*男女たちの友情は、音楽とそれを産み出す楽器との関係です。男女間の友情は音楽です。

——モンテルラン「若き娘たち」

*友情は人生の酒である。

——エドワード＝ヤング「夜の瞑想」

*友とするにわろきもの七あり。一には高くやんごとなき人、二にはわかき人、三には病なく身つよき人、四には酒を好む人、五にはたけく勇める兵《つわもの》、六には虚言《そらごと》する人、七には欲ふかき人。よき友三あり。一にはものくるる友、二には医師、三には知恵ある友。

——吉田兼好「徒然草」

*友をえらばば、書を読みて、六分の侠気、四分の熱。

——与謝野寛「鉄幹子」

*お互いに友人だといっても、それを信ずるのは愚か者である。この名ほど世間にありふれたものはなく、その実、これほど天下稀なものはない。

——ラ・フォンテーヌ「寓話」

*無知な友ほど危険なものはない。

——同右

*互いに小さな欠点を許し合う気がなくては、友情は全うすることはできない。

——ラ・ブリュイエール「人さまざま」

*恋愛と友愛は互いにしりぞけ合う。

——同右

*世間の人が友情と呼称するものは、社交・欲望のかけ合い・かけ引き・親切の交換にすぎない。つまり、自愛がつねに何かとくをしようとする一種の取引にすぎない。

——ラ・ロシュフーコー「箴言集」

*友人や恩人たちの欠点について始終遠慮なく語るようになったなら、もう彼らに対して持つべき感情を永く持続できない。

——同右

*最もやさしい友情と、最も強い憎しみとは、親しみの結果から生ずる。

——リヴァロール「選集」

*真の友情は、うしろから見ても前から見ても同じものだ。前から見ればバラ、うしろから見ればトゲ、というものではない。

＊古い友だちを新しいものに変えるのは、実を売って花を買うようなものである。

——リュッケルト「バラモンの英知」

＊朋友に数《しばしば》すれば斯《ここ》に疎《うと》んぜらる。（友人でも、あまり慣れすぎると敬遠される）

——ローガウ「格言詩」

＊朋《とも》有り遠方より来る、亦《また》楽しからずや。（学問の友が遠方から教えを求めてきた。このうえない楽しみではないか）

——「論語」（子游）

＊君子は文をもって友を会し、友をもって仁をたすく。（君子は学問によって交わり、交友によって人格を磨く）

——同右（孔子）

——同右

・恋情・友愛

＊友愛は尊敬、つまり心情の特性のうえに築かれるが、恋情は肉体のうえに築かれる。

——クライスト「論文集」

＊最も強い友愛は類似から生まれ、最も強い恋情は背反から生まれる。

——グーランジュ夫人「語録」

＊恋情は愛らしい花であり、友愛は甘い果実である。

——コッツェブー「新しい女の学校」

＊友愛は対等な人間同士の間の利害を離れた取引だが、恋情は暴君と奴隷との間の卑しい交渉である。

——ゴールドスミス「気立てのよい立派な人」

＊男女の友愛はけっこうなものです。但し、それが若者同士の間では恋となり、老人同士の間では恋の追憶となるとしたらです。

——ゴンチャロフ「オブローモフ」

＊女たちが好んで口にする友愛ということばは、すこぶる立派なことばである。恋情を招き入れたり、恋情を追い出したりするためにだ。

——サント・ブーヴ「わが毒」

＊友愛の多くは見せかけ、恋情の多くは愚かさであるにすぎない。

——シェークスピア「お気に召すまま」

＊友愛は恋情と同じく、わずかの途切れによって強まるかもしれないが、永い不在によって破壊される。

——サミュエル＝ジョンソン「アイドラー誌」

＊友愛はつねに利をもたらすも、恋情は害をもたらす場合もあり得る。

——セネカ「書簡集」

＊女が男友だちになる順序は決まっている。まず最初が親友、次が恋人、最後にやっとただの友だちになるということだ。

——チェーホフ「ワーニャ伯父さん」

＊結婚を祝福する鐘は友情の弔鐘である。

＊恋は野バラの木、友愛は柊《ひいらぎ》の木、野バラの花咲けば、柊の花は色を失う。
——ハイゼ「悪い仲間」

＊結婚のための愛情は人間をつくるが、友愛は人間を完成する。
——エミリィ＝ブロンテ「恋愛と友情」

＊友愛と恋情は人生の幸せを生み出す、ちょうど二つの唇が魂を有頂天にする接吻を生み出すように。
——ベーコン「随筆集」

＊愛は友情の活力であり、手紙は愛の万能薬である。
——ヘッベル「詩」

＊われわれは恋情を夢見るが、友愛を夢見ることはない。夢見るのは肉体だけだからである。
——ホーウェル「親しい手紙」

＊友愛よりも恋情においてのほうが錯覚をいだき易い。
——ボナール「友情論」

＊友人同士は全然未来を語り合わなくとも、未来で再開することを確信する。恋人同士は絶えず未来を語り合うが、彼らの恋には未来はない。
——同右

＊恋愛では信じてもらうことが必要であり、友情では洞察してもらうことが必要である。
——同右

＊すべてのことを忘れて陶酔するのが恋人同士だが、すべてのことを知って悦び合うのが友人同士である。
——同右

＊恋人を持っている人に友愛を汁ごうとするのは、喉の乾いている人にパンを与えようとするようなものだ。
——同右

＊友情の価値である重厚な信頼け、恋情の場合では、自分の愛する者を失うまいとする絶え間ない危惧感によって置換されている。
——ムーア「ジュサミノの婿」

＊女性の友情は、恋愛が僅かの役目を果たしていない社会では容易である。
——モロア「愛情と慣習」

＊老年は男女間の友情に最も適した年代である。というのは、彼らはその年代になると、男や女であることをやめてしまうからである。
——同右

＊時間は友情を強めるが、恋愛を弱める。
——同右「結婚と友情と幸福」

＊恋愛は恋情によって始まる。したがって、いかに強い友情からも弱い恋情にしか移行できない。
——ラ・フォンテーヌ「人さまざま」

＊恋情においては、女性はほとんどの男性よりも一気に突っ走るが、友愛では男性のほうが女性に優る。
——同右

＊大半の女性が友愛に感激しないのは、恋情を知ってみると、友愛の味のほうがまずいからだ。

——ラ・ブリュイエール「人さまざま」

＊嫉み心は真の友愛によって、コケットリは真の恋情によって壊される。

——ラ・ロシュフーコー「格言集」

＊友愛は永続的なものの感情を与え、恋情は永遠的なものの感情を与える。しかも、両者ともあとに残るものはエゴイズムだけである。

——同右

——レニエ「半面の真理」

敵→友情・友人

敵には四つの種類がある。⑴最も質の悪いのが心中の敵、⑵始末のわるいのが山の神、⑶胸糞の悪いのが嫉みを持つ友人、⑷最も愛すべきは己と闘って競った相手である。

＊賢者は敵から多くを学ぶ。

——アリストファネス「鳥」

＊敵の害を防ぐは、友の害を防ぐより容易なり。

——アルクマイオン「断片」

＊己の敵に何をもって復仇すべきか？　でき得る限り多く善を行うべく努力せよ。

——エピクテトス「説話」

＊山中の敵を破るは易く、心中の賊を破るは難し。

——王陽明「伝習録」

＊黙して隠されたる敵意は、公然と言われた敵意より以上に怖れられるべきなり。

——キケロ「断片」

＊勝を好む者は必ず其の敵に遇《あ》う。

——「孔子家語」

＊行いによって友人をつくるよりも、ことばによって敵をつくることが多い。

——コリンズ「イングリッシュ・レビュー」

＊敵の弱さに同情すべからず。強くならんと、汝を容赦せず。

——サーディー「ゴレスターン」

＊俗物ほど強い敵はない。

——佐藤春夫「芸術と良風美俗」

＊敵意によって敵意は施すにあらず、友愛によってのみ敵意は施す。

——釈迦「説話」

＊汝の敵を愛し、汝らを責むる者のために祈れ。

——「新約聖書—マタイ伝六章四四節」（イエス）

＊人間にとりて真の大敵は胸中の敵なり。

——セネカ「書簡集」

＊敵をつくれない者は味方もつくれない。

——テニソン「アーサー王叙事詩」

*汝の敵には嫌うべき敵を選び、軽蔑すべき敵をけっして選ぶな。汝は汝の敵について誇りを感じなければならない。

——ニイチェ「ツァラトゥストラ」

*敵への怒りは、劣弱者が優勢者に対する権力感情の発揚である。

——萩原朔太郎「宿命―散文詩自注」

*人間にとっての最大の敵は人間である。

——バートン「憂うつの解剖」

*最大の敵は己自身の家庭と家族の連中だ。

——ブレーク「天国と地獄の結婚」

*敵になるといふ事は、我が身を敵になり代はりて思ふべきといふ事なり。

——宮本武蔵「五輪書」

*敵・味方の間の矛盾は敵対的矛盾である。……人民内部の矛盾は、人民の利益の根本的一致を基として生じた矛盾である。

——毛沢東「人民内部の矛盾の正当な処理問題について」

*実に敵という敵の中で山の神ほど恐ろしい敵はない。

——森鷗外「金貨」

*無知な友を持つほど危険なものはなく、賢明な敵を持つほうがよい。

——ラ・フォンテーヌ「寓話」

*われわれが敵と和解するのは、味方の条件をより有利にしようと願うからであり、戦争に疲れ果てているからであり、また、何か凶事が起こりはしないかと杞憂するからにすぎない。

——ラ・ロシュフーコー「箴言集」

*汝の最大の敵は汝以外にない。

——ロングフェロー「断片」

*人間は自分の敵を選ぶことにはあまりにも不注意だ。

——ワイルド「ドリアン・グレーの肖像」

・復仇

*最も完全なる復仇は侵略者の真似をせざることなり。

——アウレリウス「自省録」

*根深い復仇は深い沈黙の娘である。

——アルフィエリ「パジィの陰謀―一幕一場」

*眼には眼、歯には歯を。

——「旧約聖書―申命記一九章二一節」

*復仇はつねに小さい、弱々しい、憐れむべき心の悦びである。

——ジューベル「パンセ」

*愛する者よ、自ら復仇するな、ただ神の怒りに任せまつれ。

——「新約聖書―ロマ書　一二章一九節」（パウロ）

*復仇は、みずから呼んで「刑罰」となす。それは、一

つの虚言をもって良心のやましくないことを装うものだ。

——ニイチェ「ツァラトゥストラ」

＊最も寛恕すべき種類の復仇は、それを矯正すべき法律がまったく欠けている悪に対してなされるべきである。

——ベーコン「随筆集」

＊応報の病は豪奢なおごりに続き、殺された者はすべて復仇者を育む。

——ポープ「人間論」

＊最も高貴な復仇は寛容することである。

——ボーン「格言のハンドブック」

＊他人を傷つけなければならない場合には、その復仇を怖れる必要のないほど痛烈に加えねばならない。

——マキァヴェリ「君主論」

＊復仇はつねに小さき、弱き、憐れむべき心の悦びなり。

——ユヴェナリス「諷刺詩」

＊復仇は個人のことであり、罰は神のことである。社会は両者の中間にある。懲罰は社会より以上のものであり、復仇は社会より以下のものである。

——ユーゴー「死刑囚最後の日―序」

＊敵を憎み、復仇しようとするのは弱さのためであり、落ちつき払って仇を討とうともしないのは怠慢のためである。

——ラ・ブリュイエール「人さまざま」

憎しみと嫉妬→恋愛・恋人

自愛が傷つけられたときに生ずる積極的な恨みが憎しみであり、消極的な恨みが嫉妬である。男女の愛の場合、恋とともに嫉妬が生ずるが、恋が褪めるにつれて嫉妬は憎しみに変態しがちだ。

＊愛と憎しみとは、相反する心的作用の両極を意味するものではない。憎しみとは、人間の愛の変じた一つの形式である。愛の反対は憎しみではない。愛の反対は愛しないことだ。

——有島武郎「惜しみなく愛は奪う」

＊みずから愉しむことのできない人々は、しばしば他人を恨む。

——イソップ「寓話」

＊人が愛したことのない、けっして愛しそうもない人々に対しては真の憎しみはあり得ない。憎まれるに値しないような人に対しては極端な愛はけっして生れない。

——ヴァレリー「ありのまま」

＊怨恨は愛情に劣らず浮気である。

——ヴォーヴナルグ「省察と格言」

＊自分がある人から尊敬されるだけのものを有していないと感じるとき、人間はすでにその人を憎みかけてい

る。

——ヴォーヴナルグ「省察と格言」

*憎しみは積極的な不満で、嫉妬は消極的な不満である。したがって、嫉妬がすぐに憎しみに変わっても怪しむに足りない。

——ゲーテ「格言集」

*愛多ければ憎しみいたる。

——「亢倉子《こうそうし》」

*誤り伝えられた自分の面目のゆえに愛されるよりもむしろ、自分の真実の姿のゆえに憎悪されるほうが気持ちがよい。

——ジイド「日記」

*愉しみが終わるや、たちまち侮蔑の念を生じ、理も非もなく追い求むれど、思いをとぐれば、たちまち理も非もなく憎むにいたる。

——シェークスピア「ソネット」

*自ら知る者は人を怨まず。

——「荀子」

*世の中に、なほいと心憂《う》きものは、人ににくまれんことこそあるべけれ。

——清少納言「枕草子」

*裏切者は、彼らが利得を与える人たちによってさえも憎まれる。

——タキトゥス「年史」

*共通の憎しみほど人間を団結させるものはない。

——チェーホフ「断片」

*憎悪は抑えられた連続した怒りである。

——デュクロ「風習についての考察」

*「女は誰をいちばん憎むか」鉄が磁石に問うた。「私はお前をいちばん憎む。なぜなら、お前は牽《ひ》くことをなし、しかも、お前のもとへ牽き寄せる十分の力を持たないからである」。

——ニイチェ「ツァラトゥストラ」

*社会的憎悪は、宗教的憎悪と同じく、政治的憎悪よりもはるかに強烈かつ深刻である。

——バクーニン「政治哲学」

*われわれが人生で当面する憎しみの大半は、単に嫉妬か、あるいは辱められた愛にほかならない。

——ヒルティ「眠られぬ夜のために」

*愛の憎しみほど激《はげ》しきものなし。

——プロペルティウス「断片」

*われわれがある人間を憎む場合、われわれはただ彼の姿を借りて、われわれの内部にある何者かを憎んでいるのである。

——ヘッセ「デーミアン」

*憎しみは、それをいだいた人間のうえにはね返って来る。

——ベートーヴェン「手記」

＊ありとあらゆる形の死は、不幸なる人にとりて憎悪に満つれど、最も悪しき憎しみは飢えによる死なり。

——ホメロス「オデュッセイア」

＊憎しみは自分に仕えるすべての者にとっては、確かに寛大な主人である。

——ワイルド「獄中記」

＊憎しみは人を盲目にする。

——同右

＊嫉妬心を少しも持たず、友人の成功を喜ぶ強き性格の持主は皆無なり。

——アイスキュロス「断片」

＊嫉妬せざる者には恋愛はし得ず。

——アウグスティヌス「断片」

＊嫉妬とはなんであるか？　それは他人の価値に対する憎悪を伴う羨望である。

——阿部次郎「人格主義」

＊愛は自我の忘却である。嫉妬は利己心の最も情熱的形式、自分を忘却し、自分を従属させることができない、専制的な気難しい虚栄心の強い自我の高揚である。

——アミエル「日記——一八八〇・一二」（日付なし）

＊妬み深き人は、錆によりて鉄がむしばまれるごとく、己自身の気質によりてむしばまれる。

——アンティステネス「断片」

＊嫉妬は称讃の一種だ。

——ゲイ「乞食のオペラ」

＊嫉妬深い女は、彼女の情熱が暗示するすべてのことを信じる。

——同右

＊空気のように軽いものでも、嫉妬する者には聖書の本文ほどの手がたい証拠となる。

——シェークスピア「オセロ——三幕三場」

＊嫉妬は所有ということから来る悪癖である。

——シャルドンヌ「愛、愛よりも豊かなるもの」

＊他人の所有する幸福を悔む心で、われわれの心をはなはだしくむしばむ。それは他人の幸福を裏返して、われわれの不幸とする。

——シャロン「知恵論」

＊人間の嫉妬は、彼らがみずからいかに不幸に感じているかを告げるもので、彼らが他人の行為に絶えず注目しているのは、彼らみずからが退屈していることを示すものだ。

——ショウペンハウエル「パレルガとパラリポーメナ」

＊お嫉妬よ！　お前は細事の拡大したものである。

——シラー「断片」

＊妬み深い男は、つねに自分が探している以上のものを見つける。

——スキュデリー「嫉妬について」

＊女は嫉妬に大事を漏らす。

——竹田出雲「義経千本桜」

＊わが血は嫉妬のために湧きたり。われもし、人の幸福を見たらんには、汝はわれの憎しみの色に覆わるるを見たりしなるべし。

——ダンテ「神曲—浄火編一四曲」

＊感情は絶対的である。そのうちでも嫉妬はこの世で最も絶対的な感情である。

——ドストエフスキー「人妻とベッドの下の夫」

＊嫉妬とは、愛の保証への要求である。

——トルストイ「アンナ・カレーニナ」

＊女に於ける嫉妬は愛の高雅な情操によるのでなく、実には猛獣の激情に類するところの、野蛮の本能によるのである。

——萩原朔太郎「虚妄の正義」

＊愛することから始めて反感にいたるときには、愛に戻ることはけっしてない。

——バルザック「結婚の生理学」

＊嫉む者は他の人々に比べて二重に悪し。彼らは自己の不運に怒るのみならず、他人の幸福にも感情を害すればなり。

——ヒッピアス「断片」

＊才能と意志の欠けているところにいちばん嫉妬が生ずる。

——ヒルティ「断片」

＊真に愛する心の中では嫉妬が愛情を殺すか、愛情が嫉妬を殺すかのいずれかである。

——ブールジェ「近代恋愛の生理」

＊理性は言う「私たちに嫉妬を起こさせるような女は、愛するに値しない」と。心は答える「私が嫉妬するのは、まさに彼女が愛するに値しない女だからだ」と。

——同右

＊嫉妬はつねに他人との比較においてであり、比較のないところには嫉妬はない。

——ベーコン「随筆集」

＊同じことをなし得ると考える限界までは、他人の好運をよしとして受け入れらるるも、この限界を越ゆる人は嫉妬され、疑惑の目を向けられる。

——ペリクレス「ツキュディデス」

＊嫉妬は人間に生れつき具われるものなり。

——ヘロドトス「歴史」

＊卑しい心がその奴隷となって苦しむ嫉妬は、学問もあり、気性のすぐれた者にあっては競争心となる。

——ポープ「人間論」

＊嫉妬がいつも憎しみと愛情の混合物でなければ、それは嫉妬ではないだろう。嫉妬はすべての情熱のうち最も謎めいていて最もはかりにくい。

——ホルタイ「語録」

＊人は自分の想像力で作り出したものに対して嫉妬する。……しかし嫉妬において想像力が働くのはその中に混入しているなんらかの愛に依ってである。

——三木清「人生論ノート」

＊競争心と嫉妬は、同じ技術、同じ才能、自分と同等の人々の間にしか存しない。すべての嫉妬にはなんらかの羨望がつきまとう。また、しばしばこの二つの情念は混じり合っている。一方、羨望はときには嫉妬からはっきり分離していることもある。

——ラ・ブリュイエール「人さまざま」

＊嫉妬には体質が大いに関係する。嫉妬は必ずしも大きな熱情の証拠ではない。

——同右

＊年がら年中嫉妬の種ばかりまいているような女たちは、少しもわれわれが焼餅を焼いてやるに及ばないであろう。

——同右

＊嫉妬は恋と一緒に生れるが、恋が死んでも必ずしも一緒に死にはしない。

——ラ・ロシュフーコー「箴言集」

＊嫉妬のうちには愛よりも自愛のほうが多く潜んでいる。

——同右

＊嫉妬深い妻を持つことは夫にとっては痛快である。彼は二六時中、その愛している女のことを聞いていられるから。

——同右

＊人は嫉妬するのを恥じるが、嫉妬したことがあるということや、嫉妬できることを誇りに思う。

——同右

＊なに人も己自身と同レベルの者に先を越さるるを好まず。

——リヴィウス「ローマ史」

＊嫉む者は人を非難する前に、まず好んで相手を称讃するのがつねである。

——ローガウ「ドイツ格言詩」

虚栄心と自尊心・自負心

虚栄心は、己の持つ能力以上の存在であることをひけらかそうとする心情である。自尊心は、己と同格以上の人々から称讃されたい、鼻持ちならぬ尊大な心情である。前者にはタレントとか代議士、後者には知者とか貞女に多く見られる。

＊自分が、その価値に値しないのに武勇章を付けて得意になっている連中は虚栄心の強い人間である。

——アラン「人間語録」

＊虚栄は虚偽の産物である。

＊虚栄は軽薄な美人に最もふさわしい。
――カーライル「断片」

＊最高の虚栄心は名声を愛することである。
――ゲーテ「格言集」

＊人間の虚栄心は水銀のようである。
――サンタヤナ「小随筆」

＊貞淑、それは虚栄である。それは形を変えた自尊心である。
――サント・ブーヴ「月曜閑談」

＊虚栄心は人を饒舌にし、自尊心は沈黙にする。
――ショウペンハウエル「パレルガとパラリポーメナ」

＊虚栄は人を嘲弄し、自慢はいやらしくし、野心は怖ろしくする。
――スタール夫人「語録」

＊虚栄心はなかなか死なない。執念の強い場合には、人間よりも長命のときもある。
――スティーヴンソン「オットー王子」

＊虚飾は美しい顔によっては天然痘よりも怖ろしい。
――スティール「スペクテター誌」

＊何人といえども、永く仮面を付けること能《あた》わず。偽装はやがて己の天性へ還る。
――セネカ「愚非について」

＊女の虚栄心――それは女性を魅力的にする神の贈り物である。
――ベンジャミン＝ディズレーリ「断片」

＊恋よりも虚栄心のほうが、より多くの女を堕落させる。
――デファン夫人「ヴォルテール宛の書簡」

＊女たちは、ひとりの偉大な男を自分で独占したいような愛し方をする。彼女らの虚栄心がとめなかったら、錠をかけてしまっておきたいところだろう。だが、虚栄心は、彼が他人の前でも偉大に見えることを望むのである。
――ニイチェ「人間的な、あまりに人間的な」

＊虚栄心の強い者は抜きん出たいと思うよりも、自己が秀でていると思ったがゆえに、自己欺瞞や自己謀略のいかなる手段も嫌うことがない。
――同右

＊虚栄は母であり、愛情は可愛い娘であり、虚栄は罪であり、愛情は罰であり、前者は自愛の根本であり、後者は果実であるといえよう。
――ハリファックス「断片」

＊虚栄は人間における多くの美徳の原因である。最大の虚栄は尊敬されていると考えることを好む連中である。
――ピネロ「有名なエビスミス夫人―四幕」

＊虚栄に対する最上の防禦は尊大である。だが、虚栄よりずっと危険な敵である尊大を防禦するのは、神への接近のみである。

――ヒルティ「眠られぬ夜のために」

＊真の滑稽《こっけい》の唯一の源は気取りである。気取りは、虚栄心あるいは偽善という二つの原因のいずれかにより生ずる。というのは、虚栄心は他人の称讃を得るために、われわれをして偽りの性格を帯びさせるが、他方、偽善はわれわれの悪徳を、それとは反対の美徳の装いのもとに隠すことによって、他人の批判を避けるようにわれわれに努力させるからだ。

――フィールディング「ジョゼフ・アンドリウズ―序」

＊すべての根本は虚栄だ。われわれが良心と称するものすら、結局は虚栄の隠れた萌芽にほかならない。

――フローベル「断片」

＊虚飾は慈善が罪であると同様に、三倍もの徳を隠す。

――ホレース＝マン「語録」

＊虚栄心というものは自分があるよりも以上のものであることを示そうとする人間的なパッションである。

――三木清「人生論ノート」

＊人が自分より力弱い者をあわれむとか、恵むとかいうときに、少しばかりでも虚栄心を持たないのだろうか。

――宮本百合子「貧しき人々の群」

＊残酷さは古代の悪徳であり、虚栄は近代世界のそれであって、虚栄は最後の病気である。

――ムーア「印象」

＊虚栄心の強い男は自分のことをよく言ったり、悪く言ったりして得《とく》をする。謙遜な人は、まったく自分のことを語らない。

――ラ・ブリュイエール「ひとさまざま」

＊虚栄は理性以上に、われわれにわれわれの嗜好に反することをさせるのである。

――ラ・ロシュフーコー「箴言集」

＊葬式の壮麗さは、生きている人の虚栄のためで、死んだ人の栄誉のためではない。

――同右

＊人は、虚栄が話せと、そそのかさない限り、口をきかない。（家でしゃべらずに、社交場では虚栄に満ちたことばが交わされる）

――同右

＊人間は自由な喝采を願望するものである。……大衆にはよく理解されなくとも、よい勝利を欲する。

――アラン「人間語録」

＊われわれが人から尊敬される価値がある、という自信がもっとあったならば、人々の尊敬を得ようという野心をそんなに持たないだろう。

――ヴォーヴナルグ「省察と格言」

＊尊大な人物は堪えがたいほど利己的である。

――エマーソン「代表的人物」

＊プライドと称するにふさわしい自尊心というのは、自

分より傷ついている勢力に使われるものではない。それは、でき得る限り早く屈服し、沈黙を保ち、ありのままを誇って、そうではないものを軽蔑するのだ。

——グルーモン「ルユイセンブールの一夜」

＊自尊心は美徳でないとしても、それは多くの美徳の両親である。

——コリンズ「警句集」

＊自尊心は多くの美徳の源泉である。虚栄心はほとんどすべての悪徳と悪癖の源泉である。

——シャンフォール「格言と省察」

＊戦争は自尊心の子どもであり、自尊心は富者の娘である。

——スウィフト「書物の闘い」

＊盗人の間にも信義がある。

——ウォルター＝スコット「レッドゴーン・トレット」

＊自負はつねに他人の感嘆によって強化される。

——ツヴァイク「マリー・アントワネット」

＊われわれが生来から有する感情の中で、自負心ほど抑制しがたいものはあるまい。……私が完全にこれに打ち克ったと思うことができるとしても、おそらくは自分の謙譲を自負するであろうから。

——フランクリン「自叙伝」

＊自尊心は愚者の持ち物なり。

——ヘロドトス「歴史」

＊自尊心は悪魔の庭園に咲く花である。

——ホーウェル「イギリスのことわざ」

＊誇りは、慎ましさに包まれているときに最も成功するものだ。

——メレ『アフォリズム』

＊権力の不平等のあるところでは、いずこにおいても自尊心は他人の支配に屈服している人々の間では見当りそうもない。

——ジョン＝ラッセル「権威と個人」

＊自尊心は、あのようにわれわれに嫉妬心を吹き込むが、しばしばその嫉妬心を和らげる役もする。

——ラ・ロシュフーコー「箴言集」

＊「個人的自負」は、独特ということであり、俗畏への宣戦である。「集団的自負」は、仲間を組んで自分たちと違うものをやっつけることで、少数の天才に対する宣戦である。

——魯迅「随感録」

羨望と称讃

羨望とは、高嶺の花と思っている人に対していだく心情で、嫉妬の伴わない称讃である。なお、称讃には、己も称讃されたいために人を褒《ほ》める不純なものもある。

＊羨望せざる人間は幸せになれず。

――アイスキュロス「アガメンノン」（ミケーネ王）

＊倦怠する者が倦怠に身を持てあますように羨望する者は、羨望で身をいじめる。

――アラン「人間語録」

＊羨望家は競争相手がいなくとも羨望する。

――同右

＊羨望は吝嗇《りんしょく》よりも悪い。羨望する人間は、他人が何かよいものを手に入れることを好まない、たとえ、それが己の手にはいるべきものでなくとも。

――ザカリーヤ・アル・ラージー「精神の医学―希望について」

＊汝の前に、いかに多くの人が先立つかを見るとき、いかに多くの人々が汝のあとにつづくかを考えよ。

――セネカ「書簡集」

＊淵に臨みて魚を羨むは、退きて網を結ぶに如《し》かず。
（準備もせずに成果はあげられない。羨望する前に努力せよ）

――班固撰「漢書《じょ》」

＊召使いに尊敬される主人は少ない。

――モンテーニュ「随想録」

＊人生の幸せが何であるかを知るならば、汝は人の持てるものを羨望せざるべし。

――レオニダス（プルタルコス「ラケダイモスの箴言」より）

＊称讃は生命の短い情熱であり、慣れるにつれて忽ち消え失せる。

――アディソン「スペクテーター誌」

＊つねに控え目に褒めることは、凡人たるの大きな証である。

――ヴォーヴナルグ「省察と格言」

＊人を讃美すると、しばしばその人を損ねる。というのは、讃美にはその人の真価に限界のあることが示されるからである。

――同右

＊私は声をあげて称讃し、声を上げて咎める。

――エカテリオ二世「語録」

＊汝自身を称讃もせず、非難もすべからず。

――カトー（大）（演説）

＊汝己の口をもって自ら讃むることなく、人をして己を讃めしめよ。己の口唇をもってせず、他人をして己を讃めしめよ。

――「旧約聖書―箴言二七章二節」（ソロモン）

＊称讃は高邁《まい》な精神にとっては拍車であり、薄弱な精神にとっては目標である。

――コルトン「ラコン」

＊人われを誉むれども一糸を加へず、人われを毀《そし》れども一毫を減ぜず。

——佐久間象山「語録」

＊称讃と親密は赤の他人である。

——サンド「語録」

＊才能は称讃の声のあるほうへと赴く。称讃の声は才能を惑わす人魚である。

——ジューベル「パンセ」

＊すべての人を称讃する者は、何人をも称讃せぬ。

——サミュエル＝ジョンソン（ボズウェル「ジョンソンのボズウェルの生活」）

＊凡ての人、なんじを誉《ほ》めなば、汝ら禍言《わざわい》なり。

——「新約聖書—ルカ伝六章二六節」（イエス）

＊汝を称讃する人々の価値に重きをおくべきなり。悪から称讃されざることこそまことの価値なり。

——セネカ「書簡集」

＊戒律を讃えるのと、それを守るのは別のことである。

——セルバンテス「犬の対話」

＊称讃されると恥ずかしくなる、私が内心では、それを期待しているから。

——タゴール「迷える小鳥」

＊距離は称讃の偉大なプロモーターである。

——ディドロ「哲学辞典」

＊称讃——他人が自分自身に類似していることを礼儀正しく認めること。

——ビアス「悪魔の辞典」

＊称讃は無知の娘である。

——フラー「神聖な国」

＊称讃は、われわれが他の徳行に負う負債である。

——ブラウン「キリスト教道徳」

＊空虚な称讃を呪え。

——ポープ「アルバスノット宛の書簡」

＊いと些細なものに打ちくだかれ、はた高められる、称讃に飢えたる者の心は。

——ホラティウス「頌歌」

＊汝の友人の一部は汝を非難し、他は称讃す。汝を非難する人々に近づき、称讃する人々より遠ざかれ。

——「ユダヤ伝経」

＊人は普通、称讃されんがために褒める。

——ラ・ロシュフーコー「箴言集」

＊われわれは、つねにわれわれを称讃する人たちを愛するが、われわれはわれわれが称讃する人たちを必ずしも愛しはしない。

——同右

＊予を讃美すること少なければ少ないほど、予は汝を讃美する。

——ルイ一四世「ボズウェルへのことば」

＊衆人の毀誉《きよ》褒貶《ほうへん》は多くは私意より出で必ずしも公平を保ち難い。

——「論語」（孔子）

謙譲と高慢・尊大

凡人の謙譲は美徳だが、必要以上に謙遜するのは、婉曲に尊敬されたいという心情が見え隠れする。高慢とは、己の無知をカモフラージュする自慰のマントである。

＊謙遜のこころは孕《はら》むより産むに至るまでの母体の懊悩のこころである。

——阿部次郎「三太郎の日記」

＊人生は謙譲という永い教訓である。

——ヴァレリー「警句」

＊終身道を譲るも百歩を枉《ま》げず。（人に道を譲っても一生で百歩にも達しない）

——欧陽脩「唐書《じょ》」

＊謙譲は、にがい野心がその足場にする梯子だ。（高いところに登ろうとする人間は、まず梯子に目を付ける。だが、ひとたび登り上がると、梯子に背を向け、登ってきた梯子に軽蔑の目を向ける）

——シェークスピア「ジュリアス・シーザー」二幕二場」

＊称讃されたときではなく、叱責されたときに謙虚さを失わない者こそ真に謙譲な人間である。

——ジャン＝パウル「人間についての気象観測」

＊謙譲は、平凡な能力を持つ人間の場合には、単なる誠実であるが、偉大な才能のある人間の場合には偽善である。

——ショウペンハウエル「パレルガとパラリポーメナ」

＊謙譲は称讃を求めるときの唯一の確かな餌である。

——チェスターフィールド「書簡」一七五〇・四・八」

＊真の謙譲は、偽の謙譲が生れると同時に消滅する。

——トーウェン「断片」

＊称讃されたときではなく、叱られたときに謙譲さを失わない人があれば、その人間は真に謙譲なのである。

——ジャン＝パウル「人間についての気象観測」

＊謙遜な議論も、高ぶった人たちには高慢の種《たね》となり、謙譲な人たちには謙遜の種となる。

——パスカル「パンセ」

＊人からよく言われたいと思ったら、自己のよいところをあまり並べ立てないことである。

——同右

＊謙譲は身体の良心だ。

——バルザック「断片」

＊争いをしているときは、理のある側が、まずさきに若干譲歩すべきである。理のない相手は、全然許すことのできないのが通常である。

——ヒルティ「眠られぬ夜のために」

＊過度に謙遜な人を真に受けてはいけない。ことに、自分で自分を皮肉るような態度を信用してはいけない。

その背後には、たいがい虚栄心と名誉心の強烈な一服がひそんでいる。

——ヒルティ「幸福論」

*悩みのみが正しい意味で、人を謙遜にする。

——同右

*鄭重さは心の発行する公債である。元本があぶなくなればなるほど利息は大きい。

——ベルネ「断片と警句」

*みずからを高きにおく者は、神によりて低きに堕《お》とされ、みずからを低きにおく者は、神によりて高きに上げらる。

——「ユダヤ伝経」

*謙譲な男は自分自身のことをけっして語らない。

——ラ・ブリュイエール「人さまざま」

*謙遜は、人の称讃を嫌がるように見えるが、その実はもっと婉曲に称讃されたい欲望にすぎない。

——ラ・ロシュフーコー「箴言集」

*謙譲であれ！　これは人の機嫌を損ずることがいちばん少ない一種の高慢である。

——ルナール「日記」

*人間は高慢な思いをいだくべからず。高慢は花を着け、破滅の種を実らせる。実りの秋はとめどなき、涙を刈り取る。

——アイスキュロス「ペルシア人」

*高慢は論理ではなく、渾名は悪魔の議論である。

——インガソル「随筆集」

*高慢は弱者の慰めの手段である。

——ヴォーヴナルグ「省察と格言」

*自分の知っていることは自慢し、知らないことに対しては高慢にかまえる者が少なくない。

——ゲーテ「格言集」

*高慢は衣食住に必要なすべてのものよりも高くつく。

——ジェファーソン「語録」

*凡そ己を高うする者は卑《ひく》うせられ、己を卑うする者は高うせらるるなり。

——「新約聖書—ルカ伝一四章一一節」（イエス）

*誇り高き人でありたいと思う者は、己の虚栄心を隠さなければならない。

——スウィフト「雑感集」

*高慢な女は自尊心から嫉妬を移す。

——スタンダール「ランジェル公爵」

*高慢不遜の性格においては、自己に対する憤怒と他人に対する激怒とは紙一重だ。

——同右「赤と黒」

*高慢は、人間が自己を他の人々より優っていると思う謬見から生ずる喜びである。

——スピノザ「エチカ」

＊人に受くる者は人を畏れ、人に予《あた》うる者は人に驕る。

——曾子（劉向《きょう》撰「説苑《ぜいえん》」より）

＊堕落の因は、汝の見しごとく宇宙すべての重さに圧される者の呪うべき高慢なり。

——ダンテ「神曲―天堂編二九曲」

＊わが生ける間は、われしきりに人を凌がんことを願望し、心これにのみ迎えるがゆえに、げに、かく譲るあたわざりしなるべし。

——同右「同右―浄火編一一曲」

＊尊大に見えるよりも、実際に尊大であるほうが、ましなことは確かだ。尊大な人はたまに侮辱する程度だが、尊大な風采は人をつねに侮辱する。

——ティドロ「ラモーの甥」

＊驕《おご》るものは心ではなく、小さな頭脳である。

——長与善郎「ハートについて」

＊高慢は、われわれの悲惨や誤謬の真只中においても、きわめて自然な仕方でわれわれを捉えている。われわれは人の語り草になるならば、喜んで生命までも棄てる。

——パスカル「パンセ」

＊高慢はつねに相当量の愚かさに結びついている。高慢はつねに破滅の一歩手前で現れる。高慢になる人は、もう勝負に負けているのである。

——ヒルティ「幸福論」

＊慈善と尊大は異なった目的を持つが、両者はともに貧者を養う。

——フラー「格言集」

＊空威張りする人間は賢者に軽蔑され、愚者に感嘆され、寄生的人間にたてまつられ、彼ら自身の高慢心の奴隷となる。

——ベーコン「随筆集」

＊高慢はつねに天使が神になろうとする。神になろうとした天使は堕《お》ちたが、天使になろうとする人間は謀反を起こす。

——ポープ「人間論」

＊高慢な相手には、屈従すれば勝てると考えるのは誤りである。

——マキァヴェリ「ローマ史論」

＊おおむね大きな誤りの底には高慢があるものである。

——ラスキン「断片」

＊われわれが敵の不幸を憐れむ心の中には、しばしばやさしさよりも高慢のほうが多分に含まれている。われわれが彼らに同情の証を見せるのは、彼らにわれわれの優越を感じさせたいからである。

——ラ・ロシュフーコー「箴言集」

＊われわれの高慢は、往々にしてわれわれが何か一つ自分の欠点をなくすごとに、それだけふくれあがる。

——同右

＊高慢な人間は、己がえらく思われていまいと感ずるがゆえに、その人に向かって非常な敬意をいだく。それほどまでに人間の高慢は高まる。

――ローテ「箴言」

軽蔑・侮辱と尊敬

軽蔑の次元には、⑴口論から相手を傷つける罵言、⑵己の知らぬことを繕うために示す横柄さ、⑶慇懃《いんぎん》無礼な態度、⑷沈黙して無視する尊大さがある。尊敬とは、自分と類似点のある人に敬意を表する心情である。

＊軽蔑の中には自分の名誉を危うくしないため、感じないふりをせねばならない軽蔑がある。

――ヴォーヴナルグ「省察と格言」

＊人は大きな計画を軽蔑する、その計画を大成功させることが自分にはできないと感じるときには。

――同右

＊われわれはわれわれ自身を冷笑しないために多くのものを冷笑する。

――同右

＊軽蔑は不機嫌におけるエゴイズムである。

――コールリッジ「オムニアナ」

＊不当な軽蔑をはねつける必要に迫られると、どんな謙虚な人もプライドと同意識の昂奮に否応なしに追い込まれる。

――同右

＊人間の真実な唯一の威厳は、みずからをさげすむその能力である。

――サンタヤナ（「スピノザ倫理学」への序文）

＊ある人を軽蔑すると公言するのは、まだ十分に軽蔑していないのだ。沈黙こそ唯一至上の軽蔑だ。

――サント・ブーヴ「わが毒」

＊自ら欺くな、神は侮るべき者にあらず。人の播く所は、その刈る所とならん。

――「新約聖書―ガラテヤ書六章七節」（パウロ）

＊軽蔑というのは、馬鹿丁寧なことばのうちにいつも巧みに隠されている。

――スタンダール「赤と黒」

＊人を軽蔑すべく笑止なればなるほど、いよいよ彼の舌は締りなし。

――セネカ「憤怒について」

＊他人を軽視することならば喜んで聞く人間多し。

――タキトゥス「歴史」

＊怒りよりも軽蔑を隠すことがより必要である。前者はけっして忘れられないが、後者はときには忘れられる。悪意はしばしば忘れられるが、軽蔑はけっして忘れられない。

＊人々は自分たちが理解しないことを軽蔑する。
——チェスターフィールド「書簡」

＊あらゆる堕落の中で最も軽蔑すべきものは、他人の首にぶらさがることだ。
——ドイル「四つの罪」

＊いちばん小さい事物を軽蔑し、いちばん大きい事物を信じない人間から何が得られようか。
——ドストエフスキー「白痴」

＊女は人の非行を恕《ゆる》すが、侮辱はけっして忘れない。
——パスカル「パンセ」

＊多くの人たちは逆境に堪え得るが、軽蔑に堪え得る者は少ない。
——ハリバートン「断片」

＊みずからを汚辱するより大なる汚辱はない。
——フラー「格言集」

＊軽蔑は最もきびしい叱責である。
——ホーランド夫人「語録」

＊人は軽蔑されたと感じたときによく怒る。だから自信のある者はあまり怒らない。
——ボーン「格言のハンドブック」

＊軽蔑とは、女の男に対する永遠の批評である。
——三木清「人生論ノート」

＊それ人は自《みずか》ら侮りて然る後人これを侮る。（俺を馬鹿にするなと怒る前に、まず自分自身を反省せよ）
——「孟子」

＊身分にふさわしくない特性によって、人を称讃しようとするのは、その特性自体は称讃すべきものであっても、やはり一種の侮辱である。
——モンテーニュ「随想録」

＊軽蔑されまいと怖れているのは、軽蔑されて然るべき輩《やから》ばかりである。
——ラ・ロシュフーコー「箴言集」

＊王侯が持っていない徳について称讃するのは、罪を受けずに彼らを侮辱することである。
——同右

＊尊敬は、人が欲すると否とに拘らず人間の価値に対して拒否し能わざる貢税なのである。
——天野貞祐「友情論」（「中央公論」昭和一四・七）

＊いっさいの人間は、他人のために己を犠牲にする心構えのある人に対しては尊敬と畏怖の念をいだく。
——ヴィヴェカーナンダ「カルマ・ヨーガ」

＊われわれは人から尊敬される価値がある、という自信を持ったならば、人々の尊敬を得ようという野心をそんなに持たないであろう。
——ヴォーヴナルグ「省察と格言」

＊召使いに尊敬される主人は少ない。

＊われわれが他人を認めるのは、彼らとわれわれとの間に類似のあることを感じるからである。誰かを尊敬するというのは、彼を自分と同等に見なすことであるらしい。

――モンテーニュ「随想録」

――ラ・ブリュイエール「人さまざま」

Ⅳ

人生と人生劇場

人生——181
運命——192
境遇と好運・不運——194
時代——196
時・時間——197
経験・体験と見聞——206
苦労と困難——212
勤勉・努力と怠惰——215
成功と失敗——219
幸福と不幸——223
野心と欲望——232
希望と絶望——238
夢想と理想——242
悲観・楽観——244

息子は嫁取り、娘は婿取り、とかく浮世は休む暇なし。

——中国のことわざ——

●

習慣は鉄でつくられたシャツだ。

——チェコスロヴァキアのことわざ——

人生→運命、生・死

人は泣きながら生れ、苦しんで生き、失望して死ぬ、というのが人生劇場の筋書だが、せめてもの救いは、どんな人でも一生のうちで三回、すなわち生れたとき、結婚したとき、死ぬときに祝福されることである。

*惨めに生れたるよりも生れざるがよし。
——アイスキュロス「断片」

*人生は闘争にして、また過客の仮の宿なり。
——アウレリウス「自省録」

*人生は一箱のマッチに似ている。重大に扱うのはばかばかしい。重大に扱わなければ危険である。
——芥川龍之介「侏儒の言葉」

*勤勉なる者も怠惰なる者も、人生の半分には差なし。なぜならば、人生の半分は眠っているからなり。
——アリストテレス「断片」

*すべての人間の一生は、神の手で描かれたお伽話《とぎ》である。
——アンデルセン「童話集」

*トボトボ歩きが競争に勝つ。
——イソップ「寓話」

*私は希《こいねが》う、運命の導く方《かた》へ、心静かに真直ぐに人生行路を往《い》きたいと、闘争《いさかい》も、悔恨も、羨望もなく。
——ヴェルレーヌ「やさしい歌」

*人は、刃物をふりかざさなければ、この世で成功せず、しかも、死ぬときは手に武器を握って死ぬのだ。
——ヴォルテール「格言集」

*ランプがまだ燃えているうちに、人生を愉しみ給え。しぼまないうちに、バラの花を摘み給え。
——ウステリ「詩」

*人の生涯は、罪を犯しつつ死を前に望む恐怖の生涯である。罪の苦悶と死の恐怖と、この二つは、人が墓までたずさえゆくべき道づれである。
——内村鑑三「ロマ書の研究」

*花発《ひら》いて風雨多く、人生別離足る。（人生をうたった詩）
——于武陵《うぶりょう》

*人生は季節に刈られる収穫なり。出生には必ず死が続く。
——エウリピデス「断片」

*各人の一生は戦役なり。そは長期にわたる多事多難なる戦役なり。
——同右

*人生に執着する理由がなければないほど、人生にしがみつく。
——エラスムス「痴愚神礼讃」

*摘むべき花は早く摘むがよい、身を摘まれぬうちに。

（人生を享楽せよ）

——オマール・ハイヤーム「ルバイヤート」

*真の道は一本の綱の上に通じている。その綱は空中に張られているのではなく、地面のすぐ上に張られている。それは渡って歩くよりは、つまずかせるためのものであるようだ。

——カフカ「罪・苦悩・希望・真実についての考察」

*朝に死に夕に生きるならひ、唯水の泡にぞ似たりける。

——鴨長明「方丈記」

*ゆく河のながれは絶えずして、しかももとの水にあらず。よどみに浮かぶうたかたは、かつ消えかつむすびて、久しくとどまりたるためしなし。世の中にある人と栖《すみか》と又かくのごとし。

——同右

*人生の問題を解決するには、まず針箱を整頓せよ。

——カーライル「随筆集」

*人生とは辛いもの、自分で自分を守っていかなければならぬのだから。

——カラス「語録」

*われわれは人生という大きな芝居の熱心な共演者である。

——カロッサ「指導と信徒」

*人生は出会いであり、その招待は二度と繰り返されることはない。

——同右

*神より賦与されたる人生は短きも、愉しく送りし人生の記憶は永遠なり。

——キケロ「神々の本質について」

*人生意気に感ず。

——魏徴「唐詩選」

*人生は闘争にして闘争は短刀を意味す。

——キプリング「フィッシャーの水夫宿の歌」

*人生は闘うがゆえに美しい。

——クーベルタン「語録」

*我裸にて母の胎をいでたり、また裸にて彼処《かしこ》に帰らん。

——「旧約聖書—ヨブ記一章二一節」

*人のよわいは草のごとく、その栄はのの花のごとく。

——「同右—詩編一〇三章一五節」（ダビデ）

*人生とは結局、ハードルの連続だ。ひとたび飛び越えてしまえば、考えていたよりもずっと簡単に見える。

——グルー「日記」

*この世は一つの劇場にすぎぬ。人間のなすところは一場の演劇なり。

——クリソストムス「断片」

*生きることが、なんといっても人生の最大目標である。

——グリルパルツァー「箴言と警句」

*賢明に思慮をめぐらし、愚かに行動し、私は一生の日々を送った。

——グリルパルツァー「箴言と警句」

*人生は諸君に本物を愛しているような錯覚を与えて、にせ物を愛させる。恋にはちゃちな事情をもたらし、名誉にはくだらない成功を持ってくる。

——グリーン「真夜中」

*人生は、愚者に困難に見えるとき賢者に容易に見え、愚者に容易に見えるとき賢者に困難に見える。

——ゲーテ「格言集」

*僕はどうやらこの世における一個の旅人、一介の遍路にすぎないようだ！　君たちとてそれ以上のものだろうか。

——同右「若きヴェルテルの悩み」

*人生という書物には、ほとんど毎ページに喪の黒枠が付いている。

——コスマン「断片」

*露の世は　露の世ながら　さりながら

——小林一茶「おらが春」

*人生とは、すこぶる単純なものである。あらゆる人間をかみ殺すか、自分が泥に横たわるか、そのいずれかである。

——ゴーリキー「ファーマー・ゴルデーエフ」

*人生はしばしば善よりもむしろ悪の選択をわれわれに提供する。

——コルトン「ラコン」

*会って、知って、愛して別れていくのが、いくつもの人間の悲しい物語である。

——コールリッジ「断片」

*腹蔵なく生一本になって生きていけ。

——コント「断片」

*小説が人生に似ているというよりも、人生のほうがもっと小説に似ている。

——サンド「語録」

*消えろ、消えろ、つかのまの燭火《ともしび》、人生は歩いている影にすぎぬ。

——シェークスピア「マクベス—五幕五場」

*人生は不安定な航海だ。

——同右「アテネのティモン—五幕一場」

*運命と運命をとりまく衣裳は、人生を一幕の芝居にする。上演が進むに従って、いちばん律儀な人間も、ついには自己の意志に反して役者にさせられてしまう。

——シャンフォール「格言と省察」

*生きる術を知っている者は誰か。悩む術を知っている者である。享受する術を知っている者は誰か。避ける術を知っている者である。

——シュトラウス「新しい信仰と古い信仰」

*人生のゆうべは、そのランプをたずさえて来る。

——ジューベル「パンセ」

*人生は、幼年期には遠くから見た舞台装飾に、老年期

には間近に見た舞台装飾に似ている。

——ショウペンハウエル「パレルガとパラリポーメナ」

＊人生の初めの四十年は、テキストを与えてくれる。それ以後の三十年は、テキストに関する注釈を与えてくれる。

——同右

＊人生は相互の譲歩によるほか、社会で存続することはない。

——サミュエル＝ジョンソン「アイドラー誌」

＊思慮分別は人生を安全にするが、往々にして幸せにはしない。

——同右

＊人生の中から、諸君には二つの道が拓かれている。一つは理想へ、他の一つは死へと通じている。

——シラー「人生からの出口」

＊人生はほんの一瞬のことにすぎない。死もまた、ほんの一瞬である。

——同右「コリア・スチュアルト」

＊悲惨なる人にとりては人生は短く、幸福なる人にとりては永し。

——シルス「箴言集」

＊人生は一つの悲劇である。その中でわれわれは観客としてしばらくの間座り、その後に己の役を演じる。

——スウィフト「雑感集」

＊愉しみのない人生は油のないランプである。

——ウォルター＝スコット「海賊」

＊人生を志すには二つの事柄がある。一つは、自分の欲しいものを得て、その後それをエンジョイすることだが、最も利口な人のみが後者をなし得る。

——ローガン＝スミス「後思案」

＊いかに生きるかを学ぶには全生涯を要す。

——セネカ「書簡集」

＊人生よりむずかしい芸術はなし。他の芸術・学問にはいたるところに師あり。

——同右

＊善を為すも名に近づく無く、悪を為すも刑に近づく無く、督《とく》によるを以て経《つね》となさば、以て身を保つべく、以て生を全うすべし。（名は名声、刑は違法、督は中道）

——「荘子」

＊人の生くるや憂いと倶《とも》に生くる。

——同右

＊行路の難きこと、山にしもあらず、水にしもあらず、只人情反覆の間に在り。

——「太平記」

＊「われ存す」ということが不断の驚きであるが、つまり、それが人生である。

——タゴール「迷える鳥」

＊人生は根本的には信仰と忍耐から成り立っている。こ

の二つを持つ者はすばらしい目標に到達する。

――ターフェル「語録」

＊汝らは獣のごとく生くるためつくられたものにあらず、徳と知識を求めんがためなり。

――ダンテ「神曲―地獄編二六曲」

＊すでに生きてしまった一つの人生は、つまり下書きで、もう一つのほうが清書だったらねえ。

――チェーホフ「三人姉妹」

＊「明日は、明日こそは」と、人はみずからを慰めるが、この「明日」が、彼を墓場に送り込むその日まで。

――ツルゲーネフ「散文詩」

＊人生は運命にほかならない。青年は過ちを犯し、壮年は争い、老年は悔悟する。

――ベンジャミン＝ディズレーリ「断片」

＊人生はすごろく遊びのごときものにして、熱望せしさいころの目が出ずとも、偶然の出せしものを技術により修正せば可なり。

――テレンティウス「断片」

＊人間の一生には、投機に手を出してはいけないときが二度ある。それができる余裕のないときと、それができるときとが、すなわちそれだ。

――トーウェン「間抜けウィルソン」

＊人の一生は重荷を負ふて遠き道を往《い》くがごとし、急ぐべからず。

――徳川家康「遺訓」

＊断崖、断崖、人生到る処斯《この》断崖多し。

――徳冨蘆花「自然と人生―断崖」

＊人は生きねばならぬ。生きるためには戦わねばならぬ。名が掲げねばならぬ。金はもうけねばならぬ。命がけの勝負はしなければならぬ。

――同右「思出の記」

＊人生は苦痛であり、人生は恐怖である。だから人間は不幸なのだ。だが、人間はいまでは人生を愛している。それは苦痛と恐怖を愛するからだ。

――ドストエフスキー「悪霊」

＊人生とは、とどまることなき変化である。つまり、肉の生活の衰弱と霊の生活の強化・拡大である。

――トルストイ「読書の輪―一五・九」

＊一歩一歩はい上がるのは冒険家ではなくて、幸福を追っかけている男のすることだ。人生はとるに足りない夢だ。いつかは消え去ってしまうのだ。

――ナポレオン（ティエール「ナポレオン史」より）

＊人生における第一の肝要事は自己を発見することであり、そのため諸君は孤独と沈思を、ときどき必要とする。

――ナンセン「日記」

＊高さがいるから階級が必要なのであり、階段とそれを登っていく人たちの矛盾が必要なのだ！　人生は登ろ

うとする、登りながら自己を克服しようとするのである。

——ニイチェ「ツァラトゥストラ」

＊三宝とは何なるやというに、第一に健康、第二に知識、第三に富有《とみ》の三つのものなり。

——西周《あまね》「人世三宝説」

＊人生は夢であり、なんの価値もない水泡にすぎない。諸君が毎日見るように、瞬時に過ぎ去ってとどまることがない。

——ネアンダー「命を教える人」

＊大文字ばかりで印刷された書物は読みづらい、日曜日ばかりの人生も、それと同じである。

——ジャン＝パウル「角笛と横笛」

＊人生は一冊の書物に似ている。愚者たちはそれをペラペラとめくっていくが、賢者は丹念にそれを読む。

——同右

＊人生はちょっとした奇遇である。

——ハーディー「短編集のタイトル」

＊松寿千年終《つい》に是朽ち、槿花《ムクゲ》一日自ら栄をなす。（松の木は千年の生命あるも朽ちるが、ムクゲの花は一日だけだが咲き誇る。生を享楽せよの意）

——白居易「放言」

＊人生における大きな悦びは、「お前にはできない」と世間が言うことを行うことである。

——パジョット「文学研究」

＊人生においても、チェスのように聡明に予見した者が勝利を得る。

——バックストン「断片」

＊人生とは、しだいに退屈していく道程である。

——バトラー「手帖」

＊人間を除くすべての動物は、人生の主要な仕事が人生を享楽することにあるを知っている。

——同右

＊親もなし妻なし子なし板木なし金もなければ死にたくもなし。（六無斎の雅号の由来）

——林子平「六無の歌」

＊人生——人間喜劇。

——バルザック「彼の小説の全般的なタイトル」

＊人生は朝露の如し。

——班固撰「漢書《じょ》」

＊この人生劇場において、観客たるべき神と天使のためにのみ精力を蓄えておくべきなり。

——ピタゴラス「断片」

＊私の人生は金では売れない。

——ビュルガー「勇敢な男の歌」

＊人生において最も堪えがたいことは、世の経験を積んだ多くの人々の言によると、悪天候が続くことではなく、雲ひとつない日が続くことなのである。

——ヒルティ「幸福論」

*平凡な人生こそ真の人生だ。実際、虚飾や特異から遠く離れたところにのみ真実があるからだ。

——フェーデラー「窓辺で」

*人生とは精神の生殖作用である。

——フォイエルバッハ「遺された格言」

*人の世を渡る有様を見るに、心に思うよりも案外に悪を働き、心に企るよりも案外に功を成さざるものなり。

——福沢諭吉「学問のすすめ」

*われわれは泣き叫びながら生まれ、苦しみながら生き、失望して死ぬ。

——フラー「格言集」

*人生は純粋な炎であり、われわれは、われわれの裡にある目に見えない太陽によって生きている。

——ブラウン「骨壺埋葬」

*人生は学校である。そこでは幸福よりも不幸のほうがよい教師である。

——フリーチェ「チェーホフ研究」

*朝には考え、昼には行動し、夕方には食事をし、晩には就寝せよ。

——ブレーク「天国と地獄の結婚」

*人生古より誰か死無からん。円心を留取して汗青を照らさん。（古来人間は必ず死ぬものだ。同じ死ぬ以上は赤誠をとどめおき、青史を照らすことを行おう。宋の忠臣・文天祥が元に臣従を勧告されたとき、これを拒否した詩句）

——文天祥「過零丁洋」

*人生は一頭の馬である。軽快なたくましい馬である。人間はそれを騎手のように大胆に、しかも細心に取り扱わなければならない。

——ヘッセ「大理石材工場」

*人間は異郷に生れて来る。生きることは故郷を求めることである。考えることは生きることである。

——ベルネ「断片と警句」

*人生五十功なきを愧《は》づ。

——細川頼之「語録」

*私たちは人間の本性の中に争いの三つの主な原因を発見する。第一に競争、第二に不信、第三に名誉である。競争という原因によって人間は獲物を求めて侵略する。不信があるため、安全と名誉を守るために評判を求めて侵略する。

——ホッブス「政治哲学論」

*人間は樹木の葉のごとく、大地の恵む果実を食し、きらびやかに栄えることもあり、時、変われば忽ちにして生命ははかなく死滅するものなり。

——ホメロス「イリアス」

*人生は歩いている影たるに過ぎん。只《ただ》一時、舞台の上で、ぎっくりばったりをやって、やがて最早噂もされなくなるみじめな俳優のようなものだ。

＊過ぎ去りたる生活を愉しめるは、人生を二度生くることなり。
——正宗白鳥「私の信条―懐疑の精神」

＊人生は中断されることのない奇跡である。成長のなんたるかを知ると同時に、われわれは自然の秘密の中の最も秘密なるものを知るのである。
——マルティアリス「諷刺詩」

＊正しく強く生きるとは、銀河系を自らの中に意識してこれに応じて行くことである。
——マローリ「語録」

＊わが行く道に茨多し　されど生命の道は一つ　この外に道なし　この道を行く。
——宮沢賢治「農民芸術概論綱要」

＊世の中　さまざまにつけて　はかなくうつりかはるありさま
——武者小路実篤「人生の言葉」

＊思い煩うことはない。人生は無意味なのだ！
——紫式部「源氏物語」

＊人生とは、切符を買って軌道の上を走る車に乗る人にはわからない。
——モーム「人間の絆」

＊去る者は日に以て疎《うと》し。生ける者は日に以て親し。古墓犂《す》かれて田と為《な》り、松柏摧《くだ》かれて薪となる。（人生のはかなさを歌ったもの）
——同右「作家の手帖」

——「文選《もんぜん》」

＊他人のために暮らすのはもうたくさんだ。せめて、このわずかな余生を、みずからのために生きようではないか。
——モンテーニュ「随想録」

＊もしも私が再びこの人生を繰り返さねばならないとしたら、私のすごしてきた生活を再びすごしたい、過去を悔まず、未来を怖れもしないから。
——同右

＊生きている者とは、闘っている者だ。心と欲が固い運命に満ちている者だ。運命の高いけわしい峰をよじ登る者だ。
——ユーゴー「懲罰」

＊人生とは、不定の執行猶予の付いた死刑囚のようなものである。
——同右「死刑囚の最後の日」

＊ある人に合う靴も他の人には窮屈である。あらゆるケースに通用する人生の秘訣というものはない。
——ユング「現代人の魂の問題」

＊人生は短く物憂い。それは徹頭徹尾、欲望のうちにすごされる。
——ラ・ブリュイエール「人さまざま」

＊カーテンをおろせ、道化芝居は終わった。

――ラブレー（臨終のことば）

＊天地は万物の逆旅《げきりよ》、光陰は百代の過客にして、浮生夢のごとし、歓を成すいくばくぞ。

――李白「春夜桃李園に宴するの序」

＊人生意を得ば須《すべから》く歓を尽くすべし。

――同右「将進酒」

＊もろもろの事物のうえに張られた、成長する輪の中で私は自分の生を生きている。おそらく私は最後の輪を完成はすまい。だが、私はそれを試みたいと思っている。

――リルケ「時禱集―僧院生活の巻」

＊我が先、人や先、今日とも知らず明日とも知らず、おくれ先立つ人は、もとの滴《しずく》、末の露より繁《しげ》し。

――蓮如「五帖御文」

＊希望は頑丈な杖で、忍耐は旅の着物。この二つをもって、人は現世と墓を通って永遠へと歩を進める。

――ローガウ「格言詩」

＊人生は往復切符を発行してはいません。ひとたび出立したら再び帰ってきません。

――ロマン＝ローラン「魅せられたる魂」

＊人生は人間が共同で利用するブドウ畑です。一緒に栽培して、ともに収穫するのです。

――同右

＊この世界の広々とした戦場で、この人生の野営陣地で、家畜のように、ただ黙々と追われていないで、敢然として闘う英雄になろう。

――ロングフェロー「人生の歌」

・志・目的

＊全体的破滅を回避するという目標は、あらゆる他の目標に優先しなければならない。

――アインシュタイン「晩年に想う」

＊人間の生活には目的はない、生きていること、そのことが、すなわち目的である。

――アルツィバシェフ「サーニン」

＊初め悪ければ、終わり悪し。

――エウリピデス「断片」

＊われわれは目当て以上のものを狙う。

――エマーソン「随筆集」

＊志を立つることは大にして高くすべし。小にしてひくければ、小成に安んじて成就しがたし。天下第一等の人とならんと平生志すべし。

――貝原益軒「大和俗訓」

＊人生劈頭《へき》（まっさきの意）一個の事あり、立志是なり。

――春日潜庵「丙寅録《へいいんろく》」

＊人生の目的は行為であって、思想ではない。

――カーライル「英雄と英雄崇拝」

＊目的を持たない人は、やがてけ零落する。全然目的の

ないよりは邪悪な目的でもあるほうがましである。

——カーライル「コリンズへの所見」

＊聚散離合を以て志を変ずるは禽《きん》獣と謂ふべし。

——久坂玄瑞「壌夷血盟書」

＊生きることが人生の最高目的であることはもちろんである。

——グリルパルツァー「サッフォー」

＊泥を投げるな。君はそのために目標を見失うばかりか、手をよごしてしまうことになる。

——ゲイ「詩とバラ」

＊何事も初めはむずかしい、ということわざは、ある意味では真理かもしれないが、より一般的には、何事も初めは容易だ。最後の段階に登ることこそいちばんむずかしく、これに登り得る人間は稀だ、といえる。

——ゲーテ「ヴィルヘルム・マイステル」

＊志有る者は事竟《つい》に成る。

——「後漢書」

＊志有るの士は利刃の如し。百邪辟易《へきえき》す。志無き人は鈍刃の如し。

——佐藤一斎「言志録」

＊志は記憶の奴隷にすぎない。勢いよく誕生するが、成長しにくい。

——シェークスピア「ハムレット」三幕二場

＊目的は必ずしも達成されるためにではなく、照準点の役目をするために立てられるものである。

——ジューベル「パンセ」

＊己の立てるところを深く掘れ、そこには必ず泉あらむ。

——高山樗牛「樗牛全集」

＊そは思い湧き出て、思いに加わることあれば、のちの思い、先の思いの力を弱め、人その目的に遠ざかる習いなればなり。（思いが多ければ集中できなくなるの意）

——ダンテ「神曲—浄火編五曲」

＊大事を思ひ立つ者は小事に拘《かかは》る事なかれ。

——近松門左衛門「断片」

＊生活の目的は自己完成にあり、そして不死の霊の完成は人生の唯一の目的である。

——トルストイ「われわれは何をなすべきか」

＊最初から客観的にある目的をこしらえて、それを人間に付着するのは、その人間の自由な活動を、すでに生まれるときに奪ったと同じことになる。だから人間の目的は、生れた本人が、本人自身につくったものでなければならない。

——夏目漱石「それから」

＊人生の目的は宗教観念がなければ解決できない。

——新渡戸稲造「世渡りの道」

＊人生の大目的は知識ではなく行動である。

——トーマス＝ハックスレー「技術教育」

＊徳はある目的への手段と考えられる。目的への手段は、その目的が価値あるものである限りにおいてのみ、価値を有する。

——ヒューム「人間悟性論」

＊人生の唯一の理性的目的は、地上に神の国を築いていくことである。

——ヒルティ「眠られぬ夜のために」

＊意識する存在にとって、生存するということは変化することであり、変化するということは経験を積むことであり、経験を積むということは限りなく己自身を創造していくことである。

——ベルグソン「創造的進化」

＊最初よければ半ば成れり。

——ホラティウス「書簡詩」

＊愛こそ人生のいと卑しからぬ目的《めあて》。

——ミルトン「楽園喪失—九」

＊一事《いちじ》を必ずなさんと思はば、事の他の破るるをもいたむべからず。人の嘲りをも恥づべからず。万事にかへずしては、一の大事、成るべからず。

——吉田兼好「徒然草」

＊すべての道はローマに通ず。

——ラ・フォンテーヌ「寓話」

＊目的をとげるのに、永い忍耐をするよりも、めざましい努力をすることのほうが、まだ容易である。

——ラ・ブリュイエール「人さまざま」

＊人間の目的は休息ではなく、知的・倫理的完成である。

——ルナン「科学の未来」

＊立身出世は私の願望だが、転落することを怖れる。

——ローリー（トーマス・クラー『イギリス名士伝』より）

・計画

＊偉人たちが偉大なことを企てるのは、それが偉大なことだからである。しかるに、馬鹿者たちが偉大なことを企てるのは、それを容易だと思い込むからである。

——ヴォーヴナルグ「省察と格言」

＊人間が計画し、神が処理する。

——ケムピス「キリストのまねび」

＊備え有れば患《うれい》無し。

——「春秋左氏伝」

＊改変し得ぬ計画は悪しき計画なり。

——シルス「箴言集」

＊偶然は準備のできていない人を助けない。

——パスツール「語録」

＊予め知るは予め備うるなり。

——プラウトゥス「断片」

＊渇して井《い》を穿《うが》つ。（慌てて準備しても手遅れだ）

——劉向《きょう》撰「説苑《ぜいえん》」

＊達成しない計画は車輪のない車である。

――ローガウ「格言詩」

運命→人生

運はルールを乗り越えた最高の賭けである。人の運命がわかっていたならば、どんなすばらしい未来の道が拓かれていても人生は空虚なものになろう。

＊運命は偶然よりも必然である。「運命は性格の中にある」という言葉はけっして等閑に生れたものではない。
――芥川龍之介「侏儒の言葉」

＊運命は己の道を見出す。
――ヴェルギリウス「アエネイス」

＊運命の悲しみと歓びとは、自然の声に黙《もだ》す。
――ヴォーヴナルグ「省察と格言」

＊運命はわれわれを導き、かつまたわれわれを嘲弄する。
――ヴォルテール「格言集」

＊幸せに恵まれている、と思わるるひとも、死ぬのを見とどけぬうちは羨むべからず。運はその日かぎりにつき。
――エウリピデス「ヘラクレスの子どもたち」

＊人間の運命はすべて、ルールどおり行われるチェスというよりも、むしろ富くじを思い起こさせる。
――エレンブルグ「人間・歳月・生活」

＊おのが性にまかせて長じ、とりどりにめでたくあるべし。
――大隈言道「ひとりごち」

＊賽《さい》は投げられた。
――カエサル（ルビコン河を渡ったときの決意のことば）

＊人間には、それぞれの運命があるにしても、人間を超越した運命というものはない。
――カミュ「シジフォスの神話」

＊万物は土より生じ、土に還る。
――クセノファネス「断片」

＊人の常情、敗れたる者は天の命を称して嘆じ、成れる者は己の力を説きて誇る。二者共に陋《ろう》とすべし。
――幸田露伴「運命」

＊おお運命よ、運命よ、みなが汝を浮気者だという。
――シェークスピア「ロメオとジュリエット」三幕三場

＊神さえも必要とは闘わず。
――シモニデス（プラトン「プロタゴラス」より）

＊人類がみずからの意図によってつくるもの以外に、人類の運命というものはない。それゆえに、人類が没落の道を最後までたどらねばならないとは信じない。……私は真理と精神との力を信じるがゆえに、人類の本来を信じる。
――シュヴァイツァー「わが生活と思想より」

＊わが父よ、この酒杯《さかずき》もし我飲むまでは過ぎ去りがたく

ば、御意《みこころ》のままに成し給え。

――「新約聖書―マタイ伝二六章四二節」（イエス）

*人間は神々によって与えられたる運命を忍ばねばならず。

――ソフォクレス「ピロクテトス」

*盛者必衰、会者《えしゃ》別離有り。（仏教の根本思想にて、人間の宿命観を述べたもの）

――「大般涅槃経《だいはつねはんぎょう》」

*自分の運命は、自分でつくり出すべきもので、虚偽や不正は絶対に排撃せねばならない。

――チェーホフ「彼のモットー」

*事の成行きは、人間の心と同じごとく、わけのわからぬ進み方をたどることあり。目算はずれに惹起せしことすべてを運のせいに帰する慣わしのあるは、これがためなり。

――ツキュディデス「歴史」

*犠牲と苦悩、これらが思想家と芸術家の運命である。

――トルストイ「芸術とはどういうものか」

*クレオパトラの鼻、それがもう少し低かったら大地の全表面は変わっていたであろう。

――パスカル「パンセ」

*われわれの運命は、前進することにある。それぞれの社会においては、その一つ上のものへと進歩せずにはおかない。

――フーリエ「四十一の運動の理論」

*人は同じ流れに再び入るあたわず。

――ヘラクレイトス「断片」

*万物は流転す。

――同右

*運命が武器に守られると考えるなかれ。己自身の武器にて闘え、運命はけっして武器を与えず。

――ポセイドニオス（キケロ「タタキューラム談義」より）

*運命はわれわれの行為の半分を支配し、他の半分をわれわれ自身にゆだねる。

――マキァヴェリ「君主論」

*われわれの考えること、言うこと、行うこと、すべてこれ「運」にして、われわれはただ「運」の発行する手形の権利譲渡にすぎず。

――メナンドロス「断片」

*運命は理路整然である点において、人間の知恵がおしたてた規則をみごとに凌駕している。（人間の知恵は、慎重さが運命を克服できないことを指摘している）

――モンテーニュ「随想録」

*運命は花崗岩よりも堅固だが、人間の良心は運命よりも堅固である。

――ユーゴー「石材の山」

*運命の恵みを少しもこうむらなかった人々にとっては、運命がかくも暗闇に見えることはない。（運命の恵みに浴

している者は、それに浴したことのない人たちほど痛切に感じない）

＊運命が明日何を決定するかを問うな。瞬間こそわれわれのものだ。さあ、瞬間を味わおうではないか。

——リュッケルト「教化的と瞑想的」

＊私の運命は何ひとつ運命を持たないことです。

——リルケ「ヘルダーリンをうたった詩」

＊道のまさに行われんとするも、命なり。道のまさに廃れんとするも、命なり。（人事は尽くさねばならないが、結局は天命に従うほかない。だが、天はけっして非道ではない）

——「論語」

＊死生命あり、富貴は天にあり。

——同右（子夏）

境遇と好運・不運

いつ零落するか、もっと浮かびたいという二重の取越し苦労をしなければならない境遇にあるのが順境であり、いまより以上零落することのない、という開き直りの境遇にあるのが逆境である。

＊狭量は逆境に馴らされるが、宏量はそれに打ち克つ。

——アーヴィング「スケッチ・ブック」

＊逆境においても道理に耳を傾けるは賢明なり。

——エウリピデス「断片」

＊足るを知る者には仙境、足るを知らざる者には凡境、世上に出ずるの国は、これを善く用いる者には生機（成功）、善く用いざる者には殺機（失敗）。

——洪自誠「菜根譚」

＊いちばん賤しい者となり、いちばんひどい逆境に沈んでいる者は、つねに望みを持ってこそおれ、脅えることはない。最上の好運から零落することは悲しむべきだが、不運のどん底に沈むと、また浮かび上がって笑うことにもなる。

——シェークスピア「リア王—四幕一場」

＊逆境が人に与えるものこそ美しいかな。そはガマに似て、醜く、毒を含んでこそおれ、その頭の中には宝石を蔵している。

——同右「お気に召すまま—二幕一場」

＊自己の順境のときに援助を与えたる者は、逆境のときに援助を受く。

——シルス「箴言集」

＊他人の環境はよく思われるも、他方、われわれの境遇は他人からはよく思われる。

——同右

＊人間は環境の創造物ではない。環境が人間の創造物である。

——ベンジャミン＝ディズレーリ「ヴィヴィアン・レイ」

＊環境！　予が環境を創るのだ。

——ナポレオン「語録」

＊逆境は真実への第一歩。

——バイロン「ドン・ジュアン」

＊逆境における仲間は、苦難を軽くする。

——フラー「格言集」

＊順境の美徳は自制であり、逆境の美徳は不撓不屈である。

——ベーコン「随筆集」

＊逆境における希望、順境における気づかいは、禍福に備える心情なり。

——ホメロス「オデュッセイア」

＊逆境においては人は希望によりて救わる。

——メナンドロス「断片」

＊不遇はナイフのようなものだ。ナイフの刃をつかむと手を切るが、把手をつかめば役に立つ。

——メルヴィル「三十年前のケンブリッジ」

＊逆境は人間を浄化するのに、どうして国民を浄化しないのか。

——リヒター「レヴァナ」

＊人間の素質はみんな同じである。ただ環境が差別を生むだけである。

——リヒテンベルク「自然の対象に関する断片的感想」

＊好運がもたらす富や順境は素直に受け入れよ。ただし、それを手放すときはしぶるべからず。

——アウレリウス「自省日記」

＊好運は大胆に味方する。

——エラスムス「痴愚神礼讃」

＊徼幸《きょうこう》（僥幸）は生を伐つの斧なり。（偶然に得たものは、その人間の心を乱し、生命を害する）

——韓嬰《えい》「韓詩外伝」

＊人生を支配するは好運であり、英知にあらざるなり。

——キケロ『パラドックス』

＊風波はつねに優秀な航行者に味方する。

——ギボン「ローマ帝国衰亡史」

＊我ら神より福祉《さいわい》を享くるなれば災禍《わざわい》をも亦《また》受けざるを得んや。

——「旧約聖書―ヨブ記二章一〇節」

＊いかなる人も己自身の幸運の建設者なり。

——クロディアヌス「断片」

＊禍福門無し、唯人之《これ》を招く。（禍福のはいってくる門があるわけではなく、人の心がけによってもたらされる）

——「春秋左氏伝」

＊好運はそれが失われるまでは知られない。

——セルバンテス「ドン・キホーテ」

＊吉凶は糾《あざな》える縄の如し。

——「太平記」

＊人間万事往くとして、塞翁《さいおう》が馬ならぬはなし。そは福《さいわひ》の倚《よ》る所、はた禍ひの伏する所。

——滝沢馬琴「南総里見八犬伝」

＊吉凶禍福は来由あり、ただ、深く知るを要して憂うるを要せず。

——白居易「放言」

＊好運は偉大な教師である。不運はそれ以上に偉大な教師である。

——ハズリット「人さまざま」

＊逆運に勇ましき胸を向けよ。

——ホラティウス「頌歌」

＊好運なる人間は白い鳥よりも稀なり。

——ユヴェナリス「諷刺詩」

＊「禍福はあざなへる縄のごとし、禍は福の種、福は禍の種。

——吉田松陰「語録」

＊好運に圧しつぶされないためには、不運に堪える以上に大きな徳を必要とする。

——ラ・ロシュフーコー「箴言集」

＊福は禍無きより大なるは無し。（禍がないということよりも、大きな幸福はない）

——劉安「淮南子《えなんじ》」

＊不運は確かに偉大な教師だが、その授業料は高く、それから得た利益は、しばしばそれに費やした費用に匹敵しない。

——ルソー「孤独な散歩者の夢想」

＊運・不運はナイフのようなものだ。その刃をにぎるか柄をつかむかで、われわれを傷つけたり、役に立ったりする。

——ローウェル「わが書物について」

＊禍は福の倚《よ》る所、福は禍の伏する所、孰《いずれ》かその極を知らん（すべての現象は、反転する要素を有し、相互に転化し合うから、その本源は把握し難い）

——「老子」

時代→時・時間、年齢と世代

前代は追憶を郷愁する古き佳き時代であり、現代はその価値を見出そうとせず最悪と考え、来るべき時代にバラ色の願望を夢見る、というのが、いつの時代の人々もいだく幻想である。

＊かつて存在した時代のほうが、現に存在している時代より優れているという幻想こそ、あらゆる時代にあまねく流れているものである。

——グリーリ「アメリカの矛盾」

＊おなじ一つの時代にもひき潮の時期があり、さし潮の時期がある。四季が循環するように、冷熱は一代の人

の心を往来してやまない。

——島崎藤村「春を待ちつつ—生長と成熟」

＊誰も新しき葡萄酒《ぶどうしゅ》を、ふるき革嚢《かわぶくろ》に入るることは為《せ》じ。もし然《しか》せば、葡萄酒は嚢をはり裂きて、葡萄酒も嚢も廃《すた》らん。新しき葡萄酒は、新しき革嚢に入るるなり。

——「新約聖書—マルコ伝二章二二節」（イエス）

＊最も不鮮明な時代は現在である。

——スティーヴンソン「平野を越えて」

＊人はその時代の持つ知識以上に利口にはなり得ず、時代の無知に比べて無知である。偉大な人物が、多少の差はあれ、どれほど、その時代の迷信にとらわれてきたことか。

＊「佳き古き時代」——すべての時代は古くなると佳くなる。

——ソロー「日記」

＊前の時代を軽んずることは、後の時代にわれ自身のことを軽んずるように教えているようなものだ。

——バイロン「青銅時代」

＊世の中が悪くなる一方だと言う人は、大きな間違いをしている。なぜならば、地球上の戒律がたった一つだったとき、アダムがそれを破ったのだし、全世界を分け合う人がたった二人しか存在しなかったとき、カインが弟のアベルを殺したのだから。

——ハズリット「古書を読む」

＊黄金時代が現在の世代であったためしはない。

——バトラー「散文批評」

＊最上のブドウ酒は最も古く、最上の水は最も新しい。

——フランクリン「貧しきリチャードのアルマナック」

＊新たな時代は世界が一の意識になり生物となる方向にある。

——ブレーク「天国と地獄の結婚」

＊一つの社会は獣性の時代から秩序の時代にまで向上する。野蛮期とは事実の時代で、秩序の時代とは虚構の制覇期である。

——宮沢賢治「農民芸術概論綱要」

＊われわれはいつも「過渡期」に、「時代と時代との間」に生きている。

——モンテスキュー「ペルシア人の手紙」

——レヴィット「世界と世界史」

時・時間→時代、年齢と世代

時は永遠に流れる流水だが、絶えず変化している。人間は過去の追憶を美化し、現在を最悪の過渡期とみずから に言いきかせ、一縷の不安と願望をいだきながら、未来にバラ色の夢を見る。

＊年を取るにつれて時は多くの教訓を教う。

＊汝の今日は永遠なり。
——アイスキュロス「アガメンノン」（ミケーネ王）

＊失われた時は再び還らず。
——アウグスティヌス「告白録」

＊光陰は矢のごとく、取り返すすべもなく、風にさらわれるように去ってしまう。
——アウゲー「説話」

＊一日延ばしは時の盗人、明日は明日……。
——ヴィヨン「遺言集」

＊時は万物を運び去る、心までも。
——上田敏「うづまき」

＊時を遅らせることによって事件を好転させる。
——ヴェルギリウス「アエネイス」

＊古へはただ詞《ことば》もなく事も少なし。事少なくしてなほ時には、何のむつかしき教へはあらん。
——エンニウス「断片」

＊年々歳々、時は過ぎ去るも、過ぎ去りし時は還らじ。
——賀茂真淵「風土」

＊時を短くするのは何か、活動。時を堪えがたく永くするのは何か、安逸。
——キケロ「断片」

＊失われた時は還らないことを記憶せよ。
——ゲーテ「西東詩集」
——ケムピス「キリストのまねび」

＊過ぎ去る時間とは失われた時間であり、怠惰と無気力の時間であり、いくたびも誓いを立てても守らない時間であり、しばしば引越しをし、絶えず金の工面に奔走する時間である。
——サルトル「ボードレール」

＊時はすべての佳きことの乳母であり、養い手である。
——シェークスピア「ヴェロナの二人の紳士」

＊少年老い易く、学成り難し、一寸の光陰軽んずべからず。
——朱子「偶成」

＊時はいっさいのものをゆっくりと破壊する。
——ジューベル「パンセ」

＊普通人は時をつぶすことに心を用い、才能ある人間が心を用いるのは、時を利用することである。
——ショウペンハウエル「パレルガとパラリポーメナ」

＊お前が刹那から追い出したものを永遠は返してはくれない。
——シラー「諦観」

＊時の歩みには三とおりある。未来はためらいながら近づき、現在は矢のように飛び去り、過去は永遠に静止している。
——同右

＊わが時はいまだ至らず、汝らの時は常に備われり。
——「新約聖書—ヨハネ伝七章六節」（イエス）

＊時と潮流は人を待たない。

——ウォルター＝スコット「ナイジェルの富」

＊時は変わるが、絶えず動いている。

——エドムンド＝スペンサー「寓意的騎士物語詩」

＊われらはつねに命の短きを嘆じながら、あたかも命の尽くる時期なきごとくふる舞う。

——セネカ「生の短きについて」

＊ただ、いっさいは過ぎていきます。自分がいままで阿鼻叫喚で生きて来た、いわゆる人間の世界において、たった一つ、真理らしく思われたのは、それだけでした。

——太宰治「人間失格」

＊われらに山の斜《ななめ》にて上がり得べきところを告げよ、そは知ることいと大いなる者、時を失うをいとうことまた、いと大いなればなり。（道を知らずに進めば時を失う。知が進むにつれて人間は時の重要さを知るようになる）

——ダンテ「神曲―浄火編三曲」

＊時は偉大な医者である。

——ベンジャミン＝ディズレーリ「ヘンリッタ―寺院」

＊時は金である……そして、それによって利益を計算する人たちにとっては大枚の金である。

——ディッケンズ「ニコラス・ニッケルビー」

＊時は人間が消費し得る最も価値あるものなり。

——テオフラストウス「断片」

＊時には今日なく、永劫には未来なく、永遠には過去はない。

——テニソン「〝いかにして〟、〝どうして〟」

＊時間の谷間では、しばしば時間の丘が永遠の山をさえぎる。

——同右「断片」

＊われわれは事をなす時間を準備のために浪費するも、事をなす好機なるものは、われわれのためらいと言い逃れを待つものにあらず。

——デモステネス「ピリッポス攻撃演説」

＊学道の人すべからく寸陰を惜しむべし。露命消えやすし、時光すみやかにうつる。しばらくも存す間余事を管することなかれ。

——道元「正法眼蔵随聞記」

＊丈六金身これ時なり、時なるがゆゑに、時の荘厳光明あり。

——同右

＊時は一瞬も休むことなき無限の動きである。

——トルストイ「戦争と平和」

＊時は苦しみや争いを癒《いや》す。というのは、人が変わるからである。人はもはや同一人ではないのである。

——パスカル「パンセ」

＊時は未来永劫の幻影なり。

——プラトン「卓談」

＊明日なさねばならないことがあったなら、今日のうちになせ。
――フランクリン「貧しいリチャードのアルマナック」

＊神がわれわれ各人に割り当てるときは、われわれがいかに縫取りをするかをよく知っている高価な織物のようなものである。
――フランス「シルヴェストル・ボナールの犯罪」

＊時間を全然消費しなければ、年において若くとも、時間においては老いていることもあり得る。
――ベーコン「随筆集」

＊時の言うことをよく聞け。時は最も賢明なる法律顧問なり。
――ペリクレス（プルタルコス「英雄伝」より）

＊すべてが失われようとも、まだ未来が残っている。
――ボヴィー「断片」

＊時はわれわれの上を飛翔するが、その影をあとに残す。
――ホーソン「大理石のフォーン」（フォーンは「ローマ神話」に出てくる牧夫・農夫が崇める半人半羊の神）

＊時は生命《いのち》をくらい、この見えざる仇敵はわれらの心を蝕《むしば》みて、とくとくと生血《なまち》をすすり肥りはびこる。
――ボードレール「悪の華」

＊未来がどうなるか、あれこれ詮索するをやめよ。しかして、時がもたらすものが何であれ、贈り物として受けよ。

＊月日は百代の過客にして、行きかふ年もまた旅人なり。
――ホラティウス「叙情小詩」

＊夕を思ひ旦《あした》を思ふべし。
――松尾芭蕉「奥の細道」

＊時は免れがたきすべての禍いの医者なり。
――同右「行脚掟」

＊時はモラルの分野でさえも偉大な公証人である。
――メナンドロス「断片」

＊時は流れる川である。流水に逆らわずに運ばれる者は幸せである。
――メンケン「序文集」

＊遅延は時間の浪費である。遅延は年々、すべてがなくなるまで盗む。
――モーレイ「随筆集」

＊時よ、汝がために運命はその願いを空しくせり、快き時よ、汝は去りてまた還らじ。
――エドワード＝ヤング「夜の瞑想」

＊時間の使い方が最も下手な者が、まずその短さについて苦情をいう。
――ラ・フォンテーヌ「アドニス」

＊時間は友情を強めるが、恋愛を弱める。
――ラ・ブリュイエール「人さまざま」

＊われらは急ぎてこの短き時を愉しまん。人には港なく、
――同右

時には岸辺なし、かくて時は過ぎ、われらは去る！

——ラマルティーヌ「湖水」

＊天地は万物の逆旅にして、光陰は百代の過客なり。而して浮生は夢の若《ごと》し。（人生は夢のようにはかない）

——李白「春夜桃李園に宴するの序」

＊白髪三千丈、愁に縁《よ》って箇《かく》の如く長し。知らず明鏡の裏《うち》　何処《いずく》よりか秋霜を得たる。

——同右「秋浦歌」

＊聖人は尺の壁を貴《とうと》ばずして寸の陰を重んず、時は得がたくして失い易し。（聖人は直径一尺もあるような壁よりも、一寸の光陰のほうを大切にする。人生の真の価値は物質ではなく時間だ）

——劉安「淮南子《えなんじ》」

＊瓶《へい》中の氷を睹《み》て天下の寒を知る。

——同右

＊年々歳々花相似たり、歳々年々人同じからず。

——劉希夷《きい》「代悲白頭翁」

＊時を得る者は昌《さか》え、時を失う者は滅ぶ。

——「列子」

＊遅れることあらじ、黄金の瞬時は飛び去る。

——ロングフェロー「パンドラのマスク」

＊時は魂の「生命」なり。

——同右「ハイペリオン」

・過去・現在・未来

＊私は未来のことについては、けっして考えない、未来はやがてきっとやって来るから。

——アインシュタイン「語録」

＊汝の今日は永遠なり。

——アウグスティヌス「告白録」

＊未来を思い煩うな。必要あらば、現在役立ちうる知性の剣にて十分未来に立ち向かわん。

——アウレリウス「自省録」

＊われわれは現在だけを堪え忍べばよい。過去にも未来にも苦しむ必要はない。過去けもう存在しないし、未来はまだ存在していないのだから。

——アラン「幸福語録」

＊神すら過去を革《あらた》めることを得ず。

——アリストテレス「ニコマコス倫理学」

＊過去の記憶がお前に悦びを与えるときにのみ、過去について考えよ。

——オースティン「誇りと偏見」

＊現在というものは、過去のすべての生きた集大成である。

——カーライル「随筆集」

＊人は過去の中に現在をのみ眺める。私の現在が変わるとき、私の過去がまた変わらないとは、誰が保証しえようか。

——河合栄治郎「学生と教養」

*現実の世界に満足する能《あた》わずして、応援を他界に求むるは自然の情なり。然れども、吾人もし徒らに現実を軽んじて、只管《ひたすら》空理空論に耽《ふけ》ることあらば、人間として何の価値あるを知らさるべし。

——北村透谷「想像と空想」

*現在は移り変わる瞬間であり、すでに過去は存在せず、未来の見通しは暗く、疑わしい。

——ギボン「ローマ帝国衰亡史」

*汝明日《あす》のことを語るなかれ、それは一日生ずるところの如何なるを知らざればなり。

——「旧約聖書—箴言二七章一節」（ソロモン）

*過去と未来は存在するにあらず、現在のみが存在す。

——クリュシッポス「断片」

*現在はその一部が将来、他が過去である。

——同右

*現在は魅力ある女神なり。

——ゲーテ「タッソー—四幕四場」

*人間は現在がすこぶる価値のあることを知らない。……ただ、なんとなく未来のよりよい日を願望し、いたずらに過去と連れ立って嬌態を演じている。

——同右「格言集」

*どんな人も、それ自身の未来の建築家である。

——サルスティウス「断片」

*過去とは、所有者の贅沢だ。過去を整頓しておくには一軒の家を持つことが必要だ。私は自分の身体しか持たない。

——サルトル「嘔吐」

*過去を思い起こし得ない者は、過去を繰り返すように運命づけられている。

——サンタヤナ「理性の生活」

*過去と来るべき未来はベストに思える。現在の事柄は最高に悪い。

——シェークスピア「ヘンリー四世—二部一幕三場」

*われらはいかにあるかを知るも、われらがいかになるかを知らず。

——同右「ハムレット—四幕五場」

*将来に対する最上の予見は過去を顧みることにある。

——シャーマン「演説—一八九〇」

*相談するときには過去を、享受するときには現在を、何かするときには、それがなんであれ未来を思え。

——ジューベル「パンセ」

*人間は明日の朝に対して、何がしかの恐怖と希望と心配を持たずにはいられない。

——シラー「メッシーナの花嫁」

*人生は三つの時代に分けらる。過去と現在と未来の三つなり。そのうちの現在の時はすこぶる短し、絶えず走り続け、流れ去り、せき立てられ、到来せぬうちに

消え失せる。

＊未来を気づかう心は悲惨なり。

——セネカ「書簡集」

＊思慮ある者は過去の出来事によりて現在を判断す。

——同右

＊未来のことはわからない。しかし、われわれには過去が希望を与えてくれるはずである。

——ソフォクレス「断片」

＊過去を追わざれ、未来を願わざれ。およそ過ぎ去りしものは、すでに棄てられたものなり。また未来はいまだ到着せず。……ただ今日まさになすべきことを熱心になせ。

——チャーチル「イギリス国民の歴史」

＊すべて昨日という日は、阿呆どもが死んで土になりにいく道を照らしたものである。

——「長部経」

＊過去によって未来をもくろむな。

——ナポレオン「語録」

＊われわれは現在についてほとんど考えない。たまに考えることがあっても、それはただ未来を処理するために、そこから光を得ようとするにすぎない。現在はけっしてわれわれの目的ではない。過去と現在はわれわれの手段であり、未来のみが目的である。

——バーク「国会議員への書簡」

＊われわれはつねに現在にいた試しがない。来るのがとても待ちどおしくて、その歩みを早めさせようとするかのように未来を待ちこがれているか、あるいは、あまり速やかに過ぎ去るので、その歩みを引き止めておこうとするかのように、過去を呼び返している。

——パスカル「パンセ」

＊未来は他の門から入りたる別の過去にすぎず。

——同右

＊明日は、試練に応じた新しい力をもたらすであろう。

——ピネロ「第二のタンクォリ夫人—四幕」

＊今日の卵を得るよりも明日の鶏を得るほうがよい。

——ヒルティ「パウスタイネ」

＊未来とは、現在によって条件づけられた追憶の投影にほかならない。

——ノラー「格言集」

＊明日なさなければならぬことがあったならば、今日のうちになせ。

——ブラック「語録」

＊今日は昨日の生徒である。今日の一つは明日の二つにまさる。

——フランクリン「貧しいリチャードのアルマナック」

＊無限の可能性をはらんだ未来の観念が、未来そのものよりも豊饒なのであって、所有よりも希望に、現実よ

——同右「断片」

りも夢に、いっそう多くの魅力が見出されるのは、そのためである。

——ベルグソン「意識の直接与件に関する試論」

＊私は過去によるほか将来のことを判断する道を知らない。

——ヘンリー「演説—一七七五」

＊過去の因を知らんと欲せば、其の現在の果を見よ。未来の果を知らんと欲せば、其の現在の因を見よ。

——「保元物語」

＊人間が自己の未来について熟知してしまったら、その人の一生は、つねに限りない歓びと恐怖がまざり合って、一瞬といえども平和な時がなくなろう。

——ホーソン「ディヴィッド・スワン」

＊未来についての無知は、神の定めた領域を埋めるための有難い賜り物なのだ！

——ポープ「人間論」

＊過去は幻影としての刺激を保ちながら、その生命の光と動きを取り戻して現在となる。

——ボードレール「ロマン派芸術論—近代生活の画家」

＊過去との歴史的連続性は義務ではなく、必要性にすぎない。

——ホームズ「朝の食卓の大学教授」

＊過ぎ去りしことは、過ぎ去りしことなれば、過ぎ去りしこととして、そのままにせん。

＊神は知恵深くも、未来の成行きを真暗き夜をもて蔽えり。

——ホメロス「イリアス」

＊現在を享楽せよ。明日のことはあまり信ずるなかれ。

——ホラティウス「詩賦」

——同右「カルミナ」

＊愚者は言う「われ明日に生きん」と。現在でも遅すぎる。賢者は過去に生けり。

——マルティアリス「諷刺詩」

＊未来とは現在である。

——ミード「文化と投機」

＊われは後世たすからんといふ者にあらず、ただ現世に、まづあるべきやうにてあらんといふ者なり。

——明恵「遺訓」

＊過去のものは、人間がいかなる態度をとるべきかを教える力がない。そのことは、人間が己で回想する過去のものの先の中で覚醒し、己自身で決断しなければならない。

——ヤスペルス「現代の精神状態」

＊もの寂しげに過去を見るな、それは二度と戻って来ないのだから。抜け目なく現在を収めよ、それは汝だ。影のような未来に向かって進め、怖れずに雄々しい勇気をもって。

——ロングフェロー「ハイペリオン」

・記憶と忘却

＊紙に書かず、心に書きとどむべし。

――アンティステネス「断片」

＊過ぎ去りし災難を記憶すること、いかばかり愉しきことか。

――エウリピデス「断片」

＊記憶はあらゆる物事の宝であり、守護者なり。

――キケロ「雄弁論」

＊虚栄はわれわれの記憶に巧みな瞞着を装う。

――コンラッド「ジム卿」

＊堪え忍んだ事柄は甘き記憶なり。

――セネカ「書簡集」

＊多くの人間は、その記憶があまりにもよいという唯一の理由から思索者になれない。

――ニイチェ「断片」

＊われわれが追い出されずにすむ唯一の楽園は憶い出である。

――ジャン＝パウル「眼に見えない会話」

＊よい記憶力はすばらしいが、忘れる能力はいっそう偉大である。

――ハバード「千と一つの格言」

＊記憶は……心の貯蔵庫である。

――フラー「聖なる国」

＊堪え忍んだことについて憶い起こすことは快い。

――ヘリック「苦しんだことに対する満足」

＊記憶とは活動したり、消すことのできない持続である。

――ベルグソン「創造的変化」

＊どんな人も自分の記憶が失われていることに不満をいだくが、判断の欠如について不満をいだく者はない。

――ラ・ロシュフーコー「箴言集」

＊忘れられた人は誰か。清廉な静かな徳のある家庭的な人間だ。

――ウィリアム・サムノー「忘れられた人々のアルマナック」

＊人はなんでも忘れることができるが、自分自身だけは、自分の本質だけは忘れることはできない。

――ショウペンハウエル「パレルガとパラメポーメナ」

＊去りし歓びは、いまの悩みを深め、
　悲しみは、悔みと折れ重なる。
悔みも憧れも、ともに甲斐なければ
　わが希《こいねが》うは、ただ忘却のみ。

――バイロン「メアリ・チョウアスに」

＊多くの忘却なくしては人生は暮らしていけない。

――バルザック「断片」

＊われわれの忘却してしまったものこそ、ある存在をいちばん正しくわれわれに想起させるものである。

――プルースト「失われた時を求めて」

＊忘れられたもの以外に新しいものはない。

——ベルタン女史「語録」

＊何事も学ばなかった人たちには、何も忘れるべきものはありません。

——マルロー「アルテンブルグのクルミの木」

経験・体験と見聞

経験から得た教訓は貴重だが、それはあくまで本人にとってのみで、他人にはさして役立っていない。先哲たちが犯した愚行を反省訓として後代の人々に伝えているのに、彼らが同じような愚行を繰り返している。人間は他人からの教訓では納得しない、己が同じ愚行をして、はじめて反省するのだから。

＊経験によってもたらされることは貴重な知識である。

——アスチャム「教師」

＊すべての経験は建造されるアーチである。

——ヘンリー＝アダムズ「ヘンリー・アダムズの教育」

＊衣は新たに若《し》くは莫《な》く、人は故《こ》に若くは莫し。（衣服は新しいにこしたことはなく、人は古い経験者にまさるものはない）

——晏嬰《あんえい》（「晏子春秋」より）

＊どんな人も他人の経験によって学びとるほど利口ではない。

＊古は稽《かんが》へて今を照らす。

——ヴォルテール「断片」

＊傷弓の鳥は曲木に驚く。（弓矢で傷ついた鳥は曲がった木でも驚く）

——太安万侶「古事記上表」

＊同じ経験を繰り返して話をする人に言えることだが、彼らは経験すべきことの半分も自分が経験していないことを、いつまでもわかっていない。

——欧陽脩「唐書《じょ》」

＊なんでも知らないことが必要で、知っていることは役に立たない。

——ゲーテ「格言集」

＊火は鉄を験《ため》し、誘惑は正しき人をためす。

——同右「ファウスト」

＊前事の忘れざるは後事の師なり。（前の経験を忘れなければ後事に役立つ）

——ケムピス「キリストのまねび」

＊人間が賢くなるのは経験によるものではなく、経験に対処する能力に応じてである。

——司馬遷編「史記」

＊他人の災難から英知を習得する者は幸いなり。

——バーナード＝ショウ「革命主義者のための格言」

——シルス「箴言集」

＊遊刃《ゆうじん》余地有り。（十九年の経験ある庖丁という料理の名人が刃物

を自由自在に取り扱い、主人に賞められたときに答えたことば）

——「荘子」

＊学問は満足しようとしない。しかし経験は満足しようとする。これが経験の危険である。

——谷川徹三「世間通」

＊他人のパンのいかに苦《にが》く、他人のはしごの昇降のいかばかりつらきやを汝みずからためしみむ。

——ダンテ「神曲―天堂編一七曲」

＊経験というものは、人が知識において進めば進むほど、それの必要を感じさせるものである。

——デカルト「方法序説」

＊個人あって経験あるにあらず、経験あって個人あるのである。個人的区別よりも経験が根本的であるという考えから独我論を脱することができた。

——西田幾多郎「善の研究」

＊経験を積んだ人は、物事がこうであるということを知っているが、なぜそうであるかということを知らない。

——ハイデッガー「根拠の本質について」

＊煩悶せざる青年は人生初期の経験に於て足らざる所あり、安心せざる老人は人生終期の経験に於て完《まった》からざる所あり。

——長谷川如是閑「如是閑語」

＊前車の覆《くつがえ》るは後車の戒め。（経験を忘れるな）

——班固撰「漢書《じょ》」

＊奴隷は去りやすく経験は過ち多し。

——ヒポクラテス「箴言」

＊経験は授業料の高い学校であるにかかわらず、愚者は他の学校では学ぼうとはしない。

——フランクリン「断片」

＊私は私の足を導いてくれる唯一のランプを持っている。それは経験というランプである。

——ヘンリー「ヴァージニア議会の演説一七七五・三・二三」

＊耳を貴び、眼を卑しむ。（見識の狭い意）

——「抱朴子《ほうぼくし》」

＊経験は科学の母である。

——ボーン「格言のハンドブック」

＊経験とは、人がその愚行と悲哀に与えた名前である。

——ミュッセ「断片」

＊七ころび八起きは歩みの経験において避くべからざることである。

——三宅雪嶺「世の中」

＊経験は愚者たちにとっての教師である。

——リヴィウス「ローマ史」

＊経験は数千年前からなされてきたが、その跡をたどっても無駄である。他人が自己のために経験したことは、そのまま諸君に通用しない。諸君は己自身のために経験し直さねばならない。

——リュッケルト「バラモンの英知」

*創造する最も深い体験は女性的である。というのは、それは受胎し、分娩する体験であるからである。

——リルケ「パリの手紙」

*われわれの知識は、すべて経験に基づくものであり、知識は結局のところ経験から生ずるのである。

——ロック「人間悟性論」

*経験とは、各人が自分たちの愚行に与えている名前だ。

——ワイルド「ウィンダミア夫人の扇」

*すべて人間は知ることを求むるが本性なり。彼らが見聞を好むは、その一つの象徴なり。実際の役に立たずとも、見聞はただ見聞として愛好さるるからなり。

——アリストテレス「形而上学」

*神は人間に一つの舌と二つの耳とを賦与したるは、しゃべるよりも二倍多く聞くためなり。

——エピクテトス「断片」

*人間は二つの目と一つの舌とをもって生れたのは、しゃべるよりも、二倍も見るためである。

——コルトン「ラコン」

*井《せい》中に入って星を視《み》れば視る所数星に過ぎず。（広い見識に立たねば全体を把握し得ない）

——「尸子《しし》」

*もし見聞を家に持ち帰ろうとするならば、自分でそれをたずさえて来なければならない。

——サミュエル＝ジョンソン「ランブラー誌」

*遠く騏驥《きき》を求めて、近く東隣に在るを知らず。（騏驥は名馬）

——「晋書《しんじょ》」

*井蛙《せいあ》海を語るべからず。（「井の中の蛙」と同義）

——「荘子」

*貝殻をもって海をはかる。（見識の狭いこと）

——班固撰「漢書《じょ》」

*ひとりの人間の目撃は十人の風聞より重い。

——プラウトゥス「断片」

・安全と危険

*氷の上をすべるには、スピードを出すことが安全である。

——エマーソン「随筆集」

*安全は中庸の道なり。

——オヴィディウス「断片」

*われわれは社交を断りて隠退の道を決意す。なんとなれば、安全が孤独の中に住むからなり。

——サーディー「ゴレスターン」

*安全なるときにさえ、ガードを固める人こそ危険から免れる。

——シルス「箴言集」

*真の安全は隔離された個人的努力よりはむしろ、社会的困難の中に見出される。

——ドストエフスキー「カラマーゾフの兄弟」

*窮すれば則ち変じ、変ずれば則ち通ず。

——「易経《えききょう》」

*危険は勇者の目には太陽のごとく光り輝く。

——エウリピデス「断片」

*人生が始まるや否や、そこに危険がある。

——エマーソン「講演」

*窮鼠《きゅうそ》猫を嚙《か》む。

——桓寛編「塩鉄論」

*いちばん高いところにいる人たちは、それだけはげしい危険にさらされることが多いが、それは過度の自信のせいである。

——ケムピス「キリストのまねび」

*生れつき危険を好む者は、危険に立ち向かう勇気をも与えられている。

——ゲレルト「寓話」

*虎穴に入らずんば虎児を得ず。

——「後漢書」

*危険を冒さずになした征服は栄光のない勝利である。

——コルネイユ「サイドの叙事詩」

*狼を除いて虎を得。（「前門の虎後門の狼」と同義）

——「三国志」

*唇滅ぶれば則ち歯寒し。（相互扶助の関係にある者の一方が滅びると、他方も危なくなる）

——司馬遷編「史記」

*我汝らを遣《つか》わすは、羊を豺狼《おおかみ》の中に入るるが如し。この故に蛇のごとく慧《さと》く、鴿《はと》のごとく素直なれ。

——「新約聖書—マタイ伝一〇章一六節」（イエス）

*千金の珠《たま》は必ず九重《きゅうちょう》の淵《ふち》の而も驪龍《りりょう》の頷下に有り。（驪龍は黒龍、頷は下あご。「虎穴に入らずんば虎児を得ず」と同義）

——「荘子」

*危険——すべての偉大な心の拍車である。

——チャップマン「すべての阿呆」

*最も大きな危険は勝利の瞬間にある。

——ナポレオン「語録」

*危険を予見し、それに身を投ずるに先立って、それを怖れることが必要である。そのなかに陥れば最後、危険を軽蔑するよりほかに方法はない。

——フェヌロン「テレマク」

*人間を四六時中、脅威にさらす危険には人間はさして注意せず。

——ホラティウス「書簡詩」

*高木《こうぼく》に縁《よ》りて四方に望むが如し。（高木に登って四方を見下すのはよいが、大風が吹けば危険である。実力のない者が高位につくと、化《ばけ》の皮がはげる）

＊危険を愛する者は危険に死ぬだろう。

——劉安「淮南子《えなんじ》」

——ロレンハーゲン「蛙鼠合戦」

・用心・心配

＊細粒の砂がいかなるかを知るか。それを船に積まば、船は沈む。

——アウグスティヌス「告白録」

＊急行に善歩なし。

——王充「論衡」

＊小事軽んずる勿れ。

——「関尹子《いし》」

＊牆《かき》に耳有り、伏寇《ふくこう》は側《かたわら》にあり。（「垣に耳あり」、伏兵は近くに潜んでいる）

——「管子」

＊千丈の堤も螻蛾《ろうぎ》の穴を以て潰ゆ。

——「韓非子」

＊事は密なるを以て成る。語は泄《も》るるを以て敗る。

——同右

＊要塞を築くから攻撃される。

——ギボン「ローマ帝国衰亡史」

＊羹《あつもの》に懲《こ》りて膾《なます》を吹く。（熱い吸物で焼どした者は冷たいなますも吹いて食べる）

——屈原「楚辞」

＊軽信というのは、善良に生れついた人に具わる特徴である。

——ジューベル「パンセ」

＊人間は用心によって災害を損失から、寛容によって闘争と喧嘩から保護されるであろう。

——ショウペンハウエル「パレルガとパラリポーメナ」

＊九仞《じん》の功を一簣《き》に虧《か》く。（山を築くに最後の一杯のもっこの土を惜しめば完成しない）

——「書経《きょう》」

＊用心は人生を安泰にするが、人生を必ずしも幸せにするとは限らない。

——サミュエル＝ジョンソン「アイドラー誌」

＊百里を行く者は九十里を半《なかば》とす。

——「戦国策」

＊人生においては、チェス競技のように用心が勝利を収める。

——バックストン「断片」

＊小さな漏口が大きな船を沈める。

——フラー「格言集」

＊用心は所有とともに増大す。

——ヘシオドス「仕事と日々」

＊用心は英知の長男である。

——ユーゴー「断片」

＊二重の用心は一重の用心に優る。

——ラ・フォンテーヌ「寓話」

*善く游《およ》ぐ者は溺る。善く騎《の》る者は堕つ。

——劉安「淮南子《えなんじ》」

*用心という奴《やつ》は、絶えずわれわれを先へ先へと連れて行き、しばしばわれわれが到達する見込みのないところまでわれわれを連れて行く。われわれの不幸はここにある。

——ルソー「エミール」

*速やかならん事を欲すれば則ち達せず。

——「論語」（孔子）

・災難・事故

*あらゆる物事の初めは小事なり。

——キケロ「断片」

*事件の原因は、事件そのものより興味深し。

——同右

*来るべき出来事は影をその前に投げかける。

——キャンベル「希望の悦び」

*禍いに因り福をなす。成敗の転ずるは、例えば糾《あざな》える縄の如し。

——司馬遷編「史記」

*天の作《な》せる災いはなお避くべし。みずから下せる災いは逃るべからず。

——「書経《きょう》」

*汝ら世にありては患難《なやみ》あり、されど雄々《おお》しかれ。我すでに世に勝てり。

——「新約聖書―ヨハネ伝，六章三三節」（イエス）

*大事件も、すべてその起こりは大河の源のごとく些細なことに起因する。

——スウィフト「ガリバー旅行記」

*凡《オヨ》ソ生民ノ災ヒハ年ノ凶荒ヨリ大ナルハナシ。

——高野長英「救荒二物考」

*われわれが予測するものが起こることは滅多になく、われわれが全然期待もしない事態が一般に発生する。

——ベンジャミン＝ディズレーリ「ヘンリエッタ・テンプル」

*事故というものは、いちばん順境な家庭で起こるであろう。

——ディッケンズ「デヴィッド・コーパーフィールド」

*災難は忘れた頃にやって来る。

——寺田寅彦「随筆集」

*禍ひは口より出て身を破る。さいわひは心より出て我をかざる。

——日蓮「十字御書」

*公の災害は力強い平等論者である。

——バーク「アメリカとの調停についての演説―一七七五・三・二二」

*災害には二種類ある。すなわち、われわれには不運を、

ほかの人たちには幸運を。

——ビアス「悪魔の辞典」

＊天のその人に災ひするは、天未だその人を捨てざるなり。

——藤原藤房「語録」

＊人間の事件にて心配するに値すものは何もなし。

——プラトン「共和国」

＊災難は人間の真の試金石である。

——ボーモント、フレッチャー「名誉の勝利—一幕」

＊死すべきひと子らが神々を責めるとは、なんたることぞ。災いはわれらから来ると申しおるも、彼らは己の愚かさゆえ、定めを超えたる苦労をなしおる。

——ホメロス「オデュッセイア」

＊赤ん坊のように、トラブルは乳を含まさせて大きくなる。

——ホーランド夫人「語録」

＊天の下せる厄難は避くべし、自《みずか》ら招きたる災難は逃るべからず。

——「孟子」

＊災難は保全のテストである。

——リチャードソン「断片」

＊事の成敗は必ず小より生ず。

——劉安「淮南子《えなんじ》」

＊日月明らかならんと欲すれば浮雲これを掩《おお》う。（物事には支障が起こりやすい）

——同右

＊災難にあふ時節には災難にあふがよく候。死ぬる時節には死ぬがよく候。これはこれ災難をのがるる妙法に候。

——良寛「書簡」

＊禍いは足ることを知らざるより大なるは莫《な》く、咎めは得んと欲するより大なるはなし。故に足ることを知りて之れ足れば、常に足る。

——「老子」

苦労と困難

困難に直面して、人目につかない苦労は真の苦労だが、人目につく苦労は、虚栄と野心によって堪えられるもので、自慢の種にさえなる。

＊幸福は夢にすぎず、苦痛は現実である。

——ヴォルテール「格言集」

＊過去に起こりし苦労を思い起こすことといかに愉しき。

——エウリピデス「断片」

＊人間は安逸に満足して生きたと思うが、自然は、人間が安逸と無為の満足に甘んじさせず、苦労や労働に打ち克つ手段に知恵を絞らせようとして、苦労や労働の

中に人間を放り込む。
──カント「一般歴史学」

＊苦難の道は永くもあれば、また暗くもある。次第に明るくなるような道は別の道である。
──キェルケゴール「日記」

＊人の生れて艱難をうくるは火の子の上に飛ぶがごとし。
──「旧約聖書─ヨブ記五章七節」

＊楽しんでやる苦労は苦痛を癒《いや》すものだ。
──シェークスピア「マクベス─二幕三場」

＊すべての享楽と、すべての幸福とは消極的なものだが、労苦は積極的なものだ。
──ショウペンハウエル「意志と表象としての世界」

＊苦労を忘却することが、それをなくす方法なり。
──シルス「箴言集」

＊明日は明日みずから思い煩《わずら》わん。一日の労苦は一日にて足れり。
──「新約聖書─マタイ伝六章三四節」（イエス）

＊汝等のために受ける患難《なやみ》に就きて落胆するな、是汝の誉《ほまれ》なり。
──「同右─エフェソ書三章三節」（パウロ）

＊苦難はたいてい未来の幸福を意味し、それを準備してくれるものであるから、私はそうした経験を通じて、苦難のときには希望をいだくようになり、逆にあまりに大きな幸福に対しては疑念をいだくようになった。

＊悩みは無意識を誘発する。
──ヒルティ「新書簡」

＊われわれは十分に苦労を経験することによってのみ苦労は癒《いや》される。
──ブラウン「骨壺埋葬」

＊寒さにふるえた者ほど太陽の暖かさを感じる。人生の悩みをくぐった者ほど生命の尊さを知る。
──プルースト「過去についての追憶」

＊苦労こそ人生の真の姿である。われわれは最後の歓びと慰めは、苦労した過去の追憶にほかならない。
──ホイットマン「草の葉」

＊私は苦労はいとわぬ。辛抱もするが、それは自分に気の向いたことをするときだけだ。
──ミュッセ『世紀児の告白』

＊若いときに、にがい水を飲まなかったやつは、ひだちが悪いよ。おれは「苦労」を、おれの「先生」だと思っているんだ。
──センテーニュ「随想録」

＊肉体の労苦は、精神の労苦をいやす。これこそ貧乏人を幸せにする。
──山本有三「路傍の石」

＊玉《たま》琢《みが》かざれば器《うつわ》を成さず。（苦労しなければ立派な人間は育てられない）
──ラ・ロシュフーコー「箴言集」

――「礼記」

＊困難にさいしては、けっして人の忠告を信ずるな。

――イソップ「寓話」

＊予は困難なる仕事を企図するも、困難なくして至上に成就さるるものなし。

――オヴィディウス「アルス・アマトリア」

＊弱者の歩道の障害であったみかげ石の塊は、強者の歩道の踏み石になる。

――カーライル「随筆集」

＊困難が大なれば大なるほど栄光は大なり。

――キケロ「断片」

＊困難はたいていの場合、怠惰の娘である。

――サミュエル＝ジョンソン「アイドラー誌」

＊すべて高貴なものは、稀であるとともに困難でもある。（高貴なもの＝神即自然と合致した諦念、それに伴う幸福の意）

――スピノザ「エチカ」

＊克服された困難は勝利の機会である。

――チャーチル（ラジオ演説一九四三）

＊最も困難な三つの事柄は、秘密を守ること、受けた害を忘れること、余暇を善用することである。

――チロ「断片」

＊容易なるものなけれど、不承不承に行うときは困難とならん。

――テレンティウス「断片」

＊困難は厳正なる教師である。

――バーク「フランス革命の影響」

忍耐・我慢・辛抱

＊忍耐は正義の一種なり。

――アウレリウス「自省録」

＊忍耐は集結された根気である。

――カーライル「随筆集」

＊世の中のことはなんでも我慢できるが、幸福な日の連続だけは我慢できない。

――ゲーテ「格言集」

＊堅忍という美徳はしばしば頑固と混同される。

――コッツェブー「新しい戯曲」

＊忍耐の草は苦《にが》い。だが、最後には甘い、柔らかい実を結ぶ。

――ジムロック「箴言」

＊忍耐は希望をいだく術《すべ》である。

――シュライエルマッハ「断片」

＊菜根を咬《か》み得て百事做《な》すべし。（まずいものを食べる忍耐があってこそ、百事を成就できる）

――「小学」

＊患難は忍耐を生じ、忍耐は練達を生じ、練達は希望を生ず。

――「新約聖書―ロマ書五章三～四節」（パウロ）

＊おさへても堪忍ぶくろなかりせば、何をかいはんかんしゃくの虫。

――滝沢馬琴「語録」

＊辛棒強い男の激情には気をつけよ。

――ドライデン「アブサロムとアチトフェル」

＊勉強忍耐は才力智徳の種子なり。

――乃木希典「日記」

＊忍耐――それは肉体的な小心と道徳的勇気の混じり合い。

――ハーディー「ダルバーヴィルズのテス」

＊忍耐――それによって凡人が不名誉な成功を収めるくだれない美徳。

――ビアス「悪魔の辞典」

＊心配に対する最上の対策は忍耐と勇気である。

――ヒルティ「幸福論」

＊忍耐はありとあらゆる困苦に対する最上の治療なり。

――プラウトゥス「断片」

＊忍耐というのは集結された根気である。

――ベーコン「随筆集」

＊忍耐と長時間は、往々にして力や怒りよりも効果がある。

――ラ・フォンテーヌ「寓話」

＊能《よ》く恥を忍ぶ者は安《やす》し。（「堪忍は身の宝」と同義）

＊万事は辛棒強く待っている者のところにやってくる。

――劉向《きょう》撰「説苑《ぜいえん》」

――ロングフェロー「路傍の宿屋の話」

勤勉・努力と怠惰

「勤勉は美徳、怠惰は悪徳」という教えは必ずしも容認し難い。食うために働かねばならない人々にとって、勤勉は手段であり、彼らの属性である。真の勤勉は私欲のためでなく、世のために努力することである。有閑階級の怠惰と浪費はむしろ美徳ともなるケースもある。働く人々の仕事や職業を奪わないからである。一方、働く人人の怠惰と閑暇は不善につながる。

＊働けど働けどなほ　我が暮し楽にならざり　ぢっと手を見る

――石川啄木「一握の砂」

＊井戸を掘るなら水の湧くまで掘れ。

――石川理紀之助「語録」

＊一日に千里の道を行くよりも、十日に千里行くぞ楽しき。

――大町桂月「処世訓」

＊一滴の水、微小の砂粒が大海と心地よく陸地をつくる。

（「塵《ちり》も積もれば山となる」と同義）

——カーネイ「小さな物」

＊勤労は、つねに人類を悩ますあらゆる疾病と悲惨に対する最大の治療法である。

——カーライル「エジンバラにおける講演」

＊純粋な歓びのひとつは勤労後の休息である。

——カント「断片」

＊つねによい目的を見失わずに努力を続ける限り、最後には必ず救われる。

——ゲーテ「ファウスト」

＊休息と幸福は誰しも渇望するところであるが、それはただ勤勉によってのみ得られる。

——ケムピス「キリストのまねび」

＊一日作《な》さざれば、一日食わず。

——「五《ご》燈会《とうえ》元《げん》」

＊積羽《せきう》舟を沈む。（羽毛のような軽いものでも、積み重ねれば舟をも沈める。「塵も積もれば山となる」と同義）

——司馬遷編「史記」

＊精神一到何事か成らざらん。

——朱子「偶成」

＊積土山を成せば風雨興《おこ》り、積水淵を成せば蛟《こう》龍生ず。（「塵も積もれば山となる」と同義）

——「荀子」

＊驥は一日にして千里なれども、駑馬十駕すれば則ち亦之に及ぶ。（愚者も努力次第で賢者になれる）

——同右

＊最高位に登らんとせば、最低位より始めよ。

——シルス「箴言集」

＊一滴の油これを広き池水の内に点ずれば散じて満池に及ぶとや。

——杉田玄白「蘭学事始」

＊労働の賃金は勤勉への奨励であって、勤勉とは他のすべての人間の資質のように、それが受ける奨励に比例して進歩するのである。

——アダム＝スミス「国富論」

＊苟《まこと》に日に新たに、日に日に新たに、また日に新たなれ。

——「大学」

＊人退《しりぞ》くとも退かず、人進めば我いよいよ進む。

——沢庵「東海夜話」

＊この山を登らんとする者、麓にては大いなる苦しみにあわん。されど登るにつれ、そは減ずべし。そのゆえに、辛苦も愉しみになりつるとき、登ることいとやさしくみえて、速き流れを小舟にて下るがごとし。

——ダンテ「神曲—浄火編四曲」

＊種を選ばず耕さざる地は、土の力のいよいよさかんなるに従い、いよいよ悪く、いよいよ荒る。

——同右「神曲—浄火編三〇曲」

＊南国の勤勉は営利欲ではなく、他人に絶えず必要とされるからである。食わんがためだけなら勤勉は不必要

である。北国のそれは、その反対である。

――ニイチェ「人間的な、あまりに人間的な」

＊大事をなさんと欲せば、小なる事をおこたらず勤むべし。小つもりて大となればなり。

――二宮尊徳「二宮翁夜話」

＊一分間さえ休む暇のないときほど幸せなことはない。働くこと、これだけが生き甲斐である。

――ファーブル「昆虫記」

＊努力は、少数の者が多数の者から盗むことである。

――フィリップス「語録」

＊古人言ふ有り斃れてのち已《や》む。

――藤田東湖「述懐」

＊よじ登ることのない者はけっして落ちない。

――ヘイウッド「警句三百」

＊わずかずつ加うることを繰り返さば、やがて大なるものとならん。（「塵も積もれば山となる」と同義）

――ヘシオドス「仕事と日々」

＊我一歩を退くれば彼一歩を進め、我一日優游すれば彼一日精熟す。

――真木和泉「魁殿物語」

＊勤勉であることは人間を知らず、譲らず屈従的ならしめる。

――三木清「時代と道徳」

＊勤勉のない人生は有罪であり、技芸のない勤勉は野卑である。

――ラスキン「芸術に関する講話」

＊愚公山を移す。（愚公という人が、太形と王屋という二つの山の位置を永年かかって移した、という故事から、努力は実を結ぶという意）

――「列子」

＊半途にて懈《おこた》れば前功を失ひ未熟にかへる。

――安《あ》積《さか》艮斎《ごんさい》「艮斎閑話」

＊倦怠は人生の大患である。人は絶えず人生の短いことを嘆くが、その実、人生は永すぎる。なぜなら、人はその使い道を知らないからである。

――ヴィニィ「詩人の日記」

＊怠惰は、おだやかな無力から生れるものである。（おだやかな無力は魂の無力の意）

――ヴォーヴナルグ「人間精神認識の手引」

＊怠惰は心の眠りだ。

――同右「省察と格言」

＊怠惰の時は怠惰を知らず。

――春日潜庵「丙寅《へいいん》録」

＊倦怠は機械的な生活のもろもろの行為の果てにある。しかし同時に、これは意識の運動に始動を与えるものである。

――カミユ「シジフォスの神話」

＊われわれの本性は怠惰へ傾いている。だが、われわれは活動へと心を励ます限り、その活動に真の悦びを感ずる。

――ゲーテ「若きヴェルテルの悩み」

＊人間の力量一ぱいの月給を取ると弱くなるよ、況《いわ》んやそれ以上を取るに及んでは大ていのものが堕落する。

――堺利彦「語録」

＊なすべき多くの仕事を持っているのでなければ、徹底的に怠惰を享楽することは不可能である。

――ジェローム「怠け者の能なしの考え」

＊多忙は生気欠乏の徴候である。そして、怠ける能力は大いなる嗜好欲と強い個性の意識とを意味する。

――スティーヴンソン「アイドラー誌」

＊怠惰は肉体の愚鈍、愚鈍は精神の怠惰。

――ゾイメ「偽作」

＊土地を耕作せぬ者に向かい土地は言う。「左右の手を動かしてわれを耕作せぬ咎めにて、汝は永久にあらゆる乞食らとともに他人の門に立たねばなるまい。而して、永久に富者らの食べ残した残滓をもらわねばなるまい」

――ゾロアスター「断片」

＊怠惰は弱い頭の逃避場、愚者の休日にすぎない。

――チェスターフィールド「書簡―一七四九・七・二〇」

＊猫は魚を食べたいが、足をぬらすのは嫌だ。

――ヘイウッド「警句三百」

＊一丈の堀をこえんと思はんは一丈五尺をこえんとはげむべきなり。

――法然「一言芳談」

＊倦怠は怠惰によってこの世にはいってきたものである。人間が快楽や賭博や社交を求めることの中には、かなりの怠惰がはいっている。仕事を愛する者は、自己を十分に持っているわけである。

――ラ・ブリュイエール「人さまざま」

＊われわれの怠惰を罰するためには、自分の不成功ということ以外に、他人の成功ということがある。

――ルナール「日記」

＊何もしないことは、この世でいちばんむずかしいし、また、いちばん知的なことだ。

――ワイルド「芸術家としての批評家」

＊いまなおサタンは、役立たぬ手のなす悪戯《いたずら》を求めている。

――ワッツ「怠惰に対して」

・修行・修養

＊修行の道に限りあらざれば、至りて止まる奥もあらじ。

――上島鬼貫「独言」

＊その身を修めんと欲する者は、先ずその心を正しくす。その心を正しくせんと欲する者は、先ず、その意を誠

にす。

――「管子」

*他山の石以て玉を攻《おさ》むべし。（「他の山から出た粗悪な石でも、自分が玉をみがけば砥石として使える」ということばから）

――「詩経」

*禅僧のよくなる第一の用心は、只管《ひたすら》打座すべきなり。利鈍賢愚を論ぜず、坐禅すれば自然によくなるなり。

――道元「正法眼蔵随聞記」

*人の悟りをうる、水に月のやどるがごとし、月ぬれず、水やぶれず。

――同右

*優しく寛大な心もて汝《な》れの怒りに打ち克て、謙譲もて慢心を抑えよ。一路の真実もて、まがれる欺瞞を押し止めよ。心なごやかなる満足もて、貪婪《どんらん》を打ち消せ。

――「ダサニヴァヤリャストラ」

*なせば成る　なさねば成らぬ何ごとも　成らぬは人のなさぬなりけり。

――平田篤胤「語録」

*道を楽しみて賤を忘れ、徳に安んじて貧を忘る。

――「文子」

*若《も》し人寿百歳なるも、最上の法を見ざれば、一日生きて最上の法を見るに若《し》かず。

――「法句経《ほっくきょう》」

*ただ一乗《じょう》の法のみあり、二も無く三も無し。（独善的な修行者は真に成仏することはできない。他者を救い、成仏させることによって、はじめて己も成仏できる）

――同右

*千日の稽古を鍛《たん》とし、万日の稽古を錬とす。

――宮本武蔵「五輪書」

*飽食暖衣、逸居して教（学問）なければ、則ち禽獣に近し。

――「孟子」

*修行に於てはこれ迄成就といふ事なし。

――山本常朝「葉隠」

成功と失敗

成功とは、小利口に立ち回って目的を達成した小人に与えられる栄誉である。失敗を反省しないことが真の失敗である。与えられた機会をつかみ損なった人間は成功を望み得ない。

*成功して満足するのではない。満足していたから、成功したのである。

――アラン「幸福語録」

*最も嗤《わら》うべき、最も向うみずな希望が、ときとして異常な成功の因であった。

――ヴォーヴナルグ「省察と格言」

＊この世の中で成功するには、力ずくで、死ぬまで剣を腕より離さないことだ。

——ヴォルテール「格言集」

＊成功とは、小人どもの名誉のことである。

——エッシェンバッハ「格言集」

＊自信は成功の第一の秘訣である。

——エマーソン「随筆集」

＊功成る者は堕《お》ち、名成る者は虧《か》く。（功成り名をとげると、満足してついには名を汚し、せっかくの功を無にすることがある）

——「管子」

＊人の気に入るか、どうかを問題にしない人間は、世の中で成功することができる。

——キンケル「詩」

＊人生における成功の秘訣は、成功しなかった人々だけしか知らない。

——コリンズ「警句集」

＊日常生活における成功は、積極的な特質よりも消極的な特質に多く負っている。

——同右「イングリッシュ・レビュー」

＊成功はすてきな絵具で、すべての醜さを隠す。

——サックリング「ブレンノラルトの悲劇」一幕一場

＊成功の下《もと》久しく居る可からず。（成功したといって安易になってはいけない。潮時を見て動かねばならない）

——司馬遷編「史記」

＊世の中で成功を収めるには、人から愛される徳と、人を怖れさせる欠点とが必要であろう。

——ジューベル「パンセ」

＊善敗は己に由《よ》る。人に由らんや。（成功と失敗は他人のせいではなく己による）

——「春秋左氏伝」

＊われわれはけっして成功者（物質主義の帝国の意）に忠義を尽くしたことはない。われわれは彼らに奉仕するだけだ。

——ジョイス「ユリシーズ」

＊小心者は成功する率が少ない。

——シラー「ヴィルヘルム・テル」

＊われわれの目的は成功でなく、失敗にたゆまずに進むことである。

——スティーヴンソン「イギリスの技術者」

＊大功を成す者は衆に謀《はか》らず。

——「戦国策」

＊孰《いず》れか悪、孰れか善、成る者を首と為し、成らざる者を尾とす。（善悪は判断しがたいものだが、成功した者は官軍で、失敗した者は賊軍だ）

——「荘子」

＊成功の秘訣は目的への節操である。

——ベンジャミン＝ディズレーリ「演説―一八七〇」

＊成功は「大胆不敵」の子どもである。

——ベンジャミン＝ディズレーリ「イスカンダー」

＊一度も成功したことがない人によって、最も甘美なるものと考えられるものが成功である。

——ディッキンソン「人生」

＊人の生涯で必要なすべては無知と信頼であり、そうすれば成功は保証される。

——トーウェン「一八八七年」

＊この世で成功を収めるのは、卑劣で、汚らわしい人間ばかりである。

——トルストイ「戦争と平和」

＊成功——自分と同輩者に対して犯す、ただひとつの許すべからざる罪。

——ビアス「悪魔の辞典」

＊成功はすべて人間の悪しき性質を誘い出し、不成功は善き性質を育てる。

——ヒルティ「幸福論」

＊成功は結果であって目的ではない。

——フローベル「断片」

＊成功する人は錐《きり》のように、ある一点に向かって働く。

——ボヴィ「断片」

＊世の中で成功するには、馬鹿のように現れ、利口に活動することである。

——モンテスキュー「断片」

＊人が軽蔑する事柄に成功することは、立派なことだ。それには、他人と自分とに打ち克たねばならないからだ。

——モンテルラン「断片」

＊生活のための闘争といっているものは、正直なところ、成功のための闘争にほかならない。

——バートランド＝ラッセル「幸福の征服」

＊世に抜きん出るには二つの方法がある。自分自身の努力によるか、他人の馬鹿さ加減を利用するか、そのいずれかである。

——ラ・ブリュイエール「人さまざま」

＊謀反の唯一の正当性は成功である。

——リード「演説—一八七八・四・一二」

＊成功というものは、風に吹かれる穂波のように、それに対して人が身をかがめ、その後に再び身を起こす、そういう成功があるだけだ。

——リルケ「書簡」

＊失敗は資本の欠乏よりはエネルギーの欠乏からしばしば起こる。

——ダニエル＝ウェブスター「語録」

＊失敗の最たるものは、何ひとつそれを自覚しないことである。

——カーライル「英雄と英雄崇拝」

＊山に躓《つまず》かずして垤《ありづか》に躓く。（物事は小事には気を許して失敗し

やすい）

——「韓非子」

＊失敗は落胆の原因ではなく、新鮮な刺激である。

——サウザーン「断片」

＊遅延は失敗にまさる。

——ジェファーソン「語録」

＊われらの目的は成功ではなく、失敗にたゆまずして進むことである。

——スティーブンソン「断片」

＊間違いと失敗は、われわれが前進するための訓練である。

——チャニング「「現代に関する」講演」

＊前車の覆《くつがえ》りて後車誡《いまし》めず。（前者の失敗を後者も繰り返す）

——班固撰「漢書《じょ》」

＊失敗とは、一つの教訓にほかならないし、好転する第一歩だ。

——フィリップス「演説」

＊失敗には達人というものはいない。人は誰でも失敗の前には凡人だ。

——プーシキン「大尉の娘」

＊青年の辞書の中には「失敗」という文字はない。

——ブルバー・リットン「断片」

＊失敗するは人間にして、その失敗を寛容するは神なり。

——ポープ「批判論」

＊一行失有れば百行偕《とも》に傾く。（一つの行為の失敗があれば、他の多くの行為もゆらぐ）

——「明心宝鑑」

＊智を用うること、徧なる者は功を遂ぐることなし。

——呂不韋《い》編「呂氏春秋」

＊ときとしてわれわれは、ひとりの人間の徳からよりも失敗から多くのことを学ぶだろう。

——ロングフェロー「ハイペリオン」

・機会

＊機会は魚群と同じだ。はまったからといって網をつくろうとするのでは間に合わぬ。

——岩崎弥太郎「語録」

＊機は事に応ずるに在り。（機会を逃してはならない）

——「尉繚子《うつりょうし》」

＊機会及ばざれば気勢自《おの》ずから衰う。（時期を失すると意気も上がらず、無為になってしまう）

——韓愈《ゆ》「詩」

＊人間の行動にも潮時がある。満潮に乗じてことを行えば首尾よくはこぶ。

——シェークスピア「ジュリアス・シーザー」四幕三場

＊敵は仮《か》すべからず、時は失うべからず。

——司馬遷編「史記」

＊機会が二度、扉を叩くなどとは考えるな。
——シャンフォール「格言と省察」

＊もし好機が到来しなかったならば、みずから好機をつくり出せ。
——スマイルズ「自助論」

＊太陽が照っているうちに乾草をつくれ。
——セルバンテス「ドン・キホーテ」

＊機会はあらゆる努力の最上の船長なり。
——ソフォクレス「エレクトラ」

＊好機は人間にとりて、万事を司る最高の長《おさ》。
——同右

＊みずからを助けざる者は機会も力を藉《か》さず。
——同右

＊出る月を待つべし。散る花を追ふことなかれ。
——中根東里「東里新談」

＊好機は去りやすく、経験は過ち多し。
——ヒポクラテス「箴言」

＊鉄は熱いうちに打つべし。
——ファーカー「ピークス・ストラタゲム」

＊機会はおそらくサインすることを欲しなかったときの神の匿名であろう。
——フランス「断片」

＊賢者は見出すよりも多くの機会をつくる。
——ベーコン「随筆集」

＊機会がなければ、強者の手といえども鎖につながれたのも同然だ。爪をとられた獅子は、力がなんの役に立とうか。
——ヘルダー「東洋詩草集」

＊機会を待て、だが、けっして時を待つな。
——ミューラー「警句」

＊教へは唯に天性に随ふのみなり。戒めはその天性にそむく処を戒むるのみなり。
——山鹿素行「山鹿類語」

＊世にしたがはむ人は、まづ機嫌を知るべし。ついであしき事は、人の耳にも逆ひ、心にも違ひて、其の事成らず。さやうの折ふしを心得べきなり。
——吉田兼好「徒然草」

＊火中の栗を拾う。
——ラ・フォンテーヌ「寓話」

＊チャンスは泥棒をつくるだけではない。それは偉大な人間もつくる。
——リヒテンベルク「人間学について」

＊時を得る者はさかえ、時を失う者は滅ぶ。
——「列子」

幸福と不幸→希望と絶望

—幸福と不幸は井戸の釣瓶である。幸福とは、追いかけて—

つかまえた途端に手許から離れてしまう尻軽女である。青い鳥を追っている状態が永ければ永いほど幸福を味わえる。一瞬味わった幸福をしのぶことが、最大の不幸である。幸福を味わったことのない人間は、これ以上不幸にならないと思って開き直って、幸福の前触れと思うことだ。

＊幸福なる状態にて、その生命を終えし者のみを幸福なりと考うべし。

——アイスキュロス「アガメンノン」（ミケーネ王）

＊幸福は、その人が真の仕事をするところに存す。

——アウレリウス「自省録」

＊善事をして悪しざまに言われる者は幸いなり。

——同右

＊人類の幸福に対する障害は、民俗的・宗教的偏見と生存競争、および相互間における非人間的なことである。

——アブドゥ・ルバハー「世界平和の宣布」

＊人を幸福にすることは、やはりいちばん確かな幸福である。

——アミエル「日記」一八六八・七・三

＊幸福は遠くの未来にある限り光彩を放つが、つかまえてみると、もうなんでもない。……幸福を追っかけるなどは、ことばのうえ以外には不可能なことである。

——アラン「幸福語録」

＊幸福とは最高の「善」なり。

——アリストテレス「ニコマコス倫理学」

＊幸福なる生活とは徳に即しての生活と考えられる。

——同右

＊幸福は満足せる人間に属す。

——同右「エウダイモス倫理学」

＊幸福は自主自足のうちにあり。

——同右

＊幸福というものは、ひとりではけっして味わえないものです。

——アルブーゾフ「イルクーツク物語」

＊「人間の最高の幸福とは何か？」「幸せに死ぬことだ」

——アンティステネス（ストバイオス「採花集」より）

＊友人や近親にどのような愛情を持っていても、他人の幸せだけでわれわれが幸せを覚えることはない。

——ヴォーヴナルグ「省察と格言」

＊幸福は安定せず、暫定的なり。

——エウリピデス「フェニキアの女」

＊われわれは、他人が幸福でないのを当たり前だと考え、自分自身が幸福でないことには、いつも納得がいかない。

——エッシェンバッハ「格言集」

＊時間を充実させることが幸福である。

——エマーソン「社会と孤独」

＊この世で幸福以上の何かを求める人は、幸福の分け前にあずからなくとも不平を言ってはならない。
——エマーソン「随筆集」

＊幸福とは、それ自体が永い忍耐である。
——カミユ「手帖—一九三五〜四二」

＊己自身に全面的に頼り、己自身のうちにすべてを所有する者が幸福にあらざるなどはあり得ず。
——キケロ「哲学談義」

＊幸福なる生活は、心の平和において成り立つ。
——同右「神々の本質について」

＊幸福は神とともにあること、それにいたる力は魂の響きなる勇気。
——グリム「古代スコットランド」
＊子どもたちに囲まれて人生の最後のときを迎える人を私は幸福だと思う。
——グリルパルツァー「祖妣」
＊地上の子の最高の幸福は人格である。
——ゲーテ「西東詩編」

＊王様であろうと、農民であろうと、自己の家庭で平和を見出す者がいちばん幸福な人間である。
——同「格言集」

＊生涯の終着点を生涯の出発点と結びつけることができれば、最も幸せな人と言わねばならない。
——同右

＊「闇があるから光がある。」そして闇から出てきた人こそ、一番本当に光の有難さが分かるんだ。世の中は幸福ばかりで満ちているものではないんだ。不幸というのが片方にあるから、幸福ってものがある。
——小林多喜二「書簡集」

＊われわれは強制によって幸せにはなり得ない。
——コールリッジ「三つの墓」

＊幸福は、われわれがそれを所有していると意識することの裡に存する。しかも、その過程において未来は約束をけっして守ってくれない。
——サンド「ハンサムなローレンス」

＊幸福になる秘訣は、快楽を得ようとひたすら努力することではなく、努力そのものの裡に快楽を見出すことである。
——ジイド「テゼ」

＊幸福は対抗の意識の裡にはなく、協調の意識の裡にある。
——同右「文学と倫理」

＊不幸から自由であるということは大なる幸福である。
——シェーファー「俗人の祈禱書」

＊真の幸福は目に映じない。真の幸福は見えないけれども、私の場合には希望を失ったとき、はじめて幸福が訪れた。
——シャンフォール「格言と省察」

＊幻想によって幸福な人々は、投機によって財産をつくったようなものであり、真実によって幸福な人々は、地所あるいは相当の年金によって財産を所有しているようなものである。

——シャンフォール「格言と省察」

＊快楽は肉体のある一点の幸福にすぎない。真の幸福、唯一の幸福、まったき幸福は、魂全体の平穏な裡に存する。

——ジューベル「パンセ」

＊生幸福と美は副産物にすぎない。

——バーナード＝ショウ「革命主義者のための格言」

＊ある人間の状態をその幸福さによって評価しようとするならば、彼を満足させるような事柄ではなく、彼を悲しませるような事柄を尋ねるべきである。

——ショウペンハウエル「パレルガとパラリポーメナ」

＊われわれの視野・活動範囲・接触範囲が狭いほど、われわれの幸福は大きい。それらが広いほど、われわれは煩わしく、また不安に感ずる度合いが大きい。というのは、それらとともに心配・願望・恐怖が増大し、拡がるからである。

——同右

＊人間の幸福の二つの敵は苦痛と退屈である。

——同右「随筆」

＊希望それ自体は、幸福の一つの形態にほかならない。それは、現世がもたらし得る大きな幸福なのかもしれない。

——サミュエル＝ジョンソン（ボズウェル「ジョンソンの生活」より）

＊幸福には翼がある。つないでおくことはむずかしい。

——シラー「メッシーナの花嫁」

＊己自身を幸福と考えざる人間は幸福にあらず。

——シルス「箴言集」

＊幸福とは、巧みにだまされている状態の不断の所有である。

——スウィフト「桶物語」

＊幸福がこのうえもなく大きいときには微笑と涙が生まれる。

——スタンダール「覚書」

＊幸福になる大きな秘訣は、外界の事物を自分に適応させようともがくよりも、外界の事物に自分を適応させることにある。

——スチュワート「断片」

＊幸せになるという義務ほど軽んじられている義務はない。

——スティーブンソン「若い人々のために」

＊あらゆる人間が幸福になるまでは、いかなる人といえども完全には幸福ではあり得ない。

——ハーバート＝スペンサー「社会静学」

＊われらは己のものを他と比較することなしに愉しみたし。他人がより以上幸福であることに苦しめらるるならば、人はけっして幸福ではあり得ぬ。

――セネカ「憤怒について」

＊人間はみな幸福を求むるも、幸福とは、宇宙および人間の指導原理たる理性に従いて生くることなり。

――ゼノン（キピロスの）（プルタルコス「ゼノン」より）

＊人間の最大の幸福は、日ごとに徳について語り得ることなり。魂なき生活は人間に価する生活にあらず。

――ソクラテス（プラトン「ソクラテスの弁明」より）

＊思慮の徳こそ、幸福のためには何にもまして備えるべきものなり。

――ソフォクレス「アンティゴネー」

＊人間は自己の幸福の工匠である。

――ソロー「日記」

＊道徳と理性とは、人類を下等動物より区別する所の重なる性質也。然れども吾人に最大の幸福を与へ得るものは是の両者に非ずして実は本能なることを知らざるべからず。

――高山樗牛「美的生活を論ず」

＊われわれがなんらかの幸福を失うことができる限りは、なんらかの幸福を持っているわけである。

――ターキントン「未来へ向かって」

＊幸福の便りというものは、待っている時にはけっして来ないものだ。

――太宰治「正義と微笑」

＊みずからを幸福と思わない者は幸福ではない。

――ターバナー「箴言集」

＊幸多かりし日をしのぶより大いなる苦しみはなし。

――ダンテ「神曲―地獄編五曲」

＊幸福な人間は、不幸な人々が黙々としてその重荷を背負っていることによってのみ、自分を都合のよいように感じているのだ。

――チェーホフ「すぐり」

＊幸福を諦める者は幸福をつかんだことになる。

――ツィール「近代諷刺詩」

＊存在感こそ最高の幸福である。

――ベンジャミン＝ディズレーリ「コンタリニ・フレーミング」

＊幸福と不幸とは、ともに心にあり。

――デモクリトス「倫理学」

＊人間どもが幸福なるは、身体によるものにあらず、金銭によるものにあらずして、むしろ心の正しさと知恵の多さによる。

――同右

＊幸福を維持するほうが幸福を得るより困難なり。

――デモステネス「断片」

＊人間には幸福のほかに、それとまったく同じだけの不

幸がつねに必要である。

——ドストエフスキー「悪霊」

＊幸福は過去の出来事の影なり。

——トムソン「断片」

＊最上の幸福は、一年の終わりにおいて、年頭における自己よりも、よりよくなったと感ずることである。

——トルストイ「読書の輪―四・六」

＊人間はあらゆるものを発明することができる、ただし、幸福になる術を除いては。

——ナポレオン「語録」

＊男の幸福は「われ欲する」ということであり、女の幸福は「彼欲する」ということである。

——ニイチェ「ツァラトゥストラ」

＊幸福とは何か——権力が成長しつつあるという感情——抵抗が克服されるという感情である。

——同右「反キリスト」

＊幸福は浮気な娼婦である。同じところにじっとしてはいない。

——ハイネ「ロマンツェロ」

＊ごまかされて幸福なのは、真の幸福でないことを忘れてはならない。高い精神的誇りの裡に、たとえ瞬間にもせよ、みずから感ずる幸福は、漠然たる盲信のうちに長年月を酔生夢死する幸福よりも、ずっと大なることを忘れてはならない。

——同右「ノルデルナイ」

＊幸福人とは、過去の自分の生涯から満足だけを記憶している人々であり、不幸人とは、それの反対を記憶している人々である。

——萩原朔太郎「絶望の逃走」

＊いかなる身分でも、気晴しができる限り幸福である。……それは自己自身を考えることから心をそらしてくれるところの幸福である。

——パスカル「パンセ」

＊幸福とは習性である。それを身につけるがよい。

——ハバード「千と一つの格言」

＊幸福——他人の不幸を眺めることから生ずる快適な感覚。

——ビアス「悪魔の辞典」

＊「幸福」ということばには、何か憂うつな調子がある。それを口にするとき、すでにそれは逃げ去っている。

——ヒルティ「幸福論」

＊幸福にするものが善であるのではなく、善であるものだけが幸福にするのである。

——フィヒテ「学者の使命についての数講」

＊幸福とは、そのまま変わらないで欲しいような、そのような状態である。

——フォントネル「幸福論」

＊幸福の秘訣は欲しがらずに称讃することである。しか

し、それは幸福なことではない。

——ブラッドリー「アフォリズム」

＊幸福になるためには二つの道がある。欲望を減らすか、持物をふやすかである。どちらでもよい。

——フランクリン「自叙伝」

＊人間の幸福は、稀にしかやって来ないような幸運の大きな部分によってつくられたのではなくて、日々生まれるわずかの利益によってつくられる。

——同右

＊幸福は、たいていは人に呼ばれずにやって来るものであり、押しのければ押しのけるほど、いよいよやって来るものです。

——フンボルト「ある女友だちへの手紙」

＊幸福を追い求めている限り、君はいつまで経っても幸福にはなれない、たとえ最愛のものを手に入れたとしても。

——ヘッセ「荒野の狼」

＊正邪の尺度であるものは最大多数の最大幸福。（功利主義を要約した言）

——ベンサム「統治論断片」

＊人間は神の生活に参与することによりてのみ真の幸福になり得る。

——ボエティウス「哲学の慰めについて」

＊人間は幸福の獲得によりて幸福になるも、幸福は神性そのものなれば、神性の獲得によりて幸福になるは明白なり。

——同右

＊現世の幸福は、それが訪れるときにはまったく偶然に来る。幸福を追求することは、雁《がん》を追いかけるようなもので、けっして手に入れることはできない。

——ホーソン「日記」

＊至福とは、すべての対象から他の対象へと欲望が絶えず進行することで、前の対象の取得は後の対象の過程にすぎない。

——ホッブス「リヴァイアサン」

＊真の幸福はどこにも定着しない。探すとどこにも見つからないが、いたるところに存する。金ではけっして買えないが、いつでも手に入れられる。

——ホープ「人間論」

＊人間は幸福ではない。しかし、つねに未来に幸福を期待する存在なのだ。魂は故郷《ふるさと》を離れて不安にふるえ、未来の生活に思いをはせて憩うのだ。

——同右

＊幸福を語ることがすでに何か不道徳なことであるかのように感じられるほど今の世の中は不幸に充ちているのではあるまいか。

——三木清「人生論ノート」

＊幸福は常に外に現われる。単に内面的なことであると

いうような幸福は真の幸福ではない。

——三木清「人生論ノート」

＊幸福を得る唯一の道は、幸福ということを忘れ、それ以外の目的を人生の目的とするにある。

——ミル「自叙伝」

＊昔も今も、物念じてのどかなる人こそ、さいはひは見果て給ふなれ。

——紫式部「源氏物語」

＊なんだ、あれが僕たちのさがしている青い鳥なんだ。僕たちは、ずいぶん遠くまでさがしにいったけど、ほんとうはいつもここにいたんだ。

——メーテルリンク「青い鳥―チルチルのことば」

＊死ぬまでにひとつの心の中だけでも深く分け入ることができたなら、それで幸福としなければなるまい。

——モーリヤック「蝮のからみ合い」

＊幸せになりたいと願うだけなら、それは容易に叶えられよう。だが、人は他人より幸せになりたがるので、すこぶるむずかしい。なぜなら、われわれは他人のほうが実際以上に幸せと思うからである。

——モンテスキュー「考察」

＊真の幸福は眼に映じない。真の幸福は見えざるものの中に住む。

——エドワード＝ヤング「夜の瞑想」

＊世の人々を見られよ、己の幸いを知る者の、いかに少なきことか。知るとも、これを求むる者の、いかに少なきことか。

——ユヴェナリス「諷刺詩」

＊自分は幸福な生れでないと思っている人でも、その友人や近親の幸福によって幸せになるくらいのことはできよう。ただ恨みだけがこの最後の手を奪うのである。

——ラ・ブリュイエール「人さまざま」

＊われわれはわれわれの幸福を、われわれの外部に、他人の評判のうちに求める、他人がみなへつらい、軽率かつ不公平で、ねたみや気まぐれや偏見に満ちていることを百も承知なのに。

——同右

＊この世でいちばん幸福な人は、わずかなもので満足する人であるから、その点、えらい人や野心家たちは最も惨めな連中である。彼らを満足させるには、実に限りない財宝の山がなくてはならない。

——ラ・ロシュフーコー「箴言集」

＊永い幸福は、それがただ永く続いているということだけで失われる。

——リヒテンベルク「著作集」

＊中国人的な幸福観念は「暖衣・飽食・闇閨・艶美」。

——林語堂「生活の重要さ」

＊憩いの床につき、翌朝再び起き出る悦びを持つならば、その者は幸福である。

＊幸福は世界のリズムの一瞬間であり、生の振子が往来する両極の一つである。その振子を止めるには、それを破壊するほかないであろう。

――ローテ「格言集」

＊お前のいちばんひどい不幸とは、それ自身が不幸だからじゃない。お前が自分と自分の生涯の間に、そのような不幸があると思っているからなんだ。

――ロマン＝ローラン「ジャン・クリストフ」

＊不幸なる人々は、さらに不幸なる人々によって慰められる。

――アルツイバシェフ「サーニン」

＊不幸そのものの観照がわれわれの魂に内的な悦びを与える。しかも、その悦びは不幸を観照することの努力から生ずる。

――イソップ「寓話」

＊生れるときのよき毎日は、不幸なる人間よりまず第一に逃げ去る。病気と悲しき老年とが近づき来る。而して労苦と苛酷なる死の無情とが彼らを奪い去る。

――ヴィニイ「詩人の日記」

――ヴェルギリウス「農耕詩」

＊不幸に屈することなかれ、否、むしろ大胆に、積極果敢に、不幸に挑みかかるべし。

――同右「アエネイス」

＊個々の不幸が一般的に幸福をつくるのです。したがって、個々の不幸が多ければ多いほど、すべては善なのです。

――ヴォルテール「カンディード」

＊自己の持てるものを十分に己にふさわしき富と考えざる者は、世界の主となるとも不幸なり。

――エピクロス「断片」

＊いかなる不幸の中にも幸福がひそんでいる。どこに善いことがあり、どこに悪いことがあるのか、われわれが知らないだけだ。

――ゲオルギウ「第二のチャンス」

＊人の不幸はほとんど反省によってのみ生れる。

――ジューベル「パンセ」

＊不幸ばかり続くと、人はみんな狼になる。

――ストリンドベリ「父」

＊すべての不幸は幸福への踏み石にすぎない。

――ソロー「日記」

＊繁栄は人間の心にとりて、不運以上にきびしき試練なり。人間は不幸に堪えられ得るも、幸福には腐らさる。

――タキトゥス「歴史」

＊人間はその不幸が人目を惹けば、それで半分は慰められる。

――デュクロ「断片」

＊人間が不幸なのは、自分が幸福であることを知らない

からだ。ただそれだけの理由なのだ。

——ドストエフスキー「悪霊」

＊不幸に対する特効薬はありません。ただ昔からの退屈な忍耐とか、諦めといった美徳があるのみです。

——アルドゥス＝ハックスリー「恋愛対位法」

＊不幸を担うことはむずかしいが、幸福を担うことはさらにむずかしい。

——ヘルダーリン「年刊詩集」

＊人間は幸福よりも不幸のほうが二倍も多い。

——ホメロス「オデュッセイア」

＊すべての悲運の中においても、最も大なる不幸は、昔幸福なりしことなり。

——ホラティウス「カルミナ」

＊人間は、不幸にありては希望が救いの主。

——メナンドロス「断片」

＊不幸は大半が人生に対する誤った解釈のしるしである。

——モンテーニュ「随想録」

＊生命の剝奪が不幸でないわけを悟り得た者にとっては、この世になんの不幸もない。

——同右

＊不幸な人のことをけっして嘲ってはならない。というのは、誰がいつも自分が幸せであることを保証できようか。

——ラ・フォンテーヌ「寓話」

＊われわれはみんな、他人の不幸を平気で見ていられるほどに強い。（自分の不幸はぼやくくせに、他人の不幸に同情しない）

——ラ・ロシュフーコー「箴言集」

＊人は往々にして自分が不幸に思えることに、ある種の悦びを感じることで、不幸である自分を慰める。

——同右

＊不幸は幸福のうえに立ち、幸福は不幸のうえに横たわる。

——「老子」

＊些細なことで悦びをもち得ることは、子どものみではなく、不幸な者の高貴な特権である。

——ローテ「格言集」

野心と欲望

野心とは、高い階段をどこまでも登り、落ちるという恐怖をも呑み込んでしまうあくなき貪欲である。欲望とは、人間を破滅に追いやる底なしの湖だ。

＊大望をいだく者は、高くて危険な階段を登り、いかにして降りるかに気をつかわない。登るという野望が落ちる恐怖を呑んでしまうのだ。

——トーマス＝アダムズ「魂の病」

＊年代順にいえば、恋愛の次には野心が、野心の次には貪欲が来る。

――アラン「精神と情熱とに関する八十一章」

＊野心家の主な幸福は忙しいということである。

――同右「幸福語録」

＊野心というものは、愛に劣らず欲求の激しい慧眼《けい》なものである。……野心家はある確実な動きによって、絶えず虚栄から高慢へ、高慢から謙遜へと移る。

――同右「人間語録」

＊熱烈な野心は、早くも若き日から遊びや愉しみを追っ払って、己のみを支配する。

――ヴォーヴナルグ「省察と格言」

＊汝の宿命は人間のそれにすぎざるも、汝の野望は神のそれなり。

――オヴィデウス「メタモルフォセス」

＊野心はひとつの悪徳なるも、そは美徳の父ともなり得る。

――クウィンティリアヌス「修辞学」

＊足る事を知つて及ばぬ事を思ふな。

――楠正成「楠公家訓」

＊野心は恋と争う唯一の力である。

――シバ「エジプトのカエサル―一幕」

＊野心は大きな魂よりも小さな魂のほうにとっつきやすい。それはちょうど火が宮殿よりも、わらぶき家につきやすいように。

――シャンノォール「格言と省察」

＊野心というものはすべて、卓越した精神の穏やかな支配に服するよりも、苛酷な強制の軛《くびき》に服するほうを好むものである。

――シフー「オランダ衰亡記」

＊最高位に登らんとせば最下位より始めよ。

――シルス「箴言集」

＊名声への野望は、賢者にとりても断念する最後のものなり。

――タキトウス「歴史」

＊野心は、飛翔するとともに這っていくことをよく知っている。

――バーク「反逆的な平和についての書簡」

＊野心――生きているうちは敵から罵言され、死後は味方から冷笑されたいといった、抑え切れないような激しい欲望。

――ビアス「悪魔の辞典」

＊野心は胆汁に似ている。この体液を妨げるものさえなければ、人を活動的に、熱心に、敏捷に、多忙にならしめる。しかし、これを妨げるものがあって自分の思いどおりにならないと乾燥し、悪意ある、毒のあるものになる。

――ベーコン「随筆集」

＊希望限りなければ野心を起こさず。

——ミルトン「楽園喪失」

＊気前よさそうに見えるのは、しばしば偽装した野心家にすぎない。それは、わずかな利益を無視して巨利を獲得しようとしているのである。

——ラ・ロシュフーコー「箴言集」

＊人は往々にして恋愛を去って野心に赴くが、野心から恋愛に立ち戻ることはほとんどない。

——同右

＊野心はお高くとまった仮面の貪欲にほかならない。

——ランダー「架空的な会話」

＊野心と疑惑とはつねに同伴する。

——リヒテンベルク「反省」

＊野心はいつまでたっても満足しない。そして欲張れば欲張るほど、すでに持っているものを失う。

——リヒトヴェーア「道徳的覚書」

＊生れながら野心深く自負心強き人は、他人によって指図されるゆえんを、己みずからその必要を感ずるにいたるまではけっして自覚することはない。

——ルイ一四世「語録」

＊野心は失敗の最後の避難所だ。

——ワイルド「若者の使い方に対する警句と哲学」

＊あらゆる動物において最もはげしい欲望は肉欲と飢餓である。

——アディソン「スペクテーター誌」

＊渇きは飲物によって欲望の熱は征服の満足によって癒《いや》される。

——アミエル「日記—一八六〇・九・二五」

＊青年は恋愛を欲しがり、壮年は地位を欲しがり、老人は貪欲になって地位も金も名誉もすべて欲しがる。

——アラン「精神と情熱とに関する十八章」

＊権力、その他なんであろうとも、それらに対する欲望を満たすがよい。欲望を満たしてしまうと、それがみんなくだらないものであることがわかろう。

——ヴィヴェカーナンダ「カルマ・ヨーガ」

＊真の欲求がなくては真の満足はない。

——ヴォルテール「断片」

＊この地上にて最も小なるものは貪欲・快楽欲・大言壮語であり、最も大なるものは寛容・柔和・慈悲心なり。

——エピクテスト「断片」

＊欲望とは、われわれの欲するものが手に入るを当てにすることにて、嫌悪とは、われわれの嫌うものに陥るまいとすることなり。欲望にだまされる者は不幸なるも、より不幸なるは、自己の我慢し得ぬことに陥る者なることを悟れ。

——同右

＊欲望は、「所有」というコートが蔽い隠すに足るほど

大きくないところの、ますます大きくなる巨大である。
——エマーソン「人生の行状」

＊贅沢と貪欲——これらの疫病は、あらゆる国家を破滅するものなり。
——カトー（大）「語録」

＊強欲を棄て去りたくば、その母たる贅沢を棄てよ。
——キケロ「雄弁論」

＊貪欲にまさる薬品はない。
——クセノフォン「キュロスの教育」

＊人はみな争って利をむさぼり、満ち足りながらもとめてあかぬ。己もて人をおしはかり、心ごころに妬み合う。
——屈原「楚辞」

＊仁者の心動きなきこと大山の如し、無欲なるが故によく静なり。
——熊沢蕃山「集義和書」

＊ひとつの害悪を逃れようと欲する者は、いつも自分の欲するところを知っているが、自分の持つものよりもよいことを欲する者はまったくの貪欲者だ。
——ゲーテ「親和力」

＊欲望を棄てよ、そうすればお前は平安を見出すであろう。
——ケムピス「キリストのまねび」

＊隴《ろう》を得て蜀《しょく》を望む。（最初の目的地である隴を得ると、さらに欲が出て蜀までも望む）
——「後漢書」

＊高飛の鳥は美食に死す。（人間は利欲のために身を破滅さす）
——「呉越春秋」

＊魚は餌を見て釣針を見ない。人間は利益を見て、それに隠された禍いを見ない。
——サンダース「断片」

＊大望とは、はかない影の影ともいうべきうつろなものである。
——シェークスピア「ハムレット」三幕二場」

＊私がひとつの欲望を持つ限り、私は生きるひとつの理性を持つ。満足は死である。
——同右「圧迫された人々」

＊貪欲は偶像礼拝にほかならず。
——「新約聖書—コロサイ人への手紙三章五節」

＊猫被りは貪欲の一種、最悪の貪欲である。
——スタンダール「恋愛論」

＊鳥囚は飛ぶことを忘れず。（かごの鳥は、自由に飛びたいと願っている。己に欠けたものをつねに願う）

＊意志は人々のうちに良き花と咲けども、雨のやまざるにより、真の杏悪《すももあ》しき実に変わる。信と純とは、童児《わらべ》の中にあるのみ、頰《ほほ》にひげの生《む》いざる前にいずれも逃ぐ。（人間の私欲を描写）
——蘇東坡「断片」

――ダンテ「神曲―天堂編二七曲」

＊より大きな財貨を持ちたいという欲望は、いっそう多くの支出をしたい衝動に駆り立てる。

――デューゼンベリー「所得・貯蓄および消費者行動の理論」

＊われわれをいちばん強くつかむ欲望は、淫欲のそれである。この方面の欲望は、これで足れりということがない。満足させればされるほどいよいよ増長するものである。

――トルストイ「読書の輪―二・六」

＊鳥は木にすむ。木のひきき事（低いこと）をおぢて上枝にすむ。しかれどもえにばかされて網にかかる。人も又是《かく》の如し。

――日蓮「佐渡御書」

＊欲望・忿怒・貪欲、これ地獄の三つの門にして、魂（アートマン）に破滅をもたらす。

――「バガヴァット・ギーター」

＊利欲は飽くことを知らず。

――ピタゴラス「断片」

＊田畑は雑草によりて損われ、人は貪欲によりて損われる。

――「法句経《ほっくぎょう》」

＊快楽を己の肥料となす欲望の大樹よ、お前の樹皮が次第に厚く、硬くなり行くにつれ、お前の梢《こずえ》は太陽をより間近に見んと欲す！

――ボードレール「悪の華」

＊理性は羅針で、欲望は嵐だ。

――ポープ「人間論」

＊多くを欲する者はつねに多くを必要とする。

――ホメロス「オデュッセイア」

＊悪の根である貪欲、この憎むべき有益なものは贅沢という高価な罪に対する奴隷である。

――マンデヴィル「蜜蜂物語」

＊人間の強い習慣や嗜好を変えるものは、いっそう強い欲望のみである。

――同右

＊心せよ、汝の欲を抑えよ、さなくば罪とその黒き侍者なる死が汝を襲わん。（欲を抑えよ。死は罪の信者であるから、罪あるところに必ず死があり、また罪の処分せられるところに死も処分せられる）

――ミルトン「楽園喪失―七」

＊欲望を限定することのほうが、それを満たすよりも、はるかに誇りにするに足るものである。

――メレ「アフォリズム」

＊心を養うは寡欲より善きはなし。（足るを知ることが心の安寧をもたらす）

――「孟子」

＊知恵と学識を増大しようとする欲望こそ、人間堕落の

第一歩であった。この道によって人間は永遠の苛責へと陥った。
——モンテーニュ「随想録」

＊大欲は無欲に似たり。
——吉田兼好「徒然草」

＊妨害が大きければ大きいほど欲望はつのる。
——ラ・ロシュフーコー「箴言集」

＊汝は手になきものを望み、手にあるものを軽蔑す。
——ルクレティウス「諸物の本性について」

＊取らんと欲する者は先ず与えよ。
——「老子」

＊恋愛が欲望の手段ではなくして欲望が恋愛の手段である。
——和辻哲郎「風土」

・満足・不満

＊真の欲求なくして真の満足はない。
——ヴォルテール「格言集」

＊不満は自恃の欠乏であり、意志の衰弱である。
——エマーソン「随筆集」

＊足るを知る之を足ると為す。（満足するということを知っているのが真の満足だ）
——「韓非子」

＊不平は天から享《う》ける最大の貢物である。
——スウィフト「随感録」

＊満足は哲学者の石であり、それが触れるすべてのものを金に変える。
——フラー「格言集」

＊お前が満足な心を持つならば、金を十分に享受し得る。
——プラウトゥス「断片」

＊たいていの人間は、運命に対して過大な要求をするばかりに不満になる。
——フンボルト「ある女友だちへの手紙」

＊安居無きに非ず、我に安心無きなり。足財《そくざい》無きに非ず、我に足心無きなり。（足財は財産、足心は足りるという心）
——「墨子」

＊あらゆる心の悦びとあらゆる満足感は、人が自己と比較して自己を高く考え得るような者を持つことに基づく。
——ホッブス「市民哲学要綱」

＊多くを欲する者はつねに多くの不満をいだく。神の施心を養うは寡欲より善きは莫《なし》。
——「孟子」

＊いつも同じ行為を反復していて、嫌気のささない者は幸せである。われわれがあるもので満足しているというのは、よほど愚鈍な、しみったれた愚見を持っているに違いない。

——モーパッサン「水の上」

*禍いは足ることを知らざるより大なるは莫《な》く、咎は得んと欲するより大なるはなし。故に足るを知りて之足れば、常に足る。

——「老子」

*不平は人間にとっても、国家にとっても進歩の第一段階である。

——ワイルド「つまらぬ女」

希望と絶望→幸福と不幸

希望とは、神が苦悩している人間を、おだてながら来世まで導いていくために発行する空手形である。絶望とは、いかなる願望にも満足できない貪欲な禿鷹であり、死の宣告を受けて、すべてを諦める。希望も絶望も虚妄である。

*希望は、目覚めている者が見る夢であり、絶望は、眠れる政治家を待つ現実なり。

——アリストテレス「断片」

*希望は、真実性について自己の名声をけっして失うことのない万能の嘘つきである。

——インガソル「断片」

*何はさておいても、人の心からの希望を絶滅せねばならない。怒りの爆発もなく、天を恨むこともなく、平和な絶望こそ英知そのものである。

——ヴィニィ「詩人の日記」

*望みが少なければ少ないほど平和が多くもたらされる。

——トーマス＝ウィルソン「敬虔とキリスト教精神」

*希望は日光に似ている。つまり、どちらも明るさだ。一つは荒《すさ》んだ心の聖《きよ》い夢となり、一つは泥水に金の光を浮かべてくれる。

——ヴェルレーヌ「ロンドン・ブリッジ」

*希望は賢者を活気づけ、自惚れの強い人や呑気者を釣り込む。自惚れの強い人や呑気者は、希望の与える約束を軽々しく信頼し切ってしまう。

——ヴォーヴナルグ「省察と格言」

*神は現世におけるいろいろな心配事のつぐないとして、われわれに希望と睡眠とを与え給うた。

——ヴォルテール「人間論」

*永生の希望なくして、もっとも幸福なる生涯もあわれむべき生涯なり。永生の希望ありて、もっとも不幸なる生涯もうらやむべき生涯なり。生涯の幸不幸はこの希望の有無によりて定まる。

——内村鑑三「所感十年」

*人は希望的動物なり、彼に在りては前を望むは自然にして後を顧るは不自然なり、希望は健全にして回顧は不健全なり。

——内村鑑三「所感十年」

*すべての人の目から、あらゆる涙を拭い去ることが私の願いである。

——ガンジー「語録」

*少年よ、大志をいだけ。

——ウィリアム＝クラーク「語録」

*いかなるときでも、人間のなさねばならないことは、世界の終焉が明白であっても、自分は今日、リンゴの樹を植えることだ。（最後の瞬間を支えるものは希望である）

——ゲオルギウ「第二のチャンス」

*希望は不幸な人間の第二の魂である。

——ゲーテ「格言集」

*何事につけても、希望するのは絶望するよりもよい、可能なものの限界をはかることは誰にもできないのだから。

——同右「タッソー」

*望んでいたものを手に入れたと思い込んでいるときほど、願望から遠く離れていることはない。

——同右「親和力」

*自己の望みを人間や被造物におくのは愚かなことである。

——ケムピス「キリストのまねび」

*より多く持つことよりも、より少なく望むことをつねに選べ。

——同右

*希望は人生の乳母である。

——コッツェブー「人間嫌いと後悔」

*悩む限りは希望をいだけ。人間の最高の幸福は、つねに希望、希望である。

——シェーファー「俗人の祈禱書」

*希望とは何か——あそび女《め》だ。誰にでも媚び、すべてを捧げさせ、お前が多くの宝物——お前の青春を、失ったときにお前を棄てるのだ。

——シャンドル「希望」

*希望は、つねにわれわれを欺くペテン師である。私の場合、希望を失ったとき、はじめて幸福が訪れた。

——シャンフォール「格言と省察」

*われわれは望むべからざることを最も望む。

——シルス「箴言集」

*希望は永遠の歓びである。人間の所有している土地のようなものである。年ごとに収益が上がって、けっして使い尽くすことのできない確実な財産である。

——スティーヴンソン「若い人々のために」

*生命のある限り希望はある。

——セルバンテス「ドン・キホーテ」

*籠の鳥は飛ぶことを忘れず。

——蘇東坡（詩）

*貧乏と希望は母と娘である。娘と楽しく語らっていれ

ば、母のほうを忘れる。

——ジャン＝パウル「断片」

＊希望は不休を憎む。

——バートン「憂うつの解剖」

＊希望は貧者のパンである。

——ハーバート「知恵の投げ槍」

＊希望は目をさまさせる人々の夢にほかならず。

——ピンダロス「断片」

＊もし人間が望むところの半分でもなすことができたならば、トラブルも倍になるであろう。

——フランクリン「貧しいリチャードのアルマナック」

＊人間の希望は絶望よりもはげしく、人間の喜びは悲しみよりもはげしく、かつ永続するものである。

——ブリッジス「美の遺言」

＊無限の可能性をはらんだ未来の観念が、未来そのものよりも豊饒なのであり、所有よりも希望に、現実よりも夢に、いっそう多くの魅力が見出されるのは、そのためである。

——ベルグソン「意識の直接与件に関する試論」

＊希望の色はつねに緑、貧者が何ひとつ持たず、すべての人に避けられ、あらゆるものに苦しめられようとも、希望よ、貧者に力を与えよ。

——ヘルダー「諸民族の声」

＊希望はあたかも蝙蝠《こうもり》のごとく、臆病なる翼にて壁を叩き、朽ちたる天井に頭をぶっつけ彼方に飛び去る。

——ボードレール「悪の華」

＊希望は永久に人間の胸に湧く。人間はつねに現在幸せであることはなく、いつもこれから幸せになるのだ。

——ポープ「人間論」

＊幸福の欠乏は一つ一つ希望をもって補われ、思慮の空虚は一つ一つ誇りをもって償われる。知識が破壊するあとから希望がすぐ建設する。

——同右

＊すべてのにがい薬、最後の苦汁までも甘くするさわやかな一滴の希望。

——ボーリングブルック「断片」

＊希望は絶えずわれわれに言う、「進め、進め」と。こうしてわれわれは墓場にはいっていく。

——マントノン夫人「語録」

＊われわれはわれわれの業績よりも、むしろわれわれの希望に生きている。

——ムーア「幸いなるかな」

＊前途に希望の光が薄らぐと共に、自ら背後の影を顧みるは人の常道である。人は老いてレトロスペクチィブ（懐古的）の境界に入る。

——森鷗外「なかじきり」

＊望みどおりの幸福を得られなかった過去を否定して、自分のために、それを変えていこうという希望こそ、

甦生した人間の持つ魅力なのである。

――モロア「愛の風土」

＊極端な希望は極端な悲惨から生れる。

――バートランド＝ラッセル「アン・ポピュラル・エッセイ」

＊希望と怖れとは切り離せない。希望のない怖れもなければ、怖れのない希望もない。

――ラ・ロシュフーコー「箴言集」

＊希望はすこぶる嘘つきではあるが、とにかくわれわれを愉しい小道を経て、人生の終わりまで連れていってくれる。

――同右

＊希望は強い勇気であり、新たな意志である。

――ルター「卓談」

＊希望とは、輝く陽の光を受けながら出かけて、雨にぬれながら帰ることである。

――ルナール「日記」

＊思うに、希望とは、もともとあるものだとも言えないし、ないものだとも言えない。それは地上の道のようなものである。地上には、もともと道はない。歩く人が多くなれば、それが道になるのだ。

――魯迅「両地書―第一集二四信」

＊自己満足しない人間の多くは永遠に前進し、永遠に希望を持つ。

――同右「熱風」

＊絶望と確信とは、ともに恐怖を追い払う。

――アレグサンダー「土地台帳」

＊夜はわれわれの友、われわれの指導者は絶望なりき。

――ヴェルギリウス「農耕詩」

＊絶望が純粋なのは、たったひとつの場合でしかない。それは死刑の宣告を受けた場合である。

――カミュ「手帖―一九三五～四二」

＊絶望とは、闘うべき理由を知らずに、しかも、まさに闘わねばならないということだ。

――同右「手帖―一九四七・一〇」

＊仮にお前が平原を歩いていて、歩こうという意志を持っていながら、引き返すのだとしたら、それは絶望的な事柄であろう。

――同右「罪・苦悩・希望・真実の道についての考察」

＊絶望は死にいたる病である。自己の裡なるこの病は、永遠に死ぬことであり、死ぬべくして死ねないことである。それは死を死ぬことである。

――キェルケゴール「死にいたる病」

＊絶望であることを知らない絶望。言いかえれば、人が自己を、しかも永遠的な自己を持っているということについての絶望的な無知。

――同右

＊落胆は絶望の母。

――キーツ「希望について」

＊絶望ほど強欲な禿鷹はほかにいない。

――グランヴィル「ペレウスとテティス」

＊絶望にも才能がいる。

――小林秀雄「続輯文芸評論」

＊絶望の虚妄なることは、まさに希望と同じだ。

――シャンドル「希望」

＊絶望、それは献身の双生児である。

――スウィンバーン「ドロレス」

＊歓びが天国のうららかさであるごとく、絶望は地獄のもやである。

――ドン「断片」

＊「懐疑の城」と称される一つの城があるが、その所有者は、絶望という名の巨人であった。

――バニヤン「天国歴程」

＊絶望はいくつかのものを破壊するが、予想は多くのものを破壊する。

――フランクリン「貧しいリチャードのアルマナック」

＊すべてが失われていようとも、それを私に知らしめるな。この絶望という屍骸のごとき花嫁と妻《めあわ》せ給うな。

――ロバート＝ブローニング「復活祭」

夢想と理想

夢想も理想も自分を相手に愉しむ心の遊びであり、寂しい者の慰めである。ユートピアは香りのない花を心に描いた絵画である。

＊空想は知識よりも重要である。

――アインシュタイン「科学について」

＊貧しき者、寂しき者の慰めは夢想である。

――阿部次郎「三太郎日記」

＊想像とは心の遊びである。考えが真のものにはかまわず、自分だけを相手にする勝手な遊戯である。

――アラン「精神と情熱とに関する八十一章」

＊己の夢を書こうと欲する者は、かえって目覚めていなければならない。

――ヴァレリー「作家論」

＊うたたねに恋しき人を見てしより　夢てふものは頼みそめてき

――小野小町（「古今和歌集」より）

＊学識なくして空想を持つ者は、翼を持つが足を持っていない。

――ジューベル「パンセ」

＊空想は魂の眠りである。

——ジューベル「パンセ」

＊親密は想像力のアヘン剤である。

——トインビー「試練に立つ文明」

＊夢見る力のない者は、生きる力もない。

——トラー「断片」

＊人類は空想に支配される。

——ナポレオン「語録」

＊空想はすべてのものを配置する。それは美・正義・幸福を創造するが、これらはこの世ではすべてである。

——パスカル「パンセ」

＊想像力——それは人間におけるあの支配的部分のことであり、誤謬と虚偽のあの女主人のことである。それは欺くとはきまっていないだけに、よりいっそう狡猾である。

——同右

＊想像——事実がしまい込んである倉庫で、詩人と嘘つきの双方で共有するもの。

——ビアス「悪魔の辞典」

＊想像は心の空気である。

——ベイリー「フェスタス」

＊夢想は不満足から生れる。満ち足りた人間は夢想しない。

——モンテルラン「若き娘たち」

＊理想とは、精神が秩序を予見することである。精神は精神であるから、つまり永遠を垣間見ることができるから、理想を持ち得る。

——アミエル「日記—一八七九・一・一九」

＊必要は最も確実なる理想である。

——石川啄木「時代閉塞の時代」

＊理想とは、不満の意を表現する方法のことである。

——ヴァレリー「ありのまま」

＊われわれが最も必要とするものは、事実を理想化するように、理想を現実化しないことだ。

——ヘッジ「説話」

＊ユートピアとは、贋物のひとつもない社会をいう。あるいは真実のひとつもない社会でもいい。

——モーア「ユートピア」

＊人間にとっては、しばしば憧憬のほうが実現よりも好ましい。

——ラングベーン「教育者としてのレンブラント」

＊気を専らにして柔を致して、能《よ》く嬰児たらんか。（一つのことのみに精神を集中し、心の柔らかさを徹底して守り、赤子のようにしたら理想である）

——「老子」

悲観・楽観

あらゆる事象が灰色に映る〝知性的痴呆症〟患者の片割れが悲観主義者であり、あらゆる事象がバラ色に映る〝知性的痴呆症〟患者のもう一つの片割れが楽観主義者である。

＊生きることにも疲れ果てて死ぬのはなおさら怖ろしく、漂流する小舟さながら、波のまにまに打ち揺れて魂は船出する、悲しい難破へ船出する。

——ヴェルレーヌ「煩悶」

＊楽天家がいちばん栄える場所は精神病院だ。

——エリス「人生の踊り」

＊厭世とは悲観より起こる感情であってはならない。かかる厭世観は快楽なるがゆゑの楽天観と同じく浅薄なものである。

——倉田百三「愛と認識との出発」

＊顔を太陽に向けていれば影を見ることはできない。

——ケラー「自叙伝」

＊悲観論者の最たるものは人生を価値のないものとし、楽観論者の最たるものは、すべてが世界中で最上とする。両者とも真実ではない。

——ウィリアム＝サムナー「忘れられた人のアルマナック」

＊悲観論者とは何か。すべての人が自分のように胸くそが悪く、そのために彼らを憎む者だ。

——バーナード＝ショウ「非社会的な社会主義者」

＊悲観主義者はすべての女が悪いと考える男であり、楽観主義者は、彼女らが悪いと望む男である。

——デュピュイ「晩餐後の演説」

＊上を見て下を見ず、前を見て後を見ず、外を見て内を見ず。

——ベルンシュタイン「語録」

＊楽天家は多くの経験をけっして積んでいない奴だ。

——マルキス「語録」

＊二人の人間が同じ域内から眺めている、ひとりは泥土を、他のひとりは星を……。

——ラングブリッジ「悲観と楽観」

V

生死と信仰

死の恐怖は死そのものよりも恐い。

——ラテンのことわざ——

●

死は人の声を藉《か》さず。

——スペインのことわざ——

生・死→来世、神、信仰、宗教

生と死は一卵性双生児である。生が存在しなければ死も存在しない。死があるからこそ生を重んじるのである。死の恐怖は死そのものではなく、死の想念のためである。この想念から免れる最善の道は、充実感のある生き方をして、悔いのない死に方をすることだ。

*辛い人生より死を選ぶ。

——アイスキュロス「断片」

*死は感覚の休息、衝動の糸の切断、心の満足、または非常召集中の休止、肉への奉仕の解放にすぎない。

——アウレリウス「自省録」

*われわれが死によって失うものは、時間のわずかな一部、現在の一瞬のみ。

——同右

*死は生の自然の継続である。最もよき生の後に最も悪《あし》き死が来る理由がない。……死に対する最良の準備が最もよく生きることに在るは疑いがない。

——阿部次郎「三太郎の日記」

*私の疲れた心よ、生きるということはなんと困難なことだろうか。

——アミエル「日記―序文」

*死とは、永遠の眠り以外の何物なりや？　生とは、眠りつつ、かつ喰《くら》うことに存するにあらずや。

——アリストファネス「断片」

*死のうとするよりも、生きようとすることのほうが、ずっと勇気を必要とする試みである。

——アルノィエリ「断片」

*生をもたらす死ほどすばらしいものはなく、死から生れる生ほど高貴なものはない。

——アンゲルス・ジレジウス「さすらいの天使」

*人は自然の全体なり。故に自然を知らざる則《とき》は吾が身神の生死を知らず、生死を知らざる則は自然の人に非ず。人に非ずして、生きて何をか為さんや。

——安藤昌益「自然真営道」

*つひに行く道とはかねて聞きしかど　昨日今日とは思はざりしを

——「伊勢物語」

*門松は冥途の旅の一里塚　めでたくもあり　めでたくもなし

——一休「語録」

*朦《もう》々淡々として、三十年、朦々淡々六十年、末期に糞をさらして梵天に捧ぐ。

——同右（臨終のことば）

*阿弥陀仏の名号を称え、一切衆生に流動すべし。

——一遍（臨終のことば）

＊死は還ることなき波なり。

――ヴェルギリウス「小詩」

＊死の観念はわれわれを欺く。それは、われわれをして生きることを忘れしめるからである。

――ヴォーヴナルグ「省察と格言」

＊人生に終末がなかったとしたならば、誰が自己の運命に絶望するであろうか。死は非運をこのうえもなく辛いものにする。

――同右

＊生を必《ひっ》する者は死し、死を必する者は生く。

――上杉謙信「上杉謙信言行録」

＊死は、われわれがすべてを支払わねばならぬ借金なり。

――エウリピデス「断片」

＊誰か知る、この世の生は死にほかならず、死こそ、げに生ならずや。

――同右

＊死は存在せず。なんとなれば、われらの存在する限り死の存在はなく、死の存在あるとき、われらは存在することをやめるからなり。

――エピクロス「書簡」

＊死以外のものに対してならば防禦の手立てもあるなり。然れども、死に対してのみは、われわれはすべて無防備の都市に住む。

――同右「断片」

＊墓にはいるまで人間は幸福なりと称すべきにあらず。

――オヴィディウス「断片」

＊豹《ひょう》は死して皮を留《とど》め、人は死して名を留む。

――欧陽脩「王彦章画像記」

＊万山重からず君恩重し、一髪軽からず我命軽し。

――大石良雄「小刀銘」

＊生《あ》れるもの竟《つい》にも死ぬるものにあれば　この世なる間は楽しくもあらな

――大伴旅人

＊生きているといえるは、ただお前の今日が明日を持っているときだけなり。

――ガイベル「詩集」

＊ブルータスお前もか！

――カエサル「暗殺されたとき」

＊生への絶望なしに生への愛はあり得ない。

――カミユ「裏と表」

＊不滅とは未来のない観念である。

――同右「手帖―一九三五～四二」

＊朝《あした》に死し、夕に生まるるならひ、ただ水の泡にぞ似たりける。知らず、生まれ死ぬる人、いづかたより来りて、いづかたへか去る。

――鴨長明「方丈記」

＊死そのものよりも、死についての想像の方が、はるかに我々を恐怖せしむる。

——亀井勝一郎「愛の無常について」

＊不死不滅という希望なくしては、何人といえども、国家のために死ねるものにあらず。

——キケロ「哲学談義」

＊若者からは暴力、老人からは成熟が、その生命を奪う。

——同右

＊私は不死を信じたい、私は永遠に生きたい。

——キーツ「書簡」

＊我裸にて母の胎をいでたり、また裸にて彼処《かしこ》に帰らん。

——「旧約聖書—ヨブ記一章二〇節」

＊もろもろの血肉ことごとく滅び、人もまた塵にかえるべし。

——「同右—ヨブ記三四章一五節」

＊死生は昼夜の道なり、何をか好み何をか悪《にく》まん。

——熊沢蕃山「集義和書」

＊死を怖れることは、自分が賢くもないのに賢いと思い込むことと同じである。

——マッティアス＝クラウディウス「自由に関する対話」

＊生に事《つか》ふるに絶対に忠節なれ。

——倉田百三「愛と認識との出発」

＊生れてきたからには死ななければならぬ、生きている限り不幸から逃れられぬ、ということ以外に人間にとりて確実なことなし。

——クリティアス「断片」

＊死はあらゆるものを平等にす。

——クロディアヌス「断片」

＊生の始まりは死の始まり。

——クワールズ「断片」

＊生の歓びは大きいけれども、自覚ある生の歓びはさらに大きい。

——ゲーテ「西東詩集」

＊この世はあなたの安息の場ではないのに、何をそこで訪ね回っているのか。天上こそにあなたの住居があるはずである。それゆえ、地上のすべてのものは過ぎゆくものとして眺めるべきである。

——ケムピス「キリストのまねび」

＊死人を死んだと思うまい。生ける命のある限り、死人は生き、死人は生きていくのだ。

——ゴッホ「弟テオドル宛の書簡」

＊三界の狂人はくるへることを知らず。四生の盲者はめしひなることをさとらず。生まれ生まれ生まれ生まれて生《しょう》のはじめに暗く、死に死に死に死んで死ぬをはりに冥《くら》し。

——弘法大師「秘蔵宝鑰」

＊人生は一歩一歩、死に向かっている。

——コルネイユ「断片」

＊生者は元来、しかも、ますます死者に支配されるもの

である。

――コント「宗教総論」

＊凡そ人、生を惜しみ死を悪《にく》む。是皆思慮万別を離れぬからのことなり。

――西郷隆盛「大西郷遺訓」

＊生れたことは確かにわれわれの結末なのである。死ぬということは問題外である。生きることがわれわれの歓びであり、法則なのである。

――サローヤン「君が人生の真只中に」

＊生きるべきか、死すべきか、それが問題だ。

――シェークスピア「ハムレット」三幕一場

＊私は世界の帝国へ向かっての旅路を変えはせぬだろう。

――シドニー（臨終のことば）

＊死は実なり、生は虚なり。生たる貌《かたち》は水上の泡なり。内、気を包み、外水にて掩う。容は水気のなすところ、虚よりでて生をなす。虚は、実なり、質となるときは虚なり。

――司馬江漢「春波楼筆記」

＊死或いは太山《たい》より重く、或いは鴻毛より軽し。

――司馬遷「報任安書」

＊行き行きて五十路の坂を越えにけり　遂に寂しき道と思はん

＊生ある者はすべて苦を怖る。生ある者はすべて死を怖る。
――島木赤彦「歌集」

＊義高くして便《すなわ》ち覚る生の捨つるに堪えるを。礼重くして方《まさ》に知る死の甚だ軽きを。
――釈迦「説話」

＊人は自然の悪を知ることを学んで死を軽蔑し、社会の悪を知ることを学んで生を軽蔑する。
――謝枋得《しゃぼうとく》「初到建寧賦詩」

＊人間の意識の最も直接的な事実は、「われは生きようとする生命にとりまかれた生きようとする生命だ」ということである。
――シャンフォール「格言と省察」

＊でき得れば莞爾《かんじ》として死なねばならない。
――シュヴァイツァー「わが生活と思想より」

＊肉体は、われわれの存在が野営している仮の小屋である。
――ジューベル「パンセ」

＊遇不遇は時なり。死生は命なり。
――同右

＊永びいた生命は悲哀を永引かせる。
――「荀子」

＊死を怖れない者に何を怖れろというのだ！
――サミュエル＝ジョンソン「人間の願望のむなしさ」

＊生命も一瞬、死もまた一瞬にすぎない。
――シラー「群盗」

＊死の恐怖は死そのものよりも怖ろし。

——シラー「マリア・シュトゥアルト」

＊他人の意志によりて死するは二度死ぬことなり。

——シルス「箴言集」

＊永遠の生命《いのち》は、唯一の真《まこと》の神に在《いま》す汝と汝の遣《つかわ》し給いしイエス＝キリストを知るにあり。

——「新約聖書—ヨハネ伝一七章三節」

＊外は賢善精進の相を現ずるを得ざれ、内に虚仮を懐けばなり。

——親鸞「教行信証」

＊人生はすばらしいが、人生の終わりは死である。これは、いかなる人の望みの究極でもある。

——スウィンバーン「苦しみのバラッド」

＊われらは死のよきものなりや否やを知らず、されど、生きいくは、すくなくとも、よからざるべし。

——同右

＊死は最後の眠りか、または、まったく最後の目覚めかである。

——ウォルター＝スコット「語録」

＊短い哉、人間の生命よ。百歳に達せずして死す。たとえ、それより永く生きる人間もまた老いのために死す。

——「スッタニパータ」

＊死自体よりも死の随伴物が人を怖れさす。

——セネカ「書簡集」

＊死がいかなる場所において汝を待ち受けているか不明なり。ゆえに、いかなる場所においても死を待ち受けよ。

——同右

＊時はわれらに生を与えると同時に、生を奪い始む。

——同右「狂乱のヘラクレス」

＊裸で私はこの世にきた。裸で私はこの世から出ていかねばならないのだ。

——セルバンテス「トン・キホーテ」

＊死を見ること生のごとし。

——「荘子」

＊私が死んだら遺骸は山野にそのまま打ち捨てて、天地を棺桶とし、日月星辰を霊前の供物とせよ。

——荘子（臨終のことば）

＊死はいうまでもなく、肉体よりの解放にほかならず。

——ソクラテス「卓談」

＊最も尊重せねばならぬのは、生くることにあらず、よく生くることなり。

——同右（プラトン「クリトン」より）

＊思えば、すべてわれわれ生ある限りの者は、まぼろしか、むなしき影にすぎず。

——ソフォクレス「断片」

＊生者必滅会《え》者定離《しゃじょうり》。（会者定離は現世で会う者は必ず別離する）

——「大般涅槃経《だいはつねはんきょう》」

＊私はいかに生きるかと思っている間、いかに死ぬかについて学んでいた。

——ダ・ヴィンチ「手帖」

＊生の完全な燃焼が死だ。生の躍動と充実の究極が死だ。

——高見順「敗戦前後」

＊およそ人の天に生きんとて地に死ぬるを悲しむ者は、永劫の雨のさわやかなるをいまだかしこに見ざる者なり。（地に死ぬのは天に生きるためである。地に死があることを悲しむ者は、天の幸福のいかに大きいかを知らない者である）

——ダンテ「神曲—天堂編一四曲」

＊死はありとあらゆる悲哀の終末なり。

——チョウサー「カンタベリ物語」

＊人間は生きていくためには、理性（行為の規範）か、輪縄（首をくくるための）を用意しておかねばならず。

——ディオゲネス（シノペの）「断片」

＊人間にとりて、最善のことは生れざりしことにして、次善のことは一日も早く死ぬことなり。

——テオグニス「哀歌」

＊われわれの生は、われわれが生の問題を理解し始めた瞬間に閉ざさる。

——テオフラストウス「断片」

＊わが魂よ、汝は長期間とらわれの身にあり、いまや汝の牢獄から去り、この肉体の障害から免れる時機に来たり。歓びと勇気を持ちてこの離別を忍べ。

——デカルト（辞世の句）

＊生といふは、たとへば人のふねにのれるときのごとし。このふねは、われ帆をつかひ、われかぢをとれり。われさををさすといへども、ふねわれをのせて、ふねのほかにわれなし。われふねにのりて、このふねをもふねならしむ。

——道元「正法眼蔵随聞記」

＊「身を殺して魂を殺す能わざる者を恐るるなかれ」、肉体の死は何でもない。恐るべきは霊魂の死である。

——徳冨蘆花「第一高等学校の講演—明治四四・二・一」

＊人間は卑劣漢として生きることができないのみならず、卑劣漢として死ぬこともできない。人間は清らかに死なねばならない。

——ドストエフスキー「カラマーゾフの兄弟」

＊棺を蓋いて事定まる。（「死んではじめて、その人物の業績が決定される」と「死ねば万事終わりだから、生前にしっかり仕事をなせ」の二つの意味がある）

——杜甫《とほ》「贈蘇隠詩」

＊露とほき露と消えぬる我が身かな　難波のことも夢のまた夢

——豊臣秀吉（辞世の句）

＊約束した場所に赴く巡礼者のように、現世は宿屋であ

り、死は旅の終わりだ。

――ドライデン「バラモンとアルシット」

＊死の恐怖は解決されない生の矛盾の意識にすぎない。

――トルストイ「人生論」

＊もし我々に死がなかったら生の倦怠をどうしようか。死こそは実に我々に恵まれた甘露である。とはいえ、私もまた生の執着をもっている。ただ執着である。愛ではない。

――中勘助「しずかな流」

＊生きたいと思わねばならない。そして死ぬことを知らねばならない。

――ナポレオン「語録」

＊生きている兵卒のほうが、死んだ皇帝よりもずっと価値がある。

――同右

＊生きるとはなんのことか――生きるとは――死にかけているようなものを、絶えず自分から突き放していくことである。

――ニイチェ「華やかな知識」

＊生は死の始めである。生は死のために存する。死は終局であるとともに発端であり、分離であるとともに、より密なる己の結合なのである。死によりて還元が完成される。

――ノヴァーリス「断片」

＊生命はあらゆる財宝の最高とす。そして最高の悪は死とす。

――ハイネ「こころ」

＊「しかし、ただ死し、往《ゆ》け」と、ああ、すべてが往き、往かねばならぬところ、わが世に生れ、悩み生きた前のわが在りし虚無に帰りいくこと。

――バイロン「安楽な死」

＊わが生命《いのち》は、齢《よわい》もてかぞうべきにあらず、鋤のごとく、しわをのこすときのみ重ねたれば、わが頭に刻まれし畝間にも似て、深くわが魂に彫りつけられぬ跡もなし。

――同右「ブレシントン伯夫人に」

＊死を願望する者は惨めであるが、死を怖れる者はもっと惨めである。

――ハインリヒ四世（ツィンクグレフ「箴言集」より）

＊生れた者に死は必ず来る。死せる者は必ずまた生る。避けられぬことを嘆くなかれ。

――「バガヴァッド・ギーター」

＊死は、その危険なしにそれを考えるよりも、それを考えずに受けたほうが、より容易である。

――パスカル「パンセ」

＊己を喪《うしな》える生は死よりも意義なし、己を喪わざる死は生よりも意義あり。

――長谷川如是閑「如是閑語」

＊聖人の死は自己の復活なり。豪傑の死は他人の復活な

り。

＊生命は刹那の事実なり、死は永劫《ごう》の事実なり。

——長谷川如是閑「如是閑語」

＊死の恐怖は死より怖ろしい。

——同右

＊諸君が求める最も美しい死は、魂と肉体の休息から生ずる肉体的生命の平穏な中止であろう。

——バートン「憂うつの解剖」

＊生命を永持ちさせようとする秘訣は、ただ生命を縮めないようにすることだ。

——ヒルティ「眠られぬ夜のために」

＊最初の呼吸が死の初めだ。

——フォイヒテルスレーベン「魂の養生法」

＊人は誰しも死を怖れるべきではない、生きるということは何かを理解してきたのだから。

——フラー「格言集」

＊生きていることにしばらく慣れてしまうと、死ぬことに嫌気がさして来る。

——同右

＊死がわれわれの自由になる限り、われわれは災いの掌中にあるのではない。

——ブラウン「壺葬論」

＊人間は誰しも、生命そのものを諦めるまでは、諦めることを学ばねばならない。

——同右「医師の宗教」

＊われらの現在の生は死であり、肉体はわれらにとりて墓場なり。

——プラーテン「詩」

＊神も天も、そんなものはなんでもない。地上の生命、生物の愛のみが真実のものなのだ。

——プラトン「ゴルギアス」

＊僕は彼岸を信じない。彼岸なんてものは存在しない。枯れた木は永久に死に、凍死した鳥は二度とは甦らない。

——フランス「舞姫タイス」

＊生れるのは惨め、生きるのは苦痛、死ぬのは困難である。

——ヘッセ「ナルチスとゴルトムント」

＊死のない生とは何か？　死がなければ生を重んじる者はないだろう。

——ベルナール「随想」

＊死して徒らに涙を請わんより、生きながらにして鴉を招き、汚れたる脊髄の端《はし》々をついばましめん。

——ボスハルト「日記」

＊宿世《すくせ》は短し！　墓は待つ、墓は飢えたり！

——ボードレール「悪の華」

＊老若を問わず棺桶が同じ大きさだということは、聡明

——同右

な死が示す怪奇な、魅惑的な趣味のシンボルだ。

——ボードレール「悪の華」

＊人間は初めて呼吸した瞬間に死ぬべき素質を受け取るのだ。

——ポープ「人間論」

＊死は生を解放させる数多の戸口を持つ。

——ボーモント、フレッチャー「国の風俗習慣—二幕二場」

＊平和をもたらさない死は死にあらず。

——ホーワード、ドライデン「インディアンの女王—五幕一場」

＊捨月無常の観念、道路に死なん、これ天の命なり。

——松尾芭蕉「おくのほそ道」

＊死への恐怖のために死ぬほど、狂気の大いなるものほかにありや。

——マルティアリス「諷刺詩」

＊僕が死に方を考えるのは、死ぬためじゃない、生きるためなのだ。

——マルロー「王道」

＊死を宗教的に取り扱うただ一つの方法は、死を人生の眼目と考え、かつ人生の神聖犯すべからざる要件として、理解と感動をもって見つめることにある。

——トーマス＝マン「魔の山」

＊人の臨終というものは、その人自身よりも周りの遺族たちの問題だ。

——同右

＊死の恐怖は浪漫的であり、死の平和は古典的である。死の平和が感じられるに至って初めて生のリアリズムに達するともいわれるであろう。

——三木清『人生論ノート』

＊生命《いのち》を愛すな、憎むな。生くる限りよく生きよ。その永き、短きは天に譲れ。

——ミルトン「楽園喪失—一一」

＊生れ死ぬ。死ぬ生まれる。かくて人生は常に新しく、常に新鮮である。貴《とうと》きものが死ねば又貴きものが生まれる。

——武者小路実篤「若き日の思い出」

＊死の恐怖を味あうことは、その人がまだ生きてしなければならない仕事をしていないからだ。

——同右「人生論」

＊現世の生活は、ただつかのまの遊びごと、戯事はあだなる飾りなり。

——ムハンマド「コーラン」

＊神々が愛する人たちは若くして死ぬ。

——メナンドロス「断片」

＊最上の死は予め考えられなかった死である。

——モンテーニュ「随想録」

＊諸君は、生きれば生きるだけ諸君の生を減らす。それ

だけ生の毀損になる。諸君が生命の不断の営みは、すなわち死の建設である。

——モンテーニュ「随想録」

*どこに死がわれわれを待っているかわからないのだから、いたるところで待とうではないか。死を予測するのは、自由を予測することである。死を学んだ者は屈従を忘れ、死の悟りは、あらゆる隷従と拘束からわれわれを解放する。

——同右

*私たちは死の心配によって生を乱し、生の心配によって生を乱している。

——同右

*生のために生の目的を放棄する。

——ユヴェナリス「諷刺詩」

*精神医学者の眼には、人生に別れを告げることのできぬ老人は、人生を受け入れることの若者のように弱々しく、活気なく見える。

——ユング「現代人の魂の問題」

*死期《ご》はついでを待たず。死は前よりしも来たらず、かねてうしろから迫れり。

——吉田兼好「徒然草」

*生ある者必ず死あり。（生は死の始め）

——楊雄「法言」

*生きては則ち尭舜なるも、死すれば則ち腐骨、生きては則ち桀紂なるも、死すれば則ち腐骨なるは、一つなり。（尭と舜は聖人の典型、桀と紂は暴君の典型）

——楊朱（「老子」より）

*死すべき時を知らない人は、生くべき時を知らない。

——ラスキン「断片」

*人間には三つの事件しかない。生れる、生きる、死ぬ。生れることは感じない。死ぬことは苦しむ。そして生きることは忘れている。

——ラ・ブリュイエール「人さまざま」

*カーテンをおろせ、道化芝居は終わった。

——ラブレー（臨終のことば）

*惻々として岐路に泣き、哀々として素糸を悲しむ。路岐《わか》れては南北有り。素《しろ》き糸は変移しやすし。万事固《もと》より此くの如く、人生には定期無し。

——李白「李太白詩選」

*墓はつねに運命の嵐を防ぐ最良の砦である。

——リヒテンベルク「道徳的覚書」

*人命は危浅にして朝《あした》、夕《ゆうべ》を慮らず。

——李密「陳情表」

*死とは、私たちに背を向けた、私たちの光のささない生の側面である。

——リルケ「「ドウイノの悲歌」の訳者ポーランド人、フォンフレヴィッチ宛の書簡より」

*人間のいだく死の恐怖はすべて、自然に対する認識の

欠如に由来す。
——ルクレティウス「諸物の本性について」

*死に対する用心深さが死を怖ろしいものにし、死の接近を促進する。
——ルソー「エミール」

*人には二回の誕生がある。一つは、世に現れた誕生、一つは生活に入る誕生である。
——同右

*われわれは生の真只中にあって、死に取り囲まれている。
——ルター「卓談」

*生きては相憐れむも死しては相捐《あいす》つ。（生きているうちは互いに相慰め合うが、死んでしまえば忘れ捨てられる。「去る者は日々に疎《うと》し」と同義）
——「列子」

*臨終にあって、人の惜しむのはみずからの命ではない、生命そのものだ。
——レニエ「どんく」

*我や先、人や先、今日とも知らず明日とも知らず、おくれ先立つ人は、もとの滴《しずく》、末の露よりも繁し。
——蓮如「五帖御文」

*死して而して滅びざる者は寿なり。（他界しても彼の恩恵が遺されている人物の生命は不滅だ）
——「老子」

*生命の路は進歩への路だ。生命は死を怖れない。死の面前でも、笑いながら、踊りながら、滅びる人間を踏み越えて前進する。
——魯迅「彷徨—傷逝」

*生を重んずべし。生を重んずれば則ち利を軽んず。
——呂不韋《い》撰「呂氏春秋」

*大人も子どもも、利口も馬鹿も、貧者も富者も、死においてはすべて平等である。
——ロレンハーゲン「蛙鼠合戦」

*死生命有り、富貴天に在り。（人間の生死や富貴は運命で、人力ではいかんともしがたい）
——「論語」（孔子）

*われ未だ生を知らず、いずくんぞ死を知らんや。
——同右

・自殺

*自殺のためのもっともらしき理窟を持ち合わせる人はつまらぬ人間なり。
——エピクロス「書簡」

*自殺とは人間的能力への窮極の確信なのである。ある意味で野心であり、虚栄ですらあるかもしれません。決して自己放棄ではありません。
——亀井勝一郎「断片」

*いかに現世を厭離するとも、自殺はさとりの姿ではな

い。いかに徳行高くとも、自殺者は大聖の域に遠い。

——川端康成「末期の眼」

＊われわれのうちに支配する神性は、その統治なくしてわれわれが現世を去るを禁ず。

——キケロ「神々の本質について」

＊生に対する無限の信仰と尊重とを抱いて立つ時自殺は絶対的の罪悪ではあるまいか。

——倉田百三「愛と認識との出発」

＊自殺は殺人の最悪の形態だ。というのは、それは後悔の念を起こさせる機会を少しも残さないからだ。

——コリンズ「警句集」

＊自己に自殺の命令を下したのみならず、その手段を見出せし人間は真に偉大というべきなり。

——セネカ「書簡集」

＊人間は自己の監獄の戸を開く権利なき囚人なり。……人間は神が召喚するまで待つべきであり、自己の命を奪うべきにあらず。

——ソクラテス（プラトン「弁明」より）

＊自殺する力を持てる者は幸福なり。

——テニソン「ティソーナス」

＊自殺は、このうえなき臆病の結果である。

——デフォー「投機論」

＊すべての理由なくて、自分のわがままからのみ自殺するのは私だけだ。

——ドストエフスキー「悪霊」

＊人間は誇りをもってもはや生きることができないときは、誇らしげに死ぬべきである。

——ニイチェ「偶像の黎明」

＊自殺の霊魂は不死である、但し地獄に於て。

——萩原朔太郎「虚妄の正義」

＊神でさえ、けっして万能にあらず。というのは、神はみずから欲しても、自殺しあたわざるゆえなり。

——プリニウス一世「自然史」

＊自然が人間に賦与する全財宝のうち、適切なる時期に死することよりもまさるものなく、その中にて最もすぐれたる財宝は、人間が自殺できることなり。

——同右

＊自殺、それは神が人生のあらゆる刑罰のうちで人間に賦課した至上の恩恵である。

——リヴィウス「ローマ史」

・霊魂

＊人生競争において肉体がなお立場を守っているのに、魂が気絶するは魂の恥辱なり。

——アウレリウス「自省録」

＊魂を肉体から分離させるものは、生であって死ではない。

——ヴァレリー「警句」

＊霊は人を内的に養い、しかして肢体へ行きわたれる精神は全身を動かし、しかして、大いなる身体と自己とを混ず。

――ヴェルギリウス「アエネイユ」

＊物質の世界は魂のみ存する。

――エドワーズ「説話」

＊肉体より魂を癒すことのほうがはるかに必要なり。なんとなれば、死は悪い人生よりよいからなり。

――エピクテトス「断片」

＊魂は肉体より分離されるや煙のごとく消え去る。

――エピクロス「書簡」

＊魂――地上のありとあらゆる諸物から人間を引き離す不滅の炎のきらめき。

――ウィリアム＝クーパー「海に陸に」

＊人間の魂は、つねに耕される田畑のようなものである。よその国から種を取り寄せ、それを選抜し、蒔くのに時をかける注意深い園芸家であるのは屈辱的なことであろうか。種子を手に入れ、選抜することが、そんなに早くできるものであろうか。

――ゲーテ「クネーベルへ」

＊霊の扉を開いて生きよ。

――コント「宗教総論」

＊完全な肉体は、それ自体が魂である。

――サンタヤナ「アキレス像を前にして」

＊心の働きの一部、悦びまたは憂いを感ずること深ければ、魂ことごとくここに集まり、また他の能力を顧みることなしと見ゆ。（悦びや悲しみを感ずる魂の能力が深ければ深いほど、他の能力を顧みる余力はない。したがって、人間には多くの魂はない）

――ダンテ「神曲―浄火編四曲」

＊魂は己自身の社会を選び、扉を閉じる。

――ディッキンソン「人生」

＊人間の魂が救われるという事の為めにはそれほどの肉体の犠牲がどうしても必要なのであろうか。……人間にその犠牲にすべき肉体を態々《わざわざ》与えた者は余りに無慈悲である。

――長与善郎「青銅の基督」

＊霊魂は肉体が衰え、いまわしくなり、飢えることを欲した。こうして肉体と地から脱れようと思った。哀れ、その霊魂こそ痩せ、いまわしくなり、飢えたのだ。

――ニイチェ「ツァラトゥストラ―序」

＊ああわが魂よ、不死の生を求めるなかれ。それよりも可能の領域をきわめよ。

――ピンダロス（ピュテイア「祝捷歌」第三より）

＊卓越した魂の持主は王侯と同じ位に立つ。

――フリードリヒ大王「語録」

＊大地は変われど魂と神は不変なり。

――ロバート＝ブローニング「ラビ・ベン・エズラ」

*自然的な魂はつねにメランコリーに包まれ、悩まされるようになっている。

——ヘーゲル「断片」

*知恵の霊魂におけるは、健康の肉体におけると同じである。

——ラ・ロシュフーコー「箴言集」

*魂は微妙にして、微小なる粒子から成り立ち、粒子は水の流性、雲、煙よりもはるかに微細なり。

——ルクレティウス「諸物の本性について」

*魂は物質のごとく自然なり。

——同右

*美しい肉体のためには快楽があるが、美しい魂のためには苦痛がある。

——ワイルド「獄中記」

来世→生・死、神、宗教

現世で苦しんだ人々にとって、来世は希望の彼岸であり、現世で愉しき日々を送った人々にとって、来世は恐怖の彼岸である。

*来世の約束などは、理由もわからずに救われた人々に与える口実である。

——アラン「宗教語録」

*不滅とは、未来のない観念である。

——カミュ「手帖一九三五～四二」

*永遠の生命《いのち》は、唯一の真《まこと》の神に在《いま》す。汝と汝の遣《つかわ》し給いしイエス・キリストを知るにあり。

——「新約聖書—ヨハネ伝一七章二節」

*一粒の麦、地に落ちて死なずば、唯一つにて在らん。もし死なば、多くの果《み》を結ぶべし。己が生命《いのち》を愛する者は、これを失い、この世にてその生命を憎む者は、之を保ちて永遠《とこしえ》の生命になるべし。

——同右「ヨハネ一二章二四～二五節」（イエス）

*すべてのものの肉体のうちにあるこの個我は、つねに不可殺なり。されば汝、万物のために嘆くことなかれ。

（個我＝アートマン、つまり不滅の意）

——「バガヴァッド・ギーター」

*旅路の仕度すでに整いたれば、あまりに重荷を負うべからず。神の和《やわら》ぎと恵みのうちに悦びもて彼処《かしこ》に進まん。

——ヒルティ「幸福論」

*不可思議は無知の娘である。

——フロリオ「最初の果実」

*僕は彼岸を信じない。彼岸なんてものは存在しない。枯れた木は永久に死に、凍死した鳥は二度と甦らない。

——ヘッセ「ナルチスとゴルトムント」

・地獄・悪魔

＊神の存在を認めようとしない辛辣な口調で書いた本は多くありますが、悪魔の存在をあっさり否定した無神論者はいまだかつてないようです。

――クライスト「毀れた瓶」

＊地獄がないならば、多くの善良な説教者は虚構のもとに金を手に入れる。

――サンデー「説話」

＊地獄は、名誉・義務・正義、その他の怖ろしい徳の故郷なのだ。地上の悪事はすべて、こういう名のもとに犯される。

――バーナード＝ショウ「人と超人―三幕」

＊この幸なき状《さま》（地獄の意）にあるは、恥もなく、名誉《ほまれ》もなく世を送れる者らの悲しき魂なり。彼らにまじりて神に反抗するにあらず、また忠なりしにもあらず。ただ己のみに頼れるいやしき天使の群れあり。（地獄の外房の罪人は、善を行う勇気も、悪を行う胆力もなく、卑劣な生を送った連中である）

――ダンテ「神曲―地獄編三曲」

＊悪魔であるのか、天使であるのかそれは知らない。女にあってはどこで天使が始まり、どこで悪魔が始まるのかもわからない。

――ハイネ「アタートロル」

＊悪魔は理論家である。悪魔は現世のよさや官能の悦びや肉などの代表であるにとどまらず、彼はまた人間理性の代表者でもある。

――同右「精霊考」

＊今世紀の人々にとりて、悪魔を信ずるは悪魔を愛するよりはるかにむずかし。

――ボードレール「悪の華―序」

＊荒れ果てたる凄惨なる境地を見よ。周りは怖ろしき暗窟にて、焰《ほのお》する大いなる爐《ろ》のごとく、しかも焰に光なく、見ゆる暗黒は、いたずらに禍いの様相《さま》を呈す。（地獄への描写）

――ミルトン「楽園喪失―一」

＊悪魔は羞じろうて立ち、善のいかに怖るべきかを感じ、徳のその像《すがた》いかに愛《いと》しきかを見る。

――同右「楽園喪失―四」

神→信仰、宗教、来世

神が存在するのは不可解であるし、神が存在しないことも不可解である。というのは、人は窮したとき、神の存在を意識して神に救いを求めるが、ひとたびピンチを切り抜けると、神の存在を意識しなくなるからである。

＊神は、人間をその本質が天使と獣類との中間に存するものとしてつくり給うた。

＊神は人間を流れに連れていくが、けっして溺れさせはしない。彼らを清めるのである。

——アウグスティヌス「神の国」

＊神とは人なり。

——アウゲー「説話」

＊天国にあぐがるる者は賃金のために働く日傭人。されど神にあくがるる者は栄光の道にあり。

——新井白石「古史通」

＊神というものが存在しなかったら、「彼」を創造する必要があろう。

——アンサーリ・ヘラーティー「詩」

＊神以外の何者も汝に慰めを与え得ないならば、神ご自身を、神において神とともにある悦ばしき一切のものが汝を慰める。

——ヴォルテール「哲学辞典」

＊汝は、汝が主、汝が神を、その全心臓をもって心魂の限りをつくして、汝があらゆる感覚を捧げて愛しまつらねばならない。

——エックハルト「神の慰め」

＊およそ神のなし得ざるものなし。

——キェルケゴール「愛の生命と摂理」

＊神々と人間どもを通じ、最も偉大なる一つなる神は、その姿、その心において人間とは似ても似つかぬものなり。

——キケロ「神々の本質について」

＊神はつねに微動だにせず、異なる時に、異なる場所に行くはふさわしからず、労せずして、心の思いにより万物を揺り動かす。

——クセノファネス「断片」

＊人間は裸にてこの世に送られたものゆえ、人間を送り給うたる神に対し、同じく裸にて叫ばねばならず。神は立派なる着物を着たる人間の欲望を聞きとどけられず。

——同右

＊人間がもくろみ、神が始末する。

——クラウディウス（ガレヌスの）「断片」

＊人はあなたの行為を見るけれども、神はあなたの意図を見られる。

——ケムピス「キリストのまねび」

＊神々と肩を並べるには、たったひとつのやり方しかない。神々と同じように残酷になることだ。

——同右

＊沈黙が金なのだ。不在が神なのだ。神とは人間の孤独さだ。俺しかいなかったのだ。

——サルトル「カリギュラ」

＊人は神の存在の中に精神的やすらぎを固く信ずるとき、神の観念は歓びと安心の時を与え、それを正当化する。

——同右「悪魔と神」

——ジェームズ「道徳的哲学者と倫理生活」

*人間が自由であり得るためには、神があってはならない。

——シェリング「神における自由」

*人窮すれば天を呼ぶ。（「苦しいときの神頼み」と同義）

——司馬遷編「史記」

*天は高くして卑《ひく》きに聴く。（天は高所にいても、下界のことを批判し、成敗を与える）

——同右

*昨日行ったことを明日になって後悔しないように、神は今日、よい忠告を与えてくれる。

——ジムロック「断片」

*神の怒りは一時のものであり、神の慈悲は永遠のものである。

——ジューベル「パンセ」

*神は、もはや人間の力では助けられないときにのみ助ける。

——シラー「ヴィルヘルム・テル」

*神の本体は愛と英知である。

——スウェーデンボルグ「真のキリスト教」

*神は人間を、嗅ぎ出す猟犬にはされなかった。

——ストーン「日々の宗教」

*すべて存在するものは神の裡にあり、神なくしては何ものも存在し得ず、また理解もされない。

——スピノザ「エチカ」

*神が存在すると思わざる人は自己を偽るものなり。たとえ、かかることを絶えず確言しても日夜不安なるがゆえなり。

——セネカ「書簡集」

*神は悪人を許しはするが、けっして永劫にではない。

——セルバンテス「ドン・キホーテ」

*神を敬う心は、人間の死とともに滅びず。人間の生死にかかわりなく、それは不滅なり。

——ソフォクレス「ピロクテテス」

*耕す人が固い地面を耕している所、道を造る人が石を碑にしている所、そこに神はまします。

——タゴール「ギタンジャーリ」

*御意《みこころ》はわれらの平和、その生み出せし自然のつくるすべてのものの流れ注ぐ海ぞかし。（森羅万象は平和なる神を望み、神に向かって進むがゆえに、神は諸水の四方より注ぐ大海のようなものだ）

——ダンテ「神曲—天堂編三曲」

*神は天と地、およびその間に存在するすべてを創造した。

——デカルト「省察」

*何よりも悪しきは、神にあらざるものを神と認めることなり。

——テレンティウス「断片」

＊神が存在しないならば私が神である。

——ドストエフスキー「悪霊」

＊神は真実を見られるが、速やかにはお示しにならぬ。

——トルストイ「イワンの馬鹿」

＊神の国は眼で見るべきものではなく、また語るべきものではない。神の国はここにあり、かしこにあり、それゆえに神の国はわれわれの心の裡にある。

——同右

＊人間が神のしくじりにすぎないのか、神が人間のしくじりにすぎないのか。

——同右「われわれは何をなすべきか」

＊神が存在するということは不可解であり、神が存在しないということも不可解である。

——ニイチェ「曙光」

＊神はあらゆる人間の裡に住むも、すべての人間は神の裡に住まず。

——パスカル「パンセ」

＊火なしにてランプがつかぬごとく、人間は神なくして生きえず。

——「バラモン教」

＊神は一個の影像ないし想像された力にすぎない。それを崇める者は、現実に存在するものである。神が崇拝者を創るのではなく、逆に崇拝者らが自分から幻影の中に神を創り、投影するのである。

——同右

＊神を怖れよ、そして他の何人をも怖れるな。

——ハリソン「神話学」

＊近世の課題は、神の現実化と人間化——つまり神学の人間学への転化と解消であった。

——ビスマルク「語録」

＊人間は自己の姿に似せて神を創った。

——フォイエルバッハ「将来の哲学の根本問題」

＊俗衆の神々を否定することが冒瀆《とく》にあらずして、俗衆の見解を神々に適用することが冒瀆なり。

——フォントネル「断片」

＊神を仮定することは、これを否定することである。

——プラトン「断片」

＊神を否認しようとする裡にも、やはり神の意識がある。

——プルードン「貧困の哲学—序言」

＊神の意志に従うことは、神の概念がないならば、最もよくなされるであろう。

——ブルンナー「人間」

＊人間が互いに愛情を示し合うところ、神は近くにある。

——フロム「神と精神分析」

＊救いの道は右にも左にも通じていない。それは自分自身の心に通じる道である。そこにのみ神があり、そこにのみ平和がある。

——ペスタロッチ「リーンハルトとゲルトルート」

——ヘッセ「放浪」

*神は本質ではなく実存である。われわれは神については、霊的な体験に基づいた、象徴的なことばによってだけしか語ることができない。

——ベルジャーエフ「愛と実存」

*神は支配するために存在することすら必要としない唯一の存在である。

——ボードレール「火箭」

*神への祈り、つまり精神性は上昇しようとする欲求であり、悪魔への祈り、つまり動物性は下降する悦びである。

——同右「赤裸の心」

*神は人間の胸の裡に己が姿を映す。

——ポープ「人間論」

*人間は神に、神は天使になろうとしている。

——同右

*神々は、その言いつけを人間が忘れずにいることをつねに望まる。

——ホメロス「オデュッセイア」

*神は知恵深くも、未来の成行きを真暗き夜をもて蔽えり。

——ホラティウス「詩賦」

*神の存在を立証しようとするあらゆる試みは、すでに神に対する冒瀆《とく》である。

——マッツィーニ「語録」

*神々に愛さるる者は若くして死す。

——メナンドロス「断片」

*神は天と地を創造せるものなり。神は汝がいずこへいくともともにありて、アラーは汝のふところを見ん。

——ムハンマド「コーラン」

*天が癒すことのできない悲しみなどは、この世にはない。

——モーア「ユートピア」

*世のなかのよきもあしきもことごとに神のこころのしわざにぞある

——本居宣長「玉鉾百首」

*神を捨てる者は、提灯を持って歩き続けるために、太陽の光を消すようなものである。

——モルゲンシュテルン「段階」

*最も不知なるものこそ、神とすることに適している。

——モンテーニュ「随想録」

*無神論者も夜になると、神に対して半信半疑になる。

——エドワード＝ヤング「夜の瞑想」

*神の戒律を守らねばならぬのは、神に対する愛によってであり、神に対する怖れからにあらず。

——「ユダヤ伝経」

*神道に書籍なし。天地をもって書籍とし、日月をもって証明となす。

——吉田兼倶「神代上下鈔」

＊神はわれわれの砦である。

——ルター「説話」

＊よき敬神は天与の喜悦である。

——レッシング「断片」

＊天道は親《しん》無し、常に善人に与《くみ》す。（天の神は公平で、つねに善人の味方だ。「天道人を殺さず」と同義）

——「老子」

＊造物主に非難すべきところがあるとしたら、彼があまりに無造作に生命を創り、あまりに無造作に生命を壊わす点だろう。

——魯迅「兎と猫」

＊心みずみずしく素朴なる人は、神と自然を信ずるものなり。

——ロングフェロー「ハイアオサの歌」

信仰→神、宗教、来世

懐疑のないところに信仰はないが、懐疑は思索可能なものに対する哲学であるのに反し、信仰は不可知なものを信ずることである。

＊信仰も神の賜物なり。平和と愛とが与えられるものから信仰もまた起こるなり。

——アウグスティヌス「堅忍の賜物」

＊認識は信仰の報酬なり。ゆえに信ぜんがために認識せんとするにあらず、認識せんがために信じよ。

——同右「ヨハネ伝福音書講」

＊信者が信じなければならないことの中で、唯一の神が存在し給う事実こそ、第一に信じねばならないことである。

——アクイナス「使徒信教について」

＊信仰とは、理性の延長である。

——ウィリアム＝アダムズ「断片」

＊信仰は真理よりもおそらく価値があるであろう。真理は仮借しないが、信仰は母の心を持つ。科学はわれわれの渇仰に対して冷淡であるが、信仰はそれをいたわってわれわれを励ます。

——アミエル「日記—一八八〇・四・一八」

＊信仰のないところに精神はない。外部に支えを求める精神は弱い精神である。

——アラン「宗教語録」

＊「信仰」は悲惨な人たちには慰めであり、好運な人たちにとっては恐怖の的《まと》である。

——ヴォーヴナルグ「省察と格言」

＊信仰は信仰に由《より》て維持する能《あた》わず、信仰は労働に由てのみ能《よ》く維持するを得べし、信仰は根にして労働は枝なり。（信仰は養分を供給し、労働がこれを消化するの意）

——内村鑑三「所感十年」

＊信仰が殉教者をつくるのではなく、信仰をつくるのが殉教者である。

——ウナムノ「随筆と独語」

＊真実の信仰はただひとつ、神、すなわち愛という信仰が、それである。

——オマール・ハイヤーム「ルバイヤート」

＊右手にコーランをとり、左手に酒盃を持ち、正と邪との間に戦慄せよ。そのごとくわれらはまったく信仰の徒ともまた、まったく不信の徒ともならず、蒼穹の下に座すべきなり。

——同右

＊思弁が終わる、まさにそのところで信仰が始まる。

——キェルケゴール「恐怖と戦慄」

＊およそ神道は説きおはつて神道を忘るるが神道なり。

——吉川惟足「中臣祓山内鈔」

＊おお信仰は、そは万回ものごまかしに合いながらも少しも自己を失わざるもの。

——キプリング「真のロマンスへ」

＊信仰は、見えざるものへの愛、不可能なもの、ありそうにないものへの信頼である。

——ゲーテ「格言集」

＊信心は一種の羞恥心である。それは羞恥心がわれわれの眼を伏せさせるように、すべての禁断のものの前でわれわれの思想を伏せさせる。

——ジューベル「パンセ」

＊信仰は愛のようなもので、強制することはできない。

——ショウペンハウエル「パレルガとパラリポーメナ」

＊それ信仰は望むところを確信し、見ぬ物をも真実とするなり。

——「新約聖書—ヘブル書一一章一節」

＊見ゆる所によらず、信仰によりて歩めばなり。

——「同右—コリント後書五章七節」（パウロ）

＊弥陀《みだ》の名号《みょうごう》となへつつ信心まことにうるひとは、憶念の心つねにして仏恩報ずるおもひあり。

——親鸞「浄土和讃」

＊信仰とは望まるるものの基、見えざるものの証拠なり、しかしてこれ、その本質と見ゆ。

——ダンテ「神曲—天堂編二四曲」

＊真《まこと》の信仰は、永久の国の使者たちに播かれ、すでにあまねく世に満ちたり。

——同右「神曲—浄火編二二曲」

＊信仰を有する者は、殉教者たるのみならず、道化となる覚悟がなければならない。

——チェスタートン「異端者の群」

＊信仰とは、熱望の形をとった愛である。

——チャニング「覚書」

＊信仰の真に信仰と謂ひ得べき意義は法悦にあり、吾人をして真に信仰に生きしむるものは法悦なり。

——綱島梁川「梁川文集」

＊信仰のあらゆる形式を超えて信仰にしがみつけ。

——テニソン「古代の賢者」

＊不可知なるがゆえに、われ信ず。

——デルトゥリアヌス「洗礼について」

＊崇拝に対する本能は、食欲に対する本能よりも強くないことはない。

——トンプソン「演説一九四一・五・六」

＊信仰は人生の力である。

——トルストイ「告白」

＊上よりの迫害を受けるによつて真の信仰が顕はれる。

——日蓮「書簡集」

＊神を感じるのは心情であって、理性ではない。信仰とは、そのようなものである。

——パスカル「パンセ」

＊信仰は雨に似て、高きところにとどまらず。（シク教の教えで、信仰というものはつつましいものであるという意）

——「ハル・クリシャン」

＊無宗教——世界中の偉大な信仰の中でいちばん重要な信仰。

——ビアス「悪魔の辞典」

＊信仰とは意見であるが、その意見は真理を含んだ意見である。

——フォイエルバッハ「宗教の本質」

＊信仰とは、耳で見ることである。

——フラー「格言集」

＊可能なものだけを信ずるのは、信仰ではなくて哲学にすぎない。

——ブラウン「医師の宗教」

＊幸せな人はいい気にならないために、幸せでない人は支えとして、不幸な人は屈しないために、それぞれ信仰を必要とする。

——フンボルト「断片」

＊信仰と懐疑とは互いに相応ずる。それは互いに補い合う。懐疑のないところに真の信仰はない。

——ヘッセ「クリストフ・シュレンプフの追悼」

＊信仰とは、つねにより大なる事実のために、より小なる事実を信じないということを含んでいる。

——ホームズ「朝の食卓の大学教授」

＊信仰を持つ人間は、集団における権力者よりも利害で集まっている烏合の九十九人よりも力強い。

——ミル「随筆集」

＊すべての信仰にある特徴は、不信仰をしりぞける点である。

——ヤスペルス「マルクス批判」

＊祈禱を習慣にしている人の祈りは真実にあらず。

——「ユダヤ伝経」

＊神を信仰するといっても、自分の悟性で推測すること

のできるものしか信仰しないのは、神の理念を極小化する人間である。

——ライプニッツ「神義論」

＊神への信仰は本能である。それは二本の足で歩くのと同じく、人間に生来備わっているものだ。

——リヒテンベルク「道徳的覚書」

＊軽信は信仰の扉のすぐそばに立っている。しかし疑惑は絶望にのみ導く。

——リュッケルト「バラモンの英知」

＊心から信ずることによって、人間は正しく、また義とせられる。

——ルター「キリスト者の自由」

＊信仰とは、高くかつ白く立つユリである。

——ロセッティ「希望」

＊人が神の前に義とされるのは、信仰によってのみである。

＊弱者、あるいは弱くなっている人たちの貧血している生活は、神の信仰を必要とする！……だが、太陽と生命を自己の内部に有する人は、自己以外のどこに信仰を探しにいくことがあろうか。

——同右

——ロマン＝ローラン「ジャン・クリストフ」

宗教と迷信→神、信仰、来世

暗闇に掩われた来世へ往かねばならない人々を、一縷の希望という淡い光を頼りに導くのが宗教である。一方、迷信は心の弱さと恐怖から、ある種の神を無感覚的に崇める無知から生れた、ある種の〝信仰〟である。誰がそう言うのか、宗教家だ！

＊宗教——最も深い人間の経験の声。

——アーノルド「文化とアナキー」

＊魂の自由を求める権利をあらゆる人間に許すものこそ真の救いであり、真の宗教……である。

——安倍能成「自分の自由を主張するものは他人の自由を尊重せよ」

＊不死不滅という希望は、いかなる宗教からももたらされないが、大半の宗教はその希望からきている。

——インガソル「語録」

＊われわれも宗教を欲するが、それは、最も神にふさわしく、最もわれわれのためにつくられた宗教である。一言にしていえば、われわれは神と人間に仕えたいのである。

——ヴォルテール「神と人間」

＊われわれがインチキだと呼ぶもろもろの宗教もかつて

は本物だった。

――エマーソン「性格」

*恐るべき者は宗教家にあらず、彼等は時代の子なり、神の僕《しもべ》に非ず、彼等は時代の思潮に逆いて何事をも為し得る者に非ず。

――内村鑑三「所感十年」

*寺院がいちばん聖なるゆえんは、そこが人々の共通して泣く場所だからである。

――ウナムノ「生の悲壮感」

*不可思議は宗教の根本である。

――カーライル「随筆集」

*宗教とは、われわれの義務のすべてを神の命令と見なすことである。

――カント「倫理学講義」

*あらゆる宗教は道徳をその前提とする。

――同右

*「単純」の隣家には「実行」あり。実行と単純と相双《むす》びて始めて宗教の味《あじわい》あるなり。

――北村透谷「単純なる宗教」

*人間的行為の宗教がないところには、いかなる宗教も存在し得ない。

――サミュエル＝クラーク「語録」

*学問と芸術を持っている者は、同時に宗教をも持っている。学問と芸術を持たない者は宗教を持て！

――ゲーテ「温順なクセーニエン―遺稿」

*すべての宗教は、それがいかに幼稚かつ未熟であろうとも、つねに人間存在の弁神論でしかあり得ない。

――コーヘン「純粋感情の美学」

*神は男のために、宗教は女のためにある。

――コンラッド「ノストロモー」

*宗教は手本によって燃え続ける火である。人に伝えられなければ消えてしまう。

――ジューベル「パンセ」

*宗教とは絶対帰依の感情である。

――シュライエルマッハ「キリスト教信仰論」

*宗教の繁栄を阻むものは理知的人間と実際的人間である。

――同右「宗教に関する講話」

*宗教の本質は思惟でも行為でもなく、直観と感情である。

――同右

*宗教はホタルのようなもので、光るためには暗闇を必要とする。

――ショーペンハウエル「パレルガとパラリポーメナ」

*宗教は無知の子どもであり、その母より永くは生き延びることができない。

――同右

*最上の宗教は最大の寛大である。

＊平和の宗教を持つ人間にとって、その最高の価値は愛である。戦争の宗教を持つ人間にとって、その最高の価値は闘争である。

——ジラルダン夫人「断片」

＊真の宗教とは、人間が彼らをとりまく無限の大生命に対して彼らの生活を、この大無限に結合させ、それによって自己の行為を指導するという関係を確立することである。

——ディッキンソン「われわれの前の選択」

＊宗教は間接的にも直接的にも、教義としても比喩としても、いまだかつてひとつの真理を含んだことはない。というのは、どんな宗教も不安と欲求から生れたものであるからである。

——トルストイ「宗教とは何ぞや」

＊私は人間ではない。私はダイナマイトである。……私は宗教的な人と接触したあとでは手を洗わずにはすませない。

——ニイチェ「人間的な、あまりに人間的な」

＊宗教の課題は神性と共感することである。

——同右「この人を見よ」

＊暗黒時代には、宗教ほど諸国民を導くのに最適なものはなかった。というのも、暗黒の中では眼の見えない人がいちばんよい案内役で、目明きよりもずっと確かだからである。しかし、昼になって明るくなっても眼の見えない人に案内させているとすれば、それは阿呆である。

——ノヴァーリス「断片」

——ハイネ「落想集」

＊宗教が哲学の支援を求める途端から、その宗教の消滅は不可避のものになる。

——同右「ドイツの宗教と哲学」

＊一切の儀礼を捨離し、唯われにのみ帰依せよ。われは汝を一切の罪悪より解放すべし。

——「バガヴァッド・ギーター」

＊多くの宗教が互いに相反しているのを見る。だから、ひとつを除いて、他はみな虚偽である。どの宗教も、それ自身の権威に基づいて信じられることを欲し、不信仰者をおびやかす。

——パスカル「パンセ」

＊人々は宗教を軽蔑している。彼らは宗教を嫌悪し、宗教が真実であるのを怖れている。これを矯正するには、まず宗教が理性に反するものでないことを示してやらねばならない。

——同右

＊宗教——「希望」と「恐怖」を両親とし、「無知」に対して「不可知なもの」の本質を説明する娘。

——ビアス「悪魔の辞典」

＊無宗教——世界中の偉大な信仰の中で、いちばん重要

な信仰。

＊教義はお膳立てされ、詰め込まれた真理の外皮以外の何ものでもない。

——ビアス「悪魔の辞典」

＊宗教は生命の塩であり、力である。

——ライマン＝ビーチャー「説話」

＊人間は身体の薬が効かないとわかってから、やっと魂の薬を捜し出す。

——ヒルティ「眠られぬ夜のために」

＊宗教にとっては、神聖なるもののみが真実である。哲学にとっては、真実なるもののみが神聖である。

——フィッシャルト「詩」

＊人間が宗教の始めであり、人間が宗教の中心点であり、人間が宗教の終わりである。

——フォイエルバッハ「宗教の本質―序」

＊宗教は人性の永遠で破壊できない形而上的な要求の表現である。

——同右「宗教の本質」

＊宗教は生活の腐敗を妨ぐべき香料である。

——ベーコン「随筆集」

——ブルクハルト「世界史的考察」

＊宗教は、たとえそれが愛の宗教と呼ばれようと、その外にいる人々には過酷で無情なものである。

——フロイト「集団心理学と自我の分析」

＊孤独の宗教、それはまだ本物ではない。宗教は共通のものにならねばならない。宗教は礼拝と陶酔、祝祭と秘法を持たねばならない。

——ヘッセ「デーミアン」

＊宗教とは、知性の破壊力に対する自然の防禦的反作用である。

——ベルグソン「道徳と宗教の二源流」

＊国民から認められると宗教という名を与えられ、国民が否認すれば迷信という名を付けられる。

——ホッブス「政治哲学論」

＊神が存在しないとしても、やはり宗教は神聖であり、神性を備えているであろう。

——ボードレール「火箭」

＊あらゆる宗教は自己超越の手段であって、宗教的経験を他から区別する特色は拡大の意識である。

——ホルロイド「混沌から」

＊忍従とか謙譲を義務とするあらゆる宗教は、市民に対して消極的な勇気のみしか鼓吹しない。

——マキァヴェリ「ローマ史論」

＊宗教は抑圧された生物の嘆息であり、また、それが魂なき状態の心情であると等しく、無情の世界の感情である。つまり、それは民衆の阿片である。

——マルクス「ヘーゲル法律哲学批判―序説」

＊人間が宗教をつくるのであって、宗教が人間をつくる

のではない。

――三木清「断片」

＊宗教を愛し、それを守っていくには、それを守らぬ者を憎んだり、迫害したりする必要はない。

――モンテスキュー「法の精神」

＊私は宗教に対しては宗教を持っている。

――ユーゴー「レ・ミゼラブル」

＊真の宗教の目的は、倫理の諸原則を魂の奥深くに押し込むことでなければならない。

――ライプニッツ「神義論」

＊人間にとって、天国ほど手軽に思いつく発明はなかった。

――リヒテンベルク「道徳的覚書」

＊宗教の堕落は、宗教が理論そのものに堕することに始まるのではあるまいか。

――林語堂「生活の重要さ」

＊宗教は聖者がそれを説いたがゆえに真理なのではなく、真理なるがゆえに聖者がそれを説いたのである。

――レッシング「賢者ナータン」

＊私の偉大な宗教は、血と肉のほうが知性よりも賢明であるとする信仰である。

――ローレンス「断片」

＊宗教というものを考えるとすれば、僕は信ずることのできない連中のためにひとつの宗教を開きたい。これを「不信者の教団」と呼んでもいい。

――ワイルド「獄中記」

＊宗教は、それが真実であることを立証されるときは終焉する。科学は死んだ宗教の記録である。

――同右「青年のための警句と哲学」

＊迷信は大なる真実の影である。

――エドワーズ「説話」

＊信仰は扉を閉ざされれば、迷信となって窓へはいって来る。神々を追い払うと幽霊がやって来る。

――ガイベル「詩」

＊迷信は神々に対する無感覚の恐怖から成り、宗教は神々に対する敬虔なる崇拝から成る。

――キケロ「神々の本質について」

＊迷信は能力的な、巨大な前進的性格の遺産であるが、不信仰は弱者の、卑怯者の後退し、束縛された連中の所有物である。

――ゲーテ「色彩学」

＊迷信は下劣な魂の持主たちに可能な唯一の宗教である。

――ジューベル「パンセ」

＊罪の本質は不信仰、神から疎外されている状態、神からの逃走神への反逆である。

――ティリヒ「聖書的宗教と究極的実在の探求」

＊最も野蛮な迷信のひとつは、人間が信仰なしで生き得

るものだ、という独断に対する現代の、いわゆる学者の大多数の持つ迷信である。

――トルストイ「読書の輪―一・二」

＊迷信は弱々しい心の宗教である。

――バーク「フランス革命における反省」

＊迷信は恐怖と弱さと無知の産物である。

――フリードリヒ大王「語録」

＊迷信の首魁は民衆である。すべて迷信においては、賢者たちが愚者どもに追随する。そして正常の場合とは反対に、まず実行があって、あとから理論がこれに当てはめられる。

――ベーコン「随筆集」

＊迷信は暴君に恐怖を与え、圧制に参与し、援助を与え、征服者を神とし、人民を奴隷にした。

――ポープ「人間論」

＊信仰を投げ捨てたところに迷信はびこるであろう。

――リュッケルト「詩」

＊いちばん性《たち》の悪い迷信は、自分の迷信をましなほうだと思うことである。

――レッシング「賢者ナータン」

・キリスト教

＊クリストはみずから燃え尽きようとする一本のローソクにそっくりである。

――芥川龍之介「続西方の人」

＊聖書のインスピレーションは、それを読む紳士の無知に依存する。

――インガソル「ニューヨークにおける講演―一八八一」

＊女性が聖書を彼女の権利の特権と考える限り、女性は男性の奴隷である。聖書は女性によって書かれたものではない。

――同右「男・女・子どもの自由」

＊キリスト教は永遠のカメレオンである。それは絶えず変形する。

――ヴィニィ「詩人の日記」

＊聖書は信仰の本であり、教義の本であり、道徳の本であり、宗教の本であり、神からの特別の黙示の本であるが、人間自身の個人的責任、人間自身の尊さ、同胞との平等を教える本でもある。

――ダニエル＝ウェブスター「バンカー・ヒル記念碑の講演―一八四三・六」

＊あらゆる宗教のうちでキリスト教は、疑いもなく最も寛容を教えたはずの宗教である。しかし、現在までのところ、キリスト教徒はすべての人間のうちで最も不寛容な人たちであった。

――ヴォルテール「哲学辞典」

＊哲学者の眼には、聖職者の悪徳は彼らの美徳よりもず

っと危険ではない。

——ギボン「ローマ帝国衰亡史」

＊昔は貧者の一揆、今は富者の組合《サンディカ》。（キリスト教精神に対する批判）

——クレマンソー「語録」

＊キリスト教は計画的な政治革命であったが、それに失敗してからは道義的なものになった。

——ゲーテ「格言集」

＊イエスは、いまやその天国を愛する者を多数持っておいでだが、その十字架を担う者はごくわずかである。

——ケムピス「キリストのまねび」

＊聖書は教義ではなくて文学である。

——サンタヤナ「スピノザ倫理学(1)の序論」

＊人間のどんな誤りも、どんな不忠実も、イエスの福音から、その中に含まれた真理を除くことはできない。

——シュヴァイツァー「キリスト教と世界の宗教」

＊教会は謙譲を教えるとともに、みずから謙譲を学ばねばならない。

——バーナード＝ショウ「セント・ジョーン―序」

＊神の怒りは不義をもて真理《まこと》を阻む人の、もろもろの不敬と不義とに対《むか》いて天より顕《あら》わる。

——「新約聖書―ロマ書一章一八～一九節」（パウロ）

＊すべてのものは神より出で、神によりて成り、神に帰す、栄光とこしえに神にあれ。

——「同右―ロマ書一一章三六節」

＊求めよ、さらば与えられん。たずねよ、さらば見出さん。門を叩け、さらば開かれん。すべて求むる者は得《え》、たずぬる者は見出し、門をたたく者は開かるるなり。

——「同右―マタイ伝七章七～八節」（イエス）

＊我なんじらに告ぐ、今より後、汝らの子の、全能者の右に坐し、天の雲に乗りて来るを見ん。

——「同右―マタイ伝二六章六四節」（同右）

＊神の国を何になずらえ、如何なる譬《たとえ》をもて示さん。一粒の芥種《からしだね》のごとし、地に播く時は、世にある万《よろず》の種より小なれども、既に播きて生《は》え出ずれば、万の野菜よりは大きく、かつ大なる枝を出して、空の鳥その蔭に棲み得るほどになるなり。

——「同右―マルコ伝四章三〇～三二節」（同右）

＊カエサルのものはカエサルに、神の物は神に納めよ。

——「同右―マルコ伝一二章一七節」（同右）

＊愛は神より出《い》ず。およそ愛ある者は、神より生れ、神を知るなり。愛なき者は、神を知らず、神は愛なればなり。

——「同右―ヨハネ第一書四章七～八節」（ヨハネ）

＊来世がないとしたならば、キリスト教の教義は永遠に遺る世界の欺瞞である。

——マーチン＝スコット「宗教と常識」

＊説教者は言う、私の行うことではなく、私が言うこと

をなせ。

——セルデン「説話」

＊キリスト、キリストと呼ばれる人にて、審判のときには、キリストを知らざる人よりも遠く彼を離るべき者多し。（実のないキリスト教徒は異教徒よりも罪の深い連中である）

——ダンテ「神曲—天堂編一九曲」

＊不死不滅はキリスト教の栄光ある発見である。

——チャニング「不死」

＊キリスト教徒の神は、リンゴを大切にしながら、子供をなおざりにする父親である。

——ディドロ「哲学的断想追補」

＊自然法則はキリストを欺瞞の真只中に生きさせたし、キリストを欺瞞のために死なせた。

——ドストエフスキー「悪霊」

＊キリストは愛によってひとりで天国を建設したが、今日までキリストのために何万人という人々が死んだことか！

——ナポレオン「語録」

＊キリスト教道徳は奴隷の道徳、弱者の道徳である。生の拡大をさまたげ、本能の発揮を抑え、人間を萎縮させ、退化させる道徳である。

——ニイチェ「善悪の彼岸」

＊悲観をその基盤とし、不幸と悲哀を善とするこの道徳——この善悪の価値表は、速やかに破り捨てなければならない。

——同右

＊キリスト教徒はただひとりしかいなかった。そして、その人は十字架の上で死んだ。この瞬間、以後「福音」と呼ばれているものは、すでに彼が生きてきたものの正反対、すなわち「禍音」であった。

——同右「反キリスト」

＊私はキリスト教に対するこの永遠の弾劾を壁という壁、壁さえあればどこでも書き付けたい。私は盲目でも読める文字を持っている。私はキリスト教を一大呪詛《じゅそ》と呼ぶ。

——同右

＊キリスト教の信仰は二つの真理、すなわち人間の自然性の堕落と、イエス＝キリストの贖《あがな》いとを両立させるところにある。

——パスカル「パンセ」

＊十字架は重い。しかし不思議なことに、それは汝を担うが、汝はそれをほとんど担ったことがない。

——ヒルティ「眠られぬ夜のために」

＊キリスト信者は敵を愛さねばならないが、敵としてである。

——ブンゼン「ヒッポリュトス」

＊いかなる法律も宗派も学説も、キリスト教の教えほど善を重視したものはなかった。

＊キリストに倣うことが一キリスト教徒になるゆえんである。

——ベーコン「随筆集」

＊われわれが説教するごとく行動し、われわれが行うごとくするな。

——ペン（臨終のことば）

＊キリスト教の信仰は、善良な人々を暴虐不正な者どもの餌食にしてしまった。

——ボッカチオ「デカメロン」

＊キリストは恩寵の、無償で恣《し》意的な救いの宗教であり、神の気ままな信仰である。

——マキァヴェリ「君主論」

＊キリスト教は皇帝を滅ぼしたが、人民を救った。

——ミシュレー「フランス革命史」

＊（イエスは）歴史がわれわれに提供するすべての人格で、いちばん生々としているがゆえに、いちばん論理的でない性格である。

——ミュッセ「断片」

＊キリスト者は、すべての者のうえに立つ自由な君主であり、何人にも従属しない。キリスト者はすべての者に奉仕する僕《しもべ》であり、何人にも従属する。

——モーリヤック「イエスの生涯」

——ルター「キリスト者の自由」

＊真の宗教の創立、これがイエスの業《わざ》である。彼ののちは、もうただ発展させ、豊富にするだけのことである。

——ルナン「イエス伝」

＊キリストは最高の個性主義者であったのみではなく、史上における最初の個性主義者でもあった。

——ワイルド「獄中記」

・仏・仏教

＊自心すなはち仏たることをさとれば、阿弥陀ねがふに及ばず、自心の外に浄土なし。

——一休「般若心経提唱」

＊となふれば仏もわれもなかりけり、南無阿弥陀仏の声ばかりして。

——一遍「語録」

＊もろもろの善男子、恐怖を得ることなかれ。汝ら、まさに一心に観世音菩薩の名号を称すべし。この菩薩は、よく無畏をもつて衆生に施したもふ。

——「観音経」

＊仏心とは、大慈悲これなり。無縁の慈をもつて、もろもろの衆生《しゆじよう》を摂《せつ》す。

——「観無量寿経」

＊富もいらぬ、名誉もほしくない、私にはそれよりも楽しい法《のり》の悦びがある。

——倉田百三「出家とその弟子」

＊念仏の功積み、心を運ぶこと年深かりし者は、命終の

時に臨んでは、大なる喜びおのづからに生ず。

——源信「往生要集」

*仏とは釈迦の名づくるものにして、天の大気虚空をいふ。これを無と名づく。これを仏とす。

——司馬江漢「春波楼筆記」

*地上の王座より輝かしく、昇天より美しく、世界の支配よりすばらしきもの、それは、解脱の最初の段階の持つところの法悦なり。

——釈迦「説話」

*みずから自己の灯火となれ、みずから自己の保護所となれ。他人に保護を求めるべからず。法を灯火とし、法を保護とし、他のものに依存すべからず。

——同右

*念仏者は無碍《げ》の一道なり。（念仏者は何ものにもさまたげられない大道である）

——親鸞「歎異抄」

*念仏はまことに浄土にうまるるたねにてやはんべるらん。また地獄におつる業にてやはんべるらん。総じてもて存知せざるなり。たとい法然上人にすかされまいらせて、念仏して地獄におちたりとも、さらに後悔すべからずそうろう。

——同右

*弥陀の本願信ずべし、本願信ずるひとはみな、摂取不捨の利益にて、無上覚をばさとるなり。

——同右「浄土和讃」

*生死のなかに仏あれば、生死なし。

——道元「正法眼蔵随聞記」

*つひに捨てて行く命を一日片時なりとも仏法のために捨てたらんは、永劫の楽因なるべし。

——同右

*一日の坐禅は一日の仏なり、一生の坐禅は一生の仏なり。未来もまた是の如し。ただ是の如く信ずるものこれ大機根の人なり。

——道隆「坐禅論」

*仏はひとりわがために法《のり》を説き給う。余人のためにはあらず。

——ナーガールジュナ「大智度論」

*汝早く信仰の寸心を改めて、速やかに実乗の一善に帰せよ。然らば則ち三界は皆仏国なり。仏国それ衰へんや。一方は悉く宝土なり。宝土何ぞ壊《やぶ》れんや。国に衰微なく、土に破壊なくんば、身は是れ安全にして、心はこれ禅定《ぜんじょう》ならん。此の詞《ことば》、此の言、信ずべく崇むべし。

——日蓮「立正安国論」

*日蓮によりて日本国の有無はあるべし。たとへば宅柱無ければもたず、人に魂無ければ死人なり。日蓮は日本国の柱なり。

——同右「開目鈔」

＊念仏を信ぜん人は、たとひ一代の法をよくよく学すとも、一文不知の愚鈍の身になして……智者ふるまひをせずして一向に念仏すべし。

――法然「一枚起請文」

＊仏は生きとし生けるものの父にして、救い主なり。一切の命《いのち》あるものは、わが子なり。

――「法華経」

＊神仏を崇《とふと》びて、神仏を頼らず。

――宮本武蔵「五輪書」

＊仏語心を宗《もと》となし、無門を法門となす。

――無門慧開《むもんえかい》「無門関」

VI

知性と英知

知性・英知・知恵——283
知識——287
懐疑と理解——290
哲学(者)——292
真理・誤謬——294
思考・思索——297
思想——299
イデオロギー——301
理論・実践——308
独創と模倣——309
ことわざ・格言——310
機知——311
教育・教養——313
学問・学識——318
名声・栄光——323

知らぬが幸いなら、知ることはかえって愚なこと。

——イタリアのことわざ——

●

1オンスの思慮分別は、1ポンドの英知に値する。

——イギリスのことわざ——

知性・英知・知恵→知識

判断力のない知性や、道理を弁える能力のない英知は、生兵法《びょうほう》と同じであって無知よりも始末が悪い。「一眼の狗は虎の畏るべきを知らず」というではないか。だが、無知を自覚するようになると、憂患につながることも事実である。

*英知は苦難からもたらさる。
——アイスキュロス「アガメンノン」（ミケーネ王）

*知性は方法や道具に対しては鋭い鑑識眼を持っていますが、目的や価値については無為です。
——アインシュタイン「晩年に想う」

*すべて人間は生れながらにして知らんことを欲す。
——アリストテレス「形而上学」

*われらは、われらが知らぬということさえ知らず。
——アルケシラオス「断片」

*英知は泉である。その水を飲めば飲むほど、ますます多く、力強く、再び吹き出してくる。
——アンゲルス・ジレジウス「さすらいの天使」

*人類の目標は知恵である。それは、東洋哲学がわれわれの前に掲げたひとつの理想である。
——ヴィヴェカーナンダ「カルマ・ヨーガ」

*その年齢の知恵を持たない者は、その年齢のすべての困苦を持つ。
——ヴォルテール「格言集」

*己自身のために賢明にあらざる知者を予は憎む。
——エウリピデス「断片」

*知性に富んだ人間はけっして弁解を言わない。
——エマーソン「講演集」

*自己のためにならない知者はすこしも知者ではない。
——エンニウス「断片」

*知の痛切にして誠実なるところが行であり、行の明確にして精密なるところが知にほかならず。（知は認識、行は実践）
——王陽明「伝習録」

*うたがひを人に問ふは、知を求むる道なり。みづから心に道理を思ふは、知をひらく本《もと》なり。
——貝原益軒「大和俗訓」

*三人にして迷うことなし。（「三人よれば文殊の知恵」と同義）
——「韓非子」

*老馬之知用う可し。（年功を経た者の英知は利用価値がある）
——同右

*知恵とは、求むべきものおよび避くべきものについての知識なり。
——キケロ「義務について」

*沈黙を守っている知恵、あるいは発言する力なき知恵

は無益なり。

——キケロ「義務について」

＊知恵を求め得る人および聡明《さとり》を得る人は福《さいわい》なり、そは知恵を獲《う》るは銀を獲るに愈《まさ》り、その利は精金よりも善ければなり。知恵は真珠よりも貴《とうと》し、汝のすべての財宝《たから》もこれと比ぶるに足らず。

——「旧約聖書―箴言三章一三～一五節」（ソロモン）

＊無知に思わせることは、しばしば最大の英知である。

——グラシアン「世間知」

＊知恵の最後の結論は、こうだ。およそ生活でも、自由でも、日々にこれをかちえて、初めてこれを享有する資格がある。

——ゲーテ「ファウスト」

＊三人同じく往くときに必ず一知有り。（「三人寄れば文珠の知恵」と同様）

——「五燈会元《ごとうえげん》」

＊他人の意中を見抜きながら、自己の意中を人に知らずにいられるのは、英知の優れている大きな証である。

——サブレ夫人「格言」

＊山高きがゆえに貴からず、樹あるをもって貴しとなす。人肥えたるがゆえに貴からず、知あるをもって貴しとなす。

——「実語教」

＊着想が豊かだからといって、その人間が知的だとは必ずしも言えない。配下に多くの兵士がいるからといって統率する将軍が立派だとは限らないのと同じだ。

——シャンフォール「格言と省察」

＊英知は次になすべきことを知っている。

——ジョーダン「絶望の哲学」

＊思慮分別は、あらゆる知的な性質に比して最も役立つことが多い。いかにつまらぬ事態においても用いられるし、日常茶飯事においても、必要とされるからである。

——サミュエル＝ジョンソン「アイドラー誌」

＊是を是とし、非を非とす、これを知という。（是々非々と同義）

——「荀子」

＊われが知るすべては、何も知らざることなり。

——ソクラテス（プラトン「フェドラス」より）

＊あらゆる世俗の知恵は、かつて何人かの賢者が唱えた、とっつきにくい所見を修飾したものである。

——ソロー「日記」

＊知恵は経験の娘である。

——ダ・ヴィンチ「語録」

＊知ること少なければ、愛することも少ない。

——同右

＊秀でたる知性を有するだけでは十分ではない。大切なのは、それをうまく活用することである。

——デカルト「方法序論」

＊知性を伴わぬ名声と富は、危険なる持物なり。

——デモクリトス「エチカ」

＊まことに一事をこととせざれば、一知に達することなし。

——道元「弁道話」

＊英知を持つためには、われわれは無知を持たねばならない。

——ドライザー「私は信ずる」

＊知は愛、愛は知である。（ものを知るには、これを愛さなければならず、ものを愛するのは、これを知らなければならない）

——西田幾多郎「善の研究」

＊知恵は悲しみである。最も多く知る者は、宿命的な真理を最も深く嘆かねばならない。知恵の樹は生命の樹ではない。

——バイロン「断片」

＊知性は素材を生み出すことはできない。素材は自然あるいは偶然の賜物である。知性が役立つのは、その素材をいかに信用するかという点にある。

——バーク「フランス革命の考察」

＊知恵は知識に優る。

——パスカル「パンセ」

＊すばらしい英知は極度の無知と同じく狂愚として非難される。

——同右

＊ひとつの事柄についてすべてを知るよりも、すべての事柄についてなんらかのことを知るほうが、ずっとよい。

——同右

＊何も知らない者は何も疑わない。（「知らざるは強し」と同義）

——ハーバート「風変わりな格言」

＊無知を信奉する者は漆黒の闇に陥る。されど学識に満足する者は、さらに暗い闇に陥るに似たり。

——「プリハッド・アーラヌヤカ・ウパニシャッド」

＊英知は受売りでは身につくものではない。……自分自身で発見するものである。

——プルースト「失われた時を求めて」

＊愚挙の時間は時計によって計測されるが英知の時間は時計によっては計測されない。

——ブレーク「天国と地獄の結婚」

＊無知は無罪にあらずして有罪である。

——ロバート＝ブローニング「宿屋アルバム」

＊学ぶことを歓びとし、これに心を奪われて何者にもそそのかされない。

——ペトラルカ「断片」

＊知恵を持つことは最大の徳なり。知恵とは、ものの本性に沿って理解し、真実を言い、しかして行うことな

り。

——ヘラクレイトス「断片」

＊知性は人生についての自然的理解の欠如によって性格づけられる。

——ベルクソン「断片」

＊汝の知るところのものは、汝がそれを知るということを他人が知らねば無価値なり。

——ペルシウス・フラックス「断片」

＊苦痛は英知の父であり、愛情は母である。

——ベルネ「断片と警句」

＊書物を多く読んだにもかかわらず、理解力が全然ないという人は多い。かかる人は、英知の箴言を読んでも箴言の英知を理解しなかったのである。

——ボーデンシュテット（「シルザーシャッフィの遺稿」より）

＊知恵は過去の抜萃だが、美は未来の約束である。

——ホームズ「朝の食卓の大学教授」

＊一瞬の洞察力は一生の経験よりも価値のあることがある。

——同右

＊人の智慧はいかほどかしこくても限りありて、測り識《し》りがたきところは、測り識ることあたはざるものなれば、善しと思ひて為すことも、実《まこと》には悪しく、悪しきと思ひて変ずることも、実には然らず。

——本居宣長「玉くしげ」

＊真に知的な人は他の人が知識として有しているだけのことを体で感得している。

——モンテスキュー「知性と人格に及ぼす諸要因」

＊少なくとも知恵者には、自分の知恵によってでなければなれない。

——モンテーニュ「随想録」

＊無知と無頓着こそは、よくつくられた頭脳を休めるのに、なんとらくな、柔らかい、健康的な枕であろうか。

——同右

＊われ何を知るや（ク・セジュ）。

——同右

＊英知の人は永遠の人である。

——エドワード＝ヤング「夜の瞑想」

＊貧乏が犯罪の母だとすれば、英知の欠如はその父である。

——ラ・ブリュイエール「人さまざま」

＊薬が調合されるときに、そこに毒がはいるように、徳が組み合わされるとき、そこに不徳がはいる。知恵は徳と不徳をうまく調合し、それを人生の不幸に対して役に立てる。

——ラ・ロシュフーコー「箴言集」

＊英知はいつも心情にだまされる。

——同右

＊人はときどき英知を持ちながら馬鹿だが、判断があって馬鹿であることは絶対にない。

――ラ・ロシュフーコー「箴言集」

＊一葉落ちて天下の秋《とき》を知る。（物事の初めの小なるを見て、終わりの大なるを察する）

――劉安「淮南子《えなんじ》」

＊知恵は禍福の門戸なり。

――同右

＊無知はけっして悪を生まない。危険な罪悪を生むのはただ誤謬の観念である。

――ルソー「エミール」

＊知って知らざるを上とす。

――「老子」

＊人を知る者は智、自ら知る者は明。（己を知ることは他人を知るよりもずっと難しい）

――同右

＊至知は知を棄て、至仁は仁を忘れ、至徳は徳ならず。（知や徳が目につくうちは、まだ極地に達していない）

――呂不韋《い》撰「呂氏春秋」

＊人の己を知らざるを患えず、人を知らざるを患えよ。

――「論語」（孔子）

＊知るを知るとなし、知らざるを知らずとなす。これ知なり。

――同右

知識→知恵

無闇やたらに知識を吸収すると、脳の不消化現象を招き、心の病を招く。無知であるほうが脳を休めるのに役立つ場合が少なくない。

＊神の欲するとおりに欲することが、われわれを安静にする唯一の知識である。

――アミエル「日記」一八八一・一一・二三

＊知識は恐怖にとっては解毒剤である。

――エマーソン「随筆集」

＊知識なく、思慮なく、つねに不浄なる者は、解脱境に達せずして輪廻《りんね》に赴く。これに反し、知識あり、思慮あり、つねに清浄なる者は、かしこに達してそこより再び生れ来たることなし。

――「カータカ・ウパニシャッド」

＊お前がなすことによって獲得した知識以外には、お前は知識を所有しているとはとても言えまい。

――カーライル「随筆集」

＊すべての知識は経験に基づく。

――カント「断片」

＊外国語を知らない人は自国語についても無知である。

――ゲーテ「格言集」

＊知識は信仰に従わなければならない。知識は信仰を出し抜いたり、ましてや、それを裂いたりしてはならない。

——コント「宗教総論」

＊無学は神の呪《のろ》いであり、知識は天にいたる翼である。

——シェークスピア「ヘンリー六世二部—四幕七場」

＊読んだだけ、聞いただけが只残って行くという意味の物知りがある。これは知慧というものにはならない。

——志賀直哉「青臭帖」

＊建設するには、知識を持たなければならず、科学を習得しなければならない。だが、知識を持つためには学ばねばならない。

——スターリン「共産青年同盟第八回大会演説」

＊神を畏れるは知識の始めである。

——スピノザ「エチカ」

＊組織的な知識の助けがなければ、生れつきの才能は無力である。直観は多くをなすが、すべてをなすものではない。天才が科学と結婚して、はじめて最高の成果を生むことができる。

——ハーバート＝スペンサー「教育随筆」

＊神は知識そのものではなく、知識の種子をわれわれに与えたり。

——セネカ「書簡集」

＊吾が生や涯《かぎり》あり、しかして知や涯なし。

——「荘子」

＊人生字を識《し》る憂患の始め。（なまじっか学識があると、かえって思い悩むものである）

——蘇東坡「断片」

＊私の知るすべては、何も知らざることなり。

——ソクラテス（プラトン「フェドウラス」より）

＊あらゆる世間の知恵も、かつては何人かの賢者が説いた、とっつきにくい異説である。

——ソロー「日記」

＊心をひらきて、わが汝に示すものを受け、これをその中に収めよ。聞きて保たざるは知識を得るの道にあらず。

——ダンテ「神曲—天堂編五曲」

＊知識は高齢者にとっては心地のよい、必要な養育院・隠居所である。

——チェスターフィールド「書簡—一七四七・一二・一一」

＊人間の知識は情熱の知識である。

——ベンジャミン＝ディズレーリ「若い公爵」

＊英知を持つためには、われわれは無知を持たねばならない。

——ドライザー「私は信ずる」

＊知識は記憶力によってではなく、自分の思想上の努力によって獲得されたときにのみ知識であり得る。

——トルストイ「読書の輪—一・九」

＊浅薄な、間違った知識は神から遠ざからしめ、深遠にしてまことの知識は神に近づかしめる。

——パスツール「語録」

＊思考と知識はつねに歩みをともにすべきである。さもなければ、知識は死物で不毛のままに死滅する。

——フンボルト「ある女友だちへの手紙」

＊天使は力において神と等しかろうと欲して法を破って堕ち、人間は知識において神と等しかろうと欲して法を破って堕ちた。

——ベーコン「学問の進歩」

＊教養と知識は別物だ。危険だと思われるのは、勉強していくにつれて陥るあの呪われた知識という奴である。どんなものもみな、頭をとおらなくては気がすまなくなる。

——ヘッセ「青春時代」

＊瞬時の識見は、ときとして人生経験に値する。

——ホームズ「朝の食卓の大学教授」

＊話すことは知識の領域であり、聞くことは英知の特権である。

——同右

＊知識はすばらしい著作の基礎であり、源泉である。

——ホラティウス「断片」

＊古人の跡をもとめず古人のもとめたる所をもとめよ。

——松尾芭蕉「風俗文選」

＊悪を知りてぞ高価《たか》く買いし善の知識。（善を知ることによって、おのずからその反対の悪をも知る）

——ミルトン「楽園喪失—四」

＊知識は食物に似て、ひとしく心のよく容れ得るものをほどよく知るごとくに、欲望の節制を要する。しからずんば、食傷に苦しみ、やがて栄養を風にするごとくに知恵を愚にす。（不消化の知識は害あって利がない。知的欲望も節制の必要があるの意）

——同右「楽園喪失—七」

＊知識を得たければ、現実を変革する実践に参加しなければならない。

——毛沢東「矛盾論」

＊われわれは他人の知識によって物知りになれるにしても、知恵者になるには、われわれ自身の知恵によってである。（他人の意見と知識を溜め込んではみても、それを消化しなければ無意味である）

——センテーニュ「随想録」

＊良心のない知識は人間の魂を滅ぼすものだ。

——ラブレー「ガルガンチュアとパンタグリュエル」

＊遠きを知りて、近きを知らず。

——劉安「淮南子《えなんじ》」

＊あらゆる人間の知識のうちで最も有用でありながら、最も進んでいないものは、人間に関する知識であるように思われる。

*わずかなる知識しか持たぬ人間は多く語る。識者は多く黙っている。

——ルソー「人間不平等起源論」

*知識のない熱心さは光のない火である。

——同右

*跂《つまだ》つ者は立たず、跨《また》ぐ者は行かず。（爪先で立って長時間保つことはできないし、大股に歩く者は、その歩き方で遠くまで行けない。無理は続かないという意）

——レイ「イギリスのことわざ」

——「老子」

*いかなる人の知識も、その人の経験を超えるものではない。

——ロック「人間論」

懐疑と理解→哲学（者）

懐疑は英知の始まりだが、知ること多ければ懐疑が強まる。理解できないことを吸収すると、頭脳の不消化症に陥る。理解というのは、自分が消化し得ることについてのみをいうことばである。

*懐疑主義者も一つの信念の上に、疑うことを疑わぬという信念の上に立つものである。

——芥川龍之介「侏儒の言葉」

*懐疑は賢者の冠である。

——アラン「精神と情熱とに関する八十一章」

*懐疑は思想の過食より来る脳髄の不消化症なり。

——内村鑑三「所感十年」

*信ずるは疑うよりも良し、然れども疑わずして深く信ずる能わず、懐疑は信仰のために必要なり。

——同右

*人間は疑念を持つが、これは科学の芽生えである。

——エマーソン「ワークス・エンド・ディス」

*懐疑は知的な疑念を意味するのみではなく、道徳的な疑念をも意味する。

——カーライル「英雄と英雄崇拝」

*懐疑は発明の父である。

——ガリレオ「語録」

*人は疑いて用うるなかれ、人を用いて疑うなかれ。

——「金史」

*生活には懐疑というのが密雲のように幾重にも襲うてくる。若《も》しくはずっと凝って動かない。それを克服することは容易な業《わざ》ではない。併しそれがまた求道の課題なのである。懐疑の課題がないなら、真理の探求はできない。

——倉田百三「絶対的生活」

*人はほとんど知らないときにのみ知っている。知識とともに、疑惑が強まる。

＊懐疑は、おそらくは英知の初めかもしれない。しかし、英知の始まるところに芸術は終焉する。

――ゲーテ「格言集」

＊大疑は大進すべし、小疑は小進すべし、疑わざれば進まず。（懐疑が深ければ学問は進歩し、懐疑が浅ければ学問は進歩しない）

――ジイド「断片」

＊われわれが知ること少なければ疑念を持つ。

――朱子「語類」

＊疑惑は愚者の知恵である。

――バーナード＝ショウ「断片」

＊疑義は紳士の間では会話の仕方ではない。

――ヘンリー＝ショウ「断片」

＊三人これを疑わしむれば、則ち慈母も信ずる能《あた》わず。

――サミュエル＝ジョンソン（ボズウェル「ジョンソンの生活」より）

＊懐疑は無限の探求にほかならず。

――「戦国策」

＊疑念は真理の根より芽のごとくに生ず。しかして、これは峰より峰にわれらを導き、ついには山嶺《いただき》にいたらしむる自然の途なり。（真を自然に求めるからには、一知はさらに一疑を生じ、真より真へと進み、ついには真の本源である神に向かう）

――ソクラテス「卓談」

＊真の悲劇家は真の喜劇家なり。

――ダンテ「神曲―天堂編四曲」

＊懐疑は哲学への第一歩である。

――ディドロ「哲学断想」

＊懐疑とは方法である。

――同右

＊探究とは疑念に始まり、疑念を除去する条件をつくることに終わる。疑念を除去する条件がつくられるというのは、信念がつくられることである。

――デューイ「探究の理論」

＊あらゆる種類の確信に拘束されない自由さは、懐疑家の意志の強さに屈している。信念を欲すること、肯定においても否定においても、無条件なものを欲することは、弱さの証拠である。

――ニイチェ「権力への意志」

＊人間はつねに、自分に理解できない事柄はなんでも否定したがるものである。

――パスカル「小品集―幾何学的精神について」

＊まず疑い、次に探求し、それから発見する。

――バックル「イギリス文明史」

＊不可思議は無知の娘である。

――フロリオ「最初の果実」

＊けっして疑わない者は半分も信じない。懐疑あるところに真理がある。それは懐疑の影である。

——ベイリー「フェスタス」

*疑義はさもしい魂の仲間である。

——ペイン「コモンセンス」

*不可思議——それは知識の種子である。

——ベーコン「学問の進歩について」

*信仰と懐疑とは互いに相応じ合う。それは互いに補い合う。懐疑のないところに真の信仰はない。

——ヘッセ「クリストフ・シュレンプフの追悼」

*多くの懐疑家は外見に現われるほど懐疑家ではない。

——三木清「人生論ノート」

*防備は攻撃を引き寄せ、疑念は侵害を引き寄せる。

——モンテーニュ「随想録」

*われわれの理解できないことを軽視することは、危険きわまる大胆さであって、途方もない無鉄砲を惹起するのみならず、あとあとまで禍いを残す。

——同右

*一方の疑惑は他方の欺瞞を正当化する。（相手を疑うのは相手に詐欺の口実を与えることになる）

——ラ・ロシュフーコー「箴言集」

*懐疑心は多くの歓びを奪い、しかも何も返してくれない。

——ローウェル「語録」

*理解は、あらゆる友情の果実を育成させる土壌であるに違いない。

——ウッドロー＝ウィルソン「演説—一九一三」

*多くのものを理解したけれども、何も完成しなかった。

——クロティウス（臨終のことば）

*われわれが理解しないことは制御し難い。

——ゲーテ「格言集」

*人間が理解する方法はひとつしかない。それは、彼らを判断する場合にせっかちにしないことだ。

——サント・ブーヴ「わが毒」

*すべてを理解することは人をすこぶる甘くする。

——スタール夫人「コリーヌ」

*人々は彼らが理解し難いことを嘲笑する。

——ドイル「四つの罪」

*理解しないことが多いよりも、わずかでも理解するほうがいい。

——フランス「天使の反逆」

*地面を掘ると、どこにも水が見つかるように、早晩、人は理解できないことがどこにもあることを知っている。

——リヒテンベルク「道徳的覚書」

哲学(者)→懐疑、宗教

―哲学の基本的な目的は、真理の探求であり、その真理が―

生きていくうえに値するか否かについて判断することである。この質問に答えられないときは、哲学は無価値である。

＊予が哲学より習得せしものは、いかなる社会にても安んじて感知する能力なり。
——アリスティッポス「断片」

＊哲学は法律と慣習に対する攻撃武器なり。
——アルキダモス（アリストテレス「弁論術」より）

＊哲学は真理の所在を示す羅針盤であり真理の暗示者である。
——出隆「哲学以前」

＊哲学は、ある種の人々が大衆を馬鹿にするために、いまなお装う古い流行である。
——ヴォーヴナルグ「省察と格言」

＊プラトンは哲学である。哲学はプラトンである。
——エマーソン「代表的人物」

＊真に重大な哲学の問題は一つしかない。それは自殺だ。人生を苦しんで生きるに値するか、否かという判断をすること、これが哲学の基本的な質問に答えることだ。
——カミュ「シジフォスの神話」

＊哲学の価値は、哲学者の価値によって決まる。人間が偉大であればあるほど、その哲学も真実である。
——同右「手帖―一九三五～四二」

＊哲学は、われわれの目の前に拡げられているこの巨大な書物、つまり宇宙に書かれている。
——ガリレオ「語録」

＊心の真の医薬は哲学なり。
——キケロ「哲学談義」

＊哲学者たちの全生涯は死に対する準備なり。
——同右

＊およそ哲学というものは、常識をわかりにくいことばで表現したものにすぎない。
——ゲーテ「格言集」

＊詩とは成熟した自然であり、哲学とは成熟した理性である。
——同右

＊偉大な哲学者ほど、一般民衆の質問に答えるということが難しくなる。
——シェンキェヴィチ「クオ・ヴァディス」

＊どうして？　どこへ？　なぜ？　どんなふうに？——こういった疑問はすべて哲学の領域である。
——ジューベル「パンセ」

＊哲学者は自然の水先案内人だ。
——バーナード＝ショウ「人と超人―三幕」

＊疑義は哲学者の感知であり、哲学は疑義に始まる。
——ソクラテス「卓談」

＊詩は真理の全体を包含し、哲学はその部分を表現する。

＊哲学はあらゆることについて、まことしやかな話をし、哲学の浅い人々の称讃を博する手段を与える。

――デカルト「方法序説」

＊哲学というのは、一切の現象を批判の対象とするような、生活の一種の態度そのもの、或いは少なくとも思想の態度そのものを意味する。

――戸坂潤「現代のための哲学」

＊哲学者とは何か。つねに尋常でない事物を経験し、見聞し、猜疑し、希望し、夢見る人間だ。

――ニイチェ「善悪の彼岸」

＊宗教にとっては、神聖なるもののみが真実である。哲学にとっては、真実なるもののみが神聖である。

――フォイエルバッハ「宗教の本質―序」

＊可能なるもののみを信ずることは、信仰にあらずして哲学にすぎない。

――ブラウン「医師の宗教」

＊哲人が首長たり、首長が哲人たる国家は幸いなり。

――プラトン「国家」

＊哲学は最高の文芸なり。

――同右「パイドン」

＊哲学者の全生涯は、まさに死にいたることと、その死を成就することにほかならず。

――同右

＊浅薄な哲学は、人の心を無神論へ傾けるが、深遠な哲学は人の心を宗教へと導く。

――ベーコン「随筆集」

＊哲学は疑義である。

――モンテーニュ「随想録」

＊哲学は思考の顕微鏡である。

――ユーゴー「レ・ミゼラブル」

＊哲学は容易に過去と未来の不幸を打ち敗かすが、現在の不幸には打ち負かされる。

――ラ・ロシュフーコー「箴言集」

真理・誤謬

真理には楯の両面があるのに、人は自分の都合によって片面のみを真理として強調するものだ。諺や格言がこれを立証している。生半可な真理がしばしば誤謬を招く。

＊真理のことばは単純なり。

――アイスキュロス「アガメンノン」（ミケーネ王）

＊外に出るなかれ、汝自身に立ち還れ、内なる人にこそ真理は宿るなり。

――アウグスティヌス「真の宗教」

＊誤謬というものは、真理を余計含んでいれば、それだけ余計に危険である。

——アミエル「日記—一八五二・一二」（日付なし）

＊真理も正義もわれとともに闘う。

——アリストファネス「断片」

＊真理は神によりてのみ到達され、人間の及ぶところにあらず。

——アルケシラオス「断片」

＊真理は、古代であろうと近代であろうと、社会に対して敬意を払うものではない。社会が真理に敬意を払わねばならない。

——ヴィヴェカーナンダ「カルマ・ヨーガ」

＊真理を証するもの三つあり、すなわち天然の人と聖書。

——内村鑑三「断片」

＊真理に暗い者はすべて苦悩をこうむる。無限の輪廻の中にあってさまざまに苦悩す。（ジャイナ教の聖曲の教え）

——「ウッタラードヒャーナスートラ」

＊真理は不滅である。誤謬は致命である。

——エディ夫人「科学と健康」

＊真理こそは、私が墓にはいるまでつねに守るものである。

——カートライト「語録」

＊私はいくつかの古い真理に新しい光を投げ与える。

——ガンジー「語録」

＊誤謬を犯すは人間の性《さが》なり。

——キケロ「哲学談義」

＊新しい真理にとって、古い誤謬ほど有害なものはない。

——ゲーテ「格言集」

＊誤謬は真理に対して、睡眠が覚醒に対するような関係にある。誤謬から目覚めて人が甦ったように、再び真理に向かうのをみた。

——同右

＊真理は炬《たいまつ》だ。しかも巨大な炬だ。だから、私たちはみんな目を細めて、そのそばを通りすぎようとするのだ、火傷することを畏れさえして。

——同右

＊われわれの犯すひとつの大きな誤謬は、原因をつねに結果の間近にあり、と考えることにある。

——同右

＊適切な真理をいうのに、二つの道がある。民衆にはつねに公然と、王公にはつねに秘密に言うものである。

——同右「四季—秋の部」

＊普遍的な真理に対して人がいかに無関心でも、個別的な真理に対しては実に執着が強い。

——ショウペンハウエル「パレルガとパラリポノメナ」

＊真理を知らん、而して真理は汝らに自由を得さすべし。

——「新約聖書—ヨハネ伝八章三二節」（イエス）

＊真理を灯火とし、真理を拠りどころとせよ。他のものを拠りどころとすることなかれ。

——「大《だい》般《はつ》涅《ね》槃《はん》経」（釈迦）

*真理は、われわれの所有しているもののうちで、いちばん価値のあるものだ。節約しようではないか。

——トーウェン「間抜けウィルソン」


*真の真理というものは、つねに真理らしくないものである。

——ドストエフスキー「悪霊」


*このたから（真理）は天にありては、天の道となり、地にありては、地のみちとなり、人にありては、人のみちとなるものなり。

——中江藤樹「翁問答」


*私の真理は怖ろしい。というのは、いままで嘘が真理と呼ばれてきたのだから、あらゆる価値の価値転倒……これが私の方式だ。

——ニイチェ「この人を見よ」


*アンチテーゼは好んで誤謬が真理に忍び込んでいくときに通る狭い門にほかならない。

——同右「人間的な、あまりに人間的な」


*真理の大海は、すべてのものが未発見のまま、私の前に横たわっている。

——ニュートン（ブリューター「ニュートンの思い出」より）

*真理が自分の罪業を証明しはしないかと、真理を畏れ始めるときほど不幸なことはない。

——パスカル「パンセ」


*いかなる人も、好んで真理から除け者にされる者なし。

——プラトン「断片」


*誤謬はしばしば最上の教師である。

——フロード「大問題についての小研究―教育」


*真理というすぐれた地盤の上に立つことに比すべき愉しみはない。

——ベーコン「随筆集」


*真理は、その正反対も同じく真理である。言いかえれば、つねに真理は、それが一面的である場合にのみ口に言われ、ことばの衣装に包まれることができる。

——ヘッセ「ジッダルタ」


*真理とは、信仰と知識の相殺し合う点である。

——ヘッベル「日記」


*できる限り善を行い、何ものにもまして自由を愛し、王座のもとであろうとも、断じて真理を裏切るまい。

——ベートーヴェン「対話集」


*真理のための受難は、崇高なる勝利への勇気なり。

（真理を愛する者には、真理のための受難は最高の勇気であり、栄誉である。真理の真理はキリストである）

——ミルトン「楽園喪失―一二」


*真理に向かって歩む人は、ただひとりで歩む。

——モルゲンシュテルン「段階」


*新しい真理の発見のときは、つねに少数派である。それが正しければ多数派になる。

——湯川秀樹「語録」

＊真理を教え説くことばは、自己の内部の自我を否定する人間の口より発せらるる場合にのみ確たる不動なものなり。

――「ユダヤ伝経」

＊学生の真理探究の態度は多情でなくてはなりません。無節操でなくてはなりません。無節操といっては誤解を招くかもしれませんが、つねにより正しからんとして、いつでも態度を改め得るように用意していなくてはなりません。

――吉野作造「学生に対する希望」（講演）

＊真理は、節をまげることのできない人士を暴力より遠ざけ、そしてその孤独の裡に慰める。

――ラブレー「ガルガンチュアとパンタグリュエル」

＊真理への入口は単純なものの中を通っている。

――リヒテンベルク「物理学的な対象についての覚書」

＊真理を見出そうとする意欲は、たとえ途中で迷うことがあってもすばらしい功績といえる。

――同右「道徳的覚書」

＊酒は強く、王はもっと強く、女はそれよりさらに強く、けれども、真理は最も強い。

――ルター「卓談」

＊生半可の真理は、完全かつ純粋な真理よりもずっと多くの買い手がつく。後者には、あまりに多くの精神と心情の努力が必要である。

――ローテ「格言」

思考・思索→思想

パスカルは「人間は考える葦である」と言ったが、人の思考は己の性格の告白であるか、あるいは、己の性格と同質である他人の考え方を受売りして、それを修飾したものである。

＊正しき思慮こそ神の最上の贈りものなり。

――アイスキュロス「アガメンノン」（ミケーネ王）

＊いかなる人間の思考も、他人の考えについての思考にほかならない。……最も深い思想の人たちは、自分にとってよいものを他人の考えから採択し、それをいっそう前進させるものである。

――アラン「文学語録」

＊思慮は何にもまして堅固なる城壁なり。なぜならば、それはけっして倒壊することも、敵の手に渡されることもないゆえなり。

――アンティステネス「断片」

＊思考は極端なるものによってのみ進むが、中庸なるものによってのみ存続する。

――ヴァレリー「ヨーロッパ人」（チューリッヒ大学の講演一九二二・一一）

＊思考はひげのようなものである。成長するまでは生えない。
――ヴォルテール「格言集」

＊考えることは己自身と親しむことである。
――ウナムノ「人生の悲壮感」

＊思考の啓示は、隷属から自由へと人を解放する。
――エマーソン「人生の行動」

＊思考は行動の種子である。
――同右

＊思慮なき有能の才は、悲劇的な結末にあらざるを得ない。
――ガンベッタ「語録」

＊凡そ思慮は、平生《へいぜい》黙坐静思の際に於てすべし。
――西郷隆盛「大西郷遺訓」

＊多くの書籍の中に思考を見出すと考えるならば、失望しよう。思考は河川や海に、丘や森林に、日光や天然の風の中に宿っている。
――ジェファリーズ「ブリテン博物館の鳩」

＊高貴な考えとともにある者は、けっして孤独ではない。
――シドニー「アルカディア」

＊観念という奴は、さしずめ俺の娼婦なり。
――テオフラストゥス（テイオゲス・ラエルティウス「アリストテレス」より）

＊われ思う、ゆえにわれあり。
――デカルト「方法序説」

＊意志・悟性・想像力および感覚のすべての働きは思惟である。
――同右

＊人類の最も偉大な思考は、石をパンにかえるということである。
――ドストエフスキー「未成年」

＊思考が人間の偉大さをなす。
――パスカル「パンセ」

＊人間は一本の葦《あし》にすぎない。自然のうちで最もひ弱い葦にすぎない。しかし、それは考える葦である。
――同右

＊人間は考えるために生れている。ゆえに人間は、ひとときも考えないではいられない。
――同右「恋愛の情念について」

＊瞑想にふける者は、夜のない昼を憎む。
――ハーバート「知恵の投げ槍」

＊大なる思考は会議で生れたことはなかったが、馬鹿な多くの考え方もそこで死滅した。
――フィッツジェラルド「覚書」

＊人と世界を動かすのは、流れてやまない思考の潮である。
――フィリップス「語録」

＊思索する人として行動し、行動する人として思索せね

ばならない。

——ベルグソン「断片」

＊人間は生きている限りは思量する。閑人が往々棋《ご》を囲み、骨牌《かるた》を弄ぶ所以である。

——森鷗外「なかじきり」

＊「考える」ということばを聞くが、私は何か書いているときのほか考えたことはない。

——モンテーニュ「随想録」

＊思考は理性の労働であり、空想はその愉しみである。

——ユーゴー「レ・ミゼラブル」

＊人間の意識とは、もろもろの妄想・欲望・意図が混然と雑居しているところであり、夢想の坩堝《るつぼ》であり、恥ずべき思考の巣窟なのだ。

——同右

＊人は誰でも自分の物覚えについてはぼやくが、誰ひとりとして自分の判断について嘆く者はいない。

——ラ・ロシュフーコー「箴言集」

＊読書は単に知識の材料を供給するだけである。それを自分のものにするのは思索の力である。

——ロック「随筆集」

思想→思考・思索、イデオロギー

たいていの思想は、先哲たちの古手の思考を新手のように見せかけるため、ことばのマントを冠せて染め直したものである。思想の表現が難解なのは、古手の思想から剽窃《ひょうせつ》したことをカモフラージュするからである。

＊我々の生活に必要な思想は三千年前に尽きたかも知れない。我々は唯古い薪に新しい炎を加えるだけであろう。

——芥川龍之介「河童」

＊私の本来の傾向は、すべてを思想に転換することである。（アミエルの一六〇〇〇頁に及ぶ「日記」の貫した思想）

——アミエル「日記—一八八〇・九・九」

＊ひとつの思想に導かれて進みつつある時代は、砂漠の中を進軍する軍隊に似ている。落伍者たちこそ不幸なれ！　後方にとどまることは、すなわち死である。

——ヴィニィ「詩人の日記」

＊もろもろの偉大な思想は心から来る。

——ヴォーヴナルグ「省察と格言」

＊生活は簡単に、思想は高く。

——エマーソン「語録」

＊ひとりの思想家が進歩するのは、たとえ、それが明々白々であるように思えても、自分の結論を遅らせることによってなのだ。

——カミュ「手帖—一九三五～四二」

＊内容のない思想は空っぽで、概念のない直観は無為で

ある。

——カント「純粋理性批判」

＊人間は思想を隠すためではなく、思想を持っていないことを隠すために語ることを覚えたもののように思われる。

——キェルケゴール「あれか、これか」

＊ことばを高尚にするのは思想である。

——ケラー「日記」

＊実生活を離れて思想はない。しかし、実生活に犠牲を要求しないような思想は、動物の頭に宿っているだけである。

——小林秀雄「文学者の思想と実生活」

＊紙上に書かれた思想は、砂上に印した徒歩者の足跡にすぎない。

——ショウペンハウエル「パレルガとパラリポーメナ」

＊重要な思想を誰にでもわからせるように表現するほどむずかしいことはない。

——同右

＊窮乏は思想への刺激となり、思想は行動への刺激となる。

——スタインベック「怒りのぶどう」

＊思想と風俗とは一連のつながりのあるものだ。思想は風俗となって現われるものだし、風俗は思想を象徴する。

——戸坂潤「検閲下の思想と風俗」

＊思想や文化は云うまでもなく自主的なものだ。ひとからもらったものは結局、思想であるよりもモードにすぎぬ、……思想と文化とは常に民衆の自発的なものであらざるを得ない。

——同右

＊いちばん簡単で、いちばん明白な思想こそが、いちばん理解し難い思想である。

——ドストエフスキー「未成年」

＊俺の頭には少なくとも一日に一～一・五m^3の新思想が必要である。

——同右「罪と罰」

＊人は思想をとらえようが、思想はつねに人間よりも現実的である。

——同右

＊人間を法則に服従させるという思想は、人間を隷属させることであり、神の法則に従うという思想は、人間を解放する思想である。

——トルストイ「読書の輪—一・二八」

＊人はどこへいっても、弱い思想に強いことばの外套を着せることが好きだ。

——ハイゼ「友情の書」

＊秀でたる思想は、背後からも眺めることができねばならない。

——ノヴァーリス「断片」

*思想は行動になろうとし、ことばは肉体になろうとする。

——ハイネ「ドイツの宗教と哲学の歴史」

*よい思想はけっして人間独自の仕事ではない。それは人間をとおして流れ出るだけのものである。

——ヒルティ「眠られぬ夜のために」

*思想の反逆は、つねに武力蜂起に先行する。

——フィリップス「演説―一八五九・一一」

*人生の意味は思想に上《のぼ》らず、思想を超脱せる者は幸いなり。

——二葉亭四迷「平凡」

*私の思想が一体何んだ？　大抵は平生親しむ書巻の中から拾って来た、謂《い》わば古手の思想だ。

——同右

*抽象的思想は幽霊の如し。

——正宗白鳥「断片」

*思想が現実に迫るのみでは十分でない。現実がみずから思想に迫るのでなければならない。

——マルクス「ヘーゲル法律哲学―序説」

*思想の危機に際して問題になるのは思想の性格である。……思想の性格の概念は思想の価値の概念から区別されるであろう。

——三木清「哲学ノート」

*思想の卑きは食物のごとく、食と性のほか弁《わきま》えず、なんら高きを悟らず。

——ミルトン「楽園喪失―九」

*すべての頑固派の思想というものは、社会的実践から離れており、彼らは社会という車の前に立ち、その道案内の仕事を努めることができない。

——毛沢東「実践論」

*人生と対決させると、死体のように倒れてしまう思想が少なくない。

——モルゲンシュテルン「段階」

*日ごとに新たなる思想があり、われわれの心は天気とともに移り変わる。

——モンテーニュ「随想録」

*人間の持つ思想は、誰か他人の思想であって、その人生は擬態であり、その情熱は借用である。

——ワイルド「獄中記」

イデオロギー→思想

どんなイデオロギーも私利・私欲をカモフラージュするタテマエにすぎない。ちなみに、昔、羽振りのよかった人は復古主義を、現在、羽振りのいい人は保守主義を、その反対に、羽振りよくない人は革新主義を唱える。主義主張ほど身勝手なものはない。

＊われわれは春と夏は改革者であるが、秋と冬は保守の側に立つ。朝は改革者で、夜になると保守主義者になる。改革は積極的で、保守は消極的である。前者は真理をめざし、後者は安寧をめざす。

——エマーソン「自然論」

＊徹底的な個人主義こそ社会の最もよき奉仕者である。

——トーマス＝エリオット「断片」

＊主義は事実によって修飾される。

——ジェームス＝クーパー「アメリカ・デモクラシー」

＊自由主義は思慮分別に馴れた人々の確信であり、保守主義は恐怖に馴らされた人々の不信である。

——グラッドストーン「演説」

＊利己主義は唯一の真の無神論であり、大望と利他主義は唯一の真の宗教である。

——ザングウィル「ユダヤ人町の子どもたち」

＊十歳の民主派、二十歳の共産派、三十歳の純粋派、四十歳の保守派。

——太宰治「苦悩の年鑑」

＊宗教家は宗教を、道徳家は道徳を、主義の人は主義を私する。それでは宗教も道徳も主義も栄えようがない。

——中勘助「街路樹」

＊凡ての主義は醜い。

——同右「沼のほとり」

＊国民それぞれの主義とするところを尊重すべし。

——ナポレオン三世「語録」

＊主義は設定され、詰め込まれた真理の表皮にすぎない。

——ヘンリー＝ビーチャー「人生の思想」

＊足をけずって靴に合わせるのではなく、靴は必ず足に合わせ、牛舎をつくるには、牛の体位をはかれ。（公式主義を批判したことば）

——ホー・チ・ミン「語録」

＊国際主義は上流階級のみが与え得る贅沢であり、庶民は望みもなく彼らの故郷に縛り付けられている。

——ムッソリーニ「演説—一九二一」

＊人生と対決させると、屍体のように倒れてしまう思想が少なくない。

——モルゲンシュテルン「段階」

＊われわれは主義について語るが、われわれは私欲のために行動する。

——ランダー「架空な会話」

＊昔、羽振りのよかった者は復古を主張し、いま羽振りのよい者は現状維持を主張し、まだ羽振りのよくない者は革新を主張する。

——魯迅「而已集—小雑感」

＊もろもろの主義の間の争闘がなんの関係があろう。唯物論・唯心論・社会主義・共産主義といったところで、それはどれも繋いだ犬の首輪なのだ。

——ロマン＝ローラン「魅せられたる魂」

*理想主義のない現実主義は無意味である。現実主義のない理想主義は無血液である。

——ロマン＝ローラン「先駆者たち」

・保守主義

*私がいままでに出会った最も保守的な人々とは大学を卒業した連中である。（社会的身分が保証されているため）

——ウッドロー＝ウィルソン「ニューヨークにおける演説—一九〇五・一一・一九」

*大多数の人々は保守的であり、新しいものをなかなか信じようとしない。現実の多くの失敗には辛抱強い。

——カーライル「過去と現在」

*自由主義は思慮分別に馴れた人々の確信であり、保守主義は恐怖に馴らされた人々の不信である。

——グラッドストーン「演説」

*向こうみずの変革には危険があるが、それよりももっと大きい危険は徹底した保守主義である。

——ジョージ「社会問題」

*この保守主義は、私には不妊症のものに思われる。政治の不幸な異種交配であるラバで、何も産み出さないのだ。（ラバは雄ロバと雌馬との雑種）

——ベンジャミン＝ディズレーリ「コニングスビー」

*真の保守政治家は、善には保守的、悪にはラディカルである。その意味では革命家なのだ。

——カルノ「語録」

*保守主義者は、闘うことにあまりにも臆病であり、走るのに肥りすぎている人である。

——同右「演説」

*保守主義者——現存の弊害を新たな弊害をもって置換したいと望む自由主義に対し、現存の弊害に心を魅せられている政治家。

——ハバード「千と一つの格言」

——ビアス「悪魔の辞典」

*保守主義者は、完全な二本の立派な足を持ちながら、歩くことを学ぼうと断じてしない人である。

——フランクリン＝ルーズヴェルト「ラジオ演説—一九三九・一〇・二六」

・国家(粋)主義

*ナショナリズムは小児病である。それははしかである。

——アインシュタイン「断片」

*自分が崇拝されたり、服従されたりすることを夢想する人間は帝国主義者である。……服装・徽章・名前がものをいう華やかな女優は帝国主義者である。

——アラン「政治語録」

*自由国家には種々の不平はあるが、苦痛はほとんどない。独裁国には不平は少ないが、災難が多い。

*愛国主義は無頼漢たちの最後の避難所である。

＊国家主義の精神は、種族主義という古いつぼの中で民主主義という新しい酒をつくるための酵母である。

——サミュエル＝ジョンソン「ランブラー誌」

＊世界のファッショたちは押しなべて道徳屋であることは有名である。彼らはすべて風紀屋である。服装まで妙な制服にしたがるのである。

——トインビー「歴史の研究」

＊帝国主義は張子の虎である。（アメリカ国家主義への痛罵）

——戸坂潤「検閲下の思想と風俗」

——毛沢東「紅旗」

・資本主義

＊資本主義の本質的企業家はまさしく「サラリーマン重役」たるのがその本質である。（資本主でなければ企業者とはなれないような社会は旧形態の社会である）

——東畑精一「日本資本主義の形成者」

＊資本主義的な商品生産に立脚する社会の終焉は、同時に経済学の終焉を意味する。

——ブハーリン「社会革命」

＊後進国のブルジョアジーは先進国の革命を学ばないで、王政復古の真似ばかりしたがる。

——マルクス「ヘーゲル哲学批判」

＊ある意味では、帝国主義は資本主義から社会主義への過渡的な一段階である。資本主義は死滅しつつあるが、死滅し去ったのではない。

——レーニン「演説―一九一七」

＊不平等な経済的・政治的発展は資本主義の絶対的法則である。

——同右

＊資本主義が進展すると共に、手段としての財力が強くなり、人間の方が財の手段となり、人間が機械の奴隷にされるという傾向が生じてくる。

——和辻哲郎「私の根本の考」

・民主主義

＊アメリカの民主主義は、新たな、巨大な、陰険な勢力によって脅威を受けている。それは「軍事産業ブロック」とも称すべき脅威である。

——アイゼンハウアー「告別演説―一九六一・一・一七」

＊民主制は虚栄心の強いエゴイズムが寄ってたかってする山分けにほかならない。民主制は君主制と貴族制の正当な嗣子である。

——アミエル「日記―一八六四・九・二〇」

＊デモクラシーは、いかなる点にても平等ならば、あらゆる点においても平等なり、と考える人々から台頭す。

——アリストテレス「政治学」

＊私はデモクラシーとは、すべての人類のエネルギーを放出するためのものだと信じている。

＊デモクラシーの儀式、その祝宴、その大なる機能は選挙である。

——ウッドロー＝ウィルソン「演説」

＊民主主義者は若い保守主義者であり、保守主義者は老いた民主主義者であり、貴族政治主義者は果実を結ばない民主主義者である。

——ウェールズ「デモクラシー」

＊民主政治は専制政体と変わらない。なぜならば、民主政治とは全員がひとりの意志を無視し、ときにはこれに逆らって議決し得る、という全員ならぬ全員が、議決し得る執行権を認めるからである。

——エマーソン「代表的人物」

＊デモクラシーの潮流は万事において凡庸であることにある。

——カント「永久平和のために」

＊民主主義的方法とは、政治決定に到達するために、個々人が人民の投票を獲得するための競争闘争を行うことにより決定力を得るような制度的装置である。

——ジェームズ＝クーパー「アメリカの民主主義者」

＊民主主義における選挙民の投票の第一義的な機能は政府を作り出すことにある。……政府を作り出すということは、実際には統率者たるべき人を決定することに等しいと言えよう。

——シュムペーター「資本主義・民主主義・社会主義」

＊デモクラシーというものは、腐敗した少数者の取決めによる選挙にとって代わった、無能な多数者によるそれである。

——同右

＊デモクラシーのあらゆる邪悪は、よりいっそうのデモクラシーによって見出され得る。

——バーナード＝ショウ「革命主義者のための格言」

＊諸君はデモクラシーを樹立するために革命をしてはならない。諸君は革命をするためにデモクラシーを身に付けねばならない。

——アルフレッド＝スミス「アルバニィにおける演説」——一九三三

＊デモクラシーは教育のない者による統治を意味するが、他方、貴族政治は悪い教育による統治を意味する。

——チェスタートン「おそるべきくだらぬこと—風と樹木」

＊民主主義の世界の掟は人間の規格化であり、全人類を最低の公約数にまで低下させることであり、その宗教は平凡人崇拝である。

——同右「インタビュー」——一九三一

＊民主主義は、役人どもの手による抑圧と略奪から社会の成員を守ることを特色的な目的と主旨にしている。

——アルドゥス＝ハックスリー「恋愛対位法」

＊デモクラシーの社会的更新は、その勝利の前提と保証

——ベンサム「憲法典」

である。

——トーマス＝マン「デモクラシーの来るべき勝利」

＊私は貴族趣味であるが、行動は民主的である。

——ユーゴー「断片」

＊天下は一人の天下にあらず、乃《すなわ》ち天下の天下なり。

——「六韜《りくとう》」

＊デモクラシーとは人民の、人民による、人民のための政治である。

——リンカーン（ゲティスパーグにおける演説—一八六三）

＊資本主義社会の民主主義は、絶えず資本主義的搾取の狭い枠内で締めつけられているので、事実上はつねに少数者のため、有産階級だけのため、金持ちだけのためのものである。

——レーニン「国家と宗教」

＊デモクラシーは、いかなる人にも己自身の抑圧者となる権利を与える。

——ローウェル「演説」

＊民主主義というのは、民衆にとって代わって、その厳粛な名目のもとに、若干の布教者たちの利益のために民衆の毛を刈る技法です。

——ロマン＝ローラン「クレランボー」

＊デモクラシーは単に人民の、人民による、人民のために、こん棒で打ち倒すことを意味する。

——ワイルド「社会主義のもとの人間の魂」

・社会主義

＊自由第一主義にあらず、正義第一主義が、およそ社会主義の公式である。

——アラン「政治語録」

＊唯学術的の好奇心で労働者を玩具《おもちゃ》にする様な奴は労働者の賊である、社会主義の獅子身中の虫である。

——内田魯庵「社会百面相—労働問題」

＊それ自体の民族的哲学が生れていない国、したがって、外部からの影響を受けやすい国に、社会主義は自己の足場を見つける。

——ゴーリキー「敵」

＊社会主義者たちは、古ぼけた闘争手段をご丁寧にも新時代にまで通用させようとする伝統主義者である。昔、成功した方法では、必ずしも今日もまた成功するとは限らない。新しい状態には新しい手段が必要である。

——ジョレース「議会演説集」

＊すべての社会主義は、奴隷制度を付随的に伴う。

——ハーバート＝スペンサー「来るべき奴隷制度」

＊飽食した労働者と空腹をかかえた労働者とは、それぞれ社会主義に対して異なった態度をとる。

——ゾンバルト「断片」

＊社会主義は主として無神論の問題である。無神論に現代的な肉付けをした問題である。地上から天に達するためではなく、天を地上へ引きおろすために、神なく

して建てられたバビロンの塔だ。

——ドストエフスキー「カラマーゾフの兄弟」

*社会主義は老いぼれ切った専制主義の空想的な弟で、これを継承しようとしているのである。

——ニイチェ「人間的な、あまりに人間的な」

*社会主義なき自由は、特権であり、不正であるが、他方、自由なき社会主義は、隷従であり、野獣性である。

——バクーニン「連合主義・社会主義・反神学主義」

*未来は社会主義のもの、すなわち婦人と労働者のものである。

——ベーベル「婦人と社会主義」

*社会主義はすべての人類に文明を行きわたらせようと欲するものである。資本主義下では、文明は少数の特権階級の独占物である。

——リープクネヒト「演説」

・**共産主義**

*マルクス主義は、疑いもなくことばの最も低い意味でも一つの宗教である。

——ウェイユ女史「圧制と自由」

*共産主義とは何者であるか？　不平等な所得の平等な分配を熱望する輩《やから》である。自分の銅貨を支払って、他人の銀貨を着服しようとする怠け者である。

——エベンザー＝エリオット「寸鉄言」

*マルクスが宗教の貼りつけた民衆の阿片という名称は、宗教が己の真理に背くとき、けじめてふさわしいものになる。しかし、この名称は本質的には革命に適合する。革命の希望はつねに麻酔剤である。

——同右

*マルクス主義は宗教である。マルクス主義的社会主義もまた、墓穴の此方に天国を約束する宗教の一派に属する。

——シュムペーター「資本主義・社会主義・民主主義」

*共産主義は現代の悲劇において、一時的ではあるが、大きな役割が与えられている陰の主人公である。合図のことばを待って舞台に飛び出そうとしている。だから、この役者から眼をそらすことはできない。

——ハイネ「ルテチア」

*私は共産主義者を憎む。なぜなら、共産主義はすべての社会的諸力を国家の利益のために集中し、呑み込むからであり、また、不可避的に国家の手中に財産を集中させるからである。

——バクーニン「平和と自由同盟第二回大会の演説」

*コミュニズムは、弱者によって強者を搾取することである。

——プルードン「貧困の哲学」

*共産主義の理論は一言で要約し得る。「いっさいの私有財産をなくせ」。

——マルクス、エンゲルス「共産党宣言」

*プロレタリアは束縛の鎖のほか失うべきものは何もない。彼らは勝利する世界を持つ。世界の労働者たちよ団結せよ！

——同右

*共産主義とは、ソビエト権力プラス全国の電化である。

——レーニン「演説」

理論・実践→実行

ダ・ヴィンチは「理論は将校、実践は兵卒」と言ったが、無能な理論によって指導される実践はけっして実を結ばない。実践し得ない理論は空理空論にすぎない。

*理論のうち真実の理論にして、はじめてただ単に知識のためのみならず、生活のためにもきわめて有効なるものであり得る。

——アリストテレス「ニコマコス倫理学」

*人は実際には、学術において何も知ることはできない。つねに実践が必要である。

——ゲーテ「格言集」

*理論は将校、実践は兵卒。

——ダ・ヴィンチ「覚書」

*論理的結果は愚者のこけおどしであり、賢者ののろしである。

——トーマス＝ハックスレー「動物の行動」

*実践家は技術家の道具にすぎず、技術家に従属する限りにおいてのみ、よく全体の有能な成員であり得る。

——フィヒテ「学者の使命についての五講」

*起源的には実践は理論に先行する。しかし、ひとたび理論の立場にまで自己を高めると理論は実践に先行し得る。

——フォイエルバッハ「遺された格言」

*一《オンス》の実践は一《ポンド》の教訓に値する。

——ブラックモア「クラドック・ノウェル」

*習得した知識を実践に移さずに保有することはむずかしい。

——プリニウス二世「書簡集」

*理論は考える最も実際的なものであり、いわば実践の真髄である。

——ボルツマン「理論物理学の発展」

*理論も大衆をとらえるや否や物理的権力となる。

——マルクス「ヘーゲル法律哲学批判―序説」

*実践・認識・再実践・再認識という形式が循環・往復して無限に繰り返され、各循環ごとに実践と認識の内容が一段と高い階段に進む。

——毛沢東「実践論」

*論理はことばの知識にほかならない。

——ラム「トーマス・マン宛の書簡」

独創と模倣

斬新的な発想による独創はほとんどない。たいていは古くからのものを新しいものに焼き直したもので、いわば洗練された模倣にほかならない。その典型がファッションである。

＊独創は天才の最たる証拠である。

——ヴォーヴナルグ「省察と格言」

＊独創力とは、思慮深い模倣以外の何ものでもない。

——ヴォルテール「格言集」

＊創造はむずかしく、模倣は容易い。

——コロンブス「語録」

＊いかなる者も模倣によって卓越した者はない。

——サミュエル＝ジョンソン「ランブラー誌」

＊独創的——何かの新しいものを初めて観察することではなく、古いもの、古くから知られていたもの、あるいは誰の眼にも触れていたが、見のがされていたものを新しいもののように観察することが、真に独創的な頭脳の証拠である。

——ニイチェ「人間的な、あまりに人間的な」

＊存在するすべてのものは独創の成果である。

——ミル「自由論」

＊女という女が、ともに同じ形に屈服する社会では一律性を拒むことこそいちばん大きな独創である。

——モロア「一つの生活技術」

＊人はすべて模倣された歓びを感ず。

——アリストテレス「詩学」

＊人はしばしば模倣を称讃し、真の事実を軽んず。

——イソップ「寓話」

＊われわれのほとんどすべての支出は、他人に真似んがためになされている。

——エマーソン「断片」

＊模倣、卑しき模倣、これ国民の、もっとも悲しむべき徴候なり。

——北村透谷「国民と思想」

＊虎を画《か》きて成らず、反りて狗《いぬ》に類す。（豪傑な人物を真似ても駄目で、かえって軽薄な才子になるの意）

——「後漢書」

＊模倣とは、最も純粋なへつらいである。

——コルトン「警句」

＊沐猴《もくこう》にして冠す。（猿に冠《かんむり》をかぶせたように不似合いの意）

——司馬遷編「史記」

＊西洋事情を師として専ら国勢を弄す。

——頭山満（前原一誠「参議を退くの辞」より）

*ヴォルテール自身にあらざれば、ヴォルテールを模倣することは不可能である。

——フリードリヒ大王「語録」

*模範はしばしばわれわれを迷わせる道案内である。

——ラ・ロシュフーコー「箴言集」

ことわざ・格言↓機知

ことわざは、処世において都合よく活用できるように、一つの課題について背馳する二つの真理を伝えた民衆の知恵である。格言は、賢者が英知を鋳造貨に凝縮して伝えた知恵である。

*格言は哲学者たちの機知のほとばしりである。

——ヴォーヴナルグ「省察と格言」

*証明のいる箴言は表現の下手な箴言である。

——同右

*箴言は書き手の心を暴露する。

——同右

*よい格言は陳腐なものになりがちである。というのは、それらはことわざに転化するからである。

——同右

*格言は人生がそれを例証するまでは格言ではない。

——キーツ「書簡集」

*名言集および格言集は、社会人にとって最大の宝である。もし前者を適宜の場合に会話の中に織り込み、後者を適切なときに記憶に喚び起こすならば。

——ゲーテ「格言集」

*格言の処世術におけるは、熟練した芸術におけるがごとしである。

——シャンフォール「格言と省察」

*私は知恵を貨幣に鋳造したい。つまり、知恵を鋳造して、覚えやすく、伝えやすい箴言と格言とことわざとにしたい。

——ジューベル「パンセ序」

*どんな格言も愚者には無益である。

——ベン＝ジョンソン「さまざまの人とその発見」

*卑劣な格言は、実際生活のうえでは重んじられていないが、理論のうえでは確乎とした地位を築いている。

——スティーヴンソン「若い人たちのために」

*永い経験からの簡潔な格言。

——セルバンテス「ドン・キホーテ」

*どこから見ても、確かな格言は千のうち一つしかない。

——ソロー「日記」

*賢者の英知と年齢の経験は、引用することによって保存されよう。

——アイザック＝ディズレーリ「文学の骨董品」

*血と格言をもって書く者は、読まれることを望まず、

暗誦されることを欲する。
——ニイチェ「ツァラトゥストラ」

*よい格言は、時の歯が経つには堅すぎる。そして、いかなる時代にも栄養のたしになるのは、幾千年の歳月にも食い尽くされはしない。
——同右「人間的な、あまりに人間的な」

*賢者が格言をつくり、愚者がそれを繰り返す。
——パルマー「格言についての道徳的教訓—序文」

*古戒を観覧し、反復参考し、先入の語を以て主となすことなかれ。（先入主ということばの由来）
——班固撰「漢書《じょ》」

*格言——歯の弱い者にもかめるように骨を抜き取った人生の知恵。
——ビアス「悪魔の辞典」

*人間性についての警句を求める人々、泥水の中にはいって探さなければならない。すると、彼は彼自身の心の中にあるものを発見することになる。
——ブラッドリー「アフォリズム」

*すべての警句は蜜蜂のごときであるべきなり。それには針と蜜と小さき身体が必要なり。
——マルティアリス「断片」

*格言はひとりの人間の機知であり、あらゆる人々の英知である。
——ジョン＝ラッセル「警句」

*いろいろの道徳が嘘であることを立証する格言を、正しく判断するのをためらうのは、それらが自分に関して真実であることがあまりにも容易に信じられるからである。
——ラ・ロシュフーコー「箴言集」

機知→ことわざ・格言

機知とは、他人の称讃を計算に入れたエリートの尊大さを秘めたことばの遊戯である。直截的表現の多い草食人種の機知は面白くないが、肉食人種の飛ばす機知は頓知に富む。

*皮肉屋とは、犬の哲学者なり。
——アウグスティヌス「断片」

*敵手を否定せんとする戦は冗談である。敵手の態度を否定せぬ怒りは洒落である。
——阿部次郎「三太郎の日記」

*鋭い機知は鋭利なナイフのように自分の指を切る。
——アロースミス「語録」

*洒落は低級な機知である。
——ノーア＝ウェブスター「語録」

*冗談の目的はその人の品位を落とすことではなく、すでに品位を落としていることを気づかせる点にある。

——オーウェル「おかしく、下品でなく」

*真面目なふりをすることはできるが、滑稽なふりはできない。

——ギトリ「語録」

*判断するときには皮肉を避けなければならない。精神のあらゆる性向のうちで、皮肉が最も聡明から遠い。

——サント・ブーヴ「わが毒」

*いたずらをいたずらでやり返すほど痛快ないたずらはない。

——シェークスピア「恋の骨折り損」

*大天才の手にかかったら、諷刺のいかに恐るべき武器になることか。

——シバ「生涯に対する弁解」

*ジョークを言う人が笑ったら、それはジョークでなくなる。

——シラー「フィエスコー」

*冷やかしは、しばしば馬鹿げたことを阻むが、高貴なものまでも葬ってしまうことも同じくらい多くある。

——ウォルター＝スコット「クウェンティン・ダフォート」

*洒落は会話のトウガラシであり、人生の塩である。

——ホレース＝スミス「語録」

*ウィットを言うのなら、喜ばすために用い、傷つけるために使うな。

——チェスターフィールド「書簡—一七四八年」

*ユーモアが隠れた源泉は歓びにあるのではなく、悲しみにある。天国にはユーモアはない。

——トーウェン「赤道を巡って」

*真実を語る者は機知ない人だけだ。

——ドストエフスキー「白痴」

*一般に冗談を言うと、誰か必ず被害をこうむる人がいる。

——ハズリット「ウィットとユーモア」

*皮肉屋は愛を通じてではなく、怖れを通じて他人の称讃を得る。

——同右

*皮肉は可能な経験の世界の半分だけにわが身を限るのです。

——アルドウス＝ハックスレー「恋愛対位法」

*当意即抄に答弁する才は、賢者が頭の裡に考えるにとどめていることを口に出す才能のことをいう。

——ハーディー（「トマス・ハーディーの後年」より）

*利用されない機知は病気である。

——バートン「憂うつの解剖」

*皮肉屋はよい性質を見ず、悪い性質のみ見逃さない人間である。

——ヘンリー＝ビーチャー「プリマウス説教書」

*人生が厳粛であればあるほど、それだけウィットも必要だ。

＊「皮肉」と「憐憫」とはふたりのよき助言者である。前者はほほ笑みながら人生を愛すべきものにし、後者は涙を浮かべながら人生を神聖なものにする。

――フーゴー「愚者の年代記」

＊諷刺的な傾向を有する人間は、他人をして自分の機知を怖れさせると同様に、自分も他人の記憶を怖れる必要がある。

――フランス「断片」

＊機知ある女は一つの財産であり、気のきいた美は一つの力である。

――ベーコン「随筆集」

＊洒落っ気があるだけでは十分ではない。持ちすぎないようにするのが肝心だ。

――メレディス「十字路のダイアナ」

＊頓知を追い求めて手にすることができるのは道化者である。

――モロア「会話について」

＊皮肉は選良の遊戯にすぎない。闘争のためには、もっと重要な武器が必要である。

――モンテスキュー「考察」

＊感傷性とはシニシズムの銀行定休日にすぎない。

――ロマン＝ローラン「闘争の十五年」

＊皮肉屋はあらゆるものの価値を知っているが、なんの価値も知らぬ人間である。

――ワイルド「獄中記」

――同右「ウィンダミア夫人の扇」

教育・教養→学問・学識

画一的知識を生徒や学生に詰め込む現代の教育制度は、彼らの自由発想による思考の培養を阻んでいる。これが点数化人間を養成し、大学は学問をする場でなく、就職の斡旋所となっている。切売り知識をどれくらい身につけているかが学歴社会の価値基準になり、教育者が切売り知識のブローカーに成り下がっている。

＊教育とは、学校で習ったことをすべて忘れた後に残っているものである。

――アインシュタイン「教育について」

＊教養は「世界で言われ、考えられた最上のことを知る」ことである。

――アーノルド「文学とドグマ」

＊いかに示唆するかを知ることは教えの偉大な術である。

――アミエル「日記―一八六四・一〇・二七」

＊教育は老年の最上の糧食なり。

――アリストテレス「断片」

＊金を払うのは先生にだが、実際に私の息子を教育してくれたのは生徒たちだ。

＊およそ小児の教えは早くすべし。
——エマーソン「日記」

＊教育は、人間に課すことのできる最も大きい、難しい問題である。
——貝原益軒「和俗童子訓」

＊標準の線まで昇るいかなる人も、二つの教育を受けた。第一には教師から、第二にはもっと個人的かつ重要な己自身からである。
——カント「断片」

＊われわれの曖昧で散漫な教育が人間を不確かなものにするのだ。
——ギボシ「覚書」

＊殷鑑《いんかん》遠からず。（殷の人々にとって手本は遠くに求める必要はない。前代の夏の桀王は暴政で自滅した）
——ゲーテ「ヴィルヘルム・マイステル」

＊教育は、道徳と知恵の二つの基盤のうえに立たねばならない。前者は美徳を支えるために、後者は他人の悪徳から自己を守るために。前者に重点をおくと、お人好しか、殉教者しか生れないし、後者に重点をおくと、打算的な利己主義者が生れる。
——「詩経」

——シャンフォール「格言と省察」

＊慈母三遷の教え。
——「十八史略」

＊子どもには批評よりも手本が必要である。
——ジューベル「パンセ」

＊教えることは二度学ぶことである。
——同右

＊教育を軽蔑する者が唯一の無学者なり。
——シルス「箴言集」

＊教育の最大の目標は知識ではなくて行動である。
——ハーバート＝スペンサー「断片」

＊教育の目的は性格の形成にある。
——同右「社会静学」

＊パンの次には教育が国民には最も大切なものである。
——ダントン「断片」

＊教育は青年にとっては制御された気品、老人にとっては慰め、貧者にとっては富、富者にとっては飾りである。
——ディオゲネス（ハリカルナスの）「断片」

＊逆境にまさる教育はない。
——ベンジャミン＝ディズレーリ「語録」

＊教育は幸運なる人々には飾りとなり、不運なる人々には避難所となる。
——デモクリトス「エチカ」

＊教育の目的は、各人が自己の教育を継続できるようにすることにある。
——デューイ「教育論」

＊胎内にある間も母徳の教化あり。

——中江藤樹「翁問答」

＊教育は猿を人間にしない。ただ見かけの上で、人間によく似た様子をあたえる。猿が教育されればされるほど、益々滑稽なものに見えてくる。

——萩原朔太郎「虚妄の正義」

＊教育は国民の安価な防備である。

——バーク「語録」

＊教育——それぞれ理解力に欠けていることを、監者に対しては赤裸に示し、患者に対しては隠匿して見せないようにすること。

——ビアス「悪魔の辞典」

＊教育——現世代から将来の世代へ当然払わるべき負債。

——ピーボディ「断片」

＊教育と教養とは別物です。……教養を身につけた人間は、知識階級よりも職人や百姓のうちに多く見出される。

——福田恒存「伝統に対する心構」

＊教育は善人をいよいよ善くし、悪人をいよいよ悪くする。

——フラー「格言集」

＊教育には天性と訓練を必要とす。人は若いときより学ぶことを始めるべきなり。

——プロタゴラス「道徳—教育」

＊自己教育の真の方法は、すべてのことを疑ってみることである。

——ミル「自叙伝」

＊世に画一主義の教育ほどみじめなものはない。依頼心、卑屈心、形式偏重、常識欠乏皆その所産である。

——武藤山治「実業政治」

＊自信と自律性のある教養の本質は、ゆるぎなきエゴイズムである。

——メンケン「偏見」

＊多くの女性は、教養があるというよりも、教養によって汚されている場合のほうが多い。

——モーリヤック「娘の教育」

＊無学は悪の母である。

——モンテーニュ「随想録」

＊われわれの最悪の不徳は、われわれのいちばん幼い時代の癖から始まり、われわれの主要な教育は乳母の手中にある。

——同右

＊教育とは、人々が知らないことを教えるのではなく、実例によって道を拓いてやる不断の困難な仕事である。

——ラスキン「教育について」

＊真正の教育の目的は、すべてをして善事を行わしめることのみではなく、同時に、そこに悦びを見出させることである。

＊通常、青年たちに賦与する教育は、第二の自負を彼らに鼓吹することである。（生れながら自惚れ屋の人間は、教育によってさらに自負心をつのらされる）

――ラスキン「教育について」

＊教育とは自然の性、すなわち天性に従うことでなければならない。……国家あるいは社会のためを目標とし、国民とか公民になす教育は、人の本性を傷つけるものである。

――ラ・ロシュフーコー「箴言集」

＊教育を受けた者ほど馬鹿はない、彼が教育されたことを除いては。

――ルソー「エミール」

＊教養は培養である。それが有効であるためには、まず生活の大地に喰い入ろうとする根がなくてはならない。

――ロジャース「演説」

――和辻哲郎「偶像再興」

・**教育者・教師**

＊独創的な表現と知識の悦びを喚起させるのが、教師の最高の術である。

――アインシュタイン「教育について」

＊教師の及ぼす感化は永劫である。教師は自分の感化の停止するところをけっして語り得ない。

――ヘンリー＝アダムズ「ヘンリー・アダムズの教育」

＊最初の教育者は空腹である。

――ヴェーバー「デモクリトス」

＊教育の秘訣は生徒を尊敬することにある。

――エマーソン「諸話と伝記のスケッチ教育」

＊書物よりは見聞、地位よりも経験が第一の教育者である。

――オルコット「科学的な格言」

＊人を教えることはできない、ただ自悟させる手助けをするにすぎない。

――ガリレオ「語録」

＊短き勤務の割合に多額の俸給を国家から支給され、地位を保証され老後を保証されている大学の教授だけが、時間と精力とを要し而も報いられない下積の仕事をなす義務がある。

――河合栄治郎「書斎の窓」

＊考える術を教えるべきで、考えたことを教えるべきではない。

――グルリット「雑誌論文」

＊経師は遇い易く、人師は遇い難し。（経書を教える師は多いが、人を導いてくれる師は得難い）

――司馬光「資治通鑑」

＊青は藍《あい》より出て藍より青し。（弟子は師よりまさる意）

――「荀子」

＊人は教えるうちに学ぶ。

＊三尺去って師の影を踏まず。

——セネカ「書簡集」

＊少年たちの勉学を強制と厳格さによりて訓練せず、彼らに興味をいだかせるべく導くならば、彼らは心の張りを発見せん。

——「童子教」

＊忍耐心を持たなければならないようでは、教育者としては落第である。愛情と歓びを持たねばならない。

——プラトン「共和国」

＊唯一の真の教育者はみずからを教育した人である。

——ペスタロッチ「口頭による意見」

＊人に物事を教えるには、教えているような様子をしてはいけない。その人の知らないことでも、忘れたことのように言い出さねばならない。

——ベネット「文化と自由教育」

＊生徒の学ぶ意欲を高揚させずに教えようとする教師は、冷たい鉄を槌《つち》打っているにすぎない。

——ポープ「批評について」

＊知識は一つの商品であり、教師は即商品のブローカーである。

——ホレース＝マン「語録」

＊われ以外皆師也。

——山本宣治「断片」

——吉川英治「話の広場」

＊記問の学は、以て人の師を為《な》すに足らず。（記問の学は古書の暗記、生き字引のような教師は真に人を教えられない）

——「礼記」

＊教師はローソクのようなもので、みずから燃やしつくして生徒を啓発する。

——「語録」

——ルーフィニィ「語録」

＊子は温にして厲《はげ》し。威ありて猛《たけ》からず。恭にして安《やす》し。（孔子は温順だったが、きついところがあった。尊厳だったが荒々しくなかった。礼儀正しかったが気やすかった）

——「論語」

＊三人行けば必ず我が師あり。その善なる者を択《えら》び、之に従い、その不善なる者はこれを改む。（三人の行動を観察していれば、自分が模範とするものを見出せよう）

——同右（孔子）

・学校

＊小学校や中学校や大学校で教える事柄は教育ではなく、教育の手段である。

——エマーソン「新聞論評」一八二一・七・一五

＊大学は天才を嫌う、修道院が聖者を嫌うように。

——同右「公立教育と私立教育」

＊学校における児童の相似は強制の効果である。卒業するや、強制が終わる。

——エルヴェシウス「人間論」

＊駅弁を売るところに大学あり。
——大宅壮一「語録」

＊人は子どもをおとなしくなるようにと、小学校へやる。そして、うるさくなるようにと、大学へやる。
——ジャン＝パウル「断片」

＊大学は職業のための訓練学校になりつつある。それは、「教養」といったことにまったく無関心の全権主義者たちによって要請されている。
——バートランド＝ラッセル「教育について」

＊学校や大学の教師は、個人を教育することはできない。ただ、種《しゅ》を教育するだけである。
——リヒテンベルク「教育学的覚書」

学問・学識→教育・教養

格物致知と心得て空理空論にふける学問は、虚飾と利得にすぎない。学者の中には、自分で探究せず、先達の士の考えを剽窃《ひょうせつ》して生計を立てている横着者がいる。

＊一であつて多にゆくものを博学といひ、多であつて多にとどまるものを多学といひます。
——伊藤仁斎「童子問」

＊補助金を給された学問は、独立不羈《ふき》の人々との接触による刺激がなければ創意を欠き、革新に抵抗し、臆病かつ保守的なものになりやすい。
——ウェールズ「世界文化史概観」

＊学問は人格に移る。
——オヴィディウス「ヘロイデス」

＊学びてやまず、棺をおおいて、則ち止む。
——韓嬰《えい》「韓詩外伝」

＊おお汝、人の世の道しるべをなす学問よ。徳を求めて倦《う》まず、もろもろの悪徳を駆逐する学問よ。汝の教えに従いて有益にすごせる一日は、罪に包まれる永生きに優る。
——キケロ「トゥスクルム談論叢」

＊学は多きにあらず、要は元を精《くわ》しうするに在り。
——「孔叢子」

＊芸術の衰退するときに学問は栄える。そこではまた、職匠の骨折りが必要なり。知識は芸術にあらざればなり。
——クリュシッポス「断片」

＊学とは何ぞ博《ひろ》いのと言った処が多寡が前世紀のなにがしが遺したる足の痕を花にもムダのあるかぼちゃ頭掉《ふ》り立てて追い行くに過ぎず。
——斎藤緑雨「あられ酒—覿面」

＊学問は宜しく質屋の庫の如くなるべからず。洋灯《ランプ》屋の店の如くなるべし。深く内に蓄うるを要せず、広く外に掲ぐべし。ぶら下ぐべし、さらけ出すべし。

——斎藤緑雨「わすれ貝」

*少にして学べば則ち壮にして為《な》すあり、壮にして学べば則ち老いて衰へず。

——佐藤一斎「言志晩録」

*学問は飛耳長目の道。（飛耳長目は遠方の見聞）

——「荀子」

*上学は神で聴き、中学は心で聴き、下学は耳で聴く。（最上の修学態度は精神をこめて聞き、中等のそれは心に留めて聞き、最悪のそれは耳に入れるだけである）

——同右

*小人の学は耳より入りて口より出《い》ず。口耳の間は財《わずか》に四寸のみ。曷《なん》ぞ以て七尺の軀《からだ》を美とするに足らんや。

——同右

*木《き》縄《なわ》に従えば則ち正し。（曲がった木も墨なわを当てて削れば真直ぐになる。人間もまた、学ぶことによって行為を正しくすることができる）

——「書経《きょう》」

*学問はある人にとっては神々しい女神であり、他の人にとっては、バターをくれる有能な牝牛である。

——シラー「諷刺詩集」

*博学汝を狂気せしめたり。

——「新約聖書—使徒行伝二六章二四節」

*学問が政治や経済の支配勢力に奉仕する侍女となったり、利用される奴隷となったりする危険は今日いよいよ増大している。

——末川博「次代学問のすすめ」

*我は教えるために学ばん。

——セネカ「書簡集」

*大学の道は明徳を明らかにするにあり、民を親しむにあり、至善に止むるにあり。

——「大学」

*汝が汝の学べるところのものを顧みて、その教えのわがことばに伴うを得るや否やを見る。（世の学問のいかなるものかを、みずから知って、その教えのわが教えに遠ざかるを見る）

——ダンテ「神曲—浄火編三三曲」

*それ学問は心の汚れを清め、身の行ひを良くするを以て本実とす。

——中江藤樹「翁問答」

*学問は天地を師とし国の中《ちゅう》を執《と》る最上なり。

——中林成昌「知命記」

*真の学問は筆記できるものではない。筆記のできる部分は滓《かす》である。真の学問は行と行とのあいだにある。

——新渡戸稲造「語録」

*学問に対する愛と、金銭に対する愛とは合致することはない。

——ハーバート「知恵の投げ槍」

*博学——学問に勤勉な人の特色であるところの一種の

無知。

――ビアス「悪魔の辞典」

＊書を読む計《ばかり》を学問と思ひ、紙上の空論を以て格物窮理《きゆうり》と思ふより間違ひも出来るなり。

――平賀源内「放屁論―後編」

＊学問は本末《もとすゑ》を知るが大事でござる。

――平田篤胤「気吹颫《いぶきおろし》」

＊実なき学問は先づ次にし、専ら勤むべきは、人間普通日用に近き実学なり。

――福沢諭吉「学問のすすめ」

＊人は生れながらにして貴財貧富の別なし。唯学問を勤めて物事をよく知る者は貴人となり富人となり、無学なる者は貧人となり、下人となるなり。

――同右

＊学習は善人をさらによくし、悪人をさらに悪くす。

――フラー「格言集」

＊無知を信奉する者は漆黒の闇に陥る。されど、学識に満足する者は、さらに暗い闇に陥る。

――「プリハッド・アーラヌヤカ・ウパニシャッド」

＊修学なくしては技術なく、技術なくして修学なし。

――プロタゴラス「断片」

＊ミネルバの梟《ふくろう》は夕暮になってはじめて飛翔する。（ミネルバは古代ギリシアの学問の神、梟はその使いの鳥。つまり学問は現実のあとを追うものであるとの意）

――ヘーゲル「法律哲学―序」

＊学問にあまり多くの時間をかけるのは怠惰である。学問をあまりに多く飾りに用いるのは気取りである。

＊悪賢い人は勉強を軽蔑し、単純な人は勉強を称讃し、賢い人は勉強を利用する。

――ベーコン「随筆集」

＊歴史は人間を賢明にし、詩は多才あるものに、数学は鋭敏にし、自然哲学は深遠にし、倫理学は重厚ならしめ、論理学と修辞学は議論に秀でさせる。

――同右

＊学問とは、相違を発見することに没頭することにほかならない。……学問とは識別の術である。

同右

＊私の唯一の研究は人間であるといえる。

――ヘッセ「ナルチスとゴルトムント」

＊仕事と行動は頭脳を強くするが、過度の勉強は頭脳を弱くする。

――ボロウ「スペインにおける聖書」

＊学問は置所によりて善悪わかる。臍の下よし鼻の先悪し。

――ボーン「格言のハンドブック」

＊学問は飯と心得べし。腹にあくが為なり。かけ物などのやうに人に見せんずる為にはあらず。

――三浦梅園「梅園拾葉」

——三浦梅園「梅園拾葉」

＊学ぶ者は山に登るがごとし。

——美濃部達吉「語録」

＊学問との事業は井を掘るがごとし。泉に及ばざれば、井を棄つると同じ。

——「孟子」

＊流水の物たるや、科に盈《み》たざれば行かず。君子の道に志すや、章を成さざれば達せず。（流水は凹地があれば、それを満たして流れて行く。同様に賢者が学問をする場合にも、飛躍せず一節ずつ理解してから進む）

——同右

＊すべての人は学びたがるも、誰もその代価を払わず。

——ユヴェナリス「諷刺詩」

＊大人の学は道の為なり、小人の学は利の為なり。

——楊雄「法言」

＊玉琢《みが》かざれば器《うつわ》を成さず、人学ばざれば道を知らず。

——「礼記」

＊君子の学におけるや、蔵し、修し、息し、遊ぶ。

——同右

＊知性もあらゆるものと同じく消耗する。学問はその栄養である。知性を養い、かつそれを消耗する。

——ラ・ブリュイエール「人さまざま」

＊学ぶ者は牛毛の如く、成る者は麟《りん》角の如し。（牛毛は多いこと、麟角は少ないことのたとえ）

——李延寿撰「北史」

＊学ぶに暇あらずという者は、暇ありといえども亦《また》学ぶ能《あた》わず。

——劉安「淮《え》南子《なんじ》」

＊学ぶに老いすぎていることはない。

——レイ「イギリスのことわざ」

＊学んで思わざれば則ち罔《くら》く、思って学ばざれば則ち殆《あやう》し。（学問をしても思惟せねば真理は把握できないし、思索するだけで学問をしなければ危険である）

——「論語」（孔子）

＊君子は文をもって友を会し、友をもって仁をたすく。

——同右（曾子）

・学者

＊学者ぶった先生は、へりくつ屋の有力な仲間に入れたい。へりくつ屋の狩猟は観念を追っかけ回すのである。

——アラン「宗教語録」

＊学者になる学問は容易なるも、無学になる学問は困難なり。

——勝海舟「海舟全集」

＊学者先生はしきりに「それゆえ」ということばをお使いになるが、なんで「それゆえ」なんだか、俗人にはさっぱりわからない。なんだか、えらそうなことばでごまかしているようだ。

——ガリレオ「書簡」

*外界から逃避して孤独となり、孤独を通して他と交じわる。

——河合栄治郎「教壇生活二十年」

*道を同じうする者は想愛し、芸を同じうする者は相嫉む。（道は道徳あるいは学問）

——「亢倉子《こうそうし》」

*古の学者は、不透明体なり、今のは透明体なり。更にその説く所によって判ずれば、古のは固体、今のは気体なり。

——斎藤緑雨「わすれ貝」

*常人は故俗に安んじ、学者は聞く所に溺る。（故俗は風俗習慣、聞く所は見聞）

——司馬遷編「史記」

*経済学者とは、とぎすまされたピカピカのメスと刃のこぼれたメスとをもって、すこぶる巧みに死者を解剖し、生者を残酷に取り扱う外科医のようなものである。

——シャンフォール「格言と省察」

*学問した人間は、勉強によって時間を費やす怠け者である。

——バーナード＝ショウ「革命主義者のための格言」

*書を以て御する者は馬の情を尽くさず。

——「戦国策」

*学者はよく監視し合うが、最善の信頼を互いに払うことはしない。小さい奸策にすこぶる長け、あしなえた知識を持つ人々を待ち伏せる。

——ニィチェ「ツアラトゥストラ」

*本をめくることばかりしている学者は……ついにはものを考える能力をまったく喪失する。本をめくらないときには考えない。

——同右「この人を見よ」

*当世の学者等は畜生の如し。智者の弱《よわき》をあなづり王法の邪をおそる。（王法は帝王の実施する法律）

——日蓮「佐渡御書」

*学者というものは、社会の中で考察される限りにおいてのみ学者である。

——フィヒテ「学者の使命についての数講」

*天分のない学者は、ムハンマド精神を習得するため、コーランを丸呑みにした哀れな回教僧に似ている。

——プーシキン「随想」

*銀行の出納係に似ている学者が少なくない。多くの金を出す鍵は持っていても、その金は自分のものではない。

——ベルネ「語録」

*学者は「自然」の探究を悦ぶ。

——ポープ「人間論」

*世界の偉人たちは一般に必ずしも偉大な学者ではなかったし、偉大な学者たちは必ずしも偉人ではなかった。

――ホームズ「朝の食卓の大学教授」

＊学者のインクは殉教者の血より神聖なり。

――ムハンマド「理性への讃美」

＊他《ひと》の国のことにしたがふを、かしこきわざとして、皇国のことにしたがふをば、つたなきわざとこころへためるは、皇国の学者の、あやしきくせなり。（他の国とは一八世紀当時の中国を指す）

――本居宣長「玉勝間」

＊学者とは、その観察と経験から、現象相互の一定の関係について、いろいろな仮定を引き出す人のことである。

――モロア「二つの生活技術」

＊最も学識ある人間が必ずしも最も賢明な者ではない。

――ラブレー「ガルガンチュアとパンタグリュエル」

＊智者学者にあらず、学者智者にあらず。

＊古の学者は己がためにし、今の学者は人のためにす。
（昔の学者は己の道の探求のために学問をするが、現在の学者は世間に知られるために勉学する）
――「老子」

＊朋《とも》あり遠方より来る、また楽しからずや。（朋は学問の友のこと）
――「論語」（孔子）

――同右

名声・栄光

名声とは、遠くから眺めたり、時代が経つと光り輝いて映るメッキの勲章で、どこか整形美人に似ている。なぜ、人々が名声のための名声に生きようとするのか。それは名声がもたらしてくれる利得と虚栄のためである。

＊人間的なことがいかにはかなく、くだらなく、かつ昨日の小滴が今日のミイラあるいは灰なることを思え。
――アウレリウス「自省録」

＊名声ののちには忘却あるのみ。
――同右

＊名誉とは良心であり、その中でも熱烈な良心である。
――ヴィニィ「軍隊の屈従と偉大」

＊自己の誠実さをわれわれに買わせる人々は、通常、己の名誉をわれわれに売るのみである。
――ヴォーヴナルグ「省察と格言」

＊大半の者は心の底では徳を軽蔑しているが、栄光を軽蔑する者は少ない。
――同右

＊あまりにも有名になった名前は、なんと重荷になることか。
――ヴォルテール「格言集」

＊名声は民衆の口にのぼって生きるにすぎない。

——ウラストン「自然の宗教」

＊われわれが名誉を愛するのは名誉のためではなく、ひとえに、それがもたらす利益のためである。

——エルヴェシウス「精神論」

＊最初の発明者がつねに栄光を担う。

——エンゲル「カシワとカシワの実」

＊名声は、それを求める者からのがれ、それを無視する者を追う。いかんとなれば、前者はその同時代の趣味に安住し、後者はこれに反抗するからなり。

——オロシウス「名声論」

＊有名人とはなんだろうか。名前が必要でなくなった人である。ほかの人々にとっては、名前はその個人にとって固有な意味を持っている。

——カミュ「手帖」一九三五〜四二

＊名声はずっと後年にやって来る。

——カモーエンス「断片」

＊名声は価値の確かな証跡であり、その可能性にすぎない。名声は人間の偶発的な出来事であって、財産ではない。

——カーライル「フォーリン・レビュー」一八二八

＊名を歓ぶ者は必ず怨み多し。

——韓嬰《えい》「韓詩外伝」

＊「名誉を軽んぜよ」と書物に書く人も、わが名をその書物に記す。

——キケロ「アルキアス弁護論」

＊呼吸が身体の活力であるように、名声は心の活力である。

——グラシアン「完璧な紳士」

＊現世における幸福はただひとつ。内心の静かな平和と罪に汚れのない胸！　偉大であることは危険であり、栄誉は空しい業《わざ》だ。栄誉が与えるものはむなしい影であり、栄誉によって奪われるものは無数である！

——グリルパルツァー「夢は人生」

＊この世の幸福とは何か——影にすぎない。この世の名声とは何か——夢にすぎない。

——同右「金羊毛」

＊他人の名声を傷つけて己の名を高める人間を憎む。

——ゲイ「詩とバラ」

＊この世の栄光は、いかに早く過ぎ去ることか！

——ケムピス「キリストのまねび」

＊真実の永遠なる栄光を求むる者は、かりそめのよしないしごとにかかわらず。心にこれを軽蔑せざる者は、天上の栄光を求めざるを示すものなり。

——同右

＊人は名位の愉しみなるを知って、名無く位無きの苦しみの最も真なるを知らず。

——洪自誠「菜根譚」

＊われわれにとっての最大の名誉は、一度も失敗しないということではなく、倒れるごとに必ず起き上がることである。

——ゴールドスミス「断片」

＊あの女が惜しいのじゃない、女はざらにある、されど栄誉はただひとつ！

——コルネイユ「メディアー一幕五場」

＊人類の幸福を促進する労働を除いて、真の永久的な名声というものは見出されない。

——チャールス＝サムナー「名声と栄光」

＊有名になった大半の人たちは、売淫の正銘の状態で死ぬものだ。

——サント・ブーヴ「わが毒」

＊俺は名誉なんか欲しくない。名誉は葬式の紋章にすぎない。

——シェークスピア「ヘンリー四世」

＊小節を規《はか》る者は栄名を成す能《あた》わず。小恥《ち》を悪《にく》む者は大功を立つる能わず。（礼節の細事にこだわる者は、栄誉を上げることができない）

——司馬遷編「史記」

＊名を盗むは、貨を盗むに如《し》かず。（名声を盗むのは金を盗むことと同じだ）

——「荀子」

＊お前を誘惑したのは高位と名声、お前の心を魅惑したのは主権である。

——ジョイス「ユリシーズ」

＊名声はまず獲得されねばならないが、名誉は失われさえしなければよい。だから、名声を欠くのは無名であり、消極的なものであるが、名誉を欠くのは恥辱であり、積極的なものである。

——ショウペンハウエル「パレルガとパラリポーメナ」

＊騎士的名誉は高慢と狂暴の子である。

——同右

＊凡ての人、汝を誉めなば、汝ら禍言《わざわい》なり。

——「新約聖書—ルカ伝六章二六節」

＊名声は英雄的行為の芳香なり。

——ソクラテス「卓談」

＊人の名声は影のようなものである。名声が先行するときには大きくなり、随行すると小さくなる。

——タレーラン・ペリゴール「回想録」

＊それ浮世の名声は、いまこなたに吹き、いまかなたに吹き、その所を変うるによりて名を変うる風の一息にほかならず。（名声のはかないことを歌ったもの）

——ダンテ「神曲—浄火編一一曲」

＊征服者の名声は残酷な名声である。

——チェスターフィールド「息子への書簡—一七五七・九・三〇」

＊名門・名声は悪を示す仰々しき飾りなり。

＊名声はさまざまな食器皿にもられる気まぐれな食物だ。
——ディオゲネス（シノペの）「断片」

＊名声は死人が食べる食物だ——私はこんなご馳走を詰め込む胃を持っていない。
——ディッキンソン「詩」

＊最大の困難の第一は、名声を得ることであり、第二は存命中に維持することであり、第三は死後も保持することである。
——ドプソン「名声は死人が食べる食物だ」

＊名声は若者の渇望なり。
——ハイドン「雑録」

＊栄誉に反対した論者も、よい論文だということで栄誉を得ようと欲する。
——バイロン「チルド・ハロルド」

＊虚栄は人間の心の中に深くいかりをおろしているので、軍人も兵卒もコックも人足も、それぞれ自慢する。……栄誉を否定する論者も、よく論じた栄誉は得たいと望む。
——パスカル「パンセ」

＊人間の最大な愚劣さは、名誉を追求することであるが、それこそまさに、人間の優秀さの最高のしるしである。
——同右

＊栄誉を得るいちばんの近道は、それを全然持たないことである。
——同右

＊まことに栄誉は川のようなもので、軽くて、ふくらんだ物は支えて持ち上げるが、重くて充実した物は下に沈んでしまう。
——バトラー「散文批判」

＊名声のうちで、まだ大きな成功を望みもせず、嫉まれもせず、孤立もしない名声が最も甘美なものである。
——ベーコン「随筆集」

＊私たちの今日の名声というものは、人間と畢生の作品に対して与えられるものではなく、版を重ねた記録と流行とに投じた成功である。
——ヘッセ「春の嵐」

＊名声をかちとった芸術家たちは、そのために苦しめられる。したがって、彼らの処女作が往々にして最高である。
——同右「ある詩人を訪ねて」

＊美徳のみが永遠の「名声」である。
——ベートーヴェン「対話集」

＊最もすぐれたる人々は、はかなき物事を捨て去り、永遠の栄光を選ぶ。しかれども、多くの人々は家畜のごとく腹一杯食らわん。
——ペトラルカ「名声の勝利」

＊栄光はギリシア、雄大はローマだった。
——ヘラクレイトス「断片」

＊名声とは何ものだ。世間のさがない口にのぼる偽りの生命、在世中でもわれわれのままにならないものである。
――ポー「ヘレンに」

＊高言する青年、話好きの老年、彼らの弁解は異なり、彼らの要望は同じ、善きにつけ、悪しきにつけ、名声を好む。
――ポープ「人間論」

＊いかに多くの人々が、彼らがつくった名声のための名声に生きていることか！
――同右「名声の殿堂」

＊傷つけられた名声は癒されることはまずない。
――ホームズ「朝の食卓の大学教授」

＊力が容易に名声をかち得るのであって、名声が力をかち得るのではない。
――ボーン「格言のハンドブック」

＊名声が死後もたらさるるならば、私はそれを得るために急ぐことなし。
――マキァヴェリ「君主論」

＊名誉心はまず自己を対象とする。名誉心をもっている人間が最も嫌うのは流行の模倣である。名誉心は何らかの仕方で永遠を考えている。
――三木清「人生論ノート」

＊世に久しくありぬべくもなき身に、はかなきことをするまでも、名聞に心のかかるは、あぢきなきことなり。
――明恵「遺訓」

＊勢力《ちから》、真理と正義よりわかれては褒《ほ》むべきを知らず、不名誉・恥辱のほかなんら価値なけれど、なお栄光を慕い、虚栄にも、汚名により名を求める。
――ミルトン「楽園喪失―六」

＊渇しても盗泉の水を飲まず。（いくら渇しても「盗泉」という名の泉の水など飲むことはしない）
――「文選《もんぜん》」

＊人類の最も大きな悲劇が快楽欲に源を発したように、人類の最も大きな努力はつねに名誉欲に発していた。
――ラスキン「胡麻と百合」（講演―一八六四・一二）

＊名前のほかにはなんの値打ちもないような人間が多く存在する。近くでみると取得《とりえ》ひとつもないが、遠くで見るとごまかされてしまう。
――ラ・ブリュイエール「人さまざま」

＊既得の名誉は、これから取得せねばならない名誉の担保である。
――ラ・ロシュフーコー「箴言集」

＊われわれが一方の人たちの栄誉を讃めるのは、他方の人たちのそれをけなすためである。
――同右

＊士は飢うるも粟は啄《ついば》まず。（「武士は食わねど高楊子」と同義）

＊高山の巓《いただき》には美木無し。（高位にある人物は毀傷されやすい）

——李白「古風」

＊受けるに値した冠は飾りになるも、不当な冠は圧迫するばかりなり。

——劉向撰「説苑《ぜいえん》」

＊名声に打ち克つことのできる孤独者は滅多にいない。

——リュッケルト「四行詩」

彼はほっと安堵の顔をあげた途端に打ちのめされる。

——リルケ「マルテ・ラウリッツ・フリゲの手記」

＊名誉なしに生きていくよりも、栄光を得て死ぬほうが千倍もよい。

——ルイ六世「語録」

＊名声は人々のささやきにほかならないが、それはしばしば腐敗し切った息である。

——ルソー「エミール」

＊名誉を好む者は千乗の大国を譲る。いやしくも清廉潔白にあらざれば、一飯の得失につきても喜怒を現す。

——「老子」

＊自己の名声を尊重したならば、性《たち》のいい人と交際せよ。性の悪い友との交際より、ひとりでいるほうがよいからである。

——ジョージ＝ワシントン「語録」

VII

道徳律と善悪

道徳・倫理——331
善・悪——338
価値——345
良心——346
正義——348
同情・憐憫——351
恩恵・慈善・偽善——352
嘘・まこと——354
過失——358
後悔・反省——359
暴力——362
寛容と残酷・残忍——364
罪・罰——365
法律(家)——371
秩序——375

悪人は善人を装ったときがいちばん悪い。

――ドイツのことわざ――

●

千金で死を免れ、百金でおかまいなし。

――中国のことわざ――

道徳・倫理→善・悪、良心

元来、道徳律なるものは、権力者が愚民を統べるために好都合に作成した規範である。弱者は保身から、最低の権利を守るための規範に服する。いちばん迫害を受けるのは道徳律に抵抗を示す、強者と弱者の中間にいる階層である。なお、礼儀や作法はくだらぬ掟ではあるが、社会生活を維持するうえに必要だ、と暗黙裡に守られている偽善的な協定である。

＊強者は道徳を蹂躙《じゅうりん》するであろう。弱者はまた道徳に愛撫されるであろう。道徳の迫害を受けるものはつねに強弱の中間者である。

——芥川龍之介「侏儒の言葉」

＊道徳の与えたる恩恵は時間と労力との節約である。道徳の与えたる損害は完全なる良心の麻痺である。

——同右

＊我々を支配する道徳は資本主義に毒された封建時代の道徳である。我々はほとんど損害のほかに、何の恩恵にも浴していない。

——同右

＊道徳は個人的な贅沢である。

——ヘンリー＝アダムズ「ヘンリー・アダムズの教育」

＊節操なくしては、世界には恋も友情も美徳もない。

——アディソン「スペクテーター誌」

＊道徳の性質及び発達を国家という組織から分離して考える事は、極めて明白な誤謬である——むしろ、日本人に最も特有な卑法である。

——石川啄木「きれぎれに心に浮んだ感じと回想」

＊人間におのずから具備されていると言われる優れた道徳性は、実際のところ、強い力で人間を他の動物から高揚した文明がもたらしたものにすぎない。

——イタール「アベロンの野生児」

＊道といふものは、もと聖人の心思智慧をもつて、こしらえ設けられたものに非ず、天地自然の道なり。

——伊藤東涯「訓幼字義」

＊幸福は唯一の善であり、理性は唯一の案内灯であり、正義は唯一の崇拝物であり、人道は唯一の宗教であり、愛は唯一の僧侶である。

——インガソル「エバン・インガソルへのことば」

＊フランクリンの道徳律はすべて功利的な傾向を持っている。正直は信用を産むから有益である。時間の正確さ、勤勉、質素も同じである。

——ヴェーバー「プロテスタンティズムの倫理と資本主義の精神」

＊道徳なんてものは意気地無しで社会に生存出来ない奴が自分を保護する武器に作ったものだ。

＊美徳とは、おのが報酬なり。

——内田魯庵「社会百面相—変哲家」

＊陰徳は耳の鳴るが如し、われのみ知りて人知らず。

——貝原益軒「五常訓」

＊道徳的理想が少しでも実現されるのは、ただ社会の変化によって成就される。

——カウツキー「倫理と唯物史観」

＊最高の道徳とは、不断に他人への奉仕、人類への愛のために働くことである。

——ガンジー「倫理的宗教」

＊徳にとってまず要求されることは、自己自身を支配することである。

——カント「人倫の形而上学」

＊人見て善しとすれども、神見て善からずといふ事をなさず。

——熊沢蕃山「集義和書」

＊善徳が己の報酬であるごとく、悪徳は己の罪である。

——グラシアン「世間知」

＊実際の道徳の世界は、大半が悪意と嫉妬から成り立っている。

——ゲーテ「格言集」

＊道徳の時期は四季と同じく移り変わる。

——同右「わが生涯」

＊毎年われわれが一つの悪徳を根治したならば、われわれはやがて完全な人間になるであろう。

——ケムピス「キリストのまねび」

＊一つの悪徳を好む者はすべての悪徳を好む者である。

——ゲレルト「寓話」

＊悪徳はわれわれの楽しみにおいてさえわれわれを傷つけるが、美徳はわれわれの苦しみにおいてさえ慰める。

——コルトン「ラコン」

＊犯さんがために法律あり、破らんがために道徳あり、犯す者、破る者なくんば、何の日か、法律・道徳の効果を表顕し得ん。

——斎藤緑雨「長者知者」

＊あらゆる美徳は自己放棄によって完成される。果実の極度の美味は、萌芽を求めていることからである。

——ジイド「新しき糧」

＊一切の法はみなわが心より造りなすものなり……地獄も畜生もわが心の内の苦なり。

——慈雲「法語」

＊美徳はけっして怖れられぬ大胆さと強味だ。

——シェークスピア「しっぺ返し—三幕一場」

＊悪徳——不和・戦争・悲惨、美徳——平和・幸福・調和。

——シェリ「マブ女王」

＊桃李もの言わず、下自《おのずか》ら蹊《けい》を成す。（徳のある人物はみ

ずから求めずとも人々がしたって来る）

――司馬遷編「史記」

＊人道主義は人間を一つの目的のためにけっして犠牲にしないことより成り立つ。

――シュヴァイツァー「自叙伝」

＊人間は、助けることのできるすべての生命を助けたいという内的要求に従い、なんらかの生命のあるものならば、加害することを怖れるというときにのみ真に倫理的である。（シュヴァイツァーの中心思想）

――同右

＊一利を興《おこ》すは一害を除くに若《し》かず。一事を生ずるは一悪を減ずるに若かず。（一つの利あることを成すより一つの害を除くほうがよい。一事を始めるよりも一悪を減ずるほうがよい）

――「十八史略」

＊人間の道徳とはなんですか。上品ぶった奴で、生産をせずに消費する一つの口実です。

――バーナード＝ショウ「人と超人―三幕」

＊不道徳行為を望むのは、大きな誤謬の永続を望むことである。

――ショウペンハウエル「パレルガとパラリポーメナ」

＊物質的状態にある人間は、自然の力を甘受しているのみである。人間は、美的状態において、自然の力から免れる。そして道徳的状態において、かかる自然の力を支配する。

――シラー「人間の美的教育について」

＊人生の目的は自然に従い、すなわち徳に従いて生きることなり。

――ゼノン（キプロスの）「断片」

＊道は小成に隠れ、言は栄華に隠る。（真の道徳は小さな偏見のために隠れてしまい、真の理論は巧言のために隠れてしまう）

――「荘子」

＊徳が獲得したもののみが不動なり。

――ソフォクレス「断片」

＊ひとりの徳行ある者には九千九百の美徳のパトロンがいる。

――ソロー「市民反抗の義務」

＊やさしく寛大な心もて汝らの怒りに打ち克て、謙譲もて憎心を抑えよ。一路の真実もて、曲がれる欺瞞を押しとめよ。心なごやかなる満足もて、貪欲を打ち消せ。（ジャイナ教の戒め）

――「ダサニヴァヤリャストラ」

＊初めはつねに難しといえども、人の登るに従いて、その労を少なうするは、これこの山の自然なり。（徳の道は初めはむずかしいが、進むにつれて容易になる）

――ダンテ「神曲―浄火編四曲」

＊犠牲行為によって計画される道徳は半野蛮的階級の道徳である。

――ニイチェ「曙光」

*道徳的理想の勝利は、他のいずれの勝利と同じく、「非道徳的」手段によって、つまり暴力・虚言・誹謗・不正によって得られる。

――ニイチェ「権力への意志」

*それ人道は譬《たと》へば、水車の如し、其形半分は水流に順《したが》ひ、半分は水流に逆ふて輪廻す。

――二宮尊徳「二宮翁夜話」

*崇高な不徳は讃美される。だが卑陋《ろう》なけち臭い者共は、どんな事情に於ても許され得ない。

――萩原朔太郎「虚妄の正義」

*判断の道徳とは、基準を持たない精神の道徳を軽蔑する。というのは、精神に科学が属しているように、判断には感情が属しているからである。

――パスカル「パンセ」

*人々は美徳の点ではそんなに差異はなく、悪徳の点でのみ差異がある。

――ハバード「千と一つの格言」

*徳行は魂の美である。

――フラー「格言集」

*徳は一種の健康であり、美であり、魂のよいあり方なり。それに反し、悪徳は病気であり、魂であり、弱さなり。

――プラトン「国家編」

*道を愉しみて賤を忘れ、徳に安んじて貧を忘る。

――「文子」

*気性の穏健なことはひとつの徳であるが、主義の穏健なことはつねに悪徳である。

――ペイン「コモンセンス」

*私がとても愛している徳がたったひとつある。その名は「わがまま」という。

――ヘッセ「観想―わがまま」

*われわれの美徳は、たいていわれわれの罪の私生児である。

――ヘッベル「日記」

*私自身を窮境の中に支えてくれたのは道義心であり、自殺によって生命を断たなかったのは、私の芸術ばかりではなく、この道義心のおかげでもある。

――ベートーヴェン（ハイリゲンシュタットへの遺書）

*すべての享楽を抹殺するものを讃美し、享楽を増大するものを非難し、窮乏をよしとし、自己放棄を徳とする。

――ベンサム「法の原理」

*悪徳からの逃避は美徳の始まり。

――ホラティウス「諷刺詩」

*仁が不仁に勝つは、水が火に勝つが如し。

――「孟子」

*人の行ふべきかぎりを行ふが人の道にしてそのことの成ると成らざるとは人の力に及ばざるところぞ。

——本居宣長「断片」

＊われわれは嘘の看板を掲げて名誉を得ようとする。徳はただそれ自体のためにのみ追求せられることを欲している。それで、たまたま人間が他の動機から徳の仮面を冠っても、徳はやがてわれわれの面上からそれをはぎとる。

——モンテーニュ「随想録」

＊道徳的意志は、ひとたび法則化されると自由の桎梏となる。

——ヤスペルス「断片」

＊宗教はたくさんあるが、道徳は一つのみである。

——ラスキン「美術講義」

＊道徳律はつねに変化している。

——バートランド＝ラッセル「断片」

＊徳は、虚栄が随伴するのでなければ、それほど遠くまではいかないであろう。

——ラ・ロシュフーコー「箴言集」

＊不徳がわれわれのもとを立ち去ると、われわれは自分のほうから不徳を棄てたと信じて得意になっている。

——同右

＊われわれの徳行は、往々にして偽装した不徳にすぎない。

——同右

＊生を視る死の如く、富を視る貧の如く、人を視る豕《し》の如く、我を視る人の如し。（豕は豚、人け他者、聖人・君子の境地をいう）

——「列子」

＊道徳とは、旧い搾取者の社会の破壊に役立ち、新しい共産主義社会を創造しようとするプロレタリアートを中心に、その周りに、すべての勤労者を団結させることに役立つものである。

——レーニン（演説—青年同盟の任務）

＊悪徳の最たるものは、いかなる悪徳をも怖れず、悪徳を自慢し、悪徳を後悔しないことである。

——ローガウ「ドイツ格言詩」

＊大道すたれて仁義あり、知恵出て大偽あり、六親和せずして孝慈あり、同家昏乱して忠臣あり。（六親は親子・兄弟・夫婦の意）

——「老子」

＊旧道徳は危険を回避することを命じた。だが新道徳は、危険をおかさないものは、何ものをも得ない。

——ロマン＝ローラン「魅せられた魂」

＊真実の生活に根ざす唯一の真の道徳は調和の道徳であろう。だが、人間社会は今日まで圧迫と諦めの道徳しか知らなかった。

——同右

＊君子は本《もと》を務む、本立ちて道生ず。（根本的道徳が成り立ってこそ、そこからいろいろの徳が生れて来る）

＊己の欲せざる所は人に施すこと勿れ。
――「論語」

＊朝に道を聞けば、夕に死すとも可なり。（人間の道を知るならば、すぐに死んでも悔いはない）
――同右

＊徳は孤ならず必ず隣あり。
――同右

＊道は人に遠からず、人の道をなして人に遠きは、もっと道となすべからず。
――同右

＊現代の道徳は、現代の基準を受け容れる点にある。いやしくも教養ある人間にとって、現代の基準を受け容れるということは、愚劣きわまる不道徳のひとつの形式だと思う。
――ワイルド「ドリアン・グレーの肖像」

＊道徳は、われわれが個人的に好かない人たちに対してとる態度だ。
――同右「理想の夫」

・中庸

＊徳とは、われわれにとりての中庸に成り立つところの行為を選択する態度なり。
――アリストテレス「ニコマコス倫理学」

＊道を枉《ま》げずして能《よ》く人心に順《したが》ふ、此れ中庸の極なり。
――伊藤東涯「閑居筆録」

＊安全は中庸の道なり。
――オウィディウス「アルス・アマトリア」

＊永生きを望まば、中庸の道を歩むべし。
――キケロ「哲学談義」

＊中庸はそれ至れるが、民よくする無きや久し。（中庸は最高の徳だが、一般人は実行できない）
――「中庸」

＊喜怒哀楽のいまだ発せざる、これを中といい、発してみな節に中《あた》る、これを和という。
――「同右」

＊多過ぎても少な過ぎても度を越せば興がさめる。
――テレンティウス「アンドロス島の娘」

＊中庸の道が最善であり、すべてが過激なることは悶着を起こす原因なり。
――プラウトゥス「断片」

・礼儀・礼節

＊些細な犠牲によって礼儀正しさは成立している。
――エマーソン「文学と社会目的」

＊人の礼法あるは水の堤防あるが如し。水に堤防あれば氾濫の害なく、人に礼法あれば悪事生ぜず。
――貝原益軒「大和俗調」

*倉廩《そうりん》（米の倉庫）みちて礼節を知り、衣食足りて栄辱を知る。

——「管子」

*無作法な態度はすべてを台なしにしてしまう、理性や正義さえも。

——グラシアン「世間知」

*フランス人が礼儀と称するものは、典雅にまでやわらげられた高慢である。

——ゲーテ「格言集」

*鼠をみるに皮有り、人にしてしかも儀《ぎ》無し。（鼠でも皮を着けている。まして人間には礼節が必要だ）

——「詩経」

*礼節とは、道徳的にまた知的に貧弱な互いの性質を互いに無視し合いながら、非難しまいという暗黙のうちの協定である。

——ショウペンハウエル「倫理学」

*礼儀正しさは良識とは切っても切れないものだが、愚者が育ちのよさと呼ばれるものは、世間ではいちばん無礼なものである。

——ハリファックス「雑感と省察」

*礼儀——文句なく是認される偽善。

——ビアス「悪魔の辞典」

*礼儀作法は法と称されるもののうちで、いちばんつまらないものだが、最もよく実施されている。

——ラ・ロシュフーコー「箴言集」

*それ礼は忠信の薄にして乱の首《はじめ》なり。前識は道の草にして愚の始なり。（礼は、忠信（真心）が薄れてきたときに現れるもので、これは乱の始めである。前識（知）というものは道の草だが、人は知によって苦しめられるから愚の始めである）

——「老子」

*礼は庶人《しょじん》に下《くだ》らず。（身分のいやしい庶民は社会道徳の対象にはならない）

——「論語」

・常識・良識

*常識は誰でも知っているありふれたものではない。

——ヴォルテール「哲学辞典」

*常識とは、二点間の最短距離を意味する。

——エマーソン「日記」

*常識のあるは非凡なことである。

——グリーリ「アメリカの矛盾」

*常識は本能であり、それが十分にあるのが天才である。

——バーナード＝ショウ「断片」

*常識は、私が知っている最上の分別だ。

——チェスターフィールド「書簡—一七四八」

*およそ世にあるもので、最も公平に分配されているのが良識である。

——デカルト「方法序説」

＊常識はタレントの修飾されたものにすぎない。天才はその高揚されたものである。

——ブルバー・リットン「断片」

＊わたしは学殖なきを憂うる。常識なきを憂えない。天下は常識に富める人の多きに堪えない。

——森鷗外「伊沢蘭軒」

＊常識の有無は教育の有無によらない。

——ユーゴー「断片」

善・悪→道徳・倫理

絶対的道徳律に対して、善の意識を持たない悪人はいないし、悪の意識を持たない善人もいない。だが、時代・地域・社会の変化によって異なる道徳規範については、ヒルティの言うごとく「善悪の彼岸は存せず」、意識が強いか、弱いかにすぎない。

＊悪をなす者はみずからにも悪をなす。

——アウレリウス「自省録」

＊われわれは外部から、他人から加えられし悪、つまりわれわれの排除し得ない悪に動乱させられながら、つねに自己の力で排除し得るにもかかわらず、己自身の悪とは抗争せず。

——同右

＊なんらかの善を心の裡に持たない悪人はなく、なんらかの悪を心の裡に持たない善人もない。

——アディソン「スペクテーター誌」

＊悪を原因によって知る人はけっして人を呪いもせず、絶望もしないことを学ぶであろう。

——アラン「幸福語録」

＊悪から生ずる悪は波紋を画く。

——アリストファネス「鳥」

＊天道言《ものい》はずして国土に重みふかし。人は実あつて偽りおほし。其の心はもと虚にして、物に応じて跡なし。是《これ》善悪の中に立ちて、すぐなる今の御代をゆたかにわたるは人の人たるがゆゑに常の人にはあらず。

——井原西鶴「日本永代蔵」

＊善にはつねに悪が混じっている。極端な善は悪となる。極端な悪はなんらの善にもならない。

——ヴィニィ「詩人の日記」

＊善人はいかに窮していても、内心では真の幸福を保っているのに反し、悪人はいかに享楽を味わっていても、偽わりの幸福を得ているにすぎない、と言ってみても始まらない。そのことで一時の感情はごまかされない。否、地上の生活過程では、幸と不幸の分配は倫理と無関係に行われているのが事実である。

——ヴィンデルバント「哲学概論」

＊悪が物質から来るものとすれば、われわれには必要以

上の物質がある。また、もし悪が精神から来るものとすれば、われわれには多すぎるほどの精神がある。

——ヴォルテール「格言集」

＊われわれの一つの眼は人生の善い部分を見、他の眼は悪い部分を見るのに役立っている。前者の眼を閉じるという強い癖を持つ人は多くいるけれども、後者の眼を閉じる人はわずかしかいない。
——同右「片眼の人足」

＊およそ不義敗徳の社会の裏面に行わるる間はなお御家の幸いなり。
——内田魯庵「破垣について」

＊悪を思う者に禍いあれ。
——エドワード三世「ガータ勲章制定の由来のことば」

＊汝善ならんとせば、まず汝の悪なるを信ぜよ。
——エピクテトス「説話」

＊最高の善は快楽、最大の悪は苦痛なり。
——エピクロス「目的について」

＊正しき人は最も平静なる心境にあるも、不正なる人は極度の混乱に満ち溢る。
——同右「主要教説」

＊悪に苦しまずしては悪をなし得ない。
——エマーソン「随筆集」

＊種を蒔けば刈り取らねばならない。人をなぐれば苦しまねばならない。人に善をなせば君も善をなされるであろう。
——同右

＊邪悪なる善は甘い蜜に潜む。
——オウィディウス「アルス・アマトリア」

＊私は不正を行って、罪とならないよりも、善をなし、感謝されないほうがよい。
——カトー（小）（「プルタルコス英雄伝」より）

＊悪は善のことを知っているが、善は悪のことを知らず。
——カフカ「夢・アフォリズム・詩」

＊いちばん救われない悪は、みずからすべてを知っていると信じていることから、みずから人間を殺す権利を認めるような無知の悪をおいてほかにはない。
——カミュ「ペスト」

＊世間に存在する悪は、大半がつねに無知に由来するもので、明識がなければ、善い意志も悪意と同じほどの多くの被害を与えることもありうる。
——同右

＊神がわれわれに悪を送るとともに、悪を征服する武器をも送る。
——カロル「影と本体」

＊無限に善と見なされ得るものはただひとつ、善なる意志以外に、これを考えることはできない。
——カント「道徳形而上学の基礎」

＊いかなる悪も蕾のうちは容易に押しつぶせるも、成長

するにつれてよりいっそう強くなる。

——キケロ「断片」

*悪を為《な》して、人の知らんことを畏るるは、悪の中になお善への路あり、善を為して人の知らんことを急にするは、善処則ちこれ悪の根なり。

——洪自誠「菜根譚」

*無限に善と見なされ得るものはただひとつ、善なる意志にもなり得ない。

——シャロン「知恵について」

*源清ければ則ち流れ清し。

——「荀子」

*悪の易きや火の原を燎《や》くが如し、郷《む》かい邇《ちか》づくべからず。其れ猶《なお》撲滅すべけんや。（悪事の拡がるのは燃える火が原野を焼くようなものだ）

——「春秋左氏伝」

*善行とは、悪行を慎むのではなくて悪行を望まないことである。

——バーナード＝ショウ「断片」

*悪に対する力を持たずに善に対する力を持つことはできない、殺人者も英雄と同様に母親の乳が育てるのだから。

——同右「バーバラ少佐」

*いかなる社会悪にも治療手段があるに違いない。しかし、救治は悪の棄却より大なる治療手段はない。

——ジョージ「社会の諸問題」

*悪人は自己の欠点を弁解するが、善人は自己の欠点をそっとしておく。

——ベン＝ジョンソン「カティリナ一三幕」

*悪行の呪いは、絶えずそれが悪を生まざるを得ないところにある。

——シラー「ピッコミニ父子」

*潔《きよ》き人にはすべての物潔く、汚れたる人と不信者とには一つとして潔きものなし。

——「新約聖書—テトス書一章一五節」（パウロ）

*善人なほもて往生をとぐ、いはんや悪人をや。しかるを世のひとつねにいはく、悪人なほ往生す、いかにいはんや善人をやと。（「往生」の観点からいえば、善悪の社会的基準は意味はない。外的基準に立脚して善行を積むことは、人間の救いに通ずるものではない）

——親鸞「歎異鈔」

*未だ曾《か》つて邪は正に勝たず。

——菅原道真「菅家文草」

*善人だ、と人に言われる人間には、思慮分別なんかいらない。……利口者に善人なんぞいるわけはないのだ。

——スタインベック「二十日鼠と人間たち」

*一つのものが同時に善であったり、悪であったり、そのいずれでもなかったりすることがある。例えば、音楽は憂うつな人には善であるが、喪に服している人に

は悪であり、耳の聞こえない人にとっては、善でもなく悪でもないものである。

――スピノザ「エチカ」

*他の善と自の悪とは、顕微鏡にて之を見よ。そのいかに大なるかを感ずべし。他の悪と自の善とは、望遠鏡にて之を見よ。そのいかに小なるかを感ずべし。

――清沢満之「文集」

*他人に対して善行をなす者は、何よりも多く己自身に対して善行をなす。

――セネカ「断片」

*善人においては現世にても死後にても悪は発生せず。

――ソクラテス「卓談」

*人は誰ひとりとて、みずから進みて悪事を行う者なし。

――同右

*同悪相意。（悪人同士は集まる）

――「素書」

*陰にてよからぬ企てをする人間どもの心は、その悪事が実行に移されるに先立ちて、よからぬことを企てし罪に問われがちなり。

――ソフォクレス「アンティゴネー」

*真に善きものはすべて廉価であり、有害なものはすべて高価である。

――ソロー「断片」

*万物皆純善にして悪なきなり。中なるときは、すなはち皆善なり。半《なかば》をすぎるときは、すなはち善も悪となる。

――沢庵「玲瓏日記」

*悪は河における岸のごときものである。岸は流れを堰《せ》くが、それは流れを推し進めるよすがとなる。この世の悪は、人間が水の流れるごとく善に向かわしめるために存在する。

――タゴール「生の実現」

*すべてのものの正しきは、これを和するのいかんによる。つくられし善のうち、これをおのがもとにひくもの一つだになし。この善光を放つがゆえに、その善生ず。（ものの正・不正は、それが神意に適うか、どうかによって知られる。神意にかなうことが正義の唯一の標準ならば、神意の正しいことはもちろんである）

――ダンテ「神曲―天堂編一九曲」

*これ善は、その善なる限り、知らるるとともに愛を燃やし、かつその含む善の多きに従いて、愛また大いなるによる。（愛の向かうところは善である。善が完全であれば愛もいよいよ大である）

――同右「神曲―天堂編二六曲」

*憎しみを天に享《う》くるすべての邪悪は、その目的非を行うにあり、しかして、いっさいのかかる目的は、あるいは力により、あるいは欺瞞によりて他を苦しむ。

――同右「神曲―地獄編一一曲」

＊悪は病のように気づかれぬうちにやって来る。善は医者のように急いでやって来る。

――チェスタートン「自叙伝」

＊不決断こそ最大の害悪。

――デカルト「情念論」

＊悪人とは、いかに善良な過去を持っていても、まさに堕落の道をたどろうとし、善良さの度合いが減退する人間である。善人とは、いかに道徳的に価値の少ない過去を持っていようと、さらに善に向かって進んでいる人間である。

――デューイ「哲学における経過」

＊善悪の観念という悪魔を知るために、そんなに犠牲を払わねばならないのなら、なんだって、これを知る必要があろうか？

――ドストエフスキー「カラマーゾフの兄弟」

＊私は何か善を行おうとする希望を持ち、そこに悦びを感ずることもできる。だが同時に、悪を行いたいとも思い、そこにも悦びを覚えることができる。

――同右「悪霊」

＊善をなすには努力が必要である。しかし、悪を抑制するには、さらにいっそうの努力が必要である。

――トルストイ「読書の輪―一・六」

＊もし善が原因を持っていたとしたら、それはもう善ではない。もしそれが結果を持てば、やはり善とは言えない。だから、善は因果の連鎖の枠外にあるのだ。

――同右「アンナ・カレーニナ」

＊悪意というものは、他人の苦痛自体を目的とするものにあらずして、われわれ自身の享楽を目的とする。

――ニイチェ「人間的な、あまりに人間的な」

＊善悪において一個の創造者となろうとする者は、まず破壊者でなければならない。そして、いっさいの価値を粉砕せねばならない。

――同右「この人を見よ」

＊善とは何か――人間において権力の感情と権力を欲する意志を高揚するすべてのもの。悪とは何か――弱さから生ずるすべてのものである。

――同右「反キリスト」

＊世の中に絶対的の悪というものはない。悪はいつも抽象的に物の一面を見て全貌を知らず、一方に偏して全体の統一に反する所に現れるのである。悪がなければ善もない。悪は実在の成立に必要なる要素である。

――西田幾多郎「善の研究」

＊大罪悪人が普通の人間と同じように見えた、といって驚く声をよく耳にする。その理由は、彼らが多くの点で他の人たちと同じだからである。

――ハズリット「人の性格について」

＊善き事を思えるは善き事を思えるに過ぎず、悪しき事を思えるは悪しき事を為したるなり。

——長谷川如是閑「如是閑語」

*悪人が受ける主な罰は、彼ら悪人が善心に立ち還った瞬間に、よりよくなろうと願っても、もはや善の道に還ることができないという点にある。

——ヒルティ「幸福論」

*善と悪との闘争は絶えずいたるところに支配している。善悪の彼岸は存在せず、ただ多いか少ないかである。

——同右「眠られぬ夜のために」

*不正を非難する人とは、己が不正をなすことを怖れて非難するにあらずして、不正を被らんことを怖れて非難するなり。

——プラトン「共和国」

*もろもろの悪行は、禁じられているがゆえに有害なのではなく、有害なるがゆえに禁じられている。

——フランクリン「自叙伝」

*悪は必要である。もし悪が存在しなければ、善もまた存在しないことになる。悪こそは善の唯一の存在理由なのである。

——フランス「エピキュールの園」

*悪と善は神の右手と左手である。

——ベイリー「フェスタス」

*人格とは、高きものと、まったく低きものとが一つになったものである。……人格の高さとは、この矛盾を持ち耐えることである。

——ヘーゲル「法の哲学」

*世には悪のために悪をなす者はいない。みんな悪によって利益・快楽・名誉を得ようと思って悪をなす。

——ベーコン「随筆集」

*悪は思うままに掌中にし得る。悪にいたる道は平坦にして、われらのすぐそばにあり。しかし、不死なる神々は徳の前に汗をおかれたり。徳への道は永く、けわしく、第一歩は苦し。

——ヘシオドス「仕事と日々」

*善行のために善をなす者は称讃を求めず、報酬を求めないでも、最後には、その二つとも得られる。

——ペン「孤独の報い」

*往々にして一つの悪の恐怖はいっそうの悪に導く。

——ボアロー「詩の芸術」

*花の香りは風にさからいて匂わず。されど、善き人の香は風にさからいても匂う。

——「法句経《ほっくぎょう》」

*善事ハ常ニ弱ク、悪事ハ常ニ強キハ世ノ習ヒニテ、終ニ其善ヲ遂グルコト能ハバ、富貴ハ得難ク、貧賤ハ得易キガ如シ。

——木多利明「経世神策―上」

*欲望より生ずる悪徳に耽溺する王は、その富と徳を失う。ただし、怒りより生ずる悪徳には、その生命すら失う。

＊満開の花木の香の遠く吹きもたらされるがごとく、福業（善行）の香は遠く吹きもたらさる。

――「マヌの法典」

＊悪よ、汝わが善たれ。汝によりせめて分かれし帝国《くに》を天の王とともに維持し、汝により過半を治めよう。

――「マハーナーラヤナ・ウパニシャット」

＊わが子よ、礼拝のつとめを果たし、他人には善を勧めて悪を抑え、いかなる目に会おうともよくそれに耐え抜くごとくせよ。それこそ物事の正しきあり方というものなり。

――ミルトン「楽園喪失―四」

＊もしも悪を一つの宿命と見なすならば、自由はどこにあるのだろうか。実に悪は人格とともに始まる。

――ムハンマド「コーラン」

＊ある人は死ぬが、悪意そのものは死なない。

――ムーニエ「人格主義」

＊善とは家畜の群のような人間と去就を同じうする道にすぎない。それを破ろうとするのは悪だ。

――モリエール「タルチュフ」

＊善行は、それに報いることができると思われる限り快く受け取られる。その限度を超えると感謝の代わりに憎悪が返って来る。

――森鷗外「仮面」

――モンテーニュ「随想録」

＊私は明白な不正を陰険な不正ほどには、また、戦争の不正を平和の不正ほどには憎まない。

――同右

＊善人とは、自己の罪過を記憶し、自己の善事・善行を忘却する人のことをいい、悪人とは、これとは反対に、自己の善事善行を記憶し、罪過を忘却する人のことなり。

――「ユダヤ伝経」

＊愛してその悪を知り、憎みてその善を知る。

――「礼記」

＊すべてを善と悟り、すべてを悪と悟る人間を信じるな。しかし、すべてに無関心な人間は、それ以上に信ずるな。

――ラヴァーター「語録」

＊悪い命令であることを承知しながら、それを甘んじて受ける人々は、悪い命令の甘受を勧めることになる。不正の存在を前に沈黙する人々は、まさしく不正の共犯者にほかならない。

――ラスキン「近代国家における自由」

＊善の究極は悪であり、悪の究極は善である。

――ラ・ロシュフーコー「箴言集」

＊人が不正を非難するのは、そのことを憎悪するからではなく、むしろ、自分がその害をこうむりたくないからである。

——ラ・ロシュフーコー「箴言集」

*最もよく知られた悪は、いちばん堪えられるものである。

——リヴィウス「ローマ史」

*悪道を悪《にく》むこと甚なる能《あた》わずば則ち、其の善道を好むこと甚なる能わず。（悪に強いことは善にも強いの意）

——劉向《きょう》撰「説苑《ぜいえん》」

*林を焚《た》いて田《でん》すれば、獣を得る多しと雖も、明年復する無し。沢を乾《ほ》して漁すれば、魚を得る多しと雖も、明年復する無し。（田は狩り。非道は一回は成功しても、あとが続かない）

——同右

*いかなるものでも、自然という造物主の手から出るときは善であり、人間の手に渡って悪となる。

——ルソー「エミール」

*悪は勝利をしばしば博するが、けっして征服することはない。

——ロウ「教区の司教の瞑想」

*上善《じょうぜん》は水の若《ごと》し。水は善く万物を利して争わず。衆人の悪《にく》む所に処《お》る。故に道に幾《ちか》し。

——「老子」

*善人は不善人の師なり、不善人は善人の資なり。

——同右

*善といい、悪といい、われわれに快楽と苦痛とを惹き起こすところのものにほかならない。

——ロック「随筆集」

*善は、自分が犠牲になるのでなければ善ではない。勝利は、それがどんなものであっても悪だ。敗北は、それが自発的になされたのであれば、いかなるものでも善だ。

——ロマン＝ローラン「理性の勝利」

*世間は邪悪の香料を愛する。

——ロングフェロー「ハイペリオン」

*己に克ちて礼に復《かえ》るを仁と為《な》す。一旦己に克ちて礼に復れば天下仁に帰す。

——「論語」（孔子）

*善人たちが流している害悪で、いちばん大きいものは、彼らが悪というものを法外なまでに重視してしまうことなのです。

——ワイルド「ウィンダミア夫人の扇」

価値

マクロで善なるものもミクロでは悪ともなり得るごとく、価値は時代によって、人によって、状況によって、また所によって異なるもので、普遍的に認められる価値観はほとんどない。

＊報いを受けるだけの功績がないのに称讃されるよりも、称讃を受けずに報いを受けるだけの功績のあるほうがよい。

——インガソル「語録」

＊価値のあるものに新しいものはなく、新しいものに価値のあるものはない。

——ダニエル＝ウェブスター「語録」

＊金属は利用とともに光る。

——オヴィディウス「アルス・アマトリア」

＊問題になるは、量にあらずして質なり。

——セネカ「書簡集」

＊みずからを低く評価する者は、まさしく他の人々によっても低く評価される。

——チェスターフィールド「書簡—一七四九・一〇・九」

＊いままで嘘が真理と呼ばれてきたのだから、あらゆる地位の価値転倒、これが私の方式である。

——ニイチェ「この人を見よ」

＊己自身を低く評価する者は、他人からも低く評価される。

——ハズリット「人さまざま」

＊あまりに安価で手に入れるものは、さして価値あるものとは評価し得ない。すべてのものにその価値を与えるもののみが高価である。

——ペイン「アメリカの危機」

＊価値は名声より貴い。

——ベーコン「エセックス卿宛の書簡」

＊かごの鳥は、かごの価値を知らず。

——ルシリウス「諷刺—断片」

良心→道徳・倫理

ずる賢い人間にとって、道義心は他人には持ってもらいたいが、自分は持ちたくないのに、どんな人間の胸中にも買収のきかない良心というお目付け役が宿っているので逆らえず、渋々従わされる。

＊良心と名声は二つの事柄なり。良心は汝自身に帰すべきものにして、名声は汝の隣人に帰すべきものなり。

——アウグスティヌス「告白録」

＊良心は道徳を創るかも知れぬ。しかし道徳はいまだかつて良心の「良」の字を創ったことはない。

——芥川龍之介「侏儒の言葉」

＊ただひとつの人間の良心のみが、あらゆる難攻不落の要塞より安全なり。

——エピクテトス「断片」

＊他人を咎めんとする心を咎めよ。

——清沢満之「有限無限録」

＊良心の自由は、あらゆる人間のいかなる法律や制度に

先行もし、優位にもある生得の権利である。その権利は、法律がけっして賦与するものでもなく、また法律によって奪われるものでもない。

——グッドウィン「うまく対応した力と権利」

＊おお、良心よ！　良心よ！　人間のいちばん忠実な友よ！

——クラブ「良心の闘争」

＊行動する者はつねに没良心である。省察する者以外、誰にも良心がない。

——ゲーテ「格言集」

＊人間という奴は、自分の隣人が良心を持つことを望んでいるんだ。つまり、誰でも良心なんか持っちゃ損だというわけなんだ。

——ゴーリキー「どん底」

＊名誉心や良心なんてものは、権力や勢力を持っている奴らにだけ必要なんだ。

——同右

＊人我に負くとも我人に負く勿れ。

——佐藤一斎「言志後録」

＊自然でない行いは、自然でない混乱を生む。病気になった心は、聞こえぬ枕に秘密を打ち明ける。

——シェークスピア「マクベス—五幕一場」

＊良心という奴は、人を臆病にしてしまうものだ。泥棒しようとすると、咎めやがる。罵言・中傷してやろうと思うと叱りやがる。……良心って奴は、人の胸の中で謀反を起こすたいへんな寂しがり屋だ。

——同右「リチャード三世—一幕四場」

＊名誉は外に現れた良心であり、良心は内にひそむ名誉である。

——ショウペンハウエル「パレルガとパラリポーメナ」

＊善の栄光は彼らの良心にあり、人々のことばにはない。

——トルストイ「読書の輪—題辞」

＊良心は、ただただつねに沈黙という形で語る。

——ハイデッガー「存在と時間」

＊良心こそ、われわれの持っている唯一の買収のきかないものである。

——フィールディング「断片」

＊今日の良心とは幸福の要求である。

——三木清「人生論ノート」

＊良心は、個人が自己保存のために啓発した社会の秩序を見守る守護神だ。

——モーム「月と六ペンス」

＊良心の掟は自然から導き出されると言うが、それは習慣から生れる。

——モンテーニュ「随想録」

＊良心はわれわれの魂を苛責し、つねに鋭利な災難をうちふるう。

——ユヴェナリス「諷刺詩」

＊海よりも雄大な光景がある。それは天だ。天よりも雄大な光景がある。それは良心だ。

——ユーゴー「レ・ミゼラブル」

＊良心なき知識は人間の魂を滅ぼす。

——ラブレー「ガルガンチュアとパンダグリュエル」

＊良心は、神がただひとりの裁判官として入れる神聖な神殿である。

——ラムネー「信者のことば」

＊良き良心は柔らかい枕。

——レイ「イギリスのことわざ」

＊道義心はわれわれをエゴイストにする。

——ワイルド「ドリアン・グレーの肖像」

＊道義心と臆病は実は、同じことだ。

——同右

・信念

＊信念が苦痛な場合は、なかなか信じようとはせぬ。

——オヴィディウス「ヘロイデス」

＊大道行くべし、又何ぞ防げん。

——木戸孝允「木戸孝允文書」

＊すべてなんじを攻めんとてつくられしうつわものは利あることなし、興起《おこりたち》てなんじとあらそい訴うる舌はなんじに罪せらるべし。

——「旧約聖書—イザヤ書五四章一七節」

＊信念とは、精神の良心である。

——シャンフォール「格言と省察」

＊肥った豚になるよりは、痩せたソクラテスになれ。（人間は自己の信念を捨てて豊かな平穏な生活にひたるくらいなら、たとえ生活に窮しても信念を貫いたほうが人間らしい）

——ミル「随筆集」

正義

「正義が勝つ」とは、神性の美徳にすぎない。「力なき正義」は砂上の楼閣であり、「正義なき力」は圧制である。力と正義が結合して、はじめて正義が正当化される。正義が成り立つのは、力の状態に応じた報償の交換においてのみだ。

＊正義は武器に似たものである。武器は金を出しさえすれば、敵にも味方にも買われるであろう。正義も理窟をつけさえすれば、敵にも味方にも買われるものである。

——芥川龍之介「侏儒の言葉」

＊正義ほど偉大にして神性な美徳はない。

——アディソン「スペクテーター誌」

＊自由・平等は悪い原理である。真の人間的原理は正義である。弱者に対する正義は保護もしくは善意である。

——アミエル「日記—一八六三・一二」（日付なし）

＊正義は社会の秩序なり。

——アリストテレス「政治学」

＊正義とは、人間が国民としてそこに住む国家の法律を犯さざることなり。ゆえに、人間は証人のいるときは法律を尊重するも、証人なきときは、自然の法を尊重するならば、自己の最も役立つごとき仕方にて正義を用いん。

——アンティポン「断片」

＊正義のもたらす最大の実りは心の平静なり。

——エピクロス「断片」

＊もし美と正義の世界が現実に存在するものなら、それはまさしく童話の世界でなければならない。

——小川未明「理想の世界」

＊よりすぐれし者がより劣りし者よりも、また、より力のある者がより力のなき者よりも、余計に持つことが、すなわち正義なり。

——カリクレス（プラトン「ゴルギアス」より）

＊行いに直《なお》き者は欲に曲《さか》らう。（行いを正しくしようとする人間は、人の情に逆らう）

——「韓非子」

＊正義は美徳の最上の栄光なり。

——キケロ「哲学談義」

＊正義のいさおは平和、正義のむすぶ果はとこしえの平《おだ》穏《やか》とやすきなり。

——「旧約聖書—イザヤ書三二章一七節」

＊義は国を高くし、罪は民を辱《はずか》しむ。

——「同右—箴言一四章三四節」（ソロモン）

＊悪者《あしきもの》は逐《お》う者なれど逃げ、義者《ただしきもの》は獅子のごとく勇まし。

——「同右—箴言二八章一節」（同右）

＊この世すべて濁《にご》るとき、清《す》めるは己のみ、人々みな酔えるとき、正気なるは己ひとりのみ、されば追放の身となった。（屈原が追放になったときの言）

——屈原（司馬遷編「史記」より）

＊邪は正を犯さず。（邪悪者は正義の人に勝てない）

——司馬光編「資治通鑑」

＊正義はつねに目標でなければならず、必ずしも出発点である必要はない。

——ジューベル「パンセ」

＊不正は何人をも真に利せず、正義は何人をも真に害せず。

——ジョーシ「土地の問題」

＊正義のないところに自由はない。自由のないところに正義はない。

——ゾイメ「シラクサへの散歩」

＊法廷の内外には正義といったものはない。

——ダロウ「語録」

＊正義とは、強者の利益にほかならず。

＊人道主義は正義を目的とする。正義は真の意味での平等、自由を欲し、不正義に対する人類の意志の審判である。

——トラシュマコス「断片」

＊正義とは、ほぼ同等の力の状態を前提とする報償との交換だ。

——長与善郎「白樺—大正六年」

＊正義は支払い能力のない者を大目に見のがすことをもって終わる。——正義のこの自己止揚、それがどんな美名で呼ばれているかを知っているか——いわく恩恵。それはいうまでもなく、最も強大な特権である。

——ニイチェ「人間的な、あまりに人間的な」

＊自衛はひとつの美徳、あらゆる正義の唯一の堡塁。

——同右「道徳の系譜」

＊民衆の正義とは、富豪や、資産家や、貴族や、その他の幸福なものに対して、利己的な嫉妬を感ずることである。

——バイロン「サンダナパルス—二幕一場」

＊力なき正義は無能であり、正義なき力は圧制である。力なき正義は反抗を受ける。なぜならば、つねに悪人は絶えないから正義なき力は弾劾される。それゆえ正義と力を結合せねばならない。

——萩原朔太郎「虚妄の正義」

——パスカル「パンセ」

＊正義——忠誠・税金・個人的奉仕に対する酬いとして、度合いの差はあっても、一国の政府が市民に売りつける品質の堕ちたる商品。

——ビアス「悪魔の辞典」

＊正義は永遠の太陽である。世界はその到来を遅れさすことはできない。

——フィリップス「演説」

＊たとえ世界は滅ぶとも正義はとげよ。

——フェルディナンド一世「語録」

＊正義とは、強者の利益にほかならず。

——プラトン「国家」

＊正義とは、己にふさわしきものを所有し、己にふさわしきように行為することなり。

——同右

＊大なる不義を犯して、人の国を攻めば非とされず名誉とし、正義とす。それが不義なることを知らず。

——「墨子」

＊たとえ正義の動きは緩慢なりとも、邪悪者を打破するは必至なり。

——ホメロス「オデュッセイア」

＊天に順《したが》う者は存し、天に逆らう者は滅ぶ。

——「孟子」

＊大きく正義を行おうとする者は、細かく不正を働かねばならない。大事において正義をなしとげようとする

者は、小事において不正を犯さなければならない。
——モンテーニュ「随想録」

＊天知る、地知る、我知る、人知る。（楊震が王密の賄賂を断ったときの言）
——楊震（「後漢書」より）

＊最強者の理窟がつねに最上とされる。
——ラ・フォンテーヌ「寓話」

＊正義の愛は、大部分の人々においては、不正な目に合うことを怖れる心である。
——ラ・ロシュフーコー「箴言集」

＊正義の遅滞は不正である。
——ランダー「優雅なる会話」

＊盛徳の士は、乱世に疏《うと》んぜらる。（正義の士は乱世には邪魔者視される）
——劉向《きょう》撰「説苑《ぜいえん》」

同情・憐憫→恩恵・慈善・偽善

他人《ひと》が逆境に陥ったとき、同情を示すのは必ずしも慰めるといった殊勝な人情からではなく、優越感をもって押しつける親切である。同情や憐憫には侮辱の念が含まれているからである。また、気休めに言われる慰めは、不幸な人を憐れみ、悲しみを倍加させる。いずれにせよ、憐憫を受けるは、その人間にとっては屈辱である。

＊自嘲は強者のことである。自己憐憫は弱者のことである。

＊われわれは不幸な人々を叱責する。それは、不幸な人々を憐憫せずにすますためである。
——阿部次郎「三太郎の日記」

——ヴォーヴナルグ「省察と格言」

＊窮鳥懐《ふところ》に入れば仁人の憫《あわ》れむところ。

——「顔氏家訓」

＊同病相憐み、同憂相救う。

——「呉越春秋」

＊慈悲というものは、強制さるべき性質のものではない。慈悲が空から注いで、この大地を潤すように、まさにそうあるべきものなのだ。

——シェークスピア「ヴェニスの商人」三幕一場

＊わしの知る慈悲とは！　残虐鬼畜の振舞いなのじゃ！　人生はすべて屈辱じゃ。

——同右「リチャード二世」一幕三場

＊憐憫！　悲惨の清掃屋。

——バーナード＝ショウ「バーバラ少佐」

＊なにゆえに女が不幸に対して男より深い同情を示すかといえば、推理能力に弱味を持っているからである。

——ショウペンハウエル「女性について」

＊憐憫はあらゆる道徳律の基準である。

——同右「道徳の基準」

＊情は人の為ならず。
――「太平記」

＊同情されたがる渇望は自己陶酔、しかも、隣人の懐を傷めての自己陶酔の渇望である。
――ニイチェ「人間的な、あまりに人間的な」

＊同情を表示するのは軽蔑のしるしと感じられる。同情が示されると、直ちに相手の怖れの対象でないことがはっきりするからである。
――同右「漂泊者とその影」

＊憐憫は女性に捧げられ得る致命的な感情である。
――バーム「断片」

＊汝の悲哀がいかに大きくとも、世間の同情を乞うべからず。なんとなれば、同情の中に軽蔑の念が含まるるからなり。
――プラトン「断片」

＊「皮肉」と「憐憫」とは、ふたりのよい助言者である。前者は微笑みながら人生を愛すべきものにし、後者は涙を浮かべて人生を神聖なものにする。
――フランス「断片」

・慰め

＊貧しき者、さびしき者の慰安は夢想である。
――阿部次郎「三太郎の日記」

＊神は不幸者を慰めるために時を支配した。
――ジューベル「パンセ」

＊人生の多くの贅沢と言われる慰安の多くは、人類の向上に対する不可避的な障害のみならず、人間的な障害でもある。
――ソロー「ウォールデン森林の生活」

＊慰安所の頭はけっして痛まない。
――ハーバート「風変わりな格言」

＊われわれの慰めの多くは苦難の間に育くむ。
――エドワード＝ヤング「夜の瞑想」

＊人はしばしば己が不幸に見えることに、ある種の悦びを感ずることで、不幸である己を慰める。
――ラ・ロシュフーコー「箴言集」

＊われわれが災難に苦しんでいるとき、無分別にわれわれにうるさく迫る慰めは、われわれの苦しみを倍加し、われわれの悲しみをいっそうはげしくするのに役立つのみである。
――ルソー「断片」

恩恵・慈善・偽善→同情・憐憫

多くの人々から搾取した富から、わずかばかりの喜捨をする博愛行為は、悪徳が善徳に対して罪滅ぼしのために捧げる敬意である。公にされることを計算に入れて、税金のがれなどのためにする慈善行為は慈善ではなく、売名的な偽善である。親切は、利害関係のない人々に示す、欲得のない人情である。感謝は、人としてなすべき義務だが、その押売りは義務をスポイルする。

*高潔なる人は恩恵を施すを好むも、恩恵を施さるるを恥じる。

——アリステレス「ニコマコス論理学」

*何人にも恩恵を施す者は、他人より愛さるるよりも、多く己を愛す。

——同右

*その食を食う者は、その器を敗《やぶ》らず。その木に陰する者は、その枝を折らず。（恩は仇では返さないものだ）

——韓嬰《えい》「韓詩外伝」

*人の車に乗る者は人の患に載る。（一宿一飯の恩義の意）

——司馬遷編「史記」

*虎を養って虎に噛まる。（「飼い犬に手を噛まれる」と同義）

——「事文類聚」

*恩恵を受くるは自由を売ることなり。

——シルス「箴言集」

*恩恵を施す者はそれを隠せ、恩恵をうくる者は、それを公にせよ。

——セネカ「恩恵について」

*畜類なほ恩恵を報ず、人類いかでか恩を知らざらん。

——道元「修証義」

*施して報を願はず、受けて恩を忘れず。

——中根東里「東里雑談」

*無限の慈悲はあらゆる真の偉大な最高の贈り物であり、遺産である。

——ラスキン「二つの道」

*たいていの人々は小さな義理を返したがる。多くの人たちが、中くらいの義理に対しては感謝の念をいだくが、大きな恩恵に対しては、恩知らずの振舞いに出ない人はまずいない。

——ラ・ロシュフーコー「箴言集」

*恩恵を施すなら親友よりもむしろ敵に対して施せ。というのは、親友に対して施すと、これらの慈善を押売りすることになるが、憎悪なら相手の寛大さに応じて強まる一方になるからである。

——レールモントフ「現代の英雄」

・親切

*人への親切、世話は、慰みとしてしたい。義務としては、したくない。

——菊池寛「私の日常道徳」

*親切という奴は消化が悪い。お高くとまっている胃袋に合わぬ。

——サッカレー「フィリップの冒険」

*否定せんとすることを物静かに拒否するが親切なり。

＊人間の存するところ、仁慈の機会あり。
——シルス「箴言集」

＊仁を施さば仁慈それより生ずる。
——セネカ「書簡集」

＊悪人に親切を施さば、二度ひどい目に会う。金を失うのみならず、感謝もされず。
——ソフォクレス「断片」
——テオグニス「悲歌集」

・感謝

＊感謝は高潔な魂の証《あかし》である。
——イソップ「寓話」

＊感謝の心は最大の美徳のみならず、あらゆる他の美徳の両親なり。
——キケロ「断片」

＊亡恩の次に堪えがたい最も苦しいことは感謝である。
——ヘンリー＝ビーチャー「プリマウス説教集」

＊感謝は支払わるべき義務であるが、何人もそれを期待する権利はない。
——ルソー「断片」

＊関心を全然持たない人々につねに親切があり得る。
——ワイルド「ドリアン・グレーの肖像」

嘘・まこと→善・悪、罪・罰

嘘を押し通すには並はずれた記憶力を持っていないと馬脚を現す。たいていの人々が正直なのは、嘘をつかないほうが気苦労せずに世渡りできるからである。いちばん質の悪い嘘つきは、沈黙することで真実を隠蔽する連中である。彼らの処世術は、「絶対に嘘はつかないが、真実も絶対に語らず、沈黙する」という保身術である。

＊私は不幸にも知っている。時には嘘によるほかは語られぬ真実もあることを。
——芥川龍之介「侏儒の言葉」

＊仏の嘘をば方便といひ、武士の嘘をば武略といふ。これをみれば、土民百姓は可愛いことなり。
——明智光秀「語録」

＊女たちは彼女らの誇りを失わないようにする嘘を愛す。
——アテルトン「征服者」

＊真実は雄弁と美徳の秘訣であり、倫理的根拠の基礎であり、美術と人生の極致である。
——アミエル「日記」（一八五四・一二・七）

＊嘘つきがいつでも必ず嘘をつくとしたら、それはすばらしいことである。
——アラン「人間語録」

*嘘言は真実でないばかりか、つねにそのうちに争いを持っている。

——ダニエル＝ウエブスター「断片」

*真実のない生というものはあり得ない。真実とは多分、生そのもののことであろう。

——カフカ「ヤヌスとの対話」

*嘘つきは真実を語りても信じられず。

——キケロ「ムレナ弁護論」

*虚言のデパートは誇張だ。

——グラシアン「世間知」

*嘘をずっと押しとおそうと思う人は、記憶がよくなければならない。

——グリム「詩的な散歩」

*終身善を為し、一言則ち之を破る。

——「孔子家語」

*嘘は奴隷と君主の宗教だ。真実は自由な人間の神様だ。

——ゴーリキー「どん底」

*ひとたび嘘をつくと、いい記憶が必要になる。

——コルネイユ「断片」

*嘘とは、私がつくったものではなく、階級に分かれた社会に生れたものである。だから、私は生れながら嘘を相続している。

——サルトル「汚れた手」

*いちばん嫌らしい嘘は、いちばん真実に近い虚言だ。

——ジイド「一粒の麦もし死なずば」

*嘘つきの名人でないならば、真実を語るのがつねに最良策だ。

——ジェローム「怠け者の能なしの考え」

*嘘つきの受ける罰は、人が信じてくれないというだけのことではなく、ほかの誰をも信じられなくなる、ということである。

——バーナード＝ショウ「断片」

*たとえ話は嘘ではない。なぜならば、それはけっして起こらなかった事柄を述べているのだから。

——ショウペンハウエル「パレルガとパラリポーメナ」

*誰かが嘘をついていると疑うなら、信じたふりをするがよい。そうすると彼は大胆になり、もっとひどい嘘をついて正体を暴露する。

——同右

*われわれの肉体が衣服に包まれているように、われわれの精神は虚偽に包まれている。

——同右

*真《まこと》その中になきゆえに真に立たず。

——「新約聖書—ヨハネ伝八章四四節」（イエス）

*よしあしの文字をもしらぬひとはみな　まことのこゝろなりけるを　善悪《ぜんあく》の字《じ》しりがほは　おほそらごとのかたちなり。（善悪の文字すら知らない人は、嘘のない誠の心であったのに、善悪の字を知った顔をしてモノを書くのは大虚言の体

たらくである）

——親鸞「三帖和讃」

＊一つの嘘をつく者は、自分がどんな重荷を背負い込むのかについて滅多に気がつかない。つまり、一つの嘘をとおすために別の嘘を二十発明せねばならない。

——スウィフト「断片」

＊最も残酷な嘘はしばしば沈黙のうちに語られる。

——スティーヴンソン「真実の交際」

＊真実を大地に埋葬しても、真実はやがて芽を吹き、あらゆるものを吹き飛ばす。

——ゾラ「断片」

＊愛よりも、金よりも、名声よりも、われに真実を与えよ。

——ソロー「日記」

＊まことはうその皮、うそはまことの骨、うそとまことの仲の町、迷うもよし原、悟るもよし原。

——武林無想庵「断片」

＊嘘をついても人は信じる。ただ権威をもって語れ。

——チェホフ「書簡」

＊人間は真実を見なければならない、真実が人間を見ているからだ。

——チャーチル「語録」

＊真実は、人が持っている最高のものである。

——チョウサー「カンタベリー物語」

＊時は貴重であるが、真実はそれよりもっと貴重である。

——ベンジャミン＝ディズレーリ「断片」

＊真実はわれわれが持ついちばん価値のあるものだ。それを経済的に使おう。

——トーウェン「ウィルソン」

＊真《まこと》らしき嘘はつくとも、嘘らしき真を語るべからず。

——徳川家康「遺訓」

＊人生において何よりも難しいことは、嘘をつかずに生きることだ。そして、自分自身の嘘を信じないことである。

——ドストエフスキー「悪霊」

＊真実を語るものは機知のない人間だけである。

——同右「白痴」

＊日常生活で、人々がおおむね正直なことを言うのはなぜか。神様が嘘をつくことを禁じたからではない。それは第一に、嘘をつかないほうが気楽だからである。

——ニイチェ「人間的な、あまりに人間的な」

＊嘘とは何か。それは変装した真実にすぎない。

——バイロン「ドン・ファン」

＊われわれは理性によってのみではなく、心によって真実を知る。

——パスカル「パンセ」

＊どんな馬鹿でも真実を語ることはできるが、うまく嘘をつくことは、かなり頭の働く人間でなければできな

い。

＊半分の真実は偽りよりもこわい。

――バトラー「手帖」

＊確かなものがないことが唯一の確かなことである。

――フォイヒテルスレーベン「警句集」

＊ある人が嘘を吐くということを考えてみれば、それは、その者が神に対しては大胆であり、人間に対しては卑怯である、ということにほかならない。

――プリニウス一世「自然史」

＊虚偽を加味することは、金銀貨の混合物のように、金属より実用に役立たせるかもしれないが、その質を低下させる。

――ベーコン「随筆集」

＊人は永生きせんと思はば虚言をいふべからず。

――同右

＊嘘ばかりつく人間だと思えば、こちらは正反対を信じていればよい。嘘と真実を使い分けるから厄介である。

――夢窓国師「語録」

＊ずるい人間は、すぐに他人もずるいと思い込む。彼らはけっして欺かれはしないが、人をも欺くことはできない。

――モンテーニュ「随想録」

＊敵に濡衣を着せ、彼らをけなすために嘘をつくことは、それ自身に復讐することで、あまりにも大きい利益を敵に与える。

――ラ・ブリュイエール「人さまざま」

＊跡《あと》を滅せんと欲して雪中を走る。（「頭かくして尻かくさず」と同義）

――同右

＊嘘には二種類ある。過去に関する事実上の嘘と未来に関する権利上の嘘である。

――劉安「淮《え》南子《なんじ》」

＊方便の嘘とは、正真正銘の嘘である。というのは、他人とか、あるいは自分の利益のために人を欺くことは、自分の利益を犠牲にしてまで欺くのと同じく、不正だからである。

――ルソー「エミール」

＊嘘は雪玉のようなもので、永い間ころがせばころがすほど大きくなる。

――同右「孤独な散歩者の夢想」

＊一つの嘘を本当らしくするためには、いつも七つだけ嘘を必要とする。

――ルター（ツィンクグレフ「箴言集」による）

＊いかなる虚偽も、そのためにさらに別の虚偽を捏《ねつ》造することなくしては主張できない。

――同右（「著作集」から）

＊絶対的に非難できない唯一の嘘の形態は、己自身のた

――レッシング「断片」

めに嘘をつくことだ。

――ワイルド「嘘つきの落ちぶれ」

・正直

＊正直にしよう。このことのうちに雄弁と徳行の秘訣があり、このことのうちに道徳的な影響力がある。

――アミエル「日記―一八五四・一二」（日付なし）

＊正直ほど富める遺産はない。

――シェークスピア「末よければすべてよし―三幕五場」

＊正直に仕えて黙っている者は要求することも大きい。

――シェーファー「俗人の祈禱書」

＊人衆《おお》ければ天に勝ち、天定まってまたよく人に勝つ。

（人の勢力が強いときには一時的には天が勝つが、天運が常態に復すると、天道は邪道に勝つ。つまり正直者が結局は栄えるの意）

――司馬遷編「史記」

＊正直は最良の政策。

――セルバンテス「ドン・キホーテ」

＊つねに率直に語れば、卑しい人間はお前を避けるであろう。

――ブレーク「天国と地獄の結婚」

＊正直な人間は神の創造した最も気高い作品である。

――ポープ「人間論」

過失→後悔・反省

過失を犯すは人間の性《さが》であり、人間は一生を通じて過失を犯す。過失を悔いるのはよいが、それを弁明することはめめしく、黙して過失を己の教訓にすべきだ。

＊われに若年が二回、老年が二回あらば、われの過失を改められん。

――エウリピデス「哀願する女たち」

＊私は自己を除くすべての人間の過失を寛恕し得る。

――カトー（大）「語録」

＊人間はすべて過ったものなり、ただ過ちを固守するは愚者なり。

――キケロ「アントニウス排撃論」

＊聡明《さとり》は人に怒りを忍ばしむ、過失《あやまち》を宥《ゆる》すは人の栄誉《ほまれ》なり。

――「旧約聖書―箴言一九章一節」（ソロモン）

＊誤りは人間しかない。人間における一つの真実は誤りを犯し、自分や他人や事物への正しい関係を見出し得ないことである。

――ゲーテ「格言集」

＊賢者たちに過ちがなかったとすれば、愚者たちはまったく絶望するほかないであろう。

*過失の弁解をすると、その過失を目立たせる。

——ゲーテ「格言集」

*人間が幸せの夢を追うときに犯す大きな過ちは、人間の生来から備わっている、あの死という弱点を忘れてしまうことである。

——シェークスピア「ジョン王—四幕三場」

*人は過去の過ちを認めることを恥じるべきでない。今日の自分が過去より利口だと言っていることにほかならないのだから。

——シャトーブリアン「アタラ」

*青春の過失は壮年の勝利や老年の成功よりも好ましい。

——スウィフト「雑感集」

*賢明なる策は、他人の過ちから利点を引き出すことなり。

——ベンジャミン＝ディズレーリ「断片」

*過失は人々を結合させる力である。真実は真実の行為によってのみ人々に伝えられる。

——テレンティウス「断片」

*極端な行動は虚栄、普通の行動は習慣、中庸な行動は恐怖に帰せられるならば、過失を犯すことはまずなかろう。

——トルストイ「わが宗教」

*過ちを告白することは、半分以上の改心に値する。

——ニイチェ「人間的な、あまりに人間的な」

*大功を論ずる者は小過を録せず。（大きな手柄に対して賞を与えようとするときは、小さな過ちがあっても黙認する）

——ハリントン「警句」

*他の過ちは見易けれど、自《おの》れのは見難し。

——班固撰「漢書《じょ》」

——「法句経《ほっくぎょう》」

*われわれは自分の過失を利得し得るほど永生きはしない。一生を通じて過失を犯す。そして、多くの過失を犯した揚句、できるだけの最上のことは改心して死ぬことである。

——ラ・ブリュイエール「人さまざま」

*多くの人間は過ちを避けるよりも、過ちを悔いることのほうを美徳と見なす。

——リヒテンベルク「道徳的覚書」

*過《あやま》って改めざる、これを過ちという。

——「論語」（孔子）

後悔・反省

後悔は過ちを犯したことを悔いる愚痴であり、反省は犯した過ちを糧に人生を前向きに考える心情である。後悔は消極的な美徳であり、反省は積極的な美徳である。なお、罪を悔いる告白は元来、純粋のものだが、公にされる告白録には虚飾的な意図が隠蔽されている。

＊後悔とは、にがい徒労のあと戻りである。それは過失のへまな利用である。

――アラン「文学語録」

＊人間誰しも過失のあるものであるが、犯罪に対して感じられる悔恨は、悪から徳を区別する。

――アルフィエリ「パジィの陰謀」

＊鶏鳴に起きざれば暮に悔あり。

――楠正成「楠公家訓」

＊後悔――快楽が産んだ運命の卵。

――コーパー「朝の花嫁」

＊人は少壮の時に方《あた》りては、惜陰を知らず。知ると雖も太《はなは》だ惜しむに至らず。四十已後《いご》を過ぎて、始めて惜陰を知る。既に知る時は、精力漸く耗《ごう》せり。故に人の学を為《おさ》むるには須《すべか》らく時に及びて立志勉励するを要すべし。不《しか》らざれば則ち百たび悔ゆとも亦竟《つい》に益無からむ。

――佐藤一斎「言志晩録」

＊昨日の非は悔恨すべからず。明日、これ念慮すべし。

――杉田玄白「語録」

＊よい教育とは、後悔を教えることである。後悔は予見されれば、天秤に一つの重味をおく。

――スタンダール「恋愛論」

＊ある行為を後悔する者は、二重に不幸あるいは無能である。最初に邪悪な欲望によって、次いで悲しみによって征服される者だからである。

――スピノザ「エチカ」

＊羊を失いてのち牢を補う。（「後悔先に立たず」と同義）

――「戦国策」

＊けっして後悔せず、けっして他人を咎めるな。これらは英知の第一歩である。

――ディドロ「哲学断想」

＊悔悟は弱い心の美徳である。

――ドライデン「インドの帝王―三幕一場」

＊悔は凶より吉に赴く道なり。

――中江藤樹「語録」

＊後悔は悔悟に対する自慢心の代用である。

――アルドゥス＝ハックスリー「時は休止を持たねばならない」

＊死して後医を求む。（「後の祭り」と同義）

――「墨子」

＊我事に於て後悔せず。

――宮本武蔵「独行道」

＊道理にて極めたる事は、たとへちがひても後悔なかるべし。

――室鳩巣「駿台雑話」

＊われわれの後悔は、われわれが行った悪を遺憾に思う心であるというよりはむしろ、それがやがてわが身にふりかかりはしないか、とあやぶむ心である。

――ラ・ロシュフーコー「箴言集」

＊悔恨の情は、得意の折には熟睡し、失意のときには苦味を増すものである。

——ルソー「告白録」

・告白

＊古人は神の前に懺悔した。今人は社会の前の懺悔している。

——芥川龍之介「侏儒の言葉」

＊懺悔は一種ののろけなり。快楽を二重にするものなり。懺悔あり、故に悛《あらた》むる者なし。懺悔の味《あじわい》は人生の味なり。

——斎藤緑雨「眼前口頭」

＊重荷をいただいた胸は打ち明ければ軽くなる。

——シラー「ドン・カルロス」

＊汝が死ぬ前日に懺悔せよ。

——同右「英知の本」

＊過失を率直に告白するは、それが無罪となる一つの段階なり。

——シルス「箴言集」

＊最も賢明なことは、自分を己の打ち明け相手にすることである。

——スタンダール「恋愛論」

＊懺悔とは、私の為せる所の過《あやま》てるを悔い、その償い難き罪を身に負いて悩み、自らの無力不能を慚《は》じ、絶望的に自らを抛《はな》ち棄てることを意味する。

——田辺元「懺悔道としての哲学」

＊ほかの人に懺悔してしまうと、当人は自己の罪は忘れるが、たいてい相手の人はそれを忘れない。

——ニイチェ「人間的な、あまりに人間的な」

＊懺悔者の背後には美麗な極光がある。

——萩原朔太郎「極光」

＊囚人は前科を誇り、宗教家は懺悔を誇る。

——長谷川如是閑「如是閑語」

＊説明の半分は、おおむね告白である。

——ハリファックス「道徳的思想と省察」

＊自叙伝は他人に読まれることを予想して書かれ、そして他人の前で自己を正直に告白することは困難であるのによるともいわれよう。

——三木清「時代と道徳」

＊懺悔する者に、その前の罪科について思い起こさせるな。

——「ユダヤ伝経」

＊心の裡を打ち明けるのは虚栄のため、しゃべりたいため、他人の信頼を惹きつけたいため、親密の交換をしたいためである。

——ラ・ロシュフーコー「箴言集」

暴力→寛容と残忍・残酷

暴力とは、服従させることでなく、打ちのめすことである、そうしないと必ずしっぺ返しを受けるから。暴力沙汰よりむごいのは、暴力を見て見ぬふりをしている卑劣な事なかれ主義の小心者である。

＊人生はつねに複雑である。複雑なる人生を簡単にするものは暴力よりほかにあるはずはない。

——芥川龍之介「侏儒の言葉」

＊暴君は暴君でも、いちばん危険なのは、生命が一つ、胃袋が一つしかない暴君ではなく、破壊されることのない、飽くことのない暴君、自分の欲望、自分の憤怒にすべてを打ち込む賤民である。

——アミエル「日記―一八七四・二・一六」

＊暴君にとっていちばん喜ばしいことは、所有ではなく、所有の権利である。

——アラン「精神と情熱とに関する八十一章」

＊暴力を用いて地上に絶対的正義を樹立しようとする者は、手下という人間的〝装置〟を必要とする。

——ヴェーバー「職業としての政治」

＊愚鈍な人間は、つねに鉄面皮な暴力を揮う。

——エマーソン「代議士」

＊無暴力とは、悪を行う人間の意志におとなしく服従することではなく、暴力者の意志に対して全霊を投げうつことである。

——ガンジー「講演集」

＊他人にテロを加える者は、つねに戦《おのの》く。

——クロディアヌス「断片」

＊二つの平和な暴力がある。法律と礼儀作法がそれである。

——ゲーテ「格言集」

＊私は暴力に対してひとつの武器しか持っていない。それは暴力だ。

——サルトル「歯車」

＊馬上に居て之を得たるも、寧《いずく》んぞ馬上を以て之を治《おさ》むべけんや。（武力でかちとっても武力では治められない）

——司馬遷編「史記」

＊暴を以て暴に易《か》う。（「眼には眼、歯には歯」と同義）

——同右

＊人が虎を殺そうとする場合には、スポーツといい、虎が人を殺そうとするときには兇猛という。

——バーナード＝ショウ「革命主義者のための格言」

＊いかなる道でも効果がなくなると、最後の手段として剣が与えられているのです。最高の財宝だけは、われわれは暴力に対して正当防衛をしてもよいのです。

——シラー「ヴィルヘルム・テル」

＊弾圧は、弾圧される者を強力にし、結合させる作用があるだけである。

——スタインベック「怒りのぶどう」

＊暴君に最も好都合な観念は神の観念である。

——スタンダール「赤と黒」

＊暴が強いらるる人、いささかも強うる人にくみせざるとき生ずるものの謂《い》ならば、これらの魂は、これによりて罪を免るるを得ず。（暴とは強制された人か、暴によってその意志を屈しないときにのみ生ず。意志は他人によって左右されないからである）

——ダンテ「神曲—天堂編四曲」

＊すべての暴力は、闘うことなく相手を屈服させることはできようが、相手を従順させることはできない。

——トルストイ「暴力と愛との抵抗」

＊下層の民衆運動を叩くのには、理窟では駄目で、砲兵を用いてつぶすに限る。

——ナポレオン「語録」

＊鉄は人間を殺さない。殺すのは手である。その手は心に従う。

——ハイネ「ルテチア」

＊圧制は、自己の秩序を超えて全般を支配しようとするところに存する。

——パスカル「パンセ」

＊暴動——悪気など全然ない見物人が、軍人たちのために催す庶民的な催し物。

——ビアス「悪魔の辞典」

＊必要は人間の自由のあらゆる侵害に対する主張である。それはタイラントの理窟であり、奴隷の信条である。

——ピット（大）「演説」

＊テロリズムによってのみ破壊し得る。

——ヒトラー「わが闘争」

＊暴民は多くの頭を持っているが、脳味噌はない。

——ノラー「格言集」

＊最悪の暴君は蜂起する群衆。

——ホメロス「イリアス」

＊動物になるべきときには、ちゃんと動物になれない人間は不潔であります。

——三島由紀夫「第二の性」

＊必要は暴君の特権である。

——ミルトン「楽園喪失—四」

＊暴力はむしろ道徳的なものである。というのは、それによってわれわれが四十八年かかってもできなかったことを、わずか四十八時間でやってのけたのだから。

——ムッソリーニ（ファシスタ政権樹立時の演説—一九二一・一〇・二八）

＊暴民は多くの頭を持ちながら、ひとかけらの脳味噌をも持たない。

——リヴァロール「選書」

＊暴君治下の臣民は、たいてい暴君よりもっと暴である。暴君の暴政は、たいてい暴君治下の臣民の欲望を満足させることはできない。

——魯迅「随感録—暴君の臣民」

＊暴君の臣民は、ただ暴政が他人の頭上で暴れるのを望む。そして自分自身は、それを眺めて面白がり、「残酷」を愉しみ、「他人の苦しみ」を見せ物とし、慰めとする。

——同右「随感録—熱風」

＊いちばん卑怯な暴君は、百万の卑怯者が一緒になったときです。

——ロマン＝ローラン「魅せられた魂」

寛容と残酷・残忍→暴力

寛容とは、忠誠と服従をかちとるための仮面にして、相手が応じないと、仮面を脱いで高飛車に出る。一方、残忍の最たるものは、残虐行為をする人間よりも、哀悼の仮面を冠って、それを高見の見物をしている人間である。

＊寛大な王権の最後の手段である。しかし、私は厳格な服従によって、その高貴なマントをはいでやる。

——アラン「精神と情熱とに関する八十一章」

＊他人はできるだけ許せ、己自身はけっして許すな。

——シルス「箴言集」

＊「眼には眼を、歯には歯を」と言えることあるを汝ら聞けり。されど我は汝らに告ぐ、悪しき者に抵抗《あらが》うな。人もし汝の右の頬をうたば、左をも向けよ。

——「新約聖書—マタイ伝五章三八〜三九節」（イエス）

＊汝らの仇を愛し汝らを憎む者を善くし、汝らを詛《のろ》う者を祝し、汝らを辱《はずか》しむる者のために祈れ。汝の頬を打つ者には、他《ほか》の頬をも向けよ。汝の上衣を取る者には下衣《またもと》をも拒むな。すべて求むる者に与え、汝の物を奪う者に復索むな。

——「同右—ルカ伝六章二七〜三〇節」（同右）

＊われわれの英知が深くなるにつれて、いっそう寛大になる。

——スタール夫人「語録」

＊許すはよし、忘れることはなおよし。

——ロバート＝ブローニング「断片」

＊寛容な者は最も性急な人間であり、辛抱強い者は、いちばん非寛容な人間である。

——ベルネ「白鳥狂」

＊他人のなした悪を宥《ゆる》すことは、弱い人間にとって大いなる努力であっても、少なくとも人を憎むという悩みより脱せよ。宥《ゆる》すことができなければ、せめてはその悪を忘れよ。

——ミュッセ「春夜」

＊王侯の寛容は、人民の忠誠をかちとる一つの政略にすぎない。

――ラ・ロシュフーコー「箴言集」

＊怨みに酬いるに徳を以てす。

――「老子」

＊臆病者は残酷である。

――ゲイ「寓話」

＊あらゆる人間の闘争のうちで、男の芸術家と、母としての女の闘争ほど残忍かつ悲惨なものはない。

――バーナード＝ショウ「人と超人―一幕」

＊残酷物語ほど関心を喚ぶものはない。敵がいかにして子どもを惨殺し、処女を強姦したか、というニュースの報道者で失敗することはまずない。

――サミュエル＝ジョンソン「アイドラー誌」

＊残酷さとは、涙にて和らぐことはせじ、涙を糧にす。

――シルス「箴言集」

＊すべての残忍性は臆病から生ず。

――セネカ「書簡集」

＊われわれが苦痛を我慢すればするほど、残虐性はいよいよ強まる。

――ハーバート「知恵の投げ槍」

＊残虐性は不道徳な心に芽生え、しばしば臆病な心から生ずる。

＊残忍性は悪魔の第一の属性である。

――ハリントン「警句」

＊あらゆる残虐性のうちで、哀悼と慰めの名のもとにもたらされる残虐ほど我慢のならないものはない。

――ボーン「格言のハンドブック」

――ランダー「ロバート・サウジィ家の書簡」

罪・罰→法律（家）と裁判（官）、嘘・まこと

小犯罪は罰せられ、大犯罪は誅されずというのが、古今東西における犯罪史の不文律になっている。権力を持つ政治家や金力のある富者は、「国家のため」という美名のもとに罰されないどころか、英雄視される。これと同様に、盗人より詐欺師が尊敬され、詐欺師をだますのが最高の闇の帝王と称される。

＊異教徒の徳は輝かしい罪悪なり。

――アウグスティヌス「神の国」

＊罪を犯す者は己自身に対して犯すなり。不正の人は、みずから己を悪者にする意味において、己の不正での犠牲者なり。

――アウレリウス「自省録」

＊矜誇《きょうこ》、愛欲、疑惑――あらゆる罪は三千年来、この三者から発している。同時に又恐らくはあらゆる徳も。

＊最大の犯罪は欲望によらず飽満によりて惹起さる。
——アリストテレス「政治学」

＊汚名は刑罰になく、犯罪そのものにある。
——アルフィエリ「バジィの陰謀」

＊法においては、他人の権利を侵害するときは罰せられる。道義的には侵害しようと考えるだけで罪である。
——カント「断片」

＊罪とは、存在する代わりに創作し、ただ空想の中でのみ善と真とを問題にし、実存的には、それであろうと努力しないことである。
——キェルケゴール「死にいたる病」

＊罪は消極的なものではなく、積極的なものである。
——同右

＊犯罪に対する最大の動機は、罰を回避せんとする希望なり。
——キケロ「哲学談義」

＊つらつら人間の一生を見るに、罪という事よりも、罪という事を自ら知らざるものほど大なる罪人はあらじと、思わるなり。
——北村透谷「心池蓮」

＊その意を悪《にく》みてその人を悪まず。（犯意を憎んでも、その人間を憎んではいけない）
——「孔叢子」

＊百の悪業に悩まされて自分の罪を感じている悪人よりも、小善根を積んで己れの悪を認めぬ偽善家のほうが仏の愛にはもれている。
——倉田百三「出家とその弟子」

＊法人団体には魂がないから（自然人ではなく、人間的な人格だから）、反逆罪を犯すわけではなく、法外者でもなく、破門されることもない。
——コーク「断片」

＊裏切者は罪人の寄生虫だ。
——サルトル「聖ジュネ」

＊罪から出た所業は、ただ罪によってのみ強力になる。
——シェークスピア「マクベス—三幕二場」

＊罰を正当だと思うのは、実際に罪の証拠を見せられ、自白せずにいられなくなったときだけだ。
——シュヴァイツァー「水と原生林の間で」

＊われわれの人類に対する最大の罪は、彼らを憎むことではなく、無関心であることだ。それは非人間性の精髄だ。
——バーナード＝ショウ「悪魔の弟子」

＊罪の疑わしきは軽くし、功の疑わしきは重くす。
——「書経《きょう》」

＊無知が故意の場合は犯罪である。
——サミュエル＝ジョンソン「断片」

＊罪を犯す人は罪の奴隷なり。

——「新約聖書―ヨハネ伝八章三四節」

*健《すこや》かなる者は、医者を要せず、ただ、病ある者、これを要す。我は正しき者を招かんとにあらで、罪人《つみびと》を招かんとて来れり。

——「同右―マルコ伝二章一七節」（イエス）

*狭き門より入れ、滅びにいたる門は大きく、その路は広く、之より入る者多し。

——「同右―マタイ伝七章一三節」（同右）

*視よ、時近づけり、人の子は罪人《つみびと》らの手にわたさるるなり。起きよ、我ら往くべし。視よ、我を売るもの近づけり。

——「同右―マタイ伝二六章四五～四六節」（同右）

*もし汝の兄弟、罪を犯さば、これを戒めよ。もし悔改めなば之をゆるせ。

——「同右―ルカ伝一七章三節」（同右）

*わが欲する所の善は之をなさず、反《かえ》って欲せぬ所の悪は之をなすなり。我もし欲せぬ所の事をなさば、之を行うは我にあらず、我が中《うち》に宿る罪なり。

——「同右―ロマ書七章一九～二〇節」（パウロ）

*罪業《ざいごう》もとよりかたちなし、妄想顚倒のなせるなり、心性もとよりきよけれど、この世はまことのひとぞなき。

——親鸞「正像末法和讃」

*好首尾かつ好運にはこばれし犯罪は美徳と称さる。

——セネカ「書簡集」

*罪を憎みて罪人を憎まず。

——同右

*人間はその存在のすべての部分において、必ず罪を犯さざるを得ない。というのは、人間はその人格の中心において神から疎外されているからである。

——ティリヒ「聖書的宗教と究極的実存の探求」

*犯罪者は犯罪のゆえに苦しまず。恥辱のゆえに、なされた愚行に対する立腹のゆえに、常習になったもののないことのゆえに苦しむ。

——ニイチェ「曙光」

*罪を知らざる者は真に神の愛を知ることは能《あた》わず、苦悩なき者は深き精神的趣味を理解する事は出来ない。罪悪、苦悩は人間の精神的向上の要件である。

——西田幾多郎「善の研究」

*罪を理解する人々は徳とキリスト教を理解し、己自身と世界を理解する。

——ノヴァーリス「断片」

*社会は犯罪を培養し、犯罪者がそれを犯す。

——バックル「イギリス文明史」

*罪は種《しゅ》の法に対する個体の闘いである。

——ピヒラー「全集―二」

*犯罪に対して悔悟しない人間はまったく救われない。

——ブルバー・リットン「リオンズの大人―四幕一場」

*いかなる犯罪の源泉も、若干の思慮分別の欠如、理性

の錯誤、情熱の爆発的な力である。

――ホッブス「政治哲学論」

＊弁解は裏返しにした利己心である。

――ホームズ「朝の食卓の大学教授」

＊いかに多くの罪悪が、「国家のため」という美名の仮面のもとになされたことか。

――マクドナルド「語録」

＊人間たちが罪を持ち込むことができぬほどに無垢なものは存在しない。

――モリエール「タルテュフ―序文」

＊売春婦の真の犯罪は職業道徳の空虚さを赤裸にしたことである。

――バートランド＝ラッセル「教育論」

＊貧困が犯罪を生む母であるとすれば、知性の欠如はその父である。

――ラ・フリュイエール「人さまざま」

＊罪悪でありながら、その輝きや、その数や、その極度のために無罪となるものがある。それのみか、栄誉となるものすらある。だからこそ、公の盗みが有能と讃えられ、無法に諸州を奪うことが征服と称される。

――ラ・ロシュフーコー「箴言集」

＊訴える前に弁解するのは、自分が犯人であることを告白するものである。

――リヒトヴェーア「寓話」

＊告白された罪は半ば許される。

――レイ「イギリスのことわざ」

＊汝が征服する罪の一つ一つのスピリットが汝の一部となり、力に変わる。

――ロバートソン「説教集」

＊飢餓と無知は近代犯罪の両親である。

――ワイルド「獄中記」

＊犯罪と文明との間には本質的な不釣合いはない。

――同右

・盗み・盗人

＊すべての無頼漢は盗人にあらざるも、すべての盗人は無頼漢なり。

――アリストテレス「修辞学」

＊一日延ばしは時の盗人。

――上田敏「うづまき」

＊盗んだ蜜を味わったからには、金で無実を買うわけにはいかない。

――ジョージ＝エリオット「フェリックス・ホルト」

＊盗みたる水は甘く、密《ひそか》に食う糧は美味あり。

――「旧約聖書―箴言九章一七節」（ソロモン）

＊盗人も五女の門を過《よ》ぎらず。（「娘三人も持てば家がつぶれる」と同義）

――「後漢書」

*盗人の間にも信義がある。

——ウォルター＝スコット「レッドゴーントレット」


*鉤《かぎ》を盗む者は誅せられ、国を窃《ぬす》む者は諸侯となる。

——「荘子」


*賊は賊を識る。

——「碧《へき》巌録」

・詐欺・欺瞞

*偽りの立場において、いちばんひどいことは、それが終焉しないということである。

——アミエル「日記―一八七一・八・一九」

*牛首を懸《か》けて馬肉を売る。（「羊頭狗肉」と同義で、看板に牛首を掲げて、実際には馬肉を売る）
——晏嬰《あんえい》撰「晏子春秋」

*嘘つきは欺く術を知らない人であり、へつらう人間は一般に愚かな人々を欺く人である。

——ヴォーヴナルグ「省察と格言」


*世間は欺かれることを欲す。

——エラスムス「痴愚神礼讃」


*欺かれる者は欺かれない者よりも賢く、欺く者は欺かない者よりもよい。

——キェルケゴール「人生行路の諸段階」


*裏切者の中で最も危険なる裏切者は何かといえば、すべての人間が己自身の内部に隠しているところのものである。

——同右「愛の生命と摂理」


*人に欺かれるのではない、自分で己を欺くのである。

——ゲーテ「格言集」


*好意から出た偽りは、不和をかもし出す真実よりもよい。

——サーディー「ゴレスターン」


*虚偽の世界では、正直な女ほど人をだますものはない。

——サント・ブーヴ「わが毒」


*人を邪道に引っぱり込むため、暗闇の手下ども（悪魔の意）が真実を言うことがある、わずかのまことで引っぱり込んでおいて深刻な結果で裏切るために。

——シェークスピア「マクベス―一幕三場」


*外観というものは、いちばんひどい偽りであるかもしれない。世間というものはいつも虚飾に欺かれる。

——同右「ヴェニスの商人―三幕二場」


*汝の瞳を欺瞞の世界よりそらせ。しかして自己の感情に信をおくなかれ。彼らは嘘つきなり。汝自身の裡に個を絶した汝自身の内部に永遠の人を探し求めよ。

——釈迦「説話」


*人間は他人の持っている骨片の権利を尊重することを人道と称し、それに反すれば野蛮な行為、利己主義な行為だとする。醜い欺瞞だ。

——シュティルネル「唯一者とその所有」

*悪人と詐欺師とは人を惑わし、人に惑わされ、悪から悪へと落ち込む。

——「新約聖書—コロサイ人への手紙二章八節」

*何人も永く仮面を冠り得ず。偽装はやがて自己の天性へ還る。

——セネカ「愚悲について」

*欺瞞に対する最上の防御は詐欺なり。

——ゼノン（キピロスの）（プルタルコス「ゼノン」より）

*悪意と猜疑は自由を装うこともあり得る。

——タキトウス「歴史」

*だまされる人よりも、だます人のほうが、数十倍くるしいさ。地獄に落ちるのだからね。

——太宰治「かすかな声」

*われはことばにて欺けるも、汝は貨幣にて欺けるなり、わがここにある（地獄の意）は、ひとつの罪のためなるも汝の罪は鬼より多し。

——ダンテ「神曲—地獄編三〇曲」

*人間は偽装と虚偽と偽善にほかならない、自分自身においても、また他人に対しても。

——パスカル「パンセ」

*あらゆる詐欺のうちで第一の、最悪のものは自己欺瞞である。

——ベイリー「フェスタス」

*羊頭を掲げて狗肉を売る。（羊を看板にしながら、実際は犬肉を売る。「看板に偽りあり」と同義）

——無《む》門《もん》慧《え》開《かい》「無門関」

*詐欺師をだますのは二重の歓びである。

——ラ・フォンテーヌ「寓話」

*諸君は相手をだましたと思っている。だが、先方はだまされたふりをしているのだとしたら、どちらがいったいだまされているのか？

——ラ・ブリュイエール「人さまざま」

*ペテン師をペテンにかけるほど愉しいことはない。

——ラムネー「寓話集」

*相手の張った縄にいかにもはまり込んだような様子を見せるのが、最たる策略である。相手をだまそうと考えるときほど、まんまとだまされることはない。

——ラ・ロシュフーコー「箴言集」

*われわれは、あまりにも他人の前に自分を偽装するのに慣れているので、しまいには自分の前にまで自分を偽装するようになる。

——同右

*巧偽は拙誠に如《し》かず。

——劉向《きょう》撰「説苑《ぜいえん》」

*他人にだまされるよりももっと悪いのは、自分が自分にだまされているのを見ることである。

——リュッケルト「バラモンの英知」

*自然はけっしてわれわれを欺かない。われわれ自身を

欺くのは、つねにわれわれである。

——ルソー「エミール」

法律（家）→罪・罰

成文法はクモの巣のようなもので、弱者はすぐにその網に引っかかるが、強者は網を食い破って逃れる。志操を象徴する検察庁のバッジの権限は、江戸時代の町奉行と同じで、庶民にしか通用せず、権力者には及ばない。訴訟がふえると弁護士の実入りがよくなる。

*法は国家の市民が互いに裁判を行うひとつの公約なり。

——アリストテレス「政治学」

*法律と慣習とは国の伝来の王なり。

——アルキダモス（アリストテレス「弁論術」より）

*法は底なしの坑である。

——アルバスノット「パンフレットのタイトル」

*強制力のない法は燃えない火であり、照らさない灯火である。

——イェーリング「法における目的」

*法律の目的は平和であり、これに到達する手段は闘争である。……法律の生命は闘争である。諸国民・国家権力・階級・個人の闘争である。

——同右「権利のための闘争」

*法の力を借りず己自身の手にて制裁を加えよ。

——イソップ「寓話」

*予は憲法と称する一片の紙を無視して予の義務を履行せん。

——ヴィルヘルム一世「プロシア議会における演説」

*最高の法律家は正しく生き、一生懸命に働き貧しく死ぬ。

——ダニエル＝ウェブスター「語録」

*われらは協約の公平なる法を明言す。

——ヴェルギリウス「農耕詩」

*弱者は保護されようと欲して従属する。人間を怖れる人々が法律を愛する理由は、ここにある。

——ヴォーヴナルグ「省察と格言」

*法は聖者のために制定さる。もっともそれは、彼らが不正を犯さぬためにあらず、不正をこうむらざるためなり。

——エピクロス「断片」

*最も厳格なる法律は最も悪しき害悪なり。

——キケロ「義務について」

*大自然にひとつの法あり、それはすべての人間に共通であり、理性的であり、永遠なるものなり。

——同右「国家について」

*武力がものをいえば法律は沈黙す。

——同右

＊すべての法律は老人と男によってつくられている。若い人と女は例外を欲し、老いた人は規則を欲する。
——ゲーテ「格言集」

＊法は貧者をしいたげ、富者は法を支配する
——ゴールドスミス「旅人」

＊法の執行は法を制定するよりも重要である。
——ジェファーソン「書簡—一七八九」

＊大行《たいこう》は細謹を顧みず。（大事業をするときは小さな規則にはこだわらない）
——司馬遷編「史記」

＊人民の安寧は最高の法律なり。
——「十二銅標」

＊最善の法律は慣習から生れる。
——シューベル「パンセ」

＊治人有れども、治法無し。（国を治める人間はあるが、国を治める法というものは、元来あるべきものではない）
——「荀子」

＊人間の法律とはなんですか？　人間を絞殺するひとつの口実です。
——バーナード＝ショウ「人と超人—三幕」

＊裁判をあえて受けざる者は、有罪を告白するものなり。
——シルス「箴言集」

＊往昔は犯罪によりて苦しみ、今日は法律によりて苦しむ。

＊われわれは犯罪者をつくる多くの法律を制定するのみで、彼らを罰する法律は少ない。
——タキトゥス「歴史」

＊選ばれた者は、凡人社会の法を無視する権利がある。
——ドストエフスキー「罪と罰」

＊自己防衛は神の最古の法である。
——ドライデン「アブサロムとフチトフェル」

＊それ国は法に依りて昌《さか》え、法は人に因りて貴《とうと》し。
——日蓮「立正安国論」

＊法は破られるために制定された。
——ノース「断片」

＊誤った法律を改正する法律くらい誤ったものはない。法律は正義であるがゆえに従うといって服従している者は、自分の想像する正義に服従しているのであって、法律の本質に服従しているのではない。
——パスカル「パンセ」

＊法律家——法律の網をくぐる技術に練達している者。
——ビアス「悪魔の辞典」

＊法が無視されるところに専制が生れる。
——ピット（大）「演説」

＊法は人々を支配する専制君主にして、自然に反することをさまざま強制す。
——ヒッピアス（プラトン「プロタゴラス」より）

＊法律なければ刑罰もない。
――フォイエルバッハ「刑法教科書」

＊立証が多すぎることは何も立証しないことである。
――フラー「格言集」

＊富者と貧者に対する法は同じからず。
――プラウトゥス「断片」

＊人類の暴君たる法は、本性に反する多くのことをなすべく、しばしばわれわれに強制す。
――プラトン「プロタゴラス」

＊あまりに寛容な法律はほとんど守られず、あまりに厳格な法律は励行されない。
――フランクリン「貧しいリチャードのアルマナック」

＊よい法律家は悪い隣人である。
――同右

＊法は古いものを用い、肴《さかな》は新しきものを用うべし。
――ペリアンドロス「断片」

＊民法出テ忠孝亡ブ。
――穂積八束「断片」

＊法のないところに不義はない。
――ホッブス「リヴァイアサン」

＊力がまず征服し、征服が法律をつくった。
――ポープ「人間論」

＊命令は神の最初の法である。
――同右

＊多くの法が論ぜられるところに多くの犯罪あり。
――ミルトン「楽園喪失」一二

＊上に道揆《どうき》（道理）なく、下に法守なし。
――「孟子」

＊制度をつくるのは共和国の統領だが、のちには、その制度が共和国の統領をつくる。
――モンテスキュー「ローマ盛衰史」

＊法律が信用されているのは、それが公正であるからではなく、それが法であるからである。これが、すなわち法律の権威の不可思議な基礎であり、これ以外に基礎はまったくない。
――モンテーニュ「随想録」

＊「法律の前における自由」は、『神の前における平等』という表現を政治的に翻訳したものである。憲章の各条項は、福音書の翻訳でなければならない。
――ユーゴー「一八三〇年の革命家の日記」

＊法を重んじて義を棄《す》つるは是その冠履《かんり》を貴《とうと》んで、その足頭を忘るるなり。（法を重んじて正義を無視するのは、冠や履を重んじて頭や足を忘れるに等しい）
――劉安「淮南子《えなんじ》」

＊法によって成人を保護しようとする試みは、人生の闘いには悪い教育である。
――レッキー「デモクラシーと自由」

＊立法権はせいぜいのところ社会の公共福祉ということ

に限定される。それはただ保存のみを目的とする権力であり、臣民を殺したり、奴隷化したり、故意に貧困化したりする権利はない。

――ロック「統治二論」

・裁判(官)

＊裁かれないためには人を裁くな。

――アミエル「日記―一八六〇・一・八」

＊一つの冷静な判決は性急な千の会議に優る。

――ウッドロー＝ウィルソン「演説―一九一六」

＊刑罰は乱を治むるの薬石なり。徳義は平を興すの粱肉なり（刑罰は世の乱を鎮圧する薬であり、徳義は平和をもたらす米と肉である）

――「後漢書」

＊行動するときには規則に従い、裁くときには例外を斟酌せねばならない。

――ジューベル「パンセ」

＊人を裁くこと勿《なか》れ。しからば汝等も裁かれざらん。汝等人を裁くごとく、己も裁かるべければなり。

――「新約聖書　マタイ伝七章一～二節」（イエス）

＊刑は刑無きに期す。（刑罰は悪人がなくなって、刑罰が不要になることを目的とするものである）

――「書経《きょう》」

＊四つが裁判官に必要なり。親切に聞き、抜け目なく答え、冷静に判断し、公平に裁判することなり。

――ソクラテス「卓談」

＊悪い人々がいなければ、よい法律家もいないだろう。

――ディッケンズ「古い奇妙な店」

＊人間を裁く者になるな、謙譲な愛は暴虐よりも効果の多い怖ろしい力がある。

――ドストエフスキー「カラマゾフの兄弟」

＊一人の目撃は十人の証言よりも価値あり。

――プラウトゥス「断片」

＊裁判官としての職務は、法律を解明することに存し、法律を制定することではない。

――ベーコン「随筆集」

＊自己が隣人の立場に立たざる限り隣人を裁くなかれ。

――「ユダヤ伝経」

＊拷問は蒲柳質のむこの人間を破滅させ、頑健に生れついた罪人を救うための絶対確実な発明である。

――ラ・ブリュイエール「人さまざま」

＊善良な裁判官における正義は称讃の愛にすぎず、野心ある裁判官の正義は昇進の愛にすぎない。

――ラ・ロシュフーコー「箴言集」

＊裁判が、金次第で白と黒といい負かす技術であることは周知のとおりである。

――ロマン＝ローラン「コラーブルニヨン」

秩序

秩序や規則は時代と地域によって異なるものだ。それを破ることは悪だと規定しても、その掟が必ずしも善とはいえない。厳しい掟や寛容な規定が守られないのも、そのせいである。

*おお秩序、物質的秩序・理知的秩序・倫理的秩序・なんという気休め・力・経済であろうか。自分の行先、自分の欲するものを知っていることが秩序である。

——アミエル「日記一八六〇・一・二七」

*人類の間に秩序が支配しているのは、理性と徳がいちばん強いものであるという証拠である。

——ヴォーヴナルグ「省察と格言」

*社会情勢からみて人類の不幸は、道徳や政治の面において、「害を及ぼすものが悪である」と定義し得ても、「役に立つものが善である」とは言えないことである。

——シャンフォール「格言と省察」

*神の創った秩序は、あらゆる物事の基礎である。

——バーク「フランス革命の反省」

*秩序は神の最初の法なり。

——ポープ「人間論」

*人々は、あまりにも力の助けを借りて秩序を維持するのに馴れているので、圧制のない社会組織を考えることはできない。

——トルストイ「読書の輪一八・一四」

*秩序はつねに経済的なものである。最少の費用で最大の効用を挙げるという経済の原則は秩序の原則でもある。

——三木清「人生論ノート」

*秩序とは、したいことはさせずに、したくないことをさせることだ。片眼でよく見ようとして、自分の眼をひとつつぶすことである。

——ロマン＝ローラン「コフーブルニョン」

VIII

社会生活と処世の道

世の中・社会・生活――379
社交と処世術――380
ことば・会話――383
沈黙――388
意見・見解と議論――390
行動・行為――393
風俗・習慣――395
仕事と職業――398
信用と約束――401
忠誠・誠実――403
へつらいと
　卑屈・卑下・偏見――404
忠告――407
うわさと中傷――409
退屈と閑暇――411
興味・好奇心――414
趣味・娯楽――414
食(事)と料理――417
酒――421
健康・病気――423
睡眠と休息――426
医学(者)――427
服装・服飾と流行――429
住い――431

成り上がり者は得意になって身を滅ぼす。

——日本のことわざ——

●

嘘も追従も 世渡り。

——ドイツのことわざ——

世の中・社会・生活↓社交と処世術

世の中は一種の仮装舞踏会のようなものである。お互いに己の真の姿を仮面で隠しながら、是々非々の生活を送っているからこそ、社会生活を維持できるのである。

＊生活とは、つまり習慣の織物である。

――アミエル「日記―一八七二・一一・八」

＊愛を優しい力と見くびったところから生活の誤謬は始まる。

――有島武郎「惜しみなく愛は奪う」

＊世の中は考える人たちにとっては喜劇であり、感じる人たちにとっては悲劇である。

――ウォルポール「ホレース・マン宛の書簡―一七六八・一二・三〇」

＊圧制者たちは良心を持たず、改革者たちには感情がなく、社会は疾病と治療の双方によって苦しむ。

――同右「ストラットフォード伯爵宛の書簡―一七九〇・六・二六」

＊社会を非難する者は社会によって非難される。

――キプリング「第二のジャングル・ブック」

＊民衆の中にあって、真理と正義と平等のために不断に闘うこと――これ以上に尊い生活はおそらく望み得ないであろう。

――クロポトキン「青年に訴える」

＊人間はただひとつの次元、すなわち社会的次元に還元されてしまった。……技術社会は人間を知らない。社会は市民という抽象的な形でしか人間を認識しない。

――ゲオルギウ「二十五時」

＊身分不相応の生活をする者は馬脚を現す。

――ゲーテ「格言集」

＊世の中は美しい本だが、それを読むことのできない者にはほとんど役に立たない。

――ゴールドーニ「パメラ」

＊最も力強い人間は公人ではない。世界を支配するのは私的生活である。諸君が評判になればなるほど力弱くなる。公人は責任ある地位にある。責任ある地位にある人間は奴隷である。

――ベンジャミン＝ディズレーリ「エンディミオン」

＊現在の社会は、支配される社会と、各人にとって有利かつ合理的な考え方によって支配される社会とに区別して考えるほうが、はるかに自然である。そこでは暴力のみが人々の行為を決定する。

――トルストイ「読書の輪―一〇・一三」

＊智に働けば角が立つ、情に棹《さお》させば流される、意地を通せば窮屈だ。

――夏目漱石「草枕」

＊都会の生活は非人情であり、そしてそれ故に、遥かに奥床しい高貴の道徳に適《かな》っている。
——萩原朔太郎「虚妄の正義」

＊世界の半分は、他の半分がどんな生活をしているかを知らない。
——ハーバート「風変わりな格言」

＊身をすてつるなれば　世の中の事　何かはおそろしからん。
——樋口一葉「日記」

＊朝は思考、昼は実行、夕は食事、晩は睡眠。
——ブレーク「天国と地獄の結婚」

＊社会とは、いわば、その成員を構成していると考えられる個々の個人より成り立つところの架空のものにすぎない。……社会の利益とは、それを構成する個人の利益の総和にすぎない。
——ベンサム「統治論断片」

＊個人の悪徳は社会の利益である。
——マンデヴィル「蜜蜂の寓話」

＊因襲に全然屈服しない男女から成り立つ社会のほうが、みんなが画一的になるような社会よりも面白い社会であろう。
——バートランド＝ラッセル「幸福の征服」

＊アメリカにおいては……人々を判断するには、彼らの生活程度から推定される収入の多寡によるのが早道である。
——同右

＊社交においては、われわれのすぐれた特性によってよりも、われわれの欠点によって気に入られることのほうが、かえって多い。
——ラ・ロシュフーコー「箴言集」

＊人間はどこからかやってきて、ひとつの生活を見つけ出す出来合いの生活だ。ただ人間は、そのレディ・メードの服に手をとおせばよいのだ。しばらくすると、この世から去らねばならないし、否応なしに出て往かねばならない。
——リルケ「マルテ・ラウリッツ・ブリゲの手記」

＊この世では人間は鉄床か槌でなければならない。（打つか、打たれるかだ）
——ロングフェロー「ハイペリオン」

＊社会は個人に対して極刑を加える権利を持つかのように揮うが、社会は浅薄きわまりない悪徳を持っていて、己の行うことを自覚する力がない。
——ワイルド「獄中記」

社交と処世術→世の中・社会・生活

社交とは、孤独になることが怖ろしくて、互いに欺瞞し合っていることを知りながら、付き合っていく術であり、

—これが処世術の原則でもある。

——ショウペンハウエル「パレルガとパラリポーメナ」

*あらゆる社交はおのずから虚偽を必要とするものである。

——芥川龍之介「侏儒の言葉」

*利益と必要が、あらゆる社交性の根本である。

——エルヴェシウス「人間論」

*勢を以て交わる者は勢傾けば則ち絶ち、利を以て交わる者は利窮すれば散る。

——王通「中説」

*奇に驚き異を喜ぶ者は遠大の識《しき》無く、苦節独行の者は恒久の操に非ず。（奇異は常道ではなく、また苦節独行も処世の道ではなく、人と平和に交際して節操を守るべきだ）

——洪自誠「菜根譚」

*春風を以て人に接し秋霜を以て自ら粛《つつし》む。

——佐藤一斎「言志後録」

*人との交際における節制は魂の平静を保証する。

——サン・ピエール「断片」

*招かれないのにきた客は、帰るときいちばん歓迎される。

——シェークスピア「ヘンリー六世―二幕二場」

*人間の社交本能も、その根本は何も直接的な本能ではない。つまり、社交を愛するからではなく、孤独が怖ろしいからである。

*汝欺かるな、悪しき交際は善き風儀を害《そこな》うなり。

——「新約聖書―コリント前書一五章三三節」（パウロ）

*人間を知るには、ただ自分を研究すればよい。人々を知るには、多くの人たちと交際せねばならない。

——デュクロ「断片」

*社交の秘訣は、真実を語らないということではない。真実を語ることによってさえも、相手を怒らせないようにすることの技術である。

——萩原朔太郎「港にて」

*およその人間くらい非社交的であり、社交的なものはない。その不徳によって相集まり、その天性によって相知る。

——ボードレール「火箭」

*去る者は追わず、来る者は拒まず。

——「孟子」

*心にもないことばよりも、沈黙のほうがむしろ、どのくらい社交性を損なわないかしれない。

——モンテーニュ「随想録」

*人は才知によってよりも、心情によって社交的であり、交際上手である。

——ラ・ブリュイエール「人さまざま」

*人間は互いにだまされ合っているのでなければ、社会生活を持続していくことはできない。

——ラ・ロシュフーコー「箴言集」

＊何ゆえに人間が社交するかといえば、自己の財産を保持したいからである。

——ロック「政治論」

＊最も賢い処世術は社会的因襲を軽蔑しながら、しかも社会的因襲と矛盾せぬ生活をすることである。

——芥川龍之介「侏儒の言葉」

＊自転車は走ればこそ転倒しない。要領のよい連中は不安定な世の中を遊泳する。

——アラン「人間語録」

＊与えられたるものを受けよ、与えられたるものを活かせ。

——エピクテトス「説話」

＊一日の計は晨《あした》に在り、一年の計は春に在り、一生の計は勤《いそし》むるに在り、一家の計は身に在り。

——「月令《がつりょう》広義」

＊馬の千里なる者は、一食に或いは粟《ぞく》一石を尽くす。今馬を食《やしな》う者は其の能《よ》く千里なるを知りて食わざるなり。

——韓愈《ゆ》「雑説」

＊将を射んとせばまず馬を射よ。

——「紀効新書」

＊人に好かれるための唯一の方法は、畜生の中で最も愚かなものの皮を冠ることである。

——グラシアン「世間知」

＊立身出世なんてものは、手づる情実なんだから。慣例どおり二番目が必ず一番目のあとがまだと考えたら大間違いだ。

——シェークスピア「オセロー一幕一場」

＊至上の処世術は、妥協することなく、適応することである。

——ジンメル「断想」

＊諸君は一緒にいる人々よりも、けっして利口に思わせてはならないし、またより物知りに見られてはいけない。

——チェスターフィールド「書簡」

＊現世での出生には、実収入が増大するという点とは別に、この出世と結びついた上衣やチョッキから独特の価値や威厳を生むものがある。

——ディッケンズ「オリヴァー・トウィスト」

＊道理に於て勝たせたいと思ふ方に勝たすがよし。（長いものにまかれろ）

——徳川家康「遺訓」

＊小事には分別せよ、大事には驚くべからず。

——徳川光圀「遺訓」

＊先に発すれば人を制し、後に発すれば人に制せらる。（「先んずれば人を制す」と同義）

——班固撰「漢書《じょ》」

＊人の世を渡る有様を見るに、心に思うよりも案外に悪を為し、心に思うより案外に愚を働き、心に企るよりも案外に功を成さざるものなり。
――福沢諭吉「学問のすすめ」

＊生活の術とは、何もかもなくしてしまいながらも、すべてを迎え入れることができる術を学ぶことである。
――ボナール「友情論」

＊功を求むる莫《なか》れ、拙《せつ》を蔽う莫れ、他人に恥ずかしがる莫《なか》れ。
――正岡子規「俳諧大要」

＊傲《おごり》は長ずべからず、欲は縦《ほしいまま》にすべからず、志は満たすべからず、楽しみは極むべからず。
――「礼記」

＊付合いには親切心がなくてはならぬ。ただし、それには限度が必要である。度を超えれば、親切心は屈従となる。少なくとも物事にこだわらない親切心が必要である。
――ラ・ロシュフーコー「箴言集」

＊寸を詘《ま》げて、尺を伸ぶ。（小事を譲って大事の利益をとる）
――劉安「淮南子《えなんじ》」

＊取らんと欲する者はまず与えよ。（ギブ・アンド・テークの原則）
――「老子」

＊社交術を会得しているという名声を得るには、どんな女性をも愛しているように語ることである。
――ワイルド「つまらぬ女」

ことば・会話→沈黙、行動・行為

ことばは、人間のみに授けられたすばらしい妙薬だが、その使い方によってとんだ毒薬となり、身を滅ぼす。自分だけが弁舌を弄して相手の話を聞こうとしない人間は、自己中心主義の鼻持ちならぬ輩である。

＊ことばは怒りに病める心の医者。
――アイスキュロス「縛られたプロメテウス」

＊ことばは社会の児である。
――アラン「精神と情熱とに関する八十一章」

＊言語は雄弁の才能と同様に、神からのじかの贈りものである。
――ノーア＝ウェブスター「アメリカ語辞典―序文」

＊われに百の舌、百の口、また唐銅の声ありとも、ことばもてあらゆる悪業を言い、責罰のあらゆる名を一掃するを得んや。
――ヴェルギリウス「アエネイス」

＊乱の生ずる所は、則ち言語以て階をなす。（階は段階、ことばを慎まねばならない意）
――「易経《えききょう》」

＊ことばと行動は、神の力のまったく異なったモードである。ことばも行動であり、行動もことばの一種である。

——エマーソン「随筆集」

＊ことばは翼を持つが、思うところに飛ばない。

——ジョージ＝エリオット「スペインのジプシー」

＊ことば数少なければ、なおよし。

——オースティン「知と情」

＊ことばや属性こそ、事物の本質に一致すべきであり、逆に本質をことばに従わせるべきではない。というのは、最初に事物が存在し、ことばはその後に従うものだからである。

——ガリレオ「太陽黒点論」

＊人は誤れることを言うべきにあらず。ただし、真実なることは黙すべからず。

——キケロ「哲学談義」

＊汝の舌が汝の思うことより先走らざるごとくせよ。

——同右

＊ことばはいうまでもなく、人類が用いる最も効き目のある薬である。

——キプリング「演説」

＊知者の口の言葉は恩徳《めぐみ》あり、愚者の唇はその身を呑み滅ぼす。

——「旧約聖書—伝道之書一〇章一二節」

＊その口は滑らかにして乳酥《ちちあぶら》のごとくなれども、その心は闘いなり。

——「同右—詩編五五編二一節」（ダビデ）

＊ひとりでいるとき、ひとり言を言うのが馬鹿げているとすれば、他人がいるとき、自分の声にばかり耳を傾けるのは、その倍も愚かなことである。

——グラシアン「世間知」

＊ことばもて、人は獣に優る。されど、正しく話さざれば、獣汝《なんじ》に優るべし。

——サーディー「ゴレスターン」

＊二つのものは知性の恥なり。語るべきときに黙し、黙すべきときに語るを。

——同右

＊白圭《けい》の玷《か》けたるはなお磨くべし。斯《こ》の言の玷けたるは為《おさ》むべからず。（白く清い玉の欠けているのは磨いて直すことができるが、ことばの過ちは直せない）

——「詩経」

＊ことばだけなら、形だけのお礼にすぎない。

——シバ「女の機知」

＊口を守る瓶《へい》の如し、意を防ぐ城の如し。（瓶の水は一度こぼれたなら二度と還らない。人のことばも一度口にすれば取り返しがつかない）

——朱子「敬斎箴」

＊言語は思想の衣裳である。

―サミュエル＝ジョンソン「詩人の生活」

＊太初《はじめ》に言《ことば》あり。言は神と偕《とも》にあり、言は神なりき。

―「新約聖書―ヨハネ伝一章一節」

＊天地は過ぎ往かん、然《さ》れど我が言《ことば》は過ぎ往くことなし。

―「同右―マタイ伝二四章三五節」（イエス）

＊荒々しきことばを語らず、道理と真実のことばを語り、ことばにより何人をも怒らしめない者、われは、かかる人を聖者と呼ぶ。（仏陀が聖者の資格としてあげた一つ）

―「スッターニパータ」

＊人は一言をもつてその賢愚を知る。

―「曾我物語」

＊短きことばに多くの知恵蔵す。

―ソフォクレス「断片」

＊われわれは聞いてもらうよりも、話すことのほうに熱心である。

―ソロー「日記」

＊ことばは人間の思想を装飾するために与えられたものである。

―タレーラン・ペリゴール「回想録」

＊やさしいことばで相手を征服できないような人は、きついことばでも征服はできない。

―チェーホフ「女の手帖」

＊皿はその音によりてその場所の有無を知り、人はその弁によりてその知の有無を示す。

―デモステネス「断片」

＊話し上手の第一の要素は真実、第二は良識、第三は上機嫌、第四は機知。

―テンプル「語録」

＊死人に口なし。

―ドライデン「スペインの修道士」

＊嵐をまき起こすものは、最も静かなことばである。鳩の足で来る思想が世界を左右する。

―ニイチェ「ツァラトゥストラ」

＊ことば、これによって死者を墓から呼び出し、生者を埋めることもできる。ことば、これによって小人を巨人に仕上げ、巨人を徹底的に叩きつぶすこともできる。

―ハイネ「フランスの情勢―序」

＊矢が弓の弦から離れるや否や、その矢は射手のものではない。ことばは唇から離れるや否や、ましてや、それが何枚もに印刷された後は、もはや話し手の自由にはならない。

―同右「告白」

＊ことばは、それが語られたというだけで、すでに宣伝であり、精神的な鎖となる。

―ハダモッスキー「プロパガンダと国家権力政治」

＊口――男の場合は魂の出入口、女の場合は心の出口。

―ビアス「悪魔の辞典」

＊友人の自由な会話は、いかなる慰めよりも私を喜ばす。

――ヒューム「ラムジィ宛の書簡―一七二七・七・四」

＊足のつまずきはやがて直るかもしれないが、舌のつまずきはやがて償えるということはない。

――フラー「格言集」

＊最善のことを言うよりももっとよいことは、つねに最善のことを言わずにおくことである。

――ホイットマン「大鉞の歌」

＊ことばの悪行をすてて、ことばの如行をおさめよ。

――「法句経《ほっくぎょう》」

（如行は善行、仏教では身・口・意の三つの所業を重視する）

＊無益の句より成る一千言よりも、聞きて安穏を得る一つの益ある句を勝れたりとす。

――同右

＊放たれたことばは再び還らず。

――ホラティウス「諷刺詩」

＊会話は瞑想より以上のものを教える。

――ボーン「格言のハンドブック」

＊物言へば唇寒し秋の風

――松尾芭蕉「俳句」

＊人間にとりて、ことばは苦悩を癒す医者なり。なぜならば、ことばのみが魂を癒す不可思議なる力を有するからなり。また、このことばこそ、古の賢者たちは「妙薬」と呼ぶ。

――メナンドロス「断片」

＊罵言は世間のために風俗を矯《た》むる利あるべく、一身のために信用を長ずる益あるべし。

――森鷗外「語録」

＊言葉さえあれば、人生のすべての用は足るという過信は行き渡り、人は一般に口達者になった。

――柳田国男「涕泣史談」

＊荒々しく毒づいたことばは、その根拠が弱いことを示唆する。

――ユーゴー「断片」

＊心なしと見ゆる者も、よき一言はいふものなり。

――吉田兼好「徒然草」

＊論理はことばの知識以外の何ものでもない。

――ラム「トマース・マン宛の書簡―一八〇一」

＊アクセントは会話の生命である。アクセントは会話に感性と真実を与える。

――ルソー「エミール」

＊信言は美ならず、美言は信ならず。（信言は真実のことば、美言は巧言）

――「老子」

＊真実なる言葉は快からず、快き言葉は真実にあらず。

――同右

＊君子は言を以て人を挙げず、人を以て言を廃せず。

（賢者は言をもって人を引き立てないし、小人の言でもよく聞き入れる）

＊鳥の将《まさ》に死なんとする、その鳴くや哀《かな》し。人の将に死なんとする、その言や善し。

――「論語」（孔子）

――同右（曾子）

・おしゃべり

＊口に才ある者は多く事に拙なり。

――伊藤東涯「閑居筆録」

＊退屈になる秘訣は、なんでもしゃべることだ。

――ヴォルテール「断片」

＊躁《そう》人辞《じ》多し。（軽率な人間ほどおしゃべりだ）

――「易経《えききょう》」

＊口はこれ禍いの門、舌はこれ身を軌る刀。

――「事文類聚続集」

＊聴く耳を持たぬ者は綿で両耳を塞げ。

――サッカレー「ヴァージニア」

＊われわれは女性にしゃべらす薬を誰も持っていない。

――フランス「唖者の妻と結婚した男―二幕四場」

＊多言より大なる禍いは莫《な》し。

――「文中子」

＊沈思すること少なければ、しゃべることが多い。

――モンテスキュー「断片」

＊巧みにしゃべる機知と沈黙する術を心得ていないことは大いなる不幸である。

＊適当に語るには多くの技巧を要するにしても、黙っているのにも、それ以上の技巧が必要である。

――ラ・ブリュイエール「人さまざま」

――ラ・ロシュフーコー「箴言集」

＊知る者は言わず、言う者は知らず。

――「老子」

・雄弁

＊雄弁は、君が話す人に真実を完全にわかりやすい言語に翻訳する力である。

――エマーソン「雄弁」

＊雄弁は銀であり、沈黙は金である。

――カーライル「英雄と英雄崇拝」

＊雄弁な人をつくるは胸と心の力なり。

――クウィティリアヌス「雄弁論」

＊行動が雄弁だ。

――シェークスピア「コリオラヌス―三幕二場」

＊話の本題から脱線する技術が、世の中における雄弁の最も偉大な秘訣である。

――シャンフォール「格言と省察」

＊おしゃべりと雄弁は同じではない。愚者はしゃべりまくるが賢者は話すだけだ。

――ベン＝ジョンソン「発見」

＊演説は心の鏡なり。

＊演説は心のインデックスなり。

——シルス「箴言集」

＊大弁は言あらず。（すぐれた弁舌は口下手のように思われる）

——セネカ「書簡集」

——「荘子」

＊詭弁家は自分の冗漫な多弁に酔う。

——ベンジャミン＝ディズレーリ「演説—一八七八」

＊雄弁は知識の子どもである。

——同右「若い公爵」

＊雄弁も長たらしくなると退屈する。

——パスカル「パンセ」

＊雄弁は思想を移した絵画である。だから、描き終えたあとでなおも加筆する人は、肖像画の代わりに装飾画をつくることになる。

——同右

＊的確な弾丸よりも鋭い弁舌のほうが強い。

——ビスマルク「演説—一八五〇」

＊雄弁は火になった論理である。

——ライマン＝ビーチャー「説話」

＊真の雄弁は、称讃に対して徹底的に沈黙を守ることである。

——ブルバー・リットン「語録」

＊雄弁家たちは功名心にかられやすい。なぜならば、雄弁は彼ら自身にも、また他の人々にも英知にみられるからである。

——ホッブス「政治哲学論」

＊雄弁家の目的は真実を語ることではなく、説得することにある。

——マッコーレー「アテネの雄弁家」

＊言葉は空虚なもので、事実はつねに言葉よりも雄弁である。

——三木清「雄弁について」

＊雄弁は人を考えさせようとするのではなく、人を動かそうとするのである。

——同右

＊声の調子や眼つきや姿のうちにも、取捨選択したことばにおけるのと劣らない雄弁がある。

——ラ・ロシュフーコー「箴言集」

＊演壇から発する弁舌は、思想を変形してしまう。

——ロマン＝ローラン「ジャン・クリストフ」

＊物事を成しとげる雄弁が最上の雄弁で、物事を遅らせる雄弁が最悪の雄弁である。

——ロイド＝ジョージ「パリ会議の演説—一九一九・一」

沈黙→ことば・会話、行動・行為

—沈黙は愚者が活用し得る唯一の武器であり、無口は賢者—

―の活用する雄弁に優る英知である。―


*執念深い復讐は深い沈黙の娘である。

――アルフィエリ「パジィの陰謀」


*沈黙は真なる英知の最上の応答なり。

――エウリピデス「断片」


*沈黙は口論よりも雄弁である。

――カーライル「英雄と英雄崇拝」


*その口を守る者はその生命を守る。

――「旧約聖書―箴言一三章三節」（ソロモン）

*愚かなる者も黙するときは知恵ある者と思われ、その口唇を閉じるときは哲《さと》き者とおもわるべし。

――「同右―箴言一七章二八節」（同右）

*汝の舌をおさえて悪につかしめず、汝の口唇をおさえて虚偽を言わざらしめよ。

――「同右―詩編三四編一三節」（ダビデ）

*誰のことばにも耳をかせ、口は誰のためにも開くな。

――シェークスピア「ハムレット―一幕六場」


*雄弁が役に立たないときにも、純な、無邪気な沈黙が、かえって相手を説得することがある。

――同右「冬の夜ばなし―二幕二場」


*沈黙は堪えられない当意即妙の応答である。

――チェスタートン「ディッケンズ」


*沈黙は会話の偉大な話術である。自分の舌を閉じるときを知る者は馬鹿ではない。

――ハズリット「人さまざま」


*人間は語ることを人間から学び、神々から沈黙を学んだ。

――プルタルコス「道徳」


*沈黙は英知にして、いかなる雄弁より優る。

――同右

*つつましき舌は人間の最上の宝にして、かつまた、ほどよく効く舌は最大の歓びなり。

――ヘシオドス「仕事と日々」


*賢明に語ることはしばしば困難である。賢明に沈黙することは、たいていはもっと困難である。

――ボーデンシュテット「ミルザ・シャッフィの遺稿から」


*沈黙は賢者には十分なる答えなり。沈黙は同意を示す。

――メナンドロス「断片」

*沈黙は、彼らにとって尊厳・荘重の態度であるのみならず、しばしば有利・周到な態度である。（沈黙していると、知恵や能力がないにもかかわらず、さもあるかのように凡人には見える）
――同右

*よくわきまへたる道には、必ず口おもく、問はぬかぎりは言はぬこそいみじけれ。

――吉田兼好「徒然草」

＊音を立てない人々は危険である。
——ラ・フォンテーヌ「寓話」

＊しゃべるのもいいけれども、黙っているのがいちばんいい。
——同右

＊沈黙は、自己に信用のもてない人には最も確実な才策である。
——ラ・ロシュフーコー「箴言集」

＊沈黙しているとき私は充実を覚える。口を開こうとすると、忽ち空虚を感ずる。
——魯迅「野草—題辞」

意見・見解と議論→ことば

「十人十色の意見あり」というのは買被りである。意見には相対立する見解があるだけで、大方の意見はいずれかの見解の亜流にすぎない。互いに相手を傷つけ合う議論は、相手を説得するキメ手がないからで、揚句の果てに感情的になり、問題の本質から逸脱する論争に終わる。

＊逆説は頭の働く人の嗜好癖であり、天分のある人の悦びである。
——アミエル「日記—一八七二・九・一九」

＊互いに許し得ない唯一の罪は意見の相違である。
——エマーソン「社会と孤独」

＊人々の意見が、彼ら自身の性格の告白であることに人間は気づいていないらしい。
——同右「処世」

＊至言は耳に忤《さから》う。
——「韓非子」

＊自分の意見を引っこめない者は、真実を愛する以上にわが身を愛する人間である。
——ジューベル「パンセ」

＊衣衫《さん》を敬して人を敬せず。（服装を尊敬して、それを着ている人を尊敬しているのではない。つまり、誤った判断が多いことをいう）。
——「荘子」

＊十目の視《み》る所、十手の指す所それ厳たり。（十人が十人、同じ意見の場合は、それが正しい）
——「大学」

＊われわれがすべて同じように考えるべきだ、というのはよくない。競馬レースが成立するのは意見の違いがあるからだ。
——トーウェン「語録」

＊われわれが不意にある事柄について問われた場合に思いつく最初の意見は、一般にわれわれの意見ではなく、われわれの階級・地位・素姓につきもののきまり文句にすぎない。

＊自分の意見を隠すか、さもなければ、その意見の陰に自分を隠すか、そのいずれかがよい。
――ニイチェ「人間的な、あまりに人間的な」

＊われわれのすべては、多かれ少なかれ意見の奴隷である。
――同右

＊鳥はその鳴き声を真似した笛で捕えられるが、人もまた、その人の意見にいちばん近い発言にとらわれる。
――ハズリット「政治随筆」

＊自分の意見をけっして変えない人は動かない水のようなもので、心の爬行性を養っているものだ。
――バトラー「散文批評」

＊人は少年たちがスペルを学ぶように、反復によって主に意見を得る。
――ブレーク「天国と地獄の結婚」

＊夜とがめしことを朝には称讃するも、つねに最後の意見が正しいと考える。
――エリザベス＝ブローニング「オーロラ・レイ」

＊十人十色の意見あり。
――ポープ「批判についての随筆」
――ホラティウス「諷刺詩」
＊人が意見のために闘うチャンスを持たないならば、意見は存在し続けることはない。
――トーマス＝マン「魔の山」

＊大人《たいじん》に説くには、則ち之を藐《かろ》んぜよ。（えらい人を説得するには、まず相手を呑んでかかれ）
――「孟子」

＊われわれは、われわれと同意見の人でなければ分別ある人とはまず言わない。
――ラ・ロシュフーコー「箴言集」

＊白馬は馬にあらず。（白馬は毛の色のことをいい、白馬の概念は馬ではない。戦国時代の趙の学者、公孫龍の論法で、詭弁の意）
――「列子」

＊愚者と死者のみはけっして己の意見を変えない。
――ローウェル「私の研究の窓―リンカーン」

＊間違った意見は一般に考えられているほど世の中には多くない。というのは、たいていの人々は意見を全然持たず、他人の意見が、あるいはただの伝聞や人の受売りで満足しているからである。
――ロック「断片」

＊賢者は原因につき論議し、愚者は原因を決めてかかる。
――アナカルシス「断片」

＊論争においては、ことばが柔らかく、理論が鞏固であるように努めよ。肝心な点は相手を恥ずかしめることではなく、説得することにある。
――ウィルキー「断片」

＊冷静を保て、怒りは議論ではない。

＊人々が永いこと論争している場合には、彼らの論じ合っている事柄が彼ら自身に不確かな証拠である。

——ダニエル＝ウェブスター「語録」

＊討論は男性的であり、会話は女性的である。

——ヴォルテール「断片」

＊最上の議論を得る唯一の途は、それを避けることにある。

——カーネギー「いかにして友に勝ち、人々に感化を及ぼせるか」

＊論争には耳を傾けよ。だが、論争の仲間入りをするな。たとえ、いかなる些細なことばの中にも、怒りや激情を吹き込むことを警戒せよ。

——ゴーゴリー「断片」

＊論争や討論の目的は勝利であってはならず、改革でなければならない。

——ジューベル「パンセ」

＊口論にては真理はつねに失わる。

——シルス「箴言集」

＊いっさいのよい議論は人を立腹させる。

——スタンダール「赤と黒」

＊たとえ自分自身が正しいと思っても、けっして昂奮して荒々しく討論してはいけない。

——チェスターフィールド「息子への書簡」

＊自己の思想を氷の上へおくことを心得ていない人は、論争の熱の中へ身を投じてはいけない。

——ニイチェ「人間的な、あまりに人間的な」

＊論争に応ずる場合には、双方にとっていちばん不愉快なやり口は、立腹して黙っていることである。というのは、攻撃者側は、一般的に沈黙を軽蔑のしるしと考えるからである。

——同右

＊議論——他の人々の思い違いをますます強固なものにする方法。

——ビアス「悪魔の辞典」

＊論争なくして科学・政治・宗教における偉大な進歩はありえなかった。

——ライマン＝ビーチャー「説話」

＊荒々しく毒づいたことばは、その根拠が薄弱なことを示唆する。

——ユーゴー「断片」

＊議論は議論から道理を追っ払う。

——モリエール「女学者」

＊相手方の言い分を聞いてやろう、という気持ちがなくなったら、もうその人の負けである。

——ラ・ロシュフーコー「箴言集」

行動・行為→ことば・会話、実践

ことばと行動は神から授けられた人間の特徴だが、一歩の行動は十言に優る。約束できないもの、それが言行一致であるゆえんである。

*目的なしに行動すべきにあらず。処世の立派なすばらしき原則の命ずるよりほかの行動はなすべきにあらず。

——アウレリウス「自省録」

*行動はわれわれの生活の四分の三であり、大半の関心事である。

——アーノルド「文学とドグマ」

*人間の行動はすべて次の七つの原因の一ないし、それ以上のものを有す。機会・本性・強制・習慣・犠牲・情熱・希望が、すなわちこれなり。

——アリストテレス「修辞学」

*知つて行はざるは知らざるに同じ。

——貝原益軒「慎思録」

*即答より即座の手が欲しい。

——ガリヴァルディ「断片」

*言うは易く行うは難し。

——桓寛編「塩鉄論」

*ある人間を判断するには、その人のことばによるよりは、むしろ行動によったほうがよい。というのは、行動はよくないが、ことばはすばらしい人間が多くいるから。

——マッティーアス＝クラウディウス「良心について」

*欲望と愛は、偉大な行為のための両翼である。

——ゲーテ「タウリスのイフィゲニア」

*知るは難《がた》く、行うもまた易からず。

——胡適「断片」

*行動をことばに移すよりも、ことばを行動に移すほうがずっと難しい。

——ゴーリキー「演劇について」

*目論見は実行が伴わぬと、飛び立ちはするが、けっしてつかまらぬ。これからは、心の初見が手の初見だ。……俺の思想に行動の冠をかぶせるために、思いついたら直ちに実行だ。

——シェークスピア「マクベス－四幕一場」

*言語は地の娘である。しかし行為は天の息子である。

——シーンズ「語録」

*生れによりて賤しき人になるにあらず。生れによりてバラモンとなるものにあらず。行為によりて賤しき人ともなり、行為によりてバラモンともなるなり。

——「スッタニパータ」

*人々が一致する唯一のものは言行不一致である。

——ホレース＝スミス「鉛のトランペット」

＊われわれは臨機応変に行動せねばならない。

――セルバンテス「ドン・キホーテ」

＊神は行動せざる者をけっして助けず。

――ソフォレクス「断片」

＊知るは難く、行うは易し。（「知るは易く行うは難し」の古諺に対する反語）

――孫文「語録」

＊行動はいつも幸せをもたらさないが、行動なくしては幸せはない。

――ベンジャミン＝ディズレーリ「ロスエーア」

＊人は彼の妻、彼の家族、それに彼の部下に対する行為で知られる。

――ナポレオン「語録」

＊聴くことを多くし語ることを少なくし、行うところに力を注ぐべし。

――成瀬仁蔵「日記」

＊行いのみに意をそそぎ、けっしてその報いにおくべからず。行いの結果を動機とするべからず。

――「バガヴァッド・ギーダー」

＊隠れた高潔な行いは、最も尊敬さるべき行為である。

――パスカル「パンセ」

＊行動は知識の適切な果実である。

――フラー「格言集」

＊ある者の愚行は他の者の財産である。

――ベーコン「随筆集」

＊人間に必要なのは行動だ。もし行動が見つからないときには、人間がそれを創り出すだろう。

――シャーロット＝ブロンテ「ジェイン・エア」

＊一行失有れば百行偕《とも》に傾く。（一つの行為の失敗は他の多くの行為にも影響を及ぼす）

――「明心宝鑑」

＊ただ動機だけが人々の行為の真価を決する。（結果である栄光にのみまどわされず、そこに到達した手段方法とか動機によって決定するものだ）

――ラ・ブリュイエール「人さまざま」

＊なんらかの行為がいかにめざましく見えても、偉大な計画の結果でない限り、それを偉大なものと見てはならない。

――ラ・ロシュフーコー「箴言集」

＊智は円ならんことを欲し、行いは方ならんことを欲す。

――劉安「淮南子《えなんじ》」

＊人間の行動は思考の最上の通訳者だ、と私はつねに考えた。

――ロック「人間悟性論」

＊君子は言に少なくして、行いに敏ならん。

――「論語」（孔子）

風俗・習慣

風習は最強のタイラントで、それがサビのようにわれわれの魂を蝕んでいるおり、人間はその奴隷であり、人間の第二の天性になっている。

*最も賢い生活は一時代の習慣を軽蔑しながら、しかもその又習慣を少しも破らないように暮らすことである。
——芥川龍之介「河童」

*処世の道では習慣は格言にまさる。習慣は生きた格言が本能となり、肉となったものである。
——アミエル「日記—一八五〇・一二」（日付なし）

*「衣服は習慣だ」と言う代わりに、「習慣は衣服だ」と言いたい。（町・家・土地・世論・思想・うわさなどはすべて、人間に着物を着せている）
——アラン「幸福語録」

*習慣はわれわれの偶像であり、われわれが服従するから強いのである。
——同右

*百里にして習《なら》い異なり千里にして俗殊《ぞくこと》なる。（「所変われば品変わる」と同義）
——晏嬰《あんえい》撰「晏子春秋」

*よい習慣は法より確かなり。
——エウリピデス「断片」

*習慣より強きものなし。
——オヴィディウス「恋の技術」

*人間についての概念はあまりにも多く、またあまりにも不明瞭・曖昧なので、われわれはとかく、その中から都合のよいもののみを選出する習慣がある。
——カレル「人間、この未知なるもの」

*習慣は習慣に征服せられる。
——ケムピス「キリストのまねび」

*習慣は自然の若《ごと》し。（「習慣は第二の天性なり」と同義）
——「孔子家語」

*風習は民族によって異なるが、善行はいずこにおいても善行として認められる。
——ゴローヴニン「日本紀行」

*人間は習わし次第のものだ！
——シェークスピア「ヴェローナの二紳士—五幕四場」

*優柔不断以外の習慣を持たない人間ほど惨めな者はない。
——ジェームス「心理学」

*三歳の習い八十に至る。（「三つ子の魂百まで」と同義）
——「耳談続纂」

*どうしても慣れなければ、とうていこの世の中を生きていけない二つのものがある。歳月による損傷と、人間の不正とが、それである。

＊習《なら》い性となる。（「習慣は第二の天性」と同義）
――シャンフォール「格言と省察」

＊習慣は木の皮に文字を刻むようなもので、その木の長ずるにつれて文字を拡大する。
――「書経《きょう》」

＊其の俗に入らば、其の俗に従う。（「郷に入れば郷に従う」と同義）
――「荘子」

＊人の習慣《ならわし》は、さながら枝の上なる葉の、彼散りて此生ずるに似たればなり。
――ダンテ「神曲―天堂編二六曲」

＊外国の服装をすれば、外国の風俗習慣がはいって来る。外国の風俗は外国の民族と新しい客を招く。すると、まもなく新しい客は古い住民を追い払う。
――ツィンクグレフ「箴言集」

＊習慣は危険な姉妹である。
――ツォーツマン「断片」

＊人間は柔順な動物であり、どんなことにも馴れてしまうところの存在である。
――ドストエフスキー「断片」

＊習慣は、それが習慣であるからこそ従われるべきで、それが合理的であるとか、正しいということから従われるべきではない。
――パスカル「パンセ」

＊習慣は第二の自然だといわれているが、人は、自然が第一の習慣だということを知らない。
――同右

＊習慣は人間生活の最大の道案内である。
――ヒューム「人間悟性論」

＊習わしこそ万物の王。
――ピンダロス（ヘロドトス「歴史」より）

＊習慣は賢者たちのペットであり、愚者たちのアイドルである。
――フラー「格言集」

＊習慣はあらゆるものの最も力強き師なり。
――プリニウス一世「書簡」

＊汝庁足の悪き人と住めば、汝もかくならん。
――プロタゴラス「道徳」

＊習慣は法律よりもなすところが多い。
――ヘルダー「シュロの葉」

＊猫は美しい王女になっても鼠を捕ることをやめない。
――ベルネ「断片と警句」

＊習慣ほどひどい専制はない。
――ボヴィー「断片」

＊自然がその母ならば、習慣はその乳母で、知恵も勇気も才能も、それを悪くするばかりである。
――ポープ「人間論」

＊馴化し得ざるほど野蛮なる人はなし。

――ホメロス「書簡詩」

＊習慣は一本の大索《ふとづな》である。われわれは毎日それをより合わせているが、それを破ることはできない。

――ホレース＝マン「語録」

＊習慣を自由になし得る者は人生において多くのことをなし得る。習慣は技術的なものである故に自由にすることができる。

――三木清「人生論ノート」

＊習慣という専制王国では、人間進歩の永続的な障害が見られる。

――ミル「自由論」

＊よい習慣から抜け出すことが、悪い習慣から抜け出すことよりもやさしいのは困ったことだ。

――モーム「断片」

＊習慣というものは、真にはげしい陰険な女教師である。それは除々にわれわれの内部に、その権力を植え付ける。

――モンテーニュ「随想録」

＊習慣は第二の自然である。第一の自然に比べて弱いものではけっしてない。

――同右

＊竟《さかい》に入りて禁を問う。（竟は国境、「郷に入れば郷に従う」と同義）

――「礼記」

＊そぶりのほうは、すでにとっくに愛していないと物語っているのに、永い習慣から会い続ける。

――ラ・ブリュイエール「人さまざま」

＊まったく相反する二つのこと―習慣と新奇が等しくわれわれの心をとらえる。

――同右

＊多くの国々には多くの風俗習慣がある。（「所変われば品変わる」と同義。）

――レイ「イギリスのことわざ」

＊悪徳は、習慣が始まるところに始まる。習慣はサビである。それは魂の鋼鉄を蝕《むしば》む。

――ロマン＝ローラン「回想録」

＊蛙は黄金の椅子に座っていても、また池の中へ飛び込む。

――ロレンハーゲン「蛙鼠合戦」

＊性相《せいあい》近し、習《なら》い相遠し。（人間の性質はさして変わりがないが、習慣で人はさまざまになる）

――「論語」（孔子）

＊決心によって正しくあるのではなく、習慣によって正しくなり、単に正しいことができるのみではなく、正しいことでなくてはやれないようにならねばならない。

――ワーズワース「義務に与える頌」

仕事と職業

仕事のないのは人生の地獄、食うための仕事は人生の煉獄、趣味と実益を兼ねる仕事は人生の極楽だ。自分の仕事が有意義だ、と自分に言い聞かせながらへばりついているのが職業である。

＊人間は自信を持ち、貫禄がつき、自分の仕事以外に己がないようになると、平凡なものになる。役所ほど人間を殺すところはない。

——アラン「宗教語録」

＊人間にとりて現世において最も大切なるは、われわれが現在行うところの仕事なり。

——「インドの火神古事記」

＊なんの仕事にもたずさわっていないことは、この世に存在していないことと同じである。

——ヴォルテール「格言集」

＊世界の生気溢れる有効な仕事は、二十五〜四十歳の間でなされる。

——オスラー「ジョーンズ・ホプキンズ大学の講演—一九〇五」

＊疑いもなくわれわれの大きな仕事は、遠くにある不明瞭なものを知ることではなく、手近にある確実なことを行うことにある。

——カーライル「随筆集」

＊この世における最後の福音は、お前の仕事を知り、かつなせ、である。

——同右「過去と現在」

＊蚕はつむぎながら、だんだん死に近づくとしても、糸をつむがずにはおられましょうか。

——ゲーテ「タッソー」

＊男女功を買え、相資《たす》けて業を為《な》す。（男女はそれぞれ適応した仕事をして相助けて生活する）

——「亢倉子《こうそうし》」

＊人間の価値がその仕事で決まるものだったとしたら、馬はどんな人間よりも価値があるはずだ。

——ゴーリキー「どん底」

＊仕事が楽しみなら人生は極楽だ！　仕事が義務なら人生は地獄だ。

——同右

＊仕事は目的である。仕事をはっきり目的と思ってやっている男には結果は大した問題ではない。

——志賀直哉「青臭帳」

＊仕事は高貴なる心の栄養なり。

——セネカ「書簡集」

＊時間厳守は仕事のこつである。

——スリック「賢明なことわざ」

＊仕事には本すじの仕事と、本すじでない仕事とがある。本すじの仕事とは根のある仕事、本すじでない仕事とは器用だけの仕事のことだ。
——高村光太郎「道具など」

＊龍頭翻《かえ》りて蛇尾と成る。
——「伝燈録」

＊人間の仕事はただ自分の秩序を乱さないことにある。それはちょうど、おのがいつも磨かれてピカピカ光っていなければならないのと同じことである。
——トルストイ「日記」

＊座って仕事をする人々のほうが、立って仕事をする人々よりも所得が多い。
——ナッシュ「情勢を考えよう」

＊どんな真面目な仕事も、遊戯に熱している時ほどには、人を真面目にし得ない。（人生というものの不真面目さと無意義を語ったもの）
——萩原朔太郎「新しき欲情―第五放射線」

＊仕事の真の本質は集中されたエネルギーである。
——バジョット「伝記研究」

＊予め考えをまとめるとか、仕事について熟考するとか口走るのは、たいがいは仕事を逃れる口実である。
——ヒルティ「時間を得る方法」

＊私の若い人たちへの忠告は、仕事の成功のために必要とあれば、どんな組織をも改革し、どんな方法をも廃棄し、いかなる理論をも放棄する覚悟でいることだ。
——ヘンリー＝フォード「私の産業哲学」

＊仕事に体面を傷つけるものはなく、不面目なるものは怠惰なり。
——ヘシオドス「仕事と日々」

＊よく仕事をする人は、いよいよ不死なる者たちに愛される。
——同右

＊われわれは、くだらない目的をとげるために懸命に働き、さまざまな手段を用いる。人間の仕事においては、複雑きわまる計画も、ひとつの単純な効果を生ずるにすぎない。
——ボーリングブルック「断片」

＊何も仕事がないのは、いつも忙しいことだ。
——モリエール「人間嫌い」

＊仕事は退屈と悪事と貧乏とを遠ざける。
——モロア「二つの生活技術」

＊団体の仕事に従事する者や、ボスとなる人に仕える者は虚栄心を持ってはいけない。その人自身の意志が強すぎて、自分の計画がボスの計画とぶつかると、……ボスの命令を自分の好む方向へ曲解しようとするからである。
——同右

＊人々が彼らの仕事で幸せになるためには、次の三つの

事柄が必要である。彼らがその仕事に適してなければならないこと、仕事をそんなに多くしないこと、そして、成功するという感覚を持たねばならないことである。

——ラスキン「ラファーエル前派の写実主義」

*各自が己の仕事をしていけ、牡牛の番はちゃんといる。

——ラ・フォンテーヌ「寓話」

*生きるための職業は、魂の生活と一致するものを選ぶことを第一にする。

——阿部次郎「三太郎の日記」

*商人の職業は、物が豊富にあるところから物の高価なところにもたらすことだ。

——エマーソン「生活の行動」

*職業にあるものは多かれ少なかれ分業の害悪を嘗《な》めねばならない。彼は一生を通じて細かに切り刻まれた仕事に没頭して、一部分人としてしか成長しえない危険に瀕する。

——河合栄治郎「学窓記」

*我職業は天与の任務なり、之を愛重せざるは天与を辱《はずかし》むるものなり。

——清沢満之「有限無限録」

*職業は自然の医者であり、人間の幸福にとりて本質的なものなり。

——クラウディウス（ガレヌスの）「断片」

*職業についていえば、軍人はあまりに人気が出すぎるし、牧師はあまりに怠惰になるし、医者はあまりに欲得になり、法律家はあまりにも強力になり過ぎる。

——コルトン「ラコン」

*人はあれもこれもなし得ると考える限り、何もなし得る決定がつかない。

——スピノザ「エチカ」

*「職業の変更が最大の休息だ」と、最大の政治家のひとりが言った。

——ドイル「四つの罪」

*男たちは、自分の職業が他のいかなる職業よりも大切だと信ずるか、自分で思い込ませる以外に、その職業を持ちこたえることはまずできない。

——ニイチェ「人間的な、あまりに人間的な」

*書記の職をやめさせて他人にやらせたいならば、私からその職を取り上げるがよい。私は辞職して、私の敵にいつか復仇してやる権利を捨てるようなことはしない。

——フランクリン「自叙伝」

*同じ職業の者が真の友人になることは、違った職業の者の間においてよりも遥かに困難である。

——三木清「人生論ノート」

*われわれの職業の大半は狂言である。そのたずさわる

役目が変わるたびに、新たな姿や形をとり、新たな存在に変質する者もある。

——モンテーニュ「随想録」

＊われわれの才能より下の職について大人物に見えることはあるが、われわれの力以上の職につくと、往々にして彼が小人物に見える。

——ラ・ロシュフーコー「箴言集」

＊世には卑しい職業はなく、ただ卑しい人があるのみである。

——リンカーン「演説」

＊隠居することも飯を食う道だ。仮に飯を食うことができなければ、「隠れ」ようにも隠れきれるものではない。

——魯迅「且介亭雑文二集—隠士」

＊戦場に赴くなら軍医になるがいい。革命に参加するなら後方に回るがよい。人を殺すなら首切り役人になるがよい。英雄であって、しかも安全だ。

——同右「小雑感」

信用と約束→忠誠・誠実

人は親しい間柄の人間の言うことは、あまり信用しないものだ。利害関係のない人間や別世界に住む人間のことを信じ易いものだ。だまされる確率が少ないと思うからだ。行動は約束できるが、心情は約束できないものだ。なかなか約束しない人間は己の心情に忠実な者で、かえって信用できる。

＊何人をも信用しない者は己自身が信用されていないことを知っている。

——ノウエルバッハ「断片」

＊信頼は鏡のガラスのようなものである。ヒビがはいったらもとどおり一つにはならない。

——アミエル「日記—一八六八・七・八」

＊信頼は強制によって醸成されているものではない。人間に信頼を強いることはできない。

——ダニエル＝ウェブスター「上院における演説—一八三四」

＊信用は魂の肯定を受け容れることから成り、不信は魂の否定を受け容れることから成る。

——エマーソン「代表的人物」

＊みずからを最も信頼する者が最も欺かれる。

——エリザベス女王「語録」

＊信念が苦痛なる場合は容易に信じようとはせぬ。

——オヴィディウス「ヘロイデス」

＊人間は喜んで自己の望むものを信ず。

——カエサル「語録」

＊人は何かを信ずることによって生きているのであって、

多くのことについて口争いをしたり、討論することによってではない。

——カーライル「英雄と英雄崇拝」

＊艱難《なやみ》に遇《あ》うとき忠実《まめやか》ならぬ者を頼むは悪しき歯または跛《な》えたる足を恃《たの》むがごとし。

——「旧約聖書―箴言二五編一九節」（ソロモン）

＊信条のために死のうとする暴民は、いかなる反対派のグループに対しても死を負わせることに少しも逡巡しない。

——グラスゴー「私は信ずる」

＊人間は自分の知っていることなら半分は信じるが、聞いたことは何も信じない。

——クレーク夫人「語録」

＊上役の過失をけっして見出さない下役を信用するな。

——コリンズ「警句集」

＊信頼に値する人は、誰もそれをせがんだりはしない。

——同右「イングリッシュ・レビュー」

＊賢者が信用しないものは三つ。四月の風と太陽そして女の固き誓い。

——サウジィ「アズトランのマドック」

＊われわれの信用は、われわれのひとつの財産である。

——ジューベル「パンセ」

＊世界のあらゆることを信頼しないならば、人はけっして欺かれることはない。

——シュニッツラー「断片」

＊われわれは、われわれがよく知らない人たちを信じがちである。というのは、彼らはわれわれをけっして欺かないからである。

——サミュエル＝ジョンソン「アイドラー誌」

＊よい顔が推薦状であるならば、よい心は信用状である。

——ブルバー・リットン「それで何をするであろうか」

＊相互信頼と相互扶助にて、偉大なる行為はなされ、偉大なる発見がなさる。

——ホメロス「イリアス」

＊己自身を信頼する者は群衆を指導し、支配す。

——ホラティウス「諷刺詩」

＊人が夢見れば見るほど、信ずることが少なくなる。

——メンケン「偏見」

＊最も知られることのないものこそ、最も固く信じられるものである。

——モンテーニュ「随想録」

＊軽信は大人の弱点であるが、子どもにとっては力である。

——ラム「エリア随筆」

＊信頼こそ才知よりも交際を深める。（交際には才知よりも信頼の方が大切である）

——ラ・ロシュフーコー「箴言集」

＊われわれ自身がいだいている自信が、他人に対する信

用を芽生えさす。

——ラ・ロシュフーコー「箴言集」

＊諾を軽んずる者は信寡なし。

——劉向《きょう》撰「説苑《ぜいえん》」

＊軽諾は必ず信寡なく、易《い》とすること多ければ必ず難多し。（安請け合いは実行できない場合が多く、他人の信頼を失う。物事を侮ると、あとになって実行できないという困難に出会う）

——「老子」

＊人間は不可能を信ずることができるが、ありそうもないことをけっして信ずることはできない。

——ワイルド「嘘の裏返し」

＊来世の約束などは、理由もわからずに救われた人々に与える口実である。

——アラン「宗教語録」

＊立法者にもせよ、革命家にもせよ、平等と自由の二つを約束する者は、空想家でなければ、いかさま師だ。

——ゲーテ「格言集」

＊勇気ある人はみな約束を守る人間である。

——コルネイユ「嘘つき―三幕」

＊約束とパイの外皮は容易に破れるものである。

——スウィフト「優雅なる会話」

＊私は女の誓いを水に書く。

——ソフォクレス「断片」

＊約束を守る最上の方法はけっして約束しないことだ。

——ナポレオン「語録」

＊人間は行動を約束することはできても、感情は約束できない。自己欺瞞なしで、永遠の愛を誓う人間は、愛情の見せかけを永遠に約束するものだ。

——ニイチェ「人間的な、あまりに人間的な」

＊約束を破る愉しみのために約束する人間がいる。

——ハズリット「人の性格について」

＊約束を容易にしない者は、その実行においては最も誠実である。

——ルソー「断片」

忠誠・誠実

私利私欲を超克した忠誠は滅多に見られない。たいていの忠誠は、ギブ・アンド・テイクを本質とするもので、ごますりとへつらいの二つの武器によってボスに取り入る術である。

＊己の誠実さをわれわれに買わせる人たちは通常、己の名誉をわれわれに売る連中である。

——ヴォーヴナルグ「省察と格言」

＊万山重からず君恩重し、一髪軽からず我命軽し。

——大石良雄「少刀銘」

*真理の神に対する忠誠は他のすべての忠誠に優る。
——ガンジー「語録」

*お前のほんとうの腹底から出たものでなければ、人を心から動かすことは断じてできない。
——ゲーテ「ファウスト」

*人を相手とせず天を相手とせよ。天を相手として己を尽くし、人をとがめず、わが誠の足らざることを尋ぬべし。
——西郷隆盛「大西郷遺訓」

*人は二人《ふたり》の主に兼事《かねつか》うること能《あた》わず、あるいは、これを憎み、彼を愛し、あるいは、これに親しみ、彼を軽《かろ》しむべければなり。
——「新約聖書—マタイ伝六章二四節」（イエス）

*金によりてもたらされし忠実さは、金によりて裏切らる。
——セネカ「アガメンノン」

*誠実は人間の保ち得る最も高尚なものである。
——チョウサー「カンタベリー物語」

*恋愛と同じく、忠誠も胃袋によって左右されることがしばしばある。
——ツヴァイク「マリー・アントワネット」

*天も誠にて天たり地も誠にて地なり。
——真木和泉「何傷録《かしょうろく》」

*ああ忠実の聖《きよ》き名汚されしかな！　誰への忠実か。汝の反逆団へか。（忠実という名は反逆のためにしばしば利用される。反逆への忠実は不信義・不忠実の柱である）
——ミルトン「楽園喪失—四」

*至誠にして動かざる者いまだにあらざるなり。
——吉田松陰「語録」

へつらいと卑屈・卑下・偏見

小才のへつらいは、愚者を狩る小細工、中才のへつらいは、お世辞らしく見せない術を心得ている悪徳の侍女、大才のへつらいは、自愛と利己主義の最たるものである。卑屈はえらい人の前に出ると、おのずと頭を下げる習性であり、卑下は己を低く見せかけ、心情では称讃を期待している。偏見は、どんなこともひがんで見る心情である。人間は社交を維持するため、このような偽善を互いにし合って生きている。

*嘘つきは欺く術を知らない人であり、へつらう人は通常、愚かな人々のみを欺く人である。
——ヴォーヴナルグ「省察と格言」

*自愛は最大のへつらいである。
——ヴォルテール「格言集」

*下手なへつらいは、根拠のない叱責よりももっとわれわれに屈辱を感じさせる。

——エッシェンバッハ「格言集」

*われわれがおべっかを信用しなくとも、おべっか使いがわれわれの心をつかむ。

——同右

*礼繁《しげ》き者は実心衰うる也。（「礼も過ぎればへつらい」と同義）

——「韓非子」

*本来、お世辞というものは、女の身にぴったりと当てはまる衣裳である。

——キェルケゴール「追憶の哲理」

*へつらいとは、悪徳の侍女なり。

——キケロ「哲学談義」

*その隣にへつらう者は彼の脚の前に羅《あみ》を張る。

——「旧約聖書―箴言二九章五節」（ソロモン）

*潔《いさぎよ》しと道徳に棲《せい》守する者は、一時に寂寞たり。権勢に依《い》阿《あ》する者は、万古に凄涼《せいりょう》たり。（依阿はへつらうこと、凄涼は地獄の様相）

——洪自誠「菜根譚」

*模倣は最も純粋なへつらいである。

——コルトン「ラコン」

*口に蜜あり腹に剣あり。（口がうまいが心は鬼）

——「十八史略」

*我を非として当《む》かうる者は吾が師なり。我を是として当かうる者は吾が友なり、我に阿諛する者は吾が賊なり。

——「荀子」

*徳によりて汝がとぐるあたわざることを、汝はへつらいによりて獲得す。

——シルス「箴言集」

*好んで面人《まのあたり》を誉むる者は、亦《また》好んで背《うしろ》に人を毀《そし》る。

——「荘子」

*猟人は犬もて兎を狩り、阿諛者は称讃もて愚者を狩る。

——ソクラテス「卓談」

*お世辞を言うは容易なるも、真に讃美するは難事なり。

——ソロー「断片」

*啗《くら》わずに甘言を以てして陰に之を陥る。（うわべは甘言をもってし、陰に回って人を陥れる）

——「大学衍義《えん》」

*最悪の敵はほめそやす者なり。

——タキトウス「アグリコラ」

*最悪の猛獣は圧制者であり、最悪の家畜は阿諛者である。

——タレス「歴史」

*朝《あした》には富児の門を扣《たた》き、暮には肥馬の塵に随う。（追従者の徒）

——杜《と》甫《ほ》「贈韋左丞」

*人々は互いにへつらうことばかりをやっている。……人間同士の結びつきは、かかる相互の欺瞞のうえに築かれる。

＊へつらい者——右を向けと言われ、そのとおりにすると、うしろから足蹴にされることがないように、腹這いになったまま、えらい人に近づこうとする人間。

——パスカル「パンセ」

＊お世辞を言うには金がかからないが、大多数の者はお世辞に対して大金を支払っている。

——ビアス「悪魔の辞典」

＊多くのとるに足りない阿諛者にとりまかれた最大の阿諛者は己自身である。

——フラー「格言集」

＊小人がこびへつらうのは、自分に対しても他人に対しても、低劣な評価しか持たないからである。

——ベーコン「随筆集」

＊へつらいは、われわれに虚栄がなければ通用しない贋金である。

——ラ・ブリュイエール「人さまざま」

＊自愛こそ、この世でいちばんのへつらいである。

——ラ・ロシュフーコー「箴言集」

＊媚態をけっして弄さないことを注目させるのもまた、一種の媚態である。

——同右

＊諸君にとってへつらいほど危険なものはない。嘘と知りながらも信じてしまうからである。

——同右

＊へつらい者たちが会合すると、悪魔が晩餐にくる。

——リュッケルト「バラモンの英知」

＊おべっか使いは、ヒマワリのようなものである。目は天を向いているが、根は地中にあって、利益と金儲けを捜している。

——レイ「イギリスのことわざ」

＊信言は美ならず、美言は信ならず。（信言は真実のことば、美言は巧言）

——ローガウ「ドイツ格言詩」

——「老子」

＊巧言令色鮮《すく》なし仁。（巧言や愛想のよい顔には、真の誠実さはない）

——「論語」（孔子）

＊女はおべっかによっては、けっして武装を解除されはしないが、男はたいてい陥落される。

——ワイルド「理想の夫」

＊自嘲は強者のことである。自己憐憫は弱者のことである。

——阿部次郎「三太郎の日記」

＊偏見というのは一般愚民の王である。

——ヴォルテール「狂言」

＊偏見は判断を持たない意見である。

——同右「哲学辞典」

*人を偏《かたより》視るはよからず、人はただ一片のパンのために愆《とが》を犯すなり。

——「旧約聖書—箴言二八章二一節」（ソロモン）

*故郷を離れたことのない人間は偏見に満ちている。

——ゴールドーニ「パメラ」

*偏見は文明の支柱である。

——ジイド「贋金づくり」

*偏見による世論はつねに最大の暴力に支持されている。

——ジェフレー「語録」

*自卑は、人間が自己を他の人々よりも劣ると信じる謬見から生ずる悲しみである。

——スピノザ「エチカ」

*弱者の譲歩は恐怖のそれである。

——バーク「アメリカとの和解についての演説」

*偏見は無知の子どもである。

——ハズリット「随筆集」

*知悉していない国民に対して人々は偏見をいだく。

——ハマートン「近代のフランス人」

*卑屈とは、富とか権力を前にしてとるところの好ましい習慣的な心の態度。

——ビアス「悪魔の辞典」

*偏見とは、明白な支えの手段を持たない気まぐれな意見。

——同右

*偏見を戸口から追い出すと、窓口から戻って来る。

——フリードリヒ大王「ヴォルテール宛の書簡—一七七一・一二・一九」

*卑下はしばしば人を従えるために用いられる、見かけ倒しの服従にすぎない。それは、自分を高めようとして、自分を低くする高慢なからくりである。

——ラ・ロシュフーコー「箴言集」

忠告

どんなけちんぼでも気前よく喜捨するもの、それが忠告だ。たいていの忠告は、口先だけの慰めか、ご機嫌とりであり、忠告を求めるほうは、自分の考えを肯定してもらいたい、という気休めからだ。

*女性は結婚衣裳を着るまでは忠告を受けつけない。

——アディソン「スペクテーター誌」

*無事に際しては人の忠告を信ずるなかれ。

——イソップ「寓話」

*老人の忠告は光を与えるが温めない、冬の太陽のように。

——ヴォーヴナルク「省察と格言」

*求められる前に忠告をするな。

——エラスムス「痴愚神礼讃」

＊朋友の間、悪しきことならば面前に言ふべし、かげにて譏《そし》るべからず。

——貝原益軒「益軒十訓」

＊汝自身よりすぐれたる忠告を言う者なし。

——キケロ「哲学談義」

＊忠言は耳に逆らえども行いに利あり。

——「孔子家語」

＊善人は能《よ》く忠言を受く。

——「国語」

＊忠告を与えるよりも、与えられた忠告を役立たせるほうがいっそうの知恵を必要とする。

——コリンズ「警句集」

＊忠告を求めるのは、十中八九までお世辞を期待しているのである。

——同右

＊人の言は須《すべか》らく容れて之を択むべし。拒むべからず。又惑ふべからず。

——佐藤一斎「言志録」

＊多くの人々は忠告を受けるも、それによりて利するは賢者のみ。

——シルス「箴言集」

＊忠告は秘かに、称讃は公に。

——同右

＊良薬は口に苦《にが》くして而も病に利あり。忠言は耳に逆ひて而も行を利せり。

——「曽我物語」

＊「困難なることはいかなることなるか？」
「己自身を知ることなり」

「然らば、容易なることはいかなることなるか？」

「他人に忠告することなり」


——タレス「警句」

＊宗教や結婚の問題について、私は人に絶対に忠告しない。なぜなら、この世やあの世で、誰かの苦悩を私の責任にされたくないからである。

——チェスターフィールド「書簡集」

＊忠告は雪に似て、静かに降れば降るほど心に永くかかり、心に食い込んでいくことも深くなる。

——ヒルティ「書簡集」

＊忠告ほど、気前よく人に与えるものはない。ただし、裁判所だけは例外、無断では行われない。

——ラ・ロシュフーコー「箴言集」

＊老人はよい教訓を言いたがるが、それは、もう悪い手本を示す年ではなくなったことを、ひそかに自慰するためである。

——同右

＊君に事《つか》えて数《しばしば》すれば則ち辱《はずかし》められ、朋友に数すればここに疏《うとん》ぜらる。（忠言のための忠言は無効である）

——「論語」（孔子）

うわさと中傷

うわさはサロンの話題に窮したときに発生する豆台風のようなもので、気流に乗るとふくれるが、すぐにしぼんでしまう。中傷は悪徳の中でいちばんあまのじゃくな奴で、叩けば叩くほど、ふくれ面《つら》をするから、最初に一撃を加えれば霧消してしまうだろう。スキャンダルは有名人に課せられる特別税で、その徴税請負人はマスコミだ。

*すべての悪のうち、うわさが最も早し。速さは力を加え、進むに従いて精力を得る。
——ヴェルギリウス「アエネイス」

*ゴシップは汚いパイプ・タバコがまき散らす一種の煙で、スモーカーの悪趣味以外の何ものでもない。
——ジョージ＝エリオット「ダニエル・デロンダ」

*一犬形に吠ゆれば百犬声に吠ゆ。（ひとりが流言蜚語を飛ばすと、多くの人たちもこれを伝える）
——王符「潜夫論」

*伝聞なんぞ尽《ことごと》く信ずべけんや。（付和雷同するな）
——欧陽脩「春秋論」

*なんらかの根拠のないスキャンダルはなかったと信ずる。
——シェリダン「スキャンダルの学校—二幕二場」

*虎を談ずれば虎至り、人を談ずれば人至る。（「うわさをすれば影がさす」と同義）
——「耳談続纂」

*君子は交わり絶ゆるも悪声を出《いだ》さず。
——司馬遷編「史記」

*悪事千里に伝わる。
——「事文類聚」

*流言は智者に止まる。（うわさというものは、一般人には伝わっていくが、聖者は黙して伝えない）
——「荀子」

*また聞きの消息などは単なる風説だ。風説について論ずるのは唾液の浪費だ。
——「水滸《すいこ》伝」

*壁に耳あり。
——セルバンテス「ドン・キホーテ」

*隠れたるより見《あら》わるるは無し。（隠しごとは世間に知れやすいものだ）
——「中庸」

*小さい水差しには大きな耳（取手）がある。（子どもは早耳）
——ハーバート「知恵の投げ槍」

*うわさ——ひとの評判を抹殺しようとする暗殺者たちが好んで用いる武器。
——ビアス「悪魔の辞典」

＊恋愛とスキャンダルは最上の楽しいサロンの話題である。
——フィールディング「いくつかの仮装会の恋愛—四幕二場」

＊すべての風聞は危険なものである。よい風聞は嫉みを買い、悪い風聞は恥辱をもたらす。
——フラー「格言集」

＊十人の聞きしことよりも一人の目撃のほうが価値あり。（「百聞は一見にしかず」と同義）
——プラウトゥス「断片」

＊人間の間にて、うわさより早きものなしと信ず。
——同右

＊好事門を出《いで》ず悪事千里を行く。（善事は世間に知られにくいが、悪事はすぐに広まる）
——「北夢瑣言《ほくむさげん》」

＊風聞は河のごときもので、その源では最も狭く、下流では最も広くなる。
——ボーン「格言のハンドブック」

＊噂は誰のものでもない、噂されている当人のものでさえない。噂は社会的なものであるにしても、厳密にいうと、社会のものでもない。
——三木清「人生論ノート」

＊他人のことにつきしゃべるほど痛快なることなし。
——メナンドロス「断片」

＊附耳之言《ふじのげん》千医に聞こゆ。（耳打ちするような内緒ごとは、すぐに遠方へ伝わる）
——劉安「淮南子《えなんじ》」

＊ゴシップは魅力的だ！　歴史は単なるゴシップだ。だが、スキャンダルは男女の風儀についての退屈なゴシップだ。
——ワイルド「ウィンダミア夫人の扇」

＊人間は言うことがなくなると、必ず悪口を言う。
——ヴォルテール「コルネイユ注釈」

＊君子は虎を恐れず讒《ざん》夫の口を畏る。
——王充「論衡」

＊誹謗《ひぼう》はあるとげを残す。利口にて名誉ある人々もそれに堪えるを至難とす。
——キケロ「哲学談義」

＊なぜ、このように悪口が絶えないのか。人々は他人のちょっとした功績でも認めると、自分の品位が下がるように思っている。
——ゲーテ「格言集」

＊中傷は、うるさい蜂のようなものである。これを殺す確信がないならば、手を出してはいけない。さもないと、前よりもいっそう激しい突撃を繰り返す。
——シャンフォール「格言と省察」

＊悪口は意地の悪い人の慰めである。

＊悪口は大熊蜂のようなものである。殺せないなら、最初の一撃でやっつけてしまえ。

——ジューベル「パンセ」

＊中傷は怖ろしきもの。なんとなれば、中傷者に対してなんらの刑罰も法に規定されておらざるにもかかわらず、このうえなきよき財産の友愛を盗むからなり。

——バーナード＝ショウ「断片」

＊中傷は奇妙な掟を有するところの悪徳である。それを殺そうとすれば生きるが、放っておけば自然死する。

——ペイン「コモンセンス」

＊中傷される人間は二重に傷つけられる。第一に、中傷を言う人間によりて、第二には、中傷を信ずる者によりてなり。

——ヘロドトス「歴史」

＊中傷に打ち克つ道は、それを軽蔑するだけでよい。

——マントノン夫人「語録」

＊われわれは中傷・偽善・裏切りを憤る。というのは、それらが真実でないからでなく、われわれを傷つけるからである。

——ラスキン「建築の七つのランプ」

＊悪語は口より出さず、苟《こう》言は耳に留めず。（悪語は悪口、苟言はくだらないことば）

——劉向《きょう》撰「説苑《ぜいえん》」

＊真実は一般に中傷に対する最上の弁明である。

——リンカーン「書簡」

＊うわさは愉しいよ。歴史は単なるうわさにすぎない。ところが、悪口という奴はうわさには違いないが、お説教によって退屈なものにされたしろものだ。

——ワイルド「ウィンダミア夫人の扇」

＊己の職分を堪え忍び、沈黙を守っていることは、中傷に対する最上の答えである。

——ジョージ＝ワシントン「語録」

退屈と閑暇

退屈は帝王学に洗脳された王者の持つ属性である。彼らの退屈を癒す特効薬は恋を追い求めることだ。閑暇は勤勉という美徳を持つ働き蜂がもて余す、無為にすごす自由時間で、それは、やがて濁り水のように腐敗して悪徳に走る。

＊退屈は王者風なものである。それは気高い属性である。退屈しようと思えば、誰でもできるというわけのものではない。

——アフン「文学語録」

＊喧嘩をつくるのは倦怠だ。その証拠は、いちばん喧嘩好きなのは、仕事や心配のいちばん少ない人間にきま

っているからだ。

＊退屈な男になる秘訣は何もかもしゃべることだ。

——アラン「幸福論」

＊人類のいかなる種族も倦怠な種族よりましだ。

——ヴォルテール「放蕩児」

＊人間の幸せの二つの敵は苦痛と退屈だという。

——同右

——ショウペンハウエル「パレルガとパラリポーメナ」

＊怠けていると退屈して来る。それは結局、他人が忙しがっているために仲間ができないからである。

——ベン＝ジョンソン「断片」

＊退屈はすべてを奪う、自殺する勇気さえも奪う。

——スタンダール「恋愛論」

＊多くの愚者はみずからの倦厭《けんえん》を感ずることによって悩む。

——セネカ「書簡集」

＊社会はいま、洗練された低級な群れ、二つの強力種族から成る退屈な群れと、退屈させられている群れから。

——バイロン「ドン・ジュアン」

＊みずから退屈する人間は、退屈な人間よりも軽蔑すべき存在である。

——バトラー「美しい港」

＊退屈な人間——聞いてもらいたいときに話をする人間。

——ビアス「悪魔の辞典」

＊理性を有する動物はすべて退屈するものだ。

——プーシキン「ファウオスの一場面」

＊すべての人間は倦怠である、ただし、彼らを必要とするときを除いては。

——ホームズ「朝の食卓の大学教授」

＊道徳を云々する者にとっては、退屈こそひとつの重要問題である。というのは、人類の罪悪の少なくとも半分は、退屈を怖れるあまり犯されるものであるから。

——バートランド＝ラッセル「幸福の征服」

＊人に退屈だと思われないようにすることを大切だと思っている人々に限って、きまってわれわれを飽きさせる。

——ラ・ロシュフーコー「箴言集」

＊人生は短いが、それでも人間は退屈する。

——ルナール「日記」

＊幸福は閑暇にこそあると思わる。なんとなれば、われわれは閑暇を得るために働き、平和の裡にすごさんがために戦争をするからなり。

——アリストテレス「ニコマコス倫理学」

＊閑暇は心の充足ならで、その骨休めなり。

——キケロ「断片」

＊真の閑暇とは、われわれの好きなことをする自由であって、何もしないことではない。

――バーナード＝ショウ「自由の自然的限界」

＊人々は閑暇を犠牲にして富裕を得る。だが、富裕をはじめて望ましいものにする唯一のものである自由なる閑暇を富裕のために犠牲にせねばならないならば、私にとって富裕が何になろうか。

――ショウペンハウエル「パレルガとパラリポーメナ」

＊学識ある人の英知は、閑暇の機会によりてもたらさる。

――「聖書外典―キリストの知恵三八章二四節」

＊精神的活動なき閑暇は一種の死であり、人間の生きながらの埋葬なり。

――セネカ「書簡集」

＊何もせず無為にすごせば、一日が二日のごとき気にならん。一生涯をすべてかかる気分に切り替えることを得ば、七十まで生くるとしても、そは百四十歳の寿を得たに等し。

――蘇東坡「漁隠叢話」

＊己の魂の資産を改善する時間を有する者は真の閑暇を享楽する。

――ソロー「日記」

＊小人閑居して不善をなす。（凡人は閑があるとろくなことはしない）

――「大学」

＊富の増加と閑暇の増加は、人間が文明化された二つの要素である。

――ベンジャミン＝ディズレーリ「演説」

＊真の思想家が何よりも憧れるのは閑暇であるのに、平凡な学者がそれを回避するのは、閑暇をどうして始末するかを知らないからである。その折に彼を慰めるものは書物である。

――ニイチェ「反時代的考察」

＊働けば働くほど働ける。忙しければ忙しいほど暇ができる。

――ハズリット「断片」

＊閑暇を活用する術のない者には閑暇は持てず。

――ハーバート「知恵の投げ槍」

＊閑暇とは何か有益なことをするための時間である。

――フランクリン「自叙伝」

＊閑暇は哲学の母。

――ホッブス「政治哲学論」

＊知的に閑暇を満たし得ることは、文明の至上の産物である。

――バートランド＝ラッセル「幸福の征服」

＊人間の教養とは、本来は閑暇の産物である。それゆえに、教養の法は必然的に優遊の法である。

――林語堂「生活の発見」

興味・好奇心→趣味・娯楽

興味は人間の生得的な属性の一つであり、年を取るにつれて失われていく。好奇心は興味の裡に潜む嗜虐的な心情である。

＊人間こそ人間にとって最も興味あるものであり、また、おそらく人間のみが人間に興味を感じさせるものであろう。
——ゲーテ「ヴィルヘルム・マイステル」

＊若いときは、興味が放蕩なため忘れっぽく、年を取ると、興味の欠乏のために忘れっぽい。
——同右「温順なクセーニエン」

＊人間が真に悪くなると、人を傷つけて喜ぶことのほかに興味を持たなくなる。
——同右「格言と反省」

＊好奇心は力強い知性の最も永久的な特性の一つである。
——サミュエル＝ジョンソン「ランブラー」誌

＊われわれは己に興味をいだく他人に対して興味をいだく。
——シルス「箴言集」

＊好奇心の強い人々は会話の通風筒である。彼らは彼ら自身のためには何事をも吸収せず、単に他人に伝達するだけである。
——スティール「スペクテーター」誌

＊われわれが人間の心に発見する最初にして、最も単純な感情は好奇心である。
——バーク「荘厳美」

＊好奇心というものは、実は虚栄心にすぎない。たいていの場合、何かを知ろうとする人は、ただそれについて他人に語りたいからだ。
——パスカル「パンセ」

＊好奇心は希望の別名にほかならない。
——チャールス＝ヘーア、ウィリアム＝ヘーア「真実における推量」

趣味・娯楽→興味・好奇心

趣味とは、欲得のない没我的なもので、その本質は「下手の横好き」で、人との張合いや勝負を意識して趣味を考えるのは、風流を口にする資格はない。己の尺度で他人の好みや娯楽を評価するのは、尊大な思い上がりである。人間の好みはさまざまだからだ。

＊魚釣りは数学のようなものだ。というのは、完全にマスターできないからだ。
——ウォルトン「釣魚大全」

*美の愛は好むであるが、美の創造は芸術である。

——エマーソン「美についての講演」


*愛らしさのない美は餌のない釣針である。

——同右

*その好むところを見て、以てその人を知るべし。

——王陽明「伝習録」


*何が美かを概念によって規定するごとき趣味の客観的な法則はあり得ない。なぜならば、趣味の判断はすべて直観的であるからだ。つまり、趣味の判断の規定根拠は主観の感情であって、容体の概念ではない。

——カント「判断力批判」


*オリンピックで重要なのは、勝つことではなく、参加することである。

——クーベルタン「語録」


*釣りびとは山川草木の一部たるべし。

——佐藤垢石「魚の釣り方」


*趣味は魂の文学的良心である。

——ジューベル「パンセ」


*釣竿は一方に釣針を、他方の端に馬鹿者を付けた棒である。

——サミュエル＝ジョンソン「アイドラー誌」


*魚釣りは罪のない残虐である。

——パーカー「語録」


*趣味は悪いより良いほうがよいが、趣味が何もないよりも悪趣味でもあるほうがよい。

——ベネット「断片」


*目的のある娯楽は真の娯楽にはならない。娯楽には目的がなくて、しかもそれは生活にとって合目的なものである。

——三木清「生活文化と生活技術」


*風流には嫉妬はない、利己的なものはない。没我的であり、非人工的なものである。

——武者小路実篤「牟礼随筆」


*私の趣味は貴族的であり、私の行動は民主的である。

——ユーゴー「断片」


*青年は熱い血によりその趣味を変えるし、老人は習慣によりその趣味を保つ。

——ラ・ロシュフーコー「箴言集」


*趣味は幸せを代償として成熟する。

——ルナール「日記」


*人間のまことの性格は彼の娯楽によって知られる。

——レイノールズ「断片」

・賭博・博奕

*古来賭博に熱中した厭世主義者のないことは、如何に賭博の、人生に酷似しているかを示すものである。

——芥川龍之介「侏儒の言葉」


*真の賭博者は注意・用心・腕前がモノをいう賭事はあ

まり好まない。

*賭博は貪欲の子どもであるが、浪費の両親である。

――アラン「幸福語録」

*人生を一六勝負に賭ける賭博者で、彼らは不可能なことをあえて行うときに自己の力の充実感を持ち、大胆な冒険を唯一の存在形態と考える。

――コルトン「ラコン」

*賭博は先天的に備わった人間の特性だ。

――ツヴァイク「マリー・アントワネット」

*賭事をしないという条件ならば、もらいたいと思わないものでも、賭で得たならば愉しいだろうと想像することによって自分自身を欺くことが、賭博には必要なのである。

――バーク「断片」

*すべて賭をする者は、不確実なものを得んがために確実なものに賭ける。

――パスカル「パンセ」

*賭博によって時間と金が失われる。

――同右

*人生には真の魅力は一つしかない。それが賭博の魅力である。

――フェルサム「語録」

*人間は賭事をする動物である。

――ボードレール「断片」

*賭博――貪欲の子ども、罪悪の子ども、害毒の父。

――ラム「エリア随集」

――ジョージ＝ワシントン「書簡―一七八三」

・旅

*世界は一冊の本にして、旅せざる人々は本を一頁しか読まざるなり。

――アウグスティヌス「断片」

*旅は私にとって精神の若返りの泉だ。

――アンデルセン「自叙伝―わが生涯の物語」

*イタリア人の言によれば、旅のよい仲間は旅路の時間を短くさせると。

――ウォルトン「釣魚大全」

*三人行けば則ち一人を損なう。（三人で旅行すると、一人は除け者にされる）

――「易経《えききょう》」

*あるものと忘れつつなほなき人を　いづらと問ふぞ悲しかりける

――紀貫之「土佐日記」

*人が旅をするのは到着するためではなく、旅行するためである。

――ゲーテ「格言集」

*己と他の人々とを改善しようとして国を離れる者は哲学者であるが、好奇心という盲目的な衝撃に駆られて

国から国に赴く者は放浪者にすぎない。

——ゴールドスミス「世界市民」

＊旅することは多くの利益あり。それは新鮮さを心に、すばらしき事柄につきての見聞、新しき都市を見る悦び、不知の友との会見、高潔なる作法の習得なり。

——サーディー「ゴレスターン」

＊他国を見れば見るほど故国を愛するようになる。

——スタール夫人「語録」

＊人は海外に赴く前に母国についてもっと知るべきである。

——スターン「断片」

＊旅の最大の歓びは、おそらく事物の変遷に対する驚嘆の念であろう。

——スタンダール「断片」

＊船人は帰ってきた、海から帰ってきた。そして狩人は山から家に帰ってきた。(辞世の句)

——スティーヴンソン「鎮魂詩」

＊自己の生涯のすべてを海外旅行ですごすときは、多くの知人と知り合いになるも友はなし。

——セネカ「書簡集」

＊旅は真正な知識の偉大な泉である。

——ベンジャミン＝ディズレーリ「語録」

＊旅行は寛容を教える。

——同右

＊旅するおかげで、われわれは確かめることができる。たとえ各民族に国境があろうとも、人間の愚行には国境がない。

——プレヴォ「楽天家用小辞典」

＊旅は人間を謙譲にします。世の中で人間が占める立場がいかにささやかなものであるかを、つくづく悟らされるからです。

——フローベール「書簡集」

食(事)と料理→健康と病気

「生きるために食う」と「食うために生きる」という相対立する食哲学があるが、いずれを是とし、いずれを非とするものではなく、各人の選択による。料理づくりは女性の錬金術だが、最近は食品資本が女性に肩替わりし、簡便かつ高度な調理済み食品を開発している。だが、その是非を問うものではない。

＊胃袋が空《から》ではすぐれた政治顧問にはなれるものではない。

——アインシュタイン「宇宙的宗教論」

＊家畜ですら牧場を去るべき時機を知っているが、愚かな人は自分の食欲の限度を知らない。

——アンデルセン「断片」

＊必要は人間に悪事をさせ、飢えは狼を森から追い出す。
――ヴィヨン「遺言集」

＊偉大な思想は胃袋から生れる。
――ヴォーヴナルグ「省察と格言」

＊友とともにせざる晩餐はライオンもしくは狼の生活のごとし。
――エピクロス「断片」

＊たいていの人は、剣によるよりも、飲みすぎ、食いすぎによって殺される。
――オスラー「講演」

＊人生は日々に飲食せざることなし。常に慎みて欲をこえざれば、過しやすくして病を生ず。古人禍は口より出て、病は口より入るといへり。口の出し入れ常に慎むべし。
――貝原益軒「養生訓」

＊人はパンのみに生くるものに非ず、されどまたパンなくして人は生くるものに非ず。
――河上肇「貧乏物語」

＊衣食足りて栄辱を知る。
――「管子」

＊私は生きんがため、奉仕せんがために食べるし、また、たまたま楽しむために食べることがあっても、享楽のために食べるものではない。
――ガンジー「語録」

＊真の人間性に最もよく調和する愉しみは、よき仲間との愉しい食事である。
――カント「人間学」

＊食物の最上の調味料は飢えなり、飲物のそれは渇なり。
――キケロ「哲学談義」

＊汝は生くるために食うべし、食うために生きるべからず。
――同右

＊三世の長者は被服を知り、五世の長者は飲食を知ると、これ被服飲食の暁《さとり》難きをいう。
――「魏書」

＊食欲にまさる薬品なし。
――クセノフォン「キュロスの教育」

＊肉食獣はけっして肥満することはない。
――サヴァラン「味覚の生理学」

＊君がどんなものを食べているかを言って見給え。君がどんなであるかを言ってみせよう。
――同右

＊食事こそは、人が始めからけっして退屈しない唯一の場である。
――同右

＊胃の丈夫な人間が乳脂肪を食べるのは、虚弱な人に脱脂乳を残しておくためだ。
――ジイド「日記」

*食卓は祭壇の一種で、祭日や饗宴の日には飾らなければならない。
——ジューベル「パンセ」

*食物を愛するよりも誠実な愛はない。
——バーナード＝ショウ「人と超人—三幕」

*腹のことを考えない人は、頭のことも考えない。
——サミュエル＝ジョンソン（ボズウェル「ジョンソンの生活」より）

*飢えた人々の目の中には、次第に湧き上がる激怒の色がある。人々の魂の中には「怒りのぶどう」が次第に満ちて夥しく実っていく。
——スタインベック「怒りのぶどう」

*自立への大いなる一歩は満足なる胃にあり。
——セネカ「書簡集」

*パンさえあれば、たいていの悲しみは堪えられる。
——セルバンテス「ドン・キホーテ」

*食は玉よりも貴《たか》く、薪《たきぎ》は桂《かつら》より貴し。（食物が宝石より貴重であり、薪のほうが桂の木よりも貴ばれる）
——「戦国策」

*家は洩らぬ程、食事は飢えぬ程にて、足る事なり。
——千利休「南方録」

*他の人々は食わんがために生き、己自身は生きんがために食う。
——ソクラテス「卓談」

*パンを得んがために純真無垢を失うよりも、餓死に甘んじるほうが人間にとってましである。
——ソロー「断片」

*人口は幾何級数という比例で増加するが、食物は等差級数でしか増加しない。そのために食物の奪い合いとなり、強者は勝って生き、弱者は敗れて滅びる。
——ダーウィン「種の起源」

*人はみな我が飢えを知りて人の飢えを知らず。
——沢庵「玲瓏日記」

*飢えた犬は肉しか信じない。
——チェーホフ「桜の園」

*美しいことばが飢えた胃袋をなだめた例はない。
——ツヴァイク「マゼラン」

*汝が富者ならば、喜ばしきときに食べよ。汝が貧者ならば、食べられるときに食べておくべし。
——ディオゲネス（シノペの）「断片」

*飢えは働かざる怠け者の道連れなり。
——ヘシオドス「仕事と日々」

*恋と事件とは最もよいお茶うけである。
——フィールディング「いくつかの仮面舞踏会の恋」

*日本人は食事を重要行為と見なしていない。
——ベネディクト「菊と刀」

*宗教は人間の心をしびれさせる阿片である。経済学も、性交も、酒はもちろん、音楽もそうである。ラジオ

も、賭博も、野心もすぐれた人間の阿片である。だが最高の阿片はパンである。そのために人間は見境もなくわめき立て、奪い合う。

——ヘミングウェイ「賭博師・尼・ラジオ」

＊胃は芸術の師であり、発明の施与者である。

——ペルシウス・フラックス「諷刺」

＊自分自身にとってのパンの問題は、物質的な問題だ。だが、隣人に対する、同胞に対するパンの問題は、精神的・宗教的な問題だ。

——ベルジャーエフ「ロシア共産主義の起源」

＊恋人はミルク、花嫁はバター、妻はチーズ。

——ベルネ「断片と警句」

＊飢えた者は憤怒する人間である。

——ホーウェル「イギリスの格言」

＊人口は幾何級数的に増加するが、食物は等差級数でしか増加しない。

——マルサス「人口論」

＊飢えたる者は食を択ばず。

——「孟子」

＊食べているうちに食欲は起こるものだ。

——モンテーニュ「随想録」

＊人の身に止むことを得ずしていとなむ所、第一に食物、第二に着る物、第三に居る所なり。

——吉田兼好「徒然草」

＊運動は食欲を生ぜしめ、食欲はまた運動を必要とする。

——ラクロ「女性教育論」

＊民衆の飢えたとき、幾多の帝国は崩壊し、いかなる強力政権も恐怖政治も潰え去った。

——林語堂「生活の発見」

＊民の飢えるのは、その上の税を食《は》むの多きを以て、是を以て飢えるなり。

——「老子」

＊家庭なるものの快楽が十とすれば、寡なくとも其の四は膳の上になければならぬ。

——尾崎紅葉「多情多恨」

＊低級な食器に甘んじているものは、それだけの料理しかなしえない。この料理で育てられた人間は、またそれだけの人間しか生れない。(魯山人の人生観)

——北大路魯山人「料理王国」

＊食器は料理の着物である。

——同右

＊料理は、まさに忍耐と愛の錬金術である。

——クールトリーヌ「断片」

＊料理の仕事は女に忍耐と受身を教える。これは錬金術だ。

——サヴァラン「味覚の生理学」

＊料理することは、われわれの文明を促進させたすべて

の技術中の白眉である。というのは、厨房の必要がわれわれに火の使い方を習得させてくれたからである。

——サヴァラン「味覚の生理学」

*新しい料理の発見は、新しい星の発見よりも人類の幸せにいっそう貢献する。

——同右

*立ち昇る湯気の運ぶ匂いに、ぼんやりと味わいを予覚し、椀が微かに鳴る音を聞くと、自分は三昧境にひき入れられてしまう。

——谷崎潤一郎「陰翳礼讃」

*神々は人々に食物をつかわしたが、悪魔は料理人をつかわした。

——トルストイ「読書の輪—三・四」

*同じ食物でも、場所が悪いと食う気になれない。物をうまく食うには料理よりか周囲の道具立の方が肝腎なものです。

——永井荷風「冷笑」

*料理は芸術であり、かつ高尚な科学である。

——バートン「憂うつの解剖」

*絵画が視覚を、音楽が聴覚を魅するように、料理は味覚をとりこにする。

——モロア「二つの生活技術」

*飢えは最良の料理人である。ただそれに欠けているのは、ほかのものを料理するようにおいしく己自身をも料理する術である。

——ローカウ「ドイツの格言詩」

酒

酒はバッカスが人間に授けた百薬の媚薬だが、飲み過ぎると、人を口軽にし〝秘密公開剤〟に様変わりする。

*制御しがたいものを順にあげると、酒と女と歌である。

——フランクリン＝アダムス「古来からの三つのもの」

*家内の酒杯の一杯は健康のもの、二杯は快楽のもの、三杯は放縦のもの、最後のものは狂気のものとして飲む。

——アナカルシス「断片」

*その酒の力、その酒の甘さ、その酒のよろしさ、お前の血のうちに不死の生命《いのち》を育まん。

——ヴェルレーヌ「知恵」

*酒のないところに愛はなし。

——エウリピデス「バッカス」

*一壺の紅《あけ》の酒、一巻の歌さえあれば、それにただ命をつなぐ糧さえあれば、君と一緒に、たとえあばら屋に住もうとも、心は王侯の栄華にまさる愉しさよ！

——オマール・ハイヤーム「ルバイヤート」

*酒は口を軽快にする。だが、酒はさらに心を打ち明け

させる。こうして酒は一つの道徳的性質、つまり心の率直さを運ぶ物質である。
——カント「人間学」

*酒を飲まざる人間からは思慮分別は期待されず。
——キケロ「断片」

*花は半開を看、酒は微酔に飲む。この中大いに佳趣あり。
——洪自誠「菜根譚」

*酒は何ものをも発明しない、ただ秘密をしゃべるだけである。
——シラー「ピッコロミニ父子」

*酒は茶の代わりになるも、茶は酒の代わりにならず。
——張潮「幽夢影」

*身後金を堆《うずたか》くして北斗を拄《ささ》うとも、生前一樽《いっそん》の酒に如《し》かず。（死後、北斗星にとどくほどの金を遺すよりも、生きているうちの一樽のほうがよい）
——白居易「勧酒」

*酒に薬用の名あり、酔を買うべき名義に窮するものは愚なり。
——長谷川如是閑「是如閑語」

*酒がはいると英知が出ていく。
——ハーバート「知恵の投げ槍」

*酒は天の美禄。百礼の会酒に非ざれば行われず。（あらゆる儀式には酒がつきもの）
——班固撰「漢書《じょ》」

*酒は百薬の長。
——同右

*女と酒と歌を愛さない者は、一生の間阿呆のままだ。
——フォス「詩」

*二度子どもになるは老人のみならず、酔払いも然り。
——プラトン「法律」

*酒が少量であればあるほど、頭は冴えて血は冷ややかになる。
——ペン「孤独の報い」

*一杯は人酒を飲み、二杯は酒酒を飲み、三杯は酒人を飲む。
——「法華経」

*酒を水のように飲む者は酒飲みに値しない。
——ボーデンシュテット「断片」

*酒と人間とは絶えず闘い合い、絶えず和解している仲のよいふたりの闘士のような感じがする。負けたほうがつねに勝ったほうを抱擁する。
——ボードレール「酒とアシーシュ」

*植物性の神饌《せん》として、私はお前の体内に流れ込もう。われらふたりの睦《むつ》みから、さながら珍しい花のように、神のほうへとほとばしる詩歌が生れるようにと、私は永遠の種蒔く人の蒔いた貴重な穀粒だ!
——同右「悪の華」

*酒は働く人に大いなる力を増大せしむ。

——ホメロス「イリアス」

*飲酒の十徳。礼を正し、労をいとひ、憂いをわすれ、鬱をひらき、気をめぐらし、病をさけ、毒を解し、人と親しみ、縁をむすび、人寿を延ぶ。

——柳沢淇園「雲萍雑志」

*酒の個人的又は家長専制的なるに反して、菓子の流布には共和制の趨勢と謂《い》おうか、少なくとも男女平等の主張が仄《ほの》見える。

——柳田国男「豆手帳」

*百薬の長とはいへど、万《よろ》づの病は酒よりこそ起これ。

——吉田兼好「徒然草」

*酩酊は一時的な自殺である。

——バートランド＝ラッセル「幸福の征服」

*酒は猶《なお》兵のごとし。（酒は武器のようなもので、誤って用いると身を破滅させる）

——李延寿編「南史」

*人生意を得なば、須《すべから》く歓を尽くすべし、金《こがね》の樽《さかだる》をして、空しく月に対せしむること勿れ。

——李白「将進酒」

*我歌えば月は徘徊《はいかい》し、我舞えば影は凌乱す。醒時、同じく歓を交《ま》じえ、酔後、各々分かれ散ず。（独酌しているうちに月が出て、自分と月と影の三人で酒盛りをしている「酒中の趣」をうたったもの）

——同右「月下独酌」

*酒入れば舌出《い》ず、舌出ずる者は言失す、言失する者は身を棄つ。

——劉向《きょう》撰「説苑《ぜいえん》」

*酒と美しい娘は二本の魔の糸。経験を積んだ鳥もこれにはまんまと引っかかる。

——リュッケルト「東方のバラ」

*酒は一種の心の臙脂（紅の顔料）である。わたしたちの思想に、一瞬間化粧を施す。

——レニエ「どんく」

*肉多しと雖も食の気に勝たしめず。唯酒は量なし、乱に及ばず。（肉を食らうときには定量があるが、酒には定量がないから、乱れない程度に飲め）

——「論語」（孔子）

健康・病気→食（事）と料理、医学（者）

「疾病でない」ことを乗り越えた完全主義の健康法が普遍化すると、健常人は皆無となる。これは「命より健康が大切」という発想につながる。大げさな健康法は病気を治療するよりも厄介な心の病となる。

*最高の健康には一つの限界あり、つねに病気と隣り合わせなり。

＊健康には自由がある。健康はすべての自由で第一のものである。

——アイスキュロス「アガメム・ノン」（ミケーネ王）

＊健康は身体のコンディションの問題ではなく、心の問題である。

——アミエル「日記—一八六六・四・三」

＊病気は、いわゆる人間必滅の心の経験である。病気は身体に現れた恐怖である。

——エディ夫人「科学と健康」

＊病気は身体の障害なるも、気にせざる限り意志の障害にあらず。

——同右

＊健康は第一の富である。

——エピクテトス「説話」

＊予防は治療にまさる。

——エマーソン「人生読本」

＊養生の要《かなめ》は自《みずか》ら欺くことをいましめて、よく忍ぶにあり。

——エラスムス「痴愚神礼讃」

＊精神の闘いでは、独身者のほうが世帯者よりもずっと危険をおかし得る。

——貝原益軒「養生訓」

＊運動と節制は、老境になっても、なんらかの若い力を維持し得る。

——キェルケゴール「人生行路の諸段階」

＊魂の病は身体のそれよりも危険であり、かつ怖ろしい。

——キケロ「書簡集」

＊歯固《はがため》の歯一枚もなかりけり。（歯は齢《よわい》を意味し、しっかり噛むことが健康の源泉である）

——同右

＊忠言は耳に逆うも、行動するに益あり。毒薬（苦い薬）は口に苦《にが》けれど病に役立つ。（劉邦を諫めた張良の言）

——小林一茶「歯固」

＊病《やまい》膏肓《こうこう》に入る。（膏は心臓の下にある脂肪、肓は横隔膜の上の薄い膜、病気が重くなって治す方法がない）

——司馬遷編「史記」

＊健全な肉体は健全な心の生産物だ。

——「春秋左氏伝」

＊ある種の治療は病気より悪し。

——バーナード＝ショウ「革命主義者のための格言」

＊何を食《くら》い、何を飲まんと生命《いのち》のことを思い煩い、何を着んと体のことを思い煩うな。生命は糧にまさり、体は衣に勝るならずや。

——シルス「箴言集」

——「新約聖書—マタイ伝六章二五節」（イエス）

＊肥満は未開人には見られないし、食べるために働き、生きるために食べている社会階層にも現れない。

——サヴァラン「味覚の生理」

＊病は一般的に死が達成する平等というものの始まりだ、といえるかもしれない。
——サミュエル＝ジョンソン「ランブラー誌」

＊健康の維持はわれわれの義務である。生理学的道徳ともいうべきものの存することを知る人は稀である。
——ハーバート＝スペンサー「社会静学」

＊身体の健康と健全なる状態はすべてカネにまさる。
——「聖書外典—キリストの知恵三〇章一五節」

＊人間の病気のうちにて必要より辛いものはなし。
——ソフォクレス「断片」

＊ただ健康のみが人生なり。
——ハーゲドルン「警句詩」

＊人間は自分のことをいっこうに知らないものだから、多くの人々は健康であるのに死んでいくように思い、また、多くの人々は死にかけているのに健康だと思う。
——パスカル「パンセ」

＊病気の治療薬よりも、それを防ぐ方法を私は捜す。
——パスツール「語録」

＊極度に激しい疾患には、極度に激しい治療が最も有効である。
——ヒポクラテス「箴言」

＊河の氾濫が土を掘って田畑を耕すように、病気はすべて人の心を掘って耕してくれる。病気を正しく理解してこれに堪える人は、より深く、より強く、より大きくなる。
——ヒルティ「新書簡」

＊病人というものは、正常な人よりも己の魂により近く迫るものだ。
——プルースト「楽しみと日々」

＊ノイローゼは性の倒錯のネガである。
——フロイト「三つの性論」

＊健康な身体は魂の客間であり、病身は監獄である。
——ベーコン「学問の進歩」

＊病気は千もあるが、健康は一つしかない。
——バルネ「戯曲論」

＊人生にとって健康は目的ではない。しかし最初の条件なのである。
——武者小路実篤「人生論」

＊病気は精神的幸福の一形成である。病気はわれわれの欲望に、われわれの不安に、はっきりした限界を設けるのだからだ。
——モロア「愛の風土」

＊健康は実に貴重なものである。これこそひとがその追求のために、単に時間のみならず、汗や労力や財宝をも、否、生命さえも捧げるに価する唯一のものである。
——モンテーニュ「随想録」

＊健全なる精神は健全なる身体に宿る。
——ユヴェナリス「諷刺詩」

＊やかましい養生のおかげで、やっと自分の健康を保っているのは、何かやりきれない病気を患っているようなものである。

——ラ・ロシュフーコー「箴言集」

＊健康の感じは病気によってのみ得られる。

——リヒテンベルク「人間学について」

＊棺を鬻《ひさ》ぐ者は歳の疫ならんことを欲す。（葬儀屋は疫病の流行を望む）

——劉安「淮南子《えなんじ》」

＊薬は病気の人間を、数学は悲しむ人間を、神学は罪深い人間を生む。

——ルター（ツィンクグレフ「箴言集」より）

＊病は快楽の税金である。

——レイ「イギリスのことわざ」

睡眠と休息

睡眠と休息はやさしい姉妹である。この姉妹は、労働後の疲労を癒してくれる二つの快い枕である。だが、あまり永い休みは倦怠を招く。

＊ひとたび睡眠というこの青春の泉にひたすと、私は自分の年齢をあまり感じないし、自分がまだ健康であると信ずることができる。

＊眠りにはすばらしいものが用意されている。すばらしい目覚めがそれである。だが、すばらしい眠りなどありはしない。

——ジイド「日記」

＊快い眠りこそは、自然が人間に与えてくれるやさしい、なつかしい看護婦だ。

——同右「地の糧」

＊生きることは病気である。眠りが十六時間ごとにその苦しみを軽減してくれる。眠りは一時的な緩和剤であり、死は特効薬である。

——シェークスピア「ヘンリー四世」第二部三幕一場

＊睡眠は死からの負債である。睡眠は生命を維持するために、死から借りるものである。

——シャンフォール「格言と省察」

＊眠るは起きんがためなり、休息するは労作せんがためなり。

——ショウペンハウエル「パレルガとパラリポーメナ」

＊睡眠《ねむり》は死の姉妹《はらから》、限りある生命の象徴《しるし》とわれに人は告ぐれども、ひたすらに、この脆《もろ》き生命《いのち》、運命《さだめ》にゆだねばやこの夢を、天上の歓びの兆候と思わば。

——徳冨蘇峰「文学社会の現状」

＊真夜中前の一時間の睡眠は、午前三時後のそれより価値がある。

——バイロン「M・S・Gに」

＊己の寝台を己のための寺院とせねばならず。
——ハーバート「知恵の投げ槍」

＊眠りはまぶたを蔽うや、善きも悪しきも、すべてを忘れさせるもの。
——ピタゴラス「卓談」

＊ベッドはわれわれの全生涯を包む。というのは、われわれはベッドで生れ、生活し、そこで死ぬのだから。
——モーパッサン「ベッド」

＊休息はよいことであるが、倦怠はその兄弟である。
——ヴォルテール「放蕩児」

＊疑う余地のない純粋の歓びのひとつは、勤勉のあとの休息である。
——カント「語録」

＊休息が永すぎるとカビが生える。
——ウォルター＝スコット「婚約者」

＊日曜日は週間のあらゆる罪を拭い去る海綿だ、と多くの人々は考えている。
——ヘンリー＝ビーチャー「人生の思考」

＊多すぎる休息は、少なすぎる休息と同じく疲労させる。
——ヒルティ「眠られぬ夜のために」

＊あまり永すぎる休息は苦痛なり。
——ホメロス「オデュッセイア」

＊怠け者は休息を楽しむことを知らない。そのうちはげしい労働は身体に休息を与えないのみならず……心に平和をも与えない。
——ルボック「人生の悦び」

＊日曜日は、週間の巻物を一緒に閉じる金の止め金だ。
——ロングフェロー「休日」

医学（者）→健康と病気

人命救済に医学が貢献してきたことは確かだが、医術と医療の進歩の思い上がり、「死を不倶戴天の敵」として人格化し、医者は患者の下僕《しもべ》たる使命を忘れ、生命の奉仕者をもって自任し、延命治療を施す風潮が医学界の精神風土になっている。これは、静かに死に往く人間に対する奉仕ではなく、死を抹殺する傲慢な冒瀆である。

＊医者というものは、ほとんどわかっていない未知の患者の病気を治療するため、自分でもわかっていない薬を処方する。
——ヴォルテール「格言集」

＊医者は人間を弱いもの、弁護士は人間を悪いもの、牧師は人間を愚かなものとみる。
——ショウペンハウエル「断片」

＊予防に優る治療なし。

*医者よ己を癒せ。

——シルス「箴言集」

——「新約聖書—ルカによる福音四章二三節」

*この世で最上の医者は、食養生博士・安静博士・快活博士である。

——スウィフト「優雅なる会話」

*医の業は習熟にあらざれば其の妙処は得がたし。此の故に一人にても多く病者を取扱ひ、功を積みたる上ならでは、錬熟する事は成り難しと知れり。

——杉田玄白「形影夜話」

*宰相と為《な》らずんば、則ち良医と為れ。

——「宋史」

*名外科医は腕によって手術するので、ハートによってではない。

——デューマ（大）「語録」

*歯医者——お前の口に金属を入れ、お前のポケットから硬貨を引き出す男。

——ビアス「悪魔の辞典」

*医術は三つの要素から成る、疾病と患者と医師なり。医師は医術の下僕《しもべ》なり。患者は医師とともに疾病と闘わねばならず。

——ヒポクラテス「流行病」

*生命は短く、学術は永し。（ここでは学術は医術の意）

——同右「箴言」

*極度のはげしい疾患にはきびしい治療が最も有効なり。

——同右

*神は癒し、医者が治療代をとる。

——フランクリン「貧しいリチャードのアルマナック」

*大半の薬が無価値であることを知っているのが名医だ。

——同右

*善意の虚言の美徳は、医学を生業《なりわい》とする者の初歩のイロハである。

——プールジェ「死」

*医者と弁護士には真実を隠しておけない。

——フロリオ「最初の果実」

*自然の活力と時間と辛抱の三つが最も偉大な医者である。

——ボーン「格言のハンドブック」

*医者どもは何もいいことはしてくれないが、少なくとも患者から少しずつ生命の使用を掘り崩し、切り取って彼を早くから死に備えさせてくれる。

——モンテーニュ「随想録」

*よき医者とは、特効のある薬と治療法を有している者をいう。それを持っていない場合には、持っている医者に自分の患者を依頼する者をいう。

——ラ・ブリュイエール「人さまざま」

*医者はわれらの主なる神の修繕工なり。

——ルター（ツイングレフ「箴言集」より）

服装・服飾と流行

元来、流行品は独創性の豪華な服飾品で、大衆には高嶺の花だった。ところが、商業資本は毎年、風変わりな服飾品を大量生産して、ファッションとPRする。愚かな大衆は、安いがゆえにこれを、身に付ける。これは一律性の制服と同じだ。商業資本のつくるファッションほど横暴なものはない。

＊制服というものは、人間に安堵と尊敬とを同時に与える。そして、すべての服装は多かれ少なかれ制服である。

――アラン「美学入門」

＊美しい鳥は必ずしも美しい羽毛からではない。（「馬子にも衣裳」の反対）

――イソップ「寓話」

＊袈裟ごろもありがたそうに見ゆれども、これも俗家の他りき本願。

――一休「語録」

＊衣類の事木綿紬《つむぎ》の間《かん》たるべし、食は黒飯たるべし。

――加藤清正「清正記《せいしょうき》」

＊人は人間を着物をとおして洞察せねばならない。そして、着物を無視することを学ばねばならない。

――カーライル「サルトル・リサルタス」

＊女というものは、自分の前を通ったよその婦人が自分に注目したか、否かを直感的に悟る術を心得ている。というのは、女が身を飾るのけ、ほかの婦人たちのためだからである。

――キェルケゴール「追憶の哲理」

＊ぼろ服は徳行のために身にまとったときには王衣である。

――キャンベル「白い奴隷―三幕」

＊ただ服装を重んじて人を重んぜず。

――「五燈会元《ごとうえげん》」

＊道心の中に衣食あり、衣食のなかに道心なし。

――最澄「伝教大師御遺訓」

＊上機嫌は、社交界において着ることのできる最上の衣裳の一つであるといえよう。

――サッカレー「服飾の什立てと着付けについて」

＊沐猴《もくこう》にして冠す。（立派な服装をしていも、知や心がそれに似合わない）

――司馬遷編「史記」

＊服の衷《ちゅう》ならざれば身の災いなり。（身分不相応の服装をするのは、身の破滅となる）

――「春秋左氏伝」

＊金衣玉食を以て君とし、敝衣《へいい》糲飯《れいはん》を以て民となすべからざる事を知るべし。

*人品を拝まずして衣裳を拝むは人類の通癖なり。

——松平定信「国本論」

——山路愛山「明治文学史」

*流行はつねに、生れながらの不器量や年齢の与える不快感をできるだけ少なくしようと心がける。

——アラン「芸術語録」

*流行は、人目につきたくない人が目につきたい人を模倣することにあるから、その結果、流行は自動的に変化する。だが、商人がこの流行の振子を調整する。

——ヴァレリー「ありのまま」

*人が流行と称するものは、瞬間的な伝統である。そしてあらゆる伝統は、流行と同列になろうとする一種の必然性を備えている。

——ゲーテ「格言集」

*流行にろくなものなし、ついて見るにうなずかるるふし絶えてあらず。

——斎藤緑雨「あられ酒」

*流行の推移は、貧者の巧知が富者の虚栄心に課する税金である。

——シャンフォール「格言と省察」

*ある時代において目新しいものは、その二世代前に流行ったものの復活版にすぎない。

——バーナード＝ショウ「清教徒のための戯曲―序」

*流行——賢者が嘲笑しながらも、その命令に従う暴君。

——ビアス「悪魔の辞典」

*愚者が流行をつくり、賢者がそれを着る。

——フラー「格言集」

*流行は生活様式や社交で、芸術を写実しようと試みるものにすぎない。

——ホームズ「朝の食卓の大学教授」

*女という女が同じ形に屈服している社会では、一律性を拒むことがいちばんの独創だ。だからいちばん単純な女が最も単純でなく、……装身具を付けないことが装身具を付けることになる。

——モロア「一つの生活技術」

*世上にもてはやされる人間は永続きしない。けだし、流行は移り変わるからである。

——ラ・ブリュイエール「人さまざま」

*流行を追う女は、つねに自分自身に恋している。

——ラ・ロシュフーコー「箴言集」

*流行はつねに前進していく。そして、精神の似而非自由が絶えずせり上がっていく。ほとんど誰もそれに抵抗しようとはしない。

——ロマン＝ローラン「ジャン・クリストフ」

*流行は見るに堪えられないほど醜い外貌をしているので、六ヵ月ごとに変えなければならないのだ。

——ワイルド「理想の夫」

住い

安価な住宅に甘んじている者は、一生スラムの生活を送ることになるし、どんな最新型のマンションも、早晩スラム化する。

＊商人職人《あきんど》によらず、住みなれたる所を替《か》はる事なかれ。石の上にも三年と俗言に伝へし。

——井原西鶴「織留」

＊建築術は凝固した音楽である。

——シェリング「芸術哲学講義」

＊雨季にはここに住まん、夏季にはかしこに居を定めん。

——釈迦「説話」

＊慧《さと》き人は……磐の上に家を建て、愚者は……砂の上に己の家を建てる。

——「新約聖書—マタイ伝七章二六節」

＊建築は凍った音楽である。

——スタール夫人「語録」

＊家に始終いることは精神病の一種をはぐくむ。この意味においてどんな家も病院だ。

——ソロー「ジャーナル」

＊立派な家を悪い敷地に建てる者は、みずからを牢獄にゆだねる者である。

——ベーコン「随筆集」

＊アパートメントの魂はじゅうたんにある。

——ポー「家具の哲学」

＊建築は生活の方法である。

——ライト「語録」

IX

自然環境と文化・文明

自然―――435
動物と植物―――439
世界・宇宙―――440
文化と文明―――442
変化・変革―――446
改革と革命―――448
歴史(家)―――452
世論とジャーナリズム―――456
書物と読書―――460
文学・小説と文人―――465
手紙・日記―――468
詩(人)―――408
演劇・役者―――471
科学と機械―――473
技芸・技術―――477
美―――478
芸術(家)―――480
絵画(家)と彫刻(家)―――486
音楽(家)―――488
批評(家)―――490

善と悪の相住むところ、それが都市だ。

——ヒンドゥーのことわざ——

●

ほかのことはみんな忘れ去っても、覚えているもの、それがカルチャーだ。

——イギリスのことわざ——

自然→動物と植物、文化と文明

人間は進化するにつれて、種が個体に優先する天然自然を、個体が種《スペーシス》に優先する第二自然＝人工自然を創って近代化をとげた。この近代化が自然の破壊につながることを知って、人間は慌てて自然復権運動によって「自然還り」を唱えている。ところが、それが懐古的な感傷の論理になり、かえって甘い危険思考になっている。

＊自然を愛するのは、自然が我々を憎んだり、嫉妬しないためでもないことはない。
——芥川龍之介「河童」

＊すべての芸術、すべての教育は、単に自然の付属物にすぎぬ。
——アリストテレス「断片」

＊自然が叫ばれる頻度とはうらはらに、今日ほど自然の認識の貧困の時代はない。
——今西錦司「自然の提唱」（「季刊人類学」一四巻三号）

＊自然は人間の施す教育以上の影響力をその裡にいだいている。
——ヴォルテール「モリエールの生涯」

＊自然の自然は自然なり。自然主義者の自然は不自然なり。

＊自然に強制を加えてはならず。むしろ、これに従うべきなり。
——内村鑑三「聖書之研究」

＊自然の真実と単純さはつねに重要な芸術の窮極な基礎であった。
——エピクロス「断片」

＊万緑叢中に紅一点あり、人を動かす春色は須《すべか》らく多かるべからず。
——王安石「石榴の詩」

＊夫《そ》れ、混元既に凝《こ》りて気象未だ効《あら》はれず。名も無く為《わざ》も無し。誰れか其の形を知らむ。
——太安万侶「古事記—序文」

＊春が来ても、鳥たちは姿を消し、鳴き声も聞こえない。春だというのに自然は沈黙している。
——カーソン「沈黙の春」

＊自然界の保全について、われわれが慎重を欠いていたことを未来の世代はけっして許さぬだろう。
——同右

＊自然にあるすべてのものは法とともに行動する。
——カント「断片」

＊大自然の秩序は宇宙の建築家の存在を立証する。
——同右

＊造化《ネーチュア》は人間を支配す、然れども人間も亦た造化を支

配す、人間の中に存する自由の精神は造化に黙従するを肯ぜざるなり。

——北村透谷「内部生命論」

＊すべてのものは土から生じ、ついにはすべて土に還る。

——クセノファネス（ディオゲネス「クセノファネス」より）

＊自然は、もし、彼らがそれを用うる術を知りなば、すべての人々に幸を与うるなり。

——クロディアヌス「短詩」

＊神と自然から離れて行動することは困難であり、危険でもある。なぜなら、われわれは自然をとおしてのみ神を認識するのだから。

——ゲーテ「シュトラスブルク時代の感想」

＊自然は絶えずわれわれと語るが、その秘密を打ち明けはしない。われわれはつねに自然に働きかけ、しかも、それを支配するなんらの力もない。

——同右「自然に関する断片」

＊自然の巻物は知識の本である。

——ゴールドスミス「世界市民」

＊冬来りなば、春遠からじ。

——シェリ「雨風に寄せる歌」

＊未来を見る眼を失い、現実に先んずるすべてを忘れた人間は、その行きつく先は自然の破壊である。

——シュヴァイツァー「文化と倫理」

＊電離した放射能は、環境汚染の最も深刻な作用物となり、地球上の人間の生存にとって最大の脅威となっている。

——シュマッハー「スモール・イズ・ビューティフル」

＊蓬《よもぎ》麻の中に生《お》いて扶けずして自《おのず》から直し。（茎の曲がったよもぎでも、茎のまっすぐな麻の中で育成されると、曲がらずに伸びる。自然環境に支配される意）

——「荀子」

＊自然は無限に分割された神である。神と自然は、完全に相等しい二つの偉大な力である。

——シラー「哲学的書簡」

＊こちふかば　にほひおこせよ梅の花　あるじなしとて春なわすれそ

——菅原道真

＊われわれのモットーは、周知のごとく自然に従って生きよ。

——セネカ「書簡集」

＊春宵一刻値千金、花に清香あり。月に陰あり（春の宵の快適さをうたった名句）

——蘇東坡「春夜詩」

＊自然は神の芸術なり。

——ダンテ「断片」

＊自然は人間を嫌う。

——デカルト「断片」

＊自然現象の不思議には、自分自身の眼で驚異しなければならぬ。
——寺田寅彦「随筆集」

＊国破れて山河あり。
——杜甫《とほ》「春望詩」

＊芸術には誤謬があるかもしれないが、自然には誤りはない。
——ドライデン「寓話」

＊自然に人情は露ほども無い。之に抗するものは容赦なく蹴飛ばされる。之に順うものは恩恵に浴する。
——長岡半太郎「随筆」

＊すべて自然でないものは不完全である。
——ナポレオン「語録」

＊われわれは人を愛する心の薄きにあらず、自然を愛する心の深きなり。
——バイロン「断片」

＊自然を咎むな。自然はその分をなした。汝は汝の分をなせ、知恵を疑うな。
——同右「楽園喪失—八」

＊自然は神が書いた偉大な巻物である。
——ハーヴィ「語録」

＊自然はそのすべての真理を、それぞれそれ自身の裡においた。われわれの技巧は、それらの一方を他方の裡に閉じ込めようとする。だが、それは自然的ではない。

＊見よ、われはるかにのがれさりて野に住まん。
——パスカル「パンセ」

＊自然にも国家と同じように多くの法律があったならば、神でも自然を支配し切れないであろう。
——ブルーノ「詩編」

＊エジプトはナイルの賜物。
——ベルネ「白鳥狂」

＊自然は人類を二人の君主、つまり苦痛と快楽の支配下においてきた。
——ヘロドトス「歴史」

＊自然は神が世界を支配する技術である。
——ベンサム「道徳と立法の原理—序説」

＊山は静かにして性をやしなひ、水はうごいて情を慰《いや》す。
——ホッブス「断片」

＊人生のあらゆるこびが失せると、臆病者はこっそりと死に、勇者は生き残る。
——松尾芭蕉「洒落堂記」

＊死滅しないものとは何か。自然であり、美である。
——マルティアリス「諷刺詩」

＊春眠暁を覚えず、処々にして啼鳴を聞く。夜来風雨の声、花落つることを知りぬ多少ぞ。
——武者小路実篤「人生論」

＊自然は色彩の移行段階を知るだけで、色彩そのものは
——孟浩然《もうこうねん》「春暁」

知らない。

——モルゲンシュテルン「階段」

*自然はやさしい案内者である。賢明かつ、公正で、しかもやさしい。

——モンテーニュ「随想録」

*自然は人生への入口を一つしか定めなかったが、人生からの出口は何千も教えた。

——同右

*折節の移り変はるこそ、物毎にあはれなれ。

——吉田兼好「徒然草」

*山岳はすべての風景の始めであり、終わりである。

——ラスキン「真実と美しい山岳」

*清風朗月一銭の買うを用いず。

——李白「襄陽曲」

*自然は女性を原理に従うよりも感情に従って行動するように創った。

——リヒテンベルク「人間学について」

*大地よ、お前の哀しい願いは、目に見えぬものとなって、私たちの心の裡に甦ることではないのか。

——リルケ「断片」

*自然と美徳は、社会や財産の産物である学問と芸術によって害される。

——ルソー「科学芸術論」

*自然を見よ。そして自然が教える道をたどっていけ。

自然は絶えず子どもを鍛える。

——同右「エミール」

*どんなものでも、自然という造物主の手から出るときは善であり、人間の手に渡ってからは悪となる。

——同右

*「自然」は感傷主義には頓着しない。「自然」は自己の目的に達するためには、人間の徳性を踏みつけて通る。

——ロマン＝ローラン「愛と死の戯れ」

*自然は神の黙示であり、芸術は人間の黙示である。

——ロングフェロー「断片」

*われわれはすべて自然を観賞することばかりが多く、自然とともに生きることがあまりに少ないように思われる。

——ワイルド「獄中記」

*「自然」はその美しき創造物《つくりもの》に、わが心に流るる人間の魂を結びつけたり。

——ワーズワース「早春の歌」

*われら、この地上にありて生きる限り、歓びより歓びへと導くは自然の恩恵なり。

——同右（ティンタン寺より数マイル上流で詠んだ詩）

*自然が暴威を振わないところでは自然は合理的な姿に己を現わして来る。

——和辻哲郎「風土」

動物と植物→自然

人間という生物界のアウトローは、己に役立たぬ動植物を死滅に追いやり、己に役立つ動植物をふやすため、遺伝的形質を改造し、人間の保護なしでは生存し得ないアブノーマルな人工動植物を創ってしまった。これは自然摂理に対する冒瀆であり、究極的には生物界を破滅に導くだろう。

＊動物は快い友だちだ。彼らは質問もしなければ、批判もしない。
——ジョージ＝エリオット「断片」

＊蜜蜂が他の動物より尊敬されるのは、勤勉であるからにあらず、ほかの者のために働くからなり。
——クリソストムス「説話」

＊あはれ秋かぜよ情あらば伝えてよ。男ありて、夕餉《げ》にひとりさんまを食《くら》ひて思ひにふけると。
——佐藤春夫「秋刀魚の歌」

＊人間が他の動物より上に立つゆえんは、われわれが冷酷に動物を苦しめ得るからにあらず、彼らを憐れむがゆえなり。
——釈迦「説話」

＊いかなる伝道師も蟻には及ばない。なぜならば、蟻は何も言わないからである。
——フランクリン「断片」

＊忙しい蜂は悲しむ余裕を持たない。
——ブレーク「天国と地獄の結婚」

＊狐はわが身をとがめずに、わなを責める。
——同右

＊猫でも王様を見つめ得る。（「一寸の虫にも五分の魂」と同義）

——ヘイウッド「警句三百」

＊蟻の共和国と蜜蜂の王国に学ぶがよい。蟻は富のすべてを共同に分け合い、政府はなくとも混乱を知らない。蜜蜂は君主の支配はあっても、つねに個々に富と財産を保持する。

——ポープ「人間論」

＊二匹の猫と一匹の鼠、一家における二人妻、二匹の犬に一個の骨、和合することはない。

——ボーン「格言のハンドブック」

＊魚と珍客は三日経てば鼻につく。

——リリィ「ユーフィズ」

＊猫がいないときは鼠が暴れる。（「鬼のいぬ間に洗濯」と同義）

＊猛禽・猛獣は弱い動物を餌食にするから残忍だと言えるが、彼らは「公理」とか「正義」の旗をふりかざし

たことはなく、むしろ犠牲者のほうが食われる瞬間まで、彼らをもっぱら崇拝し、讃美している。

――魯迅「朝花夕拾―犬・猫・鼠」

*植物は人間から見られることを求め、見られることが救済なり。

――アウグスティヌス「断片」

*雑草とは何か？　その美点がまだ発見されていない植物である。

――エマーソン「共和国の繁栄」

*花の色は移りにけりないたづらに　我が身世にふるながめせしまに

――小野小町（「古今和歌集」より）

*朝《あした》に木蘭の墜露を飲み、夕《ゆうべ》に秋菊の落英を餐《くら》う。（世俗を無視して、自然との生活をすること）

――屈原「楚辞」

*美しき花の好《よ》き実を結ぶは、草木にも多からず。

――幸田露伴「諷言」

*植物は枯死して動物を養い、動物の肉体は分解して土地を肥やし、こうして再び植物を育てる。

――シャフツベリ「道学者」

*チュウリップは魂のない花だが、バラとユリは魂を持っているように見える。

――ジューベル「パンセ」

*美人は人語を解するから花にまさり、花は芳香を放つがゆえに美人にまさる。両手に花といかなければ、匂う花を捨てて、もの言う花をとれ。

――張潮「幽夢影」

*花野菜は大学教育を受けたキャベツである。

――トーウェン「断片」

*木は神聖なものである。木と話し、木に耳を傾けることを知るものは真理を知る。木は教養も処分も説かない。木は個々のことにとらわれず、生の根本法則を説く。

――ヘッセ「放浪」

*花　無心にして蝶を招き
蝶　無心にして花を尋ねる
花　開くとき蝶来り
蝶　来るとき花開く
知らずして帝則に従ふ

――良寛「断片」

世界・宇宙

人間が認識し得るのは人間が創った世界で、想像力によって感得している宇宙や自然は、神が創りたもうたもので、神しか、その本当の姿を認識できないものである。

*宇宙はただ一つの物質と、ただ一つの魂とを有する一つの生きものとしてつねに考えよ。

——アウレリウス「自省録」

*われを立つべき場所に与えよ。然らば、われは世界を動かさん。（挺子の原理によって大地を動かせる意）

——アルキメデス「語録」

*人間は年月が経てば、いかようにも事態が変わって来るであろう。世界は青年の部屋であるが、その部屋は老人の世界になる。

——ヴィース「アルペンローゼ」

*それでも地球は動いている。（地動説を破棄することを強いられたときのことば）

——ガリレオ「語録」

*ああ、東は東、西は西、両者の出会うことあらず、大地と空とたちまちに審判《さばき》の御座《みざ》に立つ日まで。

——キプリング「東と西の歌」

*世界はオーケストラにほかならない。われわれはその中の楽器だ。

——コッツェブー「詩」

*世界はきれいな本であるが、その本を読めない者にはほとんど利用されない。

——ゴルドーニ「パメラ」

*東洋の道徳、西洋の芸。

——佐久間象山「語録」

*全世界は舞台だ。そして、すべての男も女もその役者にすぎない。

——シェークスピア「お気に召すまま—二幕七場」

*宇宙は大きな機械というよりも思想に近い。

——ジーンズ「語録」

*東洋の心は無心になること。どこまでいっても無限で、天地の別れがない。西洋は二元の世界。そこには対立があり、一方は他を力で支配しようとする。

——鈴木大拙「断片」

*地球は死んだ歴史の断片ではなく、生きた詩だ。

——ソロー「ウォールデン森林の生活」

*苦辛世界秋風急。（苦辛なる世界、秋風急なり）

——高野長英「獄中から郷里へ送った爪書の一節」

*賢者には大地はいたるところに開かれている。善良なる魂の祖国は全世界なり。

——デモクリトス「断片」

*宇宙には同一のデザイナーのしるしがある。だから、すべてのもの、唯一の、また同一の存在者に帰属するものでなければならない。

——ニュートン「語録」

*割れた卵を再び一つにすることはできない。昨日の世界は死んでしまった。（イギリス植民地政策とインドの旧封建制度を攻撃したことば）

——ネール「演説」

＊世界は登るものと降るものの一つのはしごである。

——フラー「格言集」

＊創造された世界は永劫《ごう》無窮における小さな間劇にすぎない。

——ブラウン「キリスト教道徳」

＊火は土の死を生き、空気は火の死を生きる。水は空気の死を、而して土は水の死を生きる。

——ヘラクレイトス「断片」

＊未知の世界を探求する人々は、地図を持たない旅行者である。

——湯川秀樹「自伝—旅人」

＊宇宙は便《すなわ》ち是れ吾が心、吾が心は即ち是れ宇宙。（陸九淵の唯心論）

——陸九淵「雑説」

＊世界はわれわれを天国から地獄へと運ぶかごにすぎない。かごかきは神と悪魔であり、悪魔が先に立って歩く。

——リヒター「若き物理学者の遺稿から」

＊無名は天地の始めなり。有名は万物の母なり。（無名、つまり道は天地の始めであり、有名、つまり天地は万物の生みの母だ。これは老子の、いわゆる「道」が天地万物の本源であることを明らかにしたもの）

——「老子」

＊世界は一冊の本であり、人間ひとりひとりは活字である。国々は綴《と》じひもであり、時代はページである。

——ローガウ「格言詩」

文化と文明

文化は民族の伝承的遺産で、民族が存在する限り連続性をもって継承されていく。文明はある民族の偉大な文化がほとばしり出た現象で、これが拡散して他の民族を圧倒していく。だが、一つの文明は他の進歩的な文明にとって代わられ、つねに選手交替するので、その生命は短い。いかなる文明も二千年も続いたものがないのが、その証である。文化は文明の潮流の渦の中に巻き込まれて埋没するが、生き存《ながら》えて伝承されていく。

＊人間文化よ、支配せよ、これこそお前の時代である。

——アミエル「日記—一八七一・一一・一五」

＊文化の勝利は国民性を圧倒するところにある。

——エマーソン「卓談」

＊いちじるしく異なる文化を持つ国民間に生ずる貿易摩擦は、文化摩擦が一体となっており、両者を切り離して考えることはできない。

——オルコット「大君の都」

＊真の文化は嫌悪や軽蔑ではなく、同情や称讃の力で生き続けるものである。煩わしいいろいろな覆いがあっ

ても、それは突然、または的確に人間の心の奥底をつくるものでなければならない。

——ジェームズ「記憶と学問」

*力を伴わない文化は、明日にも死滅する文化となるであろう。

——チャーチル「演説」

*「文化」は言語の条件であり、同時に、その産物である。

——デューイ「探究の理論」

*思想と文化は常に民衆の自発的なものであらざるを得ない。

——戸坂潤「哲学の現代的意義」

*「文化国家」とは、近代的観念にすぎない。一方は他方を食って生き、他方は一方の犠牲において繁栄する。文化のすべて偉大な時代は、政治的には没落の時期である。

——ニイチェ「偶像の薄明」

*文化の偉大な瞬間は、道徳的にいえば背徳の時代であった。文明の時期は、最も精神力の強い放胆な天性にとっては我慢のならない時代であった。

——同右「権力への意志」

*キリスト教的欧米文化は「罪の文化」であり、日本の文化は「恥の文化」である。

——ベネディクト「菊と刀」

*それぞれの文化で価値はわずかに異なっている。人々は異なった目的を追求し、異なった衝動を持ち、異なった型の幸福に憧れる。

——マリノフスキー「西太平洋の舟乗り」

*文化とは、往々にして文明開化よりも無知蒙昧《もうまい》を蔽うところの、上張りの板にほかならない。

——マローリ「アーサーの死」

*大衆は文化保存の力である。同時に大衆は文化革新の力である。

——三木清「国民文化の形成」

*文化というものを、上から下へ向かって押しつけてはならない、それは下から盛り上がるはずのものだから。

——リード「政治嫌いの政治論」

*国民的な憎悪心は、文化が低ければ低いほど強い。

——ワイルド「断片」

*優強者が弱劣者を吸収しつつおのれを発展したところに文明も出来、国家もできた。

——岩野泡鳴「刹那哲学の建設」

*真の文明は、すべての人間がみずから主張するすべての権利を、ほかのすべての人間に与えるところにある。

——インガソル「ワシントン・ポスト紙」のインタビュー一八八〇

*文明は、それ自体が吐き出す汚物でよごされている。

＊文明人は鉄道客車をつくったが、自己の足を使うことを失った。

――イング（マルシャン「ディーン・イングの機知と知恵」より）

＊文明とは何か？　すばらしい女性の力だ、と私は答える。

――エマーソン「随筆集」

＊いかに高い文明といえども、長期にわたってそれがさらけ出された多様な危険に耐えることはできなかった。

――同右「雑録」

＊文明は少数者を高めるために多数者を劣等化する。

――エリス「印象と批評」

＊文明人はほとんどつねに一時的に環境の主人になることができた。いちばん厄介な問題は、一時的に主人であるにすぎないのに、永久にそうだという幻想をいだくことである。

――オルコット「卓談」

＊人類の成就した繁栄が偉大であればあるほど、自然法則に逆らう文明没落の因になった。

――カーター、デール「土と文明」

＊近代文明における三つの大なる要素は、火薬と印刷と新教徒の宗教である。

――同右

――カーライル「随筆集」

＊人間はすべて、文明が進めば進むほど俳優になっていく。つまり、人間は他人に対する尊敬と好意、典雅と無私の風を装うが、それにたぶらかされる人はいない。

――カント「人間学」

＊いちばんの獣《けもの》がいちばん賑やかなところに住んでいる。

――グラシアン「世間知」

＊真の文明というものは、すべてある人々が福を植えた結果なのである。

――幸田露伴「努力論」

＊文明とは、麻痺状態のことだ。

――ゴーガン（コークス「今日のプルータク」より）

＊文明は流血の戦場のうえに構築されていて、個々の人々の生存は、ひとりぽっちの断末魔の苦しみの中へ消えていく。

――ジェームズ「宗教的経験の諸相」

＊近代文明を讃美するのは、だいたいにおいて蒸気機関や電信を文明だと思い込んでいる連中である。

――バーナード＝ショウ「革命主義者のための格言」

＊人間の文明は、その臆病さと、その卑劣な屈従とのうえに築かれているから、人間はそれを自己の尊厳だといっている。

――同右「人と超人―三幕」

＊文明とは、いわば漠然とした同質性から明確かつ一貫した異質性への進歩である。

＊野蛮は野蛮を生む。
——ハーバート＝スペンサー「第一原理」

＊先知先覚者は創造する人であり、後知後覚者は宣伝する人であり、不知不覚者は実行する人である。この三種の人々が互いに助け合い協力してこそ、はじめて人類の文明は一日千里の勢いで進歩し得る。
——同右「教育随筆」

＊文明は、みずからを統べることを人間に教えることから構成される。
——孫文「三民主義」

＊増大した収入と増加した閑暇とが、文明人の二つの形態である。
——タッカー「本の中身」

＊熱狂から野蛮にいたるのは一段階にすぎない。
——ベンジャミン＝ディズレーリ「演説——一八七二・四」

＊文明はひとつの運動であり、状態ではなく、また航海であって、港ではない。
——ディドロ「功罪と美徳に関する随筆」

＊私は文明ということばが大嫌いだ。というのは、それは虚偽を意味するからである。
——トインビー「試練に立つ文明」

＊文明のおかげで人間がより残忍になったとは言えないとしても、前よりも残忍さが醜悪になったことは確かだろう。
——トーウェン「自叙伝」

＊真の文明人とは、人生における自己の使命を知っている人間のことである。
——ドストエフスキー「地下室の手記」

＊文明とは、要するに自然に対する一連の勝利のことである。
——トルストイ「読書の輪——一・一八」

＊食を絶ちて殺すは野蛮なり、食を減じて殺すは文明なり。
——ハーヴィ「われわれの位置と今後の方向」

＊文明の進路は錫缶で舗装される。
——長谷川如是閑「如是閑語」

＊富が文明をつくるのではなく、文明が金銭を産むのである。
——ハーバート「知恵の投げ槍」

＊人間というものは、進歩に進歩を重ねた揚句の果てに、文明と名づけられるものの行きすぎのために自滅して斃れてしまう日が来るように思われる。
——ヘンリー＝ビーチャー「プリマウス説教集」

＊賢明な中庸に安定せずに、つねに両性の間を動揺するのが文明の宿命である。（自由競争が独占に転換することを先見した弁証法の論理）
——ファーブル「昆虫記」

＊国家は個人と同じように興亡するが、文明そのものが滅亡することはない。
——フーリエ「四つの運動の理論」

＊考える機械を考案したことにより、人間は機械への服従の最後の一歩をたどった。
——マッツィーニ「語録」

＊国家における奢侈と、極度の文明とは衰退の確かな前兆である。というのは、すべての個人が自己の利益のみ考えて、公益を顧みなくなるからである。
——マンフォード「変貌する人間」

＊食人種は敵を殺して食うのに対し、文明人は敵を殺して葬り、その遺骸の上に十字架を安置し、その霊魂のために祈りを捧げる。
——ラ・ロシュフーコー「箴言集」

＊文明人は奴隷状態において生れ、生活し、死ぬ。誕生においては彼はむつきでくるまれ、死に臨んでは棺桶に釘を打たれる。彼が人間の形式を保有する限り、彼はわれわれの制度に束縛される。
——林語堂「生活の重要さ」

＊文明が花であれば野蛮は蕾《つぼみ》だ。文明が実《み》であれば、野蛮は花だ。だが、文化がすでに停滞した旧国の人民はそうでない。発展が峠を越すと、すぐに頽廃が始まる。
——ルソー「エミール」

——魯迅「墳—摩羅詩力論」

変化・変革→改革と革命、主義

進歩は古い伝統的な価値観の弊害を打破して新しい価値観をつくるが、それがまた弊害となり、再び価値の価値顛倒となる。かくして、変化はつねに流転し、変化そのものは永遠に続けられる。

＊人間が生きている社会基盤は、一瞬なりとも安定することなく、さまざまな変動によってつねに変化する。
——アウエルバッハ「ミメーシス」

＊存在するものは、変化のためにのみに存在することを忘れるべきにあらず。宇宙の大自然にとりて、旧秩序とか姿を変えて旧秩序に似せて新しきものを創造するほど愉しきものなし。
——アウレリウス「自省録」

＊変化こそ唯一の永遠である。
——岡倉天心「茶の本」

＊道徳的理想が多少とも実現されるかは、社会の変化によってのみなしとげられる。
——カウツキー「倫理と唯物史観」

＊変化は苦痛だが、それはつねに必要なものだ。
——カーライル「英雄と英雄崇拝」

＊すべてのものは変化するが、変化のみは不変である。

——ザングウィル「断片」

*ものが変わるのではなく、われわれが変わるのだ。

——ソロー「ウォールデン森林の生活」

*すべてのものが変化するのは明らかだが、実際には消え失せるのではない。物質の総量はつねに同じだ。

——ベーコン「自然輪廻」

*万物は流転す。人は再び流れに身を入れるを得ず。

——ヘラクレイトス「断片」

*変化は存在するが、変化するものは存在しない。

——ベルグソン「直観の哲学」

*曲がりのない道はない。

——リチャードソン「クラリサ・ハルロー」

・進歩

*新しいものの中で最も善きところは、人間の最も古い要請に応える点だ。

——ヴァレリー「断片」

*われわれが進歩と称するものは、ある厄介者を他の厄介者に変えることにすぎない。

——エリス「印象と論評」

*道徳と進歩と改善は、つねに不離不可分の関係にある。

——ガンジー「倫理的宗教」

*日の下には新しき者あらざるなり。見よ、これは新しき者なりと指《さし》て言うべき物あるや、其《それ》は我らの前《さき》にありし世々にすでに久しくありたる者なり。

——「旧約聖書—伝道之書一章九〜一〇節」

*みずからを向上しようと試みることが必要である。この意識は生きている限り持続すべきである。

——クリスティーヌ女王「語録」

*人の心は絶えず進歩しているが、それは環旋状だ。

——スタール夫人「語録」

*進歩は偶然の出来事ではなく、必然である。

——ハーバート＝スペンサー「社会静学」

*進歩とは、価値の置換によって生ずる錯覚にほかならない。

——ブラック「語録」

*進歩が生れるのは、多様性の中の選択からであって、画一性を保持するからではない。

——ラスキン「主権の研究」

*万物は変わらねばならない、より新しいものに、何か変わったものに。

——ロングフェロー「断片」

・伝統

*われわれは自国の伝説を軽蔑するのに、子どもたちには古代の伝説を教える。

——ヴォーヴナルグ「省察と格言」

*古い種子は生命の芽を内部に持っている。それはただ、

新しい時代の土壌に蒔かれる必要があるのだ。

――タゴール「最初の訪日における東大の講演―一九一六」

＊伝統が創造されるというのは、それが形を変化するということである。……伝統を作り得るものはまた伝統を毀《こわ》し得るものでなければならぬ。

――三木清「哲学ノート」

＊古いものはけっして古くはない。新しいものが古くなっただけである。

――リュッケルト「バラモンの英知」

＊最も革命的な人々も、知らないうちに、おそらくいちばん古い伝統の人間となる。

――ロマン＝ローラン「ジャン・クリストフ」

改革と革命→変化・変革、イデオロギー

改革は過去を子ども扱いにし、現在を耄碌《もうろく》呼ばわりし、己よりも先んじて進む革命を排除しようとする。改革者たる資格は、つねに不平不満を持つことにある。革命とは、権力を奪い取る自由の専制をいう。

＊善きにつけ、悪しきにつけ、変革にはある種の救いがある。

――アーヴィング「旅人の話―序」

＊革新を施すのにあまりに困難な場合には、革新が必要でないという証拠である。

――ヴォーヴナルグ「省察と格言」

＊われわれは春と夏には改革者だが、秋と冬には保守の側に立つ。朝は改革者であり、夜になると保守主義になる。改革は積極的であり、保守は消極的である。前者は真理をめざし、後者は安寧をめざす。

――エマーソン「自然論」

＊世の最大の改革は利己的な行為である。

――同右「随筆集」

＊およそ改革は、道徳的改革を除き、結局は無効であることが明らかになろう。

――カーライル「穀物条例の歌」

＊真の改革がライオンやロバの挑戦を受けずに進行した試しはない。

――ギターマン「詩人の名言」

＊改革は内部から成るもので、外部からもたらされるものではない。

――ギボン「ローマ帝国衰亡史」

＊改革への情熱が平和と愛に害を加えるような種類のものであれば、それはすべて本物ではない。

――ウィリアム＝クーパー「愛」

＊改革の風がわれわれの世界にも、共産の世界にも吹いている。われわれはこれを歓迎する。

——ケネディ「大統領年頭教書—一九六三」

*われわれの改革者たちは、「経験」に向かっては、お前は耄碌《もうろく》しているといい、「過去」に向かっては、お前は子どもだという。

——ジューベル「パンセ」

*改革は革命ほどに怖れることはない。というのは、その後の来る反動は、革命後よりもずっと少ないからである。

——ダーリング「法律学」

*人間は三十年代には活力と希望とに満ち、世界を改革しようと欲する。七十歳になっても世界を改革しようと欲するが、自分ではできないことを知る。

——ダロウ「語録」

*進歩的な国では変革は不可避である。

——ベンジャミン＝ディズレーリ「演説—一八六七・一〇・二〇」

*夫れ国人各階級、各職業、皆小成に安んじ易くして、而して大に望むこと無きときは、其国家に在りて実に寒心す可し。

——中江兆民「一年有半」

*変革の手段を持たない国家は、自己保存の手段も持たない。

——バーク「演説」

*改革が勝利を得るために肝要なことは、それがけっして成功を収めてはならないということだ。

——ハズリット「人間学について」

*漸進的な改革者たちは、つねに彼ら以上に進む者を憎む。

——フロード「エラスムスの生涯と書簡」

*時こそが最大の改革者である。

——ベーコン「改革について」

*改革が現在のように、ある階級の専有物になっている限り、それは甲の悪を乙の悪に置換する働きをするにすぎない。

——マッツィーニ「語録」

*民衆が好まない事柄は革新である。

——ワイルド「社会主義下の人間の魂」

*「革命」とは何か。自分の旗に記したある主義の名のもとに、権力の把握に成功した暴徒のことである。

——アミエル「日記—一八七四・二・二七」

*革命は小事にあらざるも小事より発生す。

——アリストテレス「政治学」

*劣者は匹敵者たらんとして反抗し、匹敵者は優者たらんとして反抗せん。かかるは革命を惹起する心の状態なり。

——同右

*マルクスが宗教にはりつけた民衆の阿片という名称は、

宗教が自己の真理に背馳するとき、はじめてふさわしい名称となる。だが、この名称は本質的には革命に適する。革命の希望はつねに麻酔剤である。

——ウェイユ女史「労働の条件」

＊圧制は革命の種子である。

——ダニエル＝ウェブスター「演説—一八四五」

＊すべての革命は、ひとりの人間の心に思いつかれたひとつの思想にほかならなかった。

——エマーソン「随筆集」

＊革命とは、既存の秩序に対する反逆ではない。それは在来の秩序を破壊するに足る一つの新しい秩序の樹立である。

——オルテガ・イ・ガセット「大衆の反逆」

＊革命的精神はすべて人間の条件に反対する人間の抗議のうちにある。

——カミュ「手帖—一九三五～四二」

＊革命を成功させるのは希望であり、絶望ではない。

——クロポトキン「一革命家の思い出」

＊革命前にはすべてが努力であった。革命後にはすべてが要求に変わった。

——ゲーテ「格言集」

＊革命は天也、人力に非ざる也、利導すべき也、製造す可きに非ざる也、其来るや人之を如何ともするなく、其去るや人之を如何ともするなし。

——幸徳秋水「社会主義神髄」

＊インテリというのは真の革命家ではない。暗殺者になるくらいが関の山だ。

——サルトル「汚れた手」

＊革命家は墓場の中においてしか平和を見出さない。

——サン・ジュスト「フランス革命家」

＊単純な熱狂者は迫害者になり得るし、より善良な人々が、その被害者となる。

——ジェファーソン「ヴァージニアに関する覚書」

＊革命の時期は、貧民がその誠実を、金持ちがその財産を、罪のない者がその生命を、確保することのできない時代である。

——ジューベル「パンセ」

＊革命が独裁の重荷を解決するということは、まずない。それは独裁の重荷の担い手を変更するにすぎない。

——バーナード＝ショウ「革命主義のための格言」

＊圧制者の骨の上にのみ人民の自由は築かれ、圧制者の血のみが人民の自治のための土地を肥やす。

——スターリン「演説—一九〇九」

＊一つの騒擾の治安は他の騒擾なり。

——タキトゥス「歴史」

＊革新における最高の権力は多く無頼漢の手にゆだねられている。

——ダントン「国民公会の演説—一七九三・三・一〇」

*諸君は一国民をてこに持ち、自由と理性とを支点に持ちながら、しかも地球をひっくり返せないというのか！

——ダントン「国民公会の演説―一七九三・三・一〇」

*私はかねてより、革命が回避されるべきではないという意見である。

——ベンジャミン＝ディズレーリ「コニングスビー」

*革命はひとつの不幸である。しかし、いちばん大きな不幸は失敗した革命である。

——ハイネ「ベルネ覚書」

*革命は生やさしき手にあらず。

——バイロン「書簡集」

*民衆は情熱から蜂起するのではなく、苦痛の焦慮から反旗をひるがえす。

——バーク「アメリカ植民地の調停における演説」

*最悪の謀反人とは、国王や国家に危害を加える武器をとらず、医者が病人の血を取ることによって癒すように、国王や国家を改善するのに剣を抜くものである。

——バトラー「手帖」

*すべては理性に従う。私は真理の勝利を信ずる。真理が革命的なのは、ただ誤謬が無秩序だからである。革命とは秩序である。

——バルビュス「断章」

*人類の一般事業は、流血にもかかわらず前進するものであり、けっして流血の結果として前進するものではない。

——ピーサレフ「生活のための闘い」

*革命は創造されるものではなく、発生するものである。革命はオーク樹と同じく自然に育つ。その根はずっと過去に横たわる。

——フィリップス「奴隷制度反対協会における演説―ボストン、一八五二・一」

*改革は悪弊の是正であり、革命は権力の譲渡である。

——ブルバー・リットン「一八六六年の選挙法改正案について」

*革命はバラ香水ではできまいが、その根を育てるのはバラ香水である。（バラ香水は、フランス革命におけるミラボーの演説のことば）

——同右「パリっ子」

*人は人類の成長を示す病を革命と名づける。

——ヘッベル「日記」

*バラ香水の革命！

——ミラボー「フランス革命についての演説」

*騒擾を起こすには民衆を必要としない。少数の意を決した指導者と、健全な事由さえあればよい。

——メンケン「偏見」

*革命は暴力ではなく推移であり、主義・主張ではなく法である。

＊哀れ革命よ！　群衆は汝、革命を憎みて嘲弄す。
――モーレイ「妥協について」

＊革命というものは、けっして創造することはできない。人はつねに、すでにある社会の現状に生じている革命に対して、外的承認および法的承認と、その徹底的遂行とを賦与し得るにすぎない。
――ユーゴー「ナポレオン三世」

＊長年月の革命闘争で鍛えられた革命家は、必ずしもみながすぐれた老練な革命家になるとはいえない。
――ラッサール「労働者綱領」

＊多数派が数の力を頼み、憲法上の権利を少数派から奪うようなことがあれば、道徳的にみて革命は正当視されよう。
――劉少奇「共産党員の修養について」

＊一歩前進、二歩後退。
――リンカーン「演説集」

＊革命の時期と進展を示唆することは不可能であり、多かれ少なかれ神秘的な法則に支配されるが、革命が来る場合には急激に進む。
――レーニン「演説―一九一七」

＊具体的なものを抽象的なものにすり替えることは、革命における最重要かつ危険な罪過のひとつである。
――同右「演説―一九一八」

――同右「スローガンについて」

＊「文芸は革命の先駆だ」と言いたがるが、……まず軍隊があってこそ革命はできるので、およそ革命の行われたところは、いつも軍隊がまっさきにやってきたのだ。
――魯迅「而已集―文芸と革命」

＊革命政府は自由の専制である。
――ロベスピエール「演説―一七九四・二」

歴史(家)

歴史とは、それぞれの時代の権力闘争の中で演じられた犯罪と愚行を蒸溜し、「勝てば官軍」を正当視した虚像のロマンを美化した人間劇である。

＊人類史は記号の歴史、つまり宗教の歴史である。
――アラン「人間語録」

＊世界の歴史は一般的な世論に対する権力の闘争にほかならない。権力が世論に従うときは強く、それに逆らうときは崩壊する。
――ヴィニィ「詩人の日記―一八二九」

＊人類史は本質的には思想史である。
――ウェールズ「世界文化史概観」

＊この世界における大事件の歴史は犯罪史のほかの何ものでもない。

——ヴォルテール「哲学辞典」

*歴史は自由な国においてのみ真実に書かれ得る。

——同右「フリードリヒ大王宛の書簡—一七三九・四・二七」

*すべての歴史は嘘である！

——ウォルポール「演説」

*暗殺者は世界の歴史を変えなかった。

——エマーソン「随想録」

*歴史は君主にとってはすぐれた女教師だが、彼女のほうは少々散漫な生徒を持って不幸なのである。

——エンゲル「王侯の鏡」

*史は三長あり。（歴史家は才・学・識の三つに秀でていなければならない）

——欧陽脩「唐書《じょ》」

*政治史というのは、あまりにも犯罪的かつ病的であり、若い人々の学問としてはふさわしくない。彼らは、おとぎ話の中に自分にとっての英雄や悪漢を見つけるべきである。

——オーデン「来るべき世界」

*われわれは、われわれの歴史のなかにわれわれの未来の秘密が横たわっているということを本能的に知る。

——岡倉天心「東洋の理想」

*歴史は農業と同じように、高い丘からではなく谷間から、つまり卓越した人間からではなく、平均的な社会水準から養分を摂取するのである。

——オルテガ・イ・ガセット「大衆の反逆」

*歴史はたいてい役所仕事によって創作されるのです。

——カフカ（ヤヌホ「カフカとの対話」より）

*伝記のみが真の歴史である。

——カーライル「新聞論評」

*歴史はうわさを蒸溜したものである。

——同右「フランス革命」

*まったく歴史とは、そのほとんどが人類の犯罪・愚行・不運の登記簿にほかならない。

——ギボン「ローマ帝国衰亡史」

*三千年の歴史から学ぶことを知らぬ者は、知ることもなく、闇の中にいよ、その日その日を生きるとも。

——ゲーテ「西東詩編—不満の書」

*明鏡は形を照らす所以《ゆえん》、古事は今を知る所以。（明鏡は、形を映し、歴史的事実は、現在を理解するゆえんである）

——「三国志」

*歴史家はうしろ向きの予言者である。

——オーグスト＝シュレーゲル（「アテネーウム誌」より）

*あらゆる歴史は、天国と地獄の両極端の間にある世界の振動の記録にすぎない。一期間というのは、その振子のひと振りにすぎないのに、各時代の人々は、世界がつねに動いているので進歩しているのだと思ってい

る。

——バーナード＝ショウ「人と超人―三幕」

＊あらゆる歴史は、それが当代の証拠によって支持されない限りロマンスである。

——サミュエル＝ジョンソン「著作集」

＊人類史が、失敗に帰した計画と、失望に終わった希望との物語以上であったことは滅多にない。

——同右

＊世界史は世界審判である。

——シラー「諦観」

＊人間の歴史は虐げられた者の勝利を忍耐強く待っている。

——タゴール「迷える鳥」

＊歴史はいつでも敗者に背を向けて、勝者を正しいとするものだということを忘れてはならない。

——ツヴァイク「マゼラン」

＊歴史は繰り返す。

——ツキュディデス「歴史」

＊今日の現実に立って、その現実がいかにして作られて来たのかのみちすじを考えるものである。

——津田左右吉「断片」

＊どの時代の歴史を扱う場合でも、感情をまじえず、偏見を持たないことは、歴史家にとってつねに不可能なことだと思う。

——トインビー「同時代史の研究」

＊歴史とは、合意のうえに成り立つつくり話以外の何ものであろうか。

——ナポレオン「語録」

＊ものの始めを探すことで、人間は蟹《かに》になる。歴史家はうしろ向きにものを見る。ついにはうしろ向きに信ずるようになる。

——ニイチェ「偶像の薄明」

＊歴史——おおかた悪い支配者と、馬鹿な兵士とによって惹起された、おおむね事業ではない出来事に関する、おおよそ誤っている記述。

——ビアス「悪魔の辞典」

＊日本国の歴史はなくして日本政府の歴史あるのみ、学者の不注意にして国の一大欠典と言《ママ》うべし。

——福沢諭吉「文明論之概略」

＊歴史作品を書く秘訣は、無視すべき事柄を知ることにある。

——ブライス「伝記研究」

＊嘘を含まないあらゆる歴史書はすこぶる退屈である。

——フランス「シルヴェストル・ボナールの犯罪」

＊歴史とは「生れ、苦しみ、死んだ」という三つの事実の自覚でも、記録でもない。

——同右

＊母国の歴史の真の研究は、世界史とその法則とを比較

し、関連させて故郷を眺めることであろう。

——ブルクハルト「世界史的考察」

＊誰が歴史をつくるのか。歴史は社会的人間によってつくられる。つまり、彼らこそが歴史の唯一の「要因」なのである。

——プレハーノフ「歴史における個人の役割」

＊人間は世界史の重要な担い手であって、世界史は人類の運命の集合から生ずる。

——ブレンターノ「悪」

＊世界歴史は自由意識の進歩である。

——ヘーゲル「歴史哲学」

＊歴史のない国民は幸福である。

——ベッカリア「犯罪と刑罰」

＊歴史家とは、過去から語りかけて来る亡霊の類である。

——ホフマン「断片」

＊思想の歴史は過誤の歴史である。しかし、あらゆる過誤を通じて、それはまた、行為が徐々に純化される歴史でもある。

——ウィリアム＝ホワイトヘッド「アイデアの冒険」

＊歴史家は、ただ事物の経過を書き留め、評価せねばならないだけであり、みずから事物の決定に参与してはいけない。

——マイネッケ「ドイツの悲劇」

＊歴史とは、文化史以外のなにものでもない。

——同右「国家と個性」

＊歴史は繰り返す、最初は悲劇として、二度目は笑劇として……過去の亡霊を呼び出し、その由緒ある衣裳に身を包み、借りもののことばで演じる。

——マルクス「ルイ・ボナパルトのブリューメル」

＊歴史の任務は、人間の冒険に意味を与えることです、神々がそうであったように。

——マルロー「アルテンブルクのクルミの木」

＊世界史は、不断の闘争が生む永遠の人間劇にほかならない。

——ミシュレー「世界史序説」

＊伝記は断じて小説化《ロマンシエ》になってはならないが、つねに小説的《ロマネスク》であるべきである。

——モロア「アランと小説的なもの」

＊人間がいかなる態度をとるべきかについて、過去のものは、人間に教える力がない。これは、人間がみずから回想する過去のものの光の中で目覚め、みずから決断せねばならないことを意味する。

——ヤスペルス「現代の精神的状態」

＊人間の歴史は自然と深いむすびつきにおける対立と、たたかいの歴史であるということができる。

——柳田謙十郎「弁証法入門」

＊歴史とは、自然との闘争である。

——ラッサール「労働者綱領」

＊歴史は、人間自身がその対象である。歴史に内在する条件のひとつは、歴史が人間のことを把握し、理解し、わからせるように努めることである。

――ランケ「世界史」

＊歴史は人生の方面よりも悪の方面をいっそう強く描き出す。（歴史家にとって革命や困難は面白い材料だが、平和に栄えいく世は材料にならない）

――ルソー「エミール」

＊歴史とは、明確にされた経験である。

――ローウェル「書物と図書館」

＊歴史の目的は、過去の実例によってわれわれの欲望とか行動を導くような知識を教えることにある。

――ローリー「世界史」

＊今日の偉人はすべて自分の意見を持っているが、その伝記を書くのは、いつもユダである。（ユダはキリストを売った使徒で裏切者）

――ワイルド「芸術家としての批評家」

＊歴史は単なるゴシップにすぎない。

――同右「ウィンダミア夫人の扇」

＊虚像で構成されて世にあたえられている歴史に対して、実像を組み立てるのが歴史家である。

――和歌森太郎「歴史の虚像と実像」

世論とジャーナリズム

世論とは、「言論の自由」を錦の御旗に、ジャーナリズムやマスコミが事件を針小棒大に報じて民衆の関心を煽り、作為的につくる「民の声」をいう。世論を公論と考えるのは、ジャーナリズムの論評を単純に受け売りする単細胞の人たちである。つくられた世論を批判するのも言論の自由である。

＊与論《よ》は常に私刑である。私刑は常に娯楽である。

――芥川龍之介「侏儒の言葉」

＊世論の世代は人間の世代と符合しており、かわるがわる良かったり、悪かったりする。

――ヴォーヴナルグ「省察と格言」

＊民衆が議論し始めると、すべてのものが失われる。

――ヴォルテール「断片」

＊予にとりて、真の道理が民衆の意見より価値あり。

――キケロ「哲学談義」

＊検閲を用い、要求するのは権力者であり、言論の自由を求めるのは身分の低い人たちである。

――ゲーテ「格言集」

＊言論の自由を呼号するのは、それを濫用しようとする人間のみである。

——ゲーテ「格言集」

*天に口なし、人をもって言はしむ。

——「源平盛衰記」

*群疑に因って独見を阻むことなかれ。公論を借りて、以て私情を快くすることなかれ。（公論の力で私情を達してはならない）

——洪自誠「菜根譚」

*衆口は禍福の門なり。是を以て君子は衆を省《かえりみ》て動き、監戒《かんかい》して謀《はか》り、謀度《ぼうたく》して行う。救に済《わた》らざるなし。（言論の自由を説く）

——「国語」

*民の口を防ぐは水を防ぐよりも甚し。

——司馬遷編「史記」

*すべてを世論のせいにする人々は、観衆の趣味が低級なので、まずい芝居をして拍手喝采される役者に似ている。

——シャンフォール「格言と省察」

*公憤犯すべからず。

——「春秋左氏伝」

*十目の視る所十手《しゅ》の指す所其れ厳なり。（多くの人々の注目するところはきびしい）

——「大学」

*「この世にて最も美しきものは何か」、「言論の自由」なり。

——ディオゲネス（シノペの）「断片」

*世論とともに考えるような人は、すべて自分で目かくしをし、自分の耳にせんをしている。

——ニイチェ「反時代的考察」

*世論は、いわば世界の女王だが、力は世界の暴君である。

——パスカル「パンセ」

*世論は愚行・弱点・偏見・悪感情・正義感・頑固・新聞の宣伝から成っている。

——ピール「グレンヴィル卿宛の書簡」

*民衆の雄弁家は重要なことについてけしゃべる。だが、いちばん重要なことは己の立身出世なのだ。

——フィーアオルト「ドイツの鉋《かんな》屑」

*世論のために闘う機会を持たないならば、世論は存命し得ない。

——トーマス＝マン「魔の山」

*民を貴しとなす。（民衆の声は尊重せねばならない）

——「孟子」

*真の世論に対して関心を示さないのは、まさに一つの力であり、幸福の源泉である。

——バートランド＝ラッセル「幸福の征服」

*人が大部分の物事を称讃したり、くさしたりするのは、それらを褒めそやしたり、それらをそしるのが流行だからである。

＊支配それ自体は、それが世論に服するときもなお隷属的なものである。なぜならば、被支配者の意見によって支配しているのであり、その人たちの意見に依存しているからである。

――ラ・ロシュフーコー「箴言集」

＊新聞の自由は、いかなる民主国家においても生活の要素である。

――ルソー「エミール」

＊ローマで新聞の検閲があったとしたら、われわれは今日、ホラティウスやキケロの哲学的散文を持たなかったであろう。

――ウィルキー「演説」

＊恐るべき者は新聞記者にあらず、彼等は時勢の従属なり、其指導者にあらず、彼等は時勢の要求に反して何事をも語り得る者に非ず。

――ヴォルテール「断片」

＊新聞は世界の鏡である。

――内村鑑三「所感十年」

＊ジャーナリズムの力は大きい。世界を説得し得るような有能な編集者はすべて世界の支配者ではなかろうか。

――エリス「印象と論評」

――カーライル「フランス革命史」

＊新聞を読まなくなってから、私は心がのびのびし、実に気持ちがよいです。人々は他人のすることばかり気にかけて、自分の手近の義務を忘れがちです。

――ゲーテ「ミュラー宛の書簡―一八三〇」

＊ジャーナリズムは、しばしば現実の文化に巧《たく》まれた一種の戯画である。

――小林秀雄「私の人生観」

＊ニュースのないのはよいニュース。

――コールマン「スプリーン」

＊新聞が自由であり、誰もがそれを読めるときは天下泰平である。

――ジェファーソン「論説集」

＊新聞なき政府か、あるいは政府なき新聞か、そのいずれを持つべきかの決断を迫られたならば、私は一瞬のためらいもなく後者を選ぶだろう。

――同右

＊真実も、あの毒された器《うつわ》（新聞）に入れると怪しくなる。新聞をまるで読まない人は、読む人よりも真実に近い。

――同右

＊新聞ですって？　それは下卑な、憎むべき極悪非道の最たるものです。

――シェリダン「語録」

＊新聞を読まない人たちは幸福である。なぜならば、彼らは自然に眼を向け、それを通じて神を見るからであ

る。

＊まず事実をつかめ、それから思うままに曲解せよ。
——ソロー「随筆集」

＊三つの敵意ある新聞は千の銃剣よりも怖ろしい。
——トーウェン「語録」

＊新聞の強味は、そこで働くひとりひとりが全然、義務も束縛も感じないところにある。
——ナポレオン「語録」

＊議会には三つの階級があるが、その向かい側に、これら三つの階級よりも重要な新聞記者席がある。
——ニイチェ「人間的な、あまりに人間的な」

＊新聞は一般庶民の教授である。
——バーク「演説」

＊新聞は空気のようなもので、絶えずしゃべりまくっている道楽者だ。
——ヘンリー＝ビーチャー「プリマウス説教集」

＊日々の新聞は、善行を完全に称讃することは滅多になく、逆に、ほとんどつねに効果のありそうな、耳目をそばだたせるような悪事を書きたてている。
——ピット（大）「グレンヴィル卿宛の書簡」

＊ジャーナリストは、真実でないとみずから心得ている事柄を語る。しかも、それをしゃべり続けているうちに、真実になるかもしれないと願っている。
——ヒルティ「眠られぬ夜のために」

＊犬が人を噛んでもニュースにならないが、人が犬を噛むとニュースになる。
——ベネット「タイトル」

＊ジャーナリストは公平な批評家であるよりも、むしろ党派的意見の代表者である。
——ボガート「語録」

＊三面記者は何から何まで裁判をしなくてはならない。
——三木清「哲学ノート」

＊新聞のあらゆる編集者は害毒を流している。
——森鷗外「灰燼」

＊すべての新聞記者は悪魔に貢物を貢いでいる。
——ラ・フォンテーヌ「寓話」

＊新聞記者の領分は、たかだか政治について空しい臆測を働かせ、人心の赴くところについて、くだらない当てずっぽをすることにある。
——同右

＊新聞はつねに好奇心をそそる。しかも読み終わったときには、誰でもその好奇心が十分満たされない失望感をいだく。
——ラ・ブリュイエール「人さまざま」

＊文学とジャーナリズムとの親近関係は、見かけだけのものである。前者は芸術であり、永遠をめざすものであるが、後者は時代の動きの中にある営業である。
——ラム「エリア随筆集」

＊今日の新聞・雑誌は嘘の巣窟だ。そして、読者の十中八九までが、嘘にまるめ込まれる可能性がある。
――リルケ「パリの手紙」

＊旧時代の人々は拷問台を持っていたが、今日の人々は新聞を持っている。
――ロマン＝ローラン「内面の旅路」
――ワイルド「社会主義のもとにおける人間の魂」

書物と読書→文学・小説と文人

印刷の進歩で、本のカバーがいちばんよく、虚栄と金儲けのために書かれた悪書が大量に出回り、繰り返して読まれる良書はまことに少ない。多読家の中には、自分で考えることをせず、他人の書いた本から安直に知識を習得している怠け者がいる。

＊書物は大天才が人類に残す遺産である。
――アディソン「スペクテーター誌」

＊古典がすべての学問のうち最も名誉あるものとして尊敬されるようになったのも、時間と労力を浪費した証拠として、また、かかる浪費のために必要な金銭上の力の証拠として古典が役に立つからである。
――ヴェブレン「有閑階級論」

＊序文は一般に、ひとつの弁護演説である。そこで著者が、全力をあげて雄弁を揮っても、自己の立場をより有利にすることはできない。
――ヴォーヴナルグ「省察と格言」

＊有益な本とは、読者に補足を要求せずにおかないような書物である。
――ヴォルテール「格言集」

＊私は古書を大事にする。というのは、何かしら教えてくれるからである。新刊書から学ぶものはほとんどない。
――同右「未知の寄稿者への書簡」

＊物を夜空に索《もと》むるには、火より良きはなし。道を当世に索むるには典（古典の意）より良きはなし。
――王符「潜夫論」

＊良書とは、期待をもって開き、利益を取得して閉じる書物である。
――オルコット「卓談」

＊書物には全過去の魂が横たわる。
――カーライル「英雄と英雄崇拝」

＊書物のうちには、それを読むわれわれが学ぶためにではなく、著者が何かを知っていたことをひけらかすために書かれたと思われるものがある。
――ゲーテ「格言集」

＊貧しき者は書に因《よ》りて富み、富める者は書に因りて貴し。

＊書物は青年時代における道案内であり、成人になってからは娯楽である。
――「古文真宝」

＊書物の中で私は、かつて生活の中で聞いたことのないような思想にお目にかかることは稀だった。
――コリアー「書物の娯楽について」

＊辞典をつくることは物憂い仕事である。
――ゴーリキー「私の大学」

＊ベスト・セラーは平凡な才能の修飾された墓石である。
――サミュエル＝ジョンソン「辞書―序文」

＊書物はジェネレーションの遺産にふさわしい世界の財宝である。
――ローガン＝スミス「後思案」

＊書物は人間の呪いである。現存する書物の九〇％はくだらぬものであり、気のきいた書物は、そのくだらなさを論破するものである。人間にふりかかった最大の不幸は印刷の発明である。
――ソロー「断片」

＊自己の書物について語る作家は、自分自身の子どもについて語る母親と同様に悪い。
――ベンジャミン＝ディズレーリ「ロセア」

＊書物の背とカバーが、いちばんよい部分である本がある。
――同右

＊辞典――一つの言語の自由な成長を阻み、その言語を弾力性のない固定したものにするために考案された、悪意に満ちた文筆関係の仕組み。
――ディッケンズ「オリヴァー・トウィスト」
――ビアス「悪魔の辞典」
＊悪書は知的な毒薬であって精神を毒殺する。
――ヒルティ「幸福論」
＊本というものには――今日ではたいていの本がそうであるが――世の中に本をもう一冊ふやすことのみを目的として印刷される悪書がある。
――フィヒテ「学者の本質と自由の領域におけるその現象について」
＊書物というものは、人間の魂を煩わし、かつ心を怒らすあらゆる種類のイメージを逃避させてくれる魔法の働きだと定義したい。
――フランス「断片」
＊法は死滅するが、書物は不滅である。
――ブルバー・リットン「断片」
＊ある書物は、その味を試み、ある書物は呑み込み、少数のある書物は、よく嚙んで消化すべきである。
――ベーコン「随筆集」
＊この世のあらゆる書物も、お前に幸せをもたらしはしない。だが、書物はひそかにお前をお前自身の中に立ち帰らせる。

＊少なくとも二度繰り返して読まれない本は、すぐれてもいなければ、名著でもない。
——ヘッセ「書物」

＊古書は世界の若者の本であり、新書はその時代の果実である。
——ベネット「私の興味を惹いた事柄」

＊すべての書物は、それが出来上がった後には、著者から離れた独立の運命をもって存在するに至る。
——ホームズ「朝の食卓の大学教授」

＊良書を破滅する者は、みずからの理性を殺し、神のイメージを殺す。
——三木清「パスカルに於ける人間の研究―序文」

＊良書は、死後に生きるように、香料を用いて丁寧に保存された、偉人の書いた生血である。
——ミルトン「アレオパジティカ」

＊書物が有益なものであったならば、世界はずっと前に改革されていたであろう。
——同右「断片」

＊すこぶる退屈なもの、これを称して「序文」という。
——ムーア「印象と意見」

＊良書の要約というものはすべて愚劣なものだ。
——モンテスキュー「ペルシア人の手紙」

＊特別に女子のためにとして作られた書物は、すべて女子を低能たらしめる劣等の書である。
——モンテーニュ「随想録」

＊書物の著者が自分より賢者でなければ、これを読む必要はない。……著者の意見を知るために本を読むのであって、己の意見を発見するがために読むのではない。
——与謝野晶子「断片」

＊本を書くことは、時計をつくるように難しい仕事である。
——ラスキン「読書論」

＊書物よりも人間を研究するほうが必要である。
——ラ・ブリュイエール「人さまざま」

＊賢者の著書のみが、われわれ子孫が浪費できない不滅の富である。
——ラ・ロシュフーコー「箴言集」

＊書物を持つことが教養の証拠になるならば結構なり。しからば、教養の点において多くの書物を持つ本屋たちと誰が競争し得るや。
——ランダー「架空の会話」

＊多数の書物は大きな罪悪である。著作するこの熱病には際限がない。あらゆる人が作家でなければならない。名声を得たいため、名を売りたいという虚栄から著作する者もおり、また、単に金を得たいために著作する連中もいる。
——ルキアノス「無学な書籍収集家に与える」

＊道徳的な本とか、不道徳な本とかいうものはない。書物は上手に書かれているか、それとも下手に書かれているか、それだけの話だ。
――ワイルド「ドリアン・グレーの肖像」

＊われ三日、書を読まざれば、まつ毛暗《くら》し。
――王安石「語録」

＊二度読む価値のない書物は、一度読むにも値しない。
――ヴェーバー「デモクリトス」

＊一穂の青灯万古の心。（書中の疑義を思索していると、ほのかに照る青白い灯の焔が、万古に遡って聖賢の心を照らし、自分も彼らと相対してるような気持ちになる）
――菅茶山「冬夜読書」

＊書物なき室は魂なき肉体のごとし。
――キケロ「哲学談義」

＊読書百遍、意自《おのず》から通ず。
――「魏書」

＊良書を初めて読むときには新しい友を得たようである。前に精読した書物を読み直すときには旧友に会うのと似ている。
――ゴールドスミス「世界市民」

＊青年は老人の書を閉じて、まず青年の書を読むべきである。
――島崎藤村「断片」

＊読書三到。（心到・眼到・口到、すなわち眼でよく見、口でよく読み、心でよく理解すること）
――朱子「訓学斉規」

＊悪書を読まないことは良書を読むための条件なのである。
――ショウペンハウエル『読書と書籍について』

＊読書しているときは、われわれの脳はすでに自分の活動場所ではない。それは他人の思想の戦場である。
――同右

＊書を以て御する者は馬の情を尽くさず。（書物だけから学んだやり方で馬を御する者は、馬の性情をよく知らないから、完全に制御し得ない）
――「戦国策」

＊他人の書物を読むことに時間を費やせ。他人が辛苦せしものによりて容易に己の改善をなしとげ得る。
――ソクラテス「卓談」

＊良本を初めに読め、そうでないと、まるっきりそれらの本を読むチャンスを持たないだろう。
――ソロー「コンコードとメリマック川の一週間」

＊教義は読書によって習得されるが、よりいっそうの必要な教養、つまり世界の知識は読書する人、それにあらゆる種類の印刷本を勉強する人によってのみ習得される。
――チェスターフィールド「書簡」

*書物は心の祝福されたクロロホルムである。

――チャンバース「イギリス文学は何をわれわれに与えるか」

*知新の用を離れて古書を読むのは、要はおぼつかなし。温古の為に温古して、其の古びにかぶれ、想も文教もかびくさくなりゆく。気の毒なり。

――坪内逍遥「読書雑感」

*思考と執筆の間があるように、読書の術がある。

――アイザック＝ディズレーリ「文学の性格に関する随筆」

*無批判的な多読が人間の頭を空虚にするのは周知の事実である。

――寺田寅彦「随筆集」

*あしたに古人のふみを繙《ひもと》き、夕べに西山の雪をみる。

――中勘助「しづかな流」

*他人の血を理解するのは、生やさしいことではない。私は読書する閑人を憎む。

――ニイチェ「ツァラトゥストラ」

*あまりせっかちに読んだり、あまりゆっくり読むときは、何事も理解できない。

――パスカル「パンセ」

*私はあらゆる読者を二つの範疇に区別する。憶えるために読む者と、忘れるために読む者が、すなわちそれである。

――フェルプス「語録」

*私が人生を知ったのは、人と接触した結果ではなく、本と接触した結果である。

――フランス「断片」

*読書は完成人をつくり、結論は機知の人をつくり、筆記は正確な人をつくる。

――ベーコン「随筆集」

*悉く書を信ぜば、書なきに如かず。（ここでいう書は「書経」を指す。書物をうのみにするだけなら、読書しないほうがましである）

――「孟子」

*われわれは読書によって形づくられたが、同時に、われわれにとって大いに意義のあった書物にわれわれの刻印を捺している。

――モーリヤック「内面の記録」

*将来の読書子が歩み入る文の林は、嘗て私たちの跋渉したものよりも、遥かに広漠たる樹海でなければならぬ。

――柳田国男「退読書歴―序文」

*ひとり灯のもとに文《ふみ》をひろげて、見ぬ代《よ》の人を友とするぞこよなう慰むるわざなる。

――吉田兼好「徒然草」

*指導よろしきを得た道徳的訓練と、よく選択された読書とは、ともに踏み迷った人々や無学の人々を支配す

る力、その程度に従い、最も真実な意味で、王者のような力を所有されるにいたらしめる。

——ラスキン「胡麻と百合」(講演一八六八・五)

*人生はすこぶる短く、静穏な時間はごく少ないから、われわれは価値なき本を読んで時間を浪費すべきではない。

——同右

*考えないですませるためにだけ本を読む連中が多い。

——リヒテンベルク「人間学について」

文学・小説と文人→書物と読書、批評(家)

作品を書くのは、己の考え方や創造力を読者に訴えるためであり、他人に迎合するためではない。流行作家は虚名と金を得るために低俗小説を書いている売文家だが、かかる小説を書かせて金を儲けている出版社、否、それを求めている読者層のほうが、もっと低俗だ。

*文学の世界とは所詮、人間臭い世界である。人間好きや、人間的興味の深い、その意味で俗な人間でなければ、永くとどまれる世界ではない。

——青野季吉「文学的人生論」

*文学は商売と芸術とが半々であるときに最も栄える。

——イング「ヴィクトリア時代」

*文学は興味・教訓、それに説教とか宣伝、自分のための修練、他への刺激との間を往来する。

——ヴァレリー「文学論」

*文学は肉声の絵画である。肉声に似ているほど、その文学はすぐれている。

——ヴォルテール「断片」

*ひとつの作品がわいせつ文学に陥るのは、そのわいせつさのためではなく、それが実態から浮き上がっているためである。

——王国維「人間詞話」

*小数の天才や才人だけが創作の権利を壟断した文芸の貴族政治は、過去の事だ。

——菊池寛「作家凡庸論」

*やまと歌は人の心を種として　よろづの言の葉とぞなれりける

——紀貫之「古今和歌集―かな序」

*文学は私のユートピアである。

——ミラー「自叙伝」

*小説はひとつの鏡である。

——サルトル「シチュアシオン・ジョン・ドス・パソス論」

*レコードが、小説から今日の作家が得意とする克明な会話などを清掃してしまう日が来るに相違ない。

——ジイド「贋金づくり」

＊文章の法は、言葉をつづめて、理の現はるるを本とす。
——世阿弥元清「世子六十以後申楽談義」

＊文学は符号のみ、それを注解するものは作者自らの生活ならざるべからず。
——高山樗牛「樗牛全書」

＊筋の面白さは、言い換えれば物の組み立て方、構造の面白さ、建築的の美しさである。
——谷崎潤一郎「饒舌録」

＊小説をつくる時、わたしの最も興を催すのは、作中人物の生活及び事件が展開する場所の選択と、その描写とである。
——永井荷風「濹東綺譚」

＊文学は男子一代の事業となすに足らず。
——二葉亭四迷「語録」

＊文体の清純さと正確さの最大の文学はバイブルである。
——ブレア「説話」

＊物語は、世の中のもののあはれのかぎりを書きあつめて、読む人を深く感ぜしめんと作れるものなり。
——紫式部「源氏物語」

＊文学——文体の共和政体である。
——モリエール「強いられた結婚」

＊文学者の仕事というものは優秀であればあるほど、体系からの創造ではなく、虚無からの創造である。
——横光利一「断片」

＊純文学はたとえてみれば、水の源泉で、私たちのしていることは水道の水のようなものです。水道の水はご飯も炊ければ、水洗便所にも使われる。むくわれることも多いが、堕落することも多い。
——吉川英治「談話」

＊その人たち（文学者たち）がいかなる人であったかよりも、いかなることをなしたかだ。
——ラシーヌ「アンドロマク—四幕一場」

＊文学はつねに人生を予測する。文学は人生を複製はしないが、その目的に人生を鋳造する。
——ワイルド「生の頽廃」

＊文学とジャーナリズムとの相違は、ジャーナリズムが読んで面白くないものであり、文学が読まれないことである。
——同右「芸術家としての批評家」

＊文人は生きているうちは諷刺され、死ぬと称讃される。
——ヴォルテール「書簡」

＊翻訳は作品のあらを大きくし、その美しさをスポイルする。
——同右「叙事詩」

＊書くことは祈りの形式である。
——カフカ「断片—田舎の婚礼準備」

＊悪しき作家とは、読者に理解できない自己の内部での

文脈を考慮に入れながら書く連中である。

——カミュ「手帖—一九三五～四二」

*翻訳者とは、半分しか姿を見せていない美人を愛嬌たっぷりと、われわれに向かってほめそやす仕事熱心なたいこもちである。

——ゲーテ「格言集」

*すばらしい感覚は詩の天才の肉体であり、空想は衣服であり、動きは生命であり、想像は魂である。

——コールリッジ「文学評伝」

*筆は一本なり、箸《はし》は二本なり、衆寡《か》敵すべからず。

——斎藤緑雨「断片」

*ものを書く人は、一切のものを真実のために犠牲にするほど真実を愛さねばならない。

——サン・シモン「虚業者の政治的教理問答」

*短文のうちの長い文体は、小さな家にある大きな部屋のようなものである。

——シェンストン「断片」

*独自な作家とは、誰をも模倣しない者ではなく、誰も模倣できない者である。

——シャトーブリアン「キリスト教精髄」

*すべての文芸は宣伝である。

——シンクレア「断片」

*文体とは思想のスタイルである。

——チェスターフィールド「息子宛の書簡」

*言うべきときのほかは言うな。書かざるを得ないときのほかは書くな。君は作家である。書かざるを得ないときのほかはけっして書いてはいけない。

——トルストイ『徳冨蘆花へのことば』

*文は人なり。

——ビュッフォン「断片」

*ものを書くのは他人のためであって、自分のために書くのではない。

——フォイエルバッハ「日記」

*作家——それは一種の砲兵である。彼はわれわれの前進路を切り拓き、わが党の勤労者に対する共産主義教育の助けになる。

——フルシチョフ「作家の任務に関するソ連作家大会における演説—一九五九・五・二二」

*あらゆる模倣者のうちで、脚本作家が最もつむじ曲がりであり、非良心的であり、自覚性がない。

——ポー「断片」

*脚本作家の仕事は身を隠し、しかも、なんの性格をも現さないところにある。

——マッコーレー「断片」

*作家は創造の熱望を持つか、同時にそれによって食うという罪のない熱望を持つ。そして作家は名声と富を追う。

——セーム「作家論」

＊つれづれなるままに、日ぐらし、硯に向かひて、心にうつりゆくよしなしごとを、そこはかとなく書きつくれば、あやしうこそものぐるほしけれ。

――吉田兼好「徒然草」

＊人は自然の愛するものについてしか書くべきではない。人生の旅路において醜悪であるとか、ありふれているとか思ったものに対して、人の課する罰は忘却と記憶であるべきだ。

――ルナン「思い出」

手紙・日記

手紙も日記も自分に都合の悪い部分を除いて綴られている記録である。とくに公にされるような日記は、染め上げてしたためられているものだ。

＊女の手紙はいかに長いものであっても、女は手紙の最後にしか、けっして自分の最も親密な思いをこめない。

――サン・ピエール「断片」

＊女は手紙の追伸のほかは本心を書かない。

――スティール「スペクテーター誌」

＊私は生涯において郵税に値する手紙は一つか二つだった。

――ソロー「ウォールデン森林の生活」

＊偉大なラヴレターは偉大な女性だけしか書けない。

――ハバード「千と一つの格言」

＊日記――自分の生活の中で、自分自身に対して赤面せず物語ることのできる部分についての日々の記録。

――ビアス「悪魔の辞典」

＊汝は書くことがないと言う。さらば、書くことがないことを書け。

――プリニウス二世「書簡集」

＊手紙――受け取ったときには希望、読んだときには失望。

――プレヴァ「楽天家用小辞典」

＊愛は友情の活力であり、手紙は愛の万能薬である。

――ホーウェル「親しい手紙」

詩（人）　→芸術（家）

詩というのは、詞《ことば》を用いずに、詞を素材にして、ほとばしる情念を結晶化したものである。

＊詩人は世界の心である。

――アイヘンドルフ「詩人に寄す」

＊詩は悪魔の酒なり。

――アウグスティヌス「反懐疑派」

＊詩と雄弁は諸芸術のうちで、むしろ音楽に類似し、散

文は建築・彫刻・絵画に類似する。

――アラン「芸術語録」

＊詩はいわゆる詩であってはいけない。人間の感情生活の変化の厳密なる報告、正直なる日記でなければならぬ。

――石川啄木「食うべき詩」

＊われわれ詩人は部屋の中にいる職人である。

――ヴァレリー「断片」

＊ことばは化石となった詩である。

――エマーソン「詩人」

＊詩とは、感情の解放ではなくて感情からの脱出であり、人格の表現ではなくて人格からの脱出である。

――ジョージ＝エリオット「断片」

＊詩人とは何か。その心はひと知れない苦悩にのたうちながら、その嘆息と悲鳴が美しい音楽に変わってしまうようにできている唇を持った不幸な人間である。

――キェルケゴール「ディアプサルマタ」

＊天来の真の詩は、個々の詩人の内蔵する感情がリズミカルなことばとなって発したものにほかならない。

――キーブル「詩学講義」

＊詩というものは、傑作であるか、さもなければ全然存在してはいけないものだ。

――ゲーテ（エッカーマン「ゲーテとの対話」より）

＊近ごろの詩人たちは、インキに水をたくさん混ぜる。

――同右「格言集」

＊詩はすべての芸術の長女であり、大部分の芸術の両親である。

――コングレーヴ「断片」

＊詩は全然ことばを使わない。詩はことばに奉仕するものだといえよう。詩人とは、言語の利用を拒む人間なのだ。

――サルトル「状況」

＊詩は最上の幸福、最善の精神、最良かつ最高の幸福な瞬間の記録である。

――シェリ「詩歌擁護論」

＊詩人とは、世界の知られざる立法者のことである。

――同右

＊詩を新しくすることは、私にとってはことばを新しくすると同じ意味だった。

――島崎藤村「断片」

＊古代人の詩は所有の詩であり、われわれの詩は憧れの詩である。前者は現在の地盤の上にしっかり立っているが、後者は追憶と予感の間を揺れ動いている。

――オーグスト＝シュレーゲル「講演―演劇と文学について」

＊自由な詩人の胸は放浪の生活を好む。

――フリードリヒ＝シュレーゲル「詩」

＊韻文のない詩句は魂のない肉体である。

——スウィフト「若い詩人への忠告」

＊詩には絵画があり、絵画には詩がある。

——スカルボロー「中国格言集」

＊真の悲劇詩人は、同時にまた真の喜劇作家なり。

——ソクラテス（プラトン「饗宴」より）

＊詩の翻訳は結局一種の親切に過ぎない。

——高村光太郎「明るい詩―序文」

＊詩は、神のことばである。だが、詩は必ずしも韻文の中にのみあるものではない。詩はいたるところに溢れている。美と生命のところに詩がある。

——ツルゲーネフ「ルージン」

＊経世の学に志すものは詩を悪《にく》んで可なり。詩は深くせずんば堂に入らず。堂に入らずんば為さざるに如《し》かず。詩は千万人を犠牲にして一人の天才を得て初めて成るものなればなり。

——永井荷風「偏奇館漫録」

＊詩は歴史を支える地盤である。

——ハイデッガー「思索と詩作との対話」

＊詩は身をことばの世界におき、ことばを素材にして創造される。

——同右「詩論」

＊詩人はいるが、よい詩はない。

——ハイネ「ベルリンだより」

＊詩は学問や技芸でないから、詩人の経歴に成長ということは有り得ない。

——萩原朔太郎「桃李の道」

＊詩は禅の如し。悟《さとり》を得るにあり。

——広瀬淡窓「断片」

＊ことばは、むしろ詩の眠気をもよおす部分であり、想像が詩の生命である。

——フェルサム「決意」

＊歌は、ただ一言葉にいみじくも深くもなるものに侍《はべ》るなり。

——藤原俊成「古来風躰抄」

＊詩はこの世で最も悪しき仮面であり、それによって愚鈍さが己の顔を隠蔽する。

——ブライアント「詩論」

＊詩に生くるは、詩を書くにまさる。

——ブラック「語録」

＊人気を狙う模倣的詩人とその芸術は、当然、人間の霊魂の理性的原理を愉しませ、動かさんとはせず、むしろ模倣しやすき情念的・衝動的な面を模倣す。

——プラトン「共和国」

＊詩は嘘をつく特権を持っている。

——プリニウス二世「書簡集」

＊詩人は、周囲の世界の良心の状態が読み取れる指針であり、地震計です。

——ヘッセ「書簡」

＊私にとって詩は目的ではなく情熱である。

——ポー「断片」

＊詩の目的は真理や道徳をうたうのではない。詩はただ詩のための表現である。

——ボードレール「断片」

＊陽気なものにせよ、悲しげなものにせよ、詩はつねにそれ自体のうちに理想を追う神のごとき性格を持つ。

——同右（「ピエール・デュポン詩歌集」への序）

＊詩は美しさのみにては足らず、人の心を動かし、聞く人の魂を詩の赴くままに導かざるべからず。

——ホラティウス「詩法」

＊詩人とは、尖鋭化したわれわれの階級闘争の中にあって、自己のペンをプロレタリアの兵器庫に捧げる人のことである。

——マヤコフスキー「創作二十周年記念展における演説」

＊わが詩はみだらなれど、わが生活は正し。

——マルティアリス「諷刺詩」

＊詩は、辞《ことば》に拘《こだ》はれれば、理屈に落ちて品なく、情に発すれば、意志を含みて品あり。

——室鳩巣「駿台雑話」

＊歌の本体は、政治をたすくる為にもあらず、身を修むる為にもあらず。ただ心に思ふことをいふより他なし。

——本居宣長『あしわけ小船』

＊即興詩はまさしく才知の試金石である。

——モリエール「才女気取り」

＊詩はあたかも指の間からもれ落ちていく砂のようなものである。

——リルケ「断片」

＊詩は、力強い感情がおのずからほとばしる湧水である。その源泉は、静かに回想された感動である。

——ソイルド「叙情民謡集」

演劇・役者

名優というのは、己を欺いて演じていることを芸だと己に言い聞かせながら道化に徹している空しさに耐え忍べる人間である。彼はいわば、誠実な偽善者だ。

＊悲劇は、憐れみと恐怖を惹起する出来事を含み、それを通して、かかる情緒の悲劇のカタルシスを行う。

（カタルシスとは、医学の古語で心を浄化する作用の意）

——アリストテレス「詩学」

＊飽くまで他《ひと》の模倣をせずして何処《どこ》までも一機軸を出さんという事なり。人には某人相応に長所というものがある事ゆえ、他の模倣をする大きな損なり。他によき所あらば、これをとりて己の長所に加え、自分のもの

となすことに心掛くべし。

——市川団十郎・九代目（松居松重編「団洲百話」より）

＊台詞《セリフ》は覚えたら一度忘れてしまうことだ。そしてまた新しく覚える。すると今度は、ほんとうの自分の腹から台詞が出て来るし、個性というものが出て来る。

——同右

＊俳優たちほど幸せな者はほかにない。彼は何の責任も負わずに栄光が得られる。

——ヴィニィ「詩人の日記」

＊人の真似をするな、自分の芸は自分でつくれ。たとえ円朝を襲名しても、円朝の芸をつぐな。俺はこんなに人気があるが、円朝が百人出ては困るではないか。それでは寄席が成り立たない。

——円朝（弟子に語ったことば）

＊俳優の考えるべき第一の点は、自然を模倣するのみではなく、自然を理想的に表現することで、演技に真実と美を一致させなければならないことである。

——ゲーテ「俳優の編則」

＊道（学問）を同じうする者は相愛し、芸を同じうする者は相嫉む。

——「亢倉子《こうそうじ》」

＊役者はパンを稼ぐために芝居をするんじゃない。欺くために、自己を欺くために、自分がそうなれない存在になるために、自分が自分であることに嫌気がさして芝居をするのだ。

——サルトル「キーン」

＊芸能とは、諸人の心を和《やは》らげて、上下の感を成さん事、寿福増長の基、遐齢《かれい》延年の法なるべし。

——世阿弥元清「花伝書」

＊喜劇でいちばん難しい役は愚かな役であり、その役を演ずる役者は馬鹿ではない。

——セルバンテス「ドン・キホーテ」

＊身は売っても芸は売らぬ。

——高見順「語録」

＊役者は金銭が溜まると、電報以外の手紙を出さない。

——チェーホフ「断片」

＊私の扮《ふん》装のちょびヒゲ、それは虚栄のシンボルであり、きっと上着とダブダブのズボンは、人間の奇妙さ・愚かしさの戯画である。そして寒竹のステッキは、予期もしなかったが、好運にも喜劇的効果をつくり出すのに役立った。

——チャップリン「小さな男」

＊ハリウッドは死滅しつつあると断言する。ハリウッドは、もはや何らの芸術的意味を持った作品をつくる場所ではなく、ただ何マイルものセルロイド工場にすぎないものになった。

——同右（「殺人狂時代」の不評で上映が禁止された

直後のことばより）

＊アカデミーの会員連中ときたら、いったい何に賞を与える気なの？　子どもみたいに、お互いに賞の与えっこをしているんじゃない？　賞をもらわないと、自分がいい演技をしたってことがわからないのかしら？　ひどい演技をしたってことがわからないのかしら？　ひどいものだわね、俳優の虚栄心なんか。

——ディトリヒ（ディトリヒの娘・マリア＝ライヴァー「マレーネ・ディトリヒ」より）

＊劇場は人間が自分自信を生々と反省する場合だ。

——ノヴァーリス「断片」

＊すべての悲劇は死によって終幕になり、すべての喜劇は結婚によって終幕となる。

——バイロン「ドン・ジュアン」

＊役者は唯一の正直な偽善者である。

——ハズリット「語録」

＊俳優の人気ははかない。今日の名声も明日は忘れられる。

——フォーレスト「語録」

＊君が俳優として他のすべての芸術よりも先に身をつけなければならないのは、観賞の芸術だ。

——ブレヒト「語録」

＊俳優が、自分がどう見えるか、という術だけに腐心するならば、それは単なる肉体の展示会と異ならない。

——同右

＊芸といったものは、実と虚との皮膜の間にあるものなり。

——穂積以貫「虚実の皮膜」

＊悲劇において、人を感動させるものは真実感のみである。百のうちに数週間もかかっても起こり得ない多くのことが起こったとしたら、そこにはどんな真実性があろうか。

——ラシーヌ「ペレニス」

科学と機械→文明

科学技術は多くの「善の種」を人類にもたらしたが、その力を過信したために自然のバランスを崩し、「悪い種」を地球に蒔いた。これを「善の種」に再生するのも科学技術である。一方、機械はプロレタリアをロボット化し、ブルジョアを肥満人間に追いやった近代文明の生んだ阿片である。

＊応用科学は労働を削減し、生活をより安易にしてくれながら、なぜ、われわれに幸せをもたらしてくれないのだろうか。その簡単な回答はこうだ。われわれがそれを有意義に利用するまでにいたってないからだ。

——アインシュタイン「カリフォルニア

＊宗教なき科学は不完全であり、科学なき宗教にも欠陥がある。
技術院における演説―一九三一・二―

――アインシュタイン「晩年に想う」

＊経験科学は何をなすべきかを教えることはできず、ただ何をなし得るか、また事情によっては、何を意図しているかを教えられるだけである。

――ヴェーバー「客観性―社会科学的・社会政策的認識」

＊英知が科学に対するは、死が生に対すると同じである。……英知は死に見合い、科学は生に見合う。

――ウナムノ「随筆と独語」

＊科学とは、色あせたもろもろの思想の集まった墓場である。（機械文明に対する皮肉）

――同右「生の壮感」

＊科学は、善・悪両面のための道具を与えるけれども、それらが使用されるべき当の目的の性質については何も決定しない。

――エンスリー「メソジスト教会第九回世界大会における演説―一九五六・九」

＊この世で学び得る知識のうちで天国までわれわれに伴うと思われるのは数学あるのみだ。

――オスボーン「子息に与えた訓示」

＊文明人の発明した科学技術が自然サイクルのバランスを崩し、人間は彼らの安住の地を破壊するまでに開化された。

――カーター、デール「土と文明」

＊科学者の英知を高める最善の道は、科学者の数を減らすことにある。

――カレル「語録」

＊実験室における偉大な科学者の生活というものは、物に対する、周囲に対する執拗な闘争であります。

――キュリー夫人（「キュリー伝」より）

＊純粋な科学には完全な自由が必要である。

――同右

＊科学は全体としてつねに人生から離れる。ただ迂路をたどって再びそこへ還って来る。

――ゲーテ「格言集」

＊これまで科学が生み出し、また、いまも絶えず生み出している無限の物質的財宝は、実際は科学者にとっては偶然なものだった。科学の主要目的と主要報酬は真理の発見である。

――サートン「科学史と新ヒューマニズム」

＊科学が無制限に発達するという事が困る。人間の徳性というものは、これに伴って進歩しないものだから。

――志賀直哉「わが生活信条」

＊未来を見る目を失い、現実に先んずる術を忘れた人間の行きつく先は自然の破壊だ。

＊科学とは、組織化された知識である。
　　　　　　　　　　——シュヴァイツァー「断片」

＊天才が科学と結ばれるときにのみ、最大の結果が生み出される。
　　　　　　　　　　——ハーバート＝スペンサー「教育随筆」

＊科学は熱狂と狂言に対する優れた解毒剤である。
　　　　　　　　　　——同右

＊真の科学は、継続的段階を経て秩序ある順に進むものである。
　　　　　　　　　　——アダム＝スミス「国富論」

＊科学とは、その現在たると過去たるとを問わず、可能なる事物の観察である。先見とは漸進的であるが、起こりきたる事物の認識である。
　　　　　　　　　　——ダ・ヴィンチ「随想録」

＊神秘主義というものは、科学がいつの日か自分たちに追いつくことをつねに念願している。
　　　　　　　　　　——同右

　　　　　　　　　　——ターキンソン「未来展望」

＊芸術が古代世界で果たした役割を、科学は近代世界で果たしている。

　　　　　　　　　　——ベンジャミン＝ディズレーリ「コニングスビー」

＊科学における偉大な進歩は、新しい大胆不敵な想像力からもたらされる。

——デューイ「断片」

＊詩人をいじめると詩が生まれるように、科学をいじめると、いろいろの発明や発見が生まれるのである。
　　　　　　　　　　——寺田寅彦「渋柿」

＊人間の不安は科学の発展から来る。進んで止まる事を知らない科学は、かつて我々に止まることを許して呉れた事がない。
　　　　　　　　　　——夏目漱石「行人」

＊知識は幸福を意味しない。いわんや科学は、無知と一種の無知ともいうべき知識とを交換することにしかすぎない。
　　　　　　　　　　——バイロン「マンフレッド」

＊科学は訓練され、組織化された常識以外の何ものでもない。
　　　　　　　　　　——トーマス＝ハックスレー「語録」

＊科学はつねに成長していく知識の統一体であり、反省と発想の積重ねから成り立っているばかりでなく、経験と行動、そして思索と労働から成り立っている。
　　　　　　　　　　——バナール「歴史における科学」

＊科学は前進するが、人間は変わらない。
　　　　　　　　　　——ベルナール「随想」

＊科学者は秩序づけを志すべきである。……事実の集積が科学でないことは、石の堆積が家でないのと同じである。
　　　　　　　　　　——ポアンカレー「科学と技術」

＊科学は神学以上に変わりやすいものである。どんな神学者もガリレオの信念やニュートンの信念、それに十年前に自分がいだいた神学的信念のすべてに対して、無条件に賛成はできないであろう。

——アルフレッド＝ホワイトヘッド「科学と現代世界」

＊科学の次の大仕事は、人類のための宗教を創造することにある。

——モーレイ「随筆集」

＊核兵器は悪である。平和は「核」によって保たれるものではない。

——湯川秀樹「回想記」

＊芸術の価値と科学の価値は、万人の利益への私欲のない奉仕にある。

——ラスキン「真と美」

＊科学や芸術は一種の贅沢にすぎない。虚像の装飾にすぎない。

——ルソー「新エロイーゼ」

＊機械は人間を廃物化してしまう。

——エマーソン「社会と孤独」

＊機械は労働者を解放すると同時に産業を労働者から解放しており、生産の面において労働者の占める場所は次第に減少している。

——シーグフリード「二十世紀の諸相」

＊道具は個人のものであったが、機械は組織のものである。

——同右

＊人間の心は、工業機械には貪欲と怠惰のほかには何もなく、武器にあるのです。あなたの誇りとする驚くべき生の力は、つまり死の力なんです。

——バーナード＝ショウ「人と超人—三幕」

＊一つの機械は、通常五十人分の仕事をするが、ひとりの非凡な人間の仕事をなし得るような機械はない。

——ヒュバート「俗物」

＊人間の工業機械には、貪欲と怠惰のほかにも何もない。

——ベルナール「随想」

＊機械装置は直接に社会化された労働、すなわち協同的な労働によってのみ機能を有する。したがって、いまや労働過程の協業的性格は、労働手段そのものの性質によって、課せられた技術的な必然性となる。

——マルクス「資本論」

＊機械の導入は人々を仕事から追い出し、それらの人々は個人的には永久に失業したままである。

——同右

＊考える機械を考案したことによって、人間は機械への服従の最後の一歩をたどった。

——マンフォード「変貌する人間」

＊機械は多くの人々に苦役と禁固に等しい生活を送らせ

る。その反面、工場主たちを増加させ、巨万の財宝を獲得させる。

——ミル「経済原論」

*人間は、最後に何か秘密を発見して、ずっと手軽に人間を殺し、人民や国民全体を滅亡させてしまうのではなかろうか。

——モンテスキュー「ペルシア人の手紙」

*一機百万ドルという金属性の女王蜂に仕える勤勉な制服の働き蜂は、機械に対抗する存在ではなく、機械と一体化した人間である。

——ユンク「未来はすでに始まっている」

*機械は美しいがゆえに崇められ、力を供給するがゆえに価値ありとされ、恐ろしいがゆえに憎まれ、隷属を強いるがゆえに嫌悪される。

——バートランド＝ラッセル「懐疑的随筆集」

・発明

*発明は発明を生む。

——エマーソン「随筆集」

*最初の発明家がつねに栄誉を担う。

——エンゲルス「カシワとカシワの実」

*神は正しき者に造られ給うたが、人は多くの計略を案出せしなり。

——「旧約聖書―伝道之書七章二九節」

*欠乏は発明の女主人である。（「必要は発明の母」と同義）

——セントリーヴル「おせっかいな人」

*可能は必要の隣人なり。

——ピタゴラス「断片」

*道具は人間の手の拡充にほかならないし、機械は複雑な道具にほかならない。そして、機械を発明する人は人間の力と人類の福祉を増大する。

——ヘンリー＝ビーチャー「プリマウス説教集」

*あらゆるわれわれの発明は知的生活を伴う物質的諸力を授けたが、人間の生活を物質的な圧力に屈服させた。

——マルクス「演説―一八五六・四・一四」

*これまで行われてきた機械についてのいろいろな発明が果たして人間の日々の労苦を軽減したか、どうかは疑問である。

——ミル「政治経済学原理」

*労働を軽減させるためのすべての発明は、結果としては、単に労働の重荷を増加させることで終わっている。

——モリス「無何有郷通信」

技芸・技術

技芸は征服されることのない軍隊であって、幸せのときの装飾であり、不幸せのときの武器である。女性が技芸を身につけておくことは財産だが、それを活用しなければばならなくなったら不幸である。

＊技術は一方において自然がなし得ざることを完成し、他方において自然を模倣する。

——アリストテレス「断片」

＊精神から出発する人は技術の意義を過小評価する。物質から出発する人は技術の意味を過大評価する。

——ヴェント「社会的・精神的関係における文化の力としての技術」

＊もともと技術とは、過剰なるものの生産である。人間は生来、技巧によって過剰を創出する存在である。

——オルテガ・イ・ガセット「技術についての省察」

＊財を積むに千万なるも、薄芸身に従うに如《し》かず。（財を積むよりも、身についた芸はわずかでも失うことがないから、まさっている）

——「顔氏家訓」

＊貧困のみが技芸を喚び起こすものなり。それは労働の師なり。

——テオクリトス「イディリス」

＊技能と信頼は征服されない軍隊である。

——ハーバート「知恵の投げ槍」

＊人にとりて技芸は禍いの避難所なり。

——メナンドロス「断片」

美→芸術（家）

美は真、美は愛、美は力といろいろ言われているが、美の概念を規定する定則的な法則はない。「美しい」というのは個々人の主観的な感性による表現であり、美の意義が語られたことはない。

＊強い人間のみが愛を知っている。愛のみが美を把握する。美のみが芸術を形づくる。

——ヴァグナー「芸術と革命」

＊美は愛の子どもである。

——エリス「新しい精神」

＊もし美と正義の世界が現実に存在するものなら、それはまさしく童話の世界でなければならない。

——小川未明「理想の世界」

＊美には二種類あり——甘美と尊厳がそれなり。われらは甘美を女性の、尊厳を男性の特性と見なすべきなり。

——キケロ「断片」

＊モダンの美には静がない。これは世相の反映である。モダンの美は、いそがしい美である。

——岸田劉生「断片」

＊美は真であり、真は美である。

——キーツ「ギリシアの壺に寄せる頌歌」

＊美は自由なり、平和なり、無限なり。我は愛を失うて美を得んとしつつあり。
——国木田独歩「欺かざるの記」

＊美は感覚的なものと精神的なものとの完成の一致である。
——グリルパルツァー「美学試論」

＊美は隠れた自然の法の現れである。自然の法則は美によって現れなかったら、永久に隠れたままでいるであろう。
——ゲーテ「格言集」

＊美は内部の生命から差し出す光である。
——ケルナー「遺稿詩集」

＊美はいたるところに愛を呼ぶが、美しすぎると嫉妬と苦悩の種《たね》になる。
——サンダース「断片」

＊われわれが感得する美は、記述することができない性質のもので、何が美か、何を意味するかを語られたことがない。
——サンタヤナ「美の意味」

＊優雅さは美の自然の着物である。芸術にあって優雅さのないものは、皮を剝いだ人体標本のようなものである。
——ジューベル「パンセ」

＊真理は賢者に存し、美は真心に存する。
——シラー「ドン・カルロス」

＊恋が生れるまでは美は看板として必要である。
——スタンダール「恋愛論」

＊諸精神が言葉に純粋にあらわれれば詩となり、造形に形をとれば芸術一般となり、音波に乗れば音楽となる。およそ諸精神を欠く時、これら諸芸術は倏々たる美の形態に過ぎない。
——高村光太郎「美について」

＊美は次々とうつりかわりながら、その前の美が死なない。紀元前三千年のエジプト芸術は今でも生きて人をとらえる。
——同右

＊見た目を飾るべからず、美は営み、すなわち生き方の中にこそありと知れ。
——タレス「警句」

＊美とは無言の欺きなり。
——テオフラストウス（ディオゲネス＝ラエルティウス「アリストテレス」より）

＊善は人間的であり、高貴である。しかし、美は神的であり、不死身である。
——ハーメルリング「アスパシア」（ギリシアの才色兼備な女性）

＊豊さが美である。
——ブレーク「天国と地獄の結婚」

＊美の至上部分は、絵が表現できないところである。
——ベーコン「随筆集」

＊美は夏の果物であり、それは腐りやすく、永持ちしない。
——同右「随筆集」

＊美の探求とは、そこで芸術家が打ち負かされるに先立って恐怖の叫びをあげる一つの決闘である。
——ボードレール「芸術家の告白」

＊知恵は過去の抜萃であるが、美は未来の約束である。
——ホームズ「朝の食卓の大学教授」

＊死滅しないものとは何か。自然であり、美である。
——武者小路実篤「人生論」

＊月も雲間のなきは、いやにて候。（簡素枯淡の美、不完全な美、とくにわび＝茶の美を尊重した意）
——村田珠光（「金春禅鳳申楽談義」より）

＊美は自然が女に与えた最初の贈り物である。
——メレ「アフォリズム」

＊美とは、芸術家が自己の心の痛手のさなかで、世界の混沌からつくり出す、あのすばらしく不思議なものである。
——モーム「月と六ペンス」

＊世界中で最も美しいものは、いちばん役に立たないものである、孔雀《くじゃく》や百合のように。
——ラスキン「胡麻と百合」（講演―一八八八・五）

＊美の観念は道徳的でなければならない。
——同右「近代画家論」

＊美は力であり、微笑はその剣である。
——リード「断片」

＊美はいたるところにある。それが私たちの眼前に欠けているわけではなく、私たちの眼がそれを認め得ないだけです。
——ロダン（グセル「ロダンのことば」より）

＊性と美は、生命と意識のように一つのものである。性を憎むものは美を憎むものである。生きた美を愛するものは性を重んずる。
——ローレンス「書簡集」

芸術(家) ↓美

自然は神の啓示であり、芸術は人間の啓示である。芸術は自然の奴隷であると同時に自然の主人でもある。芸術のための芸術は芸術の堕落であり、売春である。芸術家たる真髄は、あらゆる功利を放棄して、孤高のエゴイストに徹することにある。

＊いかなる自然も芸術に劣らず。芸術の仕事は、すべて自然のものごとを真似ることなり。
——アウレリウス「自省録」

＊芸術のための芸術は、一歩を転ずれば芸術遊戯説に墜《お》ちる。人生のための芸術は、一歩を転ずれば芸術功利説に堕ちる。
——芥川龍之介「芸術その他」

＊芸術は経験より高尚な形の知識なり。
——アリストテレス「形而上学」

＊芸術は自然を模倣す。
——同右「詩について」

＊芸術家は行動する人間を模倣す。
——同右

＊芸術家の天分というものは、或種の草花のように一朝の栄に終わるものよりも、樹々の花の多々益々より美しい花を開くようなものでなくてはならない。
——生田春月「真実に生き抜く悩み」

＊芸術は自由社会の悦びの純粋な表現であるべきだ。それは万人の近づき得るものでなければならないし、商業手段によって維持される必要を超えたものでなければならない。
——ヴァグナー「芸術と革命」

＊芸術は、芸術としてわれわれの反省の意識にはいって来るときから、芸術であることをやめる。
——同右「俳優と歌手について」

＊芸術という演劇の中で、自然は千の仮面のもとに現れる登場人物である。
——ヴァレリー「芸術論」

＊人間の姿態を対象とする芸術家にとって、裸体は作家や詩人たちの場合における恋愛のようなものである。
——同右

＊芸術家は自分の芸術の犠牲にならなければいけない。蜜蜂が自分の針に生命をかけるように、芸術家もそうでなければならない。
——エマーソン「断片」

＊今日の芸術は、うまくあってはいけない、きれいであってはいけない、心地よくあってはいけない。（三ない主義）
——岡本太郎「語録」

＊芸術の極致は芸術を隠す。
——クウィンティリアヌス「断片」

＊花を与えるのは自然。編んで花環にするのは芸術。
——ゲーテ「詩集」

＊芸術はひょうせつであるか、革命であるか、そのいずれかだ。
——ゴーギャン「語録」

＊「芸術とは自然に付け加えられた人間である」、自然・現実・真実に付け加えられた人間である。
——ゴッホ「書簡」

＊芸術愛は真の愛情を失わせる。
——同右「弟テオドル宛の書簡」

*永続する芸術作品とは、時とともに嗜好が変わっても、つねにこれらの新しい嗜好を満足させることのできるものである。

——ジイド「文化の擁護」

*芸術は人間性の影にほかならない。

——ジェームズ「講演—芸術における大学」

*芸術はわが願いなり。されどわれは芸術を軽く見たりき。むしろわれは芸術を第二の人生と見たりき。また第二の自然とも見たりき。

——島崎藤村「合本藤村詩集—序」

*味に徹した人生也。此心境を芸術と云う。

——島村抱月「断片」

*人間の心の奥底へ光を送ること——これが芸術家の使命である。

——シューマン「寸言集」

*真の芸術家は妻を餓えさせ、子どもをはだしにし、七十歳になる母親に生活の手助けをさせても、自分の芸術以外のことは何もしないのだ。

——バーナード＝ショウ「人と超人—一幕」

*大衆が芸術を引き下げると一般に言われているが、それは真実ではない。芸術家が大衆を引き下げるのであって、芸術が堕落した時代は、いつも芸術家によってであった。

——シラー「メッシーナの花嫁—序」

*幽玄の風躰《ふうてい》のこと、諸道、諸事において幽玄なるをもつて上果とせり。

——世阿弥元清「花鏡」

*ことわり（理）を我と工夫して、其の主《ぬし》になり入るを、幽玄《げん》の境《さかい》に入る者とは申すなり。（幽玄は道理が奥深く知りがたいこと）

——同右

*生命は短く芸術は永し。

——セネカ「生の短さについて」

*茶意は即ち禅意なり。故に禅意を置きて茶意なく、禅味を知らざれば茶味も知られず。

——千宗旦「禅茶録」

*芸術に於ける永遠とは感覚であって、時間ではない。これが根本である。

——高村光太郎「芸術上の良知」

*芸術家は自然の愛人である。彼は彼女の奴隷であり、主人である。

——タゴール「迷える鳥」

*芸術は、命令することが出来ぬ。芸術は、権力を得ると同時に死滅する。

——太宰治「善蔵を思ふ」

*芸術は生徒がその師を手本にするごとく、万能な限り自然に従う。

——ダンテ「断片」

＊人生においては、美は死滅するが芸術は朽ちない。
——デファン夫人「覚書」

＊芸術は苦難と労苦の忍耐を持つ人間の魂に蓄えられた蜜である。
——ドライザー「人生・芸術とアメリカ」

＊芸術は一種の虚偽である。私はもはや美しい虚偽を愛し得ない。
——トルストイ「芸術とはどういうものか」

＊芸術は技芸ではなく、それは、芸術家が体験した感情の伝達である。
——同右

＊芸術は人類進歩の機関のひとつである。人間はことばを通じて思想のうえで交わり、芸術の形象を通じて、現在のみならず、過去と未来のあらゆる人間と心持ちのうえで交わっている。
——同右

＊富裕階級に逸楽を提供することを目的としているわれわれの芸術は、売春婦に似ているどころではない、それ以上のなにものでもない。
——同右「読書の輪—二・二八」

＊芸術は自己の表現に始まって、自己の表現に終わるものである。
——夏目漱石「文展と芸術」

＊四角な世界から常識と名のつく角を磨滅して三角のうちに住むのを芸術家と呼んでもよかろう。
——同右「草枕」

＊芸術——芸術こそ至上である！　それは生きることを可能ならしめる偉大なもの、生への偉大な誘惑者、生の大きな刺激である。
——ニイチェ「権力への意志」

＊芸術家は理論家と実践家の総合である。
——ノヴァーリス「断片」

＊芸術の使命は、自然を模倣することではなくて、自然を表現することである。
——バルザック「知られていない傑作」

＊芸術は悲しみと苦しみから生れる。
——ピカソ「語録」

＊芸術作品は、自然という火で料理し、思い出という貯蔵庫にしまい込み、空想という黄金の壺の中で三度あたため直して、器用な手で給仕され、最後に、感謝の念をいだいて旺盛な食欲をもって平げられるべきものだろう。
——ブッシュ「エドゥアルトの夢」

＊芸術家に英雄的な態度をとらせるのは作品に自信がないからだ。
——フラック「語録」

＊芸術は大衆に奉仕する侍女ではない。
——プラーテン「不吉なフォーク」

＊芸術家は真情の何ものをも捨てて冷酷でなければならない。

——フローベル「書簡」

＊芸術は人生よりも高尚である。芸術に埋もれて他のすべてを避けることが、不幸から遠ざかる唯一の道である。

——同右

＊芸術は人間の天性であり、天性は神の芸術である。

——ベイリー「フェスタス」

＊芸術はいちばん感覚的なもので始まり、いちばん抽象的なものに通ずることができた。あるいは純粋な観念の世界に始まり、いちばん血の気の多い肉に終わることができた。

——ヘッセ「ナルチスとゴルトムント」

＊僕の芸術は貧しい人々との幸福のために捧げられなくてはならない。

——ベートーヴェン「書簡集」

＊芸術は私であり、科学はわれわれである。

——ベルナール「語録」

＊いかに労作に励《いそ》しめばとて、芸術は永く時は短し。

——ボードレール「悪の華」

＊私が夢見るのは均衡と純粋の静温の芸術である。

——マチス「断片」

＊芸術家とは、気質上ほとんど誰しも美を創造する不公平を承認し、貴族主義的な優遇に同感し、敬意を払うという、贅沢な裏切り的な傾向を生来からいだいている。

——トーマス＝マン「ヴェニスに死す」

＊芸術は人生を精神的に活気づけ、鼓舞するためにあって、人生に対してニヒリズムの冷たい悪魔のこぶしを突きつけるものではない。

——同右「芸術家と社会について」（講演）

＊芸術は人間のうちにおいて生まれ、その人の作品のうちにはその人の人間性がおのずから表現される。

——三木清「哲学ノート」

＊真の芸術作品は、神の賦与する完成の影にほかならない。

——ミケランジェロ「語録」

＊芸術はなぐさみの遊びではない。それは闘いであり、ものをかみつぶす歯車の機械だ。

——ミレー（カーライト「ミレー芸術史」より）

＊芸術とは、自然がつくったものであるのに、人がその芸術そのものを最高の目的であると信ずるようになった瞬間から、デカダンスが始まった。

——同右（ロマン＝ローラン「ミレー」より）

＊自分は俗衆に理解された時、芸術は使命を果たし、同時に価値を失うものと思っている。

——武者小路実篤「断片」

＊奢侈という奴は芸術の主座を奪うもので、いわば芸術の鬼子だ。

――モリス「民衆の芸術」

＊芸術は気質の鏡に写した一片の世界ではなく、意識の鏡に写した一片の気質である。

――モルゲンシュテルン「断片」

＊芸術は終生が修業である。

――横山大観「語録」

＊偉大な芸術とは、芸術的才能による純粋な魂の表現である。

――ラスキン「クィーン・オヴ・ザ・エアー」

＊芸術の基礎は道徳的人格に存している。

――同右

＊芸術にもあらゆる権力と同じく礼儀がある。芸術のより深い意味を理解する力の欠けている人ですら、その礼儀に従って、尊敬のこもった配慮を払わねばならない。

――リスト「グルックのオペラ」

＊芸術は正直なところ、人生のパンではないが、ブドウ酒である。

――リヒター「断片」

＊芸術家は自然を俗人が見るようには見ない。芸術家の感動は、自然の外観に隠されている内部の真実をあばき出す。

――ロダン（グセル「ロダンのことば」より）

＊芸術とは、自然が人間に映ったものです。大事なことは鏡をみがくことです。

――同右

＊立派な芸術家にとっては、自然のすべてが美しい。彼の瞳《ひとみ》はすべての外面の真実を大胆に受け容れて、ちょうど書物を開いて読むように容易に、そこにあらゆる内面の真実を読み取る。

――同右

＊芸術は征服された人生である。生命の帝王である。

――ロマン＝ローラン「ジャン・クリストフ」

＊天性は神の啓示であり、芸術は人間の啓示である。

――ロングフェロー「ハイペリオン」

＊芸術家にとっては、表現のみがかりそめにも人生を認識し得る唯一の道なのです。

――ワイルド「獄中記」

＊芸術を現して、芸術家を隠すことが芸術の目的なのである。

――同右「ドリアン・グレーの肖像」

＊思想と言語は、芸術家にとっては芸術の道具なのである。

――同右

絵画（家）と彫刻（家）

→芸術（家）

実物を単に描写するのは、そのコピーにすぎない。実物の裡なるものを「生」のごとく表現するのが最高の芸術である。絵画は色彩とデッサンによって、彫刻は肉づけの凹凸によって、「生」ある実物を具象化する。

＊色はすべてのことばを語る。

——アディソン「断片」

＊すばらしい絵画はうまい料理法のようなもので、味わえるが説明はされない。

——ヴラマンク「絵画について」

＊絵画は思想と物象との間の、なんらかの媒介者である。

——コールリッジ「語録」

＊天国へ行っても絵がかけることが心からの念願だ。

——コロー（臨終のことば）

＊絵は語らざる詩であり、詩は語る才能を伴いし絵なり。

——シモニデス（プルタルコス「シモニデスの生涯」より）

＊詩には絵画があり、絵画には詩がある。

——スカルボロー「中国格言集」

＊自然を模写してはいけない。自然を解きあかすことだ。それは、造形上同じ価値を持つものと、色彩とによってやるがよい。

——セザンヌ「書簡」

＊文学者は抽象化されたもの、つまり観念でもって自己を表現するが、画家はデッサンと色彩をもって自己を感覚し、知覚するところを具象化する。

——同右

＊発墨の法、運筆の術、これを心に得てこれを手に応ず。我にあつて、人に在らざるなり。

——雪舟「半陶文集」

＊画家の手はちょうど紙の上をはい回る蝿のように、彼が描こうとする対象の輪郭をたどらねばならない。

——ドガ「語録」

＊画家の仕事に終わりというものはない。もう十分働いた、「明日は日曜日だ」と言える瞬間はけっしてやって来ない。

——ピカソ「語録」

＊戯曲はしばしば写真よりも、いっそう真の姿を見せてくれる。

——ピヒラー「全集―三」

＊七十三歳にしてやや禽獣虫魚の骨格、草木の出世を悟り得たり。故に八十歳にしてますます進み、九十歳にしてなほその奥意を極め、百歳にして正に神妙ならんか。百有十歳にして一点一格にして生きるが如くならん。

——北斎「富嶽百景―跋」

＊画家たちがとらえ、その画面の中に整理したすこぶる快い関係に人は打たれる。

——ボナール「語録」

＊絵画はことばなき詩なり。

——ホラティウス「諷刺詩」

＊よい絵画は、神の完全さの一つのコピー、神の画筆の一つの影にしかすぎない。つまり、それは一つの音楽、一つのメロディにしかすぎない。

——ミケランジェロ（ロマン＝ローラン「ミケランジェロ」より）

＊われわれの愛する作品とは、それが自然から生誕したものである場合である。そのほかの作品は、みな気取った空虚なものである。

——ミレー「語録」

＊傑作というものは、画家が誠心からこれを製作する気分になり、その絵画の題目に専心して筆をとろうと決心したときに、はじめて出来上がるものであって、けっして金銭の多寡に支配されるものではない。

——ラスキン「とこしなえの歓び」

＊絵画は、そのすべての技巧、むずかしさ、特殊な目的を含め、高尚かつ表現に富んだ言語である。思想の媒介手段としては非常に貴重であるが、それ自体としては無である。

——同右「真と美」

＊自然の単なる模写は偉大なるものを何も生み出さない。

——ラム「ワーズワース宛の書簡―一八三〇・一・二二」

＊うまい模写といえばただ一つ、まずい原画の滑稽なところを、ありのままに見せてくれるものだけである。

——ラ・ロシュフーコー「箴言集」

＊絵は見るものじゃない。いっしょに生きるものだ。

——ルノワール（ジャン＝ルノワール「わが父ルノワール」より）

＊私は絵の職人だ。

——同右

＊私は、もし風景画であるなら、その中を歩き回りたくなるような、また、もし女性を描いたものなら、彼女らを愛撫したくなるような絵が好きだ。

——同右

＊絵と戦争は離れて眺めるもの。

——レイ「イギリスのことわざ」

＊絵画が掲げてある部屋は、思想を掲げているそれである。

——レイノールズ「語録」

＊私の絵を画いてはいけません。絵具は健康に害があります。

——レンブラント「語録」

＊彫刻に最も近い絵画が最上の絵画だ。
——ロングフェロー「ミケランジェロ」

＊感情をこめて描かれた肖像画はすべて、その芸術家の肖像であってそこに座っている人ではない。
——ワイルド「ドリアン・グレーの画像」

＊スタール夫人は、建造物は永結した音楽と言ったが、彫刻は結晶した神殿だ。
——オルコット「卓談」

＊絵画が彫刻に似ていれば似ているほど優れたものに映じ、彫刻が絵画に似ていればいるほど、それが悪いものと思われる。彫刻は絵画の松明《たいまつ》であり、これら二つの間には太陽と月のような差異がある。
——ミケランジェロ（ロマン＝ローラン「ミケランジェロ」より）

＊すばらしい芸術家がいだくいかなる想念も、一塊の大理石の中に閉じ込められないものはない。
——同右

＊美術は人間の手・頭・心の一体をなす。
——ラスキン「二つの道」

＊彫刻は凹みと高まりの芸術です。すべすべした肉づけのない形ではない。
——ロダン（グセル「ロダンのことば」より）

＊彫刻には独創はいらない、生命がいる。
——同右

＊面と肉づけと、これが土台だ。そこに理想主義などはない、手工業しかない。
——同右

音楽（家）

→芸術（家）

音楽は官能的歓びを与える世界の共通語である。偉大な作曲は、いかなる英知よりも高い啓示であり、人類不滅の遺産である。音楽をさもしい欲得に利用するのは作曲家に対する冒瀆である。演奏家は技芸家にすぎない。彼らが芸術家として認められるのは、ニイチェの言うごとく、巨匠の作品を忘れさせるほど演奏した場合である。

＊音楽は世界共通語である。
——ジョン＝ウィルソン「神々しい夜」

＊音楽は真の一般的な人間の言語である。
——ヴェーバー「デモクリトス」

＊「音楽が天使のスピーチだ」とは、うまく言ったものである。
——カーライル「随筆集」

＊音楽は背徳を伴わない唯一の官能的な愉しみである。
——サミュエル＝ジョンソン「格言集」

＊すべての芸術のうちで純粋に宗教的であるのは音楽の

みである。

＊音楽の存するところに笑いはあり得ない。

——スタール夫人「コリーヌ」

＊人は音楽の力に釣られて実際自己の感じないことを感じ、自己の理解しないことを理解し、自己のできないことも可能なような気がするのです。

——セルバンテス「ドン・キホーテ」

＊ある巨匠の作品を演奏するピアニストが、その巨匠を忘れさせて、まるで自分の生涯の物語を語っているとか、まさに何か体験しているふうに見えたとき、最もうまく弾いたことになろう。

——トルストイ「クロイツェル・ソナタ」

＊音楽の演奏者や、劇の俳優たちは技芸家である。彼らは芸術家でない。なぜといって彼らは真の「創作」を持っていないじゃないか。

——ニイチェ「人間的な、あまりに人間的な」

＊音楽は芸術の中でただ一つ、卑しい使用のために売春を強要されないものである。

——萩原朔太郎「新しき欲情—第三放射線」

＊音楽とリズムは魂をその秘奥へと導く。

——ハバード「千と一つの格言」

＊音楽を聴く人は、一堂に集まっている中で、己の孤独を感ずる。

——プラトン「国家」

＊音楽は、いかなる知恵、いかなる哲学よりも高い啓示である。……私の音楽の意味を把握し得る者は、他の人々がはいっているすべての悲惨から逃れ得るだろう。

——ロバート＝ブローニング「パラーシチオンの冒険」

＊群衆の讃美しない作品は、すべて呪われるのだ！　群衆がさげすむもの、それはなんの価値もない。

——ベートーヴェン「対話集」

＊この絵、この像、この円柱、この巨大な建築、それはすべて一つの肉体なのだ。音楽こそはその魂だ。この肉体を動かすものは音楽なのだ。他の芸術の讃歌をつづめるものは音楽だ。

——ベルリオーズ「回想録」

＊自然の中に音楽はない。メロディーもハーモニィもない。音楽は人間がつくったものである。

——同右

＊音楽は詩に似ている。いかなる方法も教えてくれず、巨匠の手だけが達し得るような名状すべからざる優雅さが、それぞれの裡にある。

——ホーイス「音楽と道徳」

＊音楽が感覚の限度を越えて、哲学的観念を表現しようとすれば、その瞬間、音楽の堕落となる。

——ポープ「批評論」

——林語堂「生活の重要さ」

＊音楽こそ、まさしく精神の生活を感覚の生活へと媒介

してくれるものです。

――ロマン＝ローラン「ゲーテとベートーヴェン」

＊第九交響曲は合流点である。第九交響曲はまた他の八つの交響曲とは異なり、山頂から過去全体を鳥瞰する「回顧」である。

――同右「第九交響曲」

＊大半の聴衆が興味をいだくのは、音楽ではなく音楽家である。

――同右

＊音楽は人類共通の言語であり、詩は人類共通の愉しみと歓びである。

――ロングフェロー「海外」

批評（家）→文学・小説と文人

批評家には文人になりそこねて転向した人が多いせいか、気むずかしい人間ぶっていて、きびしい批評をする者が多い。だが、それは必ずしも悪意からではなく、飯を食うためである。

＊ひとりの作家を批評することは容易であるが、その作家の真価を評価することは難しい。

――ヴォーヴナルグ「省察と格言」

＊虻《あぶ》が刺したくらいでは威勢よく走っている馬を止めることはできない。

――同右

＊大衆はモノを書かない批評家である。

――ヴォルテール「格言集」

＊正しい批判を行ない、自主性を確立するためには、まずできるだけ広い客観的な知識が必要である。

――小倉金之助「数学の窓から」

＊長ったらしい粗雑な書評には、いつもでっちあげの意見がつきものだ。書物に対する自然的な感動はひとかけらもない。

――オーデン「書評家の告白」

＊批評家たち――理解できないことをののしる者。

――クウィンティリアヌス「語録」

＊批判のできない本からしか、真に学び取るものはない。批評し得るような本は、われわれから学ぶべきである。

――ゲーテ「格言集」

＊一般的にいって、批評家たちは詩人・歴史家・伝記作家になろうとした連中で、自己の才能をためして失敗したので批評家に転向したものだ。

――コールリッジ「シェークスピアとミルトン」（講演）

＊批評家たち――彼らは殺人鬼である。

――同右「講義」

＊今の作家の作を売るを咎むといえども今の批評家は評を売り居るなり。人の途に転ぶを見て大口あいて笑い

ながらおのれは電信柱にぶつかれると些《いささか》の相違も無し。

——斎藤緑雨「あられ酒—金剛杵」

＊批評家とは、他人の思想について思考する人間である。

——サルトル「自由への道」

＊パリにおいて真の批評は談話の間につくられる。

——サント・ブーヴ「わが毒」

＊批評家とは読むことを知り、他人に読むことを教える人間にすぎない。

——同右

＊私は偉人たちの絵草紙屋にすぎない。

——同右

＊自分で自分を批評する仕事に堪えられる者は、きわめて少数だ。

——シェリダン「批評家」

＊慷慨《こうがい》死に赴くは易く、従容《しょうよう》義に就くは難し。（国事を嘆き、批判することはやさしいが、冷静に正道を歩むことはむずかしい）

——謝枋得《しゃほうとく》「却聘書」

＊批評は現代を反映するだけで甘んじていてはいけない。過ぎ去るものに先行して、将来から逆に、現在を闘いとらねばならない。

——シューマン「寸言集」

＊民衆は「気にいった」とか「気にいらなかった」とか言うが、これはまるで、民衆に気にいることが、最も高いことであるかのように……。

——同右

＊譴《けん》責は著名となるために人が大衆に支払う税金である。

——スウィフト「さまざまな問題についての考え」

＊批評家というものは、文学や芸術の面で失敗した連中である。

——ベンジャミン＝ディズレーリ「語録」

＊頭のいい人は批評家に適するが行為の人にはなりにくい。凡ての行為には危険が伴うからである。

——寺田寅彦「物質と言葉」

＊何者にもまして価値のある意見を吐く批評家は大衆である。

——トーウェン「一般回答」

＊文学・音楽・劇にみられる批評家の仕事は、あらゆる商売のうちで最も下卑なものである。

——同右「自叙伝」

＊虫が刺すのは悪意からではない、生きるためだ。評論家も同じだ。彼らはわれわれの血が欲しいだけで、苦しめてやろうという了見はない。

——ニイチェ「さまざまな格言と反省」

＊率直なご意見を伺いたいとか、きびしくご批評下さいと言いながら、内心ではただ称讃のことばだけを待っている。……率直に批評した者が、それによって憎まれなくとも、より多く愛されることは、まずあります

まい。

――ハイネ「シュタイン宛の書簡」

＊芸術が完成へと向かって進展するとき、批評の技術も、それと歩調を合わせて進展する。

――バーク「荘厳美」

＊批評家――自分に機嫌をとる者が誰もいないところから、自分は気むずかしい人間だと自負している連中。

――ビアス「悪魔の辞典」

＊芸術家としての私についていえば、私に関して書いたすべてについて私が少しでも関心を払った、といううわさを聞いた人はないだろう。

――ベートーヴェン「書簡集」

＊批評はやすく、芸術は難しい。

――ボアロー「詩の芸術」

＊批評家は競走を教える足のない人間である。

――ポロック「緑の本」

＊批評家は公衆の書記にほかならない。

――三木清「哲学ノート」

＊批評は批評を呼んで循環する。

――同右「弾力ある知性」

＊賢明な懐疑は、よい批判に対する第一の属性である。

――ローウェル「批評に対する寓話」

＊批評家はもろもろの美しいものから受けた自己の印象を、別な手法、または新しい材料に移植することのできる人間だ。

――ワイルド「ドリアン・グレーの肖像」

X

国民国家と政治経済

国民・国家——495
民衆・大衆——499
権利と義務——501
支配と服従——502
独裁・専制——506
権力——509
自由と平等——511
奴隷——518
軍事・武力と軍人——521
戦争と平和——523
政治と政治家——531
政府・政体——538
官僚(制度)——540
経済・産業——541
資本と労働——544
農業・農村・農民——546

悪い政治家は、投票しない善良な市民によって選出される。

——アメリカのことわざ——

●

官は恐くないが管(理)が恐い。

——中国のことわざ——

国民・国家→民衆・大衆

いかなる形態の国家も特権的な統治者の私物であり、国民は彼らの野望のために奉仕させられている。独裁国家は貧困病、共和制国家は贅沢病、民主制国家は利己主義病に悩む。国家と国民の接点が一致することは、まずあり得ない。また、ナショナリズムがなくならない限り、宇宙国家の出現は夢にすぎない。

＊地上の国は訴訟・戦争・争いで内輪もめが絶えず、勝利の追求は死をもたらし、よくても結局は死の運命をたどるのが普通なり。

——アウグスティヌス「神の国」

＊地上のあらゆる国家を一家族と見なす至上の宇宙国家における一市民の立場から考えるべし。

——アウレリウス「自省録」

＊君主国は優秀な商船だが、暗礁にぶつかり、沈没することもあろう。共和国は沈むことのないいかだだが、足はいつも水につかっている。

——アメス「演説」一七九五」

＊唯一の安定せる国家は、すべての国民が法の前において平等なる国家なり。

——アリストテレス「政治学」

＊国家の名誉は国家の安寧よりも、また国民の生活それ自体よりも大切である。

——ウッドロー＝ウィルソン「演説」

＊国家は一階級によって他の階級を圧迫する機械にほかならない。これは、君主政体においても民主政体においても真実である。

——エンゲルス「マルクス「フランス内戦」への序文」

＊国家は廃止されるのではなく、死滅するのである。

——同右「家族・私有財産および国家の起源」

＊天下のあらゆる民は、われと同じく天地の子なれば、皆我が兄弟なれば、もつとも愛すべきこと言ふに及ばず。

——貝原益軒「五常訓」

＊音楽において調和と呼ばれるものは、国家においては一致と呼ぶ。

——キケロ「国家について」

＊国を鉄床にたとえよう。ハンマーは支配者、打ちまげられる鉄板は民衆。勝手気ままな滅多打ちに、いつまで経っても鋼《はがね》が出来上がらねば鉄板こそ迷惑だ。

——ゲーテ「ヴェニス警句」

＊不幸な人々こそ地の力だ。彼らは彼らを無視する政府に対して、主《あるじ》として語る権利を有する。

——サン・ジュスト「共和制度についての断片」

＊専制国の装飾は普通の共和国でもつくられるであろう。

＊大帝国の小胆にては維持されず。

——サミュエル＝ジョンソン「ミルトンの生涯」

＊自由諸国では、国民の大半は自由ではない。彼らは少数者によって彼ら自身にも知られていない目的へと駆り立てられている。

——タキトゥス「歴史」

＊顔が醜いのに美人のふりをして勿体をつけても仕方がない。遅れを認めてこそ希望がある。

——タゴール「ナショナリズム」

＊フランスにおいては、右翼が国家を裏切り、左翼が国民を裏切った。

——鄧小平「語録」

＊国家というものは、個人相互に対して個人を保護するための賢明な制度である。国家の品種改良をやりすぎると、結局、個人は国家によって弱められ、そのうえ瓦解させられ、したがって、国家の本質的目的が根本的に無に帰してしまう。

——ニイチェ「人間的な、あまりに人間的な」

＊国家におけるいっさいは虚偽である。噛むことを好む者は、盗みたる歯をもって噛む。彼の腸《はらわた》すらにせものである。（利害打算を原理とする国家は雑多な人種を内部に含み、いわば虚像の内臓を持つものだ）

——同右「ツァラトゥストラ」

＊国を建つるには千年の歳月も足らず、それを地に倒すには一瞬にして足らん。

——バイロン「チルド・ハロルド」

＊国民のためと声を大にして言う。人々が国民の幸せをいちばん望んでいると考えるのは一般に誤りだ。

——バーク「出版についての考察」

＊変革の手段を持たない国家は、自己保存の手段も持たない。

——同右「語源」

＊名誉と独立を好む国家は、すべて自国の平和と安全は自分自身の剣によることを意識すべきである。

——ビスマルク「演説—一八六九」

＊完全無欠の国家という観念は、完全無欠の人間という観念と同じく非現実的だということが必ずわかるだろう。

——ヒューム「グレート・ブリテンの歴史」

＊祖国と国民は地上における永遠の支持者である。

——フィヒテ「ドイツ国民に告ぐ」

＊偉大なる人々への忘恩は強い国民の徴候なり。

——プルタゴラス「断片」

＊租税を過大に課せられた国民は大帝国たるに適さない。

——ベーコン「随筆集」

＊国家が若い時代には武事、中年には学問が栄える。国家が衰亡する時代には工芸技術と商業が栄える。

――ベーコン「随筆集」

*管理を誤った国家の最初の万病薬は通貨のインフレであり、第二は戦争である。両者とも一時的繁栄をもたらし、かつ永久的な破滅をもたらす。だが、両者とも政治的・経済的オポチュニストの避難所だ。

――ヘミングウェイ「来るべき戦争についての覚書」

*すべての国家が持つべき重要な基礎は、その国の新しいもの、古いもの、あるいはまた両者の混合したものとは問わず、善法と良兵とにある。

――マキァヴェリ「君主論」

*国家の価値は結局、それを構成する個人個人のそれである。

――ミル「自由論」

*共和国は贅沢によって滅び、独裁国は貧困によって滅ぶ。

――モンテスキュー「法の精神」

*国土はその肥沃さに比例して耕されるものではなく、自由に比例して耕される。

――同右

*人民の進まぬ前に国家まず進む。

――山路愛山「断片」

*国家がその権威への批判をどの程度まで許すかが、その国家が社会の忠誠心をどの程度までつかんでいるかについての最も確実な指標である。

――ラスキ「政治学大綱」

*国家の理念は、相応する権力がなくては主張できない独立という思想から生れる。

――ランケ「プロイセン史」

*国家は人間と同じく、成長・壮年・老衰・死滅がある。

――ランダー「架空の会話」

*だいたい家や国家の興亡盛衰は、それらの傍観者の有無多少に比例するのがつねである。

――梁啓超《りょうけいちょう》「傍観者を呵する文」

・祖国

*予が人間である限り、予の祖国は世界なり。

――アウレリウス「自省録」

*われわれが、ときには祖国よりも正義を好んだように見えたとしても、それは祖国を正義の中で愛したいと欲したからである。

――カミュ「ドイツ人の友宛の書簡―一九四三・一二」

*愛国心は人類愛と同一である。私は人間であり、人間的なるがゆえに愛国者である。

――ガンジー（「ヤング・インディア紙」より）

*己の母国よりよきものはなし。

――クリソストムス「説話」

*愛国主義は無頼漢の最後の避難所である。

――サミュエル＝ジョンソン（ボズウェル

*他の国々を見れば見るほど、私は母国を愛するようになる。
「ジョンソンの生活より」）

*人は海外へ赴く前に、もっと祖国のことを知るべきだ。
——スタール夫人「コリーヌ」

——スターン「語録」

*母国を愛する者は人類も憎めない。
——チャーチル「告別のことば」

*私は母国を愛すとも、母国民は愛していない。
——バイロン「ドルセイ伯爵宛の書簡一八二三」

*愛国者——政治家に手もなくだまされるお人好し、征服者のお先棒をかつぐ人間。
——ビアス「悪魔の辞典」

*祖国を諦め捨つること、はるかに賢《さと》し。わらべにひとしく賤しき民に伍し、憎悪のくびき負わんより。
——プラーテン「この心永遠に」

*胃が空《から》では何人も愛国の士にはなり得ない。
——ブラン「偶像破壊主義者」

*愛国主義という卵から戦争が孵化する。
——モーパッサン「ソテネス叔父さん」

*専制政治のもとでは祖国などない。他のものがそれに代わっている。利益・栄誉・帝王への忠勤。

——ラ・ブリュイエール「人さまざま」

*私は自分がフランス人であること以上に共和国民であることを感じる。私は共和国のために自分の祖国を犠牲にするであろう。
——ロマン＝ローラン「回想記」

*国家は祖国ではない。それを混同させるのは、それによって儲ける連中だけだ。
——同右「クレランボー」

*祖国の名において、富者は貧者を圧しつぶし、貧者は貧者同士喰《くら》い合い、人間の最良の力が空しくて殺伐な事業のために尽き果てるのです。
——同右「敗れし人々」

・民族・人種

*発見をする民族のみが文化の未来を有する。
——アウエルバッハ「助教師の千の思想」

*民族は上からではなく、下から更新される。無名の人たちの中から出現する天才こそ、人民の若さと精力を更新する天才である。
——ウッドロー＝ウィルソン「新しき自由」

*われわれの座している人種は史上で最も尊大かつ強欲であり、最も排他的で制しがたい。ほかのすべての人種は、その敵であったし、犠牲者であった。
——エンゲルス「演説—一八九〇」

*ひとりのアラブの血が、もうひとりのアラブのために流されていいのか。……アラブ主義はわれわれの良心

だ。

——ナセル「反ナセルのクーデターの起きたときの演説——一九六一・一・九」

＊ひとつの民族が破滅し、心理的に退化するとき、そこから悪徳と贅沢が発生する。

——ニイチェ「偶像の薄明」

＊黒人を無色にする最善策は、白人に純白な心を持たせることだ。

——ペイン「語録」

民衆・大衆→国民・国家

民衆とは通常、つまり統治されることを願い、いかなる統治者であれ、最少限の幸せを得ればいいと考え、批判することを避けている保守的かつ利己的な小心な烏合の衆である。

＊多数というものは、どうしてもいちばん無知な、いちばん貧困な、いちばん無力な人々から成り立つ。

——アミエル「日記—一八六五・三・二〇」

＊全体的に見ると、民衆は愚者の群れだが、それが賢慮・趣味・正義・道理だと信じさせなければいけない。

——同右「日記—一八七六・二・二五」

＊大衆が悪しき指導者を持つときは恐ろしきものなり。

——エウリピデス「断片」

＊民衆ほど不定なるものなく、人々の意見より曖昧なるものなく、選挙人の総意見ほど偽りなるものなし。

——キケロ「ムレナ弁護論」

＊民衆に仕える者は憐れむべき奴だ。彼らは散々苦労した揚句に、誰からも感謝されない。

——ゲーテ「格言集」

＊君は舟なり、庶人は水なり。水は則ち舟を載せ、水は則ち舟を覆す。

——「荀子」

＊民衆は議論をするように統治されている。民衆の権利は愚かなことを言うことであり、大臣の権利は、それを実施することである。

——シャンフォール「格言と省察」

＊民衆の最大の欲求は統治されることであり、民衆の最大の幸福はよく統治されることである。

——ジューベル「パンセ」

＊民衆は「気に入った」とか「気に入らなかった」とか言う、あたかも民衆の気に入ることよりも高いものがないかのように。

——シューマン「寸言葉」

＊衆怒犯し難し、専欲は成り難し。

——「春秋左氏伝」

＊民衆は真理の探求に苦心せず、出来合いのものへ傾斜

しがちなり。

——ツキュディデス「歴史」

＊民衆は自己の救いとなるべき真理を知らないから、民衆にしてみれば、むしろ欺かれているほうがいい。

——パスカル「パンセ」

＊民衆は見ることができないが、感じることはできる。

——ハリントン「警句」

＊大衆は女のようなものだ。自分を支配してくれる者の出現を待っているだけで、自由を与えても、戸惑うだけだ。

——ヒトラー「わが闘争」

＊愚衆は知らない、恋と哲学、本と酒が、ともに仲よく暮らせることを。

——プーシキン「断片」

＊つねに民衆は、誰かひとりを己たちの先頭に立て、その人間を育成し、大きく成長させる習わしを有す。

——プラトン「国家」

＊乾燥し切った大地が水を望んでいるように、民衆は知識を欲している。だが、民衆にはパンの代わりに石が与えられている。

——ペスタロッチ「リーンハルトとゲルトルート」

＊市民とは、その本質上、生活衝動の薄弱な人間であり、自己を犠牲にすることを小心に怖れている扱いやすい存在だ。だから、市民は権力の代わりに多数制を、暴力の代わりに法律を、責任を負う代わりに採点法を決めたのだ。

——ヘッセ「荒野の狼」

＊ひとりの人間よりも大衆を欺くほうが容易なり。

——ヘロドトス「歴史」

＊群衆は孤独者の故郷である。

——ボードレール「断片」

＊民衆は数個の頭を持った獣。

——ホラティウス「書簡詩」

＊民衆は安易に主人を変えようとする、よりよい主人が見つかると思って。

——マキァヴェリ「君主論」

＊民衆は自分たちのために国王を選んだものであり、国王のために選んだのではない。

——モーア「ユートピア」

＊人間は大衆として生きるとき、大衆の中にあってもはや自分自身ではなくなっている。

——ヤスペルス「現代の精神的状況」

＊われわれは平和時には自由に批判を加えるが、戦争になると、民衆は国家に全権を委任してしまう。彼らは最も低能な本能に訴え、すべての批判を窒息させ、すべての自由を殺し、すべての人道を殺すのだ。

——ロマン＝ローラン「クレランボー」

権利と義務→支配と服従

「すべての人間は平等な権利を有する」というのは建前にすぎない。義務とは、各人の持つ権利の比重に反比例して課せられる税金である。というのは、権利を多く持つことは、それだけ責任も多いわけで、この荷厄介な責任を持つことを拒む民衆が権利の平等を求めるのは虫がよすぎるから――これが統治者の論理である。

＊権利のうえに眠る者は保護せず。
――イエーリング「権利のための闘争」

＊君自身のために主張するすべての権利を、すべての人間に与えよ。
――インガソル「寛容の制限」

＊権利は実力の仲介者である。
――ヴァレリー「党派」

＊すべての人間は自由、彼らの財産、法の保護に対する平等な権利を有する。
――ヴォルテール「生活様式についての随筆」

＊私は存在する。それは私の権利である。
――サルトル「嘔吐」

＊パンは人民の権利である。
――サン・ジュスト（フランス革命のときのことば）

＊人間が公然たる闘争の勝利に求める弁明は、強者の権利が実際に一つの権利だ、ということを前提とする。
――ショウペンハウエル「パレルガとパラレポーメナ」

＊何人も考えている本当のことを発言する権利を有するし、何人もそれを破壊する権利を有する。
――サミュエル＝ジョンソン（「ボズウェル「ジョンソンの生活」より）

＊権利は強者のものになる。俺たちの力の範囲が、すなわち俺たちの掟だ。
――シラー「群盗」

＊果実を食べる者は少なくとも種子を植え付けるべきだ。
――ソロー「コンコードとメリマック川の一週間」

＊凡人はつねに服従をこととして、法律を超越する権利は持っていない。……非凡人は、特にその非凡人なるがために、あらゆる犯罪を行い、いかなる法律をも超越する権利を持っている。
――ドストエフスキー「罪と罰」

＊それ人の児にして未だ人を成さざる者なおかつ自由の権あり。豈《あ》に五尺軀の大男児にしてこの権無かるべけんや。
――中江兆民（「東洋自由新聞」より）

＊人間は誰しも、その有しているだけの権利がある。
――ニイチェ「人間的な、あまりに人間的な」

＊土地私有の不法なる権利は、世界各国民の半数以上の者から、その自然の家屋を奪った。

——ホレース＝マン「語録」

＊人間が自由であるためには、第一に人間を奴隷にする者に対して守らなければならない。個人の権利は、国家の権利がなければ無為に等しい。

——ロマン＝ローラン「愛と死の戯れ」

＊われらが当然なすべきことをなすは称讃に値せず。なんとなれば、そはわれらの義務なるがゆえなり。

——アウグスティヌス「断片」

＊お前の推測する義務とは、お前がそれを推測した瞬間からお前を束縛する。

——アミエル「日記」一八五八・一二（日付なし）

＊何はともあれ、われわれはわれわれの畑を耕さなければなりません。

——ヴォルテール「カンディード」

＊義務とは、法則に対する畏敬に由来する行為の必要性である。

——カント「道徳形而上学原論」

＊好意が大なれば大なるほど、義務も大とならん。

——キケロ「哲学談義」

＊義務の重荷からわれわれを解放することのできるのは、良心的な実行のみである。

＊責務——自分の肩からとりおろし、神なり、運命なり、回り合わせなり、あるいは隣人なりの肩へ容易に肩替わりできるうまい荷物。

——ゲーテ「ヴィルヘルム・マイステル」

＊われわれの義務は、偶然の規則より以外になんらの規則をも持たないのである。

——ビアス「悪魔の辞典」

＊国家の一員としての男子の義務は、国家の維持と進歩と防禦とに助力することであり、女子の義務は、国家の秩序と慰安と装飾とに助力することである。

——モンテーニュ「随想録」

＊義務は人が他人から期待するものだ。

——ラスキン「胡麻と百合」（講演一八六八・五）

——ワイルド「つまらぬ女」

＊必要に応じて義務の固き支持を求むれば、現世にありても、幸いなる道をたどり得るべし。

——ワーズワース「義務に与える頌」

支配と服従→権利と義務、権力、独裁・専制

支配とは、絶対責任を大義名分に、統治者が偽善という仮面を冠って民衆を隷属させることである。服従とは、弱者が絶対服従を条件に、最低限の権利を確保することである。

＊民衆を支配するためには、大義の仮面を用いなければならない。

——芥川龍之介「侏儒の言葉」

＊巧妙さの極致は力を用いずに統治することである。

——ヴォーヴナルグ「省察と格言」

＊予はローマ人の間に第二位を占めるより、ここの人々の間にて第一位を占むることを欲す。

——カエサル（「プルタルコス英雄伝」より）

＊上《かみ》目を用うれば、下《しも》観を飾る。上耳を用うれば、則ち下声を飾る。（上役があまり細かい点まで気がつくと、下の者はうわべをつくろう）

——「韓非子」

＊支配権を獲得するは大いなる仕事なり、されど、それを維持するは、さらに大いなる仕事なり。

——クセノフォン「ソクラテスの思い出」

＊人間の最も大きな功績は、できるだけ外界の事情に支配されず、できるだけこれを支配することにある。

——ゲーテ「美しき魂の告白」

＊主将の法は、務めて英雄の心を攬《と》り、有功を賞禄し、志を衆に通ずるなり。（部下を統率する方法は、手下の中にいる英雄を心服させ、功を賞して誠意のあるところを一般に通ずるようにすることだ）

——「三略」

＊諸君が種を蒔く、刈るのは別人だ。諸君が富を見つける、蓄めるのは別人だ。諸君が武器をつくる、使うのは別人だ。

——シェリ「イギリスの人々へ」

＊寧《むし》ろ鶏口と為《な》るとも牛後と為る勿《なか》れ。（牛の尻尾に座するよりも、小さくとも鶏口となるほうがよい）

——司馬遷編「史記」

＊統治しようと欲する人々は共和政体を好み、よく統治されようと欲する人々は君主政体しか好まない。

——ジューベル「パンセ」

＊ときとして、ひとりの統治者が恐怖心から他の統治者を攻撃するが、それは後者が、彼を攻撃することを不可能にさせるためである。

——スウィフト「ガリバー旅行記」

＊支配され得る者以外には、何人をも支配し得ず。

——セネカ「書簡集」

＊たとえ家畜の群れであっても、統べることはすばらしいことだ。

——セルバンテス「トン・キホーテ」

＊国家の支配者は、国民に法を遵守せしめることに最も抜きん出る者が最良の支配者なり。

——ソクラテス（クセノフォン「ソクラテスの思い出」より）

＊支配権を得るためには、身を屈してもすべてを忍ぶ。

——タキトゥス「ローマ皇帝オットーについての発言」

＊責任の重い役職に就くと、その人間がいかに早くその役職にふさわしい能力を身に付けるかは驚くべきことである。高位に就くと、それだけ人の評価も上がる。自信がつくと強くなるのと同様である。人間はその置かれた環境に同化するものだ。

――ハズリット「人さまざま」

＊予は支配することも、支配さるることも望まず。

――ヘロドトス「歴史」

＊指導者は自己否定であることによってその目的を達し得るのである。（指導者は組織力に優れ、組織された権威が確立されて、指導者自身は影を没するようになる）

――三木清「哲学ノート」

＊治むるは望まし、地獄にてなりとも、地獄の統治は天国の奉仕にまさる！

――ミルトン「楽園喪失―一」

＊相手を当方に従わせるよりも、こちらから相手に調子を合わせるほうが、往々にして近道であり、かつ有益である。

――ラ・ブリュイエール「人さまざま」

＊高位に昇ると、たとえ善人でも自分の周りに悪人を必要とする場合がある、正直な人間には頼めないことがいくつもあるから。

――同右

＊他人を支配せんとするよりも、静かに他人の支配に従うが可なり。

――ルクレティウス「詩句」

＊箴言にあるごとく、従うは成功の母なり。

――アイスキュロヌ「断片」

＊服従を知る者は命令するすべてを知る。まず第一に服従することを学べ。われわれは組織を求めている。その秘訣は服従である。

――ヴィヴェーカーナンダ「カルマ・ヨーガ」

＊服従するために生れたような人は王座についても服従するであろう。

――ヴォーヴナルグ「省察と格言」

＊服従は人をひどく卑屈にする、その人がこの境遇に甘んずるようになるまでは。

――同右

＊この世の機構に隷属する人々は栄える。

――カフカ「断片」

＊痩馬は鞭箠《べんすい》を畏れず。（鞭箠はむち、「背に腹は代えられぬ」と同義）

――桓寛編「塩鉄論」

＊義者《ただしきもの》の悪者《あしきもの》の前に服するは井の濁れるがごとく泉の汚れたるがごとし。

――「旧約聖書―箴言三五章二六節」（ソロモン）

＊人に事《つか》うるを知る者にして、然る後に以て人を使うべ

し。

——「孔子家語」

＊徳なくして服する者衆《おお》ければ、必ず自ら傷《やぶ》る。

——「国語」

＊人は「運命」の矢を逃れ得ないゆえに甘受が唯一の盾なり。

——サーディー「ゴレスターン」

＊他に隷属することはすべて苦なり。あらゆる主権こそ楽なり。

——「自説経」

＊造られたるもの虚無《むなしき》に服せしは、己が願いによるにあらず、服せしめ給いし者によるなり。

——「新約聖書—ロマ書八章二〇節」（パウロ）

＊万事を自己に服従せしめんと欲せば、まず汝みずからを理性に服従せしめよ。

——セネカ「書簡集」

＊支配する前に服従することを学べ。

——ソロン「警句」

＊神聖にして、いと高きもろもろの力を怖れることが、人間を従順ならしめている。

——バートン「憂うつの解剖」

＊貴人に対して私は頭を下げる。しかし、私の精神は頭を下げない。

——フォントネル「死の対話」

＊服従するを憎む者は支配し得ない。

——ソロリオ「最初の成果」

＊服従せよ、お前の運命に心おきなく服従せよ。お前は自分にとって存在することはできなくなった。ただ他人のためにのみ生きるのだ。

——ベートーヴェン「手記」

＊「抵抗は十分に、服従は少なく」、ひとたび無条件に服従したら、忽ち完全に奴隷になってしまう。

——ホイットマン「北アメリカ合衆国に」

＊一般的にいえば、愛される者に対してよりも、怖れられる者に対して、人はいっそうよく服従する。

——マキアヴェリ「リヴィウス論」

＊服従は反抗よりもかえって強い。服従はのしかかってくる暴力を恥ずかしめる。

——リルケ「書簡」

＊他人を支配せんとするよりも、静かに他人の支配に従うべきなり。

——ルクレティウス「詩句」

＊二つの種類の弱さがある。破壊するものと、屈服するものとが、それである。

——ローウェル「わが書物について」

独裁・専制→支配と服従・権力

独裁者とは、圧制と強制的懇願とによって人心を収攬する術を心得ているカリスマ的な覇王だが、孤立しているがゆえに、側近による反抗をつねに怖れている。専制君主は恐くない、怖ろしいのは彼の影で操る権力の亡者の専制である。

＊暴君にとって最も喜ばしいことは所有ではなく、所有の権利である。

――アラン「精神と情熱に関する八十一章」

＊世界が与えるあらゆる専制のうち、われわれ自身の愛情が最もはげしい支配者だ。

――アレグザンダー「ジュリアス・シーザー」

＊羊が何匹いるかは狼には関係なし。

――ヴェルギリウス「農耕詩」

＊乱主は独りその智を用いて、聖人の智に任せず。独りその力を用いいて、衆人の力に任せず。故にその身労して禍い多し。

――「管子」

＊専制政治が廃止されるや否や、貴族生活と民主政治との葛藤が始まる。

――ゲーテ「格言集」

＊あらゆる力を持つ者はすべてを怖れる。

――コルネイユ「シナー四幕二場」

＊野蛮人が、その生活をその飢えの犠牲にするように、専制君主は、その権力をその力の犠牲にする。専制君主の治世は、その後継者たちの治世を貪り食う。

――ジューベル「パンセ」

＊暴君に最も好都合な観念は神の観念である。

――スタンダール「赤と黒」

＊独裁者はつねに、完膚なきまでの勝利を収めてしまうと人道主義を認め、権力を確保してしまうと容易に自由な言論を許す。

――ツヴァイク「マゼラン」

＊人類のあらゆる専制のうち、最悪のものは心を苦しめるそれである。

――ドライデン「雌鹿と豹《ひょう》」

＊大多数の専制は集合化された専制である。

――バーク「トーマス・マーサー宛の書簡一七九〇・二・二六」

＊法が終わると暴政が始まる。

――ピット（大）「演説一七七〇」

＊専制君主の懇願には強制を伴う。

――プラトン「書簡」

＊暴政を顛覆しようと欲する者は、まず暴君に仕えねばならない。

＊独裁者は最後の十分まではつねによく見える。
——ベルネ「断片と警句」

＊独断家は甚だしばしば敗北主義者、知性の敗北主義者である。彼は外見に現われるほど決して強くはない。
——マーサリク「演説」

＊力を以て人心を収攬《らん》する者を覇者という。
——「孟子」

＊美徳は共和国において、名誉は君主国において必要であるごとく、専制国において必要とされるものは恐怖である。
——三木清「人生論ノート」

＊独裁はつねに単なるアリアであって、けっしてオペラではない。
——モンテスキュー「ローマ盛衰史」

＊ジョン＝ミルは言った。「専制は人々を冷笑者にする」と。だが、共和制は人々を沈黙者にすることを彼は知らなかった。
——ルードヴィヒ「断片」

＊暴君の専制は人を冷ややかに嘲けるものにし、愚民の専制は人を死相にする。
——魯迅「而已集—小雑感」

＊暴君の臣民は、ただ暴政が他人の頭上で暴れるのを望む。そして自分自身はそれを眺めて面白がり、「残酷」を愉しみ、「他人の苦しみ」を見せ物とし、慰めとする。
——同右「草蓋集—ふと思いついて」

＊専制とは、一為政者がその権力を人々の利益のためではなくて、彼自身の個人的な独自の利益、彼自身の欲望のために用いることである。
——同右「随感録—熱風」

＊いちばん卑怯な暴君は、百万の卑怯者が一緒になったときです。
——ロック「市民政治論」

——ロマン＝ローラン「魅せられた魂」

・君主

＊地上は二つの太陽を黙認し得ざるごとく、アジアに二王は存在し得ず。
——アレクサンドロス大王「語録」

＊善をなし、悪を聞くが王の仕事なり。
——アンティステネス「断片」

＊君主は国家のために存在し、国家は君主のために存在するにあらず。
——エラスムス「アダギア」

＊君臣を択ぶのみに非ず、臣も亦君を択ぶ。
——「後漢書」

＊二人の王は一つの国には住めない。
——サーディー「ゴレスターン」

＊王冠をいだく頭は、ついに安らかに眠るということがない。

――シェークスピア「ヘンリー四世」二部三幕一場

＊王侯・貴族の誇るものは、所詮は名目だけの称号にすぎない。それは内面的な苦悩に対する単なる外面的な栄誉にすぎない。

――同右「リチャード三世」一幕四場

＊善良な王は公僕である。

――ベン＝ジョンソン「エキスプロラタ」

＊王たちはたいてい無頼漢だ。

――トーウェン「ハックルベリィ・フィン」

＊王位はビロードで蔽われた金ぱくをきかせた一片の木片にすぎない。

――ナポレオン「語録」

＊あなたは君公であられるから、あなたの価値を私が高く評価することは必要ではございません。必要なことは、私があなたに敬礼することです。

――パスカル「小品集―貴族の自分について」

＊国王の権利は、民衆の理性と愚昧《まい》のうえに基盤を持っている。でも、どちらかといえば、後者においてである。

――同右「パンセ」

＊君主が誰かに莫大な報酬を与える場合、それは立派な業績のときよりも悪事の場合におけることが多い。

――ハリファックス「政治的思考と考察」

＊王は王権を握るが、統治はしない。

――ビスマルク「語録」

＊王自身よりも王位の背後にあるものが、より大きい。

――ピット（大）「演説―一七七〇・三・二」

＊王侯は仕事のできる野心家たちを仕事から遠ざけよ。

――フェヌロン「テレマク」

＊君主は狐と獅子を選ぶべきである。獅子は陥し穴に対してみずから防ぐことはできないし、狐は狼に対して防ぐことができない。したがって、わなを知るためには狐となり、狼を走らせるためには獅子とならねばならない。

――マキァヴェリ「君主論」

＊君主は私が列挙したような善徳を、ことごとく備える必要はない。ただ備えているようなふうを装うことが絶対必要である。（偽善者らしくふるまえ）

――同右「君主論」

＊国王の第一の徳は臣下を知ることにある。

――マルティアリス「諷刺詩」

＊国王の名誉と安全は、彼自身の財宝よりもむしろ人民の幸福である。

＊帝王の行為は、その死後において審判されなければならない。

――モーア「ユートピア」

——モンテーニュ「随想録」

*天に二日《じつ》なく、地に二王なし。

——「礼記」

*朕《ちん》は国家である。

——ルイ一四世「語録」

権力→支配と服従、独裁・専制

力によって得た絶対的権力は、そこに安住しているうちに倦怠し、腐敗して自滅に追いやられる。権力者にふさわしい栄誉は偽善という名の冠である。

*すべての権力は崩壊するし、絶対的権力は絶対的に崩壊する。

——アクトン「自由の歴史」

*私は圧制者を憐れに思う。私はけっして自分の欲するものを得られない。彼は他人の真の自由をうかがっている。

——アラン「人間語録」

*権力には服従、精神には是認のみ。（徹底的に服従することで、その高貴なマントをはいでやるべきだ）

——同右「精神と情熱とに関する八十一章」

*天下の田畑盗んで、己が天下となし、己が国となし、己が知行所となし、直耕の天道を責め取り、貪り食ふ。

——安藤昌益「自然真営道」

*人間は己自身を愛する。権力を求めるのも快楽に対する愛からである。

——エルヴェシウス「人間論」

*権威がなくては人間は存在し得ない。しかし、権威は真理と同じく誤謬を伴うものである。

——ゲーテ「格言集」

*私は権力と地位が欲しいのだ。行動がすべてであり、栄光は何ものでもない。

——同右「ファウスト」

*徳なくして服する者衆《おお》ければ、必ず自ら傷《やぶ》る。（徳によらずに、権力のみで多くの人を服従させている者は自滅する）

——「国語」

*力によってのみ維持されている権力は、しばしば恐怖に戦《おのの》くであろう。

——コッシュート「語録」

*ワインがすっきりした頭脳を酔わせてしまうように、権力はやさしい心をも興奮させる。

——コルトン「ラコン」

*あらゆる権力は人民にある。

——ジェファーソン「書簡」

*木実《きのみ》繁《しげ》き者は、その枝を披《ひら》く。

——司馬遷編「史記」

*好いても惚れぬ権力の借座敷。

＊私は依然として、真理・愛・寛容・温厚・親切が、あらゆる権力に生きる権力であると確信している。
——司馬遼太郎「断片」

＊屠肉あるところに禿鷹が集まる。
——シュヴァイツァー「生立ちの記」

＊一部の偽善的な大臣たちがなんと言おうと、権力は快楽の中で随一のものである。
——「新約聖書—マタイ伝二四章二八節」

＊主権者は、彼のもとに仕える司法と軍事の全官僚と、陸海軍の全体とともに不生産的労働者である。彼らは公共の召使いで、他の人々の勤労の年々の生産物の一部で維持されている。
——スタンダール「恋愛論」

＊権威は威信なくしては成立するものではなく、威信は世俗との隔離なしでは成り立つものではない。
——アダム＝スミス「国家論」

＊私が欲しいのは金でもなく、金の有する力でもない。その力によって得られるもの、また、その力なしではどうしても得られない孤独の、落ちついた権力の意識だけだ。
——ド・ゴール「回顧録」

＊生物の存在するところに、すべて権力に対する欲求がある。
——ドストエフスキー「未成年」

＊権力が大きくなればなるほど、その濫用はより危険になる。
——ニイチェ「ツァラトゥストラ」

＊貴族であることは、人間の邪悪の多くの対象を自由に自分のものにすることであり、かくして、多くの人たちの要求と願望を満足させ得る。多くの人たちが貴族の周りに惹きつけられ、屈服するのはこのためである。
——バーク「演説—一七七一・二・七」

＊優越者は、劣等者が何か偉大な外観を身につけることをけっして許さない。
——パスカル「小品集—貴顕の身分について」

＊権力！　そんなものはつまらぬものじゃないか。愚者の尊敬、小児の感嘆、富者の羨望、賢者の侮辱。
——バルザック「村の司祭」

＊無制限の権力は支配者を堕落させる。
——バルナーヴ「断片」

＊権力との同盟はけっして信用されず。
——ピット（大）「演説」

＊権力は、何者がそれを行使するにしても、それ自体においては悪である。
——フィードラス「寓話」

＊おごれる者久しからず、ただ春の夜の夢のごとし。たけき者も遂にはほろびぬ。ひとへに風の前の塵に同じ。
——ブルクハルト「世界史的考察」

——「平家物語」

*権力は一民族の物質的な生活の必要に奉仕するほかに、人類の最高の精神的、つまり心的価値である文化や宗教のために尽くし得ることによってのみ自己を正当化する。

——マイネッケ「ドイツの悲劇」

*多少とも権力を有する地位にある者に最も必要な徳は、阿《おもね》る者と純真な人間とをひとめで識別する力である。

——三木清「人生論ノート」

*地獄の統治は天国の奉仕に優る！

——ミルトン「楽園喪失—一」

*最強者の理由は、つねに最善の理由である。

——ラ・フォンテーヌ「寓話」

*だいたい家や国家の興亡盛衰は、それらの傍観者の有無多少に比例するのがつねである。

——梁啓超《りょうけいちょう》「傍観者を呵する文」

*力はすべてを征服するが、その勝利は短い。

——リンカーン「演説」

自由と平等↓奴隷

人間が共同社会を営んでいる以上、自由なんてものは存在しない。ほんのわずかのわがままこそ、われわれに賦与された唯一の自由である。人間は生れながら不平等な資質と環境条件のもとで育まれてきたのだから、「人間は自由かつ平等」であるという教義は絵空事にすぎない。死のほか平等なものは存在しない。

*個人の自由とは、富者にとっては事実上の自由だが、貧者にとっては奴隷生活であった。……貪欲から民族を保護できたのは、国会が国家に賦与した権力のおかげである。

——アトリー「ありのままに」

*神はすべての人間を自由人として放ち給う。自然は何人をも奴隷としてつくりはせず。

——アルキダモス（アリストテレス「弁論術」より）

*自由は人間の権利であるが、その実行のために人はもっと偉大である必要がある。

——アントネリ「カーデナール」

*板垣死すとも自由は死せず。

——板垣退助（襲われて倒れたときのことば）

*自由は進歩の息吹である。

——インガソル「いかにして人類を改善するか」

*自由の木は専制の血を与えられたときにのみ育つ。

——ヴァレリー「党派」

*自由は、国民が政府に関心を示すところにおいてのみ存在する。

——ウッドロー＝ウィルソン「演説—一九一二・

＊自由意志は盗人の手にとどかざる財宝なり。

――エピクテトス「断片」九・四」

＊自由たらんと欲する者は、他人の力の裡にあるものを願望もしくは怖れるべからず。いかんとならば、他人の奴隷になるからなり。

――エピクテトス「断片」

＊海と空気は万人が共同に使うべきもの。いかなる君主も、広い大洋を自由に航行するを妨害できない。

――同右

――エリザベス女王「一五八〇年ドレークの太平洋侵入に対するスペイン大使の抗議への回答」

＊自由は外的な事実の中にあるものではない。それは人間の裡にあるのであって、自由であろうと欲する者が自由なのである。

――エルンスト「架空対話」

＊自分たち自身の社会的結合の主人となった人間は、それによって同時に、自然の主人、自分たち自身の主人となる――つまり自由となるのである。

――エンゲルス「空想的社会主義から科学的社会主義への発展」

＊人は自然に隷属しているが、それを知るがゆえに自由である。

――オイケン「断片」

＊唯一の可能な自由とは、死に対する自由である。

＊私が知る唯一の自由は精神および行動の自由である。

――カミュ「シジフォスの神話」

＊自由とは、個人的情熱の最たるものだ。だからこそ、それは今日では背徳的なのだ。社会において、より適切にいえば、それ自体において自由は背徳的なのだ。

――同右

＊互いに自由を妨げない範囲で、わが自由を拡張すること、これが自由の法則である。

――同右「手帖―一九三五～四二」

＊自由とは、すべての特権を有効に発揮させる特権である。

――カント「断片」

＊女性は自然の規定に完全に従属しており、したがって、美的な意味においてのみ自由である。……男性が女性に求婚するにさいして、自由を与えるということばを使うのは、このためである。

――同右

――キェルケゴール「誘惑者の日記」

＊ある場合に自由と称せらるるものは、他の場合においては放縦と称せらる。

――クウィンティリアヌス「雄弁論」

＊自由は飲んで尽くることとなき希望の泉を予想せしむ。

――国木田独歩「欺かざるの記」

＊自分自身を支配できない者は自由ではない。

＊人間に与えられる自由というものがあるならば、それは道徳的自由のほかに確実なものはない。
——マッティーアス＝クラウディウス「自由に関する対話」

＊ことばは自由、思想は自由。
——倉田百三「愛と認識との出発」

＊自由も生活も、これをかちとろうとする者は、日ごとに新しく闘いとらねばならない。
——グリューン「ヴィーンの一詩人の散歩」

＊自由放任、通過許可。（自由主義経済の合ことば）
——ゲーテ「ファウスト」

＊私は孤独で自由だ。だが、自由はどこかしら死に似ている。
——ケネー「語録」

＊人間が自由であり得るためには、神があってはならない。
——サルトル「嘔吐」

＊生命はげに尊し、愛情はさらに価値高し。もし自由のためとあらば、二つながら抛《なげう》つもよし！
——シェリング「神における自由」

＊自由は責任を意味する。だからこそ、たいていの人間は自由を怖れる。
——シャンドル「詩集」

——バーナード＝ショウ「革命主義者のための格言」

＊いかなる人間も自分自身の掟に従って自由に生きたいと思う。
——シラー「メッシーナの花嫁」

＊恩恵を受くるは自由を売ることなり。
——シルス「箴言集」

＊あらゆる人が自由になるまでは、何人も完全に自由たり得ないし、あらゆる人が幸福になるまでは、何人も完全に道徳的たり得ない。
——ハーバート＝スペンサー「社会静学」

＊自由のためなら、名誉のためと同じように、生命を賭けることもできるし、また賭けねばならない。
——セルバンテス「ドン・キホーテ」

＊たとえ身体は奴隷なるも、精神は自由なり。
——ソフォクレス「断片」

＊びろうどのクッションに座っているよりも、気がねせずにカボチャの上に座っているほうがよい。
——ソロー「ウォールデン森林の生活」

＊個人があまり自由を得すぎてはいけないが、国家は完全な自由を得なくてはならない。国家が自由に行動できるようになれば、中国は強国になれるのだ。このようになるには、みんなが自由を犠牲にする必要がある。
——孫文「三民主義」

＊うわべのみの自由の名によって、自由を粉砕することはまったく容易である。

＊恐怖からの自由が私の御身《おんみ》に求める自由である。母国よ！　みずからの歪める夢が形どった怖れと夢魔をふり捨てよ。

——タゴール「真理への訴え」

＊賢者のみが自由人にして卑劣なる人間は奴隷なり。

——同右

＊真の自由は知性的である。本当の自由は訓練された思惟能力の裡に宿る。

——ディオゲネス（シノペの）「断片」

＊自由の量が多ければ多いほど、必然の量は少なくなり、必然の量が増加するにつれて自由の量は減ずる。

——デューイ「思考の方法」

＊人間における自由とは、彼自身の内部に含まれた必然性にほかならない。

——トルストイ「戦争と平和」

＊自由が新しい宗教であり、それが全世界に拡大することは間違いない。

——ドルバック「自然の体系」

＊自由への愛は牢獄の花。牢獄にいて、はじめて自由の価値を知る。

——ハイネ「イギリス断片」

＊自由とは、自分が「自由である」と信ずるところの、一つの幻覚にすぎないのである。

——同右「サロン—序」

＊抽象的な自由というものは、他の単なる抽象概念と同じく、どこにも存在しない。

——萩原朔太郎「虚妄の正義」

＊私は他人の自由のおかげでのみ真の意味において自由である。

——バーク「アメリカ移民との和解についての演説—一七七五」

＊自由の愛は他者に対するそれであり、力の愛は自分たちに対するそれである。

——バクーニン「笞刑ドイツ帝国と社会革命」

＊鎖につながれて正しく歩むよりも、自由のうちに誤って歩むほうが人間にとってはましである。

——ハズリット「政治随筆」

＊自由の樹木は専制君主の血によって稀薄化されたときにのみ生育する。

——トーマス＝ハックスレー「生涯と書簡」

＊自由の木は、暴君の血を注ぎかけなければ成長はしないのだ。

——バレル「フランス国民会議の演説—一七九二」

＊個人の自由に対する権利は、人種を維持する義務の重要性に比べて第二義的なものである。

——同右「断片」

＊神に代わって人間を支配する三つの力である金と名誉

——ヒトラー「わが闘争」

と享楽との関係を断ったときに、人は初めて自分を自由に感じよう。

——ヒルティ「眠られぬ夜のために」

＊認識の上に自由が宿る。

——フォイヒテルスレーベン「箴言集」

＊自由はかちとるものであって、与えられるものではない。

——ブラック「語録」

＊あらゆる支配を免れし完全なる自由は、他の人々による節度を有せし支配に少なからず劣るなり。

——プラトン「法律」

＊一時的な完全を得るために永遠の自由を断念した人間は、自由も完全も受けるに値しない。

——フランクリン「断片」

＊人は生れながらにして自由かつ平等である。

——「フランス人権宣言」（一七八九）

＊個人の自由は人間の品性と幸福にとって永久的な本質である。

——ブルバー・リットン「断片」

＊われに自由を与えよ、然らずんば死を与えよ。

——ヘンリー「演説」

＊何者が自由なりや？　それは自己を節制し得る賢者なり。

——ホラティウス「諷刺詩」

＊自由は、君がそれを人に心から与えなければ、けっして獲得し得ない唯一のものである。

——ホワイト「演説—一九四〇」

＊個人の自由は、このようにずっと制限されねばならない。個人は他人の迷惑となってはならないのである。

——ミル「自由論」

＊成上がりの情念は理性より主権を奪い、それまで自由なる人々を奴隷にす。（内なる自由を棄てて理性のうえに力の支配を許すものは、究極的には外なる自由を失い奴隷になる）

——ミルトン「楽園喪失—一二」

＊他のすべてを自由以上に知り、発表し、良心に従って自由に論議する自由をわれに与えよ。

——同右「言論の自由」

＊自由とは、法の許す限りにおいて、すべてのことをなす権利である。

——モンテスキュー「法の精神」

＊真の自由とは、自己のうえに万事をなし得ることである。

——モンテーニュ「随想録」

＊自由をおどかし、圧迫し、奪い、欺き、絞り取るのは悪魔の自由である。

——ラヴァーター「大国民に対する自由なある
スイス人のことば」

＊人々がやっとのことで手にいれた自由は、しばしば自

負心を持った人間には我慢しかねるような奴隷状態、つまり残虐な愚民どもの支配に転化した。

――ランケ「歴史と政治の類似・相違について」

＊自由であると思い込んで、自分をしばっている絆が少しも眼にはいらない人も少なくない。

――リュッケルト「詩」

＊真の自由を求めようとするならば、心中の奴隷を除去することから手がけなければならない。

――梁啓超《りょうけいちょう》「新民説」

＊われわれが安泰と願望する来るべき日々において、われわれは人間にとって不可欠の四つの自由――「言論表現の自由」「信教の自由」「欠乏からの自由」「恐怖からの自由」――のうちに樹立された世界を望むものである。

――フランクリン＝ルーズヴェルト「年頭教書―一九四一」

＊人民の自由は国家の強さに比例する。

――ルソー「社会契約論」

＊人間は自由なものとして生れたが、いたるところで鎖につながれている。己が他人の主人であると思っているような人間も、実はそれ以上の奴隷である。

――同右

＊人民は自由だと思っているが、彼らが自由なのは議員を選挙する間だけである。

――同右

＊人はただ信仰によってのみ自由とされるのであり、いかなる意味においても行為の正しさによって自由を得るのではない。

――ルター「キリスト者の自由」

＊鎖を嘲弄する者がすべて自由とは限らない。

――レッシング「賢者ナータン」

＊政治的自由は飢える大衆を満足させない。

――レーニン「演説―一九一七」

＊道は常にして名なし……道は常にして為《な》すことなくして為さざるなし。（道は自由のことで、自由とは、人間本来の創造的な働きである）

――「老子」

＊おお自由よ、お前の名のもとになんと多くの犯罪が犯されることか！

――ローラン夫人「断頭台上のことば」

＊自由とは、社会的な世界の巨大な虚偽からの自分自身の解放である。

――ローレンス（「チャタレー夫人の恋人」の非難に答えた抗議文「好色文学とわいせつ」より）

＊自由は芽生えれば生長の早い木だ。

――ジョージ＝ワシントン「演説―一八三〇」

＊神の前では、われわれは等しく賢明であり、等しく愚

かでもある。

――アインシュタイン「宇宙の宗教」

*尊敬と正義は近い間柄である。何も尊敬しない人間は、絶対的君主が法律に対すると同様に、己自身をすべての上におく。だから、群小の平等論者は蟻のように集まった群小の専制君主である。

――アミエル「日記」一八六四・九・二〇

*平等主義は、因襲的不平等・独断的特権・歴史的不正を除去したのち、次には、功績・能力・徳性の不平等に対して謀反を起こした。平等主義は、愛に見せかけようとしている憎しみである。

――同右「日記」一八六三・一二（日付なし）

*平等が自然の法則であることは間違いである。自然は何ひとつ平等なものをつくってはいない。自然の法則は服従と隷属である。

――ヴォーヴナルグ「省察と格言」

*彼も人なり予《われ》も人なり。

――韓愈《ゆ》「原毀」

*立法者にしろ、革命家にしろ、平等と自由を同時に約束する者は空想家でなければ山師である。

――ゲーテ「格言集」

*すべての人間が平等であるひとつの場所がある――死ぬときである。その場合、彼らはすべて零である。

――ウィリアム＝サムナー「会話」

*水と鏡は能《よ》く物を窮《きわ》むるも、怨む者なし。（水と鏡は事物の姿をありのままに写すが、私心なく公平であるから怨むわけにはいかない）

――「三国志」

*すべての人間は平等につくられている。彼らはその創造主によって固有の奪うべからざる権利を与えられている。

――ジェファーソン「アメリカ独立宣言」

*大地は球にして天井にかかり上下なし。大気これを掲ぐ。（上は天子、下は士農工商・非人・乞食にいたるまで、みな人間である）

――司馬江漢「春波楼筆記」

*平等主義者は彼ら自身の水準まで他人を引き上げることを望むけれども、彼ら自身以上に引き上げようとはしない。

――サミュエル＝ジョンソン（ボズウェル「ジョンソンの生活」より）

*われわれは死の瞬間においてけすべて平等なり。

――シルス「箴言集」

*いかなる科学の力を借りても、また、どんな利子をもって釣ったところで、人間はけっして不平なしに財産や権利を分配することはできません。

――ドストエフスキー「カラマーゾフの兄弟」

*すべての人間が、いかなる意識においても、また、い

かなるときでも、自由かつ平等である。そうであったという教義は、まったく根拠のないフィクションである。

――トーマス＝ハックスレー「人間の生れつきの不平等について」

＊平等は正当な要求なんだろうが、この世の権力は、それを事実に変えることは絶対にできない。

――バルザック「ランジェ公爵夫人」

＊人間はもともと不平等な性質に生れついている。それゆえ、彼らを平等であるように取り扱おうとしても無益だ。

――フロード「大問題に関する小研究―党政治」

＊平等とは、自分と同様に他の人々にも同じチャンスと権利を与えることだ。

――ホイットマン「感想」

＊人は生れつき平等である。自然は人々を身体および精神の諸能力において平等につくった。平等から不信が生ずる。能力のこの平等から、われわれの目的達成における希望の平等性が生ずる。

――ホッブス「政治哲学論」

＊皇帝の魂も靴屋の魂も同じ鋳型で鋳《い》られたものである。

――モンテーニュ「随想録」

＊天に私覆なく、地に私載なく、日月に私照なし。（天地日月は公平無私）

＊公は明を生じ、偏は暗を生ず。（心が公平であると、判断も正確になる）

――「礼記」

＊平等はあらゆる善の根源であり、極度の不平等はすべての悪の根源である。

――劉向《きょう》撰「説苑《ぜいえん》」

――ロベスピエール「議会演説―一七九〇・四」

＊寡なきを患えずして、均《ひと》しからざるを患う。

――「論語」（孔子）

奴隷→自由と平等

強者の強制によって服従に甘んじている弱者は奴隷ではない。権力・名声・欲得・情欲のために魂を売っている輩こそ〝奴隷根性〟の持主だ。最たる〝奴隷階層〟は、自由になることをおそれ、主人にへつらって捨て扶持をもらっている輩たちだ。

＊実際に奴隷となるには、みずから奴隷だと信ずることでもって十分である。

――アラン「精神と情熱とに関する八十一章」

＊卑屈の奴隷に安んじて共に満足する人民等は、これは国家の良民ではない。ほんに国家の死民でござる。

――植木枝盛「民権自由論」

*人生は性の奴隷であり、労働の奴隷であるということが根本問題である。

——ウェールズ「熱情的友だち」

*汝心に支配さるるならば汝は王であり、肉体に支配さるるならば奴隷なり。

——カトー（大）「語録」

*奴隷は最初は正義を求めているが、最後には王国を要求する。

——カミユ「形而上的反抗」

*堕落した自由人というのは最悪の奴隷である。

——ガリック「語録」

*暴虐の奴隷には一縷の望みがあるが、愛の奴隷には全然望みがない。

——ガンジー（「ヤング・インディアン紙」より）

*奴隷制度は人間の権利の否定であり、人間価値の否定なり。

——キケロ「アントニウス排撃論」

*平和は静かなる自由なるも、隷属はいっさいの悪のうちの極悪にして、闘いによりてのみならず、死もて排撃せねばならず。

——同右

*自由でないのに、自由であると考えている人間ほど奴隷になっている。

——ゲーテ「格言集」

*奴隷は人間に生れ変わりつつある。これが新しい生活の意義である。主人は滅びなければならない、彼らは奴隷の寄生主にすぎないから。

——ゴーリキー「断片」

*奴隷制度があるところに自由は存在せず、自由があるところに奴隷制度はない。

——チャールス＝サムナー「奴隷制度と反乱」

*人民を奴隷化するものは王侯・貴族ではなく、また地主・資本家でもない。人民を奴隷化するものは人民自身の無知である。

——ジョージ「社会の諸問題」

*諸君は暴民の怒号にまどわされてはいけない、狂い立つ愚人の暴力に動じてはいけない。だが、奴隷が鎖をちぎって自由の人間になったとき、それを怖れ戦《おのの》くことは無用だ。

——シラー「信仰のことば」

*人間がその感情を支配し、抑制し得る無力さ、これを私は奴隷状態と呼ぶ。というのは、感情のままに左右される人間は、みずからの主人ではなく、いわば、偶然の力のままに支配されるからである。

——スピノザ「エチカ」

*奴隷制度が合法化され、かつ保護されている国では、潔白な市民にふさわしい唯一の場所は牢獄である。

——ソロー「断片」

＊人間は奴隷でなければならない。ただ人間にとって選択せねばならないのは、誰の奴隷であるかということである。自己の情欲のそれであれば、とりも直さず人間の奴隷である。自己の精神的本源のそれであれば、それはただ神の奴隷であるにすぎない。

——トルストイ「読書の輪―六・四」

＊あらゆる人間は、いかなる時代におけるのと同じく、現在でも奴隷と自由人に分かれる。自分の一日の三分の二を自己のために持っていない者は奴隷である。

——ニイチェ「人間的な、あまりに人間的な」

＊最も残忍かつ無恥な奴隷は、他人の自由の最も無慈悲かつ有力な掠奪者となる。

——ノーマン「日本における兵士と農民」

＊お前は主人から可愛がられ、おだてられたからといって、それだけ奴隷でなくなると思うのか？　奴隷よ、お前は実におめでたい。お前の主人はお前をおだてているが、いまにお前を打つであろう。

——パスカル「パンセ」

＊誰かが奴隷なのは、彼自身の意志のせいであり、ある民族が他国の足かせのもとにおかれるのも、同じくその民族の意志のせいである。

——ヘーゲル「法の哲学」

＊高位にある人間は三重に下僕《しもべ》である。すなわち、君主または国家の下僕であり、名声の下僕であり、仕事の下僕である。

——ベーコン「随筆集」

＊命なき死人の王となるよりも、生きて、暮らしの糧も少なく、土地を持たぬ農奴になりたし。

——ホメロス「オデュッセイア」

＊わずかなるものにて生活し得ぬ者は、つねに奴隷なり。

——ホラティウス「諷刺詩」

＊植民地を価値あるものにしたのは奴隷制であり、世界貿易をつくり出したものは植民地であり、大産業の前提となるものは世界貿易である。だからこそ、ブルジョア的産業の最も重要な経済的範疇である。

——マルクス「哲学の貧困」

＊服従とは、これ不賢者または上官への反逆者に仕うることぞ、汝がみずから自由ならず、おのが奴隷にして。（奉仕そのものは服従ではない。反逆者への奉仕こそが最大の屈服である。なぜなら、反逆者は己の奴隷だからだ）

——ミルトン「楽園喪失―一二」

＊すべての自由人は法という一つのものに屈従するも、奴隷は法と主人の二つのものに屈従する。

——メナンドロス「断片」

＊奴隷制度が悪くないならば、悪いものは何もない。

——リンカーン「ホッジス宛の書簡―一八六三・四・四」

＊自分が奴隷であることを自覚し、自分の解放のために

闘争に立ち上がった奴隷は、すでに半分は奴隷ではない。

——レーニン「社会主義と宗教」

*主人となってすべての他人を奴隷にする者は、主人を持てば己が奴隷に甘んずる。

——魯迅「諺語」

*専制者の反面は奴隷である。権力を握っているときは好き勝手なことをするが、勢いを失うと、忽ち百パーセントの奴隷根性を発揮する。

——同右「南腔北調集—諺」

*国王・貴族・暴君は何人であれ、世界の主権者である人類に対して、宇宙の立法者である自然に対して反逆する奴隷である。

——ロベスピエール「人権宣言草案」

*私は自由の奴隷である。

——同右「演説」

*戦争では強者が弱者という奴隷を平時では富者が貧者という奴隷をつくる。

——ワイルド「若い国王」

軍事・武力と軍人↓戦争と平和

軍事の強化は、必ずしも国防のためではなく、平和論者の反戦思想を武器で抑制するためでもある。軍人とは、虚名をありがたがる風紀屋で、絶対服従・絶対無責任を信条とする仁侠の世界とどこか似ている。彼らの唯一の逃げ場所は愛国主義という避難所である。

*軍事的国家の大多数は、戦争中は安全なるも、支配を獲得すると滅亡す。なんとなれば、刀のごとく平和に暮らしおるうちに鋭い歯を失えばなり。

——アリストテレス「政治学」

*兵は凶器なり。用うことを安易にせざるべからず。

——「韓非子」

*軍備を整備しながら守勢を期待するという状態は、いかなる国家も堪え得るものではない。

——ゲーテ「格言集」

*いまだ軍備と徴兵が国民のために一粒の米、一片の金をだに産するを見ざるなり。

——幸徳秋水「廿世紀の怪物帝国主義」

*それ勇は逆徳なり。兵は凶器なり。争は事の末なり。陰謀逆徳あれば、凶器を用うるを好む。

——「国語」

*戈《ほこ》を止むるを武と罵す。（武は戦争をなくすためのものだ）

——「春秋左氏伝」

*国防は富裕よりも重要である。（国防を強化することで富裕という生産を生み出すため）

——アダム＝スミス「国富論」

＊言論や多数決によっては現下の大問題は解決できない。……「鉄と血」によってこそ問題が解決されるであろう。

——ビスマルク（国会予算委員会の演説—一八八二）

＊軍の主力は歩兵にある。

——マキァヴェリ「リヴィウス論」

＊世間では一般に、指揮刀は武人を指揮するものだと思っており、それが文人をも指揮し得るとは気がつかない。

——魯迅「而已集—小雑感」

＊全民衆をゆりかごから墓場まで奴隷にする破廉恥な兵役法。

——ロマン＝ローラン「闘争の十五年」

＊軍人の誇りとするものは必ず小児の玩具に似ている。……なぜ軍人は酒にも酔わずに、勲章を下げて歩かれるのであろう？

——芥川龍之介「侏儒の言葉」

＊理想的兵卒は苟《いやし》くも上官の命令に絶対に服従しなければならぬ。絶対に服従することは絶対に責任を負わぬことである。

——同右

＊軍人という職業ほど、形式・言葉・習慣の冷静さが、生活の活動性といちじるしい対照をなしている職業はほかにはない。

——ヴィニィ「軍隊の屈従と偉大」

＊帯《おび》る者は解く者のごとく誇るべからず。

——「旧約聖書—列王紀略上二〇章一一節」

＊涕《なみだ》を揮って馬謖《ばしょく》を斬る。（馬謖は蜀の諸葛孔明の武将で、孔明は軍律を守るために情を殺して彼を斬首した）

——「三国志」

＊軍人の徳である功名心は、大将の影を薄くするような勝利よりもむしろ、敗北を望むものだ。

——シェークスピア「アントニーとクレオパトラ—三幕一場」

＊勇将は根のようなものであり、そこから枝となって勇敢な兵卒が生れる。

——シドニー「語録」

＊将となる三世の者は必ず敗る。（親子三代の将軍となれば必ず失敗する）

——司馬遷編「史記」

＊敗軍の将以て勇をいうべからず。（敗軍の将は、そのことについて意見を言う資格はない）

——同右

＊兵は精を務めて多きを務めず。（軍隊は精鋭であるを要する）

——「十八史略」

＊軍人はわれわれが回避せねばならない時代錯誤者である。

＊強将の下に弱卒無し。

――バーナード＝ショウ「悪魔の弟子」

＊兵に常勢無し。（用兵は臨機応変の態勢をとるべきだ）

――蘇東坡「題連公壁」

――孫子「謀攻編」

＊将軍の適性は判断と慎重なり。

――タキトウス「歴史」

＊最も偉大な将軍は過失の最も少ない者だ。

――ナポレオン「語録」

＊平時における兵士たちは夏季の煙突のようなものである。

――バーレイ「十の戒律」

＊武勇――虚栄心と義務感と賭博者の希望から成り立っている軍人特有の混合物。

――ビアス「悪魔の辞典」

＊老兵は死なず、ただ消え去るのみ。

――マッカーサー「演説―一九五一・四・一九」

＊泥棒はいざとなると、大胆不敵な兵隊にならないとも限らないし、兵隊だっていつ勇敢な泥棒にならないとも限らない。それほど、この二つの職業には共通点がある。

――モーア「ユートピア」

＊一兵卒にとって武勇とは、彼がその生活の糧を得るために選んだ危険な職業のことである。

＊鳳《ほう》は飢うるも、粟《ぞく》を啄《ついば》まず。（「武士は食わねど高楊枝」と同義）

――ラ・ロンュフーコー「箴言集」

――李白「古風」

戦争と平和→軍事・武力と軍人

罪深い統治者らが「国家の栄誉のため」という旗標を掲げ、さもしい野望と名声のための闘争が戦争だ。すべての戦争は邪なもので、戦争は戦争を生む。つねに犠牲になるのは国民だ。戦争と戦争との間の束の間の休戦状態が平和だが、すぐに平和の闘争が始まる。顧みると、人類史は戦争と平和の繰り返しだ。

＊戦争は破壊の科学である。

――アボット「説話」

＊戦争が欲せられたものではなく、つねに余儀なくされたものだと思うがゆえに、戦争の聖なる標識を自分の周りにさがす。

――アラン「人間語録」

＊戦争は第一に退屈に対する療法である。

――同右「幸福語録」

＊戦争の原因は名誉と退屈の裡にある。

――同右「宗教語録」

＊マダム、大敗は別として大勝ほど怖ろしいものはない。
――ウェリントン「対話」

＊戦争は従属ほど負担が重くない。
――ヴォーグナルグ「省察と格言」

＊戦争はすべて盗むことのみを目的とする。
――ヴォルテール「格言集」

＊戦争を終結させる最も手っ取り早い方法は敗戦することだ。
――オーウェル「ジェームズ・バーナム再考」

＊寛大と高邁さによりて己自身の力を支えることこそ、勝利を得る新しき方法ならん
――カエサル（キケロ「アッティクス書簡」―カエサルのオッピウス宛書簡より）

＊人類が人類の恩恵者たちよりも破壊者たちに対して相変わらず称讃を惜しまない限り、戦争は結局、野心の最たる追求となろう。
――ギボン「ローマ帝国衰亡史」

＊戦争は他の手段をもってする政治の継続である。
――クラウゼヴィッツ「戦争論」

＊勝利は苦戦のあとに来る。
――クレマンソー「演説」

＊最初の一撃が闘争の半分だ。
――ゴールドスミス「彼女は下手に出て勝つ―二幕一場」

＊戦争を道具としてもくろむ政治家たちは、自分の無能を自認し、党派の闘争の計算者として戦争を利用する政党政治家たちは罪人である。
――ウィリアム＝サムナー「随筆集」

＊戦争の闘争後に平和の闘争が始まる。
――サンドバーク「人民、そうだ」

＊人間がもうすこし利口であったならば、戦争から生れる悲劇を免れたはずである。
――ジイド「新しい糧」

＊人衆《おお》ければ天に勝つ。天定まって亦よく人を破る。（多勢は一時は天に勝つが、世に落ちついて常道にかえると、間違った人間は敗れる）
――司馬遷編「史記」

＊戦争によってもたらされたものはまた、戦争によって持ち去られるであろう。
――ジューベル「パンセ」

＊戦争において、いざ戦おうとするのに必要とするのは、多少の熱い血と、勝つことよりも負けるほうが危険である、ということを知るにある。
――バーナード＝ショウ「人と超人―三幕」

＊戦争は戦争を養う。
――シラー「ピコロミニ父子」

＊いつも戦闘に勝つのはひとりの指導者の追従者で、戦争に勝つのは自由人です。

——スタインベック「月は沈みぬ」

＊両虎人を争って闘えば、小なる者は必ず死し、大なる者は必ず傷つく。

——「戦国策」

＊心天に翔《かけ》り地に入り候とも正路を失ふまじく候。

——宗祇《ぎ》「吾妻問答」

＊智によりて勝つが第一、威によりて勝つが第二、武器を用いるが第三、城を攻めるが最下等の策なり。

——孫子「謀反篇」

＊戦争も悲惨なる平和よりよし。

——タキトゥス「年史」

＊戦場は大いなる牢獄である。いかにもがいても焦っても、この大なる牢獄から脱することはできぬ。

——田山花袋「一兵卒」

＊戦争には決断、勝利には寛仁、敗北には闘魂、平和には善意。

——チャーチル「第二次大戦回顧録—巻頭」

＊予の提供し得るものは、ただ血と苦しみと涙と汗とあるのみ。

——同右「演説—一九四〇」

＊イギリスはすべての戦いに敗れるであろう、最後の一戦を除いては。

——同右「演説—一九四一」

＊戦争は、市民たる感情を兵士たるそれに代えてしまう人間を一国に組織する。

——チャニング「戦争論」

＊戦争は武器の問題よりも金銭の問題なり。金銭によって武器は役立つ。

——ツキュディデス「歴史」

＊皇国の興廃この一戦にあり、各員一層奮励努力せよ。

——東郷平八郎「日露戦争に際してバルチック艦隊を迎撃するに当たっての訓示」

＊勝つ事ばかり知りて負くる事を知らざれば害其の身に至る。

——徳川家康「遺訓」

＊国破れて山河在り、城春にして草木深し。

——杜甫《とほ》「春望」

＊戦争は王たちの取引である。

——ドライデン「アーサー王—二場二幕」

＊戦争というものは、最も卑しい罪過の多い連中が権力と名誉を奪い合う状態をいう。

——トルストイ「読書の輪」

＊勝利は最も根気のある者にもたらされる。

——ナポレオン「語録」

＊君は言う「善行のためには戦いを犠牲にせよ」と。私は言う「善戦のためには万物をも犠牲にする」と。

——ニイチェ「ツァラトゥストラ」

*戦争を非難して言えば、戦争は勝者を愚かにし、敗者を邪悪にする。戦争を弁解して言えば、さきに述べた二つの作用のいずれかの場合でも野蛮にさせ、それによってより自然的にならしめる。

——ニイチェ「人間的な、あまりに人間的な」

*勝利は目的ではなく、目的に達するひとつの段階であり、邪魔は除去することにすぎない。目標を見失えば、勝利も空しいそれである。

——ネール「独立の精神」

*戦において、一人が千人に打ち勝つこともある。しかし、自己に打ち克つ者こそ最も偉大な勝利者である。

——同右「インドの発見」

*イギリスは、将兵が各自の本文を尽くすことを望む。

——ネルソン「トラファルガ海戦前における訓示」

*国家あるところに戦争は絶えない。

——バーク「演説」

*戦争の前は憤怒なり、戦争の中は悲惨なり、戦争の後は滑稽なり。

——長谷川如是閑「如是閑語」

*戦争は騒々しい張りのある歴史をつくり、平和は貧弱な読物をつくるというのが、私の議論だ。

——ハーディー「君主論」

*戦争——平和の技術が産み出す副産物。国際親善の時期に、政治情勢が最大の危険に直面する。

——ビアス「悪魔の辞典」

*戦いは万物の父、万物の王なり。そはある者たちを神とし、ある者たちを人間として示す。また、ある者らを奴隷とし、ある者らを自由人とす。

——ヒッポリュトス「全異教徒反駁論」

*戦いとるのは苦しいが、戦いとった者は、それを失う危険に脅やかされる。

——プラーテン「どうしてお前はここに落ちついているのか」

*戦争と極貧は国制の顛覆を強制し、法律を改変す。

——プラトン「法律」

*諸国民の間に名誉のセンスがまだ存在しているとすれば、それは戦争することによって、すなわち文明人が彼ら自身を不名誉ならしめるすべての罪悪・放火・掠奪・暴行・殺人などを犯すことによって、これを維持するという不思議な方法である。

——フランス「散歩場の楡の樹」

*暴力にかかわることにはまったく参加せず、あらゆる迫害に苦しむことを覚悟すれば、戦争はなくなるであろう。それが戦争をなくす唯一の方法である。

——同右

*ハンニバルはいかに勝つかということを知るも、いかに勝利を利用するかを知らず。

——プルタルコス「英雄伝」

*往時においては、母国のために死ぬことは心地よく、ふさわしいものであると書かれたが、近代戦争では、戦死が心地よく、ふさわしいものは何もない。諸君は犬のように死ぬであろう。

——ヘミングウェイ「来るべき戦争への覚書」

*一人を殺す、これを不義という。必ず一死罪あらん。……十人を殺さば不義を十重す、必ず十死罪あらん。百人を殺さば不義を百重す、必ず百死罪あらん。……天下の君主はみな知って、これを非とし、これを不義という。今大いに不義をなして国を攻むに至りては、これを非とせず、従ってこれを誉め、これを義という。

（戦国時代において墨子が戦争反対討論を遺言形式で述べたもの）

——「墨子」

*勝利は怨を生ず、敗者は苦しんで臥す。勝利を離れて寂静なる人は楽しく臥す。

——「法句経《ほっくぎょう》」

*平時における賢者は戦争に備う。

——ホメロス「諷刺詩」

*勝利は同じ人間のうえに永久にとどまらず。

——同右「イリアス」

*やむを得ざるときの戦いは正しく、武器のほかに希望を絶たれるときは武器もまた神聖である。

——マキァヴェリ「リヴィウス論」

*ぼくは人殺しの目撃者になりたかった。愚劣なことを自分の目で見たかった。

——マルタン・デュ・ガール「チボー家の人々」

*力にて勝つものの勝利は半ばにすぎぬ。

——ミルトン「楽園喪失」一

*国家は兵隊を強いて殺人者にしておかねばならないから、強いて戦争を求めねばならない。

——モーア「ユートピア」

*戦争は非戦闘員のようなはげしい怒りをいだかないものだ。

——モンタギュー「幻滅」

*一人を破壊するは法によって殺人者である。……何千という人間を殺害するは見かけのよい名を与えられる。戦争は栄光の技術であり、不滅の名声をあたえる。

——エドワード＝ヤング「名声の愛」

*兵の勝敗は人にありて器《き》にあらず。

——頼山陽「日本外史」

*正しい戦争は、それを支持するにさいして多額の金を要しない。というのは、正しい戦争を行う人々とは、たいてい無報酬で遂行するからである。だが、不正な戦争のためには人々との身体と霊魂の両方が買い上げられ、そのうえ、彼らのために最良の武器が与えられねばならない。

——ラスキン「この後の者にも」

*大多数の人間は自己の名誉を失わない程度に戦争の危

険をおかすが、戦争の目的が貫徹されるまで、ずっと危険に身をさらす気でいる者は滅多にいない。

――ラ・ロシュフーコー「箴言集」

＊戦争を防止する最も確かな道は戦争を怖れないことである。

――ランドルフ「演説一八〇六」

＊戦争は人類を悩まし得る最大の疾病である。

――ルター「卓談」

＊驟々《しばしば》戦えば則ち民罷《つか》れ、驟々勝てば則ち主驕《おご》る。

――呂不韋《い》撰「呂氏春秋」

＊戦争が邪悪だと認められている限り、戦争はつねにその魅力を持つであろう。これが卑俗なものと考えられるときは、戦争は一時的なものに終わるであろう。

――ワイルド「芸術家としての批評家」

＊戦争の準備は、平和を守る最も有効な手段のひとつである。

――ジョージ＝ワシントン「議会の演説一七九〇・一・八」

・戦略

＊弓箭《や》に携はるの習ひは、横心なきをもつて本意となす。

――「吾妻鏡」

＊射手の放ちたる矢は、ひとりを殺すことあり、殺さざることもあるべし。されど、知者によりて考案されたる謀略は、胎内にある者をすら殺し得る。

――カウティリーヤ「実利論」

＊機先を制するというが、機先に後れると後の先というものがある。角力取りをみても直ちにわかる。

――勝海舟「語録」

＊進むを知りて、退くを知らず。

――桓寛編「塩鉄論」

＊坂東武者の習ひとして、父死ぬれども子顧みず、子うたれども親しりぞかず、乗り越え乗り越え敵に組んで勝負するこそ軍《いくさ》の法よ。

――「源平盛衰記」

＊策略ノ煩イ屹度《キット》生ジ、事必ズ敗ルルモノゾ。

――西郷隆盛「大西郷遺訓」

＊其の疾《と》きこと風の如く、其の徐《しずか》なること林の如し。侵掠火の如く、動かざること山の如し。（武田信玄の愛用した文句）

――「孫子」

＊彼を知り己を知れば百戦危《あや》うからず。（敵と味方のことをよく知り戦えば、敗れるようなことはない）

――同右

＊百戦百勝は善の善なる者に非ざるなり。戦わずして人の兵を屈する、善の善なる者なり。

――同右

＊戦術とは、ある一点に最大の力を揮うことだ。

――ナポレオン「語録」

＊三十六策走るこれ上計。（逃げるべきときには、チャンスをみて逃げるのが上策だ。「三十六計逃げるにしかず」と同義）

――「北斉書《ほくせいしょ》」

＊敵が進めば退き、駐屯すれば攪乱し、戦闘を避ければ攻め、退けば進む。（ゲリラ戦法のスローガン）

――毛沢東「語録」

＊われらの戦略は一をもって十に当たる。われらの戦術は十をもって一に当たる。

――同右

＊はかりごとの多きは勝ち、少なきは負けると兵書にあるとほり、ひとへにひとへに戦略、計略、調略が必要なり。

――毛利元就「書簡」（「毛利家文書」より）

＊善く士《し》為《た》る者は武《きそ》わず、善く戦う者は怒らず。善く勝つ者は与《くみ》せず、善く人を用うる者はこれが下と為る。（立派な士は武力で競うことはしない。よい戦略者は怒って戦うことはしない。人によく勝つ者は相手を相手として取り上げず、人の用い方の上手な人は、人の下になろうと心がける）

――「老子」

＊平和とは、貪欲に対抗する力の潜在的な暗黙裡の道徳的勝利である。

――ヴァレリー「ヨーロッパの盛衰に関する覚書」

＊政府の正当な権力がすべて、被支配者の同意に発するという原則……を承認しないような平和は持続し得ないか、また持続さるべきものではない。……均等の力を持つものの間にのみ平和は永続する。……勝利なき平和でなければならない。

――ウッドロー＝ウィルソン「大統領教書」

一九一七・一・二二

＊われわれが平和の名によって重んじているものは、実は短い休戦にすぎず、それによって弱い側は、正しい主張であれ、不正な主張であれ、とにかくその主張を諦める、武力によってその主張を生かす機会がくるまでは。

――ヴォーヴナルグ「省察と格言」

＊平和を保つ最善策は、戦争当事者が自分を絞首刑にふさわしい者だと感ずることである。

――カーライル「断片」

＊平和は静かなる自由なるも、隷属はあらゆる悪の中において最も悪く、戦いによってのみならず、死をもって退くべきものなり。

――キケロ「アントニウス排撃論」

＊中立はひとつの恒久的な主義のように弱者の証拠である。

――コッシュート「語録」

＊安《やす》きに居て危うきを思う。（「治に居て乱を忘れず」と同義）

――「春秋左氏伝」

＊人類から愛国主義者をなくすまでは、平和な世界は来ないであろう。
——バーナード＝ショウ「断片」

＊妥協による平和は、たいてい永続きしない。
——ウィンフィールド＝スコット「語録」

＊平和とは、闘いのないことではなく、魂の力より生れる美徳である。
——スピノザ「エチカ」

＊孤独になりて、これを平和と称す。
——タキトゥス「農業論」

＊邪《よこしま》なる平和は、戦争より邪悪なり。
——同右

＊汝が平和を求めるならば、それは新しい戦いの準備としてのそれでなければならない。永い平和よりも短い平和を求めよ。
——ニイチェ「ツァラトゥストラ」

＊武装平和とは、自国と隣国を信頼せず、半ば憎悪、半ば恐怖から武器を放棄しかねる意向上の不和である。
——同右「人間的な、あまりに人間的な」

＊ある国の平和も、他国がまた平和でなければ保証されない。この狭い相互に結合した世界では、戦争も自由も平和もすべて連帯している。
——ネール「一つの世界を目指して」

＊真理が支配しているときに平和を乱すことがひとつの犯罪であると同様に、真理が破壊されようとしているときに平和にとどまることも、やはり、ひとつの犯罪ではないか？
——パスカル「パンセ」

＊平和——二つの戦争の時期の間に介在する、だまし合いの時期。
——ビアス「悪魔の辞典」

＊誰しも幸福を求める。平和、これこそこの地上において幸福に近づく最大の近道であり、しかも、誰でも手に入れることのできるものである。
——ヒルティ「新書簡—キリスト教」

＊平和は戦争よりもよい。というのは、平時において息子たちは父親たちを埋葬し、戦時において父親たちが息子たちを埋葬するからである。
——ベーコン「随筆集」

＊平和は天国の原始状態でもなく、合意によって秩序づけられた共同生活の一形態でもない。平和はわれわれが熟知していないもので、ただ探究し、予感しているだけのものだ。
——ヘッセ「戦争と平和」

＊人々を平和に向かわせる諸情念は死の恐怖であり、快適な生活に必要なものへの欲望であり、その勤労によってそれらを得ようとする希望である。
——ホッブス「政治哲学論」

＊平和が栄誉によって保持し得ないならば、それはもはや平和ではない。
――ジョン＝ラッセル「語録」

＊大成は欠くるがごとく、大弁は訥《とつ》なるがごとし。躁《そう》は寒に勝《まさ》り、静は熱に勝る。清静は天下に正たり。
――「老子」

＊平和を迫るような戦争はすばらしい。新しい戦争を招くような平和はすこぶる悪い。
――ローガウ「格言詩」

＊平和というものは、人間の世界には存在しない。強いて平和と呼ばれているのは、戦争の終わった直後、または、まだ戦争の始まらないときをいうにすぎない。
――魯迅「墳―摩羅詩力論」

・**征服**

＊来て、見て、勝った。（カエサルが黒海沿岸の覇者ファルナケス二世を征服したとき、その激戦と敏速な勝利をローマの友マティウスに送った書簡の一節）
――カエサル「書簡」

＊危険なしで征服するは、栄光なくして勝利を博することである。
――コルネイユ「首領」

＊人は武器によりて征服さるるも、己の悪徳によりても征服さる。
――セネカ「書簡集」

＊わが権力はわが名誉に由来し、名誉はわれがもたらす戦勝に由来する。征服がわれの現在をつくり、征服のみがわれを維持し得る。
――ナポレオン（ティエール「ナポレオン史」より）

＊王よ、征服するのが重要な仕事ではない。征服したものを維持することのほうが難しい仕事である。
――ヘルダー「シド」

＊人の将たらんには、その心よりもむしろ征服という事実である。
――マルロー「征服者」

＊征服がわれわれに永久に継承する悦びをもたらすものは、それが自由意志による征服の場合のみである。
――モロア「一つの生活技術」

＊力はすべてを征服するが、その勝利は短い。
――リンカーン「語録」

政治と政治家→政府と政体、官僚（制度）

「最大多数の最大幸福」をスローガンに、国会で主義・主張を仮装のもとに私益のために政事を運営するのが政治である。いまや、政治という職業は、羊の毛を刈る政治家が少数派となり、羊の毛を剝ぐ政治屋が支配するにいたっている。

＊最も完全なる政治社会は、中産階級が支配し、他の二つの階級よりも数において優るそれなり。

——アリストテレス「政治学」

＊政治には火に対するごとくすべきなり。火傷《やけど》せぬためには近よるべきにあらず、凍傷せぬためには遠ざかるべきなり。

——アンティステネス「断片」

＊すべての政治は利害関係を持つ人間の大半の無関心に基礎をおいている。

——ヴァレリー「党派」

＊政治の本質は権力である。

——ヴェーバー「職業としての政治」

＊世紀にわたる政治教育の遅れは、十年で取り返せるものではない。偉人の支配は必ずしも政治教育の手段ではない。

——同右「国民国家と国民経済政策」

＊政治のいちばん大きな努力が、あれほど多くの人々の平安を犠牲にして、何人かの幸福な人々をつくるのであるならば、政治というものは喜ぶべきものだろうか。

——ヴォーヴナルグ「省察と格言」

＊政治に野心がある、奸策がある、結党がある、政治は清浄を愛し、潔白を求むる者の入らんと欲する所ではない。

——内村鑑三「所感十年」

＊道徳的に不正なことで政治的に正しいものはない。

——オコンネル「語録」

＊政治によって人々を幸せにできるというのは空しい希望だ！

——カーライル「日記」

＊国乱れて身を殉ずるは易く、世治まって身を韲《げ》するは難し。

——佐藤一斎「言志晩録」

＊政を為すに須《すべか》らく知るべき者五件有り。曰く、軽重、曰く時勢、曰く寛厚、曰く鎮定、曰く寧耐、是なり。

——同右

＊「自己がすべてである。他はとるに足りない」——これが独裁政治・貴族政治と、その支持者の考え方である。「自己は他者である。他者は自己である」——これが民衆とその支持者の政治である。これから先は各自が決定せよ。

——シャンフォール「格言と省察」

＊政治は群民あるいは多数者を知り、かつ導く技術である。

——ジューベル「パンセ」

＊おそらく政治は準備を必要と考えられない唯一の職業であろう。

——スティーヴンソン「人物と作品についての詳細な研究」

*いかにすぐれた政治的手腕を用いても、鉛の思想を黄金の行為に誤魔化すことは不可能である。

――ハーバート＝スペンサー「教育随筆」

*病者百出は今日政治上の病気なり。薬は駄目、法律では駄目、ただ一つ精神療法あるのみ。

――田中正造「日記」

*権威は威信なくしては成立せず、威信は世俗との隔離なしでは成り立たない。

――ド・ゴール「回顧録」

*政事は豆腐の箱のごとし、箱ゆがめば豆腐ゆがむなり。

――二宮尊徳「二宮翁夜話」

*政治においては、世襲の権利によって統べる愚かな殿様ひとりのほうが、権勢を欲しがってなぐり合いをする無数の生半可な利口者よりも危険性が少ない。

――パスカル「プロヴァンシアル」

*政治――仮装して行う利害得失の争い。

――ビアス「悪魔の辞典」

*主義・主張の争いという美味のもとに正体を隠している利害関係の衝突。私益のために国事を運営すること。

――同右

*政治学は厳正な科学ではない。

――ビスマルク「演説―一八六二」

*統治を不用とするのが、すべての統治の目的である。

――フィヒテ「学者の使命についての教論」

*寡頭政治とは、財産の評価に依存する政府にて、そこで富者が権力を有し、貧者が力を奪い取られる。

――プラトン「共和国」

*政治とは、公の機会に倫理的理性を適用することである。

――ブンゼン「断片」

*あらゆる政治社会における統治の正当な目的は、社会を構成するすべての個人の最大幸福、換言すれば、最大多数の最大幸福である。

――ベンサム「統治論断片」

*統治術の大きな目標は永続ということであろう。これは自由よりもずっと貴重であり、他の一切のものに優る。

――マキァヴェリ「君主論」

*近代国家の行政は、ブルジョアジーの公務を管理するひとつの委員会にすぎない。

――マルクス、エンゲルス「共産党宣言」

*政治の過剰は政治的思考の充実を示すものでなく、反対に政治の科学性の没却、政治哲学の貧困を語るものである。

――三木清「時代と道徳」

*取締政治は人間性の明るい方面を見ないで暗い方面のみを見てゆく。それは民衆に対する封建的な考え方であるが、官僚政治はとかくそのような傾向を有するの

である。

——三木清「時代と道徳」

＊善政は民の財を得、善教は民の心を得。

——「孟子」

＊水濁れば則ち魚噞《あえ》ぎ、政《まつりごと》苛《か》なれば則ち民乱る。

——劉安「淮南子《えなんじ》」

＊有声の声は百里に過ぎず、無声の声は四海に施す。
（無声の声は仁徳）

——同右

＊政治とは、支配者と民衆との間に結ばれる単純な契約である。

——ルソー「社会契約論」

＊政治形態は経済的基礎に宿る上部構造である。

——レーニン「マルクス主義の三つの源泉と三つの構成要素」

＊道をもって人生を佐《たす》くる者は、兵をもって天下を強くせず。

——「老子」

＊皇帝と大臣は「愚民政策」をとるし、人民にもまた「愚君政策」がある。

——魯迅「華蓋集続編—皇帝について」

＊統治の目的は人類の善福にある。

——ロック「統治論」

＊天下道あれば、則ち庶人議せず。

——「論語」（孔子）

＊すべてのことに対して「にもかかわらず」と言い得る確信ある人間だけが政治に対する「天職」を有し得る。

——ヴェーバー「職業としての政治」

＊政治、すなわち手段としての権力と強制力に関係する人間は、すべて暴力の中に身を潜め、悪魔の力と契約を結ぶものである。

——同右

＊日本の政治家という奴は政治で飯を喰おうというのじゃから良心の切売をするのが公然の商売となりおる。

——内田魯庵「社会百面相—代議士」

＊恐るべき者は政治家にあらず、彼等は権力の阿従者なり。正義の主張者に非ず、彼等は権力の命令に抗して何事をも存し得る者に非ず。

——内村鑑三「所感十年」

＊政治家は羊の毛を刈り、政治屋は皮をはぐ。

——オマーリ「断片」

＊政治屋は次の選挙を考え、政治家は次の時代のことを考える。

——ジェームス＝クラーク「断片」

＊戦争を道具としてもくろむ政治家たちは、自分の無能を自認し、党派の闘争の計算者として戦争を利用する政党政治家たちは罪人である。

＊首相という人間は、本心を明かすことは絶対にない。真実を語るとすれば、相手に嘘と思わせたいからで、嘘を語るときは、相手に真実と思わせたい策略からだ。

――ウィリアム＝サムナー「随筆集」

＊聚斂《しゅうれん》の臣たらんより、寧ろ盗臣たれ。（重税を取り立てて民心を失わせる臣よりも、国の財産を盗む臣のほうがよい）

――「大学」

＊他人からタダ酒をご馳走になるな。いま政界や官界の汚職はすべてタダ酒を飲む習慣から起こっている。酒を飲みたかったら自分のゼニで酒を飲め。

――滝川幸辰「京大総長の卒業式の訓示」

＊政治家たちは、ただ目の前だけが薄暗く見えるにすぎない、洞穴の中に住んでいる。

――タゴール「日印協会における演説―一九二四」

＊政治的手腕とは、明日・来週・来月・来年どうなるかを予告する能力であり、かつ、なぜそうならなかったかを説明する能力でもある。

――チャーチル「回顧録」

＊議会からなんらかのよきものを期待しない国民は、議会を抑制したり、非難したりする資格はない。

――パジョット「イギリス憲政論」

＊捨てられたる政治家の壮語すると、破れたる靴の鳴るとは悲し。

――長谷川如是閑「如是閑語」

＊首相になくてはならぬ資格は忍耐である。

――ピット（大）「演説」

＊国会に行く政治家もいれば、監獄に行く政治家もいる。だが、結局は同じことだ。

――フォールド「語録」

＊最も偉大な政治家は最もヒューマンな政治家である。

――フォイエルハッハ「遺された格言」

＊治者は上なり、主なり又内なり。被治者は下なり、客なり又外なり。

――福沢諭吉「福翁自伝」

＊暴政を顚覆しようと欲する者け、まず暴君に仕えねばならない。

――ベルネ「断片と警句」

＊政治家はキツネの狡知とライオンの威を必要とする。

――マキァヴェリ「君主論」

＊政治家が持ち得る最大の資産は、女性関係について咎められない記録である。

――モーム「マウントドラゴ卿」

＊政治なら心得てます。知っていることも知らぬふり、知らぬことも知っているふり、聞こえることも聞こえぬふり、なんでもないことを重大な秘密のように隠し、探偵を放ち、要人を養い、目的を口実に手段の卑しさを高尚に見せかけること――これが、政治なのでござ

います。（有名なフィガロのセリフ）

——モリエール「フィガロの結婚」

＊偉大な政治家は「この国民は無気力だ、制度のために力がそがれている」と考えず、「この国民は眠っている、目をさまさせてやろう、制度は人間がつくる、必要ならば自分が改めよう」と考える。

——モロア「二つの生活技術」

＊政治屋は言う「小生は貴公の欲するものを与える」と。政治家は言う「貴公が欲すると考えているものはこうだ」と。

——リップマン「道徳の前口上」

＊偉大な政治家が十年経って手遅れのとき、初めて賢明になるとは驚き入った次第だ。

——ロイド・ジョージ「語録」

＊知識人は政治家を軽蔑し、政治家は知識人を軽蔑する。

——ロマン＝ローラン「ジャン・クリストフ」

＊代議士は手当ての増額にみずから投票する。

——同右

・**党派・煽動家**

＊民衆を自分の道具にするために民衆に媚びるというのが普通選挙の手品師・ペテン師の業《わざ》である。

——アミエル「日記—一八七四・二・一六」

＊煽動家に必要な特性は、口きたなく、生れの卑しき、下卑な輩になることなり。

——アリストファネス「騎兵階級民」

＊すべての政党は、ついにはそれ自体の嘘を呑み込んで死滅する。

——アルバスノット「警句」

＊かつて国家に対して怒りの念をいだかなかったような党派はなかった。

——ヴァレリー「党派」

＊選挙と免状こそ、われわれの社会における最大のガンである。

——同右

＊一つの党派に名誉あらしめる人々の名前ほど尊敬される名前はなく、また、それほど熱をもって擁護される名前はない。

——ヴォーヴナルグ「省察と格言」

＊とるに足りぬことも、新しくば烏合の衆を喜ばす。

——エウリピデス「断片」

＊政党の忠実さは便宜主義からである。

——クリーヴランド「演説」

＊人が好んで党派に組するようになるのは、たとえ安息はなくとも、安心と安全が見出されるからである。

——ゲーテ「格言集」

＊ひとりの熱狂者は迫害者となり得るし、善良な人たちは彼の犠牲になる。

——ジェファーソン「ヴァージニアに関する覚書」

＊昂奮した党派の叫びの中から、真理の声を聞き取ることは難しい。

——シラー「断片」

＊党派とは、少数者の利益のための多数者の狂気である。

——スウィフト「雑感集」

＊国を滅ぼす最も近き途は、煽動家に力を賦与することなり。

——ディオニシウス「ローマの古代人」

＊いちばん危険な党員とは、その人間が脱党したら党派全体が瓦解するような人である。だから、最良の党員である。

——ニイチェ「人間的な、あまりに人間的な」

＊多く考える人は党員には向かない。というのは、党派などを突き抜けて考えてしまうからである。

——同右

＊人民から愛される党であり、共産党と聞いて逃げ出すような印象を与えてはならない。

——野坂参三「中国よりの帰朝演説」一九四六・一・一五」

＊総統が党であり、党が総統である。

——ヒトラー「国家社会党会議演説」一九三五」

＊門閥の人を悪《にく》まずして、其風習を悪む。

——福沢諭吉「福翁自伝」

＊一つの党派が、その全体としての目的を達成するや否や、各党員は自己の個人的利益に熱中し、お互いに排除し、党を分裂させ、紛糾を大きくする。

——フランクリン「自叙伝」

＊党派は低いもの、微力なものほどその結合が固い。

——ベーコン「随筆集」

＊あまり若いうちから党派に所属していると、仲間に囲まれているという心地よさとひきかえに、自己の判断を売る、という危険を犯すことになる。

——ヘッセ「書簡」

＊徒党・党派が相伴ってくる分裂は国家に有害であり、徒党・党派なくして維持される分裂は国家を助ける。

——マキァヴェリ「フィレンツェ史」

＊どんな時代でも、人間性の最も下卑た見本を煽動分子の間に見出せる。

——マッコーレー「イギリス史」

＊事件を少なくすることを目的とするすべて政治家は事件を好む。政治家は事件によって思考するという習性を持っている。

——三木清「時代と道徳」

＊党人党人汝何の職ぞ。飢ゑれば則ち咆哮《ほうこう》し飽《あ》けば則ち黙す。党利甚だ重く国利軽し。（党人という奴はいかなる職責の者ぞ。思うようにならないとたけり叫び、志を得れば沈黙する。党利は重視するが、国家の利害は軽視する）

——安井朴堂「意人數」

＊党派根性は、偉大な人間さえも大衆の卑小に低下させる。

——ラ・ブリュイエール「人さまざま」

政府・政体→官僚（制度）

政府は弱者にとっては、最低限の権利を確保するための必要悪であり、権力者にとっては政権党の利益のためのものであり、富者にとっては信託機関である。いかなる政体の政府も組織化された偽善集団である。

＊政府国憲ニ違背スルトキハ、日本人民ハコレニ従ハザルコトヲ得。

——植木枝盛「私擬憲法草案」

＊政府民権家を殺せば、その血地上に広がりていよいよ民権の種子を繁殖せしむるに足るのみ。

——同右「無天雑録」

＊官僚制政体は一切の大衆管理の核心として宿命的なものを有する。

——ヴェーバー「職業としての政治」

＊人民の政府は、人民のためにつくられ、人民によってつくられ、人民に適応するようにつくられている。

——ダニエル＝ウェブスター「経済と社会」

＊いちばん悪い政府は、哲学や文学を体になすりつけた人間の治める国家である。

——エラスムス「痴愚神礼讃」

＊大臣席及び政府委員席の如きは一番高い所に設けて居る。これは議院を全く無視した補助機関として造った構造である。

——尾崎行雄「第九〇臨時議会開会中の演説—一九四五・八・二四」

＊議事堂は名ばかりで、実は表決堂だ。

——同右「憲法の危機」

＊日本の選挙は道理に基づかずして、金で買収し、腕力と利益で投票を集めますから、悪くなるばかりで、本当の選挙というものは行われない。

——同右「政戦六十年」

＊政府は信託であり、政府の要人たちは保管人であり、両者とも人民の利益のためにつくられる。

——クレー「演説—一八二九」

＊共和政体においては、あらゆる人々が主人であり、どの人もほかの人々を圧制する。

——シュティルネル「唯一者とその所有」

＊理不尽に投獄する政府のもとでは、正義の人間の真の場所もまた監獄である。

——ソロー「市民の背馳」

＊国は利を以て利となさず、義を以て利となす。（政府の

収入増のみをはかるのは国家を毒するもので、筋のとおったことを行うのが国のためになる）

――「大学」

＊いかなる政府も、有力な野党なくしては永く安全はあり得ない。

――ベンジャミン＝ディズレーリ「演説」

＊保守的政府は組織化された偽善である。

――同右「コニングスビー」

＊最上の政府は、人民に最上の幸福を与えはしないが、最大多数の幸福を与える。

――デュクロ「断片」

＊政府は助成措置によっていろいろ新しい農業を農民に奨励するが、政府は危険を負担しない企業である。

――東畑精一「日本農業の展開過程」

＊政府は人間の欲望を満足させる知恵の案出物である。

――バーク「演説」

＊政府は少数者の権利を保護するために存在する。愛される者と富める者とは保護を必要としない。なぜならば、彼らは多くの友を持ち、少数の敵しか持たないから。

――フィリップス「演説」

＊無用の長物となる政府が最善である。

――フンボルト「語録」

＊社会はいかなる場所においても喜ぶべきものだが、政府は最良の状態でもやむを得ない必要悪である。……政府は衣服と同じく、人類が純潔を失った表徴である。

――ペイン「コモンセンス」

＊人民の幸せを願い、いかに人民を幸せにするかを知っているのが最上の政府である。

――マッコレー（「ミットフォード「ギリシア史」より）

＊封建時代の諸制度が、権力によって不平不満な民衆に強制されたものだ、と考えるほど誤ったものはない。

――モロア「愛情と慣習」

＊共和政体は贅沢によって、君主政体は貧困によって崩壊に導かれる。

――モンテスキュー「法の精神」

＊すぐれた最良の政体とは、いかなる国家にとっても、その国家が維持されてきた政体であって、その形態も、その主だった便益も習慣に依存する。

――モンテーニュ「随想録」

＊どの政府でも、その瓦解はほとんど例外なく、その原理の行詰まりから始まる。

――同右

＊現実の政府なるものは、ある国民にとっては玩具であり、他の国民にとっては病弊であり、いくつかの国民にとっては軽装であり、それ以上の国民にとっては重荷である。

――ラスキン「ムネラ・プラヴェリス」

官僚(制度)→政府と政体、政治と政治家

官界は「甘えの構造」の縮図である。官僚制は恭順と甘えを信条に、相互扶助によって固く結ばれた特権集団である。彼らは無能な政治家を操り、税金を思うままに予算化して行政を支配する。こうして、彼らは縄張り根性を涵《かん》養し、退職後の天下りポストまで確保する。

*元来官僚が国民を指導するというがごときは、革命時代の一時的変態にすぎない。……役人は国民の公僕に帰るべきです。

——石橋湛山「石橋湛山評論集」

*官僚制はいっさいの大衆管理の核心として宿命的なものを有する。

——ヴェーバー「経済と社会」

*よき官僚は悪しき政治家である。

——同右「職業としての政治」

*われわれは官僚的雰囲気の中で呼吸しています。……人間は偉大だからというのではなく、そのボタンの孔に付けている勲章の数によって評判が高まるといった有様です。

——キーツ「書簡集」

*官吏は国民によって作成された法を施行する国民の公僕であり、代理人である。

——クリーヴランド「ニューヨーク州知事に指名された折のニューヨークでの演説―一八八二」

*官久しければ、おのずから富む。

——司馬遷編「史記」

*官大なれば険あり、樹大なれば風を招く。(役人の地位が高くなると危険が生ずる)

——同右

*およそ役人たらんとする者は、平素より縄張り根性の涵《かん》養に努むることを要する。

——末弘厳太郎「役人学三則」

*官は官の成るに怠る。(役所勤めは公務に慣れると怠けぐせがつく)

——曾子(「説苑《ぜいえん》」より)

*役人の権勢は、その国の重要性に反比例して強くなる傾向がある。

——アルドゥス＝ハックスリー「メキシコ湾の彼方」

*官僚主義とは、われわれすべてが煩う病である。

——ビスマルク「演説」

*爾《なんじ》の俸、爾の禄は民の膏《こう》、民の脂なり　下民は虐げ易きも、上天は欺き難し。(お前の俸給は人民の汗とあぶらである苦しい生活から納入する年貢によって賄われている。酷税によって細民を虐げることは容易いが、天をだますことはできない)

——孟昶《しょう》「教訓」

＊新任の役人が任地につくと、すぐに意見を提出したり、論議をしたり、いろいろと批判したり、指摘するも、十人が十人とも失敗する。

——毛沢東「語録」

・外交（官）

＊大使というものは、国家のために海外において嘘を言うために派遣された正直な人物である。

——ウォートン「語録」

＊バランス・オヴ・パワー。

——ウォルポール「演説—一七四一」

＊私は外交官を欺く手を発見した。真実を話せば、彼はけっして信じはしない。

——ガヴァール「語録」

＊外交術は、最もいんぎんな方法で、最も陰険なことを行い、言うことである。

——ゴールドバーグ「リフレックス」

＊遠交近攻。（中国の戦国時代に、范雎《はんしょ》が主張した外交政策）

——司馬遷編「史記」

＊外交官はよい天気のときにしか役に立たない。雨が降れば一滴でしおれる。

——ド・ゴール「演説」

＊いつもご馳走を食べ、ご婦人連の面倒をみよ。

——ナポレオン「語録」

＊外交官と幽霊は微笑をもって敵を威嚇す。

——長谷川如是閑「如是閑語」

＊外交——祖国のために嘘を言う愛国的行為。

——ビアス「悪魔の辞典」

＊正直は最良の外交政策である。

——ビスマルク「演説」

経済・産業

経済とは、稼いだ金を蓄め込んだり、消費することでもなく、他人から奪い取った財貨と同等の財貨を他人の口に投げ込むことである。取引は、「金は天下の回りもの」という原則に基づいて、互いにだまし合うことによって、お互いに成り立っている商売である。

＊巣箱の利益にならざることは、蜜蜂の利益にもなり得ず。（巣箱は社会、蜜蜂は個々の人々の意）

——アウレリウス「自省録」

＊金利生活者の莫大な資金の蓄積は、大きなガンになっている。したがって、彼らの資金を産業投資にふり向けねばならない。これは、金利生活者が安楽往生することによって漸次解決される。

——ケーンズ「雇用・利子および貨幣の一般理論」

＊自由放任主義の国内体制と国際金本制のもとでは、政

府においても国内の経済的困難を軽減する道は、市場獲得競争によるほかなかった。

——ケーンズ「雇用・利子および貨幣の一般理論」

＊物が豊富に生産される他方では、設備は遊休し、失業者が巷《ちまた》に溢れている。これが「豊富の中の貧困」でなくてなんと呼ぶべきであろうか。

——同右

＊経済学者とは、とぎすまされたピカピカのメスと刃のこぼれたメスとを持って、すこぶる巧みに死者を解剖する一方、生産を残酷に取り扱う外科医のようなものだ。

——シャンフォール「格言と省察」

＊不況の唯一の原因は好況である。（不況とは、それに先行する好況によってつくり出された状態に対する経済体系の適応過程の意）

——ジュグラール「フランス、イギリスおよびアメリカの商業恐慌とその周期的循環」

＊利して而る後にこれを利するは、利して利せざる者の利あるに如《し》かざるなり。（利益を与えてから利用するのは、利益を与えて利用しない者の利には及ばない）

——「荀子」

＊経済は大半の人生をつくる術である。経済の愛はあらゆる美徳の根源である。

——バーナード＝ショウ「革命主義者のための格言」

＊経済学は己自身の世帯を算段する科学なり。

——セネカ「書簡集」

＊利益をあげることが悪徳だというのは、社会主義的な考え方であるが、わたしは損失を招くことこそが悪徳だと思う。

——チャーチル「演説」

＊自由貿易は原則ではなくて便宜策だ。

——ベンジャミン＝ディズレーリ「演説—一八四三・四・二五」

＊極度の節約は経済ではない。……巨額の出費が真の経済の不可欠な役割を果たすであろう。

——バーク「某貴族への書簡」

＊今日の世界における最大の実業家たちは借財者たちだ。

——ハバード「広告」

＊経済学は光を求め、果実を求める科学である。

——ピグー「厚生経済学」

＊経済的に正しいことは道徳的にも正しい。（公益は善行）

——ヘンリー＝フォード「語録」

＊損害は塵埃に書き、利益は大理石に書け。

——フランクリン「貧しいリチャードのアルマナック」

＊功利は、あらゆる道徳問題に対する究極の決意基準である。

——ミル「自由論」

＊所得税は己の良心にかけられた税と認識すべきである。

——ミル「自由論」

＊経済とは貨幣を消費する意味でもなければ、これを節約する意義でもない。それは一国・一家の経営と処理の義である。

——ラスキン「芸術の経済学」

＊収入を消費している限り、人々の口から奪い取るパンと同量のパンを再び彼らの国に投げ込んでいる。

——バートランド＝ラッセル「怠惰への讃歌」

＊われわれは生産をあまりにも重視し、消費をあまりにも軽視しすぎる。（生産を増強するためには、消費がそれに伴わねばならない。したがって、有閑階級は経済発展に寄与している）

——同右

・取引・商業

＊売利を得るは商人の道なり……商人の売利は士の禄に同じ。

——石田梅巌「都鄙問答」

＊商売は詐欺の学校である。

——ヴォーヴナルグ「省察と格言」

＊もろもろの産業は、もともと女のものである。したがって、産業の力は次第に男を女に似たものにしている。

——エリス「男と女」

＊実利こそ最も重要なものである。なぜならば、法も愛欲も実利に基づいているからである。

——カウティリーヤ「実利論」

＊鱣《せん》は蛇に似、蚕《さん》は蠋《しょく》に似る。（鱣＝ウナギは蛇に似ており、蚕は虫に似ているけれども、人間は利益のために取り扱う）

——「韓非子」

＊長袖善く舞い、多銭善く買う。（長袖を着た者は上手に舞うように見えるし、資本の多い者は商いがしやすく儲けが多い）

——同右

＊取引は油のようなものだ。取引以外のものとは交際しない。

——クラハム「語録」

＊商業が永く栄えるところに名誉は地に落ちる。

——ゴールドスミス「旅人」

＊商業の利己主義的思想には国というものはなく、利潤以外になんの情熱も主義も考えない。

——ジェファーソン「ラルキン・スミス宛の書簡」

＊ことばの商売においては金貨と銀貨のみしか用いてはならない。

——ジューベル「パンセ」

＊時間厳守は商業のこつである。

——スリック「賢明なことわざ」

＊商人は死ぬまで金銀を神仏と尊ぶ。これが町人の真の道。

——近松門左衛門「語録」

＊仲買人はAの相手方をごまかし、Bの相手方を略奪す

る。

——ベンジャミン＝ディズレーリ「演説—一八四五・四・一一」

*それ商徳とも称すべきは機敏と信用と耐忍との三の者なり。

——中江兆民「四民之目醒」

*商業——Aなる者がBなる者から、Cなる者の商品を奪い、その埋め合わせにBなる者がDなる者のポケットから、Eなる者の所有にかかる金銭をかすめ取る取引の一種。

——ビアス「悪魔の辞典」

*貿易によって破滅した国はいまだかつてなかった。

——フランクリン「貿易問題についての考え方」

*転《ころ》がる石には、こけは生えない。（商売替えは損につながる）

——ヘイウッド「警句三百」

*薄利多売は、言いかえれば低賃金ということだ。低賃金で生産し、薄利で多く売れば企業は一般的に儲かるかもしれないが、大勢の人々を貧困にし、業界を混乱させ、国を貧しくする。

——松下幸之助「経営方針発表会における講話」

*アラーは商売をお許しになったが、利息儲けはご法度である。

——ムハンマド「コーラン」

*看板は顧客をつくる。

——ラ・フォンテーヌ「寓話」

*羊を失って牛を得る。（小を失って大を得る）

——劉安「淮南子《えなんじ》」

資本と労働

資本なくして労働は存在せず、労働なくして資本は存在しない。もともと、資本と労働は対立するものではなく、国家経済を支える両輪の担い手である。

*資本は利潤の正当な分け前にあずかる権利があるが、ただし、正当な分け前だけだ。

——オコンネル「労働者の権利についての書簡—一九二七」

*資本とは、一国の富のうち生産に用いられる部分であり、食物・被服・道具・原料・機械など労働にはほとんど利用されない。

——ゴルドーニ「パメラ」

*人の財貨のうち、自己の収入を支え得ると考えられる部分は彼の資本と呼ばれる。

——アダム＝スミス「国富論」

*資本とは、より多くの富を得ようとして提供されるところの富の一部である。

——マーシャル「経済学原理」

*資本は死滅した労働であり、吸血鬼のように生きた労働を吸血して生きている。そして、それを吸血すればするほど存《なが》らえる。

——マルクス「資本論」

*商業資本が絶対的支配の地位を占めると、それは、いずこにおいても搾取の形態を構成する。

——同右「資本論」

*ブルジョア社会においては、資本は独立した存在であり、個性を持つに反し、生活している人間は従属しており、個性を持たない。

——マルクス、エンゲルス「共産党宣言」

*資本は生産に費やされる一国の富の一部であり、食糧・衣服・道具・原料資材・機械などにより成り、それは労働に効果を与えねばならない。

——リカード「経済学原理」

*労働者の労働によって産み出された資本は、小事業主を徐々に侵害することによって、また、失業者群をつくることによって労働者を圧迫する。

——レーニン「演説—一九一七年」

*労働は最良のものであり、最悪のものでもある。自由な労働であるならば、最善のものであり、奴隷的な労働であるならば、最悪のものである。

——アラン「幸福語録」

*困窮は祈ることを教える。労働はいかにして困窮を防ぐかを教える。

——グライム「ピタゴラスの金言」

*資本とは、一国の富のうち生産に用いられる部分であり、食物・被服・道具・原料・機械などは労働にはほとんど利用されない。

——ゴルドーニ「パメラ」

*労働はすべての徳の源泉である。有用な労働はまた、最高の崇高な労でもある。

——サン・シモン「産業者の政治的教理問答」

*資本は労働の結果である。ゆえに労働は効率的活力であるから、この資本の雇い主である。

——ジョージ「進歩と貧困」

*人を偉大にするものはすべて労働によって得られる。文明とは労働の産物である。

——スマイルズ「自助論」

*国富の原因たるものは労働一般である。

——アダム＝スミス「国富論」

*労働は神聖なり、結合は勢力なり。神聖の労働に従ふ人にして勢力の結合を作らんか、天下亦《また》何者か之に衝《あた》る者あらんや。

——高野房太郎「語録」

*神は、人間に欲望を与えることによって、また人間に

労働の手段を必要とさせることによって、労働する権利をすべての人間の持物とした。（職業の自由と、働く権利の確立とを初めて要請したことば）

——チュルゴー「語録」

＊労働、労働と言って人々を駆り立てるならば、必ずや近き将来に、大いなる怠惰の時代を生むだろう。

——ヒルティ「眠られぬ夜のために」

＊労働の中にのみ平和が宿り、労働の中には安息がある。

——フォントネル「幸福論」

＊労働はつねに人生を甘美にするが、誰でも甘いものが好きだとは限らない。

——フーゴー「詩」

＊人間は、日常従事している労働のうちに自分の世界観の基礎を求めなくてはならない、

——ペスタロッチ「リーンハルトとゲルトルート」

＊労を惜しめば、その果実は少なし。人の好運は、その人の労苦に宿る。

——ヘリック「ヘスペリデス」（ギリシア神話）

＊労働は美徳の源泉である。

——ヘルダー「誓い」

＊対象化された労働が生きた労働に対して疎遠な権として働く、そして、それは資本の権力である。

——マルクス「経済学批判要綱」

＊すべての肉体的労働は人間を高尚にす。自己の子どもに肉体的労働を教え込まぬは、彼に掠奪強盗の準備をさせるのと選ぶところなし。

——「ユダヤ伝経」

＊歓びのない労働は下賤である。悲しみのない労働もそうである。労働のない悲しみは下卑である。労働のない歓びもそうである。

——ラスキン「胡麻と百合」（講演一八六八・五）

＊労働力は、それらが売られたり、買われたりする限りにおいては、すべての他の商品と同じく、ひとつを行うのに必要なものから成っている。

——リカード「経済学原論」

＊君は二つの手と、一つの口とを持っている。その意味をよく考えてみよ。二つは労働のために、他の一つは食事のためにあるのだ。

——リュッケルト「バラモンの英知」

＊労働の愛は社会における人間の美徳である。

——ローラン夫人「回想録」

農業・農村・農民

農業が築いた文明が進歩して工業が発達し、人口も急増した。農業は自然農法では増加する人口を扶養できなくなり、工業の開発した化学薬剤と機械を利用して化学農法によって食料を大幅に増産できるようになり、農業は

工業の植民地になっていった。かくて、農村と農業は斜陽化してしまった。

＊田畑には一つの政治が生れ、維持される。ここでは年齢がすべてである。（農業では、経験が年齢とともにモノをいうので、おのずと農家の家長に主権が集まる）
——アラン「思想と年齢」

＊農民一揆というものは、他のすべての革命と同様に……農民の境遇が最も圧迫されているときには勃発するものではなく、それとは反対に、農民がある程度の自覚を持つにいたったときに発生する。
——ヴェーバー「経済史」

＊農耕が始まってから、他の技芸がこれに追従する。だから、農業者たちは人類の文明の建設者だ。
——ダニエル＝ウェブスター「農業に関する評論」

＊最初の農夫が最初の人類であったし、歴史上の貴族階級はすべて、土地所有とその利用とに宿っている。
——エマーソン「社会と孤独」

＊畑というものは絶えざる耕耘によりて枯渇さるる。
——オヴィディウス「書簡」

＊富が農業の大きな原動力であり、よい耕作のためには多くの富が必要だ……。（農業の近代化を初めて明らかにした）
——ケネー「借地農論」

＊農村は国家の真実の富の源泉である。
——同右『フェルミエ論』

＊農民貧しくして、王貧し。
——同右「『百科全書』の論文中のことば」

＊土地を耕す者は、最も価値多き市民である。彼らは強健であり、最も独立心に富み、最も徳に秀でている。
——ジェファーソン「演説」

＊糞水を掬《く》まざれば善農と成ること能《あた》はず。
——太宰春台「産語」

＊ディリゲンティア（単純再生産的努力）の勤勉の哲学ほど、日本経済ことに日本農業の停滞に由来し、またこの停滞を脱却しようとする心意を抑えてきたものはなかった。
——東畑精一「日本資本主義の形成者」

＊彼等の最初に踏んだ土の強大な牽引力は永久に彼等を遠く放たない。彼等は到底其の土に苦しみ通さねばならぬ運命を持って居るのである。
——長塚節「土」

＊無尽蔵な自然の懐から財貨が百姓の手に必ず一度与えられる秋の季節に成れば、其の財貨を保った田や畑の穂先が之を嫉む一部の自然現象に対して常に戦慄しつつ且泣いた。
——同右

＊われわれは善良な農民を欲している。彼らは軍隊の力をつくるものである。
——同右

——ナポレオン（ティエール「ナポレオン史」より）

＊農は万業の大本なり。

——二宮尊徳「二宮翁夜話」

＊帰郷とは、根源への近接に帰りゆくことである。

——ハイデッガー「断片」

＊起てる農夫は座せる紳士よりも貴い。

——フランクリン「貧しいリチャードのアルマナック」

＊商業主義的農業は短視的・刹那的なものであり、〝売春婦〟的なものである。

——ブロムフィールド「マラバー農場」

＊種蒔く人が種を蒔き、農夫が収穫しているのを見ると、類似のことを考える。「生」は耕作であり、「死」はその帰結としての収穫である。

——ホイットマン「農夫の耕すのを見守るとき」

＊胡麻の油と百姓は絞れば絞るほど出るものなり。

——本多利明「西域物語」

＊農業の術は人を養ふの本なり。農術はしからざれば、五穀すくなくして人民生養をとぐる事なし。

——宮崎安貞「農業全書—自序」

＊ふるさとは遠きにありて思ふもの、そして悲しくうたふもの

——室生犀星「小景異情」

＊私は農民を愛する。というのは、彼らは曲がった判断をくだすほど学問を持っていないからだ。

——モンテーニュ「随想録」

＊農夫の仕事は最も喜ばしいものであり、希望に満ちている。

——ルター「卓談」

＊農学栄えて農業衰える。

——横井時敬「語録」

＊詩を書くのと同様に、畑を耕す尊さを知るまでは、いかなる民族も栄えない。

——ブッカー＝ワシントン「奴隷から身を立てて」

都会・都市

都会は地方出身者の植民地で、汚物を排出する富者と、そのはき溜めを漁っている貧民とから成り、彼らは付合いもなく、つねに孤独だ。密集した都会は、悪臭のみが漂うコンクリート・ジャングルだ。

＊幸福になるために必要な第一の要素は、人が有名な都市に生れることである。

——エウリピデス「アルキメデスへの讃辞」

＊神が国をつくり、人間が都市をつくった。

——コーパー「仕事」

＊都市をつくるは人間であり、城壁や船にあらず。

——ツキュディデス「歴史」

＊都会の生活は非人情であり、そしてそれ故に、遥かに奥床しい高貴の道徳に適《かな》っている。

——萩原朔太郎「虚妄の正義」

＊にわとりは国のものであるが、都会はそれを食べる。

——ハーバート「知恵の投げ槍」

＊都市がいかに小なりといえども、事実上、都市は貧者のそれと、富者のそれとの二つに区別さる。そして彼らは互いに相競う。

——プラトン「共和国」

＊ある工業都市または商業都市において、資本が急速に蓄積されればされるほど、搾取される人間材料の流入はそれだけ急速になり、労働者の即製住居もそれだけみすぼらしいものになる。

——マルクス「資本論」

＊大都市は真実ではなく、それを欺く昼を、夜を、動物や子どもを。大都市は沈黙で偽り、騒音や従順な事物で偽る。

——リルケ「時禱集—貧困と死の巻」

＊都市は人類のはき溜めである。

——ルソー「エミール」

53, 88, 120, 145, 161, 189, 201, 204, 215, 222, 266, 345, 380, 427, 438, 447, 485, 488, 490

「論語」　中国　孔子の言行を収録　4書の1つ　*12, 33, 51, 57, 64, 68, 89, 108, 158, 171, 194, 211, 257, 287, 317, 321, 323, 336, 337, 345, 359, 387, 394, 397, 406, 408, 423, 518, 534*

「論衡」　中国後漢　王充の撰　*54, 410*

ワ

ワイルド　WILDE, Oscar Fingal O'Flahertie Wills（*1856～1900*）イギリス　作家・劇作家・詩人　*12, 39, 44, 59, 89, 92, 97, 98, 102, 108, 125, 145, 146, 161, 164, 208, 218, 234, 238, 260, 273, 277, 301, 306, 313, 336, 345, 348, 354, 358, 368, 380, 383, 403, 406, 410, 411, 430, 438, 443, 449, 456, 460, 463, 466, 471, 485, 488, 492, 502, 521, 528*

和歌森太郎　（*1915～77*）昭和年代　歴史家　*456*

ワシントン（B.）　WASHINGTON, Booker Taliaferro（*1816～1915*）アメリカ　作家　*548*

ワシントン（G.）　WASHINGTON, George（*1732～99*）アメリカ　初代大統領　*328, 411, 416, 516, 528*

ワーズワーズ　WORDSWORTH, William（*1770～1850*）イギリス　詩人　*34, 108, 127, 397, 438, 502*

和辻哲郎　（*1889～1960*）昭和年代　哲学者　*12, 53, 237, 304, 316, 438*

ワッツ　WATTS, Isaac（*1674～1748*）イギリス　讃美歌作家　*105, 218*

レンブラント REMBRANOT, Harmenazoon vam Rijn（*1606～69*）オランダ 画家 *487*

ロ

ロイド・ジョージ LLOYD-GEURGE, David（*1752～1838*）イギリス 政治家 *12,388,536*
ロ ウ ROUX, Joseph（*1834～86*）フランス 牧師 *345*
ローウェル LOWELL, James Russell（*1819～91*）アメリカ 詩人・外交官 *29,36,68,292,306,391,456,492,505*
「老子」 中国 道家の根本書物 「老子道徳経」とも言う *16,24,51,57,88,196,212,232,237,238,243,257,266,287,290,323,328,335,337,345,365,383,386,387,403,406,420,442,516,529,531,534*
ローガウ LOGAU, Friedrich Freiherr von（*1604～55*）ドイツ 詩人 *88,123,150,158,166,189,192,335,406,421,442,531*
魯山人 →北大路魯山人
ロジャース ROGERS, Will（*1879～1935*）アメリカ ユーモアリスト *316*
魯 迅（*1881～1936*）中国 作家・文芸評論家 *14,36,53,88,97,169,241,257,266,303,364,390,401,440,446,452,507,521,522,531*
「呂氏春秋」 中国秦の宰相・呂不韋が編纂させた書 *138,145,150,222,257,287,528*
ロセッティ ROSSETTI, Christina（*1830～94*）イギリス 女流作家 *88,269*
ロダン RODIN, François Auguste René（*1840～1917*）フランス 彫刻家 *480,485,488*
ロック LOCKE, John（*1632～1704*）イギリス 哲学者 *41,97,208,290,299,345,374,382,391,394,507,534*
ロックフェラー1世 ROCKEFELLER, John Davison（*1839～1937*）アメリカ 実業家 *68*
ローテ ROTHE, Richard（*1799～1867*）ドイツ 神学者 *175,231,232,297*
ロバートソン ROBERTSON, Frederick William（*1816～53*）イギリス 牧師 *368*
ロベスピエール ROBESPIERE, Maximilien（*1758～94*）フランス 革命指導者 *452,518,521*
魯 褒（?）中国晋 作家 *73*
ローラン ROLLAND, Romain（*1866～1944*）フランス 作家・文芸評論家 *33,44,55,64,88,138,145,189,231,269,303,306,313,335,345,364,375,388,397,430,438,448,460,485,490,498,500,502,507,522,536*
ローラン夫人 ROLAND, Jeane（*1754～93*）フランス 革命指導家 *516,546*
ローリー RALEGH, Walter（*1552～1618*）イギリス エリザベス朝廷臣 *57,191,456*
ローレンス LAWRENCE, David Herbert（*1885～1930*）イギリス 作家 *108,138,273,480,516*
ロレンハーゲン ROLLENHAGEN, Georg（*1542～1609*）ドイツ 教育者・牧師 *41,123,210,257,397*
ロングフェロー LONGFELLOW, Herry Wadsworth（*1807～82*）アメリカ 詩人 *12,51,*

ルイ6世　LOUIS Ⅵ（*1081～1137*）フランス　国王　*328*

ルキアノス　LUKIANOAS（*80?～120?*）ギリシア　諷刺作家　*462*

ルクレティウス　LUCRETIUS（*－95～－51*）ローマ　詩人　*237, 257, 260, 504, 505*

ルシリウス　LUCILIUS（*－148～－103*）ギリシャ　哲人　*346*

ルーズヴェルト　ROOSEVELT, Franklin（*1882～1945*）アメリカ　32代大統領　*129, 303, 516*

ルソー　ROUSSEAU, Jean Jacques（*1712～78*）フランス　思想家　*15, 24, 33, 87, 108, 196, 211, 257, 287, 290, 316, 328, 345, 352, 354, 357, 361, 371, 386, 403, 438, 446, 456, 458, 476, 516, 534, 549*

ルター　LUTHER, Martin（*1483～1546*）ドイツ　宗教改革者　*105, 241, 257, 266, 269, 277, 297, 357, 426, 428, 462, 516, 528, 548*

ルードヴィヒ　LUDWIG, Otto（*1813～66*）ドイツ　作家　*507*

ルナール　RENARD, Jules（*1864～1910*）フランス　作家　*12, 55, 72, 87, 98, 173, 218, 241, 412, 415*

ルナン　RENAN, Ernest（*1823～92*）フランス　歴史家　*191, 277, 468*

ルノワール　RENOIR, Augusto（*1841～1919*）フランス　画家　*487*

ルーフィニィ　RUFFINI, Giovanni（*1807～81*）イタリア　作家　*317*

ルフウス　RUFUS, Quitus Curtius（A.C.2ころ）ローマ　歴史家　*58*

ルブラン　LEBRUN, Juillaume Pigault（*1742～1835*）フランス　作家　*87*

ルボック　LUBBOCK, John（*1834～1913*）イギリス　銀行家・科学者　*427*

レ

レ　イ　RAY, John（*1627～1705*）イギリス　自然科学者　*59, 72, 290, 348, 368, 397, 406, 426, 439, 487*

レイノールズ　REYNOLDS, Joshua（*1723～92*）イギリス　画家　*415, 487*

レヴィット　LÖWITH, Karl（*1897～1973*）ドイツ　哲学者　*197*

レオニダス　LEONIDAS（B.C.3）ギリシア　哲人　*170*

「列子」　中国　列禦寇の撰というが不祥　*53, 147, 201, 217, 223, 257, 335, 391*

レッシング　LESSING, Gotthold Ephraim（*1729～81*）ドイツ　劇作家・評論家　*20, 72, 138, 145, 266, 273, 274, 357, 373, 516*

レッキー　LECKY, William Edward（*1838～1903*）イギリス　歴史家　*373*

レニエ　RÉGNIER, Henri de（*1864～1936*）フランス　作家・詩人　*29, 73, 74, 88, 138, 145, 160, 257, 423*

レーニン　LENIN, Nikolai（*1870～1924*）ロシア　政治家・政治経済学者　*45, 304, 306, 308, 335, 452, 516, 521, 534, 545*

レールモントフ　LERMONTOV, Mikhail Yurievich（*1814～41*）ロシア　詩人・作家　*353*

蓮　如　（*1419～99*）室町時代　僧侶　*189, 257*

「リグ・ウェーダ」 インド最古の聖典 *50*

陸九淵《りくきゆうえん》〔象山〕（*1139*～*91*）中国南宋 儒者 *117, 442*

「六韜《りくとう》」 中国周 兵法書 *306*

リスト LISZT, Franz（*1811*～*86*）ハンガリア 音楽家 *485*

李卓吾 （*1527*～*1662*）中国清 陽明学者 *42*

リチャードソン RICHARDSON, Samuel（*1689*～*1761*）イギリス 作家 *212, 447*

リップス LIPPS, Theodor（*1851*～*1914*）ドイツ 哲学者 *34, 87*

リップマン LIPPMAN, Walter（*1889*～*1974*）アメリカ ジャーナリスト *536*

リード READE, Charles（*1814*～*84*）イギリス 作家 *221, 443, 480*

李白 （*701*～*62*）中国唐 詩人 *39, 97, 189, 201, 256, 328, 423, 438, 523*

リヒター RICHTER, Jean, Paul（*1763*～*1825*）ドイツ 文学者 *14, 129, 145, 485*

リヒテンベルク LICHTENBERG, Georg Christoph（*1742*～*99*）ドイツ 物理学者 *26, 195, 223, 230, 234, 256, 269, 273, 292, 297, 318, 359, 426, 438, 465*

リヒトヴェーア LICHTWER, Magnus Gottfried（*1791*～*83*）ドイツ 法学者 *50, 234, 368*

リープクネヒト LIEBKNECHT, Willhelm（*1826*～*1900*）ドイツ 社会主義者 *307*

李 密 （?）中国晋 学者 *256*

劉 安 （?）中国前漢 淮南王 *14, 19, 21, 24, 26, 41, 51, 57, 117, 196, 201, 210, 211, 212, 287, 289, 321, 357, 373, 383, 394, 410, 426, 534, 544*

劉禹錫《うしやく》 （*772*～*842*）中国唐 文人 *145*

劉希夷《きい》 （*651*～*680*?）中国唐 詩人 *201*

劉 向《きよう》 （?）中国前漢 学者 *24, 42, 87, 191, 215, 328, 345, 351, 370, 403, 411, 423, 518*

龍 樹 →ナーガールジュナ

劉少奇 （*1900*～?）中華人民共和国指導者 政治家 *452*

リュッケルト RÜCKERT, Friedrich（*1788*～*1866*）ドイツ 詩人 *51, 64, 117, 158, 194, 208, 269, 274, 328, 370, 406, 423, 448, 516, 546*

良 寛 （*1757*～*1831*）江戸後期 禅僧・歌人 *212, 440*

梁啓超《りようけいちよう》 （*1873*～*1929*）中国 思想家 *497, 511, 516*

リリィ LILY, John（*1554*?～*1606*）イギリス 作家・劇作家 *439*

リルケ RILKE, Rainer Maria（*1875*～*1926*）ドイツ 詩人 *12, 29, 34, 64, 108, 136, 145, 189, 194, 208, 221, 256, 328, 380, 438, 460, 471, 505, 549*

リンカーン LINCOLN, Abraham（*1806*～*65*）アメリカ 6代大統領 *17, 20, 306, 401, 411, 452, 511, 520, 531*

林語堂 （*1895*～*1976*）中国 文学者・評論家 *230, 273, 413, 420, 446, 489*

臨済義玄 （?～*867*）中国 臨済宗開祖 *111*

ル

ルイ14世 LOUIS XIV（*1638*～*1715*）フランス 国王 *172, 234, 509*

学者　*44, 108, 136, 144, 221, 241, 318, 335, 368, 380, 412, 413, 423, 457, 477*
ラッセル（J.）　RUSSELL, John（*1792～1878*）イギリス　政治家　*169, 311, 531*
ラディゲ　RADIGUET, Raymond（*1903～23*）フランス　作家　*144*
ラ・ファイエット夫人　LA FAYETTE, Marie Madeleine（*1634～93*）フランス　作家　*91*
ラ・フォンテーヌ　LA FONTEINE, Jean de（*1621～95*）フランス　詩人　*15, 41, 59, 129, 157, 159, 161, 191, 200, 211, 215, 223, 232, 351, 370, 390, 400, 459, 511, 544*
ラ・ブリュイエール　LA BRUYÈRE, Jean de（*1644～96*）フランス　モラリスト　*17, 21, 29, 31, 39, 44, 50, 53, 58, 72, 73, 87, 98, 102, 119, 136, 138, 144, 157, 159, 160, 162, 166, 168, 173, 177, 188, 191, 200, 218, 221, 230, 256, 286, 321, 327, 357, 359, 368, 370, 374, 381, 387, 394, 397, 406, 428, 430, 459, 462, 498, 504, 538*
ラブレー　LABOULAYE, Édouard René Lafebrre（*1811～83*）フランス　歴史家　*124, 189, 256, 289, 297, 323, 348*
ラマルティーヌ　LAMARTINE, Alphonse de（*1790～1869*）フランス　政治家・詩人　*26, 201*
ラ　ム　LAMB, Charles（*1775～1834*）イギリス　詩人・随筆家　*12, 72, 309, 386, 402, 416, 459, 487*
ラムネー　LAMENNAIS, Félicité Robert（*1782～1854*）フランス　宗教家　*136, 348, 370*
ラ・ロシュフーコー　LA ROCHEFOUAULD, Francois Duc de（*1613～80*）フランス　箴言作家　*12, 14, 19, 21, 24, 36, 39, 50, 53, 54, 57, 58, 72, 74, 87, 91, 97, 109, 120, 125, 129, 131, 138, 145, 150, 157, 160, 161, 166, 168, 169, 171, 173, 174, 176, 194, 196, 205, 213, 230, 232, 234, 237, 241, 260, 286, 287, 292, 294, 299, 310, 311, 316, 328, 335, 337, 344, 345, 351, 352, 353, 360, 361, 365, 368, 370, 374, 380, 382, 383, 387, 388, 390, 391, 392, 394, 401, 402, 403, 406, 407, 408, 412, 415, 426, 430, 446, 458, 462, 487, 523, 528*
ラングブリッジ　LANGBRIDGE, Frederick（*1849～1923*）アメリカ　作家　*244*
ラングベーン　LANGBEHN, Julius（*1851～1907*）ドイツ　教育者　*243*
ラングランド　LANGLAND, William（*1330?～1400?*）イギリス　詩人　*108*
ランケ　RANKE, Leopold（*1795～1886*）ドイツ　歴史家　*456, 497, 516*
ランダー　LANDOR, Walter Savage（*1775～1864*）イギリス　文学者　*145, 234, 302, 351, 365, 462, 497*
ランドルフ　RANDOLPH, John（*1773～1833*）アメリカ　政治家　*528*

リ

リヴァロール　RIVAROL, Antoine（*1753～1801*）フランス　評論家　*72, 157, 363*
リヴィウス　LIVIUS, Titus（*－59～17*）ローマ　歴史家　*41, 68, 147, 166, 207, 258, 345*
李延寿　（7C.ころ）中国唐　史家　北朝・南朝の史書を編纂　*105, 109, 126, 321, 423*
リカード　RICARD, David（*1772～1823*）イギリス　経済学者　*545, 546*

楊　雄　（－58～18）中国三国時代　前漢の儒者　19,50,256,321
横井時敬　（1860～1927）大正年代　農学者　548
横光利一　（1898～1947）昭和年代　作家　466
横山源之助　（1870～1915）大正年代　評論家　45
横山大観　（1868～1958）大正～昭和年代　画家　485
与謝野晶子　（1878～1942）大正～昭和年代　歌人　462
与謝野寛　（1873～1935）大正～昭和年代　歌人　157
吉川英治　（1892～1962）大正～昭和年代　作家　317,466
吉川惟足　（1616～94）江戸中期　国学者　267
吉田兼倶　（1435～1511）鎌倉時代　神道家　吉田神道を唱う　265
吉田兼好　（1282～1350）鎌倉時代　歌人・随筆家　29,72,42,102,117,157,191,223,237,256,386,389,420,423,438,464,468
吉田紘二郎　（1886～1956）大正～昭和年代　作家　29
吉田松陰　（1830～59）江戸後期　幕末志士　57,107,196,404
吉野作造　（1878～1933）大正～昭和年代　政治・法学者　297
ヨハネ　IOANNES（?）12使徒の1人　134,275

ラ

「礼記《らいき》」　中国　周末～秦・漢の儒学者の言辞録　5経の1つ　50,87,214,317,321,344,383,509,518
頼山陽　（1780～1832）江戸後期　漢学者　39,527
ライト　WRIGHT, Frank Lloyd（1867～1959）アメリカ　建築家　431
ライプニッツ　LEIBNIZ, Gottfried Wihelm Freiherr（1646～1716）ドイツ　哲学者　269,273
ライムント　RAIMUND, Fedinand（1790～1836）オーストリア　劇作家　36
ラヴァーター　LAVATER, Johann Kaspar（1745～1801）スイス　牧師・文筆家　87,136,344,515
ラクロ　LACLOS, Pierre Ambroise Françios Choderlos de（1741～1803）フランス　軍人・作家　144,420
ラシーヌ　RACINE, Jean Baptiste（1639～99）フランス　詩人　97,124,144,466,473
ラスキ　LANSKI, Harold Joseph（1893～1950）イギリス　政治学者　497
ラスキン　RUSKIN, John（1819～1900）イギリス　美術評論家　50,52,97,119,129,174,217,256,316,327,335,344,353,400,411,438,447,462,464,476,480,485,487,488,502,527,539,543,546
ラッサール　LASSALLE, Ferdinand Johann Gettlieb（1825～64）ドイツ　社会主義者　452,455
ラッセル（B.）　RUSSELL, Bertrand Arthur William（1872～1950）イギリス　哲学者・数

モンテルラン　MONTHERLAND, Henry de（*1896～1972*）フランス　作家　*86, 91, 97, 102, 157, 221, 243*
「文選《もんぜん》」 中国　周～梁の詩文を梁の武帝が撰した書　*149, 188, 327*

ヤ

ヤコービ　JACOBY, Leopold（*1840～95*）ドイツ　詩人・文学史家　*50*
ヤコブセン　JACOBSEN, Chistian Friedrich（*1764～1847*）デンマーク　作家　*29*
ヤージナヴァルキヤ　YAJNAVALKYA（*－750？～700？*）インド　哲人　*102*
安井朴堂　（*1858～1938*）大正～昭和年代　漢学者　*538*
ヤスペルス　JASPERS, Karl（*1883～1969*）ドイツ　哲学者　*204, 268, 335, 455, 500*
柳沢淇園　（*1708～58*）江戸中期　詩人・画家　*423*
柳田国男　（*1875～1962*）大正～昭和年代　民俗学者　*386, 423, 464*
柳田謙十郎　（*1893～1983*）昭和年代　評論家　*123, 455*
山鹿素行　（*1622～85*）江戸前期　漢学者・兵学者　*17, 86, 223*
山路愛山　（*1864～1917*）明治年代　ジャーナリスト　*430, 497*
山本五十六　（*1888～1943*）昭和年代　海軍軍人　*36*
山本常朝　（*1659～1719*）江戸中期　武将・学者　*64, 219*
山本宣治　（*1889～1926*）大正～昭和年代　社会運動家　*317*
山本有三　（*1887～1974*）大正～昭和年代　作家　*213*
ヤング（A.）　YOUNG, Arthur（*1741～1820*）イギリス　農学者　*68*
ヤング（E.）　YOUNG, Edward（*1683～1765*）イギリス　詩人・牧師　*11, 14, 50, 137, 157, 200, 230, 265, 286, 352, 527*

ユ

ユヴェナリス　JUVENALIS, Decimus（*40？～125？*）ローマ　諷刺詩人　*11, 38, 44, 64, 72, 105, 119, 162, 196, 230, 256, 321, 347, 425*
湯川秀樹　（*1907～1981*）昭和年代　物理学者　*297, 442, 476*
ユーゴー　HUGO, Victor（*1802～85*）フランス　作家・詩人　*11, 19, 26, 29, 38, 72, 86, 87, 126, 137, 162, 188, 193, 210, 273, 294, 299, 306, 338, 348, 373, 386, 392, 415, 452*
「ユダヤ伝経」 西南アジアに興った啓示宗教　*107, 131, 171, 173, 265, 268, 297, 344, 361, 374, 546*
ユンク　JUNGK, Robert（*1913～*　）ドイツ生れアメリカ　ジャーナリスト　*477*
ユング　JUNG, Carl Gestaw（*1876～1961*）スイス　精神病学者　*39, 108, 188, 256, 477*

ヨ

楊　朱　（*440？～512？*）中国戦国時代　思想家　*256*
楊　震　（*？～124*）中国後漢　儒者　*351*

メンケン　MENCKEN, Henry Louis（*1880～*　）アメリカ　編集者・作家　*200, 315, 402, 451*

モ

モーア　MORE, Thomas（*1478～1535*）イギリス　政治家・哲学者　*123, 243, 265, 500, 508, 523, 527*

孟浩然《こうねん》（*698～740*）中国唐　詩人　*438*

「孟子」　中国戦国時代　孟軻の著書　4書の1つ　*17, 19, 41, 57, 67, 107, 131, 156, 157, 176, 212, 219, 236, 237, 321, 334, 350, 373, 381, 391, 420, 457, 464, 507, 534*

毛沢東　（*1893～1976*）中国　中華人民共和国の創始者　*161, 289, 301, 304, 309, 529, 541*

孟昶《ちょう》（10世紀後期）中国　後蜀の君主　*540*

モーツァルト　MOZART, Wolfgang Amadeus（*1756～91*）オーストリア　作曲家　*67, 96*

毛利元就　（*1497～1511*）室町時代　武将　*529*

本居宣長　（*1730～1801*）江戸中期　国学者　*265, 286, 323, 335, 471*

モーパッサン　MAUPASSANT, Guy de（*1850～93*）フランス　作家　*11, 67, 238, 427, 498*

モーム　MAUGHAM, Samerset（*1874～1965*）イギリス　作家・演劇家　*11, 33, 38, 72, 86, 96, 126, 147, 188, 347, 397, 467, 535*

モリエール　MOLIÈRE, Jena Baptiste Poquelin（*1622～73*）フランス　喜劇作家　*49, 86, 91, 96, 102, 147, 344, 368, 392, 399, 466, 471, 536*

森鷗外　（*1862～1922*）明治～大正年代　作家・医師　*15, 17, 42, 147, 161, 240, 299, 338, 344, 386, 459*

モリス　MORRIS, William（*1834～96*）イギリス　詩人・工芸美術家　*157, 477, 485*

モーリヤック　MAURIAC, François（*1885～1970*）フランス　作家　*29, 36, 91, 147, 157, 230, 277, 315, 464*

モルゲンシュテルン　MORGENSTERN, Christian（*1871～1914*）ドイツ　詩人　*57, 129, 265, 297, 301, 302, 438, 485*

モーレイ　MORLEY, John（*1838～1923*）イギリス　政治家・文筆家　*128, 200, 452, 476*

モロア　MOUROIS, Anderé（*1885～1967*）フランス　文芸評論家・伝記作家　*96, 102, 105, 144, 159, 241, 309, 313, 323, 399, 421, 425, 430, 455, 531, 536, 539*

モンタギュー　MONTAGUE, Charles Edward（*1867～1928*）アイルランド　作家　*527*

モンテスキュー　MONTESQUIEU, Charles Louis de Second（*1689～1755*）フランス　政治哲学者　*197, 221, 230, 273, 286, 313, 373, 387, 462, 477, 497, 507, 515, 539*

モンテーニュ　MONTAIGNE, Michel Eyquem Seigneur（*1533～1592*）フランス　哲学者　*11, 14, 15, 29, 33, 38, 49, 50, 58, 64, 67, 96, 102, 105, 119, 121, 124, 128, 150, 170, 176, 177, 188, 193, 213, 232, 237, 255, 256, 265, 286, 289, 292, 294, 299, 301, 315, 335, 344, 347, 351, 357, 373, 381, 397, 401, 402, 420, 425, 428, 438, 462, 502, 509, 515, 518, 539, 548*

ミューラー　Müller，Wilhelm（*1794～1827*）ドイツ　詩人　*136,156,223*
明　恵　（*1173～1232*）鎌倉時代　華厳宗僧侶　*204,327*
ミラボー　Miraeau，Honeré（*1749～93*）フランス　革命家　*144,451*
ミ　ル　Mill，John Stuart（*1806～73*）イギリス　経済学者　*40,230,268,309,315,348,397,477,497,515,542,543*
ミルトン　Milton，John（*1608～74*）イギリス　詩人　*34,38,86,102,117,121,147,150,191,234,236,255,261,289,296,301,327,344,363,373,404,462,504,511,515,520,527*
ミレー　Millet，Jean François（*1814～75*）フランス　画家　*484,487*

ム

ムーア　Moore，George（*1852～1933*）イギリス　作家・随筆家　*52,159,168,240,462*
武者小路実篤　（*1885～1976*）大正～昭和年代　作家　*11,98,147,156,255,188,415,425,437,480,484*
夢窓国師〔疎石〕（*1275～1351*）鎌倉時代　臨済宗僧侶　*19,117,357*
ムッソリーニ　Mussolini，Benito（*1883～1945*）イタリア　ファッシスト党独裁者　*302,363*
武藤山治　（*1887～1934*）大正～昭和年代　実業家・政治家　*315*
ムーニエ　Mounier，Emmanuel（*1905～50*）フランス　思想家　*344*
ムハンマド　Mahomet（*570*〔1〕～*632*）アラビア　イスラム教開祖　*67,86,102,255,265,323,344,544*
無門慧開《むもんえかい》　（*1183～1260*）中国宋　禅僧　*278,370*
紫式部　（*978～1066*）平安時代　作家　*86,188,230,466*
村田珠光　（*1422～1502*）室町時代　茶道開祖　*480*
室生犀星　（*1889～1962*）大正～昭和年代　作家・詩人　*548*
室鳩巣　（*1658～1734*）江戸中期　儒者　*360,471*

メ

「明心宝鑑」　中国元　夏文彦の撰した図絵　*222,394*
メーテルリンク　Maethrlink，Maurice（*1862～1949*）ベルギー　詩人　*86,109,230*
メナンドロス　Menandros（　*342*〔1〕～*291*〔0〕）ギリシア　喜劇作家　*15,64,86,91,96,102,107,123,156,193,195,200,232,255,265,386,389,410,478,520*
メルヴィル　Melville，Herman（*1819～91*）アメリカ　作家　*195*
メルメ　Mermet，Claude（*1550～1605*）フランス　詩人　*156*
メ　レ　Méré，Antoine Gombaud Chevalier de（*1610～84*）フランス　モラリスト　*11,58,91,123,169,236,480*
メレディス　Meredith，Owen　→ブルバー・リットンの別名　*86,96,313*

マルキス　MARQUIS, Perry（*1878～1939*）アメリカ　ジャーナリスト　*244*
マルクス　MARX, Karl（*1818～83*）ドイツ　経済学者　*11, 43, 45, 272, 301, 304, 308, 309, 455, 476, 477, 520, 533, 545, 546, 549*
マルサス　MALTHUS, Thomas Robert（*1766～1834*）イギリス　経済学者　*420*
マルタン・デュ・ガール　MARIN DU GARD, Roger（*1881～1958*）フランス　作家　*527*
マルティアリス　MARTIALIS（*40 ?～104 ?*）ローマ　諷刺詩人　*21, 188, 204, 255, 311, 327, 437, 471, 508*
マルロー　MALRAUX, André（*1901～76*）フランス　作家　*11, 29, 85, 206, 255, 455, 531*
マローリ　MALORY, Thomas（*?～1471*）イギリス　騎士　*137, 188, 443*
マン（H.）　MANN, Horace（*1796～1859*）アメリカ　政治家・教育者　*168, 317, 397, 502*
マン（T.）　MANN, Thomas（*1875～1955*）ドイツ　作家・文芸評論家　*68, 120, 255, 306, 391, 457, 484*
マンデヴィル　MANDEVILLE, Bernard（*1690～1733*）イギリス　旅行家　*236, 380*
マントノン夫人　MINTENON, François madame（*1635～1719*）フランス　ルイ 14 世の愛妾　*240, 411*
マンフォード　MUNFORD, Lewis（*1895～1990*）アメリカ　評論家　*446, 476*

ミ

三浦梅園（*1723～89*）江戸後期　儒学者　*67, 72, 321*
三木清（*1897～1945*）昭和年代　哲学者・評論家　*11, 29, 120, 128, 166, 168, 176, 217, 229, 230, 255, 273, 292, 301, 327, 347, 361, 375, 388, 397, 400, 410, 415, 443, 448, 459, 462, 484, 492, 504, 507, 511, 533, 534, 537*
ミケランジェロ　MICHELANGELO, Buonarroti（*1475～1564*）イタリア　彫刻家・画家　*123, 484, 487, 488*
三島由紀夫（*1925～1971*）昭和年代　作家　*85, 176, 363*
ミシュレー　MICHELET, Jules（*1798～1874*）フランス　歴史家　*277, 455*
ミード　MEAD, Margaret（*1901～*）アメリカ　人類学者　*204*
源実朝（*1192～1219*）鎌倉幕府 3 代将軍　*107*
美濃部達吉（*1873～1948*）昭和年代　憲法学者　*321*
三宅雪嶺（*1860～1945*）大正～昭和年代　評論家　*207*
宮崎安貞（*1623～97*）江戸中期　農学者　*548*
宮沢賢治（*1896～1933*）大正～昭和年代　詩人　*188, 197*
宮本武蔵（*1582～1645*）江戸前期　剣豪　*161, 219, 279, 360*
宮本百合子（*1899～1951*）昭和年代　女流作家　*168*
ミュッセ　MUSSET, Louie Charles Alfred de（*1810～57*）フランス　詩人・劇作家　*72, 85, 144, 207, 213, 277, 364*

ホワイトヘッド（W.）　WHITEHEAD, William（*1715～85*）イギリス　桂冠詩人　*455*
ホーワード　HOWARD, Robert（*1631～1700*）イギリス　劇作家　*255*
ボーン　BOHN, Henry George（*1792～1884*）イギリス　編集者　*59, 98, 128, 156, 162, 176, 207, 321, 327, 365, 386, 410, 428, 439*
ポンサール　PONSARD, François（*1814～67*）フランス　詩人　*136*
本多利明　（*1744～1821*）江戸中期　経済学者・数学者　*343, 548*

マ

マイネッケ　MEINECKE, Friedrich（*1862～1956*）ドイツ　歴史家　*455, 511*
前田夕暮　（*1883～1951*）大正～昭和年代　歌人　*28*
マキャヴェリ　MACHIAVELLI, Niccolo di Bernardo（*1496～1527*）イタリア　歴史家・政治家　*107, 162, 174, 193, 272, 277, 327, 497, 500, 505, 508, 522, 527, 533, 535, 537*
真木和泉　（*1813～64*）幕末勤皇志士　*217, 404*
マクドナルド　MACDONAKD, James Ramsay（*1866～1937*）イギリス　政治家　*368*
正岡子規　（*1864～1902*）明治年代　俳人・歌人　*383*
正木ひろし　（*1896～1971*）昭和年代　弁護士　*96, 102*
正宗白鳥　（*1880～1962*）大正～昭和年代　文芸評論家・作家　*188, 301*
マーサリク　MASARYK, Jan Garrigue（*1886～1948*）チェコスロヴァキア　政治家　*507*
マーシャル　MARSHALL, Alfred（*1842～1924*）イギリス　経済学者　*545*
マーシンガー　MASSINGER, Philip（*1583～1640*）イギリス　劇作家　*59*
マチス　MATISSE, Henri（*1869～1954*）フランス　画家　*484*
松尾芭蕉　（*1644～94*）江戸前期　俳人　*49, 200, 255, 289, 386, 437*
マッカーサー　MACARTHUR, Douglas（*1880～1964*）アメリカ　将軍　*523*
マッコーレー　MACAULAY, Thomas Babington（*1880～59*）イギリス　詩人・評論家・歴史家　*388, 467, 537, 539*
松下幸之助　（*1894～1989*）昭和年代　実業家　*544*
松平定信　（*1758～1829*）江戸中期　政治家・老中　*120, 430*
マッツィーニ　MAZZINI, Giuseppe（*1805～72*）イタリア　政治家　*40, 265, 446, 449*
「マヌの法典」（B.C.2～A.C.2）インド法典　*101, 128, 344*
「マハーナーラヤナ・ウパニシャット」　バラモン教の聖典の１つ　*344*
マホメッド　→ムハンマンド
マヤコフスキー　MAYAKOVSKII, Uladimir Uladimirovich（*1893～1933*）ロシア　詩人　*471*
マラニヨン　MARANON, G.（*1881～?*）スウエーデン　医学者・評論家　*85*
マリヴォー　MARIVAUX, Pierre de Carlet（*1688～1763*）フランス　喜劇作家　*85, 96*
マリノフスキー　MALINOWSKII, Bronislaw Kasper（*1884～1942*）イギリス　人類学者　*443*

ホーソン　HAWTHORNE, Nathaniel（1804～64）アメリカ　作家・詩人　200,204,229
ホー・チ・ミン　（1892～1969）北ベトナム　政治家　302
ボッカチオ　BOCCACCIO, Giovanni　（1313～75）イタリア　作家　277
「法句経《ほっくぎょう》」（ダムマパーダ）　原始仏教聖典　法救が釈迦の言を収録したという　32,49,38,54,58,147,149,150,219,236,343,359,386,527
ホッブス　HOBBS, Thomas（1588～1679）イギリス　法学者・哲学者　10,21,187,229,237,272,368,373,388,413,437,518,530
ボーデンシュテット　BODENSTEDT, Friedrich von（1819～82）ドイツ　詩人　136,286,389,422
ボードレール　BUDELAIRE, Charles（1821～67）フランス　詩人　10,15,54,57,129,144,150,200,204,225,236,240,254,255,261,265,272,381,416,422,471,480,484,500
ボナール　BONNARD, Pierre（1867～1947）フランス　画家　156,159,383,487
ポープ　POPE, Alexander（1688～1744）イギリス　詩人　11,32,49,85,107,121,137,162,165,171,174,204,222,229,236,240,255,265,274,317,323,327,358,373,375,391,396,439,489
ホフマン　HOFFMANN, Ernst Theodor Amadeus（1776～1822）ドイツ　作家　455
ボーマルシェ　BEAUMARCHAIS, Pierre Caron de（1732～99）フランス　劇作家　85,96
ホームズ　HOLMS, Oliver Wendell（1809～94）アメリカ　医学者・文筆家　52,137,204,268,286,289,323,327,368,412,430,462,480
ホメロス　HOMEROS（B.C.10）ギリシア　詩人　11,24,30,40,57,124,131,164,187,195,204,212,232,236,265,350,363,402,397,423,427,520,527
ボーモント　BEAUMONT, Francis Charles（1584～1616）イギリス　劇作家　59,212,255
ホラティウス　HORATIUS（－65～－8）ローマ　詩人　14,49,72,109,111,126,128,171,191,196,200,204,209,232,265,289,334,386,391,402,487,471,500,515,520
ホーランド夫人　HOLLAND, Elizabeth Vassall（1770～1845）イギリス　作家　176,212
ポリュビオス　POLYBIOS（－201？～－120？）ギリシア　哲人　156
ボーリングブルック　BOLINGBROKE, Henry John（1678～1751）イギリス　政治家・文筆家　19,107,121,240,399
ホルタイ　HOLTEI, Karl von（1798～1880）ドイツ　作家・俳優　165
ボルツマン　BOLTZMANN, Ludwig（1844～1906）オーストリア　理論物理学者　308
ホルロイド　HOLROYD, Stuart（1934～　）イギリス　評論家　272
ボロウ　BORROW, Geoge（1803～81）イギリス　文筆家　320
ポロック　POLLOCCK, Channing（1798～1827）スコットランド　詩人　492
ホワイト　WHITE, William Allen（1868～1944）アメリカ　編集者・伝記作家　515
ホワイトヘッド（A.）　WHITEHEAD, Alfred North（1861～1947）イギリス　数学者・哲学者　475

ペ　ン　PENN, William（*1614～1718*）アメリカ　牧師　*227, 343, 422*
ベーン女史　BEHN, Aphra（*1640～89*）イギリス　作家　*72*
ベンサム　BENTHAM, Jeremy（*1784～1831*）イギリス　法学者・哲学者　*149, 229, 306, 334, 380, 437, 533*
ヘンリー　HENRY, Patrick（*1736～96*）アメリカ　雄弁家　*204, 207, 515*

ホ

ポ　ー　POE, Edger Allan（*1809～49*）アメリカ　作家・詩人　*19, 101, 327, 431, 467, 471*
ボアロー　BOILEAU-DESPREAUX, Nicolas（*1639～1711*）フランス　詩人　*49, 84, 343, 492*
ポアンカレー　POINCARÉ, Jules Henri（*1854～1912*）フランス　数学者　*121, 475*
ホーイス　HAWEIS, Hugh Reginold（*1838～1901*）イギリス　牧師　*489*
ホイットマン　WHITMAN, Walt（*1819～92*）アメリカ　詩人　*15, 213, 386, 505, 518, 548*
ホ　ウ　HOWE, Edgar Watson（*1853～1937*）アメリカ　ジャーナリスト　*85, 95*
ボヴィー　BOVEE, Christian Nestell（*1820～1904*）アメリカ　作家　*137, 200, 221, 396*
ホーウェル　HOWELL, James（*1594?～1666*）イギリス　随筆家　*72, 156, 159, 169, 420, 468*
ボーヴォワール　BEAUVOIR, Simone de（*1908～81*）フランス　女流作家・文芸評論家　*85, 95, 96*
「法言」　中国前漢　楊雄の作　*50, 921*
「保元物語」　鎌倉時代　軍記物語　*204*
北条団水　（*1583～1631*）江戸前期　浮世草紙作者　*64*
法　然〔源空〕（*1133～1213*）鎌倉時代　浄土宗開祖　*117, 218, 278*
抱《ほう》朴《ぼく》子《し》　（*283～343*）中国晋　道学者　*207*
ボエティウス　BOETHIUS, Anicius Manlius Torquatus Severinus（*480～524*）イタリア　哲学者　*10, 136, 229*
ボガート　BOGART, John（*1845～1921*）アメリカ　ジャーナリスト　*459*
北　斎　（*1760～1849*）江戸中期　画家　*487*
「北斉《せい》書」　中国唐　李百薬撰の史書（50巻）　*529*
「北史」　中国唐　李延寿編　北朝の魏～隋の4代の事蹟を叙した史書　*105, 109, 126, 321*
「墨子」　中国春秋時代　思想家墨翟の著書　*21, 24, 49, 107, 237, 350, 360, 527*
「北《ほく》夢《む》瑣《さ》言《げん》」　中国宋　孫光憲の撰した書　*410*
「法《ほ》華《け》経《きよう》」　大乗経典8巻の1つ　*278, 422*
ボスハルト　BOSZHART, Jakob（*1862～1924*）スイス　作家　*351*
穂積以貫　（*1692～1769*）江戸中期　儒学者　*473*
穂積八束　（*1860～1912*）明治時代　法学者　*373*
ポセイドニオス　POSEIDONIOS（*－35?～50*）ギリシア　哲人　*126, 193*
細川頼之　（*1329～1392*）南北朝時代　武将　*187*

ヘッセ　HESSE, Hermann（*1877～1962*）ドイツ　作家・詩人　*26, 28, 54, 118, 131, 136, 144, 163, 187, 229, 243, 254, 260, 264, 268, 272, 289, 292, 296, 320, 326, 334, 440, 462, 470, 484, 500, 530, 537*

ヘッベル　HEBBEL, Christian Friendrich（*1813～63*）ドイツ　劇作家　*159, 296, 334, 451*

ペティ　PETTY, William（*1623～87*）イギリス　経済学者・統計学者　*68*

ベートーヴェン　BEETHOVEN, Ludwing von（*1770～1827*）ドイツ　音楽家　*15, 118, 163, 296, 326, 334, 484, 489, 492, 505*

ペトラルカ　PETRARCH, Francesco（*1304～74*）イタリア　詩人　*144, 285, 327*

ベネット　BENNETT, Enoch Arnold（*1867～1931*）イギリス　作家　*317, 415, 459, 462*

ベネディクト　BENEDICT, Ruth（*1887～1948*）アメリカ　人類学者　*34, 40, 419, 443*

ベーベル　BEBEL, August（*1840～1913*）ドイツ　社会主義者　*307*

ヘミングウェイ　HEMINGWAY, Ernest（*1899～1961*）アメリカ　作家　*420, 497, 527*

ヘラクレイトス　HERAKLEITOS（*－544？～－484？*）ギリシア　哲人　*10, 193, 286, 327, 442, 447*

ペリアンドロス　PERIANDROS（*？～－585*）ギリシア　政治家　*373*

ペリクレス　PERIKLES（*－495～－429*）ギリシア　政治家・雄弁家　*165, 200*

ヘリック　HERRICK, Robert（*1591～1674*）イギリス　詩人　*21, 124, 205, 546*

ベルグソン　BERGSON, Henri（*1859～1941*）フランス　哲学者　*10, 21, 191, 204, 205, 240, 272, 286, 299, 447*

ペルシウス・フラックス　PERSIUS-FLACCUS, Aulus（*34～62*）ローマ　諷刺詩人　*286, 420*

ベイジャーエフ　BERDYAEV, Nikolai Aleksandrovich（*1874～1948*）ロシア　哲学者　*118, 265, 420*

ヘルダー　HERDER, Johann Gottfried von（*1744～1803*）ドイツ　文学者・思想家　*10, 32, 64, 84, 156, 223, 240, 396, 531, 546*

ヘルダーリン　HÖLDERLIN, Johann Christian Friedrich（*1770～1841*）ドイツ　詩人　*232*

ベルタン女史　BERTIN, Rose（*1744～1813*）フランス　マリー＝アントワネットの装身具係　*206*

ヘルツェン　HERZEN, Alexander（*1812～70*）ロシア　作家　*10*

ベルナール　BERNARD, Abbé de Clairvaux（*1091～1153*）フランス聖職者　*254, 475, 476, 484*

ベルネ　BÖRNE, Ludwing（*1786～1837*）ドイツ　評論家　*15, 49, 84, 173, 187, 286, 323, 364, 396, 420, 425, 437, 507, 535*

ベルリオーズ　BERLLIOZ, Hector（*1803～69*）フランス　音楽家　*489*

ベルンシュタイン　BERNSTEIN, Eduard（*1850～1932*）ドイツ　社会主義者　*244*

ヘロドトス　HERODOTOS（*－485～－425？*）ギリシア　歴史家　*10, 67, 165, 169, 411, 437, 500, 504*

フローベル　FLAUBERT，Gustave（*1821～80*）フランス　作家　*23,64,84,168,221,417,484*

プロペルティウス　PROPERTIUS（*－50？～－14？*）ローマ　詩人　*163*

フロム　FROMM，Enich（*1900～?*）アメリカ　精神分析学者　*264*

ブロムフィールド　BROMFIELD，Louis（*1896～1956*）アメリカ　農業者・作家　*548*

フロリオ　FRORIO，John（*1553？～1625*）イギリス　辞典編集者　*260,291,428,505*

ブロンテ（C.）　BRONTË，Charlotte（*1816～31*）イギリス　作家　*10,394*

ブロンテ（E.）　BRONTË，Emily Jane（*1818～48*）イギリス　作家　*159*

「文子」　中国唐以前の古書老子の弟子の作というが定かではない　*219,334*

ブンゼン　BUNSEN，Christian Karl Josias（*1791～1860*）ドイツ　外交官・神学者・言語学者　*276,533*

「文中子」　中国隋　儒・仏・道の合一体を説いた書　*40,387*

文天祥　（*1236～82*）中国南宋　武将　*187*

フンボルト　HUMBOLDT，karl Wilhelm Freiherr von（*1767～1835*）ドイツ　政治家・文筆家　*229,237,268,289,539*

へ

ヘーア（C.）　HARE，Julius Charles（*1795～1855*）イギリス　聖職者　*414*

ヘーア（W.）　HARE，Augustus William（*1792～1855*）イギリス　聖職者　*414*

ヘイウッド　HEYWOOD，Jojn（*1497～1580*）イギリス　劇作家・警句家　*49,101,217,218,439,544*

「平家物語」　鎌倉時代　軍記物語　*511*

ベイリー　BAILEY，Philip James（*1876～1902*）イギリス　詩人　*23,243,292,343,370,484*

ペイン　PAINE，Thomas（*1737～1805*）イギリス生れアメリカ　政治家　*150,292,334,346,411,499,539*

「碧巌《へきがん》録」　臨済禅の書　10巻　*369*

ヘーゲル　HIGIL，Geory Friedrich Wilhelm（*1770～1831*）ドイツ　哲学者　*19,25,54,121,260,320,343,455,520*

ベーコン　BACON，Francis（*1561～1626*）イギリス　哲学者・文学者　*10,19,23,28,36,43,57,64,71,95,98,101,105,137,143,156,159,162,165,174,195,200,215,223,233,272,274,277,289,292,294,296,313,320,326,343,346,357,374,394,406,425,431,447,449,461,464,478,479,480,496,497,520,530,537*

ヘシオドス　HESIONDOS（B.C.*8*）ギリシア　叙事詩人　*84,109,210,217,343,389,399,419*

ペスタロッチ　PESTALOZZI，Johann Heinrich（*1746～1827*）スイス　教育者　*264,317,500,546*

ベッカリア　BECARIA，Casare Bonesana（*1738～94*）イタリア　法学者　*455*

ブリッジス　BRIDGES, Robert（*1844〜1930*）イギリス　桂冠詩人　*240*
フリードリヒ3世　FRIEDRICH III（*1415〜93*）プロイセン　国王　*38*
フリードリヒ大王　FRIEDRUCH II（*1712〜86*）プロイセン　国王　*117, 259, 274, 310, 407*
プリニウス1世　PLINIUS I（*23〜79*）ローマ　博物学者　*258, 357, 396*
プリニウス2世　PLINIUS II（*62?〜113?*）ローマ　統領・学者　*10, 21, 129, 308, 468, 470*
「ブリハッド・アーラヌヤカ・ウパニシャッド」バラモン教の聖典　*285, 320*
ブルクハルト　BURCKHARDT, Jakob（*1818〜97*）スイス　歴史家・美術史家　*272, 455, 510*
フルシチョフ　KHRUSHCHOV, Nikita Sergeevich（*1894〜1971*）ロシア　政治家　*109, 467*
ブールジェ　BOURGET, Paul（*1852〜1935*）フランス　作家・文芸評論家　*120, 165, 428*
プルースト　PROUST, Marcel（*1871〜1902*）フランス　作家　*126, 143, 205, 213, 285, 425*
プルータス　PLAUTUS, Titus Macoius（*−254〜−184*）ローマ　劇作家　*84*
プルタルコス　PLUTARKHOS（*46?〜120?*）ギリシア　哲人　*56, 110, 389, 526*
ブルトン　BRETON, André（*1896〜*　）フランス　詩人・評論家　*135*
プルードン　PROUDON, Pierre（*1809〜65*）フランス　空想社会主義者　*67, 264, 308*
ブルーノ　BRUNO, Giordano（*1548〜1600*）イタリア　哲学者　*135, 437*
ブルバー・リットン　BULWER-LYTTON（*1803〜73*）イギリス　作家　*16, 36, 43, 101, 143, 222, 338, 367, 388, 451, 461, 515*
ブルーメンタール　BLUMENTHAL, Oskar（*1852〜97*）ドイツ　歴史家・文化史家　*32*
ブルンナー　BRUNNER, Emil（*1889〜1966*）スイス　神学者　*264*
ブ　レ　BRET, Antoine（*1717〜92*）フランス　詩人　*135*
ブレア　BLAIR, Hugh（*1718〜1800*）イギリス　神学者　*466*
プレヴォ　PREVOST, d'Exiles（*1697〜1763*）フランス　作家　*73, 84, 95, 143, 417, 468*
ブレーク　BLAKE, William（*1757〜1827*）イギリス　詩人・画家　*49, 84, 123, 161, 187, 197, 285, 358, 380, 391, 439, 479*
フレッチャー　FLETCHER, John（*1579〜1625*）イギリス　劇作家　*56, 59, 143, 212, 255*
プレハーノフ　PLEKHANOV, Georgil, Velentinovich（*1856〜1918*）ロシア　哲学者　*455*
ブレヒト　BRECHT, Bert（*1898〜1956*）ドイツ　劇作家　*473*
ブレンターノ　BERENTANO, Franz（*1838〜1939*）ドイツ　哲学者　*109, 455*
フロイト　FREUD, Sigmund（*1856〜1936*）オーストリア　精神科医・学者　*272, 425*
フロスト　FROST, Robert（*1875〜?*）アメリカ　詩人　*109*
プロタゴラス　PROTAGORAS（*−481?〜−411?*）ギリシア　哲人　*10, 315, 320, 496*
ブロッケス　BROCKES, Berthold, Heinrich（*1680〜1747*）ドイツ　詩人　*64*
フロード　FROUDE, James Anthony（*1818〜94*）イギリス　歴史家　*23, 129, 296, 449, 518*
ブローニング（E.）　BROWNING, Elizabeth Barrett（*1806〜61*）イギリス　詩人　*32, 91, 136, 143, 391*
ブローニング（R.）　BROWNING, Robert（*1812〜89*）イギリス　詩人　*242, 259, 285, 364, 489*

藤原藤房　(*1296～1380?*) 南北朝時代　公家　*212*

藤原義孝　(*954～974*) 平安時代　歌人　*32*

二葉亭四迷　(*1864～1909*) 明治年代　作家　*25, 135, 301, 466*

ブッシュ　BUSCH, Wilhelm (*1832～1908*) ドイツ　諷刺詩人・画家　*483*

ブハーリン　BUKHARIN, Nikolai (*1888～1936*) ロシア　マルクス主義理論家　*304*

プフェッフェル　PFEFFEL, Konrad Gottlib (*1736～1809*) ドイツ　寓話作家　*121, 156*

フラー　FULLER, Thomas (*1608～61*) イギリス　神学者・警句家　*9, 26, 48, 56, 63, 71, 73, 84, 91, 95, 101, 109, 110, 156, 171, 174, 176, 187, 195, 203, 205, 210, 237, 254, 268, 315, 320, 334, 363, 373, 386, 394, 396, 406, 410, 430, 442*

ブライス　BRYCE, James Viscount (*1838～1922*) イギリス　歴史家・政治家・外交官　*454*

プライアー　PRIOR, Mathew (*1664～1721*) イギリス　詩人　*84*

ブライアント　BRYANT, William Callen (*1664～1721*) アメリカ　詩人　*470*

プラウトウス　PLAUTUS, Titus Maccius (*－250?～－184*) ローマ　喜劇作家　*9, 71, 95, 117, 137, 191, 208, 215, 237, 336, 373, 374, 410*

ブラウン　BROWNE, Thomas (*1605～82*) イギリス　医学者・哲学者　*21, 56, 171, 187, 213, 254, 268, 294, 442*

ブラッキー　BLACKIE, John Stuart (*1809～95*) スコットランド　文筆家　*17*

ブラック　BRAQUE, Georges (*1882～1963*) フランス　画家　*203, 447, 470, 483, 515*

ブラックモア　BLACKMORE, Richard Doddridge (*1825～1900*) イギリス　作家　*308*

ブラッドリー　BRADLLEY, Franis Herbert (*1846～1924*) イギリス　哲学者　*229, 311*

プラーテン　PLATEN, August van (*1796～1835*) ドイツ　評論家　*254, 483, 498, 526*

プラトン　PLATON (*－427～－347*) ギリシア　哲人　*9, 34, 38, 131, 135, 143, 199, 212, 254, 264, 294, 296, 317, 334, 343, 350, 352, 373, 422, 470, 489, 500, 506, 515, 526, 533, 549*

ブラン　BRANN, William Cowper (*1855～98*) アメリカ　ジャーナリスト　*498*

フランクリン　FRANKLIN, Benjamin (*1706～90*) アメリカ　政治家・モラリスト　*10, 13, 21, 32, 48, 58, 63, 71, 73, 98, 107, 128, 156, 169, 197, 200, 203, 207, 229, 240, 242, 343, 373, 400, 413, 428, 439, 515, 537, 542, 544, 548*

フランス　FRANCE, Anatole (*1844～1924*) フランス　作家・詩人　*52, 84, 95, 143, 147, 300, 333, 351, 392, 313, 343, 352, 454, 461, 464, 526*

「フランス人権宣言」　*515*

フランソワ1世　FRANÇOIS I (*1494～1547*) フランス　国王　*84*

フランツォース　FRAZOS, Karl Emil (*1848～1904*) ユダヤ　作家　*10*

フーリエ　FOURIER, François Marie Charles (*1772～1837*) フランス　社会主義者　*193, 446*

フリーチェ　FRICHE, Vladimir Maksimovich (*1870～1929*) ソビエト　文芸評論家　*187*

ファルグ　FARGUE，Léon Paul（*1878～1947*）フランス　詩人　*45*
フィーアオルト　VIERORDT，Heinrich（*1855～1935？*）ドイツ　詩人　*26, 457*
フィッシャルト　FISCHART，Johann（*1546～90*）ドイツ　諷刺作家　*272*
フィッツジェラルド　FITZGERALD，Francis Scott（*1896～1940*）アメリカ　作家　*84, 117, 298*
フィードラス　PHAEDRUS（A.C.1）ギリシア　寓話作家　*63, 510*
フィヒテ　FICHTE，Johann Gottlieb（*1762～1814*）ドイツ　哲学者　*43, 228, 308, 332, 461, 496, 533*
フィリップス　PHILLIPS，Wendell（*1811～84*）アメリカ　雄弁家　*222, 299, 301, 350, 451, 539*
フィールディング　FIELDING，Henry（*1707～54*）イギリス　作家　*168, 169, 347, 410, 419*
フィールド　FIELD，Eugene（*1850～95*）アメリカ　詩人・ユーモアリスト　*535*
フェーデラー　FEDERER，Heinrich（*1866～1928*）ドイツ　作家　*187*
フェヌロン　FÉNELON，Francçois de La Mothe（*1651～1715*）フランス　聖職者・思想家・作家　*9, 36, 84, 209, 508*
フェルサム　FELLTHAM，Owen（*1602～68*）イギリス　作家・評論家　*58, 416, 470*
フェルディナンド1世　FERKINANDO I（*1503～64*）神聖ローマ帝国　皇帝　*350*
フェルプス　PHELPS，Edward John（*1822～1900*）アメリカ　出版業者　*464*
フォイエルバッハ　FEUERBACH，Ludwing Andereas（*1804～72*）ドイツ　哲学者　*9, 15, 135, 187, 264, 268, 272, 294, 308, 373, 467, 535*
フォイヒテルスレーベン　FEUCHTERSLEBEN，Ernst Freiherr（*1806～49*）オーストリア　詩人・哲学者　*135, 254, 357, 515*
フォークナー　FAULKNER，William（*1897～1962*）アメリカ　作家　*9*
フォス　VOSS，Johann Heinrich（*1751～1826*）ドイツ　詩人　*422*
フォード（H.）　FORD，Henry（*1863～1947*）アメリカ　自動車王　*67, 117, 399, 542*
フォード（J.）　FORD，John（*1586～1639*）イギリス　劇作家　*123*
フォーレスト　FORREST，Edwin（*1806～72*）アメリカ　俳優　*473*
フォントネル　FONTENELLE，Bernard（*1657～1757*）フランス　思想家　*84, 228, 264, 505, 546*
傅休奕《ふきゅうえき》（*217～278*）中国晋　文人　*156*
福沢諭吉（*1834～1901*）明治年代　教育者　*9, 42, 187, 320, 383, 454, 535, 537*
福田恆存（*1912～94*）昭和年代　劇作家　*315*
フーゴー　HUGO，Richard（*1864～1947*）ドイツ　作家　*313, 546*
プーシキン　PUSHKIN，Alexandre（*1799～1837*）ロシア　作家・詩人　*30, 63, 84, 104, 222, 322, 412, 500*
藤田東湖（*1806～55*）江戸後期　儒学者　*217*
藤原俊成（*1114～1204*）平安時代　歌人　*470*

ピーサレフ　PISAREV，Dmitrii Ivanovich（*1841～68*）ロシア　革命家・評論家　*451*

ビスマルク　BISMARK，Prince Otto E. L. von（*1815～98*）ドイツ　初代宰相　*35, 264, 388, 496, 508, 522, 533, 540, 541*

ピタゴラス　PYTHAGORAS（*－582～－493*）ギリシア　数学者・哲学者　*9, 121, 128, 150, 186, 236, 427, 477*

ビーチャー（H.）　BEECHER，Henry Ward（*1813～87*）アメリカ　宗教家　*13, 63, 302, 313, 354, 427, 445, 459, 477*

ビーチャー（L.）　BEECHER，Lyman（*1775～1863*）アメリカ　宗教家　*272, 388, 392*

ピット（大）　PITT，William（*1708～78*）イギリス　政治家　*363, 372, 459, 506, 508, 510, 535*

ヒッピアス　HIPPAS（*－560？～－490*）ギリシア　哲人　*165, 372, 411*

ヒッポリュトス　HIPPOLYTOS（*160？～235*）ギリシア　教父　*526*

ヒトラー　HITLER，Adolf（*1889～1945*）ドイツ　ナチス党独裁者　*363, 500, 514, 537*

ピネロ　PINERO，Arthur（*1855～1934*）イギリス　劇作家　*83, 203*

ピヒラー　PICHLER，Adof Ritter von（*1819～1900*）オーストラリア　詩人　*95, 367, 486*

ヒポクラテス　HIPPOKRATES（*－460～－377？*）ギリシア　医学者　*38, 207, 223, 315, 425, 428*

ビュッフォン　BUFFON，Georges Louis Leclerede（*1707～88*）フランス　博物学者・物理学者　*25, 467*

ヒュバート　HUBBARD，Elbert（*1889～1915*）アメリカ　編集者　*476*

ヒューム　HUME，David（*1711～76*）イギリス　哲学者・経済学者・歴史学者　*19, 117, 120, 121, 191, 386, 396, 496*

ビュルガー　BÜRGER，Gottfried August（*1747～94*）ドイツ　詩人　*155, 186*

平賀源内　（*1726～79*）江戸中期　本草学者・戯作家　*320*

平田篤胤　（*1776～1842*）江戸後期　国学者　*219, 320*

平塚らいてう　（*1886～1971*）明治～大正年代　評論家　*83*

ヒルティ　HILTY，Carl（*1833～1909*）スイス　法学者・哲学者　*83, 123, 128, 129, 135, 163, 165, 168, 172, 173, 174, 187, 191, 203, 213, 215, 221, 228, 254, 260, 272, 276, 301, 343, 399, 408, 425, 427, 459, 461, 515, 530, 546*

ピール　PEEL，Robert（*1788～1850*）イギリス　政治家　*457*

ピレモン　PHILEMON（？）パウロの感化を受けた信者　*95, 101*

広瀬淡窓　（*1782～1856*）江戸後期　儒学者　*470*

ピンダロス　PINDAROS（*－522*〔*518*〕～*－448*〔*446*〕）ギリシア　詩人　*67, 240, 259, 396*

フ

ファーカー　FARQUHAR，George（*1678～1707*）イギリス　喜劇作家　*223*

ファーブル　FABRE，Jean Henri（*1823～1915*）フランス　昆虫学者　*217, 445*

240, 285, 298, 320, 352, 365, 380, 409, 413, 422, 426, 445, 478, 549
ハーフォード　HERFORD, Oliver（*1863～1935*）アメリカ　作家　*83*
ハマートン　HAMERTON, Philip Gilbert（*1834～94*）イギリス　作家　*407*
ハミルトン　HAMILTON, William（*1788～1856*）イギリス　哲学者　*9, 25, 118*
ハーメルリング　HAMERLING, Robert（*1830～89*）オーストリア　詩人　*28, 479*
バーム　BARHAM, Richard Harris（*1788～1845*）イギリス　作家　*352*
林子平　（*1738～93*）江戸中期　海防論者　*68, 186*
「バラモン教」 仏教以前のバラモン族の宗教　*264*
ハリソン　HARRISON, Jane Ellen（*1850～1928*）イギリス　女流古典学者　*264*
ハリバートン　HALIBURTON, Thomas Chandler（*1792～1865*）イギリス　文学者　*63, 176*
ハリファックス　HALIFAX, Marquis of（*1633～95*）イギリス　政治家　*48, 167, 337, 361, 508*
ハリントン　HARINGTON, John（*1561～1612*）イギリス　詩人　*359, 365, 500*
「ハル・クリシャン」 シク教歌謡集　*268*
バルザック　BALZAC, Honoré de（*1799～1850*）フランス　作家　*83, 91, 95, 101, 165, 172, 186, 205, 483, 510, 518*
バルビュス　BARBUSSE, Henri（*1873～1935*）フランス　詩人　*451*
バルナーヴ　BARNAVE, Antoine（*1761～93*）フランス　革命家　*510*
パルマー　PALMER, Samuel（*1741～1813*）イギリス　文筆家　*311*
バーレイ　BURGHLEY, William Cecil（*1520～98*）イギリス　政治家　*523*
バレル　BARERE, Bertrand（*1755～1841*）フランス　革命家　*514*
班　固　（*32～92*）中国後漢　歴史家　*19, 83, 111, 116, 170, 186, 207, 208, 222, 311, 359, 382, 422*
バーンズ　BURNS, Robert（*1759～96*）スコットランド　詩人　*155*
ハント　HUNT, Leigh（*1784～1859*）イギリス　詩人・教育家　*56, 135*
バーンフィールド　BARNFIELD, Richard（*1574～1627*）イギリス　詩人　*143*
ハーン夫人　HAHN, Ida Gräfin von（*1805～80*）ドイツ　作家　*83*

ヒ

ビアス　BIERCE, Ambrose（*1842～1914*）アメリカ　ジャーナリスト　*38, 71, 95, 109, 150, 155, 171, 212, 215, 221, 228, 233, 243, 268, 271, 272, 303, 311, 315, 320, 337, 350, 363, 372, 385, 392, 406, 407, 409, 412, 428, 430, 454, 461, 468, 492, 498, 502, 523, 526, 530, 533, 541, 544*
ピグー　PIGOU, Arthur Cecil（*1877～1959*）イギリス　経済学者　*542*
ピカソ　PICASSO, Pablo（*1881～1973*）スペイン　画家　*483, 486*
ピカート　PICARD, Max（*1888～?*）スウェーデン　哲学者　*91*
樋口一葉　（*1872～96*）明治年代　作家　*116, 380*

542
白居易〔楽天〕（722～846）中国唐　詩人　32,35,101,155,186,196,422
バクーニン　BAKUNIN, Mikhail Aleksandrovich（1814～76）ロシア　思想家　163,307,308,514
ハーゲドルン　HAGEDORN, Friedrich von（1708～54）ドイツ　寓話詩人　425
芭蕉　→松尾芭蕉
バジョット　BAGEHOT, Walter（1826～77）イギリス　経済学者　63,123,186,399,535
パスカル　PASCAL, Blaise（1623～62）フランス　哲学者・数学者・物理学者　9,15,19,20,28,43,52,116,120,123,143,172,174,176,193,199,203,228,243,253,264,268,271,276,285,291,296,298,326,334,350,356,363,370,372,388,394,396,406,414,416,425,437,457,464,500,508,510,520,530,533
バスター　BASTA, Jan（1860～1936）チェコスロヴァキア　作家　91
パスツール　PASTEUR, Louis（1822～95）フランス　化学者　191,289,425
ハズリット　HAZLITT, William（1778～1830）イギリス　評論家　9,13,19,23,43,48,196,197,312,342,346,389,391,403,407,413,449,473,504,514
長谷川如是閑　（1875～1969）大正～昭和年代　評論家　28,54,83,91,95,124,143,207,253,254,343,361,422,445,526,535,541
ハダモッスキー　HADAMOVSKY, Eugen（1904～　）ドイツ　ナチ研究家　385
バック　BUCK, Pearl（1892～1973）アメリカ　作家　83
バックストン　BUCKSTONE, John Baldwin（1802～79）イギリス　劇作家　186,210
ハックスレー（A.）　HUXLEY, Aldous（1899～1964）イギリス　作家　118,149,232,306,312,360,540
ハックスレー（T.）　HUXLEY, Thomas Henry（1825～95）イギリス　生物学者　9,190,308,475,514,518
バックル　BUCKLE, Henry Thomas（1821～62）イギリス　歴史学者　291,367
ハーディー　HARDY, Thomas（1840～1928）イギリス　作家　83,186,215,312,526
バトラー　BUTLER, Samuel（1612～80）イギリス　作家・詩人　26,35,83,107,186,197,326,356,391,412,451
ハドリアヌス　HADRIANUS, Publius Aelius（76～138）ローマ　皇帝　116
バートン　BURTON, Richard（1821～90）イギリス　東洋学者・旅行家　59,101,116,150,161,240,251,313,421,505
バナール　BERNAR, Jahn Deamond（1901～?）イギリス　物理学者　475
バニヤン　BUNYAN, John（1638～88）イギリス　宗教作家　242
パーニン　PANIN, Nikita（1718～83）ロシア　政治家　32
ハバード　HUBBARD, Elbert（1859～1915）アメリカ　編集者・随筆家　25,228,303,468,489,542
ハーバート　HERBERT, George（1593～1633）イギリス　神学者・詩人　32,101,128,205,

ネ

ネアンダー　NEANDER, Joachim（*1650〜80*）ドイツ　牧師・詩人　*186*

ネーサン　NATHAN, George Jean（*1882〜?*）アメリカ　評論家　*142*

ネーティヒ　NÖTHIG, Theobole（*1841〜?*）ドイツ　詩人　*135*

ネール　NEHRU, Pandit Jawaharlal（*1889〜1964*）インド　政治家　*441, 526, 530*

ネルソン　NELSON, Haratis（*1758〜1805*）イギリス　海軍軍人　*526*

ノ

ノヴァーリス　NOVALIS, HARDENBERG, Friedrich Leopold von（*1772〜1801*）ドイツ　詩人　*253, 271, 301, 367, 473, 483*

乃木希典　（*1849〜1912*）明治年代　陸軍軍人　*58, 215*

野坂参三　（*1892〜1993*）大正〜昭和年代　共産党幹部・政治家　*537*

ノース　NORTH, Christoper（*1785〜1854*）スコットランド　文筆家　*372*

ノーマン　NORMAN, E. Herbert（*1909〜57*）カナダ　外交官・日本研究家　*520*

ハ

ハイゼ　HAYSE, Paul（*1830〜1914*）ドイツ　言語学者・作家　*155, 159, 301*

ハイデッガー　HEIDEGAR, Martin（*1889〜1976*）ドイツ　哲学者　*33, 207, 347, 470, 548*

ハイドン　HAYDN, Franz Joseph（*1732〜1809*）オーストリア　音楽家　*326*

ハイネ　HEINE, Heinrich（*1795〜1856*）ドイツ　詩人　*8, 25, 48, 52, 68, 82, 118, 121, 135, 142, 228, 253, 261, 271, 301, 307, 363, 385, 451, 470, 492, 514*

バイロン　BYRON, George Gordon（*1788〜1824*）イギリス　詩人　*23, 28, 82, 83, 90, 95, 101, 123, 135, 143, 149, 155, 195, 197, 205, 253, 285, 326, 350, 356, 412, 426, 437, 451, 473, 475, 496, 498*

ハインリヒ4世　HEINRICH Ⅳ, der Vierte Kaiser（*1050〜1106*）神聖ローマ帝国皇帝　*253*

ハーヴィ　HARVEY, William（*1578〜1657*）イギリス　医師　*437, 445*

パウル　PAUL, Jean（*1763〜1825*）フランス　作家　*32, 38, 155, 172, 186, 205, 240, 318*

パウル・ド・コック　PAUL de Kock（*1794〜1871*）フランス　作家　*155*

パウロ　PAULOS（?）キリスト教初期伝導者　*34, 70, 100, 126, 133, 134, 154, 161, 175, 213, 215, 267, 275, 340, 367, 381, 505*

パーカー　PARKER George（*1732〜1800*）イギリス　俳優　*415*

「バガヴァッド・ギーター」　ヒンドゥー教聖典　*236, 252, 260, 271, 394*

萩原朔太郎　（*1888〜1942*）大正〜昭和年代　詩人　*38, 67, 90, 95, 101, 104, 131, 135, 155, 161, 165, 228, 258, 315, 334, 350, 361, 380, 381, 399, 470, 489, 514, 549*

バーク　BURKE, Edmund（*1729〜97*）イギリス　政治家・史論家　*40, 110, 203, 211, 214, 233, 274, 285, 315, 375, 407, 414, 416, 449, 451, 459, 492, 496, 510, 514, 526, 539,*

ナ

永井荷風　(*1879～1959*) 大正～昭和年代　作家　*421, 466, 470*
中江兆民　(*1847～1901*) 明治年代　思想家　*104, 449, 501, 544*
中江藤樹　(*1608～48*) 江戸前期　儒学者　*41, 107, 111, 296, 315, 319, 360*
長岡半太郎　(*1865～1950*) 大正～昭和年代　物理学者　*437*
中　勘助　(*1885～1965*) 大正～昭和年代　文学者　*52, 253, 302, 464*
長塚　節　(*1879～1915*) 明治～大正年代　歌人・作家　*547*
中根東里　(*1694～1765*) 江戸中期　儒学者　*223, 353*
中林成昌　(*1776～1853*) 江戸後期　南画家　*319*
長与善郎　(*1888～1961*) 大正～昭和年代　作家　*25, 174, 259, 350,*
ナーガールジュナ　(A.C.*2*) インド　バラモン教学者　*38, 107, 278*
ナセル　NASR, Camal Abdu'l (*1918～70*) エジプト　政治家　*499*
ナッシュ　NASH, Ogden (*1902～?*) アメリカ　ユーモア詩人　*399*
夏目漱石　(*1867～1916*) 明治～大正年代　作家　*16, 71, 100, 190, 379, 399, 475, 483*
ナポレオン　NAPOLÉON, Bonaparte I (*1769～1821*) フランス　皇帝　*23, 40, 67, 118, 126, 185, 195, 203, 209, 228, 243, 253, 276, 363, 394, 403, 437, 454, 459, 508, 523, 525, 528, 531, 541, 548*
ナポレオン３世　NAPOLÉON III (*1808～73*) フランス　皇帝　*302*
成瀬仁蔵　(*1858～1919*) 明治年代　教育者　*394*
南　史　中国唐の李延寿編　南朝４代の事蹟を叙した史書　*423*
ナンセン　NANSEN, Fridtjof (*1861～1930*) ノルウェー　北極探検家　*185*

ニ

ニイチェ　NIETZSCHE, Friedrich Wilhelm (*1844～1900*) ドイツ　哲学者　*8, 15, 18, 23, 25, 30, 48, 56, 58, 59, 68, 82, 94, 100, 107, 109, 118, 124, 126, 131, 134, 155, 161, 162, 163, 167, 186, 205, 217, 228, 253, 258, 259, 264, 271, 276, 291, 294, 296, 307, 309, 311, 322, 333, 334, 342, 346, 350, 352, 356, 359, 361, 367, 385, 391, 392, 400, 403, 413, 443, 454, 457, 459, 464, 483, 489, 491, 496, 499, 501, 510, 520, 525, 526, 530, 537*
西　周《あまね》　(*1829～97*) 江戸・明治年代　啓蒙思想家　*15, 186*
西田幾多郎　(*1870～1945*) 大正～昭和年代　哲学者　*8, 134, 135, 207, 285, 342, 367*
日　蓮　(*1222～82*) 鎌倉時代　日蓮宗宗祖　*82, 211, 236, 268, 278, 322, 372*
新渡戸稲造　(*1829～97*) 明治年代　教育者　*190, 320*
二宮尊徳　(*1778～1856*) 江戸後期　農学者　*63, 217, 334, 533, 548*
「日本書紀」　奈良時代　最古の官撰正史　*128*
ニュートン　NEWTON, Isaac (*1642～1727*) イギリス　科学者　*296, 441*

道　隆　(*1213～78*) 鎌倉時代　僧侶　*278*

ドガ　DEGAS, Edgar (*1834～1917*) フランス　画家　*486*

徳川家康　(*1542～1616*) 徳川初代将軍　*40,127,185,356,382,525*

徳川光圀　(*1628～1700*) 徳川幕府の御三家の水戸藩主　*126,382*

徳川吉宗　(*1716～51*) 徳川8代将軍　*43*

徳富蘇峰　(*1863～1957*) 明治～昭和年代　評論家　*30,426*

徳冨蘆花　(*1868～1927*) 明治～大正年代　作家　*185,252*

ド・ゴール　de GAULLE, Charles André Josephe Marie (*1890～1970*) フランス大統領 *496,510,533,541*

戸坂潤　(*1900～45*) 昭和年代　思想家　*294,300,304,443*

杜荀鶴《とじゅくかく》　(*846～904*) 中国唐　詩人　*116*

ドストエフスキー　DOSTOEVSKY, Fyodor Mikhailovich (*1821～81*) ロシア　作家　*8,63,71,82,107,116,126,134,137,165,176,185,209,228,232,252,258,264,276,296,298,300,307,312,342,356,372,374,396,445,501,510,517*

ドーデ　DAUDET, Alphone (*1840～97*) フランス　作家　*134*

ドブソン　DOBSON, Henry Austin (*1840～1921*) イギリス　詩人・随筆家　*326*

杜《と》　甫《ほ》　(*712～70*) 中国唐　詩人　*8,23,104,155,252,405,437,525*

トムソン　THOMSON, James (*1700～48*) スコットランド　詩人　*228*

豊臣秀吉　(*1536～86*) 安土桃山時代　武将　*252*

トラー　TOLLER, Ernest (*1893～1939*) ドイツ　劇作家　*243*

ドライザー　DREISER, Theodore (*1871～1945*) アメリカ　作家　*285,288,483*

ドライデン　DRYDEN, John (*1622～1700*) イギリス　詩人　*14,32,142,215,253,255,360,372,385,437,506,525*

ドラクロワ　DELACROIX, Ferdinand Victor Angéne (*1798～1863*) フランス　作家　*23*

トラシュマコス　THRASSYMACHOS (B.C.*5～4*) ギリシア　哲人　*350*

トルストイ　TOLSTOI, Lev Nikolaevich (*1828～1910*) ロシア　作家　*15,54,48,67,71,90,94,121,128,134,137,142,149,165,185,190,199,221,228,236,253,264,268,271,274,288,300,342,347,359,363,375,379,399,421,445,467,483,489,514,520,525*

ドルバック　d' HOLBACH, Paul Henri Dielrich (*1723～89*) フランス　哲学者　*514*

ドルモンド (T.) DRUMMOND, Thomas (*1797～1820*) イギリス　技師　*68*

ドルモンド (W.) DRUMMOND, William (*1585～1649*) スコットランド　詩人　*121*

トレンチ　TRENCH, Richard Chenevix (*1807～86*) アメリカ　無政府主義者　*48*

ドワイト　DWIGHT, Timothy (*1752～1818*) アメリカ　教育者　*25*

ドン　DONNE, John (*1573～1631*) イギリス　宗教家・詩人　*242*

トンプソン　THONPSON, Dorothy (*1894～?*) アメリカ　政治家　*268*

デフォー　DEFOE, Daniel（*1660～1731*）イギリス　作家　*258*

デブス　DEBS, Eugene Victor（*1855～1926*）アメリカ　労働運動指導者　*67*

デモクリトス　DEMOKRITOS（*－460～－370*）ギリシア　哲人　*16, 48, 149, 150, 154, 227, 285, 315, 441*

デモステネス　DEMOSTENES（*－384～－322*）ギリシア　雄弁家　*199, 227, 385*

デューイ　DEWEY, John（*1859～1952*）アメリカ　哲学者・教育者　*291, 315, 342, 428, 443, 475, 514*

デュクロ　DUCLOS, Charles（*1704～72*）フランス　作家　*154, 163, 231, 381, 539*

デュゼンベリー　DUESENBERRY, James（*1900～?*）ドイツ　経済学者　*236*

デュピュイ　DUPUY, A.（?）フランス　教育家　*244*

デューマ（大）　DUMAS, Alexandre（*1802～70*）フランス　作家　*40, 110*

デューマ（小）　同上２世（*1824～96*）フランス　作家　*104*

寺田寅彦　（*1878～1935*）大正～昭和年代　物理学者・随筆家　*211, 437, 464, 475, 491*

デール　DALE, Tom（?～*1974*）アメリカ　農業経済学者　*444, 474*

テルトゥリアヌス　TERTULLIANUS, Quitsu Septimius Florenes（*160?～222*以後）カルタゴ　教会著述家　*268*

テレンティウス　TERENTIUS（*－195?～－159?*）ローマ　喜劇詩人　*142, 185, 214, 263, 336, 359*

「伝習録」中国明　王陽明の語録　*105, 160, 283, 415*

「伝燈録」中国宋　道原編　禅門諸師の伝記を収録した書　*15, 399*

テンプル　TEMPLE, William（*1628～99*）イギリス　政治家・随筆家　*8, 385*

ト

土居健郎　（*1920～*　）昭和年代　精神科医学者　*41*

ドイル　DOYLE, Arthur Conan（*1859～1930*）イギリス　推理作家　*176, 292, 400*

トインビー　TOYNBEE, Arnold Joseph（*1889～1975*）イギリス　歴史学者　*243, 304, 445, 454*

トーウェン　TWAIN, Mark（*1835～1910*）アメリカ　ユーモア作家　*8, 123, 127, 149, 172, 185, 221, 296, 312, 356, 390, 440, 445, 459, 491, 508*

道　元　（*1200～53*）鎌倉時代　禅僧　*63, 199, 219, 252, 278, 285, 353*

東郷平八郎　（*1849～1934*）明治～昭和年代　海軍軍人　*525*

「童子教」　江戸時代　寺子屋の教科書　*317*

「唐書《じょ》」（A.D.*11*）中国　唐史の１つ　*63, 124, 152, 172, 206, 453*

鄧小平　（*1905～97*）中華人民共和国党主席　*496*

陶潜〔淵明〕（*365～427*）中国東普　官吏・詩人　*63, 154*

東畑精一　（*1899～1983*）昭和年代　農政学者　*304, 539, 547*

頭山満　（*1855～1944*）大正～昭和年代　国粋主義者　*310*

500, 525, 549
津田左右吉 (1873～1907) 明治年代 史学者 454
綱島梁川 (1873～1907) 大正年代 哲学者・評論家 267
坪内逍遥 (1859～1935) 大正～昭和年代 作家・劇作家 147, 464
ツルゲーネフ TURGENEV, Ivan Sergeevich (1818～83) ロシア 作家 71, 134, 185, 470

テ

ディオゲネス（シノペの） DIOGENES (−400〔4〕～−322〔5〕) ギリシア 哲人 48, 66, 142, 252, 326, 419, 457, 514
ディオゲネス（ハリカルナスの） DIOGENES, Laertios (A.C. 3 前半) ギリシア 哲人 314
ディオニシウス DIONYSIUS (B.C. 1) ギリシア 学者 537
ディズレーリ (B.) DISRAELI, Benjamin (1804～84) イギリス 政治家 8, 32, 35, 67, 94, 129, 167, 185, 194, 199, 211, 220, 221, 227, 288, 303, 314, 356, 359, 379, 388, 389, 394, 413, 417, 445, 449, 451, 461, 475, 491, 542, 544
ディズレーリ (I.) DISRAELI, Isaac (1766～1848) イギリス 編集者 25, 48, 310, 464
ディッキンソン DICKINSON, Emily (1830～86) アメリカ 詩人 38, 221, 259, 271, 326
ディッケンズ DICKENS, Charles (1812～70) イギリス 作家 199, 211, 374, 382, 461
ティードゲ TIEDGE, Christoph August (1752～1841) ドイツ 詩人 123
ディトリヒ DIETRICH, Marlene (1901～92) ドイツ生れアメリカ 大女優・歌手 82, 473
ディドロ DIDEROT, Denis (1713～84) フランス 哲学者・辞典編纂者 8, 171, 174, 276, 291, 360, 445
テイラー TAYLOR, Henry (1800～86) イギリス 作家 30
ティリヒ TILLICH, Paul (1881～1965) アメリカ 神学者 273, 367
デインクラーゲ DINCKLAGE, Amalia Frein von (1827～95) ドイツ 作家 90, 134
テオグニス THEOGNIS (B.C. 6) ギリシア 哲人 8, 35, 110, 252, 354
テオクリトス THEOKRITOS (B.C. 3 前半) ギリシア 詩人 478
テオフラストウス THEOPHRSTOS (−372〔69〕～−288〔85〕) ギリシア 哲人 154, 199, 252, 298, 479
デカルト DESCARTES, René (1596～1650) フランス 哲学者 116, 128, 207, 252, 263, 285, 294, 298, 337, 342, 436
テスカ TESCA (?) ドイツ 女流作家 134
デッカー DEKKER, Thomas (1570?～1632) イギリス 劇作家・散文家 32, 82
テニソン TENNYSON, Alfred (1809～92) イギリス 詩人 8, 82, 142, 154, 161, 199, 258, 268
テーヌ TAINE, Hippolyte Adolphe (1823～93) フランス 文学者・評論家 94
デファン夫人 DEFFAND, Marquise de (1697～1780) フランス 侯爵夫人 82, 142, 167, 483

134, 165, 174, 185, 190, 199, 207, 216, 227, 236, 252, 259, 261, 263, 267, 276, 288, 291, 319, 326, 333, 341, 363, 370, 396, 436, 482

ダントン　DANTON, Georges Jacques（*1759〜94*）フランス　革命指導者　*314, 450, 451*

チ

チェスタートン　CHESTERTON, Gilbert Keith（*1874〜1936*）イギリス　作家・詩人　*7, 70, 267, 305, 342, 389*

チェスターフィールド　CHESTERFIELD, Lord〔Philip Dormer Stanhope〕（*1946〜1773*）*35, 56, 172, 176, 218, 288, 312, 326, 337, 346, 382, 392, 408, 463, 467*

チェーホフ　TCHECHOV, Anton Pavlovich（*1860〜1904*）ロシア　作家・劇作家　*7, 28, 40, 82, 94, 121, 142, 158, 163, 185, 193, 227, 356, 385, 419, 472*

近松門左衛門　（*1653〜1724*）江戸前期　浄瑠璃作家　*62, 116, 190, 543*

チャーチル　CHURCHILL, Winston Leonard Spencer（*1874〜1965*）イギリス　政治家　*7, 52, 203, 214, 356, 443, 498, 525, 535, 542*

チャップマン　CHAPMAN, Arthur（*1873〜1935*）アメリカ　詩人　*38, 209*

チャップリン　CHAPLIN, Charles Spencer（*1889〜1977*）イギリス　俳優　*54, 63, 472*

チャニング　CHANNING, William（*1780〜1842*）アメリカ　牧師　*104, 147, 222, 267, 276, 525*

チャンバース　CHAMBERS, Robert（*1802〜71*）イギリス　文学者　*464*

「中庸」 中国　4書の1つ　*30, 119, 336, 409*

チュルゴー　TURGOT, Anne Robert Jacques（*1727〜81*）フランス　政治家・経済学者　*546*

張　謂《い》（?）中国唐　詩人　*70*

チョウサー　CHAUCER, Geoffrey（*1340?〜1400*）イギリス　詩人　*48, 94, 252, 356, 404*

張　潮　（?）中国清　文人　*422, 440*

「長部経」 パーリ語の長い経典　*203*

「朝野僉載《ちようやれんさい》」 中国唐　張文成の撰　*63*

チ　ロ　CHILO（*−560*ころ）ギリシア　哲人　*214*

ツ

ツィール　ZIEL, Ernst（*1841〜1931*）ドイツ　詩人　*227*

ツィンクグレフ　ZINCGREF, Julius Wilhelm（*1591〜1635*）ドイツ　詩人　*396*

ツヴァイク　ZWEIG, Stefam（*1881〜1942*）ドイツ　詩人　作家　*26, 154, 169, 404, 416, 419, 454, 506*

ツヴィングリ　ZWINGLI, Ulrich（*1484〜1531*）スイス　宗教改革者・神学者　*154*

ツォーツマン　ZOOZMANN, Richard（*1863〜1934*）ドイツ　詩人　*396*

ツキュディデス　THOUKYDIDES（*−460*〔*55*〕?〜*−400*?）ギリシア　歴史家　*193, 454,*

ダ・ヴィンチ　da Vinci, Leonardo（*1452～1519*）イタリア　画家・彫刻家　*134, 252, 284, 308, 475*
高野長英　（*1804～50*）江戸後期　蘭学者　*211*
高野房太郎　（*1868～1904*）明治～大正年代　労働運動の先覚者　*545*
高見順　（*1907～1965*）昭和年代　作家　*252, 472*
高村光太郎　（*1883～1956*）大正～昭和年代　詩人・彫刻家　*399, 470, 479, 482*
高山樗牛　（*1870～1902*）明治年代　思想家　*147, 190, 227, 466*
滝川幸辰　（*1891～1962*）昭和年代　刑法学者　*535*
滝沢馬琴　（*1767～1846*）江戸後期　作家　*196, 215*
タキトゥス　Tacitus, Gaius（*55？～120？*）ローマ　歴史家　*56, 104, 163, 175, 231, 233, 370, 372, 405, 530, 450, 496, 503, 525, 523*
ターキントン　Tarkington, Newton Booth（*1869～1946*）　*227, 475*
沢庵宗彭　（*1573～1645*）桃山時代～江戸前期　禅僧　*20, 66, 216, 341, 419*
竹田出雲（*1691～1755*）江戸中期　浄瑠璃作家　*165*
武田信玄　（*1521～78*）安土時代　武将　*7*
武林無想庵　（*1880～1962*）大正～昭和年代　作家　*7, 356*
タゴール　Tagore, Rabindranath（*1861～1941*）インド　詩人　*134, 171, 184, 263, 341, 448, 454, 482, 496, 514, 535*
太宰治　（*1909～48*）昭和年代　作家　*82, 142, 199, 227, 302, 370, 482*
太宰春台　（*1680～1747*）江戸中期　儒学者　*18, 547*
「ダサニヴァヤリャストラ」　ジナ経の経典　*219, 333*
タッカー　Tucker, Benjamin（*1854～1939*）アメリカ　無政府主義者　*372, 445*
田中正造　（*1841～1913*）明治年代　政治家　*533*
田辺元　（*1885～1962*）大正～昭和年代　哲学者　*361*
ダニエル　Daniel, Samuel（*1562～1619*）イギリス　詩人・歴史家　*48*
谷川徹三　（*1895～1987*）大正～昭和年代　哲学者　*207*
谷崎潤一郎　（*1886～1965*）大正～昭和年代　作家　*421, 466*
ターバナー　Tavarner, Richard（*1505？～75*）イギリス　宗教改革者　*227*
ダビデ　David（B.C.*1*？）イスラエル　2代王　*182, 384, 389*
ターフェル　Tavel, Rudolf von（*1866～1934*）ドイツ　編集者　*185*
田山花袋　（*1871～1930*）明治～大正年代　作家　*56, 119, 525*
ダーリング　Darleng, Charles John（*1849～1936*）イギリス　法律家　*449*
タレス　Thales（*－640？～－546？*）ギリシア　哲人　*405, 408, 479*
タレーラン・ペリゴール　Talleyrand-Perigord, Charles Maurice de（*1754～1838*）フランス　政治家　*119, 325, 385*
ダロウ　Darrow, Chorence（*1857～1938*）アメリカ　法律家　*349, 449*
ダンテ　Dante, Alighieri（*1265～1321*）イタリア　詩人　*32, 66, 90, 110, 116, 122, 126,*

宗　祇 （*1421*～*1502*）室町時代　連歌大成者　*525*
「宋史」 中国　宋代の史書　*428*
曾子〔参〕（?）中国春秋時代　儒者　*174,321,387,540*
荘　子〔周〕（－*365*～－*290*）中国戦国時代　道家・思想家　*13,31,52,56,106,122,154,184,207,208,209,220,251,288,333,369,390,396,405*
「増子部経」 パーリ語経典　*81*
「宋書」 中国六朝時代　宋の正史　*26,104*
曹　松 （*848*～*901*）中国唐　官吏　*56*
曹　植 （*192*～*232*）中国三国時代　魏の詩人　*62*
曹雪芹《せつきん》 （*1724*～*63*）中国清　作家　*81*
「曾我物語」 南北朝時代　軍記物語　*148,385,408*
ソクラテス　SOKRATES（－*470*〔*69*〕～－*399*）ギリシア　哲人　*7,94,100,227,251,258,284,288,291,294,325,341,374,405,419,463,470,503*
「楚辞」 中国戦国時代　楚の歌謡　*52,210*
「素書」 中国　宋の書　*341*
蘇東坡〔軾《しょく》〕（*1036*～*1101*）中国北宋　詩人・文人　*7,81,235,239,288,413,436,523*
ソフォクレス　SOPHOKLES（－*496*～－*406*）ギリシア　悲劇作家　*7,37,40,48,82,104,120,193,203,223,227,251,263,333,341,354,385,394,403,425,513*
ソロー　THOREAU，Henry（*1817*～*62*）アメリカ　作家　*28,104,142,154,197,227,231,284,288,294,310,333,341,352,356,385,405,413,419,431,441,447,459,461,463,468,501,513,519,538*
ゾロアスター　ZOROASTRES（B.C.*7*～*6*）ペルシア　宗教家　*218*
ソロモン　SOLOMON（－*971*?～－*932*?）イスラエル　王　*13,37,46,60,105,125,127,133,148,152,170,202,284,349,358,368,389,402,407,504*
ソロン　SOLON（－*637*?～－*558*?）ギリシア　七賢人の１人　*505*
「孫子」 中国　孫武の兵書というが，他に諸説がある　*523,525,528*
ゾンバルト　SOMBART，Werner（*1863*～*1941*）ドイツ　経済学者・社会学者　*307*
孫　文 （*1866*～*1925*）中国　政治家　*394,445,513*

タ

「大学」 中国　4書の1つ　*63,66,106,116,316,319,390,413,457,535,539*
「大学衍《えん》義《ぎ》」 中国宋　真徳秀の「大学」を撰した43巻の書　*405*
戴　徳 （?）中国前漢　学者　*100*
「大般《だいはつ》涅《ね》槃《はん》経《ぎょう》」 釈迦入滅前の説法を記した経典　*193,252*
「太平記」 南北朝時代　軍記物語　*82,184,195,352*
平重盛 （*1139*～*80*）平安時代　武将　*107*
ダーウィン　DARWIN，Charles（*1809*～*82*）イギリス　博物学者　*18,419*

スペンサー（H.） SPENCER, Herbert（*1820～1913*）イギリス 哲学者 *25, 226, 288, 306, 314, 425, 445, 447, 475, 513, 533*
スマイルズ SMILES, Samuel（*1812～1904*）イギリス モラリスト *18, 142, 223, 396, 545*
スミス（Ad.） SMITH, Adam（*1723～90*）イギリス 経済学者 *7, 59, 62, 137, 216, 475, 510, 521, 544, 545*
スミス（Al.） SMITH, Alfred Emanuel（*1873～1944*）アメリカ 政治家 *305*
スミス（H.） SMITH, Horace（*1779～1849*）イギリス 詩人 *312, 393*
スミス（L.） SMITH, Logan（*1865～1949*）アメリカ生れイギリス 英語学者 *37, 62, 184, 461*
スミス（S.） SMITH, Sydney（*1771～1845*）イギリス 宗教家 *62*
スリック SLICK, Sam →ハリバートンの別名 *398, 543*

セ

世阿弥元清 （*1363～1443*）室町時代 能楽者 *466, 472, 482*
「説苑《ぜいえん》」 中国前漢の劉向撰 *24, 42, 87, 174, 191, 215, 328, 345, 351, 370, 403, 411, 423, 518*
清少納言 （A.C.*10*）平安時代 作家 *81, 90, 163*
「聖書外典」 正典または正経として聖書に入れられなかった経外文書 *106, 154, 413, 425*
セザンヌ CÉZANNE, Paul（*1839～1906*）フランス 画家 *486*
雪 舟 （*1420～1509*）室町時代 画僧 *486*
セネカ SENECA, Lucius（*－5？～65？*）ローマ 哲学者・詩人 *7, 13, 15, 18, 23, 30, 31, 56, 62, 66, 73, 110, 116, 120, 127, 150, 158, 160, 167, 170, 171, 175, 184, 199, 203, 205, 227, 251, 258, 263, 288, 317, 319, 341, 346, 353, 354, 365, 367, 370, 388, 398, 404, 412, 413, 417, 419, 436, 482, 503, 505, 531, 542*
ゼノン（キピロスの） ZENON（*－336～－264*〔*3*〕）ギリシア 哲人 *146, 227, 333, 370*
セルデン SELDEN, John（*1584～1654*）イギリス 法律家 *20, 276*
セルバンテス CERVANTES, Saavedra（*1547～1616*）スペイン 作家 *7, 56, 70, 81, 171, 195, 223, 239, 251, 263, 310, 358, 394, 409, 419, 472, 489, 503, 513*
「戦国策」 中国戦国時代 縦横家の言を収録した書 *23, 37, 56, 66, 70, 81, 122, 146, 154, 210, 220, 291, 322, 360, 419, 463, 525*
セントリーヴル CENTLIVRE, Susannah（*1667？～1723*）イギリス 劇作家・俳優 *477*
千宗旦 （*1578～1658*）安土桃山時代 茶道家 *482*
千利休〔宗易〕（*1521～91*）安土桃山時代 茶道家 *419*

ソ

ゾイメ SEUME, Johann Gottfried（*1763～1810*）ドイツ 詩人 *48, 218, 349*
「相応部経」 パーリ語経典 *104*
曹顔遠 （*?～308*）中国晋の詩人 *62*

スウェーデンボルグ　SWEDENBORG, Emanuel（*1688～1772*）スウェーデン　科学者・宗教家・哲学者　*134, 263*

末川　博　（*1892～1980*）昭和年代　法学者　*319*

末弘厳太郎　（*1888～1951*）昭和年代　法学者　*540*

スカルボロー　SCARBOROUGH, William Sanders（*1854～1926*）イギリス　評論家　*94, 470, 486*

菅原道真　（*845～903*）平安時代　政治家・学者　*340, 436*

杉浦重剛　（*1855～1924*）明治～大正年代　教育者　*129*

杉田玄白　（*1733～1817*）江戸後期　蘭学者　*216, 360, 428*

スキュデリー　SCUDÉRY, Madeleine de（*1607～76*）フランス　女流作家　*141, 164*

スコット（M.）　SCOTT, Martin（*1865～?*）アメリカ　宗教家　*275*

スコット（W.）　SCOTT, Walter（*1771～1832*）イギリス　作家・詩人　*169, 184, 199, 251, 312, 369, 427*

スコット（Wi.）　SCOTT, Winfield（*1786～1866*）アメリカ　軍人　*530*

鈴木大拙　（*1870～1966*）仏教哲学者　*441*

スタインベック　STEINBECK, John Ernst（*1902～68*）アメリカ　作家　*7, 66, 300, 340, 363, 419, 525*

スターリン　STALIN, Iosif Vissarionovich（*1879～1953*）ロシア　政治家　*288, 450*

スタール夫人　STAEL, Madame Anne Louise G. de（*1766～1817*）フランス　作家　*81, 90, 167, 292, 364, 417, 447, 489, 498*

スターン　STERNE, Laurence（*1713～68*）イギリス　作家　*417, 498*

スタンダール　STENDHAL, Maril Henri Beyle（*1783～1842*）フランス　作家　*16, 25, 34, 37, 56, 81, 90, 94, 131, 141, 148, 173, 175, 226, 235, 360, 361, 363, 392, 412, 417, 479, 506, 510*

スチュワート　STEWART, Dugald（*1753～1828*）スコットランド　哲学者　*226*

「スッタニパータ」　インド最古の仏教書　*7, 251, 385, 393*

スティーヴンソン　STEVENSON, Robert Louise（*1850～94*）イギリス　作家　*94, 98, 167, 197, 218, 220, 222, 226, 239, 310, 356, 417, 532*

スティール　STEELE, Richard（*1672～1729*）イギリス　劇作家・随筆家　*167, 414, 468*

ステフェンズ　STEFFENS, Joseph Lincoln（*1866～1936*）アメリカ　ジャーナリスト　*30, 81*

ストリンドベリ　STRINDBERG, August（*1849～1912*）スウェーデン　作家　*81, 231*

ストールバーク　STOLBERG, Benjamin（*1891～?*）アメリカ　ジャーナリスト　*20*

ストーン　STONE, John Timothy（*1868～?*）アメリカ　牧師　*263*

スピノザ　SPINOZA, Baruch de（*1632～77*）オランダ　哲学者　*23, 47, 119, 173, 214, 263, 288, 341, 360, 400, 407, 519, 530*

スペンサー（E.）　SPENCER, Edmund（*1552?～99*）イギリス　詩人　*81, 126, 199*

聖徳太子　(573？～621）飛鳥時代　政治家　127
ショウペンハウエル　SCHOPENHAUER, Arthur（1788～1860）ドイツ　哲学者　6, 14, 28, 37, 66, 70, 81, 90, 93, 110, 153, 164, 167, 172, 184, 198, 205, 210, 213, 226, 267, 270, 295, 300, 325, 333, 337, 347, 351, 355, 381, 412, 413, 426, 427, 463, 501
諸葛孔明　(181～234）中国　三国時代　蜀漢の丞相　54, 115
「書経《きょう》」　中国最古の経典で孔子の編といわれる　131, 210, 211, 319, 366, 374, 396
ジョージ　GEORGE, Henry（1839～96）アメリカ　経済学者　62, 66, 303, 340, 349, 519, 545
ジョーダン　JORDAN, David Starr（1851～1931）アメリカ　魚類学者・教育者　284
ジョレース　JAURÉS, Jean Léon（1859～1914）フランス　政治者　306
ショーロホフ　SHOLOKHOV, Mikhail Aleksandrovich（1905～?）ロシア　作家　106
ジョンソン（B.）　JONSON, Ben（1572～1637）イギリス　劇作家　55, 70, 106, 310, 340, 387, 412, 508
ジョンソン（S.）　JONSON, Samuel（1709～84）イギリス　文学者　6, 13, 38, 58, 70, 73, 93, 109, 122, 158, 171, 184, 208, 210, 214, 226, 250, 270, 284, 291, 304, 309, 365, 366, 385, 402, 414, 415, 419, 425, 454, 461, 488, 496, 497, 501, 517
シラー　SCHILLER, Johann Christoph Friedrich von（1750～1805）ドイツ　詩人・劇作家　6, 25, 37, 40, 55, 56, 62, 109, 110, 116, 122, 126, 129, 133, 164, 184, 198, 202, 220, 226, 233, 250, 251, 263, 312, 319, 333, 340, 361, 362, 422, 436, 454, 479, 482, 501, 513, 519, 524, 537
ジラルダン夫人　GIRARDIN, Delphine Gay Mme de（1804～55）フランス　作家　90, 271
シルス　SYRUS, Publius（－100ころ）ローマ　奴隷詩人　6, 20, 30, 62, 116, 126, 141, 154, 184, 191, 194, 206, 208, 213, 216, 226, 233, 239, 251, 314, 353, 354, 361, 364, 365, 372, 388, 392, 405, 408, 414, 424, 427, 513, 517
シンクレア　SINCLAIR, Upton Beall（1878～1968）アメリカ　作家　467
「晋書《しんじょ》」　中国　24史の1つ　208
ジーンズ　JEANS, James Hopwood（1877～1946）イギリス　物理・天文学者　393, 441
ジンメル　SIMMEL, Georg（1858～1918）ドイツ　哲学者・社会学者　35, 382
「新約聖書」　6, 13, 30, 34, 62, 70, 100, 126, 133, 134, 146, 154, 161, 171, 173, 175, 193, 197, 198, 209, 211, 213, 215, 235, 251, 260, 267, 275, 296, 319, 325, 340, 355, 364, 367, 374, 381, 385, 404, 424, 428, 431, 505, 510
親鸞　(1173～1262）鎌倉時代　浄土真宗の開祖　7, 41, 47, 251, 267, 278, 340, 356, 367

ス

スウィフト　SWIFT, Jonathan（1667～1745）イギリス　諷刺作家　16, 26, 47, 62, 66, 81, 94, 110, 131, 169, 173, 184, 211, 226, 237, 356, 359, 403, 428, 470, 491, 503, 535, 537
スウィンバーン　SWINBURNE, Algernon（1837～1909）イギリス　詩人　242, 251

子　游　（−506〜?）中国春秋時代　儒者　158
シュヴァイツァー　Schweitzer, Albert（1875〜1965）ドイツ　医学者・科学者・哲学者　33, 54, 192, 250, 275, 333, 366, 436, 475, 510
「十二銅標」　古代ローマの法律を刻記したもの　372
「十八史略」　中国元の曾先之の摘録した史書　47, 314, 333, 405, 522
ジュグラール　Juglar, Joséph Clément（1819〜1906）フランス　経済学者　542
朱子〔熹〕（1130〜1200）中国　宋　宋学の大祖　115, 118, 127, 198, 216, 291, 384, 463
シュタインタール　Steinthal, Heymann（1823〜99）ドイツ　言語学者　6
シュティルネル　Stirner, Max（1806〜56）ドイツ　思想家　28, 137, 141, 369, 538
シュトラウス　Strauss, David Friedrich（1808〜1931）ドイツ　宗教哲学者　183
シュニッツラー　Schnitzler, Arthur（1862〜1931）オーストリア　作家　90, 153, 402
ジューベル　Joubert, Joseph（1754〜1824）フランス　哲学者・警句家　20, 22, 33, 37, 62, 93, 100, 106, 118, 130, 153, 161, 171, 183, 190, 198, 202, 210, 220, 226, 231, 242, 243, 250, 263, 267, 270, 273, 293, 310, 314, 349, 352, 372, 374, 390, 392, 402, 411, 415, 419, 440, 449, 450, 479, 499, 503, 506, 524, 532, 543
シュマッハー　Schumacher, E. F.（1920年代〜　）ドイツ生れイギリス　経済学者　436
シューマン　Schumann, Robert Alexander（1810〜56）ドイツ生れイギリス　音楽家　482, 491, 499
シュムペーター　Schumpeter, Joseph（1833〜1950）ドイツ生れアメリカ　経済学者　305, 307
シュライエルマッハ　Schleiermacher, Friedrich Ernst Daniel（1768〜1834）ドイツ　哲学者　214, 270
シュレーゲル（A.）　Schlegel, August Wilhelm von（1767〜1845）ドイツ　文芸評論家　453, 469
シュレーゲル（F.）　Schlegel, Friedrich von（1772〜1829）ドイツ　詩人・評論家・文学史家　469
荀子〔況〕（−315〜−230）中国戦国時代　儒者　18, 43, 52, 55, 62, 66, 153, 163, 216, 250, 284, 317, 319, 325, 340, 372, 405, 409, 436, 499, 542
「春秋左氏伝」　5経の1つ　左丘明の撰という　16, 40, 80, 191, 195, 220, 340, 424, 429, 457, 499, 521, 529
ジョイス　Joyce, James（1882〜1941）イギリス　作家　124, 220, 325
ショウ（B.）　Shaw, Bernard（1856〜1951）イギリス　劇作家・評論家　13, 23, 30, 47, 58, 62, 80, 81, 90, 93, 100, 104, 106, 122, 130, 206, 226, 244, 261, 275, 291, 294, 305, 322, 333, 337, 340, 351, 355, 362, 365, 366, 372, 411, 413, 419, 424, 430, 444, 450, 454, 476, 482, 513, 523, 524, 530, 542
ショウ（H.）　Shaw, Henry Wheeler（1818〜85）アメリカ　ユーモアリスト　28, 291
「小学」　中国宋　朱子の編というが門弟の劉子澄の編述　153, 214

「耳談続纂」 韓国の俚諺を収録した書 *106,395,409*
「実語教」 平安時代　密教 *110,284*
シドニー　SIDNEY，Philip（*1554～86*）イギリス　軍人・詩人 *250,298,522*
シ　バ　CIBBER，Colley（*1671～1757*）イギリス　俳優・劇作家 *233,312,384*
司馬光　（?～*1086*）中国宋　学者 *317,349*
司馬江漢　（*1738～1818*）江戸中期　画家・蘭学者 *61,250,278,517*
司馬遷　（－*145*～－*86*?）中国前漢の史家 *22,43,47,52,54,55,61,66,93,100,106,206,209,211,216,220,222,250,263,310,322,325,333,353,358,362,372,409,424,429,457,503,509,522,524,540,541*
司馬遼太郎　（*1923～96*）昭和年代　歴史作家 *41,510*
「事文類聚」 中国宋　祝穆撰　経史子集によって事実・詩文を類集した書 *353,409*
「事文類聚続集」 同上 *387*
島木赤彦　（*1876～1926*）明治～大正年代　歌人 *250*
島崎藤村　（*1872～1943*）大正～昭和年代　作家 *127,130,197,463,469,482*
島津斉彬　（*1809～58*）江戸後期　鹿児島藩主 *57*
島村抱月　（*1891～1918*）明治～大正年代　文学者 *482*
ジムロック　SIMROCK，Karl（*1802～76*）ドイツ　文学者・劇作家 *214,263*
シモニデス　SIMONIDES（－*556*～－*468*）ギリシア　詩人 *192,486*
釈　迦　（－*565*～－*485*）インド　仏教の開祖 *49,130,146,148,160,250,278,295,369,431,439*
ジャックアントワーヌ・ド・サール　JACQUES-ANTOINE-DE-SALLE　（*1712～78*）フランス　作家 *141*
シャトーブリアン　CHATEAUBRIAND，François René（*1768～1848*）フランス　政治家・文学者 *28,90,359,467*
シャフツベリ　SHAFTESBURY，Anthony（*1671～1713*）イギリス　倫理学者 *440*
謝枋得《しゃぼうとく》　（*1226～89*）中国南宋　政治家 *250,491*
シャーマン　SHERMAN，John（*1823～1900*）アメリカ　政治家 *202*
シャミッソー　SCHAMISSO，Adelbert（*1781～1838*）フランス生れドイツ　植物学者・詩人 *80*
シャルドンヌ　CHARDONNE，Jacque（*1884～1968*）フランス　作家 *93,100,119,133,146,164*
シャロン　CHARRON，Pierre（*1541～1602*）フランス　神学者 *6,164,340*
ジャンチ・ベルナール　GENTIL-BERNARD（*1708～75*）フランス　詩人 *80*
シャンドル　SÁNDOR，Petofi（*1823～49*）ハンガリア　詩人 *239,242,513*
シャンフォール　CHAMFORT，Sebastien（*1741～94*）フランス　警句家 *6,13,22,43,44,47,73,80,93,124,141,153,169,183,223,225,226,233,239,250,284,310,314,322,348,375,387,396,410,426,430,457,499,532,542*

論家　6, 35, 80, 149, 150, 158, 167, 175, 292, 312, 325, 369, 491
サン・ピエール　SAINTE-PIERRE（1737～1814）フランス　作家　381, 468
「三略」 中国北宋以前の兵書　18, 503

シ

ジイド　GIDE, André（1869～1951）フランス　作家　61, 80, 104, 115, 140, 163, 167, 225, 291, 332, 355, 407, 418, 426, 465, 482, 524
慈雲　（1718～1804）江戸後期　真言宗僧侶　115, 332
シェークスピア　SHAKESPEARE, William（1564～1616）イギリス　劇作家・詩人　6, 13, 33, 35, 37, 47, 52, 57, 61, 68, 70, 80, 93, 100, 115, 118, 119, 122, 140, 141, 146, 153, 158, 163, 164, 172, 183, 190, 194, 198, 202, 213, 222, 235, 250, 288, 312, 325, 332, 347, 351, 358, 359, 366, 369, 381, 382, 387, 389, 393, 395, 426, 441, 508, 522
シェーファー　SCHEFER, Leopold（1784～1862）ドイツ　詩人　225, 239, 358
ジェファーソン　JEFFERSON, Thomas（1743～1826）アメリカ　3代大統領　70, 118, 127, 173, 222, 372, 450, 458, 509, 517, 537, 543, 547
ジェファリーズ　JEFFERIES, Richard（1848～87）イギリス　文筆家　298
ジェフレー　JEFFREY, Francis（1773～1850）スコットランド　判事　407
ジェームズ　JAMES, William（1842～1910）アメリカ　心理学者・哲学者　6, 47, 68, 262, 395, 443, 444, 482
シェラー　SCHELER, Max（1874～1928）ドイツ　哲学者　6
ジェラルド　JEROLD, Douglas（1803～57）イギリス　劇作家　141, 148
シェリ　SHELLEY, Bysshe Percy（1792～1822）イギリス　詩人　141, 332, 436, 469, 503
シェリダン　SHERIDAN, Richard（1751～1816）イギリス　政治家・劇作家　409, 458, 491
シェリング　SCHELLING, Friedrich（1775～1814）ドイツ　哲学者　263, 431, 513
ジェローム　JEROME, Klapka（1859～1927）イギリス　ユーモアリスト　13, 61, 218, 355
シェンキェヴィチ　SIENKIEWICZ, Henryk（1846～1916）ポーランド　作家　293
シェンストン　SHENSTONE, William（1714～63）イギリス　詩人　467
子夏　（－507～?）中国春秋時代　儒者　68, 194
志賀直哉　（1883～1972）大正～昭和年代　作家　137, 148, 288, 398, 474
「史記」 中国　黄帝～漢の武帝の史書　22, 43, 47, 52, 54, 55, 62, 66, 93, 100, 106, 206, 209, 211, 216, 230, 232, 263, 310, 322, 325, 333, 353, 358, 362, 372, 409, 424, 429, 457, 503, 509, 522, 524, 540, 541
「詩経《きょう》」 五経の1つ　孔子の編という　80, 104, 219, 314, 337, 384
シーグフリード　SIEGFRIED, André（1875～1959）フランス　経済学者　476
「尸子《しし》」 中国周　尸佼撰線というが定かではない　208
「資治通鑑」 中国宋　司馬光の君主事蹟編年史　317, 349
「自説経」 12部経の1つ　505

佐久間象山　(*1811～64*) 江戸後期　洋学者　*16, 31, 171, 441*

サッカレー　THACKERAY, William (*1811～68*) イギリス　作家　*58, 79, 93, 124, 353, 387, 429*

ザックス　SAXE, John Godfrey (*1816～87*) アメリカ　ユーモア作家　*140*

サックリング　SACKLNG, John (*1609～42*) イギリス　廷臣・詩人・戯曲家　*220*

「雑説」 中国南宋　陸九淵の収録した語録　*22, 117, 382, 442*

サーディー　SAADI, Muslih-ud-Din (A.C.*11*) ペルシア　詩人　*27, 46, 47, 52, 61, 73, 79, 80, 104, 108, 130, 160, 208, 369, 384, 417, 505, 507*

佐藤一斎　(*1772～1809*) 江戸後期　儒学者 (陽明学派)　*31, 37, 47, 61, 190, 319, 347, 360, 381, 408, 532*

佐藤垢石　(*1888～1956*) 大正～昭和年代　随筆家　*415*

佐藤春夫　(*1892～1964*) 大正～昭和年代　詩人・作家　*27, 160, 439*

里見弴　(*1888～1983*) 大正～昭和年代　作家　*115*

サートン　SARTON, George Alfred Leon (*1884～1956*) アメリカ　科学者　*474*

サブレ夫人　SABLÉ, Magdeleine de Souvré (*1599～1678*) フランス　社交界の女主人公　*22, 140, 284*

サムナー (C.)　SUMNER, Charles (*1811～74*) アメリカ　政治家　*18, 325, 519*

サムナー (W.)　SUMNER, William Graham (*1840～1910*) アメリカ　社会学者　*61, 68, 205, 244, 517, 524, 535*

サルスティウス　SALLUSTIUS, Caius (*－86～－35?*) ローマ　歴史家　*40, 202*

サルトル　SARTRE, Jean Paul (*1905～80*) フランス　哲学者・作家　*35, 70, 198, 202, 262, 355, 362, 366, 450, 465, 469, 472, 491, 513, 501*

サローヤン　SAROYAN, William (*1908～?*) アメリカ　作家　*250*

ザングウィル　ZANGWILL, Israel (*1864～1926*) ユダヤ系イギリス　作家・劇作家　*137, 302, 447*

「三国志」 中国　24史の1つ　魏・呉・蜀3国の史書　*43, 209, 453, 517, 522*

サン・シモン　SAINTE-SIMON, Henri de Rouvroy (*1760～1825*) フランス　社会主義者　*467*

サン・ジュスト　SAINT-JUST, Louis Antoine Léon de (*1768～94*) フランス　政治家　*450, 495, 501, 545*

サンダース　SANDERS, Daniel (*1819～97*) ドイツ　文筆家　*235, 479*

サンタヤナ　SANTAYANA, George (*1863～1952*) アメリカ　哲学者　*35, 167, 175, 202, 275, 479*

サンデー　SUNDAY, William Ashley (*1863～1935*) アメリカ　伝道者　*261*

サンド　SAND, George (*1804～76*) フランス　女流作家　*140, 171, 183, 225*

サンドバーグ　SANDBURG, Carl (*1878～1967*) アメリカ　詩人・伝記作家　*524*

サント・ブーヴ　SAINTE-BEUVE, Charles Augustin de (*1804～69*) フランス　詩人・評

160,169,220,258,402,408

ゴルツ　Goltz, Bogumil（1801～70）ドイツ　教育者　98

ゴールドスミス　Goldsmith, Oliver（1730～74）イギリス　文学者　42,158,325,372,417,436,463,524,543

ゴールドーニ　Goldoni, Carlo（1707～93）イタリア　喜劇作家　379,407,441,544,545

ゴールドバーグ　Goldberg, Isaac（1887～1939）アメリカ　伝記作家・評論家　541

コルトン　Colton, Charles（1780～1832）イギリス　警句家　46,170,183,208,310,332,400,405,416,509

コルネイユ　Corneille, Pierre（1606～84）フランス　劇作家　140,209,249,325,355,403,506,531

コルベンハイヤー　Kolbenheyer, Erwin Giudo（1878～1962）ドイツ　作家・劇作家　27

コールマン　Colman, George（1732～94）イギリス　劇作家　99,458

コールリッジ　Coleridge, Samuel Taylor（1772～1834）イギリス　詩人　175,183,467,486,490

コロー　Corot, Jean Baptise Camille（1796～1875）フランス　画家　486

ゴローヴニン　Golovnin, Vasilif Mikhailovich（1776～1831）ロシア　旅行家　395

コロンブス　Columbus, Christopher（1446～1506）イタリア　航海者　309

コングレーヴ　Congreve, William（1680～1729）イギリス　劇作家　93,469

ゴンチャロフ　Goncharov, Ivan Aleksandrovich（1812～91）ロシア　作家　158

コント　Comte, Augusta（1798～1857）フランス　哲学者　5,133,137,183,250,259,288

コンラッド　Conrad, Joseph（1857～1924）ポーランド生れイギリス　作家　30,205,270

サ

西郷隆盛　（1827～77）江戸後期～明治年代　政治家　110,250,298,404,528

「菜根譚」　中国明　洪自誠編著　儒教を本系に老荘・禅学を加えた書（2巻）　60,65,153,194,325,340,381,405,422,457

最　澄　（767～822）平安時代　天台宗開祖　429

斎藤緑雨　（1867～1904）明治年代　作家・ジャーナリスト　61,66,99,149,319,322,332,361,430,467,491

サヴァラン　Savarin, Anthelme Brillat（1755～1826）フランス　食通家　418,420,421,424

サウザーン　Southerne, Thomas（1660～1746）イギリス　劇作家　222

サウジィ　Southey, Robert（1771～1843）イギリス　桂冠詩人　85,402

堺利彦　（1870～1933）大正～昭和年代　社会運動家　70,218

坂口安吾　（1906～55）昭和年代　作家　6,27,100,140

坂本龍馬　（1835～67）幕末　勤皇家　42

ザカリーヤ・アル・ラージー　（864～925）ペルシア　医学者・哲学者　126,170

「孔子家語《けご》」 中国魏　孔子とその門弟の言行録　*22,153,160,355,395,408,505*
洪自誠　(?) 中国明代　思想家　*60,65,153,194,325,340,381,405,422,457*
「亢倉子《こうそうし》」 中国周の庚桑楚の撰といわれる　*163,322,398,472*
幸田露伴　(*1867～1947*) 明治～大正時代　国文学者・作家　*5,79,192,440,444*
幸徳秋水　(*1871～1911*) 明治～大正時代　社会主義運動家　*450,521*
弘法大師〔空海〕(*774～835*) 平安時代　真言宗開祖　*41,249*
「呉越春秋」 中国春秋時代の呉越両国の紛争を記した書　*235,351*
「後漢書」 中国南北朝宋の范曄，晋の司馬彪により後漢の事蹟を撰した書　*20,30,37,60,103,106,190,209,235,309,368,374,507*
ゴーガン　GAUGUIN, Eugéne Henun Paul (*1818～1903*) フランス　画家　*444*
ゴーギャン　GAUGUIN, Eugène Henri Paul (*1848～1903*) フランス　画家　*481*
コーク　COKE, Edward (*1552～1634*) イギリス　法学者　*103,366*
「国語」 中国戦国時代　左丘明により春秋時代の列国の事蹟を撰した書　*408,457,505,509,521*
コクトー　COCTEAU, Jean (*1891～1963*) フランス　詩人・作家　*25,34*
ゴーゴリー　GOGOLI, Nikolai (*1809～52*) ロシア　作家　*35,99,392*
「五雑俎《ござつそ》」 中国明　謝肇淛が雑記した書　*99*
コスマン　COSSMANN, Paul Nicolas (*1869～1941*) ドイツ　ジャーナリスト　*183*
コッシュート　KOSSUTH, Lajos (*1802～94*) ハンガリア　政治家　*509,529*
コッツェブー　KOTZEBUE, August von (*1761～1819*) ドイツ　劇作家　*60,61,79,90,153,158,214,239,441*
コットグレーヴ　COTGRAVE, Randle (?～*1634*) イギリス　文学者　*46,104*
ゴッホ　GOGH, Vincent (*1853～90*) オランダ　画家　*89,249,481*
胡　適　(*1892～1962*) 中国　政治家・思想家　*393*
「五燈会元《ごとうえげん》」 中国宋の霊隠大川の撰した書　*61,216,284,429*
コーパー　COWPER, William (*1731～1800*) イギリス　詩人　*360,548*
小林一茶　(*1763～1827*) 江戸後期　俳人　*61,153,183,424*
小林多喜二　(*1903～33*) 大正～昭和年代　プロレタリア作家　*44,225*
小林秀雄　(*1902～1983*) 昭和年代　文芸評論家　*35,242,300,458*
「古文真宝」 中国　漢～宋の詩歌集　*461*
コーヘン　COHEN, Hermann (*1842～1919*) ドイツ　哲学者　*270*
「コーラン」 ムハンマドの天啓を録したイスラーム教聖典　*86,102,255,265,344,544*
コリアー　COLLIER, Jeremy (*1650～1726*) イギリス　聖職者　*461*
ゴーリキー　GORIKI, Maxim (*1868～1936*) ロシア　作家・劇作家　*5,22,25,61,70,183,306,347,355,393,398,461,519*
コリングウッド　COLLINGWOOD, Robin George (*1889～1943*) イギリス　哲学者　*5*
コリンズ　COLLINS, John Churton (*1848～1909*) イギリス　教育者・随筆家　*30,31,79,*

クレマンソー　CLEMENCEAU，Benjamine（1841～1929）フランス　政治家　275,524
グロース　GROSS，Hans（1847～1915）ドイツ　法学者　133
黒田孝高　（1546～1604）安土桃山時代　武将　5
クロディアヌス　KRODIANUS（365～408）ラテン　詩人　195,249,362,436
グロティウス　GROTIUS，Hugo（1583～1645）オランダ　法学者・政治家　292
クロポトキン　KROPOTOKIN，Pyotr Alekseevich（1842～1921）ロシア　無政府主義者　379,450
クワールズ　QUARLES，Francis（1592～1644）イギリス　詩人　105,249

ケ

ゲ　イ　GAY，John（1685～1732）イギリス　詩人・劇作家　57,164,190,324,365
ゲオルギウ　GHEORGHIU，Constantin Virgil（1916～1992）ルーマニア　作家　27,79,231,239,379
「華厳経」　仏典　正式には「大方広仏華厳経」　16,106,115
ケップラー　KEPPLER，Paul Wilhelm von（1852～1926）ドイツ　聖職者　122
ゲーテ　GOETHE，Johann（1749～1832）ドイツ　作家・詩人　5,18,22,25,27,34,40,46,54,57,60,92,99,103,106,122,125,133,136,140,149,153,163,167,173,183,190,198,202,206,214,216,218,225,235,239,249,259,267,270,273,275,284,287,291,292,293,295,308,310,314,332,337,347,358,359,362,369,372,379,393,398,403,404,410,414,416,430,436,450,453,456,457,458,460,467,469,472,474,479,481,490,495,499,502,503,506,509,513,517,519,521,536
ケネー　QUESNAY，François（1694～1774）フランス　経済学者・医師　65,513,547
ケネディ　KENNEDY，John Fitzgerald（1917～63）アメリカ　35代大統領　449
ケムピス　KEMPIS，Thomas（1380～1471）ドイツ　敬神作家　14,20,55,120,148,191,198,206,209,216,235,239,249,262,275,324,325,332,395
ケラー　KELLER，Helen（1880～1968）アメリカ　盲聾唖の学者　110,244,300,465
ケルナー　KÖRNER，Karl Theodor（1791～1813）ドイツ　詩人　55,92,479
ゲレルト　GELLERT，Christian Fürchtegott（1715～69）ドイツ　作家・詩人　209,332
源　空　→法然
源　信　（942～1017）平安時代　天台宗僧侶　278
ケーンズ　KEYNES，John Mayrard（1883～1946）イギリス　経済学者　541,542
「源平盛衰記」　鎌倉時代　軍記物語　457,528

コ

「孝経《きょう》」　中国戦国時代　曾子が孔子の孝道を録した書　106
孔子　（－551～－478）中国春秋時代　儒家の祖　12,33,51,57,64,68,89,106,108,158,172,211,257,287,317,321,323,345,359,387,394,397,406,408,423,518,534

グラシアン　GRACIAN, Baltasar（*1545～1658*）スペイン　学僧・詩人　*42, 46, 124, 284, 324, 332, 337, 355, 382, 384, 444*
グラスゴー　GLASGOW, Ellen（*1874～1945*）アメリカ　作家　*402*
倉田百三　（*1891～1943*）大正～昭和年代　文芸思想家　*133, 140, 244, 249, 258, 277, 290, 366, 513*
グラッドストーン　GLADSTONE, William Ewart（*1809～96*）イギリス　政治家　*302, 303*
グラッベ　GRABBE, Christian Dietrich（*1801～36*）ドイツ　劇作家　*79, 92*
クラハム　CLAPHAM, John Harold（*1873～1945*）イギリス　経済学者　*543*
クラブ　CRABBE, George（*1754～1832*）イギリス　詩人　*347*
グランヴィル　GRANVILLE, George（*1667～1735*）イギリス　詩人・劇作家　*242*
クーランジュ　COULANGES, Fustel de（*1830～89*）フランス　歴史学者　*65*
クーランジュ夫人　COULANGES, Mme.（A.C.*19*）フランス　歴史学者　クーランジュ夫人　*158*
クリーヴランド　CLEVELAND, Staphen Grover（*1837～1908*）アメリカ　24代大統領　*536, 540*
クリスティーヌ女王　（*1626～86*）スウェーデン　女王　*16, 79, 447*
クリソストムス　CHRYSOSTOMUS, Johames（*344?～407?*）ギリシア　司教　*182, 439, 497*
クリティアス　KRITIAS（*−460?～−403*）ギリシア　政治家　*249*
グリム　GRIM, Friedrich Melchior von（*1723～1807*）ドイツ　文芸評論家　*225, 355*
厨川白村　（*1880～1923*）明治～大正年代　評論家　*140*
クリュシッポス　KHRYSIPPOS（*−280?～207?*）ギリシア　哲人　*202, 318*
グリューン　GRÜN, Anastasius（*1806～76*）オーストリア　詩人　*513*
グリューンベルグ　GRÜNBERG, Otto Leixner von（*1847～1907*）ドイツ　詩人・評論家　*133*
グリーリ　GREELY, Horace（*1811～72*）アメリカ　ジャーナリスト　*196, 337*
グリルパルツァー　GRILLPARZER, Franz（*1791～1872*）オーストリア　劇作家　*182, 183, 190, 225, 324, 479*
グリーン　GREEN, Julien（*1900～?*）フランス生れアメリカ　作家　*44, 183*
グルー　GREW, Clark Joseph（*1880～1965*）アメリカ　外交官・駐日大使　*182*
クールトリーヌ　COURTELINE, Georges（*1858～1926*）フランス　作家・評論家　*34, 420*
グールモン　GOURMONT, Rémy de（*1858～1915*）フランス　作家・評論家　*5, 33, 65, 79, 89, 99, 169*
グルリット　GURLITT, Cornelius（*1850～1938*）ドイツ　建築史家　*316*
クレー　CLAY, Henry（*1777～1852*）アメリカ　政治家・弁護士　*538*
クレオブロス　KLEOBLOS（B.C.*7～6*）ギリシア　七賢人の１人　*92*
クレーク夫人　CRAIK, Mrs.（*1826～87*）イギリス　作家　*402*
グレシャム　GRESHAM, Thomas（*1519～79*）イギリス　財務家　*70*

「共産党宣言」 *45,308,533,545*
清沢満之 （*1863～1903*）明治～大正年代　宗教家　*341,346,400*
ギルバート　GILBERT，Willams Schwench（*1836～1911*）イギリス　劇作家　*5,139*
ギレス　GILES，Henry（*1806～82*）アメリカ　牧師　*60*
キロン　CHILON（B.C.*6*）スパルタ　政治家，七賢人の１人　*14*
キンケル　KINKEL，Johann Gottfried（*1815～82*）ドイツ　文学者　*79,220*
「金史」 中国24史の１つ　*290*
「金瓶梅」 中国明後期　宰相・王世貞の作という　*146*

ク

クウィンティリアヌス　QUINTLIANUS，Marcus Fabius（*30？～100？*）ローマ　修辞家　*233,387,481,490,512*
空海　→弘法大師
久坂玄瑞 （*1840～64*）幕末・志士　*190*
楠正成 （*1294～1336*）鎌倉～南北朝時代　武将　*233,360*
クセノファネス　XENOPHANES（B.C.*6*）ギリシア　哲人　*46,192,262,436*
クセノフォン　XENOPHON（*－430？～－354？*）ギリシア　将軍・歴史家　*235,418,503*
「孔叢子」 中国前漢　魏の孔《く》鮒《ふ》が撰したという　*318,366*
屈　原 （*－332～－295*）中国　戦国時代　楚の詩人　*52,210,235,349,440*
グッコー　GUIZKOW，Karl Ferdinand（*1811～78*）ドイツ　作家・戯曲家　*133*
グッドウィン　GOODWIN，John（*1593～1665*）イギリス　法律家　*347*
国木田独歩 （*1871～1908*）明治年代　作家　*65,139,140,146,479,512*
クニッゲ　KNIGGE，Adolf Freiherr von（*1752～96*）ドイツ　文筆家　*153*
クーパー（J.） COOPER，James Fenimore（*1789～1851*）アメリカ　作家　*302,305*
クーパー（W.） COOPER，William（*1731～1800*）イギリス　詩人　*259,448*
クーベルタン　COUBERTIN，Pierre（*1863～1937*）フランス　政治家　*182,415*
熊沢蕃山 （*1619～91*）江戸前期　儒学者　*235,249,332*
クライスト　KLEIST，Heinrich（*1777～1811*）ドイツ　作家・劇作家　*125,158,261*
グライム　GLEM，Johann Wilhelm Ludwig（*1719～1803*）ドイツ　詩人　*545*
クラウゼヴィッツ　CLAUSEWITZ，Karl von（*1780～1831*）ドイツ　軍人　*524*
クラウディウス（ガレヌスの） CLAUDIUS（*130？～200？*）ギリシア　医学者　*262,400*
クラウディウス（M.） CLAUDIUS，Mathhias（*1740～1815*）ドイツ　詩人　*46,133,249,393,513*
クラーク（J.） CLARK，James Freeman（*1810～88*）アメリカ　牧師　*534*
クラーク（S.） CLARK，Samuel（*1695～1729*）イギリス　宗教家・哲学者　*270*
クラーク（W.） CLARK，William Smith（*1826～86*）アメリカ　教育者・札幌農学校校長　*239*

「観音経《のんぎよう》」 普門品《ふもんぼん》ともいう 仏典 *277*
「韓非子」 中国戦国時代 法家の韓非の著書 *20, 22, 40, 42, 51, 210, 222, 237, 283, 349, 390, 405, 503, 521, 543*
「観無量寿経」 浄土3部経の1つ *277*
ガンベッタ GAMBETTA, Léon Michel (*1838～82*) フランス 政治家 *298*
韓 愈《ゆ》 (*768～824*) 中国唐 唐宋八大家の1人 *22, 222, 382, 517*

キ

キェルケゴール KIERKEGARD, Sören Aabye (*1813～55*) デンマーク 哲学者 *5, 16, 34, 78, 92, 98, 117, 133, 213, 241, 262, 267, 300, 366, 369, 405, 424, 429, 469, 512*
菊池寛 (*1888～1948*) 大正～昭和年代 作家 *353, 465*
キケロ CICERO, Marcus (*−106～−43*) ローマ 雄弁家・政治家 *5, 14, 27, 55, 60, 65, 68, 69, 103, 124, 125, 149, 150, 152, 160, 182, 195, 198, 205, 211, 214, 225, 235, 249, 258, 262, 273, 283, 284, 293, 295, 318, 324, 336, 340, 349, 354, 355, 358, 366, 371, 384, 405, 408, 410, 412, 418, 422, 456, 463, 478, 495, 499, 502, 519, 529*
「紀効新書」 中国明の戚継光の撰した兵書 *382*
岸田劉生 (*1891～1929*) 明治～大正年代 洋画家 *478*
「魏書」 中国北魏の書, 24史の1つ *418, 463*
ギゾー夫人 GUIZOT, Marguerite Andrée Elisa Dillon (*1804～33*) フランス 政治家・歴史家ギゾーの夫人 *55, 79*
北大路魯山人 (*1883～1959*) 大正～昭和年代 陶芸家・書道家 *420*
ギターマン GUITERMAN, Arthur (*1871～1943*) アメリカ 詩人 *448*
北畠親房 (*1292～1354*) 南北朝時代 武将・学者 *40*
北村透谷 (*1868～94*) 明治年代 詩人・評論家 *89, 115, 139, 202, 270, 309, 366, 436*
魏 徴 (*580～643*) 中国唐 政治家・学者 *182*
キーツ KEATS, John (*1795～1821*) イギリス 詩人 *125, 242, 249, 310, 478, 540*
木戸孝允《たかよし》 (*1833～77*) 明治年代 政治家 長州萩藩士 元桂小五郎 *46, 348*
ギトリ GUITRY, Sacha (*1885～1957*) フランス 劇作家・俳優 *70, 99, 312*
紀貫之 (*868?～945?*) 平安時代 歌人 *105, 416*
キプリング KIPLING, Joseph Rudyard (*1865～1936*) イギリス 詩人・作家 *79, 139, 182, 267, 379, 384, 441*
キーブル KEBLE, John (*1792～1866*) イギリス 神学者 *469*
ギボン GIBBON, Edward (*1737～94*) イギリス 歴史家 *195, 202, 210, 275, 448, 453, 524*
キャンベル CAMPBELL, Thomas (*1777～1844*) イギリス 詩人 *124, 211, 429*
「旧約聖書」 *5, 13, 37, 40, 46, 60, 98, 105, 108, 125, 127, 133, 146, 148, 152, 161, 170, 182, 195, 202, 213, 249, 348, 349, 358, 368, 370, 384, 389, 402, 407, 447, 477, 504, 522*
キュリー夫人 CURIE, Marie (*1867～1934*) フランス 物理学者 *474*

260, 293, 300, 324, 339, 450, 467, 497, 512, 519
亀井勝一郎　(1907～66) 昭和年代　文芸評論家　27, 139, 249, 257
カモーエンス　CAMOENS, Luis de (1524～80) ポルトガル　歴史家　324
鴨長明　(1153～1216) 鎌倉時代　文人・歌人　152, 182, 248
賀茂真淵　(1697～1769) 江戸中期　国学者　198
カーライル　CARLYLE, Thomas (1795～1881) イギリス　思想家　4, 17, 20, 25, 51, 65, 127, 130, 132, 167, 182, 189, 190, 201, 214, 216, 221, 270, 287, 290, 303, 324, 387, 389, 398, 402, 429, 444, 446, 448, 453, 458, 460, 488, 529, 532
カラス　CALLAS, Moria (1902～77) ギリシア　ソプラノ歌手　182
ガリヴァルディ　GARIBALDI, Giuseppe (1807～82) イタリア　愛国主義者　393
カリクレス　KALLIKLES (B.C.5～4) ギリシア　弁論家　349
ガリック　GARRICK, David (1717～79) イギリス　俳優　519
ガリレオ　GALILEO, Galilei (1564～1643) イタリア　天文学者・物理学者　290, 293, 316, 322, 384, 441
ガルシン　GARSHIN, Vsevold Mikhailovich (1855～88) ロシア　作家　4
カルノ　CARNOT, Hippolyte Lazare (1801～88) フランス　政治家　303
カレル　CARREL, Alexis (1873～1944) フランス　生理学者　395, 474
カロッサ　CAROSSA, Hans (1878～1956) ドイツ　詩人・作家　34, 182
カロル　CARROLL, Paul Vincent (1900～?) イギリス　聖職者　339
河合栄治郎　(1891～1944) 昭和年代　経済学者　202, 316, 322, 400
河上徹太郎　(1902～1980) 昭和年代　文芸評論家　34, 146
河上肇　(1879～1945) 大正～昭和年代　経済学者　4, 60, 418
川端康成　(1899～1972) 昭和年代　作家　258
「関尹《い》子《し》」 (?) 1巻9編　周の尹喜撰といわれるが定かでない　99, 210
韓　嬰《えい》　(－150～?) 中国前漢　詩人　105, 195, 318, 324, 353
桓　寛　(?) 中国前漢　学者　51, 209, 393, 504, 528
菅《かん》茶《さ》山《ざん》〔晋帥〕 (1748～1827) 江戸後期　儒学者・漢詩人　463
「管子」　中国斉の治国に関する書　管仲の著, 門流の追記ともいう　22, 105, 132, 150, 210, 219, 220, 337, 418, 506
ガンジー　GANDHI, Mahatma (1869～1948) インド　政治家　78, 132, 239, 295, 332, 362, 404, 418, 447, 497, 519
「顔氏家訓」　中国北斉　顔之推が子弟に与えた教訓書　18, 105, 351, 478
「漢書《じょ》」　中国　24史の1つ (前漢書)　19, 83, 111, 116, 170, 186, 207, 208, 222, 311, 359, 382, 422
カント　KANT, Immanuel (1724～1804) ドイツ　哲学者　5, 25, 27, 65, 78, 79, 120, 152, 213, 216, 270, 287, 300, 305, 314, 332, 339, 366, 415, 418, 422, 427, 435, 444, 502, 512

オマール・ハイヤーム　OMAR KHAYYÁM（1040～1123）ペルシア　詩人　182, 267, 421

オルコック　ALCOCK, Rutherford（1809～97）イギリス　外交官・開国日本の総領事　442

オルコット　ALCOTT, Amos Bronson（1799～1888）アメリカ　教育者・哲学者　27, 316, 392, 442, 444, 460, 488

オルテガ・イ・ガセット　ORTEGA Y GASSET, José（1883～1955）スペイン　哲学者　450, 453, 478

オロシウス　OROSIUS, Paulus（A.C.5 前半）スペイン　教会著作者　324

カ

貝原益軒　（1630～1714）江戸中期　儒学者　16, 31, 73, 103, 148, 152, 189, 283, 314, 332, 336, 393, 408, 418, 424, 495

ガイベル　GEIBEL, Emanuel（1815～84）ドイツ　詩人・評論家　97, 132, 248, 273

ガヴァール　CAVOUR, Camillo Benso di（1810～61）イタリア　政治指導者　541

ガヴァルニ　GAVARNI, Paul（1804～66）フランス　石版画家　4

カウツキー　KAUTSKY, Karl Johann（1854～1938）ドイツ　経済学者・歴史学者　332, 446

カウティィリーヤ　（A.C.3）インド　マウリア朝宰相　65, 528, 543

カエサル　CAESAR, Gaius Julius（－102～－44）ローマ　政治家・武将　14, 248, 401, 503, 524, 531

カザノーヴァ　CASANOVA, Giovanni Giacomo（1725～98）イタリア　山師　78, 139

春日潜庵　（1811～78）江戸後期　儒学者　189, 217

カーソン　CARSON, Rachel（1907～64）アメリカ　生物学者　435

カーター　CARTER, Vernon Gill（1910～　）アメリカ　農学者　444, 474

「カータカ・ウパニシャッド」　バラモン教聖典の1つ　287

勝海舟　（1823～99）幕末　幕臣　322, 528

「月令広義《がつりょうこうぎ》」　中国明の馮応京の撰した15巻の書　382

カトー（大）　CATO, Marcus Porcius（－234～－149）ローマ　政治家　4, 46, 69, 115, 170, 235, 358, 519

カトー（小）　CATO, Marcus Porcius（－95～－46）ローマ　政治家　339

加藤清正　（1559～1611）安土桃山時代　武将　429

カートライト　CARTWRIGHT, Edmund（1743～1823）イギリス　発明家　295

カーネイ　CARNEY, Julia F.（1823～1908）アメリカ　教育家・詩人　216

カーネギー　CARNEGIE, Dale（1888～?）アメリカ　社会評論家　392

カフカ　KAFKA, Franz（1883～1946）オーストリア　作家　4, 117, 148, 182, 339, 355, 453, 466, 504

カミュ　CAMUS, Albert（1913～60）フランス　作家・評論家　60, 192, 217, 225, 241, 248,

王安石（1021～86）中国北宋　政治家　435,463
オヴィディウス　OVIDIUS, Nass Publius（－43～17）ローマ　詩人　16,27,55,57,69,125,127,139,152,208,214,233,248,318,332,336,339,346,348,395,401,547
オーウェル　ORWELL, George（1903～50）イギリス　作家　44,312,524
王　粲《さん》（177～217）中国魏　学者　34
王国維（1877～1937）中国清　学者　465
王　充（27～98〔104〕）中国後漢　学者　39,54,210,410
王　通（584～617）中国隋　学者　381
王　符（?）中国後漢　学者　409
欧陽脩（1007～72）中国北宋　政治家・哲学者　124,152,172,206,248,409,453
王陽明〔守仁〕（1472～1528）中国明　政治家・哲学者　105,160,206,283,415
大石良雄（1659～1703）江戸中期　武将　248,403
大隈言道（1798～1868）江戸後期　歌人　192
大杉栄（1885～1923）大正年代　無政府主義者　57
大伴旅人（665～731）奈良時代　歌人　248
太安万呂《まろ》（?～723）奈良時代　学者　206,435
大宅壮一（1900～70）昭和年代　評論家　318
大町桂月（1869～1925）明治～大正年代　詩人　124,215
岡　潔（1901～78）昭和年代　数学者　26
岡倉天心（1862～1913）明治～大正年代　美術学者　30,446,453
岡本太郎（1912～96）昭和年代　画家　481
小川未明（1882～1956）大正～昭和年代　作家　349,478
荻生徂徠（1666～1726）江戸中期　儒学者　20,54
小倉金之助（1885～1962）昭和年代　数学者　490
オコンネル　O'CONNEL, Daniel（1775～1847）アイルランド　政治指導者　532,544
尾崎紅葉（1867～1903）明治年代　作家　420
尾崎行雄〔咢堂〕（1859～1954）明治～昭和年代　政治家　538
オースティン　AUSTIN, Alfred（1835～1913）イギリス　桂冠詩人　97,201,384
オスボーン　OSBORN, Henry Fairfield（1857～1935）アメリカ　古生物学者　474
オスラー　OSLER, William（1849～1919）カナダ生れアメリカ　医学者　31,78,152,398,418
織田信長（1534～82）安土時代　武将　39
オッペンハイム　OPPENHEIM, James（1882～1932）アメリカ　詩人　4
オーデン　AUDEN, Wystan Hugh（1907～73）イギリス　詩人　453,490
小野小町（A.C.7）平安時代　歌人　242,440
オー・ヘンリー　O. HENRY（1862～1910）アメリカ　作家　92
オーマリ　O'MALLEY, Austin（1858～?）アメリカ　随筆家　92,534

エドワーズ　EDWARDS, Jonathan（1703～57）アメリカ　神学者　125, 259, 273
「淮南子《えなんじ》」　中国前漢　劉安の書　14, 19, 21, 24, 26, 41, 51, 57, 117, 196, 201, 210, 211, 212, 287, 289, 321, 357, 373, 383, 394, 410, 426, 534, 544
エピクテトス　EPIKTETOS（55？～138？）ギリシア　哲人　20, 130, 132, 148, 151, 160, 208, 234, 259, 339, 346, 382, 424, 512
エピクロス　EPIKUROS（－341～－270）ギリシア　哲人　60, 65, 148, 151, 231, 248, 257, 259, 339, 349, 371, 418, 435
エマーソン　EMERSON, Ralph Waldo（1803～82）アメリカ　思想家　4, 14, 24, 27, 30, 51, 53, 54, 60, 78, 122, 129, 151, 152, 168, 189, 208, 209, 220, 224, 225, 235, 237, 270, 283, 287, 290, 293, 298, 299, 302, 305, 309, 314, 316, 318, 336, 337, 339, 362, 384, 387, 390, 400, 401, 415, 424, 440, 442, 444, 448, 450, 453, 469, 476, 477, 481, 547
エラスムス　ERASMUS, Desiderius（1466～1536）オランダ　文学者　4, 13, 22, 46, 73, 97, 130, 136, 181, 195, 369, 407, 424, 507, 538
エリオット（E.）　ELLIOTT, Ebenezer（1781～1849）イギリス　詩人　307
エリオット（G.）　ELIOT, George（1819～89）イギリス　作家　17, 60, 78, 152, 368, 384, 409, 439, 469
エリオット（T.）　ELIOT, Thomas Stearus（1888～1965）アメリカ生れイギリス　詩人・随筆家　302
エリザベス　ELIZABETH I（1558～1603）イギリス　女王　14, 401, 512
エリス　ELLIS, Henry Havelock（1859～1939）イギリス　医者・作家　24, 244, 381, 444, 447, 458, 478, 543
エルヴェシウス　HELVETIUS, Claude（1715～71）フランス　思想家　16, 22, 24, 148, 318, 324, 381, 509
エルマン　ERMAN, Abel（20C.）フランス　作家　78
エルンスト　ERNST, Paul（1866～1933）ドイツ　作家　46, 435, 512
エレンブルグ　EHRENBERG, Ilya Grigorievich（1891～1967）ロシア　作家　192
エンゲル　ENGEL, Johann Jakob（1741～1802）ドイツ　教育家・劇作家　324, 453
エンゲルス　ENGELS, Friedrich（1820～95）ドイツ　経済学者　45, 308, 477, 495, 498, 512, 533, 545
エンスリー　ENSLEY, Francis Gerald（1907～　）アメリカ　司教　474
円　朝　（1839～1900）明治～大正年代　落語家　472
「塩鉄論」　中国前漢　桓寛編集の12巻　51, 209, 393, 504, 528
エンニウス　ENNIUS, Qintus（－239～－169）ローマ　詩人　198, 283

オ

オイケン　EUCKEN, Rudolf（1846～1926）ドイツ　哲学者　512
オヴァベリ　OVERBURY, Thomas（1581～1613）イギリス　詩人　随筆家　110

529, 532, 536, 543

ウォートン　WOTTON, Henry（*1568～1639*）イギリス　外交官・詩人　*541*

ヴォルテール　VOLTAIRE（*1694～1778*）フランス　哲学者・文学者・文芸評論家　*4, 17, 31, 109, 124, 136, 139, 151, 181, 192, 206, 212, 220, 231, 234, 237, 238, 262, 269, 274, 283, 298, 309, 324, 337, 339, 387, 392, 398, 404, 406, 410, 412, 427, 435, 453, 456, 458, 460, 465, 466, 490, 501, 502, 524*

ウォルトン　WALTON, Izack（*1593～1683*）イギリス　釣魚家　*414, 416*

ウォルポール　WALPOLE, Haratio（*1717～97*）イギリス　作家　*379, 453, 541*

ウステリ　USTERI, Johann Martin（*1763～1827*）スイス　詩人　*181*

内田百閒　（*1889～1971*）大正～昭和年代　作家　*60, 69*

内田魯庵　（*1868～1929*）明治～大正年代　文学者　*306, 332, 339, 534*

内村鑑三　（*1861～1930*）明治～大正年代　宗教家・評論家　*60, 65, 78, 103, 132, 181, 238, 239, 266, 270, 290, 295, 435, 458, 532, 534*

「ウッタラードヒャーナスートラ」　ジャイナ教の経典の１つ　*295*

「尉繚子《うつりょうし》」（?）中国戦国時代　周の尉繚の著書　*222*

ウナムノ　UNAMUNO, Miguel de（*1864～1934*）スペイン　思想家　*39, 132, 139, 267, 270, 298, 474*

于《う》武陵　（A.C.9）中国唐　詩人　*181*

ウラストン　WOLLASTON, William（*1659～1724*）イギリス　倫理学者　*324*

ヴラマンク　VLAMINCK, Maurice de（*1876～1958*）フランス　画家　*486*

エ

栄　西　（*1141～1215*）鎌倉時代　臨済宗開祖　*115*

エウリピデス　EURIPIDES（*－485～－407*）ギリシア　悲劇詩人　*45, 46, 78, 99, 115, 119, 125, 139, 150, 151, 181, 189, 192, 194, 205, 209, 212, 224, 248, 283, 358, 389, 395, 421, 499, 536, 548*

エカテリナ２世　EKATERINA II（*1729～96*）ロシア　ロマノフ朝女帝　*170*

「易経《えききょう》」　中国思想の根本（陰陽二気の消長）となった書　*46, 99, 103, 130, 151, 209, 383, 387, 416*

江島屋其碩《きせき》　（*1667～1786*）江戸中期　浮世草紙作家　*105*

エジソン　EDISON, Thomas（*1847～1931*）アメリカ　発明家　*24*

エセックス　ESSEX, Robert Devereau（*1567～1601*）イタリア　軍人　*89, 132*

エックハルト　ECKHART, Meister（*1260?～1327*）ドイツ　神秘家　*262*

エッシェンバッハ　ESCHENBACH, Marie von（*1830～1916*）オーストラリア　作家　*78, 92, 125, 220, 224, 262, 405*

エディ夫人　EDDY, Mary Baker（*1821～1910*）アメリカ　「クリスチャン・サイエンス」創立者　*295, 424*

ヴィヴェカーナンダ　VIVENKANANDA（*1862～1902*）インド　思想家・宗教家　*4,27,78,132,151,176,234,283,295,504*
ヴィース　WYSS, Johann Rudolf（*1782～1830*）スイス　作家　*441*
ヴィニィ　VIGNY, Alfred Victor（*1792～1863*）フランス　詩人　*139,217,231,238,274,299,323,338,452,472,522*
ヴィヨン　VILLON, François（*1431～84?*）フランス　詩人　*198,418*
ウイルキー　WILLKIE, Wendell（*1892～1944*）アメリカ　政治家　*391,458*
ウィルソン（J.）　WILSON, John（*1785～1854*）イギリス　詩人　*488*
ウイルソン（T.）　WILSON, Thomas（?～*1581*）イギリス　聖職者　*238*
ウィルソン（W.）　WILSON, Woodrow（*1856～1924*）アメリカ　28代大統領　*24,151,292,303,305,374,495,498,511,529*
ヴィルヘルム1世　WILHELM I（*1797～1888*）プロシア　皇帝　*371*
ヴィンデルバンド　WINDELBAND, Wilhelm（*1848～1915*）ドイツ　哲学者　*338*
ウェイユ女史　WEIL, Simone（*1903～43*）フランス　思想家　*307,450*
植木枝盛　（*1857～92*）明治年代　思想家　*518,538*
上島鬼貫　（*1661～1738*）江戸中期　俳人　*218*
上杉謙信　（*1530～78*）安土時代　武将　*248*
上田秋成〔東作〕（*1732～1809*）江戸後期　文学者　*20,151*
上田敏　（*1874～1916*）明治～大正年代　詩人・評論家　*198,368*
ヴェッケルリン　WECKHERLIN, Georg Rudolf（*1584～1653*）ドイツ　詩人　*69*
ヴェーバー　WEBER, Max（*1864～1920*）ドイツ　社会学・経済学者　*69,316,331,362,463,474,488,532,534,538,540,547*
ウェブスター（D.）　WEBSTER, Daniel（*1782～1852*）アメリカ　政治家　*221,274,346,355,371,392,401,450,538,547*
ウェブスター（N.）　WEBSTER, Noah（*1758～1843*）アメリカ　辞典編纂者　*312,383*
ヴェブレン　VEBLEN, Thorstein（*1857～1929*）アメリカ　社会学・経済学者　*460*
ウェリントン　WELLINGTON, Arthur Wellesley（*1769～1852*）イギリス　将軍　*524*
ヴェルギリウス　VERGILIUS（*－70～－19*）ローマ　詩人　*31,132,148,192,198,231,241,248,259,371,383,409,506*
ウェールズ　WELLS, Herbert George（*1866～1946*）イギリス　作家・文明評論家　*4,305,318,452,519*
ヴェルレーヌ　VERLAINE, Paul（*1844～86*）フランス　詩人　*139,181,238,244,421*
ヴェント　WENT, Ulrich（*20C.*）ドイツ　文明史家　*478*
ヴォーヴナルグ　VAUVENARGUES, Marquis de（*1715～49*）フランス　警句家　*4,12,21,30,36,41,45,53,55,60,65,69,73,78,115,120,136,151,162,163,168,170,173,175,176,191,192,217,219,224,233,238,248,266,293,299,309,310,323,324,351,369,371,375,403,404,407,418,447,448,456,460,490,503,504,517,524,*

イェーリング　JHERING, Rudolf von（*1818～92*）ドイツ　法学者　*371, 501*
生田春月　（*1892～1930*）明治～大正年代　詩人　*481*
石川啄木　（*1885～1912*）明治～大正年代　詩人　*105, 115, 215, 243, 331, 469*
石川理紀之助　（*1846～1916*）明治年代　老農　*215*
石田梅巌　（*1685～1744*）江戸中期　心学者　*17, 543*
石橋湛山　（*1884～1973*）昭和年代　政治家・経済評論家　*540*
泉鏡花　（*1873～1939*）明治年代　作家　*92*
「伊勢物語」　平安時代　歌物語　*105, 247*
イソップ　*Æ*SOP（B.C.6）ギリシア　寓話作家　*12, 16, 115, 136, 151, 162, 181, 214, 231, 309, 354, 371, 407, 429*
板垣退助　（*1837～1919*）明治年代　自由党政治家　*511*
イタール　ITARD, Jean Marie（*1775～1838*）フランス　医学者　*331*
市川団十郎（九代目）（*1838～1903*）明治年代　歌舞伎役者　*472*
一　休　（*1394～1481*）室町時代　臨済宗僧侶　*247, 277, 429*
一　茶　→小林一茶
一　遍　（*1239～89*）鎌倉時代　僧侶　*247, 277*
出　隆　（*1892～1980*）昭和年代　哲学者　*293*
伊藤仁斎　（*1627～1705*）江戸前期　儒学者　*21, 318*
伊藤東涯　（*1670～1736*）江戸中期　儒学者　*331, 336, 387*
井原西鶴　（*1642～93*）江戸前期　作家　*3, 59, 69, 77, 338, 431*
イプセン　IBSEN, Henrick（*1823～1906*）ノールウェー　劇作家　*26, 69, 89, 92, 99, 103*
イブン・スインナー　（*980～1037*）国籍不明　哲学者・医学者　*17*
イブン・ハルドゥーン　（*1332～1406*）アラビア　政治家・学者　*117*
今西錦司　（*1902～92*）昭和年代　人類学者　*435*
岩崎弥太郎　（*1834～85*）幕末～昭和年代　政商・三菱財閥創始者　*222*
岩野泡鳴　（*1873～1920*）明治～大正年代　作家　*443*
インガソル　INGERSOLL, Robert Green（*1838～99*）アメリカ　法学者　*4, 92, 173, 238, 269, 274, 331, 346, 443, 501, 511*
イング　INGE, William Ralph（*1860～1954*）イギリス　神学者　*444, 465*
「インドの火神古事記」　*398*

ウ

ヴァイニンガー　WEININGER, Otto（*1880～1903*）オーストリア　思想家　*77*
ヴァグナー　WAGNER, Wilhelm Richard（*1813～83*）ドイツ　音楽家　*478, 481*
ヴァレリー　VALÉRY, Paul（*1871～1945*）フランス　詩人　*24, 41, 51, 77, 149, 162, 172, 242, 243, 258, 298, 430, 447, 465, 469, 481, 501, 511, 529, 532, 536*
ヴァンブルー　VANBRUGH, John（*1664～1726*）イギリス　劇作家　*77*

アリストテレス　Aristoteles（－384～－322）ギリシア　哲人　3, 17, 26, 42, 45, 69, 120, 130, 148, 151, 181, 201, 208, 224, 238, 283, 305, 308, 309, 314, 336, 349, 353, 366, 368, 371, 393, 412, 435, 449, 471, 478, 481, 495, 521, 532
アリストファネス　Aristophanes（－451？～－385？）ギリシア　詩人　45, 77, 160, 247, 295, 338, 536
有吉佐和子　（1931～84）昭和年代　作家　36
アルキダモス　Archidamas（B.C.4）ギリシア　弁論家　293, 371, 511
アルキメデス　Archimedes（－287？～212）ギリシア　数学者　441
アルクマイオン　Alkmaion（B.C.5）ギリシア　思想家　151, 160
アルケシラオス　Arkesilaos（－315～－241〔40〕ギリシア）哲人　283, 295
アルジャー　Alger, William Rounseville（1822～1905）アメリカ　牧師　127
アルツイバシェフ　Artsybashev, Michail（1878～1927）ロシア　作家　189, 231
アルドリッチ　Aldrich, Thomas Bailey（1836～1907）アメリカ　詩人・劇作家　124
アルバスノット　Arbuthnot, John（1667～1735）イギリス　警句家　371, 536
アルフィエリ　Alfieri, Vittoris（1746～1803）イタリア　劇作家　55, 161, 247, 360, 366, 389
アルブーゾフ　Arbusow, Leonid（1882～1951）ロシア　作家　224
アルント　Arndt, Ernst Moritz（1769～1860）ドイツ　歴史学者・愛国詩人　132, 138
アレグザンダー　Alexandre, William（1567？～1640）イギリス　政治学者・詩人　241, 506
アレクサンドロス大王　Alexandros（－356～－323）マケドニア　10代王　507
アロースミス　Arrousmith, Aaron（1750～1823）イギリス　地理学者　311
晏《あん》　嬰《えい》　（？）中国春秋時代　斉宰相　55, 108, 206, 369, 395
アンゲルス・ジレジウス　Angelus-Silessus（1624～77）ドイツ　宗教詩人　132, 139, 247, 283
アンサーリ・ヘラーティー　Ansari-Herati（1006～88）イラン　詩人　262
「晏子春秋」　中国春秋時代　晏嬰《あんえい》の撰　55, 206, 369, 395
アンティステネス　Antisthenes（－444？～－365）ギリシア　哲人　3, 45, 59, 148, 164, 205, 224, 297, 507, 532
アンティポン　Antiphon（B.C.5）ギリシア　哲人・文法学者　349
アンデルセン　Andersen, Hans（1805～75）デンマーク　作家・詩人　181, 416, 417
安藤昌益　（A.C.17～18）江戸中期　思想家　3, 42, 247, 509
アントネリ　Antonelli, Giacome（1806～76）イタリア　聖職者　511

イ

イエス　Jesus, Christus（？）キリスト教開祖　6, 18, 30, 62, 146, 154, 171, 173, 193, 197, 198, 209, 211, 213, 260, 275, 296, 355, 364, 367, 374, 385, 404, 424

299, 331, 346, 348, 354, 361, 362, 366, 381, 382, 395, 415, 435, 456, 481, 503, 522

アクトン　ACTON, John Emerich Edward Dalberg（*1834～1902*）イギリス　歴史家・宗教家　*509*

明智光秀　（*1527～82*）安土時代　武将　*354*

安積艮斎《あさかごんさい》　（*1791～1800*）江戸後期　朱子学者　*217*

阿闍世王《あじゃせおう》（?）インド　国王・僧侶　*59*

アスチャム　ASCHAM, Roger（*1515～68*）イギリス　学者　*206*

「吾妻鏡」 鎌倉時代　史書　*528*

アダムズ（F.）　ADAMS, Flanklin Pierce（*1881～?*）アメリカ　ユーモアリスト　*421*

アダムズ（H.）　ADAMS, Henry Brooks（*1838～1918*）アメリカ　歴史家・思想家・作家　*151, 206, 316, 331*

アダムズ（T.）　ADAMS, Thomas（*1612～53*）アメリカ　文学者　*232*

アダムズ（W.）　ADAMS, William Taylor（*1822～97*）アメリカ　作家　*266*

アディソン　ADISON, Joseph（*1672～1719*）イギリス　詩人・随筆家　*3, 77, 124, 146, 170, 234, 331, 338, 348, 354, 407, 460, 486*

アテルトン　ATHERTON, Gertrude Franklin（*1857～1948*）アメリカ　作家　*354*

アトリー　ATTLEE, Clement Richard（*1883～1967*）イギリス　政治家　*511*

アナカルシス　ANACHARSIS（B.C.5）ギリシア　哲人　*45, 391, 421*

アーノルド　ARNOLD, Mathew（*1822～88*）イギリス　詩人・随筆家　*269, 313, 393*

アブドゥ・ル・バハー　（*1840～1921*）イラン　バハイ教僧侶　*224*

阿部次郎　（*1883～1959*）大正～昭和年代　哲学者・文芸評論家　*164, 172, 242, 247, 311, 351, 352, 400, 406*

安倍能成　（*1883～1966*）大正～昭和年代　哲学者・教育者　*39*

アボット　ABBOTT, John（*1805～77*）アメリカ　聖職者　*523*

天野貞祐　（*1884～1980*）大正～昭和年代　哲学者・教育者　*176*

アミエル　AMIEL, Henri Frédéric（*1828～81*）フランス系スイス　哲学者・文学者　*3, 21, 36, 53, 58, 77, 92, 103, 108, 138, 149, 164, 224, 234, 243, 247, 266, 287, 295, 299, 304, 314, 349, 354, 358, 362, 368, 374, 375, 379, 390, 395, 401, 424, 442, 449, 499, 502, 517, 536*

アメス　AMES, Fisher（*1758～1808*）アメリカ　政治家　*495*

新井白石　（*1657～1725*）江戸中期　儒学者・政治家　*262*

アラン　ALAIN, Emile（*1861～1951*）フランス　哲学者・文芸評論家　*44, 57, 59, 69, 77, 98, 99, 129, 148, 151, 166, 168, 170, 201, 219, 224, 233, 234, 242, 260, 266, 290, 297, 304, 306, 321, 338, 354, 360, 362, 364, 382, 383, 395, 398, 403, 411, 412, 416, 429, 430, 452, 469, 506, 509, 518, 523, 545, 547*

有島武郎　（*1878～1923*）明治～大正年代　作家　*89, 103, 132, 162, 379*

アリスティッポス　ARISTIPPUS（*－435～－356*）ギリシア　哲人　*148, 293*

出典著作者索引

注：著作者不明の書名も収録。

ア

アイスキュロス　Æschylus（−525～−456）ギリシア　哲人　*3, 17, 36, 122, 125, 164, 170, 173, 181, 198, 224, 247, 283, 294, 297, 383, 423, 504*

アイゼンハウアー　Eisenhower, Dwight David（*1890～1969*）アメリカ　陸軍軍人・34代大統領　*304*

アイソポス　Aisopos　→イソップ

アイヘンドルフ　Eichendorff, Josepf Freiherr von（*1788～1857*）ドイツ　詩人　*468*

アインシュタイン　Einstein, Albert（*1879～1955*）ドイツ　物理学者　*189, 201, 242, 283, 303, 313, 316, 417, 473, 474, 517*

アーヴィング　Irving, Washington（*1783～1859*）アメリカ　随筆家・文学者　*31, 53, 194, 448*

アウエルバッハ　Auerbach, Berthold（*1812～82*）ドイツ　文学者　*131, 401, 446, 498*

アウグスティヌス　Augustinus（*354～430*）キリスト教初代教父　*3, 122, 132, 164, 198, 201, 210, 262, 266, 295, 311, 346, 365, 416, 440, 468, 495, 502*

アウゲー　Aughey, John（?～*1863*）アメリカ　聖職者　*198, 262*

アウレリウス　Aurelius, Marcus（*121～180*）ローマ皇帝　*3, 31, 45, 125, 147, 161, 181, 195, 201, 214, 224, 247, 258, 323, 338, 365, 393, 441, 446, 480, 495, 497, 541*

青野季吉　（*1890～1961*）昭和年代　文芸評論家　*465*

アクイナス　Aquinas, Thomas（*1225～74*）イタリア　神学者　*3, 266*

芥川龍之介　（*1892～1927*）明治～大正年代　作家　*24, 45, 103, 105, 138, 181, 192, 274, 290,*

【編著者】
梶山 健
1918年～1999年、慶応義塾大学卒、社会評論家。
主な著書：『世界の名言』（5巻）、『語録の暦』、『臨終のことば』、『地獄の格言』、『世界ことわざ辞典』

世界名言大辞典《せかいめいげんだいじてん》　新装版《しんそうばん》

平成30年10月20日　初版発行

編著者　梶山《かじやま》　健《けん》
発行者　株式会社明治書院
　　　　代表者　三樹　蘭
印刷者　大日本法令印刷株式会社
　　　　代表者　山上哲生
製本者　大日本法令印刷株式会社
　　　　代表者　山上哲生

発行所　株式会社明治書院
　　　　〒169-0072　東京都新宿区大久保1-1-7
　　　　TEL：03-5292-0117　FAX：03-5292-6182
　　　　振替口座 00130-7-4991

ISBN 978-4-625-40408-5
カバー表紙デザイン：panix 中西啓一